Basisqualifikation für die neuen Dienstleistungsberufe

- Veranstaltungskaufleute
- Kaufleute im Gesundheitswesen
- Sport- und Fitnesskaufleute
- Kaufleute für Tourismus und Freizeit

von
Jürgen Baumann
Ulf Jürgensen
Mareke Müller
Sacha Ritter
Monika Rössel
Iris Straßmann
Wilfried Wiltfang

winklers®

Vorwort

Die Reihe „Neue Dienstleistungsberufe“ richtet sich an Auszubildende in den Ausbildungsgängen:

- Veranstaltungskaufleute
- Kaufleute im Gesundheitswesen
- Sport- und Fitnesskaufleute
- Kaufleute in der Freizeit- und Tourismuswirtschaft

Die Inhalte der Reihe orientieren sich eng an den Rahmenlehrplänen der Kultusministerkonferenz für die drei Ausbildungsberufe, die zeitgleich verabschiedet wurden und die zahlreiche Gemeinsamkeiten aufweisen.

Der vorliegende Band enthält alle Themen aus den jeweils elf Lernfeldern, die zum für alle vier Berufe gleichermaßen relevanten Grundwissen zählen, unabhängig davon, wann im Lauf der in der Regel vier Ausbildungsjahre diese Themen unterrichtet werden. Die Auszubildenden können den Band von Anfang bis Ende der Ausbildungszeit unterrichtsbegleitend nutzen. Er vermittelt das die vier Ausbildungsgänge übergreifende, gemeinsame *Basiswissen*. Naturgemäß deckt er die darüber hinausgehenden Inhalte, die ausschließlich in den einzelnen Ausbildungsgängen zur Sprache kommen, nicht ab. Deshalb wird er für jeden der drei erstgenannten Ausbildungsgänge durch einen Band zur Vermittlung der *Fachqualifikation* ergänzt.

Die Abfolge der Lernfelder ist je nach Ausbildungsgang unterschiedlich. Darüber hinaus existiert für jeden Ausbildungsgang neben den übergreifenden Lernfeldern und Themen eine Reihe von berufsspezifischen Lernfeldern und Themen. Demgemäß spiegeln sich die Lernfelder im Aufbau der Bände zur *Fachqualifikation* direkt wider.

Die im *Basiswissen* versammelten Inhalte werden anhand von zahlreichen Beispielen verdeutlicht. Zentrale Begriffe sind hervorgehoben und gesondert definiert. Die zur Festigung des erworbenen Wissens notwendigen Übungsaufgaben, die das *Basiswissen* betreffen, sind – ausgerichtet auf das jeweilige Berufsfeld – in den Bänden zur *Fachqualifikation* enthalten.

Wir wünschen allen Schülerinnen und Schülern sowie allen Lehrerinnen und Lehrern ein erfolgreiches Arbeiten mit dem Buch und sind für Anregungen und konstruktive Kritik dankbar.

Die Autoren

Januar 2009

2., überarbeitete Auflage, 2009
Druck 1, Herstellungsjahr 2009

Westermann Schroedel Diesterweg
Schöningh Winklers GmbH
Postfach 33 20, 38023 Braunschweig
Telefon 01805 996696* Fax 0531 708-664
service@winklers.de
www.winklers.de
Lektorat: Dr. Ute Gräber-Seißinger, Bad Vilbel
Druck: westermann druck GmbH, Braunschweig
ISBN: 978-3-8045-**5620**-1

* 14 ct/min aus dem deutschen Festnetz, abweichende Preise aus den Mobilfunknetzen

Inhaltsverzeichnis

1 Der Rahmen der Ausbildung

1.1 Der Ausbildungsbetrieb – Erkundung und Darstellung 5
1.1.1 Unternehmensziele und Unternehmensleitbild 5
1.1.2 Unternehmensorganisation 10
1.1.3 Aufbauorganisation 15
1.1.4 Ablauforganisation 19
1.2 Rechtsrahmen und Unternehmensformen 28
1.2.1 Rechtliche Rahmenbedingungen der Unternehmensführung 28
1.2.2 Unternehmensformen 40
1.3 Die Berufsausbildung selbstverantwortlich mitgestalten 55
1.3.1 Das duale Ausbildungssystem 55
1.3.2 Der Ausbildungsvertrag 57
1.3.3 Das Berufsbildungsgesetz 59
1.3.4 Das Jugendarbeitsschutzgesetz 60
1.3.5 Der Arbeitsvertrag 62
1.3.6 Arbeitnehmerschutzgesetze 64
1.3.7 Beendigung des Arbeitsverhältnisses 84
1.3.8 Arbeitsgerichtsbarkeit 85
1.3.9 Interessenvertretung der Arbeitnehmer 86
1.3.10 Mitbestimmung 91

2 Information, Kommunikation und Kooperation

2.1 EDV-Unterstützung 95
2.1.1 Infrastruktur – Grundlagen der Informationstechnologie 95
2.1.2 Standardsoftware – Grundfunktionen und Einsatzgebiete 105
2.2 Kommunikation 178
2.2.1 Kommunikationsformen und -mittel 178
2.2.2 Präsentation 181
2.3 Projektmanagement 188
2.3.1 Was ist ein Projekt? 188
2.3.2 Phasen des Projektmanagements 189
2.4 Teambildung und Teamarbeit 193
2.4.1 Was ist ein Team? 193
2.4.2 Phasen der Teamarbeit 193

3 Marketing und Verkauf

3.1 Marktwirtschaft und Wirtschaftspolitik 197
3.1.1 Der Wirtschaftskreislauf 197
3.1.2 Das ökonomische Prinzip 201
3.1.3 Märkte – Funktionen, Preisbildung, Marktformen 202
3.1.4 Wirtschaftsordnungen 209
3.1.5 Ziele und Bereiche der Wirtschaftspolitik 211
3.1.6 Wirtschaftspolitische Grundkonzeptionen 226
3.1.7 Geldpolitik 228
3.2 Das unmittelbare Umfeld: Markt und Marketing 231
3.2.1 Marktsegmentanalyse 231
3.2.2 Kommunikationsformen und -mittel 233
3.2.3 Marketingmix 240
3.2.4 Konflikt- und Beschwerdemanagement 243

4 Geschäfts- und Leistungsprozess

4.1 Dienstleistungen und Güter beschaffen und verwalten 247
4.1.1 Planung der Beschaffung 247
4.1.2 Die sechs „Ws“ der Beschaffung 249
4.1.3 Angebots- und Bezugskalkulation und Angebotsvergleich 253
4.1.4 Schriftverkehr im Beschaffungsprozess 259

4.1.5 Recht der Stellvertretung 266
4.1.6 Kaufvertrag, Dienstvertrag und Werkvertrag 269
4.1.7 Vertragsstörungen 274
4.1.8 Zahlungsverkehr 276
4.1.9 Lagerorganisation 282
4.2 Investitionen finanzieren - Finanzquellen erschließen und Finanzmittel einsetzen 289
4.2.1 Finanzierungsformen 289
4.2.2 Besondere Finanzierungsquellen 293
4.2.3 Kredite 303
4.2.4 Kreditsicherung 318
4.3 Investitionsrechnung und Finanzplanung 325
4.3.1 Investitionsarten 326
4.3.2 Grundlagen der Investitionsrechnung 327
4.3.3 Investitionsplanung 333
4.3.4 Finanzplanung 333

5 Kaufmännische Steuerung und Kontrolle

5.1 Geschäftsprozesse erfassen und auswerten - das betriebliche Rechnungswesen 335
5.1.1 Die Außenbeziehungen des Unternehmens 335
5.1.2 Daten betrieblicher Prozesse 336
5.1.3 Inventur und Bilanz 337
5.1.4 Bestandsveränderungen und deren Erfassung auf Konten 344
5.1.5 Buchung auf Erfolgskonten 348
5.1.6 Bewertung des Jahresergebnisses 359
5.2 Geschäftsprozesse erfolgsorientiert steuern - Kostenrechnung und Controlling 361
5.2.1 Aufgaben der Kosten- und Leistungsrechnung 361
5.2.2 Grundbegriffe und Methoden der Kosten- und Leistungsrechnung 363
5.2.3 Budgetierung auf Vollkostenbasis 396
5.2.4 Der Regelkreis des Controllings 398
5.3 Qualitätsmanagement 407
5.3.1 Qualitätsbegriff 407
5.3.2 Qualitätsmanagement und Qualitätssicherung 407
5.3.3 ISO-Normen und DIN-Normen 408
5.3.4 Zertifizierung 409

6 Personalwirtschaft

6.1 Ziele und Aufgaben 411
6.1.1 Rahmenbedingungen der Personalwirtschaft 411
6.1.2 Ziele der Personalwirtschaft 413
6.1.3 Handlungsfelder des Personalmanagements 413
6.2 Arbeitsrecht 414
6.2.1 Wer ist Arbeitnehmer im Sinne des Arbeitsrechts? 414
6.2.2 Bereiche des Arbeitsrechts 416
6.3 Sozialversicherungsrecht 421
6.3.1 Die Zweige der Sozialversicherung 421
6.3.2 Die gesetzliche Krankenversicherung 423
6.3.3 Die gesetzliche Pflegeversicherung 425
6.3.4 Die gesetzliche Rentenversicherung 429
6.3.5 Arbeitslosenversicherung und Arbeitsförderung 430
6.3.6 Die gesetzliche Unfallversicherung 432
6.4 Personalmanagement 433
6.4.1 Aufgabenstellung und Organisation 433
6.4.2 Personalinformationssysteme 433
6.4.3 Personalplanung und -steuerung 435
6.4.4 Personalführung 437
6.4.5 Personalentwicklung 442

Sachwortverzeichnis 447

1 Der Rahmen der Ausbildung

1.1 Der Ausbildungsbetrieb – Erkundung und Darstellung

1.1.1 Unternehmensziele und Unternehmensleitbild

Unternehmenskultur

Die Unternehmenskultur (Corporate Behaviour) steht in einem engen Zusammenhang mit der Unternehmensphilosophie. Die Kultur wird bestimmt durch die Denkhaltung und die Normen eines jeden Mitarbeiters und der Geschäftsleitung. Sie stellt gewissermaßen das „Bewusstsein" des Unternehmens, die Unternehmensidentität (Corporate Identity), dar. Als solche beeinflusst sie in hohem Maß die Unternehmensziele, die Unternehmensstruktur und das Erscheinungsbild des Unternehmens nach außen (Corporate Design). Sie wird ihrerseits durch die sozialen und wirtschaftlichen Rahmenbedingungen beeinflusst (Schaubild 1.1).

Die Unternehmenskultur prägt das Miteinander der Belegschaft und kann zu einer positiven Atmosphäre und somit zu besseren Leistungen des Gesamtunternehmens beitragen. Selbstverständlich ist auch das Gegenteil möglich. Negative Effekte von Unternehmenskultur treten häufig bei Fusionen zweier Unternehmen mit nicht kompatiblen (übereinstimmenden) Philosophien auf.

Es gibt keine festen Regeln oder Ansätze für Unternehmensphilosophien. Diese unterliegen vielmehr einem ständigen Veränderungsprozess aufgrund von Erfahrungen.

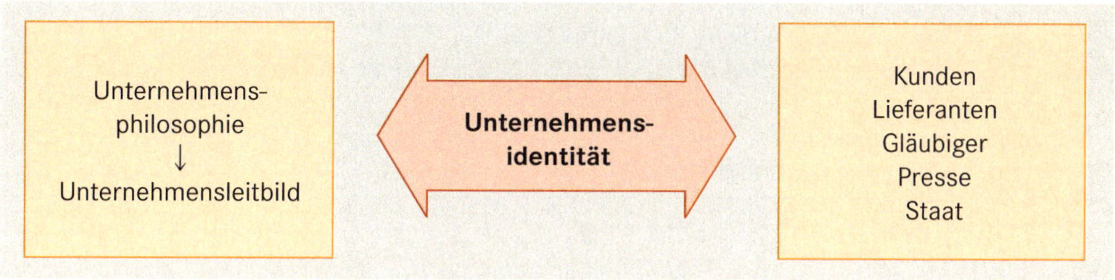

Schaubild 1.1: Bestimmende Größen der Unternehmensidentität

> Die **Unternehmensphilosophie** ist die Gesamtheit der Denkhaltungen und Normen im Unternehmen. Sie regelt das Verhalten und somit das Auftreten des Unternehmens als Ganzes sowie der Mitarbeiter im Einzelnen nach innen und außen.

Unternehmensziele

Für die Festlegung der Unternehmensziele ist in erster Linie die Unternehmensleitung verantwortlich. Aber auch Kapitalgeber, Arbeitnehmer und andere Interessengruppen können in den Entscheidungsprozess eingreifen, der der Zielfestlegung vorausgeht.

Grundsätzlich bewegt sich jede Unternehmensleitung bei der Entscheidungsfindung in einem innerbetrieblichen Rahmen, der durch Normen, Werte und Verhaltensweisen geprägt ist (Unternehmensphilosophie). Eine detaillierte Ausformulierung dieser unternehmensspezifischen Normen, Werte und Verhaltensweisen erfolgt in Form eines Unternehmensleitbildes.

BEISPIEL ▶ Unternehmensleitbild

Die Klinik Facility-Management Eppendorf GmbH, eine Servicegesellschaft des Universitätsklinikums Hamburg-Eppendorf, hat ihr Unternehmensleitbild folgendermaßen schriftlich fixiert (Schaubild 1.2):

UNTERNEHMENSLEITBILD DER KFE

VISION

Durch hohe Professionalität in der Leistungsausführung beweisen wir uns unter Nutzung des Netzwerkes des UKE-Hamburg im Gesundheitsbereich der Region Hamburg als kompetenter Auftragnehmer für Facility Management.

MISSION

Wir sichern langfristig die maximale Verfügbarkeit angemessener baulicher und technischer Infrastruktur bei optimierten Gesamtkosten für unsere Kunden.

LEITBILD KFE

WIR HANDELN WIRTSCHAFTLICH UND ZIELORIENTIERT FÜR UNSERE KUNDEN

- Wir, die Mitarbeiter der KFE, sind dem Erfolg unserer Kunden verpflichtet.
- Wir verstehen uns als Spezialisten in unserem jeweiligen Bereich.
- Wir arbeiten als Team zusammen und treten gemeinsam auf.
- Wir unterstützen uns in allen Bereichen.
- Wir reagieren flexibel auf die Anforderungen unserer Partner.

Schaubild 1.2: Unternehmensleitbild der Klinik Facility-Management Eppendorf GmbH
Quelle: www.uke.uni-hamburg.de/zentrale-dienste/kfe (abgerufen am 4. November 2008)

Zielsysteme von Dienstleistungsunternehmen

Die Unternehmensziele werden letztendlich aus der Unternehmensphilosophie abgeleitet.

BEISPIEL ▶ Unternehmenszielableitung

Ein Unternehmen ist bestrebt, mit seinen Mitarbeitern verantwortungsvoll umzugehen (Unternehmensphilosophie). Daraus wird das Ziel abgeleitet, die Personalfluktuation so zu steuern, dass sie nicht mehr als 2 % der Beschäftigtenzahl ausmacht.

Unternehmensziele lassen sich nach verschiedenen Kriterien klassifizieren, so etwa nach ihren Fristen, nach ihrer Stellung in der Zielhierarchie, nach ihrem sachlichen Gehalt und nach der Art ihrer Beziehungen untereinander.

Strategische und operative Ziele

Strategische Ziele gelten langfristig. Die entsprechenden Planungen – zum Beispiel die Festlegung und Gewichtung von Geschäftsfeldern – und die Positionierung des Unternehmens am Markt geben den Handlungsrahmen für die weiteren Entscheidungen nach Maßgabe von operativen Zielen vor. Operative Ziele gelten innerhalb kürzerer Planungshorizonte. Sie werden aus den strategischen Zielen abgeleitet.

Strategische Ziele sind langfristige Ziele. Sie bilden die Grundlage für langfristige Planungen und Positionierungen des Unternehmens am Markt. Sie geben den Handlungsrahmen für die Entscheidungen im Tagesgeschäft vor.

BEISPIEL ▶ Strategisches Ziel

Ein strategisches Ziel ist die Übernahme der Marktführerschaft, das heißt die Anhebung des Marktanteils über die Marktanteile der Mitbewerber hinaus. Sämtliche unternehmerischen Aktivitäten werden der Erreichung dieses Zieles unterstellt.

Operative Ziele sind kurzfristige Ziele. Sie bilden die Grundlage für das Handeln, das dazu beitragen soll, die strategischen Ziele zu erreichen.

BEISPIELE ▶ Operative Ziele

Zur Erreichung des strategischen Zieles „Marktführerschaft“ werden unternehmensintern in den jeweiligen Abteilungen konkrete Ziele für die nächste Geschäftsperiode (Quartal, Halbjahr oder Geschäftsjahr) festgelegt. Um Marktanteile von den Mitbewerbern abzuziehen, sollen

- ▶ die Kosten im Einkauf gesenkt werden, um einen günstigeren Endpreis anbieten zu können.
- ▶ der Werbeetat zulasten von Anzeigenwerbung und zugunsten von Direktwerbung (Mailings) umgeschichtet werden, um die Zielgruppe besser zu erreichen und die Streuverluste zu verringern.

Hierarchische Einordnung der Ziele

Oberziele werden vom Topmanagement gesetzt, untergeordnete Ziele vom mittleren Management.

Oberziele sind relativ allgemein gehalten und betreffen die grundsätzliche Ausrichtung der Unternehmenspolitik.

BEISPIEL ▶ Oberziel

Eine Werbeagentur möchte ein neues Geschäftsfeld erschließen, um sich so an Veränderungen des Marktes anzupassen. Die Nachfrage nach Marketingevents ist in den letzten Jahren gestiegen und wird aller Voraussicht nach weiterhin zunehmen. Aus diesem Grund entscheidet sie sich, eine gesonderte Abteilung (Profitcenter) einzurichten, die Marketingevents plant und durchführt.

Unterziele sind spezielle Ziele oder Zwischenziele, deren Erreichung das übergeordnete Ziel positiv beeinflusst.

BEISPIEL ▶ Unterziel

Die Werbeagentur will in dem neuen Geschäftsfeld Kunden gewinnen. Sie betreibt eine aktive Kundenakquisition, um die neu gebildete Abteilung auszulasten.

Sachliche Einordnung von Zielen

Nach dem sachlichen Gehalt von Zielen kann man zwischen wirtschaftlichen oder Leistungszielen, finanziellen Zielen, Erfolgszielen, sozialen Zielen und ökologischen Zielen unterscheiden.

Leistungsziele sind Ziele, die sich auf die Erhöhung der Attraktivität des Angebots des Unternehmens in den Augen der Kunden und auf die Verbesserung der Marktstellung des Unternehmens beziehen.

BEISPIELE ▶ Leistungsziele

- **Verwendung hochwertiger Produkte:** Der Caterer verwendet für die Erstellung des Büfetts Fleischprodukte aus biologischem Anbau.
- **Zusammenarbeit mit anerkannten Subunternehmern:** Beim Bau eines Mehrfamilienhauses schließt der Bauträger nur Verträge mit Meisterbetrieben ab.
- **Steigerung des Marktanteils:** Das Fitnessstudio „Karacho“ möchte im kommenden Geschäftsjahr den Bestand an Neuverträgen im Vergleich zum Vorjahr um 20 % erhöhen.

Finanzziele sind Ziele, sie sich auf die finanzielle Situation des Unternehmens beziehen.

BEISPIELE ▶ Finanzziele

- **Bildung finanzieller Rücklagen:** Die Zahnarztpraxis Meier legt aus dem Jahresüberschuss jährlich 5.000,00 € zurück, damit in drei Jahren genügend Mittel verfügbar sind, um in eine neue Software investieren zu können.
- **Steigerung der Liquidität:** Die Veranstaltungsagentur Joss verbessert die Abläufe im Bereich Einkauf und weist das Sekretariat an, zukünftig Rechnungen von Lieferanten stets unter Ausnutzung von Skonti zu begleichen. Gleichzeitig verkürzt sie für ihre Kunden das Zahlungsziel von 30 Tagen auf 14 Tage.

Erfolgsziele sind Ziele, die sich auf den Unternehmenserfolg, das heißt den Gewinn, beziehen.

BEISPIELE ▶ Erfolgsziele

- **Erreichung eines bestimmten Gewinns:** Der Unternehmer Hans Meier will seinen Gewinn im Vergleich zum vorangegangenen Geschäftsjahr um 5 % steigern.
- **Erzielung einer möglichst hohen Rendite auf das eingesetzte Kapital:** Der Unternehmer Bodo Füsser erhält aus einer Erbschaft 100.000,00 €. Er überlegt, wie er dieses Geld verwenden soll. Alternative a: Anlage bei der Bank mit einer Verzinsung von 3 % pro Jahr. Alternative b: Einbringung des Erbes als Eigenkapital in sein Unternehmen. Da er erwartet, dass das zusätzliche Eigenkapital einen zusätzlichen Gewinn von 12.000,00 € pro Jahr abwerfen wird, entscheidet er sich für Alternative b (Eigenkapitalrentabilität = Gewinn durch Eigenkapital · 100 = 12 %).

Soziale Ziele beziehen sich auf die Situation der eigenen Mitarbeiter beziehungsweise auf die soziale Situation im Umfeld des Unternehmens.

BEISPIELE ▶ Soziale Ziele

- **Erhalt oder Ausbau der sozialen Leistungen:** Die Unternehmerin Mirja Lattemann hat hinsichtlich der Betreuung ihrer Mitarbeiter folgende Regeln für den Betrieb festgelegt:
  - Jeder fest angestellte Mitarbeiter erhält einen monatlichen Zuschuss zu den vermögenswirksamen Leistungen von 26,00 €, jeder Auszubildende von 13,00 €.
  - Jeder Mitarbeiter erhält ein Weihnachtsgeld von 350,00 €.
- **Schaffung oder Erhalt von Arbeitsplätzen:** Durch Schaffung eines neuen Geschäftsfeldes will Frau Lattemann trotz wirtschaftlich schwieriger Lage ihren Mitarbeiterstamm auslasten.
- **Förderung der Fortbildung:** Frau Lattemann will ihren Auszubildenden die Teilnahme an einem Fortbildungskongress ermöglichen und übernimmt die Kosten.

Ökologische Ziele sind Ziele, die sich auf die Erhaltung oder Verbesserung der Qualität der natürlichen Umwelt beziehen.

Die Inanspruchnahme der Umweltgüter Boden, Wasser und Luft durch Konsum und Produktion belastet und schädigt den natürlichen Lebensraum der Menschen. Im Hinblick auf das Wohlergehen der künftigen Generationen gilt es, die bedrohte Umwelt zu schützen. Gesetzliche Vorgaben und unternehmerische Einsicht haben dazu geführt, dass in vielen Betrieben neben den wirtschaftlichen Zielen auch ökologische Ziele angestrebt werden.

BEISPIELE ▶ Ökologische Ziele

- **Senkung des Verbrauchs von nicht erneuerbaren Energieträgern:** In der Berufsbildenden Schule soll eine Fotovoltaik-Anlage installiert werden. Im Zug des Anlagenbaus sollen alle Leuchtkörper durch Energiesparlampen ersetzt werden.
- **Verwendung umweltfreundlicher Produkte:** Bei den Reinigungskräften wurde darauf geachtet, dass weitgehend umweltverträgliche Putzmittel eingesetzt werden.

Zielbeziehungen

Tabelle 1.1 fasst die verschiedenen Ausprägungen von Zielbeziehungen zusammen.

Ausprägungen	Erläuterungen	Beispiele
indifferente Ziele	Die Unternehmensziele werden unabhängig voneinander verwirklicht. Sie sind wechselseitig neutral.	Ein Dienstleister will seine Kosten für den Fuhrpark senken und gleichzeitig neue Kunden gewinnen.
komplementäre Ziele	Die Ziele ergänzen sich. Die Erreichung des einen Ziels begünstigt die Erreichung eines anderen.	Ein Dienstleister will seinen Umsatz um 5 % steigern und einen neuen Mitarbeiter einstellen.
konkurrierende Ziele	Die Ziele schließen einander aus. Die Erreichung des einen Ziels hemmt oder verhindert die Erreichung eines anderen. Zwischen den Zielen besteht ein Konflikt.	Ein Dienstleister will seine Kosten senken und zugleich einen Beitrag zum Umweltschutz leisten, indem er die Wärmedämmung seines Bürogebäudes verbessert.

Tabelle 1.1: Arten von Zielbeziehungen

Schritte zur Zielerreichung

Durch die Festlegung strategischer Ziele der Unternehmensleitung und die operative Umsetzung im mittleren Management werden weitere Entscheidungsprozesse ausgelöst, die stets in einer ähnlichen Abfolge ablaufen:

1. Planung (gedankliche Gestaltung des Produktionsprozesses),
2. Organisation (Festlegung der Arbeitsabläufe),
3. Durchführung (Umsetzung der Aufgabe/Verwirklichung des Ziels),
4. Kontrolle (Soll-Ist-Vergleich nach der Durchführung).

Nach der Kontrollphase erfolgt auf der Basis der gewonnenen Erkenntnisse und Erfahrungen der nächste Durchlauf. Allerdings können bei einer Wiederholung des Projektes/der Aufgabe innerbetriebliche und außerbetriebliche Veränderungen einen starken Einfluss auf den Ablauf haben und gegebenenfalls weitere innerbetriebliche Maßnahmen erfordern.

BEISPIELE ▶ Inner- und außerbetriebliche Veränderungen

- ▶ Eine innerbetriebliche Veränderung ergibt sich, wenn ein neuer Mitarbeiter eingestellt wird.
- ▶ Eine außerbetriebliche Veränderung ist eine Veränderung des Umfeldes, in dem das Unternehmen agiert, wie etwa eine Intensivierung des Wettbewerbs durch den Markteintritt eines neuen Mitbewerbers.

1.1.2 Unternehmensorganisation

Grundlagen

Der Managementdenker Peter F. Drucker hat Organisation so umschrieben: „Organisation ist ein Mittel, um die Kräfte des Einzelnen zu vervielfältigen." Kaum ein anderer Begriff wie derjenige der Organisation weist in der Alltagspraxis und in der Wissenschaft eine vergleichbare Vielfalt auf.

Organisation ist

- ▶ eine Tätigkeit - das Organisieren des Betriebs.
- ▶ das Ergebnis der Tätigkeit des Organisierens - jeder Betrieb hat eine Organisation.
- ▶ ein System - der Betrieb ist eine Organisation.

Im Allgemeinen werden zwei Teilbereiche der Organisation unterschieden:

- ▶ Die **Aufbauorganisation** stellt die Struktur des Betriebs dar. Sie gibt Antwort auf die Frage: Wo werden die Aufgaben erfüllt? In zwei Arbeitsschritten, der Aufgabenanalyse und der Aufgabensynthese, wird die Gesamtaufgabe zunächst in viele Teilaufgaben zerlegt und anschließend wieder zu schlüssigen Aufgabenkomplexen zusammengefasst. Das Ergebnis beider Schritte ist die Bildung von Stellen und Abteilungen, die durch die Zuordnung bestimmter Aufgaben voneinander abgegrenzt sind (Schaubild 1.3).
- ▶ Die Aufgabe der **Ablauforganisation** ist hingegen die rationelle Gestaltung der Arbeitsabläufe im Betrieb. Die Ablauforganisation regelt in erster Linie die inhaltliche, räumliche und zeitliche Abfolge der Arbeitsprozesse. Sie gibt Antwort auf die Frage: Wie werden die Aufgaben erfüllt?

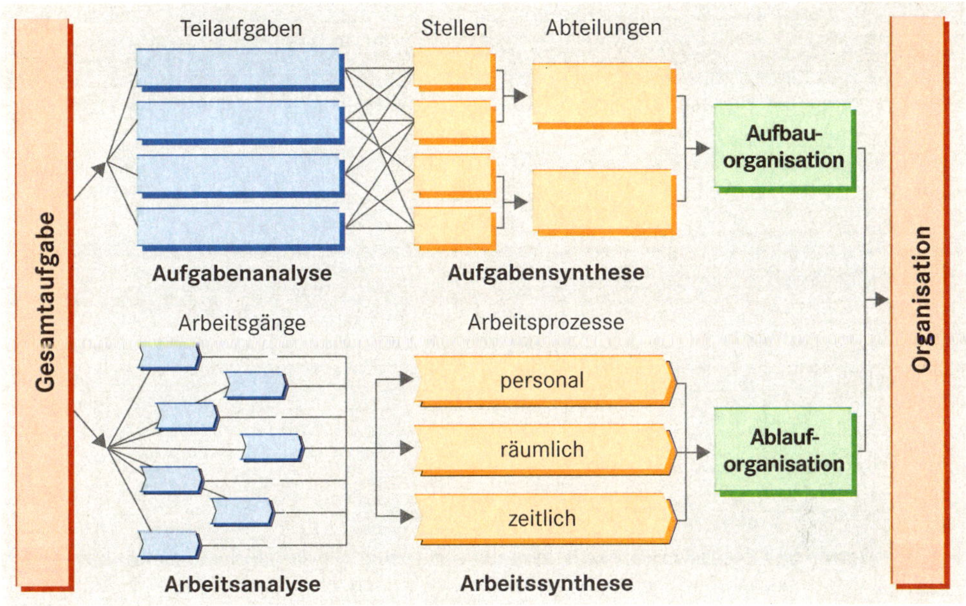

Schaubild 1.3: Von der Gesamtaufgabe zur Organisation
Quelle: Vahs, Dietmar, Organisation. Einführung in die Organisationstheorie und -praxis, 5. Aufl., Stuttgart 2005, S. 56

Voraussetzungen für Organisation

Die beiden wesentlichen Voraussetzungen für die Organisation eines Betriebs sind

1. **die Teilbarkeit von Aufgaben:** Eine Aufgabe wird von mehreren Personen arbeitsteilig erfüllt und muss daher in Teilaufgaben zerlegt werden.
2. **die regelmäßige Wiederholung gleicher Aufgaben:** Für jeden Mitarbeiter gültige, dauerhafte Regelungen sind nur dann sinnvoll und erforderlich, wenn sich die Aufgabenerfüllung wiederholt. Ergebnis ist dann, dass eine einheitliche Aufgabenerfüllung erreicht wird, zum Beispiel eine einheitliche Urlaubsplanung.

Organisationsgrundsätze

Bei der Gestaltung der betrieblichen Organisation sind die vier folgenden Grundsätze zu beachten:

1. Grundsatz des organisatorischen Gleichgewichts: Die Organisationsplanung ist die Festlegung allgemeiner, dauerhafter Regelungen für gleichartige Vorgänge. Die Disposition ist die planmäßige Regelung im Rahmen des Entscheidungsspielraums der Mitarbeiter für Einzelvorgänge. Improvisation schließlich ist eine außerplanmäßige Regelung von Einzelvorgängen.

BEISPIELE ▶ Planung, Disposition, Improvisation

- ▶ **Planung:** Bearbeitung von Aufträgen, Reisekostenabrechnung.
- ▶ **Disposition:** Bearbeitungsreihenfolge von Aufträgen.
- ▶ **Improvisation:** Ausgleichende Maßnahmen, wenn ein Unwetter zum Lieferungsausfall führt.

Bei all diesen organisatorischen Tätigkeiten ist darauf zu achten, dass weder zu wenige noch zu viele Regeln bestehen, das heißt, dass die Organisation weder zu flexibel noch zu starr ist. Beide Situationen führen zu Mehrkosten und zu Motivationsverlusten bei den Mitarbeitern. In der Praxis ist lediglich eine Annäherung an das Optimum möglich (Schaubild 1.4).

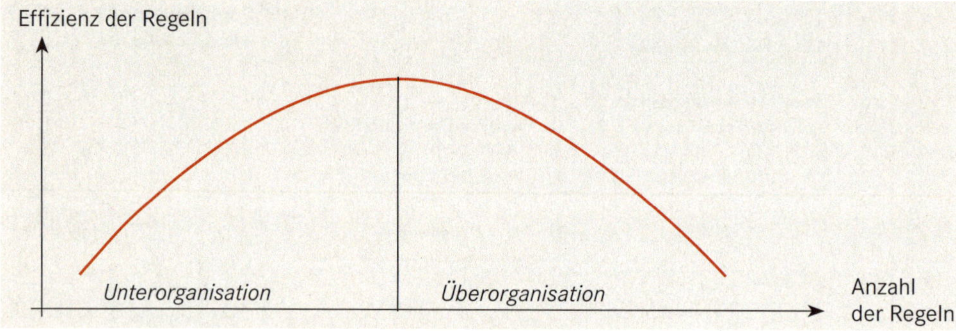

Schaubild 1.4: Die optimale Regelungsdichte der Organisation

2. Grundsatz der Zweckmäßigkeit: Organisatorische Regeln sind nur dann vorteilhaft, wenn sie der Zielsetzung des Unternehmens gerecht werden. Die Mitarbeiter können auf verschiedenen Wegen über die bestehenden Regeln informiert werden, zum Beispiel per Aushang, oder mittels der Verteilung schriftlich fixierter Richtlinien.

3. Grundsatz der Koordination: Alle organisatorischen Maßnahmen müssen in zeitlicher, räumlicher und personeller Hinsicht aufeinander abgestimmt werden.

4. Grundsatz der Wirtschaftlichkeit: Die betriebswirtschaftlichen Produktionsfaktoren müssen bei der Leistungserstellung durch die organisatorischen Regeln derart aufeinander abgestimmt werden, dass die Unternehmensziele zu so geringen Kosten wie möglich erreicht werden.

Organisationsziele

Die Organisationsziele werden von der Unternehmensleitung oder anderen Vorgesetzten festgelegt.

BEISPIELE ▶ Organisationsziele

Denkbare Organisationsziele sind:

- ▶ Personaleinsparungen, indem zwei Sekretärinnen durch eine Assistentin ersetzt werden;
- ▶ die Verkürzung der Bearbeitungszeit eines Auftrages von drei Tagen auf zwei Tage;
- ▶ die Senkung der Fehlerquote und damit der Häufigkeit von Kundenreklamationen;
- ▶ die Steigerung der Arbeitszufriedenheit und damit die Senkung der Krankenquote;
- ▶ die Erhöhung der Arbeitssicherheit beziehungsweise die Vermeidung von Arbeitsunfällen;
- ▶ die Humanisierung des Arbeitsumfeldes;
- ▶ die Senkung der Verwaltungskosten auf 10 % der Gesamtkosten;
- ▶ die Steigerung der Auftragseingänge um 5 %.

562012

Regelkreis der Organisation

Durch die Vorgabe von Zielen wird die Planung angestoßen. In dieser Phase wird darüber entschieden, mit welchen Maßnahmen die gegebenen Ziele voraussichtlich am besten zu erreichen sind. In der Realisierungsphase erfolgt die Umsetzung der Planungen. Im letzten Schritt erfolgt der Soll-Ist-Vergleich, das heißt der Vergleich zwischen den gesetzten Zielen und den durch die Umsetzung der geplanten Maßnahmen erreichten Ergebnissen.

Im Anschluss daran können, aufbauend auf den vorherigen Ergebnissen, neue Ziele gesetzt werden. Unter Umständen ist auch die Änderung der Organisation erforderlich, um eine Verbesserung der Ergebnisse zu erreichen (Schaubild 1.5).

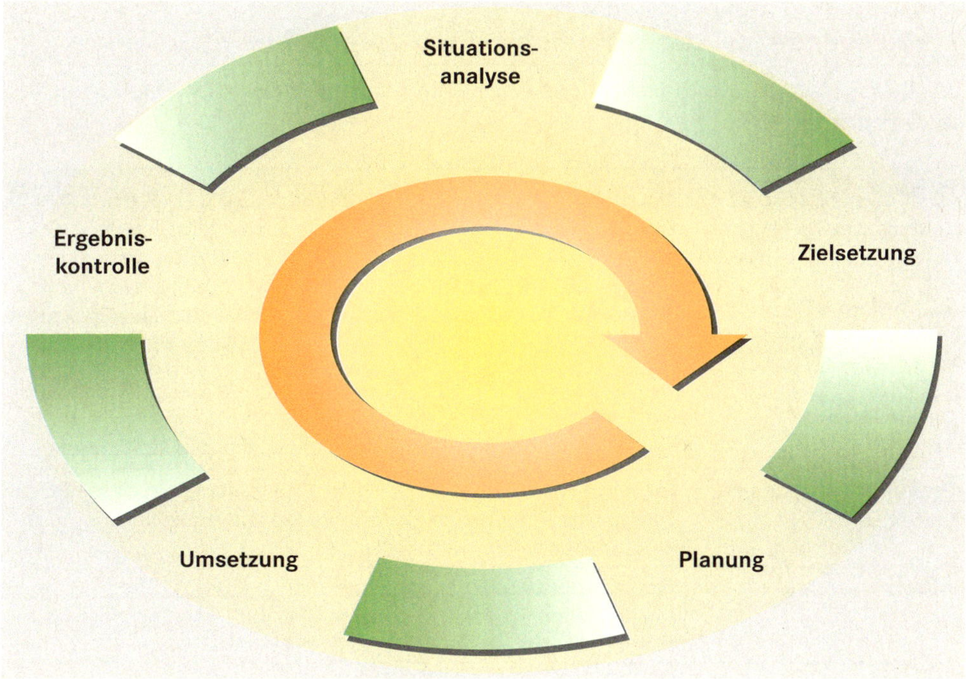

Schaubild 1.5: Der Regelkreis der Organisation

Bestimmungsfaktoren der Organisation

Die Gestaltung der betrieblichen Organisation wird von einer Reihe verschiedener Faktoren bestimmt. Dazu zählen

- **die Größe des Unternehmens:** Kleine und mittelständische Betriebe kommen meist mit wenigen Stellen aus, die dann unterschiedlichste Aufgaben bewältigen müssen. Grundlegende Aufgabenbereiche eines Unternehmens werden häufig in Personalunion bearbeitet. Der Vorteil einer geringen Unternehmensgröße besteht darin, dass die Organisation übersichtlich ist, die Anzahl der organisatorischen Regelungen begrenzt.

Großbetriebe erfordern zwingend eine formale Organisationsstruktur, da hier der Grad der Arbeitsteilung sehr viel höher ist.

- **gesetzliche Vorgaben:** Aufgrund gesetzlicher Vorgaben sind unter Umständen bestimmte Stellen zu bilden, zum Beispiel Gleichstellungsbeauftragte, Datenschutzbeauftragte, Sicherheitsbeauftragte.
- **Branchenzugehörigkeit:** Die Organisationsstruktur hängt auch davon ab, welche Produkte im Unternehmen hergestellt oder verarbeitet werden beziehungsweise welche Dienstleistungen das Unternehmen erstellt.

Grundlegende Funktionsbereiche eines Unternehmens

Tabelle 1.2 fasst die Funktionsbereiche eines Unternehmens zusammen, die Gegenstand der Organisation sind.

Funktion	Aufgaben
Leitung und Verwaltung	Entscheidungen zur Steuerung, Koordination und Überwachung des Zusammenwirkens aller Grundfunktionen. Im Kern ist die Leitungsaufgabe also die Führung des Unternehmens. Sie beinhaltet beispielsweise die Festlegung von Zielen und die Entscheidungen zur Bildung neuer Geschäftsfelder, zur Einstellung neuer Mitarbeiter oder zum Eingehen von Kooperationen.
Beschaffung	Bereitstellung der betriebswirtschaftlichen Produktionsfaktoren (Ausnahme: Personal), die für die Leistungserstellung benötigt werden.
Produktion/Leistungserstellung	Kombination der betrieblichen Produktionsfaktoren so, dass das gewünschte Produkt/die gewünschte Dienstleistung bestmöglich hergestellt/erbracht wird.
Absatz	Marktbezogene Lenkung von Produktion und Beschaffung, Verwertung des Produkt- beziehungsweise Dienstleistungsangebots am Markt.
Finanzierung, Rechnungswesen und Controlling	Versorgung des Unternehmens mit Finanzierungsmitteln, buchhalterische Erfassung der Geschäftsprozesse, Unterstützung der Unternehmensleitung bei ihren Entscheidungen und Planungen
Personalmanagement	Personalplanung, Personalbeschaffung, Personalbetreuung, Personalfreisetzung, Personalfortbildung

Tabelle 1.2: Funktionsbereiche des Unternehmens

Veränderungen der Organisation

Die Organisation eines Unternehmens sollte kein starres Gebilde sein, sondern sich ständig den **veränderten Bedingungen** außerhalb und innerhalb des Unternehmens anpassen. Geschieht dies nicht, so ist ein ineffizienter Einsatz von Personal und Sachmitteln die Folge.

BEISPIELE ▶ Anstöße für Änderungen der Organisation

Veränderungen **außerhalb** des Unternehmens sind:
- der Eintritt neuer Konkurrenten in den Markt,
- das Ausscheiden von Konkurrenten aus dem Markt,
- Fusionen von Mitbewerbern, Kunden oder Lieferanten,
- Veränderungen der allgemeinen Wirtschaftslage (konjunkturelle Veränderungen),
- neue technische Entwicklungen.

Veränderungen **innerhalb** des Unternehmens sind:
- die Einstellung neuer Mitarbeiter,
- der Weggang oder die Entlassung von Mitarbeitern,
- die Beschaffung neuer, technisch veränderter Produktionsmittel (als Folge des Einsatzes von Personal Computern fallen Sekretariatsstellen weg),
- die Bildung neuer Geschäftsfelder.

Bedeutsam ist auch die Anpassung der Organisation als Reaktion auf das **Wachstum des Unternehmens.** Kleinere Unternehmen, die langsam, aber stetig wachsen, werden in der Regel versuchen, mit den bestehenden Mitteln so weit wie möglich zu kommen. Allerdings muss ein Unternehmen, das seine Wettbewerbsfähigkeit erhalten will, auf die Anforderungen, die eine wachsende Nachfrage mit sich bringt, rechtzeitig regieren.

Veränderungen der Organisation bringen Unruhe in jedes Unternehmen, häufig verbunden mit Existenzängsten, und stellen auch an die Mitarbeiter besondere Anforderungen.

Im Zug der Einführung von **Qualitätsmanagementsystemen** (siehe Kapitel 5, Abschnitt 5.3) werden die Geschäftsprozesse im Unternehmen genau analysiert und beschrieben. Dabei werden häufig überflüssige Aufgaben, zum Beispiel Doppelarbeiten oder Umwege bei der Leistungserstellung, entdeckt. Auch solche Erkenntnisse ziehen organisatorische Veränderungen nach sich.

1.1.3 Aufbauorganisation

Aufgabengliederung

Der erste Schritt bei der Festlegung der Aufbauorganisation und des daraus folgenden Stellenplans ist die Aufgabenanalyse und -gliederung. Hier erfolgt die Zerlegung der Gesamtaufgabe in viele Teilaufgaben. Tabelle 1.3 fasst die verschiedenen denkbaren Kriterien zur Aufgabengliederung zusammen.

Kriterium	Leitfrage	Beispiel
Objekte/Produktbereiche	Woran ist etwas zu tun?	Lastkraftwagen, Personenwagen, Motorräder
Verrichtungen	Was ist zu tun?	Produktentwicklung, Beschaffung, Produktion, Absatz, Controlling
Phasen	In welcher Abfolge ist etwas zu tun?	Planung und Entscheidung, Durchführung, Kontrolle

(Fortsetzung s. folgende Seite)

(Fortsetzung)

Rangstufen/Entscheidungskompetenzen	Wer muss was tun?	Einkaufsleiter, Einkäufer, Lagerarbeiter
Kundengruppen	Für wen ist etwas zu tun?	Firmenkunden, Privatkunden
Regionen	Wo ist etwas zu tun?	Niedersachsen, Bremen, Hamburg

Tabelle 1.3: Kriterien der Aufgabengliederung

Aufgabensynthese und Stellenbildung

Stellen sind die kleinsten Organisationseinheiten in einem Unternehmen. Eine Stelle entsteht durch die Zusammenfassung von Teilaufgaben zu einem Arbeitsbereich für einen Beschäftigten des Unternehmens.

BEISPIELE ▶ Stellen

- Abteilungsleiter Personal,
- Sekretärin der Geschäftsleitung,
- OP-Schwester,
- Trainer,
- Einkäufer,
- Hausmeister.

Stellt man auf die Verteilung der Entscheidungskompetenzen in einem Unternehmen ab, so unterscheidet man zwischen

- **Linienstellen** beziehungsweise Stellen mit Leitungsaufgaben, deren Inhaber mit abgestuften Entscheidungs- und Weisungsbefugnissen ausgestattet sind (Instanzen, wie zum Beispiel Geschäftsleiter, Abteilungsleiter, Unterabteilungsleiter);
- **ausführenden Stellen,** deren Inhaber Anweisungen ausführen (zum Beispiel Einkäufer, Sekretärin, Mitarbeiter im Callcenter);
- **Stabsstellen** beziehungsweise Stellen, die als Hilfsstellen (Beratung oder Entscheidungsvorbereitung) zu Linienstellen eingerichtet werden. Deren Inhaber haben keine Entscheidungs- und Anordnungsbefugnis (zum Beispiel Pressesprecher, Assistentin der Geschäftsführung).

Grundsätzlich sollte die Stellenbildung „ad rem“ (sachbezogen) erfolgen, das heißt unabhängig von den zur Verfügung stehenden Mitarbeitern. Häufig, insbesondere in kleineren Unternehmen, erfolgt eine Stellenbildung jedoch „ad personam“ (personenbezogen), das heißt, die Stelle wird direkt auf die Qualifikationen zugeschnitten, die ein im Unternehmen Beschäftigter mitbringt.

Stellenbeschreibung

Die Stellenbeschreibung ist die verbindliche und möglichst in einheitlicher Form gefasste Beschreibung einer Stelle mit folgenden Inhalten:

- Bezeichnung der Stelle,
- Eingliederung der Stelle in den Betriebsaufbau,
- Ziele der Stelle,
- Aufgaben und Tätigkeiten des Stelleninhabers,
- Kompetenzen (Entscheidungs- und Weisungsbefugnisse),
- Anforderungen an die Person des Stelleninhabers (Qualifikationen, Berufserfahrung).

Tabelle 1.4 fasst die Funktionen einer detaillierten Stellenbeschreibung aus der Sicht des Mitarbeiters und des Arbeitgebers zusammen.

Funktionen für den Mitarbeiter	Funktionen für das Unternehmen
▶ Kenntnis der eigenen Aufgaben ▶ Kenntnis der an den Mitarbeiter gerichteten Erwartungen ▶ Information über die Einbindung in das Unternehmen	▶ Grundlage für die Stellenbewertung ▶ Überblick hinsichtlich der verteilten Aufgaben (macht Überschneidungen und fehlende Zuordnungen erkennbar)

Tabelle 1.4: Funktionen der Stellenbeschreibung

Die einem Stelleninhaber übertragenen formalen Rechte und Befugnisse werden als Kompetenzen bezeichnet. Aufgabe, Verantwortung und Kompetenz müssen möglichst übereinstimmen („kongruent sein", organisatorisches Kongruenzprinzip), damit der Stelleninhaber die ihm übertragenen Aufgaben bestmöglich erfüllen kann.

BEISPIEL ▶ Verantwortung und Kompetenz

Wird einem Mitarbeiter die Verantwortung für ein Projekt übertragen, ohne diesem zugleich entsprechende Entscheidungskompetenzen einzuräumen, so ist kaum zu erwarten, dass er seiner Verantwortung für den Projekterfolg gerecht werden kann.

Stellenbesetzung

Aufgrund der in der Stellenbeschreibung festgelegten Punkte kann nun die Besetzung erfolgen. Hierfür ist die Personalabteilung zuständig, in kleineren Unternehmen übernimmt diese Aufgabe allerdings meist der Unternehmer selbst. Wird die zu besetzende Stelle intern ausgeschrieben und mit einem eigenen Mitarbeiter besetzt, so spricht man von einer **internen Stellenausschreibung.** Wird sie extern ausgeschrieben und mit einem neuen Mitarbeiter besetzt, so handelt es sich um eine **externe Stellenbesetzung.**

In Unternehmen mit mehr als 20 Arbeitnehmern hat der Arbeitgeber den Betriebsrat (sofern ein solcher vorhanden ist) vor jeder Einstellung und Eingruppierung in eine Lohngruppe, vor jeder Umgruppierung in eine andere Lohngruppe und vor jeder Versetzung zu unterrichten. Der Betriebsrat kann verlangen, dass Arbeitsplätze, die besetzt werden sollen, vor ihrer Besetzung intern ausgeschrieben werden.

Abteilungsbildung

Um ein koordiniertes und zielgerichtetes Handeln der Beschäftigten in einem Unternehmen sicherzustellen, müssen zwischen den Stellen dauerhafte Kommunikations- und Weisungsbeziehungen festgelegt werden, das heißt, es muss ein Leitungssystem gebildet werden, das die einzelnen Stellen zu verschiedenen größeren Organisationseinheiten beziehungsweise Abteilungen zusammenfasst.

Die Organisationsstruktur des Unternehmens kann abgebildet werden, indem die Stellen beziehungsweise Abteilungen durch Linien miteinander verbunden werden. Diese bezeichnen von oben nach unten gesehen die Anordnungswege und von unten nach oben gesehen die Mitteilungs- und Berichtswege.

Grundsätzlich unterscheidet man drei Leitungssysteme:

- Einlinienorganisation,
- Stab-Linien-Organisation,
- Mehrlinienorganisation.

Im Rahmen der **Einlinienorganisation** erhalten die Mitarbeiter jeweils nur von ihren unmittelbaren Vorgesetzten Weisungen und es dürfen keine Instanzen übersprungen werden. Die Vorteile dieser Organisationsform liegen in der Eindeutigkeit der hierarchischen Ordnung, der Informationswege und der Aufgabenzuteilung sowie in der Einfachheit der Kontrollmöglichkeiten. Anderseits ist diese Form der Aufbauorganisation sehr starr und sehr schwerfällig: Die Kommunikationswege sind lang, die Machtverhältnisse und dementsprechend auch die Abhängigkeiten sind stark ausgeprägt, zudem ist die Arbeitsbelastung der Instanzen hoch.

Die **Stab-Linien-Organisation** ist eine Variante der Einlinienorganisation. Hier werden die Linien (zum Beispiel die Geschäftsführung) durch Stabsstellen, das heißt durch Hilfsstellen ohne Entscheidungs- und Weisungsbefugnisse (zum Beispiel Pressesprecher), unterstützt. Dadurch werden die Leitungsstellen entlastet. Anderseits kann es zu Konflikten mit den Mitarbeitern auf den Stabsstellen kommen, da diese aufgrund ihrer fachlichen Kompetenzen einen wichtigen Einfluss auf die Entscheidungen im Unternehmen ausüben und versucht sind, daraus Machtansprüche abzuleiten.

Die **Mehrlinienorganisation** ist dadurch gekennzeichnet, dass die untergeordneten Stellen Weisungen von mehreren Instanzen erhalten. Auch dies führt zu einer Entlastung der Führungskräfte und zu einer direkteren und schnelleren Kommunikation. Zudem ist davon auszugehen, dass die Qualität der Entscheidungen durch die Beteiligung mehrerer Verantwortlicher wächst. Andererseits kann es zu Unschärfen bei der Abgrenzung von Aufgaben und Verantwortlichkeiten und dadurch bedingt zu Meinungsverschiedenheiten im Hinblick auf bestimmte Kompetenzen kommen. Zudem entsteht ein höherer Abstimmungsbedarf als bei der Einlinienorganisation. Eine spezifische Ausprägung der Mehrlinienorganisation ist die **Matrixorganisation.** Hier sind die Weisungsbeziehungen nach Funktionen (zum Beispiel Entwicklung, Beschaffung, Produktion, Marketing, Controlling) und innerhalb der Funktionen nach Produkten oder Projekten geordnet. Auch die **Spartenorganisation** oder **divisionale Organisation** ist eine Mehrlinienorganisation. Sie beruht jedoch nicht primär auf der Untergliederung des Unternehmens nach Funktionen, sondern nach Objekten (wie zum Beispiel regionalen Absatzgebieten oder Produktbereichen). In jeder Sparte oder Division werden alle anfallenden Verrichtungen beziehungsweise Funktionen im Rahmen der eigenverantwortlichen Spartenleitung ausgeführt. Der wichtigste Vorteil dieser Organisationsform besteht darin, dass die einzelnen Sparten, die durch ihre Spezialisierung näher an den jeweiligen Absatzmärkten stehen als die funktionalen Abteilungen, aufgrund ihrer Eigenständigkeit ihre besseren Marktkenntnisse im Entscheidungsprozess unmittelbar zur Geltung bringen können. Andererseits birgt sie die Gefahr von Ineffizienzen aufgrund von Doppelverrichtungen (beispielsweise in der Forschung und Entwicklung) und aufgrund der Tendenz zur Verselbstständigung der Sparten gegenüber der Unternehmensspitze.

Leitungsspanne und Leitungstiefe

- Die **Leitungsspanne** bezeichnet die Anzahl der Mitarbeiter, die einer Instanz direkt unterstellt sind.
- Die **Leitungstiefe** ist die Anzahl der Hierarchieebenen eines Unternehmens.

Die Leitungsspanne wächst, wenn mehr Mitarbeiter gleichartige Tätigkeiten ausführen und/oder wenn mehr Aufgaben an Mitarbeiter delegiert werden. Je größer die Leitungsspanne ist, umso größer sind auch die Anforderungen, die an die Führungskräfte gestellt werden. Bei gegebener Unternehmensgröße ist die Leitungstiefe umso geringer, je stärker die Kompetenzen dezentralisiert sind, das heißt, je größer die Leitungsspannen sind.

1.1.4 Ablauforganisation

Aufgaben

Bei der Gestaltung der Ablauforganisation werden Arbeitsvorgänge hinsichtlich ihrer räumlichen und zeitlichen Abfolge geordnet und gestaltet und zu Arbeitsabläufen (Prozessen) zusammengefasst. Gleichzeitig werden ausführende Stellen (Mitarbeiter) und Betriebsmittel (Maschinen, Werkzeuge, sonstige Arbeitsmittel) für die Durchführung der Abläufe festgelegt.

Bei der Gestaltung der Ablauforganisation sind zwei Ziele maßgeblich: Zum einen soll eine hohe Auslastung der Kapazitäten erreicht werden, zum anderen sollen die Durchlaufzeiten so kurz wie möglich sein. Diese beiden Ziele lassen sich nicht immer leicht in Einklang miteinander bringen.

BEISPIEL ▶ Zielkonflikt in der Ablauforganisation

Werden die Bearbeitungszeiten einzelner Vorgänge durch Änderungen der Ablauforganisation verkürzt, so lassen sich die im Unternehmen vorhandenen Kapazitäten (Personal und Sachmittel) nur auslasten, wenn die Zahl der Aufträge des Unternehmens wächst.

Eine Übereinstimmung beider Ziele erreicht man in Phasen der Hochkonjunktur, wenn die Nachfrage die Produktionsmenge übersteigt und durch eine Verkürzung der Produktionszeiten Kapazitäten frei werden, die dann zur Bearbeitung zusätzlicher Aufträge genutzt werden können.

Reorganisation von Abläufen

Organisatorische Regeln sollten regelmäßig an veränderte Rahmenbedingungen angepasst werden. Nur dann ist es möglich, Verschwendung und Misswirtschaft aufgrund organisatorischer Mängel zu vermeiden. Sämtliche Prozesse sollten in regelmäßigen Abständen hinsichtlich ihrer Zweckmäßigkeit und Effizienz (Aufwand-Ergebnis-Beziehung) hinterfragt werden.

In der unternehmerischen Praxis gibt es zwei wichtige Anlässe, die zu Anpassungen führen:

- Neuorganisation (Gründung eines neuen Betriebs, Fusion),
- Reorganisation (Einführung technischer Neuerungen, Wachstum des Betriebs, Verkleinerung des Betriebs).

In den letzten 20 Jahren hat der Einzug der Personal Computer in die Betriebe zu massiven organisatorischen Änderungen geführt. Schreibbüros innerhalb der Betriebe wurden von einem Tag auf den anderen überflüssig. Dies hat zu Entlassungen im Sekretariatsbereich und zu Änderungen der Geschäftsabläufe geführt. Mitarbeiter schreiben heute ihre Briefe am PC selbst.

Organisationsentwicklung

Lernende Organisation

Eine **lernende Organisation** ist eine Organisation, in der die internen Abläufe ständig hinterfragt werden und deren Mitarbeiter ein Eigeninteresse daran haben, Verbesserungen in das Unternehmen einzubringen. Wandel wird als positiv empfunden und nicht als störende Umstellung von gewohnten Abläufen.

In einer lernenden Organisation ist es selbstverständlich, miteinander zu kooperieren, gemeinsame Ziele zu verfolgen und Veränderungen mitzutragen. Probleme werden als Chancen, die Weiterentwicklung der Organisation als Daueraufgabe verstanden (Schaubild 1.6).

Methoden der Ist-Aufnahme

Vor der Entscheidung für oder gegen eine Veränderung der Organisation steht eine Aufnahme des Ist-Zustandes. Diese Analyse kann sowohl von eigenen Mitarbeitern als auch von externen Kräften – zum Beispiel von Mitarbeitern einer Unternehmensberatung – durchgeführt werden. Durch die Aufnahme des Ist-Zustandes können Stärken und Schwächen der betriebsinternen Abläufe festgestellt und formuliert werden. Aufgrund dieser Ergebnisse können Veränderungen geplant werden.

Ein gutes Hilfsmittel für die Organisationsentwicklung, hin zu einer lernenden Organisation, ist das betriebliche Vorschlagswesen. Hierbei haben Mitarbeiter die Möglichkeit, Verbesserungsvorschläge einzureichen, die gegebenenfalls auch prämiert werden können.

Die gängigsten Methoden der Ist-Aufnahme einer Organisation sind

- die Befragung,
- die Beobachtung,
- der Bericht in Form einer Selbstaufschreibung.

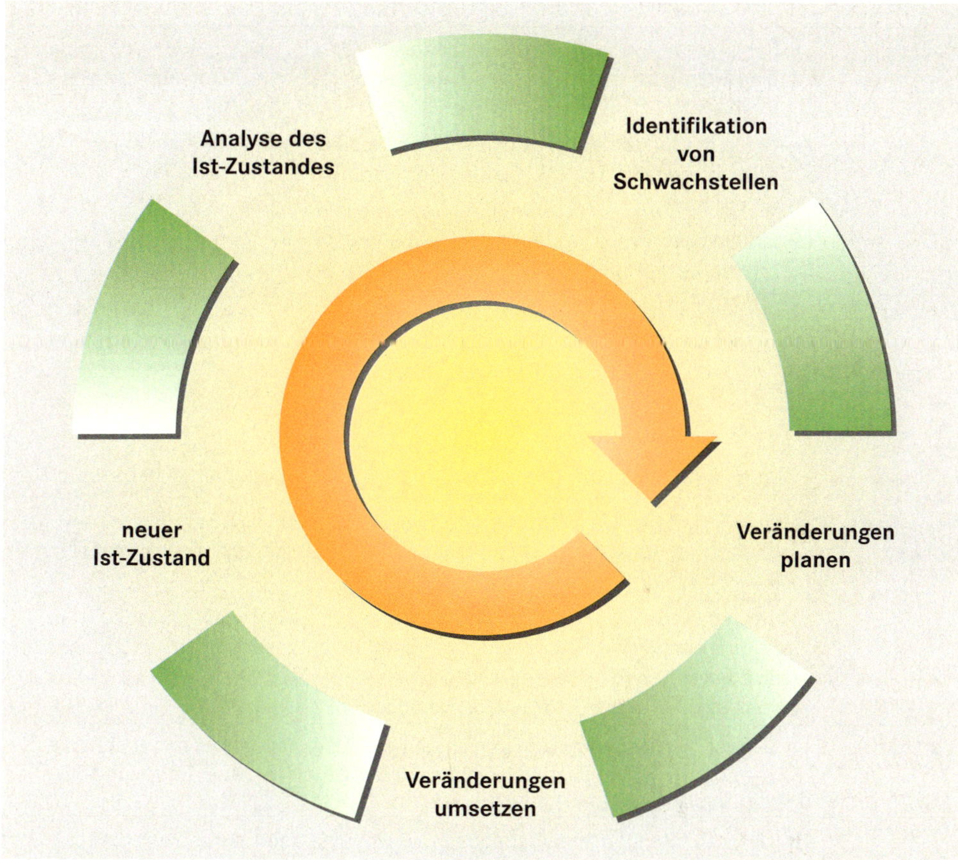

Schaubild 1.6: Der Kreislauf der Organisationsentwicklung

Die Tabellen 1.5 bis 1.7 fassen die Formen, Vor- und Nachteile der drei Methoden zusammen.

Formen	mündlich (Interview)	schriftlich	telefonisch
Vorgehensweise	Der Interviewer stellt Fragen und zeichnet die Antworten auf.	Fragebögen werden verschickt oder verteilt.	Der Interviewer stellt am Telefon Fragen und notiert die Antworten.
Vorteile	▶ Face-to-Face, direkter Kontakt zwischen den beiden Personen ▶ Fragen können gleich beantwortet werden. ▶ Genau die Person beantwortet die Fragen, mit der man sprechen möchte.	▶ im Vergleich zu Interviews relativ kostengünstig ▶ Einflussnahme des Interviewers nicht möglich	▶ relativ niedrige Kosten ▶ Rückfragen können beantwortet werden. ▶ keine Face-to-Face-Situation ▶ Der Befragte bleibt in seiner gewohnten Umgebung.

(Fortsetzung s. folgende Seite)

(Fortsetzung)

Nachteile	▶ hoher Zeitaufwand für die Durchführung der Interviews ▶ Damit verbunden sind hohe Personalkosten (Interviewer). ▶ Einflussnahme des Interviewers möglich	▶ Verständnisfragen des Befragten bleiben unbeantwortet. ▶ Einflussnahme durch andere Personen ▶ in der Regel eine geringe Rücklaufquote (ca. 25 %)	▶ Problem der Kontaktherstellung per Telefon ▶ Einfluss des Interviewers möglich

Tabelle 1.5: Methoden der Ist-Aufnahme – die Befragung

Formen	offene und verdeckte Beobachtung	strukturierte und unstrukturierte Beobachtung	teilnehmende und nicht teilnehmende Beobachtung
Vorgehensweise	Offene Form: Der Mitarbeiter weiß, dass er beobachtet wird. Verdeckte Form: Der Mitarbeiter weiß nicht, dass er beobachtet wird.	Strukturierte Form: Es ist genau festgelegt, was alles beobachtet wird. Unstrukturierte Form: Sammlung von Eindrücken (erste Beobachtung – Überblick verschaffen)	Aktiv teilnehmende Form: Der Beobachter wirkt selbst mit. nicht teilnehmende Form: passive Rolle des Beobachters
Vorteile	▶ Bei der Beobachtung ist man nicht auf die Zusammenarbeit mit dem Mitarbeiter angewiesen (zum Beispiel Auskünfte geben bei einer Befragung oder Schreiben eines Berichtes). ▶ Unter Umständen können Beobachtungen ohne Kenntnis der Mitarbeiter durchgeführt werden. Dieses Verfahren ist allerdings für die Umsetzung von organisatorischen Veränderungen eher kontraproduktiv! Je eher Mitarbeiter in einen Veränderungsprozess mit einbezogen werden, desto besser sind die langfristigen Erfolgschancen. ▶ Es können Sachverhalte festgestellt werden, die durch eine Befragung nicht ermittelt werden können (zum Beispiel Feststellung von Bewegungen der Mitarbeiter bei der Leistungserstellung). ▶ Je länger die Beobachtung dauert, desto eher können Verfälschungen durch die Mitarbeiter bei der Ausübung ihrer Tätigkeiten ausgeschlossen werden (Menschen können sich nicht so lange verstellen).		
Nachteile	▶ Mitarbeiter können sich kurzfristig anders verhalten. ▶ Mitarbeiter sammeln womöglich vor Beginn der Beobachtung Arbeiten an, um sie während des Beobachtungszeitraums durchzuführen (Ergebnis: höhere Auslastung während der Beobachtung, geringe Arbeitsbelastung vor und nach der Beobachtung). ▶ relativ hohe Kosten ▶ Ausübung von psychischem Druck auf Mitarbeiter (zum Beispiel Angst vor Fehlern oder Angst vor Arbeitsplatzverlust)		

Tabelle 1.6: Methoden der Ist-Aufnahme – die Beobachtung

Formen	Tagesbericht	Tätigkeitsbericht
Vorgehensweise	Die Mitarbeiter notieren alle Tätigkeiten, die sie während des Erfassungszeitraumes ausüben (zum Beispiel zwei Wochen lang und für jeden Tag ein Blatt).	Hierbei handelt es sich um einmalige Aufzeichnungen aufgrund von Erfahrungswerten (Bezug zur Vergangenheit).
Vorteile	▶ Die Mitarbeiter schreiben ihre Berichte selbst – die Auswertung erfolgt dann mithilfe des Computers. ▶ geringer Zeitaufwand ▶ Saisonale Schwankungen können berücksichtigt werden.	
Nachteile	▶ Gefahr, dass Mitarbeiter falsche Angaben machen ▶ Widerstände wegen der Anfertigung von Berichten ▶ Gefahr, dass Tätigkeiten vergessen werden ▶ Neuerungen werden unter Umständen nicht angemessen berücksichtigt.	

Tabelle 1.7: Methoden der Ist-Aufnahme – die Selbstaufschreibung

Ablaufplanung

In einem Arbeitsablaufplan wird ein Arbeitsablauf mithilfe von Symbolen gegliedert. Mögliche Teilschritte sind: Bearbeitung, Transport/Informationsübertragung, Kontrolle, Verzögerung, Ablage/Lagerung (Schaubild 1.7).

Durch diese Art der Darstellung können Wege und Zeiten abgelesen werden. Dies kann wiederum Basis für Verbesserungsvorschläge sein. Allein die entsprechende Darstellung altbewährter Prozesse stößt unter Umständen bereits einen Änderungsprozess an. Das Vertrauen auf die Aussage „Das haben wir schon immer so gemacht“ kann hingegen jedes Unternehmen sehr viel Geld kosten.

Raumorientierte Planung

Bei der raumorientierten Planung geht es um die optimale Gestaltung der Arbeitsabläufe innerhalb eines Raumes. Dabei werden die Arbeitsplätze und Abteilungen so eingerichtet, dass unnötige Wegstrecken eingespart und damit die Kosten gesenkt werden können. In der Industrie gibt es dazu unterschiedliche Konzepte, wie zum Beispiel die Fließfertigung oder das Konzept der Fertigungsinseln. Bei kaufmännischen oder administrativen (verwaltenden) Tätigkeiten geht es um die räumliche Anordnung der Büros und Abteilungen.

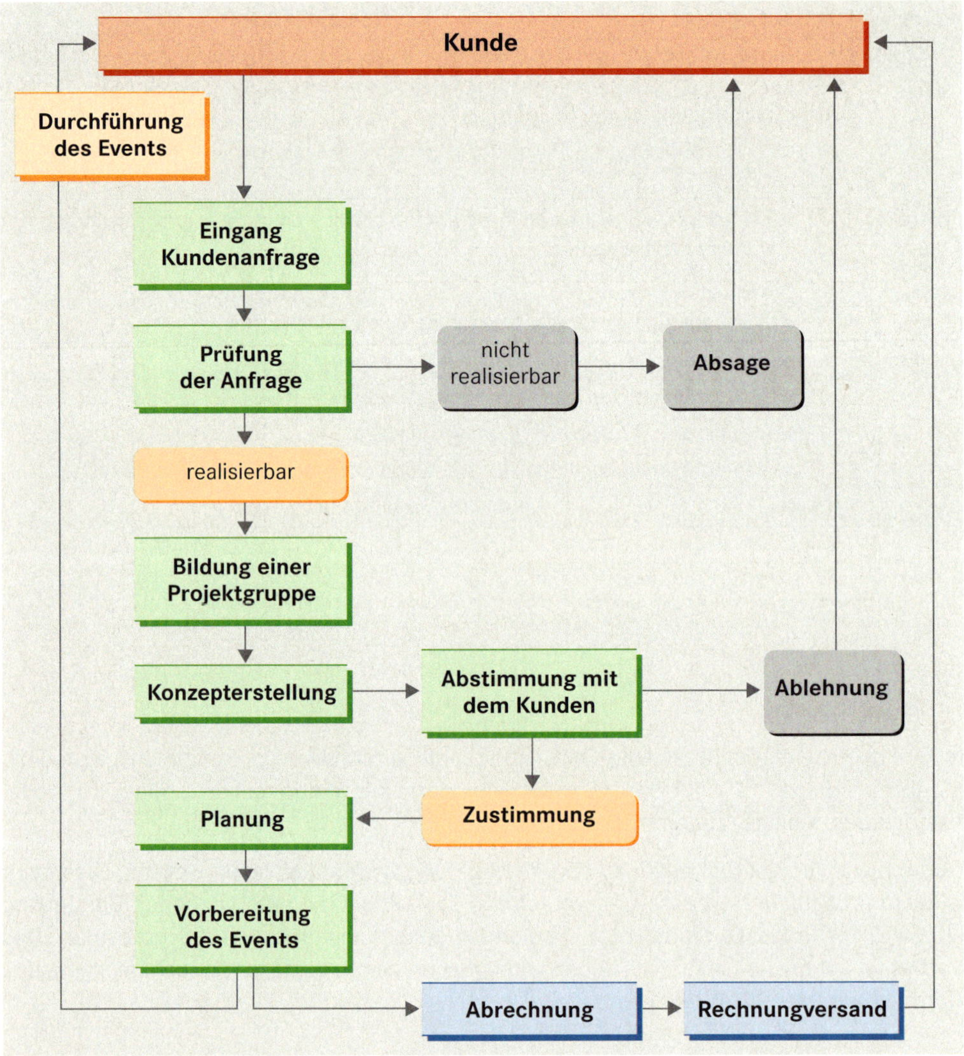

Schaubild 1.7: Bearbeitung einer Kundenanfrage am Beispiel einer Veranstaltungsagentur

Instrumente der zeitorientierten Planung

Die gängigsten Instrumente der zeitbezogenen Planung sind das Gantt-Diagramm und der Netzplan. Das **Gantt-Diagramm** ist ein nach seinem Erfinder, dem Ingenieur Henry Lawrence Gantt, benanntes Balkendiagramm. Es eignet sich hervorragend zur Terminplanung und Terminkontrolle eines Projektes oder auch zur Darstellung anderer Planungen, wie etwa der Urlaubsplanung innerhalb einer Abteilung.

Aus dem Gantt-Diagramm lassen sich die Dauer einzelner Vorgänge/Planungen, deren Anfangs- und Endzeitpunkte, parallele Arbeiten/Urlaubsplanungen und die Gesamtdauer eines Projektes oder Vorgangs ablesen.

BEISPIEL ▶ Gantt-Diagramm

Schaubild 1.8 zeigt das Beispiel einer Urlaubsplanung der Trainingsabteilung der Firma Well & Fit e. K. mit fünf Trainerinnen und Trainern. (Die Firma wird in Kapitel 5, Abschnitt 5.1.3 ausführlich vorgestellt.)

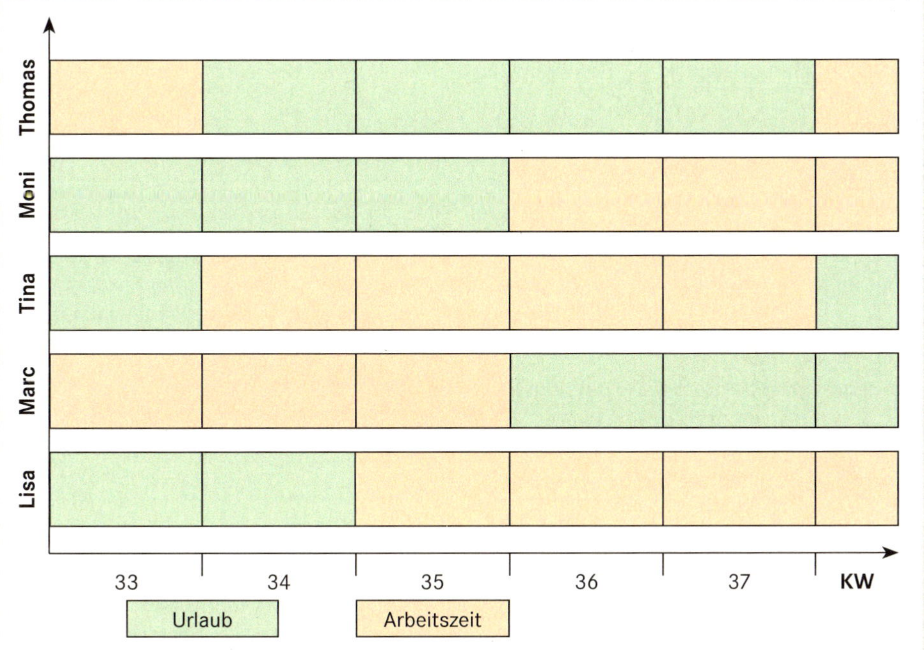

Schaubild 1.8: Urlaubsplanung im Fitnesscenter Well & Fit e. K., Trainingsabteilung

Auf der senkrechten Achse sind die einzelnen Personen, auf der waagerechten Achse die Zeiteinheiten eingetragen. Mögliche Einheiten sind Tage, Kalenderwochen (KW) oder Monate.

Der **Netzplan** ist das geeignete Instrument zur Planung, Steuerung und Überwachung komplexer Vorhaben mit vielen Teilvorgängen. Zu komplexen Vorhaben gehören Projekte wie der Bau eines Schiffes, eines Fertighauses oder eines Konzertarrangements.

Durch einen Netzplan, der sich auch am Computer erstellen lässt – zum Beispiel mithilfe der Software MS Project –, werden die logischen und zeitlichen Verknüpfungen von Tätigkeiten, die voneinander abhängen und die sich gegebenenfalls wechselseitig beeinflussen, bildlich dargestellt und aufeinander abgestimmt. Durch dieses Verfahren werden Anfangs- und Endzeitpunkte des gesamten Projektes sowie jedes Teilprojektes bestimmt, Zeitpuffer ermittelt, parallele Aufgaben festgestellt und Engpässe identifiziert. Durch die detaillierte Planung können etwaige Engpässe frühzeitig erkannt und durch ausgleichende Maßnahmen (wenn vorhersehbar auch eher mit geringen Kosten verbunden) behoben werden.

Tabelle 1.8 fasst wichtige Begriffe der Netzplanung zusammen.

Begriff	Erläuterung
Frühester Anfangszeitpunkt (FAZ)	Zeitpunkt, zu dem ein Vorgang frühestens beginnen kann
Frühester Endzeitpunkt (FEZ)	Zeitpunkt, zu dem ein Vorgang frühestens enden kann
Spätester Anfangszeitpunkt (SAZ)	Zeitpunkt, zu dem ein Vorgang spätestens beginnen kann
Spätester Endzeitpunkt (SEZ)	Zeitpunkt, zu dem ein Vorgang spätestens enden kann
Gesamtpuffer	Differenz zwischen dem Zeitpunkt, in dem ein Vorgang frühestens anfangen kann, und dem Zeitpunkt, in dem er spätestens anfangen muss
Freier Puffer	Zeitspanne, um die ein Vorgang verlängert werden kann, ohne dass ein nachfolgender Vorgang aus seiner frühesten Lage verdrängt wird
Kritischer Pfad	der Weg, für den keine Pufferzeiten zur Verfügung stehen (Engpass). Eine Verzögerung eines Teilvorgangs hat immer eine gleiche Auswirkung auf den Endzeitpunkt des Projektes.

Tabelle 1.8: Kernbegriffe der Netzplanung

BEISPIEL ▶ Netzplan

Ein Projekt wird am 2. Januar gestartet. Es besteht aus den vier Teilvorhaben A bis D. Bevor das Teilvorhaben C begonnen werden kann, müssen die Teilvorhaben A und B abgeschlossen sein. Die Durchführung von A beansprucht zehn Arbeitstage, die Durchführung von B und C 14 Tage, von D sechs Tage. Die Mindestlaufzeit des Projektes beträgt somit 34 Arbeitstage. Der Auftraggeber möchte das Projekt am 22. Februar abnehmen. Samstags und sonntags ruht die Arbeit.

Schaubild 1.9 illustriert den Aufbau des Netzplans.

In der Vorwärtsrechnung wird der früheste Fertigstellungszeitpunkt (FEZ) ermittelt. Dieser beruht auf der geschätzten Dauer der einzelnen Vorgänge beziehungsweise Teilprojekte und ihrer Abfolge. Im Beispiel ist dieser Zeitpunkt der 17. Februar.

In der Rückwärtsrechnung wird der späteste Anfangszeitpunkt ermittelt. Da Vorhaben D einen Puffer von drei Tagen hat, kann der Start des Projektes bis zum 5. Januar verschoben werden. Der kritische Pfad verläuft dort, wo keine Pufferzeiten zur Verfügung stehen. Er ist durch die hervorgehobenen Pfeile gekennzeichnet. Hier gibt es keinen Spielraum bis zum Start des Teilprojektes, das von der Fertigstellung des vorhergehenden abhängt. Nimmt beispielsweise Vorhaben B mehr als die geschätzten 14 Tage in Anspruch, so bedeutet dies eine entsprechende Verzögerung des frühesten Fertigstellungszeitpunkts des Gesamtvorhabens. Um die Gefahr einer Verzögerung zu verringern, könnte der Projektleiter den Puffer für Vorhaben D um einen Tag verkürzen und dafür den Vorhaben C und B eine entsprechende Pufferzeit einräumen. Deren späteste Endzeitpunkte würden sich dann um einen Tag – vom 19. auf den 20. Januar beziehungsweise vom 9. auf den 10. Februar verschieben.

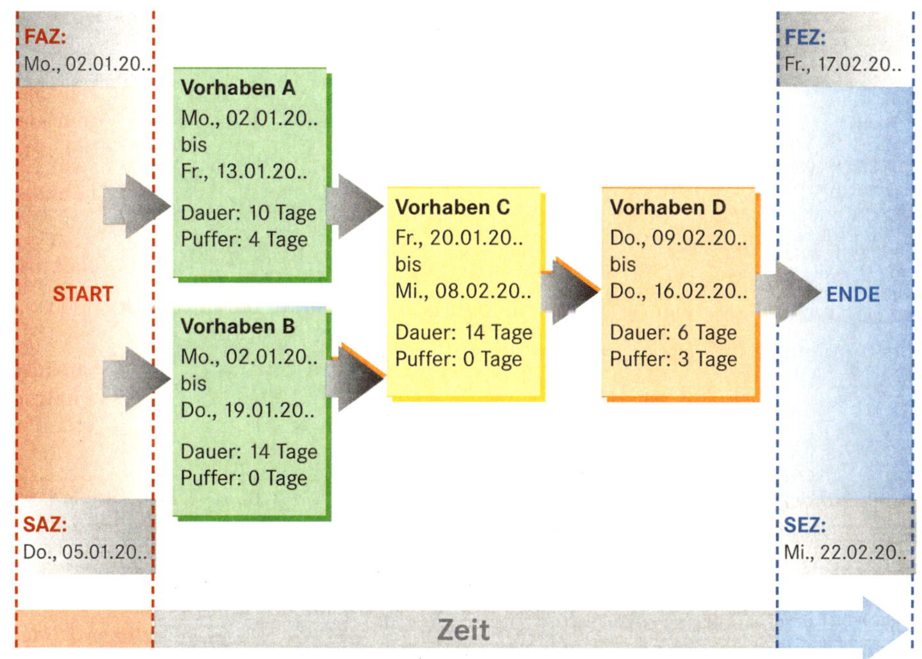

Schaubild 1.9: Netzplan für ein Projekt mit vier Teilprojekten

Bei der Planung des zeitlichen Ablaufs eines Projektes und bei der Überwachung der Projektabläufe sind insbesondere die folgenden Punkte von Bedeutung:

1. Die einzelnen Bearbeitungszeiten sollten realistisch geplant werden. Die Planung von Zeitpuffern bei jeder kleinen Tätigkeit führt zu einer Verlängerung des Gesamtprojektes, verteuert das Projekt und kann unter Umständen zur Folge haben, dass ein Auftrag nicht erteilt wird.
2. Projektleiter müssen insbesondere auf die Einhaltung aller Termine auf dem kritischen Pfad achten, da sonst der prognostizierte Endzeitpunkt nicht eingehalten werden kann.
3. Freie Zeiten auf anderen Wegen bedeuten freie Kapazitäten (zum Beispiel Personal, Betriebsmittel). Diese Kapazitäten können womöglich in anderen Projekten eingesetzt werden, bei Störungen auf dem kritischen Pfad aushelfen oder anderen Aufgaben innerhalb des Gesamtprojektes zugewiesen werden. Es ist natürlich auch möglich, eine Tätigkeit, für die beispielsweise drei Tage angesetzt sind und die in einem Zeitraum von 14 Tagen durchgeführt werden soll, innerhalb dieses Zeitintervalls je nach Bedarf hin und her zu schieben. In diesem Fall hat der Projektleiter einen Handlungsspielraum.

1.2 Rechtsrahmen und Unternehmensformen

1.2.1 Rechtliche Rahmenbedingungen der Unternehmensführung

Rechtsordnung

Die Rechtsordnung umfasst die beiden Rechtsgebiete öffentliches Recht und Privatrecht. Sie beruht auf den folgenden Rechtsquellen:

- geschriebenes Recht,
- Gewohnheitsrecht,
- Richterrecht.

Geschriebenes Recht

Geschriebenes Recht ist gesetztes Recht, das heißt, es ist von staatlichen Organen – in der Regel vom Gesetzgeber, zum Teil von den staatlichen Verwaltungsbehörden – in einer bestimmten Form erlassen worden.

Die **Verfassung**, in Deutschland als Grundgesetz (GG) bezeichnet, regelt die rechtliche und politische Grundordnung und bietet somit den grundlegenden Rechtsrahmen. In der Präambel des Grundgesetzes heißt es: „Im Bewusstsein seiner Verantwortung vor Gott und den Menschen, von dem Willen beseelt, als gleichberechtigtes Glied in einem vereinten Europa dem Frieden der Welt zu dienen, hat sich das Deutsche Volk kraft seiner verfassungsgebenden Gewalt dieses Grundgesetz gegeben."

Gesetze sind auf der Basis der Verfassung vom Parlament (der Legislative) verabschiedete rechtliche Grundlagen. **Rechtsverordnungen** (Artikel 80 GG) sind demgegenüber ergänzende Bestimmungen zu den Gesetzen, die von den Organen der staatlichen Verwaltung (Exekutive) erlassen werden.

BEISPIEL ▶ Gesetz und Rechtsverordnung

Die unmittelbare gesetzliche Grundlage zur Erhebung der Einkommensteuer ist das Einkommensteuergesetz (EStG). Ergänzend dazu gilt die Einkommensteuer-Durchführungsverordnung (EStDV).

Satzungen im öffentlichen Recht regeln die Rechtsverhältnisse öffentlich-rechtlicher Körperschaften, wie zum Beispiel von Gemeinden oder staatlichen Universitäten.

Gewohnheitsrecht

Gewohnheitsrecht ist ungeschriebenes Recht, das aus langer tatsächlicher Ausübung und allgemeiner Anerkennung seiner Verbindlichkeit resultiert.

Innerbetrieblich wird das Gewohnheitsrecht auch als „betriebliche Übung" bezeichnet.

BEISPIEL ▶ Gewohnheitsrecht

Hat der Arbeitgeber in drei aufeinanderfolgenden Jahren Weihnachtsgeld in gleicher Höhe gezahlt und hat er bei der Zahlung nicht klargestellt, dass hieraus kein Rechtsanspruch auf eine Zahlung auch im aktuellen Jahr entsteht, so erwirbt der Arbeitnehmer einen gewohnheitsrechtlichen Anspruch auf Weihnachtsgeld.

Richterrecht

Richterrecht ist die von der Rechtsprechung (Judikative) vorgenommene Fortentwicklung des Rechts. Im Richterrecht werden Gesetzeslücken gefüllt und unbestimmte Rechtsbegriffe konkretisiert.

BEISPIELE ▶ Richterrecht

- Die sogenannte Düsseldorfer Tabelle ist ein Hilfsmittel für Familienrichter, das zur Ermittlung eines angemessenen Unterhalts verwendet wird. Sie wurde von Richtern der Familiensenate der Oberlandesgerichte Düsseldorf, Köln und Hamm sowie von der Unterhaltskommission des Deutschen Familiengerichtstages e. V. zur Vereinheitlichung der Rechtsprechung entwickelt.
- Die sogenannte Frankfurter Tabelle wird vom Landgericht Frankfurt verwendet, um Reisepreisminderungen aufgrund von Mängeln, etwa in der Unterkunft oder in der Verpflegung, zu berechnen. Sie dient als Richtschnur auch für andere Gerichte.

www.rechtspraxis.de
(Rubrik „Reiserecht" – „Informationen")
WWW

Öffentliches Recht und Privatrecht

Das öffentliche Recht basiert auf dem Prinzip der Über- und Unterordnung (Subordinationsverhältnis). Es regelt zum einen die Rechtsverhältnisse der öffentlichen Gewalten untereinander, zum anderen das Verhältnis des Einzelnen zu den Trägern der öffentlichen Gewalt.

BEISPIELE ▶ Regelungsbereiche des öffentlichen Rechts

- Das Grundgesetz regelt hinsichtlich des Gesetzgebungsverfahrens die Kompetenzverteilung zwischen dem Bund und den Ländern sowie das konkrete Gesetzgebungsverfahren für den Bund (Artikel 67 ff. GG). Zu den Gesetzgebungsverfahren der Länder sind Bestimmungen in den jeweiligen Landesverfassungen zu finden.
- Der Unternehmer muss aufgrund der Steuergesetze seinen Gewinn versteuern.
- Der Auszubildende hat das Grundrecht der freien Berufswahl (Artikel 12 GG).

Das Privatrecht basiert auf dem Prinzip der Gleichordnung. Es regelt das Recht des Einzelnen für sich und in seinem Verhältnis zum Recht des anderen. Ein wichtiger Teil des Privatrechts ist das Vertragsrecht.

BEISPIELE ▶ Privatrechtliche Vorgänge

- Ein Auszubildender schließt einen Vertrag über eine Lebensversicherung ab, um im Alter eine finanzielle Absicherung zu haben.
- Ein Unternehmer kauft für die Geschäftsräume drei Schreibtische.

In beiden Fällen gilt das Bürgerliche Gesetzbuch (BGB).

www.gesetze-im-internet.de
bundesrecht.juris.de

Die Zuordnung eines rechtlichen Sachverhalts zum Privatrecht oder zum öffentlichen Recht ist maßgeblich dafür, welches Gericht für die rechtliche Beurteilung des Sachverhalts zuständig ist. Alle bürgerlichen Rechtsstreitigkeiten gehören vor die ordentlichen Gerichte (§ 13 Gerichtsverfassungsgesetz, GVG), alle öffentlich-rechtlichen Streitigkeiten, die nicht verfassungsrechtlicher Art sind, werden vor den Verwaltungsgerichten verhandelt (§ 40 Verwaltungsgerichtsordnung, VwGO).

BEISPIELE ▶ ordentliches Gericht und Verwaltungsgericht

- Die Mitgliedsverträge eines Sportstudiobetreibers enthalten die folgende Klausel: „Eine Kündigung ist nur mit einer dreimonatigen Kündigungsfrist zum Ende des Kalenderjahres möglich." Das Mitglied Willi Kraft darf aufgrund einer Sportverletzung keinen Sport mehr treiben und möchte deshalb mit sofortiger Wirkung kündigen. Deshalb lässt er im Rahmen einer Feststellungsklage vor dem Amtsgericht, Abteilung Zivilsachen, prüfen, ob diese Klausel in seinem Fall zulässig ist.
- Eine Gemeinde erlässt einen Bescheid über die Erhöhung der Straßenreinigungsgebühren. Ein Einwohner ist mit diesem Bescheid nicht einverstanden und erhebt Klage beim zuständigen Verwaltungsgericht.

Rechtsfähigkeit und Handlungsfähigkeit

Die Beurteilung der Rechtsfähigkeit bemisst sich nach den Vorschriften des BGB. Das BGB gilt für jede Person im Privatrechtsverkehr, unabhängig von ihrer Herkunft oder Zugehörigkeit zu bestimmten Personengruppen.

Natürliche und juristische Personen

Das BGB unterscheidet grundsätzlich zwischen Personen (Rechtssubjekten) und Gegenständen (Rechtsobjekten). Nur Rechtssubjekte (Tabelle 1.9) sind rechtsfähig, das heißt, nur sie können Träger von Rechten und Pflichten sein und rechtswirksame Erklärungen abgeben.

<table>
<tr><th colspan="3">Rechtssubjekte</th></tr>
<tr><td rowspan="3">Natürliche Personen
(§ 1 BGB):
jeder lebende Mensch von der Geburt bis zum Tode</td><td colspan="2">Juristische Personen (§ 21 ff. BGB, § 6 Handelsgesetzbuch [HGB]): Personenvereinigungen oder Vermögensmassen mit eigener Rechtspersönlichkeit. Die Rechtsfähigkeit beginnt mit der Eintragung in ein Register (zum Beispiel Handelsregister) und endet mit der Löschung des Eintrags.</td></tr>
<tr><td>des privaten Rechts</td><td>des öffentlichen Rechts</td></tr>
<tr><td>▶ Kapitalgesellschaften (AG oder GmbH)
▶ Genossenschaften
▶ eingetragene Vereine
▶ Stiftungen</td><td>▶ Körperschaften (zum Beispiel Staat, Gemeinden)
▶ Anstalten (zum Beispiel Rundfunkanstalten, Sparkassen)</td></tr>
</table>

Tabelle 1.9: Rechtssubjekte

562030

BEISPIELE ▶ Rechtssubjekt

1. Rechtssubjekte unterliegen dann, wenn sie die gesetzlichen Voraussetzungen erfüllen, der Schulpflicht (das heißt ab dem sechsten Lebensjahr) oder der Steuerpflicht.
2. Rechtssubjekte haben die in der Verfassung verankerten Grundrechte, zum Beispiel das Recht auf freie Meinungsäußerung.

Entgegen dem Gesetzeswortlaut gibt es beim gezeugten, noch nicht geborenen Kind Vorwirkungen der Rechtsfähigkeit.

BEISPIEL ▶ Vorwirkungen der Rechtsfähigkeit

Ein Autofahrer überfährt eine im neunten Monat Schwangere auf dem Zebrastreifen. Dabei wird das Ungeborene im Mutterleib verletzt. Das wenig später geborene Kind hat als Folge des Unfalls einen verkrüppelten Arm. Das Kind kann von dem Autofahrer Schadensersatz verlangen, obwohl es zum Zeitpunkt der Schädigung noch nicht rechtsfähig war. Im Fall einer vorsätzlichen oder fahrlässigen Körperverletzung ist die Anspruchsgrundlage für den geforderten Schadensersatz der § 823 BGB. Dieser setzt voraus, dass ein anderer, also rechtsfähiger Mensch verletzt wird. Wird die Gesundheit eines Embryos verletzt, so ist jedoch zu beachten, dass dieser im Augenblick der Schädigung nach dem Wortlaut des BGB noch nicht rechtsfähig ist. Folglich dürfte ihm kein Schadensersatz zustehen. Denn wenn der Embryo keine rechtsfähige Person ist, wäre er nur als Bestandteil des Körpers der Mutter verletzt worden, und diese kann den Schaden, den das Kind vor seiner Geburt erlitten hat, nicht als eigenen Schaden geltend machen. So entschied der Bundesgerichtshof (BGH) im Jahr 1951. Im Laufe der letzten 50 Jahre allerdings hat der BGH in ähnlich gelagerten Fällen Kindern Schadensersatzansprüche zuerkannt, wenn sie als Embryo verletzt wurden.

Personengesellschaften, wie zum Beispiel die offene Handelsgesellschaft (OHG), oder Personenvereinigungen, wie zum Beispiel die Gesellschaft des bürgerlichen Rechts (GbR), sind keine eigenständigen Rechtssubjekte, mithin nicht rechtsfähig.

BEISPIEL ▶ Rechtsfähigkeit von Gesellschaften

Fritz Müller verkauft zwei Grundstücke. Eines wird von der Sportfrei GmbH erworben, mit dessen Geschäftsführer er einen Kaufvertrag abschließt. Das zweite geht an die Talent Quartett GbR, für die Otto Pietsch die Verhandlungen führt.

- ▶ Im ersten Fall ist die GmbH als juristische Person Vertragspartner des Kaufvertrags geworden. Sie ist durch das Handeln ihres vertretungsberechtigten Organs, des Geschäftsführers (§ 35 ff. GmbHG), berechtigt und verpflichtet worden. Sie wird bei Vertragserfüllung als neue Eigentümerin in das Grundbuch eingetragen.
- ▶ Im zweiten Fall handelt es sich um eine GbR, die mangels eigenständiger Rechtsfähigkeit nicht Eigentümerin des Grundstücks werden kann. In das Grundbuch werden daher Otto Pietsch und seine Gesellschafter als gesellschaftlich verbundene Eigentümer (sogenannte Gesamthandseigentümer) eingetragen (§ 718 BGB).

Handlungsfähigkeit

- ▶ Handlungsfähigkeit ist die Fähigkeit, rechtswirksam zu handeln.
- ▶ Deliktsfähigkeit ist die Fähigkeit, zur Leistung von Schadensersatz herangezogen zu werden, wenn eine unerlaubte Handlung begangen wurde (§ 827 f. BGB).

Tabelle 1.10 fasst die Abstufungen der Deliktsfähigkeit zusammen.

Deliktsfähigkeit	
volle Deliktsfähigkeit	▶ Volljährige
beschränkte Deliktsfähigkeit	▶ Personen zwischen dem 7. und 18. Lebensjahr (Minderjährige)
Deliktsunfähigkeit	▶ Kinder bis zur Vollendung des 7. Lebensjahres, dauerhaft Geisteskranke

Tabelle 1.10: Abstufungen der Deliktsfähigkeit

Geschäftsfähigkeit

Geschäftsfähigkeit ist die Fähigkeit, rechtsverbindliche Erklärungen abzugeben und entgegenzunehmen (§§ 2, 104 und 106 BGB).

Grundsätzlich kann sich jede Person aus ihrem freien Willen rechtlich verpflichten und durch verantwortlich abgegebene Willenserklärungen ihre privaten Rechtsbeziehungen eigenverantwortlich gestalten. Das heißt nichts anderes, als dass jede Person mit jeder anderen einen Vertrag abschließen kann. Die Vertragsfreiheit hat vier Komponenten:

1. Abschlussfreiheit,
2. Gestaltungs- oder Inhaltsfreiheit,
3. Formfreiheit,
4. Beendigungsfreiheit.

Die Vertragsfreiheit findet ihre Grenzen bei der Abschlussfreiheit, wenn ein Vertrag gegen ein gesetzliches Verbot, die Verkehrssitte oder den Grundsatz von Treu und Glauben verstößt.

Die Geschäftsfähigkeit juristischer Personen wird durch die handelnden Organe gewährleistet. Sie ist jederzeit gegeben, während die Geschäftsfähigkeit natürlicher Personen eingeschränkt oder ausgeschlossen sein kann (Tabelle 1.11).

BEISPIEL ▶ Geschäftsfähigkeit

Die oben genannte Sportfrei GmbH ist eine juristische Person. Sie wird durch den geschäftsführenden Gesellschafter vertreten, der qua Gesetz beziehungsweise Gesellschaftsvertrag die Geschäfte des Unternehmens führt. Der geschäftsführende Gesellschafter vertritt die GmbH und gibt in ihrem Namen rechtsverbindliche Erklärungen ab.

Geschäftsfähigkeit natürlicher Personen	
volle Geschäftsfähigkeit	▶ Volljährige
beschränkte Geschäftsfähigkeit	▶ Personen zwischen dem 7. und 18. Lebensjahr (Minderjährige)
Geschäftsunfähigkeit	▶ Kinder bis zur Vollendung des 7. Lebensjahres, dauerhaft Geistesgestörte

Tabelle 1.11: Abstufungen der Geschäftsfähigkeit natürlicher Personen

Grundsätzlich beschränkt geschäftsfähige Personen sind in bestimmten Situationen voll geschäftsfähig.

Rechtsgeschäfte, die von beschränkt geschäftsfähigen Personen abgeschlossen werden, sind grundsätzlich schwebend unwirksam. Sie erlangen ihre Wirksamkeit erst dann, wenn der gesetzliche Vertreter seine Einwilligung gibt.

BEISPIELE ▶ Volle Geschäftsfähigkeit bei Minderjährigen

- ▶ Die 15-jährige Simone wird beschenkt, erlangt also einen rechtlichen Vorteil.
- ▶ Der achtjährige Carsten schließt einen Kaufvertrag ab und der Kaufpreis bewegt sich im Rahmen des üblichen Taschengeldes (§ 110 BGB).
- ▶ Die 17-jährige Edith betreibt ein Erwerbsgeschäft.
- ▶ Der 16-jährige Markus steht in einem Ausbildungsverhältnis und wird angewiesen, für den Betrieb seines Arbeitgebers einen Personal Computer zu kaufen.

Gewerberecht

Die Wirtschaftsordnung in Deutschland basiert auf der Gewerbefreiheit, das heißt, der Betrieb eines Gewerbes ist jedem gestattet, der die gesetzlichen Voraussetzungen erfüllt.

Unter einem **Gewerbe** versteht man eine selbstständige wirtschaftliche Betätigung, die in der Absicht ausgeübt wird, einen Gewinn zu erzielen.

Die rechtlichen Grundlagen für eine gewerbliche Betätigung finden wir im Grundgesetz (Artikel 12, Berufsfreiheit) und in der Gewerbeordnung (GewO).

Gewerbeordnung

Jeder Gewerbetreibende unterliegt Pflichten. Diese Pflichten sind in der Gewerbeordnung festgelegt. Eine von ihnen besagt, dass jeder Gewerbetreibende sein Gewerbe anmelden muss, indem er bei den verschiedenen Behörden eine Anzeige über die Aufnahme seiner gewerblichen Tätigkeit abgibt (Tabelle 1.12). Dies gilt unabhängig davon, in welcher Rechtsform der Betrieb geführt werden soll (§ 14 GewO). Weiterhin bestehen Einschränkungen zur Wahrung der öffentlichen Gesundheit, Sicherheit und Wohlfahrt.

Die GewO regelt auch genehmigungspflichtige gewerbliche Tätigkeiten, deren Ausübung von der Erfüllung bestimmter Voraussetzungen abhängig ist.

BEISPIELE ▶ Genehmigungspflichtige Gewerbe

Zu den gewerblichen Tätigkeiten, die nur mit einer Genehmigung des Gewerbeamtes ausgeübt werden dürfen, zählen unter anderem der Betrieb eines privatwirtschaftlichen Krankenhauses, eines Bewachungsunternehmens oder einer Gaststätte.

Weiterhin wird unterschieden zwischen einem stehenden Gewerbe und einem Reisegewerbe. Im Rahmen eines Reisegewerbes werden Waren oder Dienstleistungen außerhalb einer gewerblichen Niederlassung angeboten.

BEISPIEL ▶ Reisegewerbe

Ein Unternehmer, der auf Volksfesten Geisterbahnfahrten anbietet, betätigt sich als Schausteller. Er betreibt ein Reisegewerbe.

Alle Gewerbetreibenden unterliegen der Gewerbeaufsicht, die in der Regel von den Gewerbeaufsichtsämtern ausgeübt wird. Die Gewerbeaufsicht hat die Aufgabe, die Einhaltung der gewerberechtlichen Bestimmungen zu überwachen.

Die gewerberechtlichen Bestimmungen sind in verschiedenen Gesetzen fixiert. Die wichtigsten sind das Arbeitsschutzgesetz, das Jugendarbeitsschutzgesetz, das Mutterschutzgesetz, das Berufsbildungsgesetz und das Arbeitszeitgesetz. Darüber hinaus gelten für Anlagen, von denen schädliche Wirkungen für Menschen, Tiere, Pflanzen und Sachgüter ausgehen können, die Regelungen des Bundes-Immissionsschutzgesetzes (BImSchG) und des Umwelthaftungsgesetzes (UmweltHG).

Gewerbeanmeldung	
Meldebehörde	**Gesetzliche Grundlage**
Gemeindeverwaltung (Gewerbeamt)	Die Eröffnung eines stehenden Gewerbes muss gemäß der *Gewerbeordnung* unverzüglich gemeldet werden. Im Fall eines Reisegewerbes muss der Unternehmer eine Reisegewerbekarte beantragen.
Amtsgericht	Für Kaufleute verlangt das *Handelsgesetzbuch* (HGB) die Anmeldung zur Eintragung in das Handelsregister.
Finanzamt	Nach der *Abgabenordnung* ist jeder neu eröffnete Gewerbebetrieb anzumelden.
Berufsgenossenschaft	Die Anmeldung des Gewerbes ist gemäß den Bestimmungen des *Sozialgesetzbuches* (SGB) erforderlich.
Industrie- und Handelskammer oder Handwerkskammer	Alle gewerbesteuerpflichtigen natürlichen Personen, Handelsgesellschaften und juristischen Personen des privaten und öffentlichen Rechts sind gesetzlich zur Mitgliedschaft verpflichtet (Pflichtmitgliedschaft).

Tabelle 1.12: Anmeldepflichten eines Gewerbetreibenden

Schaubild 1.10 zeigt den Umfang der Informationspflichten bei der Gewerbeanmeldung.

Name der entgegennehmenden Gemeinde **Bad Vilbel**	Gemeindekennzahl Betriebsstätte (Sitz) **006440003**	**GewA 1**
Gewerbe-Anmeldung Nach § 14 GewO oder § 55 c	Bitte vollständig und gut lesbar ausfüllen sowie die zutreffenden Kästchen ankreuzen	

Angaben zum Betriebsinhaber Bei Personengesellschaften (z. B. OHG) ist für jeden geschäftsführenden Gesellschafter ein eigener Vordruck auszufüllen. Bei juristischen Personen ist bei Feld Nr. 3 bis 9 und Feld Nr. 30 und 31 der gesetzliche Vertreter anzugeben (bei inländischer AG wird auf diese Angaben verzichtet). Die Angaben für weitere gesetzliche Vertreter zu diesen Nummern sind ggf. auf Beiblättern zu ergänzen.

1 Im Handels-, Genossenschafts- oder Vereinsregister eingetragener Name mit Rechtsform (ggf. bei GbR: Angabe der weiteren Gesellschafter)

2 Ort und Nr. des Registereintrages

Angaben zur Person

3 Name

4 Vornamen

4a Geschlecht männl. ☐ weibl. ☐

5 Geburtsname (nur bei Abweichung vom Namen)

6 Geburtsdatum

7 Geburtsort und -land

8 Staatsangehörigkeit(en) deutsch: ☐ andere:

9 Anschrift der Wohnung (Straße, Haus-Nr., PLZ, Ort)

Telefon-Nr. Telefax-Nr. freiwillig: E-mail/Web

Angaben zum Betrieb

10 Zahl der geschäftsführenden Gesellschafter (nur bei Personengesellschaften) / Zahl der gesetzlichen Vertreter (nur bei juristischen Personen)

11 Vertretungsberechtigte Person/Betriebsleiter (nur bei inländischen Aktiengesellschaften, Zweigniederlassungen und unselbständigen Zweigstellen)
Name, Vorname

Anschriften (Straße, Haus-Nr., Plz, Ort)

12 Betriebsstätte

Telefon-Nr. Telefax-Nr. freiwillig: eMail/Web

13 Hauptniederlassung (falls Betriebsstätte lediglich Zweigstelle ist)

Telefon-Nr. Telefax-Nr. freiwillig: eMail/Web

14 Frühere Betriebsstätte

Telefon-Nr. Telefax-Nr. freiwillig: eMail/Web

15 Angemeldete Tätigkeit – ggf. ein Beiblatt verwenden (genau angeben: z. B. Herstellung von Möbeln, Elektroinstallationen und Elektroeinzelhandel, Großhandel mit Lebensmitteln usw.)

16 Wird die Tätigkeit (vorerst) im Nebenerwerb betrieben? Ja ☐ Nein ☐

17 Datum des Beginns der angemeldeten Tätigkeit

18 Art des angemeldeten Betriebes Industrie ☐ Handwerk ☐ Handel ☐ Sonstiges ☐

19 Zahl der bei Geschäftsaufnahme tätigen Personen (ohne Inhaber) Vollzeit Teilzeit Keine ☐

Die Anmeldung wird erstattet für
20 eine Hauptniederlassung ☐ eine Zweigniederlassung ☐ eine unselbständige Zweigstelle ☐
21 ein Automatenaufstellungsgewerbe ☐ 22 ein Reisegewerbe ☐

Grund
23 24 Neuerrichtung / Übernahme
Neugründung ☐ Wechsel der Rechtsform ☐ Gesellschaftereintritt ☐
Wiedereröffnung nach Verlegung aus einem anderen Meldebezirk ☐ Gründung nach Umwandlungsgesetz (z.B. Verschmelzung, Spaltung) ☐ Erbfolge/Kauf/Pacht ☐

26 Name des früheren Gewerbetreibenden oder früherer Firmenname

Falls der Betriebsinhaber für die angemeldete Tätigkeit eine Erlaubnis benötigt, in die Handwerksrolle einzutragen oder Ausländer ist:

28 Liegt eine Erlaubnis vor? Ja ☐ Nein ☐ Wenn Ja, Ausstellungsdatum und erteilende Behörde:

29 Nur für Handwerksbetriebe Ja ☐ Nein ☐ Wenn Ja, Ausstellungsdatum und Name der Handwerkskammer:

30 Liegt eine Aufenthaltsgenehmigung vor? Ja ☐ Nein ☐ Wenn Ja, Ausstellungsdatum und erteilende Behörde:

31 Enthält die Aufenthaltsgenehmigung eine Auflage oder Beschränkung? Ja ☐ Nein ☐ Wenn Ja, sie enthält folgende Auflagen bzw. Beschränkungen:

Hinweis: Diese Anzeige berechtigt nicht zum Beginn des Gewerbebetriebes, wenn noch eine Erlaubnis oder eine Eintragung in der Handwerksrolle notwendig ist. Zuwiderhandlungen können mit Geldstrafe oder Freiheitsstrafe geahndet werden. Diese Anzeige ist keine Genehmigung zur Errichtung einer Betriebsstätte entsprechend dem Planungs- und Baurecht.

32 (Datum) 33 (Unterschrift)

Schaubild 1.10: Formular zur Gewerbeanmeldung

Kaufmannseigenschaft

- **Kaufmann** ist, wer ein Handelsgewerbe im Sinne des HGB betreibt.
- Ein **Handelsgewerbe** ist jeder Gewerbebetrieb, dessen Inhaber die Absicht hat, durch andauernde, selbstständige Tätigkeit Gewinn zu erzielen.

Nicht alle Gewerbetreibenden sind Kaufleute im Sinne des HGB. Erfordert das Gewerbe keinen nach Art und Umfang in kaufmännischer Weise eingerichteten Geschäftsbetrieb, so wird es als Kleingewerbe eingestuft und der Inhaber unterliegt nicht den Pflichten eines Kaufmanns.

Personen, die einen der freien Berufe ausüben (zum Beispiel Ärzte, Rechtsanwälte, Wirtschaftsprüfer, Steuerberater, Künstler), betreiben ebenfalls kein Handelsgewerbe nach der Definition des HGB. Auch sie sind keine Kaufleute.

Das HGB unterscheidet zwischen Ist-, Kann- und Formkaufleuten (Tabelle 1.13).

Kaufmannseigenschaft		
Istkaufmann (§ 1 HGB)	**Kannkaufmann** (§§ 2 und 3 HGB)	**Formkaufmann** (§ 6 HGB)
Kaufmann kraft Handelsgewerbe	Kaufmann kraft freiwilliger Eintragung im Handelsregister	Kaufmann kraft besonderer Rechtsform
Kriterien: ▶ Mitarbeiterzahl ▶ Größe der gewerblichen Räume ▶ Zweigniederlassungen ▶ Höhe des Umsatzes ▶ Höhe des Vermögens	Es besteht ein Wahlrecht. Wird das Wahlrecht nicht wahrgenommen, wird der Gewerbetreibende einer Privatperson gleichgestellt und es gilt für diesen Nichtkaufmann das BGB. Der Betrieb der Land- und Forstwirte wird durch die Eintragung zum Kaufmann.	Aktiengesellschaften, Gesellschaften mit beschränkter Haftung und eingetragene Genossenschaften besitzen allein aufgrund ihrer Rechtsform die Kaufmannseigenschaft.
Beispiele: ▶ offene Handelsgesellschaft ▶ Kommanditgesellschaft	Beispiele: ▶ Kleingewerbe (auch OHG oder KG möglich) ▶ Landwirte ▶ Freiberufler	Beispiele: ▶ Aktiengesellschaft ▶ Gesellschaft mit beschränkter Haftung ▶ Genossenschaft
bei Eintragung rechtsbezeugende (deklaratorische) Wirkung	bei Eintragung rechtsbegründende (konstitutive) Wirkung	bei Eintragung rechtsbegründende (konstitutive) Wirkung

Tabelle 1.13: Arten des Kaufmanns

Gilt man per Gesetz als Kannkaufmann, so hat der Unternehmer die Freiheit zu entscheiden, ob er sich als Kaufmann ins Handelsregister eintragen lässt. Bei der Entscheidungsfindung sollte der Unternehmer die folgenden Aspekte beachten (Tabelle 1.14).

562036

Kaufmann versus Nichtkaufmann	
Kaufmann nach HGB	**Nichtkaufmann (BGB)**
▶ Die Firma kann bei Tod des Inhabers fortbestehen.	▶ Keine Firma; Gewerbe somit nicht übertragbar. Wenn der Unternehmer stirbt, so erlischt auch der Name des Gewerbebetriebs.
▶ Es besteht die volle Buchführungspflicht (Jahresabschluss).	▶ Es gelten vereinfachte Aufzeichnungspflichten (Einnahme-Überschuss-Rechnung).
▶ Alle Unternehmensformen sind möglich (z. B. OHG, KG, GmbH).	▶ Lediglich eine BGB-Gesellschaft ist möglich.

Tabelle 1.14: Wirkungen der Kaufmannseigenschaft

Firma der Unternehmung

Die **Firma** ist der Name eines Kaufmanns, unter dem dieser seine Handelsgeschäfte betreibt, die Unterschrift abgibt, klagen und verklagt werden kann (§ 17 HGB).

Das HGB schreibt vor, welche Elemente der Firmenname enthalten muss:

- ▶ Firmenkern, bestehend aus dem Namen und dem Gesellschaftsverhältnis.
- ▶ Firmenzusatz, gesetzlich vorgeschrieben oder freiwillig.

BEISPIEL ▶ Firmenkern und Firmenzusatz

Der Betreiber einer Veranstaltungsagentur hat für sein Unternehmen den Namen Sunshine gewählt. Er führt das Unternehmen zusammen mit drei Partnern in der Form einer Gesellschaft mit beschränkter Haftung. Die Firma lautet Sunshine GmbH Events. Der angehängte Firmenzusatz „Events" ist notwendig, um eine Verwechslung auszuschließen, etwa mit einem anderen Unternehmen, das Sonnenstudios betreibt. Er hat aber auch den Vorteil, dass er für das Unternehmen wirbt, da er den Gegenstand der Geschäftstätigkeit des Unternehmens verdeutlicht.

Tabelle 1.15 fasst die verschiedenen denkbaren Arten von Firmen zusammen.

Art	Bauprinzip	Beispiele
Personenfirma	enthält einen oder mehrere Personennamen.	▶ Werner Petersen e. K. ▶ Petersen & Jasper OHG
Sachfirma	ist vom Gegenstand des Unternehmens abgeleitet.	Volkswagen AG
Fantasiefirma	enthält ein meist werbewirksames Element.	▶ Coca-Cola GmbH ▶ Continental AG ▶ Puma AG
Gemischte Firma	enthält sowohl Personennamen als auch den Gegenstand der Unternehmung.	Maike Neumann, Ernährungsberatung, e. K.

Tabelle 1.15: Arten von Firmen

Aus Gründen des Namensschutzes und der Transparenz der Firmen enthält das HGB verschiedene Vorschriften, die auch als Firmengrundsätze bezeichnet werden (Tabelle 1.16).

Firmengrundsätze		
Gesetzliche Grundlage	**Grundsatz**	**Erläuterung**
§ 18 HGB	Firmenwahrheit	Der Firmenname muss wahr sein.
§ 18 HGB	Firmenklarheit	Es dürfen keine irreführenden Angaben über geschäftliche Verhältnisse getroffen werden.
§ 19 HGB	Rechtsformzusatz	Aus einem Zusatz zum Geschäftsnamen muss eindeutig hervorgehen, um welche Rechtsform es sich handelt.
§ 19 HGB	Firmenbeständigkeit	Bei einem Wechsel des Inhabers kann die Firma beibehalten werden, wenn ▶ der bisherige Inhaber beziehungsweise dessen Erben zustimmen. ▶ eine Namensänderung erfolgt (zum Beispiel durch eine Eheschließung). ▶ eine Änderung im Gesellschafterkreis eintritt.
§ 29 HGB	Firmenöffentlichkeit	Jeder Kaufmann muss seine Firma in das Handelsregister eintragen lassen. Jeder hat das Recht auf Einsichtnahme.
§ 30 HGB	Firmenausschließlichkeit	Soll eine neue Firma eingetragen werden, so muss sie sich von den an demselben Ort bereits bestehenden Firmen deutlich unterscheiden.

Tabelle 1.16: Die Vorschriften des HGB zur Firma

Handelsregister

Das **Handelsregister** ist ein amtliches Verzeichnis, in das die grundlegenden rechtlichen Verhältnisse von Kaufleuten eingetragen werden. Es wird bei den jeweiligen Amtsgerichten geführt und ist für jeden interessierten Bürger einsehbar.

Jeder Kaufmann ist verpflichtet, seine Firma beim Amtsgericht am Ort seines Firmensitzes zum Eintrag ins Handelsregister anzumelden (Schaubild 1.11). Das Amtsgericht hat Neueintragungen, Veränderungen und Löschungen bekannt zu machen, indem es die entsprechenden Informationen im Bundesanzeiger, im Amtsblatt und in mindestens einem weiteren Blatt veröffentlicht.

562038

Amtsgericht Hannover				**HRA 3**	**Blatt**
Nummer der Eintragung	a) Firma b) Ort der Niederlassung (Sitz der Gesellschaft) c) Gegenstand des Unternehmens	Geschäftsinhaber persönlich haft. Ges. Abwickler	Prokura	Rechtsverhältnisse	a) Tag der Eintragung und Unterschrift b) Bemerkungen
1	2	3	4	5	6
1	a) Klaus Kubel e. Kfm. b) Hannover c) Haus für Herren- und Damenbekleidung	Diplom-Kaufmann Klaus Kubel Hannover	Herrn Walter Gerwien, Hannover-Linden, ist Einzelprokura erteilt.	Einzelkaufmann	a) 14. August 20.. Seidel (Justizinspektor)
2		Alfred Bruns Kaufmann Hannover	Die Einzelprokura des Walter Gerwien ist geblieben.	Geschäftsübergang auf Kaufmann Alfred Bruns. Firmenfortführung	a) 15. Januar 20.. [illegible] (Justizinspektor)

Schaubild 1.11: Beispiel eines Eintrags im Handelsregister

Das Handelsregister ist in zwei Abteilungen gegliedert (Tabelle 1.17).

Handelsregister A	**Handelsregister B**
Einzelunternehmen und Personengesellschaften (OHG, KG, GmbH & Co. KG)	Kapitalgesellschaften (GmbH und AG)
Inhalte: ▶ Nummer der Eintragung ▶ Firma ▶ Ort der Niederlassung ▶ Geschäftsinhaber ▶ Gesellschafter ▶ Geschäftsführer ▶ Prokura ▶ Rechtsverhältnisse ▶ Tag der Eintragung und Unterschrift ▶ Bemerkungen	Inhalte: ▶ Nummer der Eintragung ▶ Firma ▶ Ort der Niederlassung ▶ Gegenstand des Unternehmens ▶ Grundkapital oder Stammkapital ▶ Geschäftsinhaber ▶ Gesellschafter ▶ Geschäftsführer ▶ Prokura ▶ Rechtsverhältnisse ▶ Tag der Eintragung und Unterschrift ▶ Bemerkungen

Tabelle 1.17: Aufbau des Handelsregisters

Die Rechtswirkungen der Handelsregistereintragungen sind sehr unterschiedlich. Es wird unterschieden zwischen der konstitutiven und der deklaratorischen Eintragung. Erstere hat rechtserzeugende oder rechtsbegründende Wirkung, letztere rechtsbezeugende oder rechtserklärende Wirkung. Tritt die Rechtswirkung erst mit der Registereintragung ein (zum Beispiel im Fall einer Kapitalgesellschaft), so sprechen wir von einer konstitutiven Handelsregistereintragung. Ist die Rechtswirkung schon vor der Eintragung eingetreten und wird sie durch den Eintrag lediglich nachgewiesen oder bestätigt, so hat die Eintragung lediglich deklaratorische Wirkung (zum Beispiel im Fall einer Personengesellschaft oder bei Prokuraerteilung).

Eintragungen werden auf Antrag oder von Amts wegen gelöscht, indem sie rot unterstrichen werden.

Vereine werden in das Vereinsregister und Genossenschaften in das Genossenschaftsregister eingetragen.

1.2.2 Unternehmensformen

Die **Unternehmensform** ist die rechtliche Verfassung (Rechtsform) des Unternehmens. Durch sie sind die Rechtsbeziehungen des Unternehmens im Innenverhältnis, das heißt im Verhältnis der Gesellschafter untereinander, und im Außenverhältnis, das heißt im Verhältnis zwischen dem Unternehmen und Außenstehenden, geregelt.

Die Rechtsform eines Unternehmens hat Auswirkungen auf die rechtlichen und steuerlichen Belange des Unternehmens sowie speziell bei der Gründung auf die persönliche finanzielle Situation des Unternehmers.

Schaubild 1.12 zeigt die gesetzlich geregelten Rechtsformen von Unternehmen, Tabelle 1.18 vermittelt einen Überblick über die zahlenmäßige Bedeutung der verschiedenen Rechtsformen.

Unternehmensformen

Einzelunternehmung	**Personengesellschaften**	**Kapitalgesellschaften**	**Sonstige Formen**
▶ Kaufmann	▶ Gesellschaft des bürgerlichen Rechts (GbR) ▶ Kommanditgesellschaft (KG) ▶ offene Handelsgesellschaft (OHG) ▶ stille Gesellschaft ▶ GmbH & Co. KG	▶ Gesellschaft mit beschränkter Haftung (GmbH) ▶ Limited Company ▶ Aktiengesellschaft (AG) ▶ Kommanditgesellschaft auf Aktien (KGaA)	▶ Verein ▶ Stiftung

Schaubild 1.12: Die Rechtsformen von Unternehmen

Rechtsform	Zahl	Gewicht (in %)
Einzelfirma	154 626	12,83
OHG	24 700	2,05
KG (darunter: GmbH & Co. KG)	175 288 (145 703)	14,55 (12,09)
KGaA	199	0,02
GmbH	814 680	67,61
AG	17 964	1,49
VVaG	158	0,01
Formen ausländischen Rechts (z. B. Ltd.)	11 951	0,99
Sonstige Formen	5 390	0,45
Gesamt	**1 204 956**	**100**

Tabelle 1.18: Im Handelsregister eingetragene Unternehmen nach Rechtsform

Deutschland, Stand 2008
Quelle: IHK Nordschwarzwald (www.nordschwarzwald.ihk24.de, Pfad: Standortpolitik → Wirtschaftspolitik → Konjunktur/Zahlen und Fakten → Zahlenspiegel → IHK-zugehörige Unternehmen → Unternehmen nach Rechtsform; abgerufen am 13. Januar 2009)

Einzelunternehmung

Einzelunternehmen sind Gewerbe, die von einer einzelnen Person betrieben werden. Der Unternehmer bringt das Kapital auf und leitet das Unternehmen eigenverantwortlich (unternehmerische Freiheit).

Einzelunternehmen bestreiten einen relativ großen Anteil an der Gesamtzahl der Unternehmen in Deutschland. Rechtliche, wirtschaftliche und persönliche Gründe können den Inhaber eines Einzelunternehmens dazu bewegen, eine Umwandlung in ein Gesellschaftsunternehmen zu planen:

- Verteilung der Arbeitslast,
- Krankheit oder Alter,
- gestiegener Kapitalbedarf/Kreditbedarf,
- Verteilung des Unternehmerrisikos,
- Verbesserung der Marktstellung,
- Kostensenkung,
- Existenzsicherung.

Personengesellschaften

Eine **Personengesellschaft** ist ein gesellschaftsrechtlicher Verband von Personen, die einen gemeinsamen Zweck verfolgen. Charakteristisch für diese Unternehmensform ist, dass die Gesellschafter für die Schulden des Unternehmens mit ihrem persönlichen Vermögen haften, kein Mindestkapital aufbringen müssen und nicht nur Inhaber, sondern auch Leiter ihres Unternehmens sind.

Gesellschaft des bürgerlichen Rechts

Eine **Gesellschaft des bürgerlichen Rechts** (GbR), auch BGB-Gesellschaft oder Gelegenheitsgesellschaft genannt, wird durch zwei oder mehr Personen gebildet, die sich vorübergehend oder auf Dauer formlos zusammenschließen, um ein bestimmtes Geschäft gemeinsam zu betreiben. Sie hat keine eigene Rechtspersönlichkeit.

Die Rechtsverhältnisse einer GbR sind in den §§ 705–740 BGB geregelt. Eine GbR wird nicht ins Handelsregister eingetragen und hat keine Firma. Die Geschäftsführung steht den Gesellschaftern gemeinschaftlich zu. Diese haften für die eingegangenen Verpflichtungen persönlich. Die Anteile an Gewinn und Verlust sind für jeden Gesellschafter gleich groß.

Erzielt eine GbR einen Jahresumsatz von mehr als 350.000,00 €, so ist sie verpflichtet, sich ins Handelsregister eintragen zu lassen. Durch den Eintrag wird sie zu einer OHG.

Eine GbR ist umsatzsteuerpflichtig. Eine gewerbliche GbR ist darüber hinaus auch gewerbesteuerpflichtig, jedoch nicht selbstständig einkommensteuerpflichtig. Die Gewinne aus dem Unternehmen werden vielmehr durch die Veranlagung der einzelnen Gesellschafter zur Einkommensteuer besteuert.

BEISPIELE ▶ GbR

Eine GbR besteht, wenn

- mehrere Privatleute gemeinsam Lotto spielen.
- mehrere Kaufleute eine Gesellschaft zur Durchführung eines Bauprojektes bilden.
- mehrere natürliche und/oder juristische Personen eine Kapitalgesellschaft gegründet haben, diese aber noch nicht ins Handelsregister eingetragen ist (Vorgründungsgesellschaft).
- freiberuflich tätige Ärzte eine Gemeinschaftspraxis führen.

Offene Handelsgesellschaft

Die **offene Handelsgesellschaft** (OHG) ist eine Unterart der GbR, da sie auf deren Vorschriften aufbaut. Auch hier gilt, dass gesamtschuldnerisch gehaftet wird, und zwar neben dem Geschäftsvermögen auch mit dem Privatvermögen.

Die Gesellschaftsform der OHG ist, gemessen an der Gesamtzahl aller Unternehmen, eine eher unbedeutende Rechtsform. Die fehlende Möglichkeit zur Haftungsbeschränkung und die gemeinsame Geschäftsführung, die schnelle Entscheidungen erschwert, schrecken viele Unternehmer davon ab, eine OHG zu gründen.

Kommanditgesellschaft

Die **Kommanditgesellschaft** (KG) ist eine Gesellschaft, deren Gesellschafterkreis sich aus zwei Gruppen zusammensetzt. Die Komplementäre haften mit ihrem Privatvermögen, während die Haftung der Kommanditisten auf deren Einlage beschränkt ist. Die Unternehmensführung liegt ausschließlich bei den Komplementären, sofern der Gesellschaftsvertrag nicht auch den Kommanditisten Weisungsbefugnisse einräumt.

Die Kommanditisten der KG haben grundsätzlich nur bei wichtigen Entscheidungen, wie zum Beispiel über die Errichtung von Zweigstellen, ein Widerspruchsrecht.

Die Rechtsform der KG ist in der Geschäftswelt relativ beliebt. Der Komplementär behält als persönlich haftender Gesellschafter eine relativ große Entscheidungsfreiheit und für die Kapitalerweiterung können Kommanditisten als beschränkt haftende Gesellschafter gewonnen werden.

GmbH & Co. KG

Eine **GmbH & Co. KG** ist eine Kommanditgesellschaft, bei der an die Stelle des natürlichen Komplementärs (Vollhafter) eine GmbH tritt.

Zwar handelt es sich bei der GmbH & Co. KG um eine Personengesellschaft, da aber die Komplementärin nur beschränkt haftet, ist zugleich die Haftung der KG als Ganzer beschränkt, und zwar auf das in die Gesellschaft eingebrachte Vermögen sowie das Stammkapital der GmbH.

Die Geschäftsführung erfolgt durch den Geschäftsführer der GmbH. Durch die Aufnahme neuer Kommanditisten kann neues Kapital in das Unternehmen fließen. Diese Rechtsform ist deshalb flexibler als die GmbH.

Stille Gesellschaft

Eine **stille Gesellschaft** (StG) ist eine Personengesellschaft, bei der sich ein oder mehrere Gesellschafter an einem Handelsgewerbe beteiligen. Die stillen Gesellschafter bleiben als Kapitalgeber im Hintergrund. Ihre Beteiligungen gehen in das Vermögen der StG über. An der Geschäftsführung sind die stillen Gesellschafter im typischen Fall nicht beteiligt.

Die stillen Gesellschafter haben ein Kontrollrecht wie die Kommanditisten einer KG und werden angemessen am Gewinn beteiligt. Die Verlustbeteiligung ist bis zur Einlagenhöhe vorgesehen und kann vertraglich ausgeschlossen werden.

Weitere Formen

Eine weitere Form der Personengesellschaften ist die Europäische wirtschaftliche Interessenvereinigung (EWIV).

Eine **Europäische wirtschaftliche Interessenvereinigung** (EWIV) entspricht im Prinzip einer OHG. Sie besteht aus mindestens zwei rechtlich selbstständigen Mitgliedern aus verschiedenen EU-Mitgliedstaaten. Die Mitglieder haften unbeschränkt und gesamtschuldnerisch, müssen jedoch kein Pflichtkapital aufbringen.

Eine EWIV erzielt keine Gewinne für sich selbst, sondern schüttet etwaige Gewinne zu gleichen Teilen an die Mitglieder aus, falls keine andere vertragliche Regelung getroffen wurde. Die Rechtsform der EWIV ist relativ selten. Im gesamten EU-Raum gibt es nach Angaben des Europäischen EWIV-Informationszentrums 1 628 EWIVs (Stand: Juli 2008).

BEISPIELE ▶ EWIV

- ▶ der Fernsehsender arte
- ▶ Kooperationen von Anwaltskanzleien

Kapitalgesellschaften

Eine **Kapitalgesellschaft** ist eine Handelsgesellschaft mit eigener Rechtspersönlichkeit. Sie wird von einer oder mehreren Personen zur Erreichung eines gemeinsamen wirtschaftlichen Ziels gegründet. Die Gesellschafter haften nur mit ihrer Einlage. Die Anteile der Gesellschafter können grundsätzlich frei veräußert und vererbt werden.

Im Gegensatz zu den Personengesellschaften ist bei Kapitalgesellschaften die Haftung der Gesellschafter (beziehungsweise im Fall einer Aktiengesellschaft der Aktionäre) grundsätzlich beschränkt. Kapitalgesellschaften unterliegen selbstständig der Körperschaftsteuer.

Gesellschaft mit beschränkter Haftung

Eine **Gesellschaft mit beschränkter Haftung** (GmbH) ist eine Handelsgesellschaft, die mindestens einen Gesellschafter hat. Sie kann zu jedem gesetzlich rechtmäßigen Geschäftszweck gegründet werden. Die Gesellschafter sind mit Stammeinlagen an der Gesellschaft beteiligt. Die Gesamtheit der Stammeinlagen bildet das Stammkapital. Für die Verbindlichkeiten der Gesellschaft haften die Gesellschafter ausschließlich mit der geleisteten Einlage.

Hat die GmbH nur einen Gesellschafter, so spricht man von einer Einmann-GmbH. Eine persönliche Haftung der Gesellschafter ist ausgeschlossen, allerdings enthält das GmbH-Gesetz (GmbHG) hierzu Sonderregelungen.

BEISPIEL ▶ Persönliche Haftung von GmbH-Gesellschaften

Der Haftungsausschluss gilt unter anderem dann nicht, wenn die Geschäftsführung grob fahrlässig handelt. In diesem Fall haften die Gesellschafter mit ihrem Privatvermögen.

In der wirtschaftlichen Praxis ist die GmbH die mit großem Abstand beliebteste Unternehmensform.

Die Gründung einer GmbH erfolgt in drei Phasen:

- ▶ In der Planungsphase bildet sich eine Vorgründungsgesellschaft in Form einer GbR.
- ▶ Mit der notariellen Beurkundung des Gesellschaftsvertrags entsteht die sogenannte Vorgesellschaft.
- ▶ Mit der Eintragung in das Handelsregister entsteht die Gesellschaft mit beschränkter Haftung.

Tabelle 1.19 fasst die Organe der GmbH, die Regeln zu ihrer Bildung und ihre Befugnisse zusammen.

Organ	Bildung	Befugnisse
Geschäftsführer (§ 35 ff. GmbHG)	... werden von der Gesellschafterversammlung bestimmt.	... leiten das Unternehmen. Der Umfang der Vollmachten wird durch den Gesellschaftsvertrag festgelegt. Die Art der Vertretungsvollmacht ist in das Handelsregister einzutragen. ▶ Einzelvertretungsvollmacht: Jeder Geschäftsführer kann die Gesellschaft gegenüber Dritten vertreten. ▶ Gesamtvertretungsvollmacht: Die Geschäftsführer können die Gesellschaft nur aufgrund gemeinsamer Entscheidungen gegenüber Dritten vertreten.
Gesellschafterversammlung (§ 45 ff. GmbHG)	... wird von den Geschäftsführern durch eingeschriebenen Brief einberufen.	... beschließt über ▶ den Jahresabschluss ▶ die Gewinnverwendung ▶ die Bestellung, Entlastung und Abberufung von Geschäftsführern ▶ die Bestellung von Prokuristen. Jeder Gesellschafter hat je 50,00 € Geschäftsanteil eine Stimme.
Aufsichtsrat (§ 52 GmbHG)	... kann gebildet werden, wenn der Gesellschaftsvertrag dies vorsieht. Hat die GmbH mehr als 500 Arbeitnehmer, so ist sie zur Bestellung eines Aufsichtsrats verpflichtet (§ 77 Betriebsverfassungsgesetz).	... überwacht die Geschäftsführung. ▶ Er hat das Recht auf Auskunft und Einsichtnahme in die Geschäftsunterlagen. ▶ Bei Meinungsverschiedenheiten unter den Geschäftsführern entscheidet der Aufsichtsrat. ▶ Weitere Aufgaben, zum Beispiel die Erteilung einer Prokura, können im Gesellschaftervertrag bestimmt werden.

Tabelle 1.19: Die Organe der GmbH

Bezüglich der Mitbestimmung gilt: GmbHs, die mehr als 2 000 Arbeitnehmer beschäftigen, müssen die Geschäftsführung mit einem Vertreter der Arbeitnehmerseite besetzen, der dort als Arbeitsdirektor fungiert (§ 1 Mitbestimmungsgesetz).

Limited Company

Der Europäische Gerichtshof (EuGH) hat am 5. November 2002 mit seinem sogenannten Überseering-Urteil entschieden, dass englische Limited Companies (Ltd.) in der gesamten Europäischen Union (EU) voll rechtsfähig sind.

In Deutschland wurden im Jahr 2007 Monat für Monat durchschnittlich rund 3 300 GmbHs und 620 Ltd. gegründet. Die Rechtsform der Ltd. bietet insbesondere Existenzgründern, kleinen und mittleren Unternehmen Möglichkeiten, die Vorteile der garantierten europäischen Niederlassungsfreiheit zu nutzen und eine Kapitalgesellschaft mit einfachem, unbürokratischem Gesellschaftsrecht zu gründen. Allerdings gibt es besondere Aspekte, die bei einer Entscheidung für eine Ltd. zu beachten sind (Tabellen 1.20 und 1.21).

Kriterium	GmbH	Ltd. (Annahme: Zweitsitz in Deutschland)
Gründung	▶ Gründungskosten einer GmbH (Notar, Registergericht, Bekanntmachungen) ab 1.000,00 € ▶ Notar erforderlich (Beurkundung)	▶ schnelle (innerhalb von 24 Stunden) und kostengünstige Gründung (ab ca. 250,00 €) ▶ Notar nicht erforderlich (bei schwierigen Fällen ratsam)
Rechtsform	juristische Person	juristische Person
Firmierung	▶ Firmenzusatz GmbH ▶ Firmenausschließlichkeit sollte bei der zuständigen IHK bzw. Handwerkskammer überprüft werden.	▶ Firmenzusatz Ltd. ▶ Firmenausschließlichkeit wird in England (Register) überprüft.
Erlangung der Rechtsfähigkeit	Eintragung ins Handelsregister (Abteilung B)	Aushändigung der Gründungsurkunde durch die Registerbehörde
Genehmigungen nach Gewerberecht erforderlich	ja	ja
Pflichten (Berufsgenossenschaft, IHK-Mitgliedschaft)	ja	ja
Besteuerung	Gewerbesteuer und Körperschaftsteuer	Gewerbesteuer und Körperschaftsteuer
Buchführung und Prüfung	▶ nach den gesetzlichen Vorschriften von HGB und GmbHG ▶ externe Prüfung des Jahresabschlusses	▶ nach den gesetzlichen Vorschriften von HGB und GmbHG ▶ Jahresabschluss (annual return) nach den englischen Vorschriften (Geschäftsbericht – annual report, Bilanz – balance sheet, GuV – profit and loss account) ▶ externe Prüfung (auditor) erforderlich ab Jahresumsatz > 2,8 Mio. englische Pfund und Bilanzsumme > 1,4 Mio. englische Pfund
Organe	▶ Gesellschafterversammlung ▶ Geschäftsführung ▶ ggf. Aufsichtsrat	▶ Gesellschafterversammlung (general meeting) ▶ Geschäftsführung (director/board of directors) Letztere ist i. d. R. für die Gestaltung der Innen- (articles of association) und der Außenverhältnisse (memorandum of association) zuständig.
Vermögensbindung	Ausschüttung von aufgelösten Rücklagen möglich	keine Ausschüttung von aufgelösten Rücklagen möglich (stärkere Vermögensbindung)

562046

Kapitalausstattung	▶ Mindestkapital (25.000,00 €) erforderlich (nicht bei der sog. haftungsbeschränkten Unternehmensgesellschaft oder „Mini-GmbH“) ▶ Bareinlage oder Sacheinlage (+ Kosten durch Wertgutachten)	▶ Mindestkapital: 1 englisches Pfund (1,40 €) ▶ Bar- oder Sacheinlagen ▶ Arbeitsleistungen/Dienstleistungen auch möglich
Aufnahme neuer Gesellschafter	Notar erforderlich	kein Notar erforderlich
Administration		▶ am Hauptsitz (England) registered office; Zweitsitz in Deutschland ▶ Sekretär (company secretary); ist nicht Organ der Ltd., aber gesetzlich vorgeschrieben. Erledigt die Verwaltungsaufgaben der Gesellschaft.
Folgekosten	keine	ca. 800,00 € pro Kalenderjahr für company secretary und registered office
Berichte	keine	Jahresmeldung an Gesellschaftsregister (Informationen u. a. über Gesellschafter und Anteile)

Tabelle 1.20: GmbH und Ltd. – Gemeinsamkeiten und Unterschiede

	GmbH	
Vorgesellschaft	**Vor-GmbH**	**GmbH**
▶ Gründungsentschluss ▶ Entwurf des Gesellschaftsvertrags	▶ notarielle Beurkundung des Gesellschaftsvertrags ▶ notarielle Bestellung der Organe ▶ Aufbringung des Stammkapitals ▶ Anmeldung zur Handelsregistereintragung	Handelsregistereintragung
Dauer der Gründung: rund zwei Monate. Das am 1. November 2008 in Kraft getretene Gesetz zur Modernisierung des GmbH-Rechts und zur Bekämpfung von Missbräuchen (MoMiG) verkürzt das Gründungsprocedere.		
	Limited Company	
		Limited
▶ Gründungsentschluss ▶ Entwurf der Urkunden (Memorandum of Association, Außenverhältnis; Articles of Association, Innenverh.)	Antrag auf Eintragung in das Gesellschaftsregister (Belfast, Cardiff, Edinburgh)	Aushändigung der Gründungsurkunde durch Registergericht
Dauer der Gründung: bis zu drei Tagen		

Tabelle 1.21: GmbH und Ltd. – Gründungsschritte im Vergleich

Aktiengesellschaft

Aktiengesellschaften entstanden in der Mitte des 19. Jahrhunderts. Die ersten AGs waren große Schifffahrts-, Eisenbahn- und Industrieunternehmen, die in dieser Rechtsform die besten Möglichkeiten hatten, ihren hohen Kapitalbedarf aus vielen kleinen Quellen zu decken.

Eine **Aktiengesellschaft** (AG) ist eine Gesellschaft mit eigener Rechtspersönlichkeit. Die Gesellschafter (Aktionäre) sind mit Einlagen am Grundkapital beteiligt, die durch Aktien verbrieft sind. Für die Verbindlichkeiten der Gesellschaft haftet nur das Gesellschaftsvermögen. Die Aktionäre haften lediglich mit ihrem Kapitaleinsatz.

Eine Aktie ist eine Urkunde, die ihren Inhaber mit Rechten und Pflichten ausstattet. Jeder Aktionär hält einen bestimmten Anteil am Grundkapital der AG gemäß der Zahl seiner Aktien. Das Grundkapital ist der Teil des Eigenkapitals, der in Aktien verbrieft ist. Es entspricht der Summe der ausgegebenen Aktien, multipliziert mit dem Nennwert der Aktie. Im Fall von Stückaktien (nennwertlosen Aktien) ergibt sich der Buchwert einer Aktie aus dem Grundkapital, geteilt durch die Summe der ausgegebenen Aktien.

BEISPIEL ▶ Buchwert einer Stückaktie

Die Aktien der Volkswagen AG sind nennwertlose Aktien. Am 31.12.2007 betrug die Zahl der ausgegebenen Aktien (Stammaktien und Vorzugsaktien) 392 218 000 Stück. Das Grundkapital belief sich auf 1,015 Mrd. €. Jede Aktie hatte einen Buchwert von 1,015 Mrd. €/392 218 000 = 2,59 €.

Werden die Aktien einer AG an der Börse gehandelt, so ergibt sich aufgrund von Käufen und Verkäufen ein Kurswert oder Börsenwert, der in aller Regel vom Buchwert der Aktie abweicht.

BEISPIEL ▶ Kurswert und Buchwert

Am 31.12.2007 betrug der Kurswert einer VW-Stammaktie 156,10 €. Er lag damit um ein Vielfaches höher als der Buchwert.

Jeder Aktionär hat einen Anspruch auf eine Dividende, das heißt auf einen Anteil am zur Ausschüttung bestimmten Jahresgewinn. Die Dividendenrendite wird in der Regel als Prozentsatz auf den Kurswert der Aktie berechnet.

BEISPIEL ▶ Dividendenrendite

Auf die 291 337 000 VW-Stammaktien wurden 497.000.000,00 € Gewinn beziehungsweise 1,71 € pro Stammaktie ausgeschüttet. Daraus ergibt sich eine Dividendenrendite von 1,71 €/156,10 € = 1,1 %.

Aktien lassen sich nach verschiedenen Gesichtspunkten unterscheiden (Tabelle 1.22).

Kriterium	Art der Aktie	Merkmal
Übertragbarkeit	Inhaberaktie	wird durch Einigung und Übergabe übertragen (Kauf einer Aktie an der Börse).
	Namensaktie	lautet auf den Namen des Aktionärs und wird im Aktienbuch der Gesellschaft geführt. Sie kann nur mit Indossament (Übertragungsvermerk) übertragen werden.
verbundene Rechte	Stammaktie	gewöhnliche Aktie; sie gewährt Gewinnanspruch und Stimmrecht auf der Hauptversammlung der AG.
	Vorzugsaktie	Sie gewährt Vorrechte gegenüber den Stammaktionären, zum Beispiel das Recht auf eine höhere Dividende. Dagegen haben Vorzugsaktionäre meist kein Stimmrecht.

Tabelle 1.22: Aktienarten

Die Verfassung einer AG ist im Aktiengesetz (AktG) geregelt. Die AG hat drei Organe: den Vorstand, der die Unternehmung leitet, den Aufsichtsrat, der die Geschäftsführung des Vorstandes überwacht, und die Hauptversammlung, in der die Aktionäre ihre Interessen vertreten (Tabelle 1.23).

Organ	Aufgaben und Rechte
Vorstand (§§ 76–94 AktG) **Bestellung für 5 Jahre**	▶ Leitung der Gesellschaft ▶ Berichterstattung an den Aufsichtsrat ▶ Feststellung der Jahresbilanz ▶ Vorschlag zur Gewinnverwendung ▶ Antrag auf Eröffnung des gerichtlichen Insolvenzverfahrens ▶ gerichtliche und außergerichtliche Vertretung der Gesellschaft ▶ Vergütung gemäß Satzung oder Beschluss der Hauptversammlung
Aufsichtsrat (§§ 95–116 AktG) **Bestellung für 4 Jahre**	▶ Überwachung der Geschäftsführung ▶ Bestellung und Abberufung des Vorstands ▶ Einberufung einer außerordentlichen Hauptversammlung ▶ schriftliche Berichterstattung über Geschäftsbericht und Gewinnverwendungsvorschlag ▶ Recht auf Einsicht in die Bücher und auf Prüfung der Bücher ▶ Aufsichtsratsmitglied kann nicht gleichzeitig in dem Unternehmen Vorstandsmitglied sein. ▶ Vergütung gemäß Satzung oder Beschluss der Hauptversammlung
Hauptversammlung (§§ 118–142 AktG)	▶ Wahl der Aufsichtsratsmitglieder ▶ Entlastung von Vorstand und Aufsichtsrat ▶ Entscheidung über die Verwendung des Bilanzgewinns ▶ Wahl der Abschlussprüfer ▶ Beschluss über wichtige Fragen (zum Beispiel Fusion, Kapitalerhöhung, Auflösung) ▶ Stimmrecht nach Anzahl der gehaltenen Aktien ▶ Haftung des Aktionärs mit seinem Anteil

Tabelle 1.23: Organe der AG

AG oder GmbH?

Wollen Gesellschafter eine Kapitalgesellschaft gründen, so liegt die Entscheidung für eine AG oder eine GmbH allein bei ihnen. Bei der Entscheidung gilt es, die gesetzlichen Unterschiede zu beachten. Während das Aktienrecht im Wesentlichen zwingendes Recht ist, ist es im GmbH-Recht genau umgekehrt: Im Zweifel kann der Gesellschaftsvertrag vom Gesetz abweichende Regelungen treffen. Beispielsweise ist die Bestellung eines Aufsichtrats bei kleinen GmbHs in das Ermessen der Gesellschafter gestellt. Auch im Hinblick auf das erforderliche Mindestkapital sind bei der AG härtere Bedingungen zu erfüllen. Eine GmbH muss ein Stammkapital von mindestens 25.000,00 € aufbringen, für die AG gilt ein Mindestgrundkapital von 50.000,00 €.

Kommanditgesellschaft auf Aktien

Eine **Kommanditgesellschaft auf Aktien** (KGaA) ist eine Gesellschaft mit eigener Rechtspersönlichkeit, bei der mindestens ein Gesellschafter als Komplementär den Gesellschaftsgläubigern unbeschränkt haftet. Sie ist eine spezielle Form der Aktiengesellschaft. Die übrigen Gesellschafter beteiligen sich als Kommanditisten, indem sie von der Gesellschaft ausgegebene Aktien erwerben.

In Deutschland ist diese Rechtsform von eher geringer Bedeutung.

Umwandlungen

In der Praxis gehören Umwandlungen, das heißt Wechsel der Rechtsform, zum Alltag. Beispielsweise wird eine Personengesellschaft in eine GmbH oder eine GmbH in eine Aktiengesellschaft umgewandelt. Umwandlungen sind im Umwandlungsgesetz (UmwG) geregelt (§§ 190–304).

Sonstige Rechtsformen

Gemeinnützige Gesellschaft mit beschränkter Haftung

Eine **gemeinnützige Gesellschaft mit beschränkter Haftung** (gGmbH) ist eine GmbH, die zur Verwirklichung von nicht auf Gewinn ausgerichteten Zielen (Nonprofit-Zielen) geführt wird.

Nach § 1 GmbHG kann eine GmbH zu jedem gesetzlich zulässigen Zweck gegründet werden. Neben Erwerbszwecken kommen also auch ideelle Zwecke in Betracht, zum Beispiel die Sportförderung oder die Förderung von Kultur und Kunst. Grundsätzlich gelten für die gGmbH die gesetzlichen Regelungen der GmbH. Da sie jedoch einen gemeinnützigen Zweck verfolgt, ist sie steuerlich gegenüber der GmbH begünstigt.

Um die steuerliche Begünstigung nicht zu gefährden, müssen die Satzung und die Geschäftsführung entsprechend den Grundsätzen der Gemeinnützigkeit gestaltet werden. Die gGmbH wird durch notarielle Beurkundung des Gesellschaftsvertrags errichtet. Vom Gegenstand der GmbH klar zu unterscheiden ist der Zweck.

BEISPIEL ▶ Zweck und Gegenstand einer gGmbH

Zweck einer gGmbH kann es sein, die Bühnenkunst zu fördern. Zur Verwirklichung dieses Zwecks betreibt das Unternehmen ein Theater (Gegenstand des Unternehmens).

Die Mittel der gGmbH sind für die in der Satzung aufgeführten gemeinnützigen Zwecke gebunden. Es dürfen grundsätzlich keine Gewinne erzielt werden. Sollte ein Überschuss erwirtschaftet werden, so muss dieser zeitnah, das heißt in der Regel im Lauf des folgenden Jahres, dem Unternehmenszweck entsprechend verwendet werden. Gewinne dürfen nicht an die Gesellschafter abgeführt werden!

Verein

Der Begriff des Vereins ist nicht in einem eigenen Gesetz definiert. Die rechtlichen Regelungen zum Verein finden sich in den §§ 21–79 BGB.

Ein **Verein** ist eine Personenvereinigung, die
- auf längere Zeit begründet ist,
- unter eigenem Namen auftritt,
- einen gemeinsamen Zweck erfüllt,
- vom jeweiligen Mitgliederbestand unabhängig ist und
- eine Verfassung (Satzung) sowie Organe (Vorstand, Mitgliederversammlung) besitzt.

Ein eingetragener Verein (e. V.) ist eine juristische Person. Für die Erlangung der Rechtsfähigkeit (Gründung) sind mindestens sieben Mitglieder erforderlich. Die Rechtsfähigkeit wird einem Verein entzogen, wenn die Zahl der Mitglieder unter drei herabgesunken ist.

Tabelle 1.24 fasst die Unterschiede zwischen gGmbH und Verein zusammen.

Kriterien	gGmbH	Verein
staatliche Aufsicht	nein	ja (Entzug der Rechtsfähigkeit bei weniger als drei Mitgliedern)
gesetzliche Grundlagen	HGB, GmbHG	BGB
Mindestanzahl bei Gründung	eine Person	sieben Personen
Mindestkapital bei Gründung vorgeschrieben?	ja, 25.000,00 € (nicht jedoch bei der sog. Mini-GmbH)	nein
Satzung	ja	ja
Kosten der Gründung	hoch	gering
Registereintragungen	Handelsregister	Vereinsregister
Haftung	Die Gesellschafter haften mit der Einlage, das heißt mit dem Vermögen der Gesellschaft.	Der Verein haftet mit dem Vereinsvermögen.
Stimmrecht	abhängig vom Anteil	Jedes Mitglied hat eine Stimme.
Buchführung und Prüfung	▶ Buchführungs- und Bilanzierungspflicht ▶ externe Prüfung des Jahresabschlusses	▶ Einnahme-Überschuss-Rechnung ▶ meist interne Prüfung

Tabelle 1.24: Unterschiede zwischen gGmbH und Verein

Stiftung

Eine **Stiftung** ist eine Einrichtung, die mithilfe eines in sie eingebrachten Vermögens einen vom Stifter bestimmten Zweck verfolgt.

Eine rechtsfähige Stiftung wird durch das Stiftungsgeschäft errichtet, also durch eine Willenserklärung des Stifters (auch Testament möglich) sowie durch die staatliche Anerkennung durch die Stiftungsbehörde des Bundeslandes, in dem die Stiftung ihren Sitz hat.

Die rechtsfähige Stiftung ist in den §§ 80–88 BGB geregelt. Weitere Rechtsvorschriften befinden sich in den Stiftungsgesetzen der Bundesländer. Für Stiftungen gibt es keine Mindestkapitalausstattung, in der Verwaltungspraxis erwarten die Stiftungsbehörden in der Regel ein Ausstattungskapital von 25.000,00 €. Stiftungen können, müssen aber nicht gemeinnützig sein. Über die Gemeinnützigkeit einer Stiftung entscheidet das zuständige Finanzamt.

Europäische Aktiengesellschaft

Am 29. Dezember 2004 trat das Gesetz zur Einführung der Europäischen Aktiengesellschaft (Societas Europaea – SE) in Kraft. Rechtliche Grundlage der Regelung zur SE sind zwei EU-Rechtsakte aus dem Jahr 2001.

Die **Societas Europaea** (SE) ist eine supranationale Form der Aktiengesellschaft, die in allen EU-Mitgliedstaaten einheitlich geregelt ist. Sie kann durch den Zusammenschluss zweier Unternehmen, durch die Gründung einer gemeinsamen Tochtergesellschaft oder durch die Gründung einer Holdinggesellschaft (Finanzierungs- und Verwaltungsgesellschaft ohne eigenen Geschäftsbetrieb) entstehen.

Die SE bietet europäischen Unternehmen die Möglichkeit, EU-weit als rechtliche Einheit aufzutreten. Ist ein Unternehmen als SE verfasst, so kann es seinen Sitz in einen anderen Mitgliedstaat verlegen, ohne dass es dazu einer Auflösung und einer anschließenden Neugründung bedarf.

Die Leitung einer SE kann dem Modell der deutschen AG folgen, das heißt in Vorstand und Aufsichtsrat geteilt sein (sogenanntes dualistisches Modell), oder aber wie im angloamerikanischen Rechtsraum aus einem Board of Directors mit geschäftsführenden und nicht geschäftsführenden Managern bestehen (sogenanntes monistisches System; Schaubild 1.13).

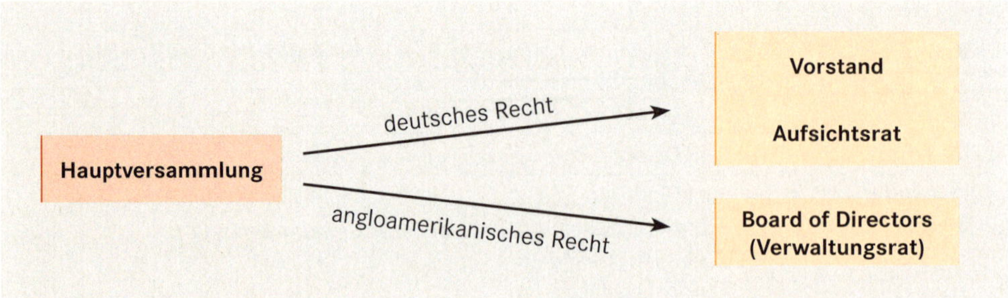

Schaubild 1.13: Modelle der Leitung einer SE

Das Grundkapital der Gesellschaft muss mindestens 120.000,00 € betragen. Die Mitbestimmung der Arbeitnehmer in einer SE wird grundsätzlich im Weg von Verhandlungen zwischen einem besonderen Verhandlungsgremium, das die Arbeitnehmer aller beteiligten Gesellschaften vertritt, und der Leitung der Gesellschaft festgelegt.

Tabelle 1.25 vermittelt eine zusammenfassende Übersicht über die wichtigsten Rechtsformen der Unternehmen und ihre Merkmale.

Rechtsform				
Einzelunternehmen	**offene Handelsgesellschaft**	**Kommanditgesellschaft**	**Gesellschaft mit beschränkter Haftung (GmbH)**	**Aktiengesellschaft (AG)**
Rechtsstatus				
keine eigene Rechtspersönlichkeit	keine eigene Rechtspersönlichkeit	keine eigene Rechtspersönlichkeit	juristische Person des Privatrechts	juristische Person des Privatrechts
Kaufmann				
Kannkaufmann	Istkaufmann oder Kannkaufmann	Istkaufmann oder Kannkaufmann	Formkaufmann	Formkaufmann
Beginn der Gesellschaft				
	Innenverhältnis: mit dem im Vertrag vereinbarten Termin Außenverhältnis: mit dem Tätigwerden, spätestens mit Eintragung in das Handelsregister, Kannkaufleute erst durch Eintragung in das Handelsregister (deklaratorisch)	Innenverhältnis: mit dem im Vertrag vereinbarten Termin Außenverhältnis: mit dem Tätigwerden, spätestens mit Eintragung in das Handelsregister, Kannkaufleute erst durch Eintragung in das Handelsregister (deklaratorisch)	mit Eintragung in das Handelsregister (konstitutiv)	mit Eintragung in das Handelsregister (konstitutiv)
Firmierung				
Personen-, Sach-, Fantasie- oder gemischte Firma mit Firmenzusatz e. Kfm., e. Kffr. oder e. K.	Personen-, Sach-, Fantasie- oder gemischte Firma mit Firmenzusatz OHG	Personen-, Sach-, Fantasie- oder gemischte Firma mit Firmenzusatz KG	Personen-, Sach-, Fantasie- oder gemischte Firma mit Firmenzusatz GmbH	Personen-, Sach-, Fantasie- oder gemischte Firma mit Firmenzusatz AG
Handelsregister				
Abteilung A	Abteilung A	Abteilung A	Abteilung B	Abteilung B
Rechtliche Grundlage				
HGB	HGB	HGB	HGB, GmbHG	HGB, AktG
Unternehmensgründer				
eine Person	mindestens zwei Personen	mindestens zwei Personen (je ein Voll- und ein Teilhafter)	mindestens eine Person	mindestens eine Person

(Fortsetzung s. folgende Seite)

(Fortsetzung)

Einzelunternehmen	offene Handelsgesellschaft	Kommanditgesellschaft	Gesellschaft mit beschränkter Haftung (GmbH)	Aktiengesellschaft (AG)
		Mindestkapital		
nein	nein	nein	25.000,00 € Stammkapital	50.000,00 € Grundkapital
		Gesellschaftsvermögen		
Eigentümer	Gesamthandvermögen der Gesellschafter	Gesamthandvermögen der Gesellschafter	eigenes Vermögen der juristischen Person (Gesellschafter)	eigenes Vermögen der juristischen Person (Aktionäre)
		Haftung		
Unbeschränkt, d. h., der Eigentümer haftet mit seinem Privat- und dem Geschäftsvermögen.	unbeschränkt, solidarisch (jeder Gesellschafter haftet für die gesamten Schulden der Gesellschaft) und unmittelbar (jeder Gläubiger kann sich direkt an jeden Gesellschafter mit seiner Forderung wenden)	Komplementär haftet wie der Gesellschafter einer OHG, Kommanditist haftet mit seiner Einlage (beschränkte Haftung).	Jeder Gesellschafter haftet mit seiner Einlage. Die Gesellschaft haftet mit dem Stammkapital (beschränkte Haftung).	Jeder Anteilseigner haftet mit seinem Anteil. Die Gesellschaft haftet mit dem Grundkapital (beschränkte Haftung).
		Gewinnverteilung		
Eigentümer	Gesetzliche Regelung gemäß HGB: zunächst jeder Gesellschafter 4 % seines Kapitalanteils; Mehrgewinn nach Köpfen. Vertraglich sind andere Lösungen möglich.	Gesetzliche Regelung gemäß HGB: zunächst jeder Gesellschafter 4 % seines Kapitalanteils; Mehrgewinn im angemessenen Verhältnis. Vertraglich sind andere Lösungen möglich.	im Verhältnis der Geschäftsanteile	im Verhältnis der Aktienanteile
		Verlustverteilung		
Eigentümer	nach Köpfen	in angemessenem Verhältnis	keine Verlustbeteiligung	keine Verlustbeteiligung
		Steuerliche Behandlung		
Gewinne unterliegen der Einkommensteuer.	Gewinne unterliegen der Einkommensteuer.	Gewinne unterliegen der Einkommensteuer.	Gewinne unterliegen der Körperschaftsteuer.	Gewinne unterliegen der Körperschaftsteuer.
		Innenverhältnis (Geschäftsführung)		
Inhaber berechtigt und verpflichtet	jeder Gesellschafter alleine, Widerspruchsrecht jedes einzelnen Gesellschafters, Zustimmung aller Gesellschafter bei außergewöhnlichen Geschäften	Komplementäre wie OHG-Gesellschafter, Kommanditist hat Kontrollrecht (Bilanz) und Widerspruchsrecht (außergewöhnliche Geschäfte).	Geschäftsführer (einer oder mehrere)	Vorstandsmitglieder gemeinsam

Einzelunternehmen	offene Handelsgesellschaft	Kommanditgesellschaft	Gesellschaft mit beschränkter Haftung (GmbH)	Aktiengesellschaft (AG)
Außenverhältnis (Vertretungsbefugnis)				
Inhaber berechtigt und verpflichtet	jeder Gesellschafter alleine (Einzelvertretungsmacht)	Komplementäre wie bei OHG-Gesellschaftern, Kommanditist kann Prokura haben.	Geschäftsführer (einer oder mehrere)	Vorstandsmitglieder gemeinsam
Organe				
keine	keine	keine	Geschäftsführer, Aufsichtsrat (ab 500 Arbeitnehmer gesetzlich vorgeschrieben), Gesellschafterversammlung	Vorstand, Aufsichtsrat, Hauptversammlung
Vorteile				
Freie Entscheidung, Eigentümer verfügt allein über Gewinn.	Aufteilung des Risikos, größere Finanzkraft, gleiche Verantwortung	Haftungsbegrenzung (Kommanditist) und Haftungsteilung, weitgehende Entscheidungskompetenz (Komplementär)	Haftungsbegrenzung, Trennung von Vermögen und Geschäftsführung	Haftungsbegrenzung, leichtere Kapitalbeschaffung
Nachteile				
Alleiniges Risiko (Haftung), Kapital- und Arbeitskraft sind begrenzt.	gemeinsame Entscheidungen, Abstimmungen erforderlich	Kommanditisten haben wenig Mitspracherechte.	Geschäftsführung und Eigentümer mit unterschiedlichen Interessen	Kursrisiken, Vorstand und Aktionäre mit unterschiedlichen Interessen (Gewinneinbehalt oder -ausschüttung)

Tabelle 1.25: Die wichtigsten Rechtsformen der Unternehmen und ihre Merkmale

1.3 Die Berufsausbildung selbstverantwortlich mitgestalten

1.3.1 Das duale Ausbildungssystem

Die duale Berufsausbildung wird durch Gesetze und Verordnungen verbindlich geregelt, und zwar hinsichtlich

- der Inhalte,
- der Durchführung und bundesweiten Vereinheitlichung,
- der Sicherung der Mindestqualität der Berufsausbildung.

Von besonderer Bedeutung sind das Berufsbildungsgesetz (BBiG), die Ausbildungsordnung (AusbO) und das Jugendarbeitsschutzgesetz (JArbSchG). Schaubild 1.14 vermittelt einen Überblick über die verschiedenen Träger der Berufsausbildung und deren Aufgaben.

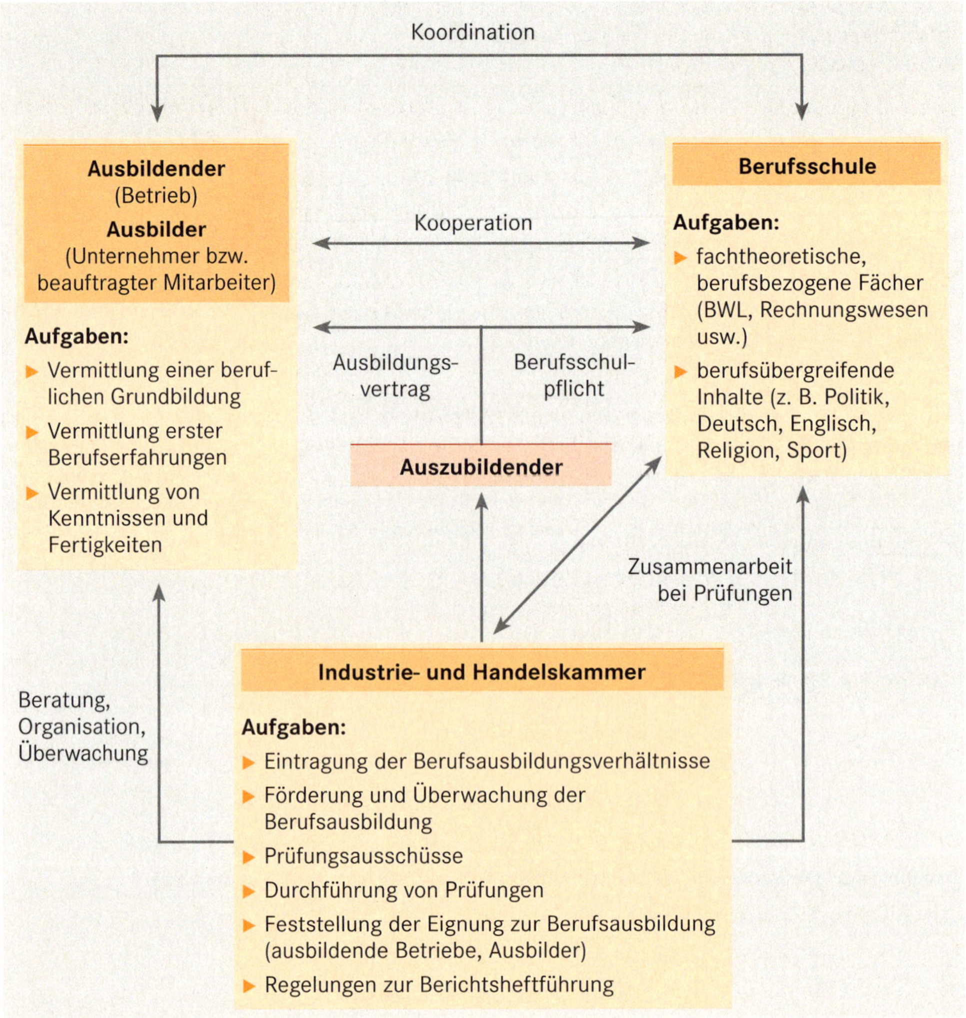

Schaubild 1.14: Die Träger der Berufsausbildung

Die Kompetenzen zur Regelung der Berufsausbildung liegen beim Bund und bei den Ländern. Zur Koordination von Betrieb und Berufsschule existieren verschiedene Ordnungsmittel (Tabelle 1.26).

Seit dem 1. November 1998 existiert eine neue Ausbilder-Eignungsverordnung, durch die die Ausbildung der Ausbilder grundlegend reformiert wurde. Der Rahmenstoffplan orientiert sich am neuen Anforderungsprofil des Ausbilders, das heißt an verstärkter Handlungs-, Methoden- und Planungskompetenz sowie an einem neuen Rollenverständnis.

Bundeskompetenz		Landeskompetenz	
Lernort Betrieb		Lernort Berufsschule	
Die **Ausbildungsordnung** ist die rechtliche Grundlage für einen Ausbildungsberuf. In den Ausbildungsordnungen werden die folgenden Inhalte festgelegt:		Im **Rahmenlehrplan** sind die berufsschulischen Lehrinhalte festgelegt:	
Ausbildungsdauer	zumeist 3 Jahre	**Unterrichtsfächer/ Lernfelder**	Aufteilung der Lerninhalte
Berufsbild	enthält die zu vermittelnden Kenntnisse und Fertigkeiten.	**Anzahl der Unterrichtsstunden pro Fach/Lernfeld**	Zuordnung von Jahresstunden
Ausbildungsrahmenlehrplan	ist eine Anleitung zur Erstellung eines betrieblichen Ausbildungsplans.	**Lerngebiete, Lernziele, Lerninhalte**	Festlegung von zu vermittelnden Inhalten, Kompetenzen und Zielen
Prüfungsanforderungen	Zwischenprüfung und Abschlussprüfung	**zeitliche Zuordnung der Lerninhalte**	Verteilung der Inhalte und Lernfelder/Fächer auf die einzelnen Ausbildungsjahre
Ausbildungsplan	individueller Plan für einen Betrieb/einen Ausbildungsberuf in einem Betrieb		

Tabelle 1.26: Instrumente zur Ordnung der Berufsausbildung

Die Handlungsfelder des Ausbilders sind:

- Allgemeine Grundlagen der Berufsausbildung,
- Planung der Berufsausbildung,
- Auswahl von Bewerbern und Einstellung von Auszubildenden,
- Ausbildung am Arbeitsplatz,
- Lernförderung,
- Gruppenanleitung,
- Beendigung der Ausbildung.

1.3.2 Der Ausbildungsvertrag

Nach Umfragen des Deutschen Industrie- und Handelskammertages und des Bundesinstituts für Berufsbildung wünschen sich die Ausbildungsbetriebe vor allem die in Tabelle 1.27 aufgeführten Kompetenzen der Auszubildenden.

Diese Kompetenz erwarten ...	... Prozent der Ausbildungsbetriebe
Zuverlässigkeit	94
Lesen, Schreiben, Rechnen beherrschen	91
Teamfähigkeit	87
Leistungsbereitschaft	85
Höflichkeit und Freundlichkeit	78
Verantwortungsbewusstsein	75
gutes Allgemeinwissen	68
Selbstständigkeit	65
Ausdauer und Belastbarkeit	60
Kritikfähigkeit	60

Tabelle 1.27: Grundlegende Anforderungen an die Auszubildenden

Schaubild 1.15 vermittelt einen Überblick über das durch den Ausbildungsvertrag begründete Ausbildungsverhältnis.

Auszubildender → ↓ ← **Ausbildender (Ausbildungsbetrieb)**

Ausbildungsvertrag (z. B. 1. Mai 2008)
- Schriftform
- Inhalt § 11 BBiG
- Eintragung bei der IHK in das Verzeichnis der Berufsausbildungsverhältnisse
- bei Minderjährigen Unterschrift der Eltern
- Bescheinigung über ärztliche Erstuntersuchung

↓

Beginn der Berufsausbildung (z. B. 1. August 2008)

↓

ein bis vier Monate Probezeit ohne Kündigungsschutz

↓

Zwischen dem Ende der Probezeit und dem Ende der Berufsausbildung besteht besonderer Kündigungsschutz. Eine Kündigung ist nur möglich bei
- Vorliegen eines wichtigen Grundes (fristlos),
- Aufgabe oder Wechsel der Berufsausbildung (Frist: 4 Wochen).

↓

Ende der Berufsausbildung mit Bestehen der Abschlussprüfung (Prüfungstag!)

Schaubild 1.15: Das Ausbildungsverhältnis

1.3.3 Das Berufsbildungsgesetz

Das Berufsbildungsgesetz (BBiG) wurde 1969 vom Bundestag mit Zustimmung des Bundesrates verabschiedet und ist seitdem Grundlage für jedes Ausbildungsverhältnis in Deutschland. Das BBiG geht für die betriebliche Berufsausbildung vom „dualen System" aus: Die berufliche Ausbildung erfolgt zweigleisig in den Lernorten Betrieb und Schule.

Art und Umfang des Angebots an Ausbildungsplätzen hängen vom Bedarf der Privatwirtschaft und der öffentlichen Verwaltungen ab. Es gibt kein gesetzliches Recht auf eine berufliche Bildung. Die Ausbildung in Betrieben und Behörden wird durch die Ausbildenden finanziert. Die Tätigkeit der Berufsschulen wird hingegen aus allgemeinen Steuermitteln finanziert.

Im BBiG sind vor allem die in Tabelle 1.28 zusammengefassten Gesichtspunkte der Ausbildung geregelt.

	Rechte	Pflichten
Ausbildender	§ 20 Probezeit § 22 Kündigung	§ 10 Berufsausbildungsvertrag § 11 Vertragsniederschrift § 14 ff. Pflichten des Ausbildenden § 15 Freistellung für den Berufsschulunterricht § 16 Zeugnis bei Beendigung des Ausbildungsverhältnisses § 17 Vergütungsanspruch § 19 Fortzahlung der Vergütung § 21 Beendigung des Ausbildungsverhältnisses § 27 Eignung der Ausbildungsstätte §§ 29 f. Persönliche und fachliche Eignung § 36 Antrag zur Eintragung in das Verzeichnis der Berufsausbildungsverhältnisse
Auszubildender	§ 17 Vergütungsanspruch § 19 Fortzahlung der Vergütung § 20 Probezeit § 21 Beendigung des Ausbildungsverhältnisses § 22 Kündigung § 37 Abschlussprüfung § 48 Zwischenprüfungen § 51 Interessenvertretung	§ 13 Pflichten des Auszubildenden während der Berufsausbildung § 48 Zwischenprüfungen
beide Seiten bindende Bestimmungen	§ 5 Inhalt der Ausbildungsordnung, Berufsausbildung außerhalb der Ausbildungsstätte § 8 Abkürzung und Verlängerung der Ausbildungszeit § 34 Einrichten und Führen des Verzeichnisses der Berufsausbildungsverhältnisse § 35 Verzeichnis der Berufsbildungsverhältnisse – Eintrag, Änderungen und Löschen von Ausbildungsverträgen	

Tabelle 1.28: Rechte und Pflichten von Ausbildenden und Auszubildenden

1.3.4 Das Jugendarbeitsschutzgesetz

Eine weitere gesetzliche Rahmenbedingung für die Ausbildung im Betrieb neben dem Berufsbildungsgesetz und weitgehend gleich lautenden Bestimmungen in der Handwerksordnung ist das Gesetz zum Schutz der arbeitenden Jugend (Jugendarbeitsschutzgesetz, JArbSchG). Die Einhaltung der Vorschriften des JArbSchG wird von den staatlichen Gewerbeaufsichtsämtern überprüft. Ein Verstoß gegen das JArbSchG wird als Ordnungswidrigkeit geahndet (§ 58 JArbSchG).

Das Gesetz zum Schutz der arbeitenden Jugend von 1976, zuletzt geändert 1997 (JArbSchG), gilt für alle beschäftigten Personen unter 18 Jahren, das heißt für Kinder und Jugendliche. Wer das fünfzehnte Lebensjahr noch nicht erreicht hat, wird als Kind eingestuft. Kinder über 13 Jahren dürfen in der Landwirtschaft und als Zeitungsausträger arbeiten.

Das JArbSchG regelt die Dauer und Lage der Arbeitszeit, den Berufsschulbesuch, Prüfungen, Urlaub und den Gesundheitsschutz.

Dauer der Arbeitszeit

Die §§ 8 und 15 JArbSchG bestimmen, dass

- Jugendliche nicht mehr als acht Stunden täglich und nicht mehr als 40 Stunden wöchentlich arbeiten dürfen. Falls die Arbeitszeit an einzelnen Werktagen auf weniger als acht Stunden verkürzt ist, können Jugendliche an den übrigen Werktagen derselben Woche achteinhalb Stunden beschäftigt werden.
- Jugendliche nur an fünf Tagen in der Woche arbeiten dürfen.

Freizeit und Berufsschule

Nach dem Ende der täglichen Arbeitszeit dürfen Jugendliche nicht vor Ablauf einer ununterbrochenen Freizeit von mindestens zwölf Stunden beschäftigt werden (§ 13 JArbSchG).

§ 9 JArbSchG besagt:

- Jugendliche sind für die Dauer des Berufsschulunterrichtes freizustellen.
- Wenn der Berufsschulunterricht vor 9 Uhr beginnt, darf der Auszubildende nicht vorher beschäftigt werden.
- Ferner darf der Auszubildende an einem Berufsschultag pro Woche nicht nachmittags beschäftigt werden, wenn er zuvor mehr als fünf Stunden (à 45 Minuten) Unterricht hatte. Bei Blockunterricht gilt das Beschäftigungsverbot, sofern mindestens 25 Stunden Unterricht an mindestens fünf Tagen erfolgen. Betriebliche Fortbildungsveranstaltungen sind allerdings bis zu drei Stunden pro Woche zulässig.
- Auf die Arbeitszeit werden angerechnet:
  - Berufsschultage (mehr als fünf Stunden à 45 Minuten) mit acht Stunden,
  - Berufsschultage mit der tatsächlichen Unterrichtszeit einschließlich Pausen,
  - Berufsschulwochen (mindestens 25 Stunden à 45 Minuten) mit 40 Stunden.

- Muss der Auszubildende nach Unterrichtsende in den Betrieb, so gilt die Fahrtzeit zwischen Berufsschule und Betrieb als Arbeitszeit.

Gemäß § 10 JArbSchG sind Jugendliche für die Teilnahme an Prüfungen und Ausbildungsmaßnahmen ebenso freizustellen wie am Tag vor der schriftlichen Abschlussprüfung.

Ruhepausen und Nachtruhe

§ 11 JArbSchG bestimmt:

- Ruhepausen sind Pausen von mindestens 15 Minuten.
- Die Ruhepausen müssen in angemessener zeitlicher Lage gewährt werden, das heißt frühestens eine Stunde nach Beginn und spätestens eine Stunde vor Ende der täglichen Arbeitszeit.
- Jugendliche dürfen maximal viereinhalb Stunden in Folge ohne Pause beschäftigt werden.
- Bei einer Arbeitszeit von mehr als viereinhalb Stunden bis zu sechs Stunden müssen 30 Minuten Ruhepause gewährt werden.
- Bei einer Arbeitszeit von mehr als sechs Stunden müssen 60 Minuten Ruhepause gewährt werden.

Gemäß § 14 JArbSchG dürfen Jugendliche ausschließlich zwischen 6 Uhr und 20 Uhr beschäftigt werden. Ausnahmen sind möglich.

BEISPIELE ▶ Ausnahmen

Handelt es sich bei dem ausbildenden Betrieb um eine Gaststätte, ein Theater oder eine Bäckerei, so darf der Auszubildende auch außerhalb der Zeit zwischen 6 Uhr und 20 Uhr beschäftigt werden.

Samstags-/Sonntags- und Feiertagsruhe

Nach den §§ 16 bis 18 JArbSchG gilt, dass Jugendliche an Samstagen und Sonntagen grundsätzlich nicht beschäftigt werden dürfen. Dasselbe gilt für den 24. Dezember und den 31. Dezember jeweils nach 14 Uhr sowie für gesetzliche Feiertage. Ausnahmen sind auch hier möglich. Jeder zweite Sonntag soll, mindestens zwei Sonntage im Monat müssen beschäftigungsfrei bleiben.

BEISPIEL ▶ Einschränkungen des Beschäftigungsverbots

In den folgenden Bereichen gilt das Beschäftigungsverbot an Samstagen sowie an Sonn- und Feiertagen nur eingeschränkt:

- Verkehrswesen,
- Gaststätten,
- Schausteller,
- Musikaufführungen,
- Theateraufführungen,
- Sport,
- ärztlicher Notdienst.

Urlaub

Gemäß § 19 JArbSchG haben Jugendliche in jedem Kalenderjahr Anspruch auf bezahlten Erholungsurlaub. Die Dauer des Erholungsurlaubs variiert in Abhängigkeit vom Alter:

- Jugendliche unter 16 Jahren (zu Beginn des Kalenderjahres) erhalten 30 Tage Urlaub.
- Jugendliche unter 17 Jahren (zu Beginn des Kalenderjahres) erhalten 27 Tage Urlaub.
- Jugendliche unter 18 Jahren (zu Beginn des Kalenderjahres) erhalten 25 Tage Urlaub.

Gefährliche Arbeiten und Akkordarbeit

Die §§ 22 und 23 JArbSchG besagen, dass Jugendliche nicht mit gefährlichen Arbeiten, Akkordarbeit oder anderen Tätigkeiten, bei denen das Arbeitstempo die Höhe des Einkommens bestimmt, beschäftigt werden dürfen.

Ärztliche Untersuchungen

Die §§ 32 und 33 JArbSchG in Verbindung mit der Jugendarbeitsschutzuntersuchungsverordnung (JArbSchUV) legen fest, dass ein Jugendlicher nur dann ein Beschäftigungsverhältnis beziehungsweise Arbeitsverhältnis eingehen darf, wenn er

- sich maximal 14 Monate vor Beschäftigungsaufnahme einer ärztlichen Untersuchung (Erstuntersuchung) unterzogen hat und
- dem Arbeitgeber darüber eine Bescheinigung vorlegen kann.

Ein Jahr nach Aufnahme der Beschäftigung muss sich der Arbeitgeber von dem Jugendlichen eine Bescheinigung über eine Folgeuntersuchung vorlegen lassen. Die Nachuntersuchung darf nicht länger als drei Monate zurückliegen. Ohne Nachuntersuchung darf ein Jugendlicher von seinem Arbeitgeber maximal 14 Monate nach Aufnahme der Beschäftigung beschäftigt werden.

1.3.5 Der Arbeitsvertrag

Gesetzliche Grundlagen

Zur Begründung eines Arbeitsverhältnisses ist ein Vertrag erforderlich. Gesetzliche Grundlagen hierzu finden sich im Bürgerlichen Gesetzbuch (§ 611 ff. BGB – Dienstvertrag), im Handelsgesetzbuch (§ 59 HGB – Erfüllungsgehilfe) und im Berufsbildungsgesetz.

> Der **Arbeitsvertrag** ist nach § 611 BGB ein Dienstvertrag, durch den sich der Arbeitnehmer gegenüber seinem Arbeitgeber zu entgeltlicher Arbeitsleistung verpflichtet.

In dem Vertrag werden die für das Arbeitsverhältnis wichtigsten Einzelheiten festgehalten:

- Name und Anschrift der Vertragsparteien,
- Beginn und gegebenenfalls befristete Dauer des Arbeitsverhältnisses,
- Arbeitsort,

- Höhe des Arbeitsentgelts,
- Arbeitszeit,
- Bezeichnung der Tätigkeit,
- Urlaubsdauer,
- Dauer der Probezeit (maximal sechs Monate),
- Kündigungsfristen.

Gemessen an den in Deutschland geltenden Gesetzen, an den in der Branche geltenden Tarifverträgen (sofern der Arbeitgeber dem zuständigen Arbeitgeberverband angehört) und an den im Betrieb geltenden Betriebsvereinbarungen darf der Arbeitsvertrag den Arbeitnehmer nicht schlechter stellen.

Eine **Betriebsvereinbarung** gemäß § 77 Betriebsverfassungsgesetz (BetrVG) ist eine Vereinbarung zwischen Arbeitgeber und Betriebsrat über Angelegenheiten, in denen der Betriebsrat ein Mitbestimmungsrecht hat.

Hinsichtlich des Abschlusses von Arbeitsverträgen gilt grundsätzlich Formfreiheit. Allerdings müssen Ausbildungsverträge schriftlich abgeschlossen werden. Praktikanten, für die gilt, dass sie durch das Beschäftigungsverhältnis berufliche Kenntnisse, Fertigkeiten oder Erfahrungen erwerben sollen (§ 19 BBiG), können hingegen ohne schriftlich fixierte Vereinbarung eingestellt werden. Bei mündlich abgeschlossenen Arbeitsverträgen muss allerdings der Arbeitgeber innerhalb von vier Wochen die wichtigsten Vereinbarungen schriftlich festhalten.

Rechte und Pflichten aus dem Arbeitsvertrag

Aus dem abgeschlossenen Arbeitsvertrag resultieren für die Vertragsparteien (Arbeitgeber und Arbeitnehmer) bestimmte Rechte und Pflichten. Die Rechte des einen sind die Pflichten des anderen (Tabellen 1.29 und 1.30; siehe auch S. 419 f.).

Pflicht	Inhalt
Dienstleistungspflicht	Erfüllung der Leistung laut Vertrag (auch bei Betriebsübergang)
Treuepflicht	Wahrung von Geschäftsgeheimnissen
Handelsverbot	Der Arbeitnehmer darf ohne Einwilligung des Arbeitgebers kein eigenes Handelsgewerbe betreiben. Er kann auch nicht vollhaftender Gesellschafter in einem anderen Unternehmen sein.
Wettbewerbsverbot	Dem Arbeitnehmer ist es verboten, im Geschäftszweig des Arbeitgebers dauernd oder gelegentlich Geschäfte für eigene oder fremde Rechnung zu machen oder zu vermitteln (Ausnahme: der Arbeitgeber stimmt dem ausdrücklich zu).
Konkurrenzklausel	Nach Beendigung des Arbeitsverhältnisses ist das Wettbewerbsverbot aufgehoben. Durch schriftliche Vereinbarung ist die Aufrechterhaltung für die Dauer von bis zu zwei Jahren nach Beendigung des Arbeitsverhältnisses möglich.

Tabelle 1.29: Pflichten des Arbeitnehmers

Pflicht	Inhalt
Fürsorgepflicht	▶ Sorge für die Erhaltung der Gesundheit ▶ Anmeldung des Arbeitnehmers bei der Sozialversicherung
Entgeltzahlung	▶ spätestens am Ende eines Kalendermonats ▶ Entgeltfortzahlung im Krankheitsfall (100 %) für sechs Wochen
Urlaubsgewährung	Mindesturlaub (Bundesurlaubsgesetz), ggf. Urlaub gemäß tarifvertraglicher Vereinbarung
Ausstellung eines Arbeitszeugnisses	▶ einfaches Zeugnis (Art und Dauer der Beschäftigung) ▶ qualifiziertes Zeugnis (zusätzlich Aussagen über Führung und Leistung)

Tabelle 1.30: Pflichten des Arbeitgebers

Für den Arbeitsvertrag gilt eine Vielzahl gesetzlicher und tarifvertraglicher Regelungen. Zu den Gesetzen, die die Gestaltung von Beschäftigungsverhältnissen beeinflussen, gehören neben dem BGB und dem HGB das

- Arbeitszeitgesetz (ArbZG),
- Gesetz zur Vereinheitlichung und Flexibilisierung des Arbeitszeitrechts (Arbeitszeitrechtsgesetz, ArbZRG),
- Gesetz über die Gewährung von Erziehungsgeld und Erziehungsurlaub (BErzGG),
- Jugendarbeitschutzgesetz (JArbSchG),
- Kündigungsschutzgesetz (KSchG),
- Mutterschutzgesetz (MuSchG),
- Sozialgesetzbuch, Neuntes Buch (SGB IX – Rehabilitation und Teilhabe behinderter Menschen).

1.3.6 Arbeitnehmerschutzgesetze

Überblick

Aufgabe des Arbeitsschutzrechtes ist der Schutz der Arbeitnehmer vor potenziellen Gefährdungen für Gesundheit und Leben bei der und durch die Arbeit. Während der technische Arbeitsschutz an die jeweiligen Gefährdungen anknüpft, dient der soziale Arbeitsschutz dem Schutz besonders schutzbedürftiger Arbeitnehmer.

Vorschriften, die den **technischen Arbeitsschutz** betreffen, finden sich sowohl im öffentlichen Recht als auch im Privatrecht.

BEISPIEL ▶ Vorschriften des technischen Arbeitsschutzes

§ 618 BGB und § 62 HGB verpflichten den Arbeitgeber, Räume, Vorrichtungen und Gerätschaften so einzurichten und zu unterhalten, dass der Arbeitnehmer so weit wie möglich vor Gefahren für Leben und Gesundheit geschützt ist. Im öffentlichen Recht kommt für den Unfall- und Gefahrenschutz der Arbeitsstättenverordnung und der Gefahrstoffverordnung besondere Bedeutung zu.

Besondere Schutzvorschriften bestehen für Jugendliche, Schwangere, stillende Mütter und Schwerbehinderte. Hinsichtlich der Beschäftigung dieser Personengruppen gelten folgende Einschränkungen:

- Beschäftigungsverbote (Kinder, werdende und stillende Mütter, Jugendliche),
- Einschränkungen hinsichtlich der Dauer der Arbeitszeit (Jugendliche, werdende und stillende Mütter),
- besondere Teilzeitansprüche (Eltern, Schwerbehinderte),
- zusätzliche Urlaubsansprüche (Jugendliche, Eltern, Schwerbehinderte),
- besonderer Kündigungsschutz (Schwangere, Mütter bis zu vier Monaten nach der Entbindung, Eltern, Schwerbehinderte).

Tabelle 1.31 fasst die geltenden Bestimmungen des Arbeitnehmerschutzes zusammen.

Arbeitsschutzbestimmungen				
	Arbeitszeitschutz	**Urlaub**	**Gesundheits- und Unfallschutz**	**Kündigungsschutz**
Allgemeine Schutzbestimmungen: Gewerbeordnung HGB Arbeitszeitgesetz Bundesurlaubsgesetz Kündigungsschutzgesetz	▶ regelmäßige tägliche Arbeitszeit 8 Stunden ▶ max. 48-Stunden-Woche (6 Werktage à 8 Stunden) ▶ Ausdehnung, mit Ausgleich, auf 10 Stunden möglich ▶ Mindestruhepausen	Mindesturlaubsanspruch 24 Werktage	Schutz von Gesundheit und Leben	▶ gesetzliche Kündigungsfrist 4 Wochen zum 15. des Monats oder zum Monatsende ▶ Erfordernis der sozial gerechtfertigten Kündigung ▶ verlängerte Kündigungsfristen ab zweijähriger Betriebszugehörigkeit
Besondere Schutzbestimmungen für Jugendliche: Jugendarbeitsschutzgesetz	▶ tägliche Arbeitszeit max. 8 Stunden ▶ wöchentliche Arbeitszeit max. 40 Stunden ▶ Fünftagewoche ▶ Verbot der Sonntags- und Nachtarbeit (ggf. besondere Ausnahmen)	Erhöhter Urlaubsanspruch: ▶ bis 16 Jahre 30 Werktage ▶ bis 17 Jahre 27 Werktage ▶ bis 18 Jahre 25 Werktage	▶ Verbot der Kinderarbeit (bis zur Vollendung des 15. Lebensjahres) ▶ Verbot von Fließarbeit und Akkordarbeit ▶ Erst- und Nachuntersuchungspflicht	▶ besonderer Kündigungsschutz für Auszubildende nach der Probezeit

(Fortsetzung s. folgende Seite)

(Fortsetzung)

	Arbeitszeitschutz	Urlaub	Gesundheits- und Unfallschutz	Kündigungsschutz
Besondere Schutzbestimmungen für Mütter/Eltern: Mutterschutzgesetz Bundeselterngeld- und Elternzeitgesetz	Verbot der Mehrarbeit, Sonntags- und Nachtarbeit für werdende und stillende Mütter	Anspruch auf Elternzeit	▶ Verbot schwerer körperlicher Arbeit für werdende Mütter ▶ Beschäftigungsverbot für 6 Wochen vor (Kannvorschrift) und 8 bzw. 12 Wochen nach (Mussvorschrift) der Geburt	▶ Kündigungsschutz während der Schwangerschaft und bis zu 4 Monate nach der Geburt ▶ Kündigungsschutz während der Elternzeit
Besondere Schutzbestimmungen für Schwerbehinderte: SGB IX		Anspruch auf Zusatzurlaub (5 Tage)		Kündigung nur mit Zustimmung des Integrationsamts

Tabelle 1.31: Allgemeine und besondere Arbeitnehmerschutzbestimmungen

Vielfach existieren weiter gehende Schutzbestimmungen aus Betriebsvereinbarungen zwischen Betriebsrat und Arbeitgeber oder aus Tarifverträgen zwischen Gewerkschaften und Arbeitgebern/Arbeitgeberverbänden. Eine Schlechterstellung durch derartige Vereinbarungen im Verhältnis zu gesetzlichen Regelungen ist nicht zulässig.

Das **Günstigkeitsprinzip** besagt, dass einzelvertragliche Regelungen eines Beschäftigungsverhältnisses immer zugunsten des Arbeitnehmers gestaltet werden müssen.

BEISPIEL ▶ Günstigkeitsprinzip

Der gesetzliche Mindestanspruch auf Urlaub beträgt 24 Werktage pro Jahr. Tarifvertraglich vereinbart sind 28 Werktage pro Jahr, die betriebliche Regelung sieht 30 Werktage pro Jahr vor. Also hat der Beschäftigte einen Urlaubsanspruch von 30 Werktagen pro Jahr.

Verstößt der Arbeitgeber gegen die Arbeitsschutzpflichten, so hat der Arbeitnehmer verschiedene Möglichkeiten, um darauf zu reagieren:

- Er kann vom Arbeitgeber die Erfüllung von Schutzmaßnahmen oder die Beseitigung von Unfallgefahren verlangen und diesen Anspruch gegebenenfalls über eine Klage vor dem Arbeitsgericht durchsetzen.
- Unter Umständen kann er bei unwürdigen Arbeitsbedingungen im angemessenen Verhältnis seine Arbeitsleistung verweigern (§ 273 BGB).
- Er kann gegen den Arbeitgeber einen Schadensersatzanspruch geltend machen.

Urlaub

Der Urlaubsanspruch der Arbeitnehmer ist im Bundesurlaubsgesetz (BUrlG) geregelt. Es handelt sich dabei um einen Mindestanspruch, das heißt, tarifvertragliche oder einzelvertragliche Regelungen lassen für den Arbeitnehmer günstigere Lösungen zu.

Einen **Anspruch** auf Erholungsurlaub haben alle Arbeitnehmer und die zu ihrer Berufsausbildung Beschäftigten (persönliche Voraussetzung). Hierzu gehören auch Aushilfen und Teilzeitkräfte (§ 1 BUrlG). Der Urlaubsanspruch entsteht, wenn ein Arbeitsverhältnis besteht und die **Wartezeit** von sechs Monaten erfüllt ist (sachliche Voraussetzungen, § 4 BUrlG). Er beträgt jährlich mindestens **24 Werktage**, wobei als Werktage alle Tage gelten, die nicht Sonn- oder gesetzliche Feiertage sind (§ 3 BUrlG).

In den folgenden Fällen hat ein Arbeitnehmer Anspruch auf **Teilurlaub** (§ 5 BUrlG), das heißt auf ein Zwölftel des Jahresurlaubs für jeden vollen Monat des Bestehens des Arbeitsverhältnisses:

- Die Wartezeit von sechs Monaten wird erst im Laufe des Kalenderjahres erfüllt.
- Er scheidet aus dem Arbeitsverhältnis aus, bevor die Wartezeit erfüllt ist.
- Er scheidet nach erfüllter Wartezeit in der ersten Hälfte des Kalenderjahres aus dem Arbeitsverhältnis aus.

Will der Arbeitnehmer Teilurlaub auf das nächste Kalenderjahr übertragen, so muss er dies in dem Jahr beantragen, für das der Anspruch gilt. Es reicht also nicht aus, wenn er in dem betreffenden Jahr stillschweigend darauf verzichtet, einen Urlaubsantrag zu stellen.

§ 6 BUrlG schließt **Doppelansprüche** aus, indem er bestimmt, dass ein Urlaubsanspruch dann nicht besteht, wenn dem Arbeitnehmer für das laufende Kalenderjahr bereits von einem früheren Arbeitgeber Urlaub gewährt wurde.

§ 7 BUrlG regelt den Zeitpunkt, die Übertragbarkeit und die Abgeltung des Urlaubs. Ihm gemäß sind bei der **zeitlichen Festlegung** des Urlaubs die Wünsche des Arbeitnehmers nur insoweit zu berücksichtigen, als diesen keine dringenden betrieblichen Belange oder unter sozialen Gesichtspunkten vorrangige Ansprüche anderer Arbeitnehmer entgegenstehen. Eine **Teilung** des Urlaubs ist nach dem Gesetz nicht der Regelfall, vielmehr soll der Urlaub zusammenhängend gewährt werden, wenn keine dringenden betrieblichen oder in der Person des Arbeitnehmers liegenden Gründe dagegensprechen. Wird der Urlaub dennoch geteilt, so muss einer der Urlaubsteile mindestens zwölf aufeinanderfolgende Werktage umfassen – es sei denn, der Urlaubsanspruch wäre geringer. Die **Übertragung** von Urlaubsansprüchen in das nächste Kalenderjahr ist nur zulässig, wenn sie aus sachlichen oder in der Person des Arbeitnehmers liegenden Gründen erforderlich ist. Übertragene Urlaubstage müssen in den ersten drei Monaten des Folgejahres gewährt und genommen werden. Ein Urlaubsanspruch muss abgegolten werden, wenn er wegen Beendigung des Arbeitsverhältnisses ganz oder teilweise nicht mehr gewährt werden kann.

Bei einer Erkrankung des Arbeitnehmers im Urlaub wird die Erfüllung des Urlaubsanspruchs unmöglich. Legt der Arbeitnehmer dem Arbeitgeber eine ärztliche Bescheinigung vor, so werden diese Tage nicht auf den Urlaub angerechnet. Allerdings verlängert sich der Urlaub nicht automatisch. Auch darf der Arbeitnehmer während des Urlaubs keine Arbeitstätigkeit leisten, die dem eigentlichen Zweck – der Erholung – entgegensteht. Nebentätigkeiten sind hingegen erlaubt (§§ 8, 9 BUrlG).

Urlaubsgeld ist eine zusätzliche Vergütung, auf die kein gesetzlicher Anspruch besteht, die der Arbeitgeber also nur zahlen muss, wenn er hierzu aufgrund von tarifvertraglichen oder anderen Regelungen verpflichtet ist.

Zwar besteht kein gesetzlicher Anspruch auf Urlaubsgeld, es ist jedoch unter Umständen möglich, aus vorherigen regelmäßigen Zahlungen ein Gewohnheitsrecht für den Arbeitnehmer abzuleiten (siehe Kapitel 1, Abschnitt 1.2.1).

Vom Urlaubsgeld zu unterscheiden ist das Urlaubsentgelt, das heißt das Arbeitsentgelt während des Urlaubs. Seine Bemessung ist in § 11 BUrlG geregelt und richtet sich nach dem durchschnittlichen Arbeitsverdienst, den der Arbeitnehmer in den letzten dreizehn Wochen vor dem Beginn des Urlaubs erhalten hat. Bei der Berechnung des durchschnittlichen Arbeitsverdienstes bleiben die folgenden Größen außer Betracht:

- Verdiensterhöhungen, die nur vorübergehend gezahlt wurden,
- Verdienstkürzungen infolge von Kurzarbeit, Arbeitsausfällen oder unverschuldeter Arbeitsversäumnis.

Sonstige Beurlaubungen, die aus persönlichen Gründen oder zur Ausübung einer Betriebs- oder Personalratstätigkeit erfolgen, haben keinen Einfluss auf den Erholungsurlaubsanspruch.

Schwerbehindertenrecht

Um für Behinderte oder für Menschen, die von einer Behinderung bedroht sind, die Bedingungen zur selbstbestimmten und gleichberechtigten Teilhabe am Leben zu verbessern und um Benachteiligungen zu vermeiden beziehungsweise diesen entgegenzuwirken, hat der Gesetzgeber spezielle rechtliche Rahmenbedingungen im Neunten Buch des Sozialgesetzbuchs (SGB IX) festgeschrieben. In Teil 2 finden sich die relevanten gesetzlichen Normen für die Arbeitswelt.

§ 2 SGB IX bestimmt:

- **Schwerbehindert** sind Personen mit einem Grad der Behinderung von wenigstens 50.
- **Schwerbehinderten gleichgestellt** sind Personen mit einem Grad der Behinderung von weniger als 50, aber wenigstens 30, die infolge der Art der Behinderung ohne die Gleichstellung einen geeigneten Arbeitsplatz nicht erlangen oder nicht behalten können.

Die Gleichstellung mit Schwerbehinderten erfolgt auf Antrag durch die Bundesagentur für Arbeit (§ 68 SGB IX).

Damit Schwerbehinderte wieder in den Arbeitsprozess eingegliedert werden können, müssen alle Betriebe, die im Jahresdurchschnitt über mindestens 20 Arbeitsplätze (Auszubildende werden nicht mitgerechnet) verfügen, mindestens 5 % der Plätze mit Schwerbehinderten besetzen. Für jeden unbesetzten Pflichtplatz muss der Arbeitgeber eine Ausgleichsabgabe an das Integrationsamt zahlen. Die Höhe der Ausgleichsabgabe beträgt zwischen 105,00 € und 260,00 €. Die Zahlung der Ausgleichsabgabe entbindet nicht von der Pflicht zur Beschäftigung schwerbehinderter Menschen. Kann ein Betrieb keine Schwerbehinderten finden, so wird auf Antrag die Ausgleichsabgabe ermäßigt oder erlassen (§§ 71 und 77 SBG IX). In Betrieben mit wenigstens fünf Schwerbehinderten ist ein Vertrauensmann zu wählen (§ 94 SGB IX).

Der Arbeitgeber hat im Hinblick auf schwerbehinderte Arbeitnehmer besondere Pflichten. Hierzu gehören unter anderem:

- Schwerbehinderte Beschäftigte dürfen nicht benachteiligt werden.
- Die Arbeitsstätten von Schwerbehinderten müssen behindertengerecht eingerichtet und unterhalten werden.
- Er muss die Schwerbehinderten in einer Art und Weise beschäftigen, dass sie ihre Fähigkeiten und Kenntnisse möglichst voll verwerten können.

Arbeitgeber, die Schwerbehinderte beschäftigen, können Zuschüsse beantragen, beispielsweise für Arbeitshilfen im Betrieb oder für eine befristete Probebeschäftigung (§§ 34 und 81 SGB IX).

Schwerbehinderte haben Anspruch auf fünf zusätzliche Urlaubstage (§ 125 SGB IX). Demgegenüber gibt es für sie keinen besonderen Kündigungsschutz, abgesehen davon, dass die Kündigung eines Schwerbehinderten - unabhängig davon, ob sie fristgemäß oder außerordentlich erfolgt - der Zustimmung des Integrationsamtes bedarf. Dies gilt allerdings nur für Beschäftigungsverhältnisse, die über die Probezeit von sechs Monaten hinaus andauern (§§ 85, 90 und 91 SGB IX).

Arbeitszeit

Das Arbeitszeitgesetz (ArbZG) legt den zeitlichen Rahmen eines Beschäftigungsverhältnisses fest, das heißt, es regelt die arbeitsschutzrechtlichen Obergrenzen der Arbeitszeit. Durch Tarifverträge oder Betriebsvereinbarungen können Regelungen für den Arbeitnehmer beschlossen werden, die ihn hinsichtlich der Arbeitszeit besserstellen, als es im Gesetz vorgesehen ist. Durch das ArbZG werden also nur Mindestnormen festgelegt.

§ 1 ArbZG bestimmt den Zweck des Gesetzes:

„Zweck des Gesetzes ist es,

1. die Sicherheit und den Gesundheitsschutz der Arbeitnehmer bei der Arbeitszeitgestaltung zu gewährleisten und die Rahmenbedingungen für flexible Arbeitszeiten zu verbessern sowie
2. den Sonntag und die staatlich anerkannten Feiertage als Tage der Arbeitsruhe und der seelischen Erhebung der Arbeitnehmer zu schützen."

Die werktägliche Arbeitszeit ist die Zeit vom Beginn bis zum Ende der Arbeit, allerdings ohne Ruhepausen. Sie beträgt grundsätzlich acht Stunden, kann jedoch auf zehn Stunden ausgedehnt werden, sofern innerhalb eines Ausgleichszeitraums von sechs Monaten durchschnittlich acht Stunden werktäglich nicht überschritten werden. Als Werktag gilt auch der Samstag, sodass im Grundsatz eine 48-Stunden-Woche und bei Nutzung des Ausgleichszeitraums eine 60-Stunden-Woche möglich wird (§ 3 ArbZG).

Grundsätzlich gilt für Arbeitnehmer, dass sie an Sonn- und Feiertagen von 0 Uhr bis 24 Uhr nicht beschäftigt werden dürfen. Hierzu gibt es in vielen Bereichen Ausnahmen (§ 9 ArbZG).

BEISPIELE ▶ Ausnahmen vom Beschäftigungsverbot

Das Beschäftigungsverbot an Sonn- und Feiertagen gilt in den folgenden Bereichen nicht:

- Feuerwehr,
- Polizei,
- Bundeswehr/Bundesgrenzschutz/Zoll,
- Krankenhäuser,
- Museen,
- Theater,
- Sport- und Freizeiteinrichtungen,
- Gaststätten/Hotels.

Die Mindestdauer der Ruhepausen beträgt

- 30 Minuten bei einer Arbeitszeit von mehr als sechs bis zu neun Stunden,
- 45 Minuten bei einer Arbeitszeit über neun Stunden.

Die Ruhepausen können in Zeitabschnitte von jeweils mindestens 15 Minuten aufgeteilt werden. Länger als sechs Stunden hintereinander dürfen Arbeitnehmer nicht ohne Ruhepausen beschäftigt werden (§ 4 ArbZG).

Hinsichtlich der Einhaltung der gesetzlich vorgeschriebenen Erholungspausen kann es stets innerbetriebliche Probleme geben, die durch abweichende Rhythmen der Produktionsabläufe bedingt sind.

BEISPIELE ▶ Pausen versus Produktionsablauf

Fortlaufende Produktionsvorgänge an einem Hochofen oder längere Einsätze in Flugzeugen oder auf Schiffen geraten häufig in Konflikt mit den gesetzlichen Bestimmungen zu Erholungspausen.

In der Regel werden die Pausenzeiten durch eine pragmatische Regelung an die örtlichen Gegebenheiten angepasst.

BEISPIEL ▶ Anpassung von Pausenzeiten

Die Veranstaltungsagentur Sunshine GmbH Events führt eine Veranstaltung durch. Einer ihrer Mitarbeiter ist in diesem Rahmen nur für den Auf- und Abbau der Technik zuständig. Während der Veranstaltung selbst hat er keinerlei Aufgaben und somit eine Ruhepause.

Nach Beendigung der täglichen Arbeitszeit müssen Arbeitnehmer eine ununterbrochene Ruhezeit von mindestens elf Stunden haben (§ 5 ArbZG).

Nach § 2 ArbZG ist **Nachtarbeit** jede Arbeit, die mehr als zwei Stunden der Nachtzeit (23 bis 6 Uhr) umfasst.

Eine gesetzliche Begrenzung von Mehrarbeit (Überstunden) gibt es derzeit nicht. Allerdings bestehen vielfach tarifvertragliche Regelungen.

BEISPIEL ▶ Regelung von Mehrarbeit

Eine tarifvertragliche Regelung zur Begrenzung von Mehrarbeit kann vorsehen, dass die Mehrarbeit auf maximal zehn Stunden wöchentlich oder auf maximal 20 Stunden monatlich zu beschränken ist.

Mutterschutz

Das Mutterschutzgesetz (MuSchG) gilt für alle Schwangeren und Mütter, die in einem Arbeitsverhältnis stehen. Es gilt also auch für Teilzeitbeschäftigte, Haushaltsgehilfinnen und Heimarbeiterinnen sowie Auszubildende und Angestellte und Arbeiterinnen des öffentlichen Dienstes. Bei befristeten Arbeitsverhältnissen gelten die Bestimmungen des Mutterschutzgesetzes ebenfalls, allerdings nur für die Laufzeit des Arbeitsvertrags.

Das MuSchG enthält Bestimmungen zur Mitteilungspflicht werdender Mütter, zum Kündigungsschutz, zu Beschäftigungsverboten und zur finanziellen Unterstützung in Zeiten der Mutterschaft.

562070

Werdende Mütter sollen dem Arbeitgeber ihre Schwangerschaft und den mutmaßlichen Tag der Entbindung **mitteilen**, sobald ihnen der Zustand bekannt ist (§ 5 MuSchG). In der Regel erfolgt eine Meldung nach drei Monaten. Die Vorschriften des MuSchG gelten erst nach Bekanntgabe der Schwangerschaft.

Vom Beginn der Schwangerschaft an bis zum Ablauf von vier Monaten nach der Entbindung ist die **Kündigung** des Arbeitsverhältnisses durch das Unternehmen bis auf wenige Ausnahmen unzulässig. Eine Kündigung ist auch unwirksam, wenn die Arbeitnehmerin innerhalb von zwei Wochen nach Zugang der Kündigung dem Arbeitgeber gegenüber nachweist, dass sie zum Zeitpunkt der Kündigung bereits schwanger war (§ 9 MuSchG).

Werdende Mütter dürfen **nicht beschäftigt** werden, wenn bei fortdauernder Beschäftigung Leben oder Gesundheit von Mutter und Kind gefährdet sind. Zur Belegung der Gesundheitsgefährdung ist das Zeugnis eines Arztes erforderlich (§ 3 MuSchG). Darüber hinaus dürfen werdende Mütter in den letzten sechs Wochen vor der Entbindung nicht beschäftigt werden. Diese Vorschrift ist eine Kannvorschrift, die nur dann gilt, wenn sich die Arbeitnehmerin nicht ausdrücklich bereit erklärt, in dem genannten Zeitraum weiterhin zu arbeiten (§ 3 MuSchG). Nach der Entbindung dürfen Mütter bis zum Ablauf von acht Wochen zwingend nicht beschäftigt werden; im Fall von Früh- und Mehrlingsgeburten gilt ein verlängerter Zeitraum von zwölf Wochen (§ 6 MuSchG). Weitere Beschäftigungsverbote bestehen laut Gesetz im Fall von schweren körperlichen Arbeiten, Arbeiten mit gesundheitsgefährdenden Stoffen, Lärm, Akkordarbeit, Nachtarbeit und Fließbandarbeit (§ 4 MuSchG).

Von den gesetzlichen Krankenkassen wird während der Schutzfristen (sechs Wochen vor und acht beziehungsweise zwölf Wochen nach der Entbindung) sowie für den Entbindungstag **Mutterschaftsgeld** gezahlt. Derzeit zahlen die gesetzlichen Krankenkassen 13,00 € pro Kalendertag (§ 200 Reichsversicherungsordnung, RVO). Der Differenzbetrag zum durchschnittlichen Nettogehalt der letzten drei Monate vor der Schutzfrist wird vom Arbeitgeber als Zuschuss gezahlt.

BEISPIEL ▶ Berechnung des Mutterschaftsgelds

Die junge Mutter erhielt in den letzten drei Monaten vor Beginn der Schutzfrist einen gleichbleibenden monatlichen Bruttolohn von 1.450,00 €. Der monatliche Nettolohn betrug 960,00 €. Der durchschnittliche kalendertägliche Nettolohn betrug also

960,00 € · 3/90 = **32,00 €**

Von der gesetzlichen Krankenkasse erhält die junge Mutter 13,00 € und von ihrem Arbeitgeber einen Zuschuss von 19,00 € pro Kalendertag.

Elternzeit und Elterngeld

Gemäß den Bestimmungen des Bundeselterngeld- und Elternzeitgesetzes (BEEG) werden junge Eltern unter bestimmten Bedingungen vom Staat durch die zeitlich begrenzte Zahlung von **Elterngeld** unterstützt. Anspruch auf Elterngeld haben Eltern mit Wohnsitz in Deutschland, die mit ihrem Kind in einem Haushalt leben, das Kind erziehen oder betreuen und keiner oder keiner vollen Erwerbstätigkeit (nicht mehr als 30 Wochenstunden) nachgehen und das Elterngeld schriftlich beantragen.

Das Elterngeld beträgt mindestens 300,00 € und maximal 1.800,00 €. Die Leistungen werden auf der Basis des durchschnittlichen Monatseinkommens berechnet. Hierzu gelten die folgenden Regeln:

- Grundsätzlich werden 67 % des durchschnittlichen Monatseinkommens aus Erwerbstätigkeit angesetzt.
- Ist das für die Berechnung maßgebliche Einkommen geringer als 1.000,00 €, so erhöht sich der Eck-Prozentsatz von 67 % für je 2,00 €, um die das maßgebliche Einkommen den Betrag von 1.000,00 € unterschreitet, um 0,1 Prozentpunkte auf maximal 100 %.

BEISPIEL ▶ Berechnung des Elterngeldes

- Maßgebliches Einkommen: 600,00 €
- Differenz zu 1.000,00 €: 400,00 €
- Berechnung des erhöhten Prozentsatzes:
  (1) 400/2 = 200
  (2) 200 · 0,1 % = 20 %
  (3) 67 % + 20 % = 87 %
- Elterngeldleistung: 600,00 € · 0,87 = **522,00 €**

Leistungen gemäß MuSchG werden auf das Elterngeld angerechnet. Ausgenommen von der Anrechnung ist das Mutterschaftsgeld, das vom Bundesversicherungsamt gezahlt wird (210,00 €).

Das Elterngeld kann vom Tag der Geburt bis zur Vollendung des 14. Lebensmonats des Kindes bezogen werden. Grundsätzlich haben Eltern Anspruch auf zwölf Monatsbeträge. Elterngeld kann für zwei weitere Monate bezogen werden, wenn in der betreffenden Zeit eine Minderung des Einkommens eintritt. Ein Elternteil kann höchstens für zwölf Monate Elterngeld beziehen.

Anspruch auf **Elternzeit** haben Arbeitnehmer und Arbeitnehmerinnen, wenn sie mit ihrem Kind in einem Haushalt leben, dieses Kind selbst betreuen und erziehen. Der Anspruch auf Elternzeit besteht bis zur Vollendung des dritten Lebensjahres eines Kindes. Maximal zwölf Monate der Elternzeit können auf die Zeit bis zur Vollendung des achten Lebensjahres übertragen werden, sofern der Arbeitgeber zustimmt. Die Elternzeit kann von beiden Elternteilen in Anspruch genommen werden. Der Arbeitnehmer/die Arbeitnehmerin kann während der Elternzeit bis zu 30 Stunden pro Woche arbeiten.

Die Elternzeit muss spätestens sieben Wochen vor Beginn schriftlich beim Arbeitgeber beantragt werden, dabei muss zugleich erklärt werden, für welche Zeit die Elternzeit genommen wird. Für Arbeitnehmer/Arbeitnehmerinnen besteht während der Elternzeit Kündigungsschutz (ab Antragstellung, maximal acht Wochen vor Beginn der Elternzeit).

Gesundheitsschutz

Die Rahmenbedingungen am Arbeitsplatz haben Einfluss auf die Arbeitsleistung der Mitarbeiter. Beispielsweise sinkt die Konzentrationsfähigkeit durch Lärmbelastung.

Arbeitsplätze, die den Umgang mit gefährlichen Stoffen mit sich bringen, müssen gekennzeichnet werden. Je nach der konkreten Gefahrenlage kommen zur Kennzeichnung verschiedene Verbotszeichen (rot auf weißem Grund), Gebotszeichen (weiß auf blauem Grund), Warnzeichen (schwarz auf gelbem Grund) und Rettungszeichen (weiß auf grünem Grund) infrage.

> Die Zeichen sind in der Broschüre BGV A8 der Fachgemeinschaft Sicherheitskennzeichnung aufgeführt.
> www.fgsk.de/pdf/broschuere.pdf
> WWW

Arbeitsplatzgestaltung

Gute Arbeitsleistungen sind nur dann möglich, wenn Arbeitsmittel und Arbeitsumfeld den Bedürfnissen des Arbeitnehmers angepasst sind. Wenn der Computerarbeitsplatz, der heute aus dem Berufsleben kaum mehr wegzudenken ist, falsch gestaltet ist, treten körperliche Belastungen auf. Daneben spielt auch das eigene Verhalten eine Rolle: Das A und O für PC Dauerarbeiter sind Abwechslung und Ortsveränderung. Der Weg zum Drucker im Nachbarzimmer oder zum Telefon auf der Fensterbank – solche Kleinigkeiten reichen oft schon aus, um ein bisschen Bewegung in den Sitzalltag zu bringen. Mit der richtigen Haltung kann typischen Computersyndromen wie einem steifen Nacken oder Kopf- und Rückenschmerzen vorgebeugt werden. Wichtig ist es auch, ab und zu die Sitzposition zu verändern. So werden die Muskeln unterschiedlich belastet und es kommt nicht so schnell zu Verspannungen.

1996 ist die Verordnung über Sicherheit und Gesundheitsschutz bei der Arbeit an Bildschirmgeräten (Bildschirmarbeitsplatzverordnung) in Kraft getreten. Sie regelt den Schutz der Mitarbeiter am PC und enthält unter anderem konkrete Vorgaben zur ergonomischen Anordnung von Arbeitsgeräten. Grundlegende Anforderungen an einen Bildschirmarbeitsplatz sind:

- Der Bildschirm soll blendfrei, flimmerfrei und schwenkbar sein.
- Die Tastatur soll frei beweglich und vom Bildschirm getrennt sein.
- Der Arbeitstisch soll 1,50 m breit, 90 cm tief, 72 cm hoch und höhenverstellbar sein.

Die in Tabelle 1.33 zusammengefasste Checkliste zur Kontrolle des Arbeitsplatzes hilft, den Arbeitsplatz bestmöglich zu gestalten.

Raum und Arbeitsplatz	Arbeitsmaterial	Störungen
▶ Schreibtisch ▶ Stuhl ▶ Beleuchtung ▶ Temperatur ▶ Zugluft ▶ Raumgestaltung	▶ Personal Computer ▶ Terminkalender (Outlook) ▶ Telefon ▶ Schreibmaterial ▶ Ordner ▶ Telefonliste ▶ usw.	▶ Telefonate ▶ Besuche ▶ Musik ▶ Gespräche Dritter ▶ persönliche Gegenstände

Tabelle 1.33: Checkliste zur Arbeitsplatzgestaltung

Arbeitsraumgestaltung

Die Verordnung über Arbeitsstätten vom August 2004 (ArbStättV) schreibt für jeden Arbeitnehmer an seinem Schreibtisch eine freie Bewegungsfläche von 1,50 m² vor; diese Fläche darf an keiner Stelle weniger als 1 m breit sein. In Büroräumen herkömmlicher Art soll die Fläche je Arbeitsplatz – einschließlich der allgemein üblichen Möblierungen – rund 8 m² bis 10 m² betragen. In einem Großraumbüro sollte dagegen die pro Person zur Verfügung stehende Fläche nicht kleiner als 12 m² bis 15 m² sein, da hier ein höherer Verkehrsflächenbedarf und eine stärkere Störeinwirkung berücksichtigt werden müssen.

Klassische Büroraumformen sind das Kleinraumbüro, das Großraumbüro und das Raum-in-Raum-System. Das Büro der Zukunft hingegen wird virtueller Art sein. Telefon und PC einschließlich Internetzugang reichen aus, um die notwendigen Arbeiten im Büro, unterwegs oder zu Hause zu erledigen. Die Koordination der Mitarbeiter untereinander wird dann über regelmäßige Treffen im Büro organisiert - zum Beispiel über einen Jour fixe jeden zweiten Mittwoch.

Die in Tabelle 1.34 aufgeführten Rahmenbedingungen haben ebenfalls Einfluss auf die Qualität der Arbeit und die Leistungsfähigkeit der Beschäftigten. Die negativen Folgen unzulänglich gestalteter Arbeitsplätze lassen sich leider oft erst nachträglich feststellen. Daher sollte man als Arbeitnehmer stets darauf achten, dass die eigene Gesundheit durch die Arbeitsbelastungen nicht gefährdet oder beeinträchtigt wird.

Beleuchtung (§ 7 ArbStättV)	**Raumklima (§§ 5, 6 ArbStättV)**
▶ Die Beleuchtung sollte sich nach der Tätigkeit richten. ▶ Beleuchtungsmindeststärke: 500 Lux ▶ Der Raum sollte gleichmäßig ausgeleuchtet sein. ▶ Die Lichtstrahlen sollten aus der richtigen Richtung kommen (bei Rechtshändern von links). ▶ Die Arbeitsfläche des Schreibtisches sollte gleichmäßig und hell ausgeleuchtet sein. ▶ Die Leuchtmittel (Birne, Halogenbrenner) dürfen nicht flimmern. ▶ Reflektierende Flächen sollten vermieden werden.	▶ Die Raumtemperatur sollte angemessen sein (bei Bürotätigkeit in der Regel zwischen 20 °C und 22 °C). ▶ Es muss für ausreichend Atemluft gesorgt sein. ▶ Gegebenenfalls müssen Klimaanlage und Sonnenschutz als Hilfsmaßnahmen eingesetzt werden. ▶ Die relative Luftfeuchtigkeit soll zwischen 50 % und 65 % liegen. ▶ Grünpflanzen haben lediglich eine psychologische Wirkung auf unsere Wahrnehmung.
Lärm (§ 15 ArbStättV)	**Farbgestaltung**
▶ Ein als angenehm empfundener Geräuschpegel liegt bei 45 dB. ▶ Im Büro ist bei überwiegend geistigen Tätigkeiten ein Schallpegel von maximal 55 dB anzustreben, bei mechanisierten Tätigkeiten ist 70 dB die Obergrenze. Zum Vergleich: - Park ohne Verkehrsgeräusche - 40 dB - normaler Bürolärm - 55 dB - lebhafter Straßenverkehr - 70 dB - „frisiertes" Motorrad - 100 dB - Straßenbau-Ramme - 110 dB	▶ Farbgestaltung und Beleuchtung stehen in einem engen Zusammenhang. ▶ Wirkung der Farben: - Rot = erregend (Gefahr, Kraft) - Blau = beruhigend (Himmel, Meer) - Gelb = lebhaft (Wärme, Krankheit) - Grün = natürlich (Gras, Blätter) - Orange = wärmend (Sonnenuntergang, Urlaub) - Schwarz = bedrückend (Trauer, Tod) - Weiß = heiter (Freude, Hochzeit) - Helle Farben regen an. - Grelle Farben machen aggressiv. - Dunkle Farben wirken bedrückend.

Tabelle 1.34: Vorgaben und Richtlinien zur Gestaltung der Arbeitsbedingungen

Die Bundesanstalt für Arbeitsschutz und Arbeitsmedizin hält zum Thema Gesundheitsschutz unter anderem die folgenden Broschüren im PDF-Format zum Download bereit:

- Stress im Betrieb? Handlungshilfen für die Praxis
- Psychische Belastung und Beanspruchung im Berufsleben

Bezug über: www.baua.de/info/index.htm

WWW

Pausengestaltung und Ernährung

Die Leistungsfähigkeit des Menschen ist im Tagesverlauf starken Schwankungen unterworfen (Schaubild 1.16).

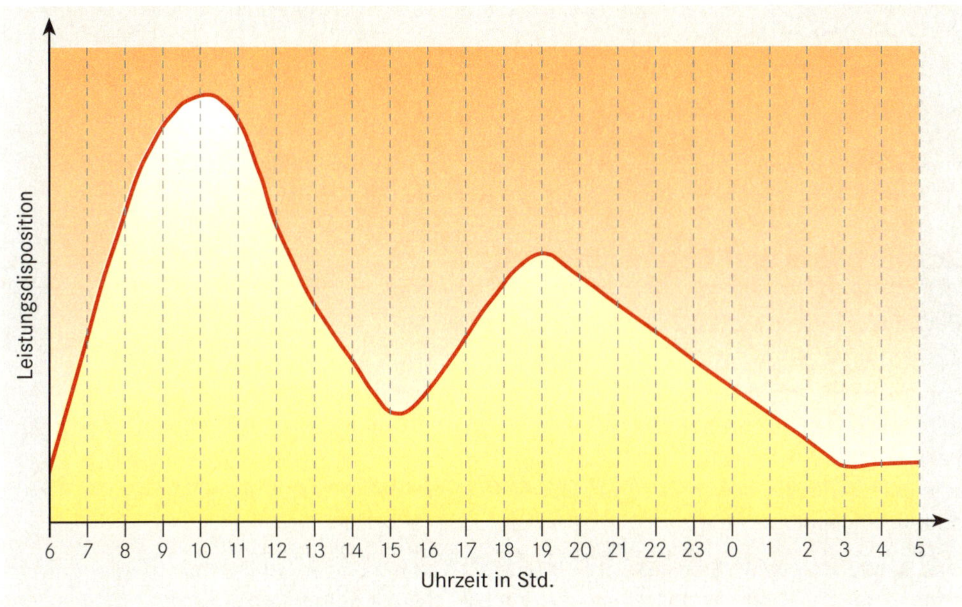

Schaubild 1.16: Die tägliche Leistungskurve

Jeder Einzelne kann ohne großen Aufwand einen Beitrag zur Gesunderhaltung am Arbeitsplatz leisten, indem er diese Schwankungen bei der Planung seiner täglichen Aktivitäten berücksichtigt und beispielsweise für anspruchsvolle Arbeiten die Morgen- oder späten Nachmittagsstunden vorsieht. Durch gezielte Pausen lässt sich die eigene Leistungsfähigkeit besser ausnutzen und dadurch die Leistung insgesamt steigern. Durch gesunde Ernährung (Schaubild 1.17) und regelmäßige Bewegung kann der Leistungsprozess weiter gefördert werden.

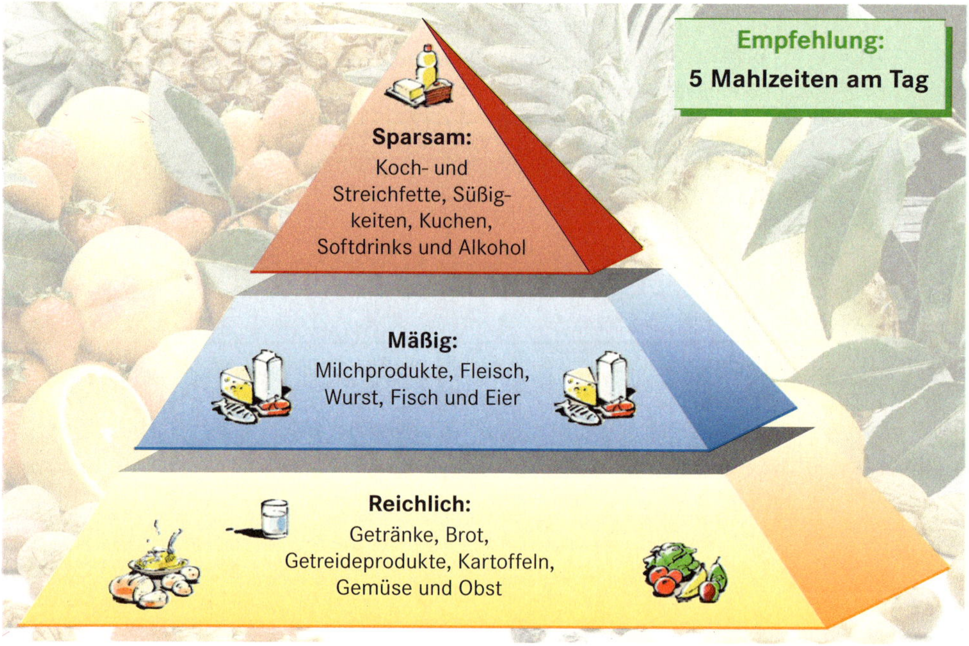

Schaubild 1.17: Die Ernährungspyramide

Datenschutz und Datensicherheit

Persönlichkeitsrecht und Datenschutz

Das Grundgesetz (GG) gewährt den Bürgern der Bundesrepublik Deutschland grundlegende Persönlichkeitsrechte. In Artikel 1 heißt es: „Die Würde des Menschen ist unantastbar. Sie zu achten und zu schützen, ist Verpflichtung aller staatlichen Gewalt." Artikel 2 GG lautet: „Jeder hat das Recht auf die freie Entfaltung seiner Persönlichkeit, soweit er nicht die Rechte anderer verletzt und nicht gegen die verfassungsmäßige Ordnung oder das Sittengesetz verstößt."

Das Bundesdatenschutzgesetz von 1990 (BDSG) ist ein Gesetz zum Schutz personenbezogener Daten in Dateien. Es dient entsprechend den grundgesetzlichen Persönlichkeitsrechten dazu, den Einzelnen vor Beeinträchtigungen seiner Persönlichkeitsrechte durch einen unsachgemäßen Umgang mit seinen personenbezogenen Daten zu schützen (§ 1 BDSG). Das Gesetz gilt für die Erhebung, Verarbeitung und Nutzung personenbezogener Daten durch öffentliche Stellen des Bundes, öffentliche Stellen der Länder und durch nichtöffentliche Stellen, soweit sie die Daten in oder aus Dateien geschäftsmäßig oder für berufliche oder gewerbliche Zwecke verarbeiten oder nutzen. Die Einhaltung des BDSG wird durch den Bundesbeauftragten für den Datenschutz kontrolliert. Die Länder haben für ihren Bereich Landesdatenschutzgesetze erlassen. Die Kontrollfunktion obliegt hier den Landesbeauftragten für Datenschutz.

Schutz personenbezogener Daten im Betrieb

Die **Personalverwaltung** sorgt für die Erfüllung aller routinemäßigen Aufgaben des Personalbereichs. Hauptaufgaben der Personalverwaltung sind die Führung der Personalakte für jedes Belegschaftsmitglied, die Bearbeitung der Personaldaten und die Erstellung von Personalstatistiken.

In der **Personalakte** werden alle Unterlagen aufbewahrt, die mit dem Arbeitsvertrag zusammenhängen, wie zum Beispiel Personalfragebogen, Zeugnisse, Arbeitsvertrag, Vereinbarungen über Entgeltänderungen, Beurteilungen und Fortbildungen. Der Arbeitnehmer hat das Recht, in seine von der Personalverwaltung geführte Personalakte Einsicht zu nehmen. Er kann sie um zusätzliche Erklärungen ergänzen lassen und bei der Einsicht ein Mitglied des Betriebsrats hinzuziehen.

Nach dem BDSG ist die Verarbeitung, das heißt die Speicherung, Veränderung oder Übermittlung personenbezogener Daten in Dateien, nur erlaubt, wenn das BDSG oder eine andere Rechtsvorschrift dies erlaubt beziehungsweise vorschreibt oder soweit der Betroffene schriftlich eingewilligt hat (§ 4 BDSG).

Das BDSG lässt die Übermittlung und Nutzung bestimmter personenbezogener Daten zu, wenn kein schutzwürdiges Interesse besteht (§ 28 BDSG). Zu diesen freien Daten gehören:

- Name,
- Anschrift,
- Titel,
- Geburtsjahr.

Wenn der Betrieb weitere personenbezogene Daten - zum Beispiel Daten über das Arbeitsverhältnis, religiöse und politische Weltanschauungen und gesundheitliche Verhältnisse - speichert, dann hat der Arbeitnehmer das Recht auf Benachrichtigung, Auskunft, Berichtigung, Sperrung und Löschung.

Alle Personen, die personenbezogene Daten verarbeiten, sind auf das Datengeheimnis zu verpflichten und dürfen diese Daten nicht unbefugt weitergeben oder nutzen (§ 5 BDSG).

Datenschutzbeauftragter

Ein Unternehmen muss einen Datenschutzbeauftragten bestellen, wenn es

- mindestens fünf Arbeitnehmer mit der automatisierten Verarbeitung,
- mindestens 20 Arbeitnehmer mit der konventionellen Verarbeitung personenbezogener Daten beschäftigt.

Der Datenschutzbeauftragte stellt sicher, dass die Datenschutzvorschriften eingehalten werden und dass die entsprechenden Mitarbeiter mit den Vorschriften vertraut sind. Er überwacht die ordnungsgemäße Anwendung der Datenschutzprogramme und führt Übersichten über Personaldaten und ihre Verwendung.

Zu den Maßnahmen des Datenschutzbeauftragten gehören unter anderem:

- Zugangskontrollen,
- Zugriffskontrollen,
- Benutzerkontrollen,
- Organisationskontrollen.

Kündigungsschutz

Tabelle 1.35 fasst verschiedene Anlässe zur Beendigung von Arbeitsverhältnissen zusammen.

Anlass	Erläuterung
Zeitablauf	befristete Arbeitsverhältnisse
Rente oder Pension	Durch Erreichen der Altersgrenze; der reguläre Eintritt in den Altersruhestand ist für Frauen ab dem 60. Lebensjahr, für Männer ab dem 65. Lebensjahr möglich.
Berufsunfähigkeit	Arbeitnehmer, die gesundheitlich bedingt ihren bisherigen Beruf nicht mehr ausüben können und für die auch eine zumutbare andere Tätigkeit, die eine vergleichbare Ausbildung und vergleichbare Fähigkeiten voraussetzt, nicht in Betracht kommt. Die Arbeitnehmer können ihre Ansprüche gegenüber den Rentenversicherungsträgern (Deutsche Rentenversicherung Bund bzw. deren Regionalträger) geltend machen. Seit 2001 erhalten nur noch Berufsunfähige, die vor 1961 geboren wurden, Leistungen aus der Rentenkasse. Alle anderen sollten sich mit einer privaten Versicherung gegen den Verlust der Fähigkeit zur Berufsausübung schützen (Berufsunfähigkeitsversicherung).
Erwerbsunfähigkeit	Arbeitnehmer die wegen einer Krankheit oder Behinderung auf unabsehbare Zeit nicht mehr regelmäßig erwerbstätig sein oder nur noch einen geringfügigen Verdienst erzielen können. Die Arbeitnehmer können ihre Ansprüche gegenüber den Rentenversicherungsträgern geltend machen.
Tod	Tod des Arbeitnehmers
Insolvenz	Das Unternehmen wird aufgelöst.
Kündigung	einseitige, empfangsbedürftige Willenserklärung des Arbeitnehmers oder des Arbeitgebers
Aufhebungsvertrag	Arbeitgeber und Arbeitnehmer erklären in einem Vertrag übereinstimmend, dass das Arbeitsverhältnis beendet sein soll.

Tabelle 1.35: Anlässe zur Beendigung von Arbeitsverhältnissen

Gesetzliche Grundlagen des Kündigungsschutzes

Die **Kündigung** eines Arbeitsverhältnisses ist eine einseitige, empfangsbedürftige Willenserklärung, der zufolge die Geltung des Arbeitsvertrags aufgehoben wird.

Ist die Dauer des Arbeitsverhältnisses nicht begrenzt, so kann jeder Teil das Dienstverhältnis ordentlich kündigen. Befristete Arbeitsverhältnisse unterliegen hingegen grundsätzlich nicht den Vorschriften zur ordentlichen Kündigung. Sie kann in diesem Fall allerdings ausdrücklich vereinbart werden.

Je nach der persönlichen und betrieblichen Situation sind verschiedene gesetzliche Grundlagen zu beachten:

- das Bürgerliche Gesetzbuch (Kündigungsfristen),
- das Kündigungsschutzgesetz (KSchG),
- das BBiG (Kündigung von Auszubildenden),
- das Mutterschutzgesetz (MuSchG, besonderer Kündigungsschutz),
- das Neunte Buch des Sozialgesetzbuches (SGB IX, besonderer Kündigungsschutz),
- das Arbeitsplatzschutzgesetz (Wehrdienstleistende).

Der allgemeine Kündigungsschutz gemäß § 1 KSchG gilt für alle Arbeitnehmer, deren Arbeitsverhältnis in demselben Betrieb oder Unternehmen ohne Unterbrechung länger als sechs Monate bestanden hat. Er erstreckt sich allerdings seit dem 1. Januar 2004 nur noch auf neu eingestellte Arbeitnehmer in Betrieben, die regelmäßig mehr als zehn Arbeitnehmer (ohne Auszubildende) beschäftigen. In Betrieben mit mehr als fünf, aber höchstens zehn vollzeitbeschäftigten Arbeitnehmern ist zu unterscheiden, seit wann die Arbeitnehmer im Betrieb beschäftigt sind:

- Wurde das Arbeitsverhältnis vor dem 1. Januar 2004 begründet, so genießt der Arbeitnehmer Bestandsschutz, das heißt, dass für ihn die alte gesetzliche Regelung gilt, der zufolge Kündigungsschutz für Arbeitnehmer in Betrieben mit mehr als fünf Beschäftigten besteht.
- Wurde das Arbeitsverhältnis nach dem 1. Januar 2004 begründet, so ist für den Kündigungsschutz der neue Schwellenwert von mehr als zehn Beschäftigten maßgeblich. In diesem Fall besteht also kein Kündigungsschutz.

BEISPIELE ▶ Schwellenwerte im Kündigungsschutz

1. Die Veranstaltungsagentur Sunshine GmbH Events beschäftigte im Jahr 2003 sieben und nach Neueinstellungen im Jahr 2004 neun vollzeitbeschäftigte Arbeitnehmer. Für die sieben Arbeitnehmer, die bereits 2003 Arbeitsverträge hatten, gilt das KSchG, nicht jedoch für die zwei neuen Mitarbeiter.
2. Die Veranstaltungsagentur Sunshine GmbH Events beschäftigte im Jahre 2003 vier und nach Neueinstellungen im Jahr 2004 neun Arbeitnehmer. In diesem Fall gilt das KSchG für keinen der Beschäftigten, da weder im Jahr 2003 die Mindestzahl von fünf Arbeitnehmern erfüllt war, noch im Jahr 2004 die Mindestzahl von elf Arbeitnehmern.

Einen über den allgemeinen Kündigungsschutz hinausgehenden, besonderen Kündigungsschutz genießen Betriebsratsmitglieder und Mitglieder der Jugend- und Auszubildendenvertretung, Auszubildende nach der bis zu drei Monaten währenden Probezeit, Schwerbehinderte, Wehrdienstleistende, Schwangere, Mütter und Eltern während der Elternzeit.

Tabelle 1.36 gibt einen Überblick über die Kündigungsschutzvorschriften der verschiedenen Personengruppen.

Personengruppen	Gesetzliche Grundlage	Vorschriften
Auszubildende	Berufsbildungsgesetz	Kündigungsverbot nach der Probezeit bis zur Beendigung der Ausbildung. Eine Kündigung aus wichtigem Grund ist möglich.
Arbeitnehmer	BGB und Kündigungsschutzgesetz	▶ Kein Kündigungsschutz innerhalb der ersten sechs Monate; kein Kündigungsschutz für nach dem 1. Januar 2004 neu eingestellte Arbeitnehmer in Betrieben, die im Jahresdurchschnitt nicht mehr als zehn Arbeitnehmer ständig beschäftigt haben. Es besteht Bestandsschutz für Arbeitsverhältnisse, die in Betrieben mit mehr als fünf ständig Beschäftigten vor dem 1. Januar 2004 abgeschlossen wurden. ▶ Allgemeiner Kündigungsschutz für Arbeitnehmer, die länger als sechs Monate in demselben Betrieb beschäftigt sind, wenn der Betrieb im Jahresdurchschnitt ständig mehr als zehn Arbeitnehmer (ohne Auszubildende) beschäftigt hat. ▶ Kündigungen (personenbedingt, verhaltensbedingt oder betriebsbedingt) sind nur dann möglich, wenn sie sozial gerechtfertigt sind.
Betriebsräte/Mitglieder der Jugend- und Auszubildendenvertretung	Kündigungsschutzgesetz	Kündigung ab Beginn der Amtszeit und innerhalb eines Jahres nach Ende der Amtszeit nicht erlaubt.
Schwangere/Mütter **Eltern während der Elternzeit**	Mutterschutzgesetz Bundeselterngeld- und Elternzeitgesetz	▶ Kündigungsverbot ab Beginn der Schwangerschaft (Anzeigepflicht der Arbeitnehmerin) bis zum Ablauf von vier Monaten nach der Entbindung. ▶ Besonderer Kündigungsschutz, beginnend mit der Anmeldung der Elternzeit, frühestens jedoch acht Wochen vor deren Beginn; endend mit dem Ablauf der Elternzeit
Schwerbehinderte	SGB IX	Wenn ein Grad der Behinderung von mindestens 50 vorliegt, ist eine Kündigung nur mit Zustimmung des Integrationsamtes möglich.
Wehr- und Ersatzdienstleistende	Arbeitsplatzschutzgesetz	Kündigungsverbot ab der Zustellung des Einberufungsbescheids bis zum Ende der Dienstzeit
Maßnahmen gegen eine ungerechtfertigte Kündigung		▶ Der Betriebs-/Personalrat kann innerhalb von einer Woche Widerspruch einlegen. In diesem Fall muss der Arbeitgeber den Arbeitnehmer bis zum Abschluss des Arbeitsgerichtsverfahrens weiterbeschäftigen. ▶ Der Arbeitnehmer kann innerhalb von drei Wochen beim Arbeitsgericht Klage erheben.

Tabelle 1.36: Vorschriften zum Kündigungsschutz

Außerordentliche Kündigung

Der Arbeitnehmer oder der Unternehmer kann das Arbeitsverhältnis ohne Einhaltung einer Kündigungsfrist, das heißt im Weg einer **außerordentlichen Kündigung,** auflösen, wenn ein wichtiger Grund vorliegt (§ 626 BGB). Dies trifft zu, wenn es einem Vertragspartner nicht mehr zugemutet werden kann, bis zum Ende der gesetzlichen oder vereinbarten Kündigungsfrist mit dem anderen zusammenzuarbeiten.

BEISPIELE ▶ Wichtige Kündigungsgründe

- Wichtige Gründe, die den **Arbeitnehmer** zu einer außerordentlichen Kündigung berechtigen, sind grobe Ehrverletzung, grobe Verletzung der Vergütungspflicht oder der Fürsorgepflicht.
- Der **Arbeitgeber** darf eine außerordentliche Kündigung aussprechen, wenn dem Arbeitnehmer eine längere Haftstrafe auferlegt wurde, wenn dieser die vertraglich vereinbarte Arbeitsleistung verweigert, die Schweigepflicht verletzt oder sich extrem ausländerfeindlich äußert.

Bei Störungen im Verhaltensbereich des Arbeitnehmers muss der Arbeitgeber den Arbeitnehmer abmahnen, bevor er die Kündigung ausspricht. Dies gilt für außerordentliche ebenso wie für ordentliche Kündigungen.

Eine **Abmahnung** ist eine Rüge des Arbeitnehmers durch den Arbeitgeber. Sie umfasst eine Beschreibung des monierten Verhaltens, eine Aufforderung zur zukünftigen Besserung und die Androhung arbeitsrechtlicher Schritte für den Fall, dass der Arbeitnehmer sein Verhalten nicht ändert.

Keine Abmahnung ist erforderlich
- in Kleinbetrieben mit bis zu zehn Arbeitnehmern,
- innerhalb der ersten sechs Monate der Beschäftigung,
- bei besonders schweren Verstößen wie zum Beispiel Diebstahl.

Ordentliche Kündigung

Möchte ein Arbeitnehmer sein Arbeitsverhältnis einseitig **ordentlich** beenden, muss er dem Arbeitgeber gegenüber eine wirksame, das heißt schriftliche und eigenhändig unterzeichnete Kündigungserklärung abgeben und die für ihn maßgebende Kündigungsfrist einhalten. Die Kündigungsfrist beträgt mindestens 28 Tage zum 15. eines Monats oder zum Monatsende (gesetzliche Kündigungsfrist), kann aber je nach Ausgestaltung des Arbeitsvertrags auch länger sein.

Möchte ein Arbeitgeber einem Arbeitnehmer die Kündigung aussprechen, so ist er ebenfalls an die gesetzlichen oder vertraglichen Fristen gebunden. Die gesetzliche Frist richtet sich nach der Dauer des Arbeitsverhältnisses (Tabelle 1.37). Im Fall von Beschäftigungsverhältnissen, die zwei Jahre oder länger bestehen, bleiben allerdings bei der Berechnung der für die Kündigungsfrist maßgeblichen Beschäftigungsdauer Zeiten, die vor der Vollendung des 25. Lebensjahres des Arbeitnehmers liegen, außer Acht.

Findet das Kündigungsschutzgesetz keine Anwendung, so bedarf die ordentliche Kündigung zu ihrer Wirksamkeit keines Kündigungsgrundes. Dagegen ist innerhalb des Geltungsbereiches des KSchG eine Kündigung des Arbeitgebers nur wirksam, wenn sie sozial gerechtfer-

Dauer des Arbeitsverhältnisses	Kündigungsfrist
bis zu 6 Monaten (Probezeit)	2 Wochen
bis zu 2 Jahren	4 Wochen zur Monatsmitte oder zum Monatsende
2 bis 5 Jahre	1 Monat zum Ende des Kalendermonats
5 bis 8 Jahre	2 Monate zum Ende des Kalendermonats
8 bis 10 Jahre	3 Monate zum Ende des Kalendermonats
10 bis 12 Jahre	4 Monate zum Ende des Kalendermonats
12 bis 15 Jahre	5 Monate zum Ende des Kalendermonats
15 bis 20 Jahre	6 Monate zum Ende des Kalendermonats
20 Jahre und länger	7 Monate zum Ende des Kalendermonats

Tabelle 1.37: Kündigungsfristen bei einer ordentlichen Kündigung durch den Arbeitgeber

tigt ist (§ 1 KSchG), das heißt, wenn sie aus einem wichtigen Grund erfolgt. Im Hinblick auf den Kündigungsgrund unterscheidet der Gesetzgeber zwischen der verhaltensbedingten, der personenbedingten, der betriebsbedingten und der Änderungskündigung. **Verhaltensbedingte Gründe** betreffen Umstände, die vom Arbeitnehmer steuerbar sind, insbesondere also schuldhafte Vertragsverletzungen.

BEISPIELE ▶ Verhaltensbedingte Kündigungsgründe

Unter verhaltensbedingte Kündigungsgründe fallen

- unentschuldigtes Fehlen,
- zu geringe oder zu schlechte Arbeitsleistungen,
- Missachtung von Arbeitsanweisungen,
- unbefugtes Verlassen des Arbeitsplatzes,
- verspäteter Antritt zur Arbeit,
- Störung des Betriebsfriedens.

Voraussetzung für eine verhaltensbedingte Kündigung ist wiederum, dass eine Weiterbeschäftigung für den Arbeitgeber nicht zumutbar ist. Ein einmaliges Fehlverhalten rechtfertigt in der Regel keine verhaltensbedingte ordentliche Kündigung. Grundsätzlich gilt auch, dass eine Abmahnung erforderlich ist, bevor eine Kündigung ausgesprochen wird.

Im Gegensatz zu verhaltensbedingten Gründen liegen **personenbedingte Gründe** nicht direkt im Verschulden des Arbeitnehmers.

BEISPIELE ▶ Personenbedingte Kündigungsgründe

Die häufigste personenbedingte Kündigung ist die Kündigung aufgrund einer Krankheit des Arbeitnehmers. Weitere Kündigungsgründe können fehlende Eignung oder Alkoholabhängigkeit sein.

Auch hier ist eine Kündigung nur sozial gerechtfertigt, wenn eine Weiterbeschäftigung dem Arbeitgeber nicht zugemutet werden kann.

BEISPIEL ▶ Sozial gerechtfertigte Kündigung

Eine Kündigung kann dann sozial gerechtfertigt sein, wenn der Arbeitnehmer dauerhaft erkrankt ist und keine Aussicht auf Besserung besteht oder wenn er häufig kürzere Zeit krank ist. Einmalige oder seltene Erkrankungen rechtfertigen hingegen keine personenbedingte Kündigung.

Eine **betriebsbedingte Kündigung** ist sozial gerechtfertigt, wenn dringende betriebliche Erfordernisse der Weiterbeschäftigung des Arbeitnehmers im Betrieb entgegenstehen. Bevor er eine betriebsbedingte Kündigung ausspricht, muss der Arbeitgeber nachweisen, dass eine Weiterbeschäftigung des Arbeitnehmers an diesem oder einem anderen Arbeitsplatz in seinem Betrieb nicht möglich ist. Der Arbeitnehmer kann seine Weiterbeschäftigung verlangen, wenn er bereit ist, sich durch geeignete Umschulungs- und Fortbildungsmaßnahmen für einen neuen oder einen anderen freien Arbeitsplatz im Unternehmen zu qualifizieren.

BEISPIELE ▶ Betriebsbedingte Kündigung

Dringende betriebliche Erfordernisse, die der Weiterbeschäftigung eines Arbeitnehmers entgegenstehen, können sein:
▶ Auftragsmangel, ▶ Rationalisierung, ▶ Umstellung der Produktion.

Ist eine betriebsbedingte Kündigung nicht vermeidbar, so muss der Arbeitgeber bei der Auswahl der zu kündigenden Arbeitnehmer soziale Gesichtspunkte – Dauer der Betriebszugehörigkeit, Lebensalter, Unterhaltsverpflichtungen, eine etwaige Schwerbehinderung – berücksichtigen. Die sogenannte Sozialauswahl findet betriebsbezogen und nur zwischen einander vergleichbaren Arbeitnehmern statt. Der Gesetzgeber hat allerdings den Arbeitgebern durch das Gesetz zu Reformen am Arbeitsmarkt, das am 1. Januar 2004 in Kraft getreten ist, weitreichende Möglichkeiten eingeräumt, um Arbeitnehmer aus dem Auswahlverfahren auszuklammern. Demzufolge muss der Arbeitgeber Arbeitnehmer mit besonderen Kenntnissen, Fähigkeiten und Leistungen und Arbeitnehmer, die zur Sicherung einer ausgewogenen Personalstruktur benötigt werden, nicht in die Auswahl einbeziehen.

Die **Änderungskündigung** dient dazu, einzelne Arbeitsbedingungen zu ändern, wenn die vom Arbeitgeber gewünschte Änderung nicht im Rahmen des Weisungsrechts liegt und eine einvernehmliche Änderung des Arbeitsvertrags ausscheidet. Die Änderungskündigung setzt sich aus zwei Teilen zusammen:

- Kündigung des bisherigen Arbeitsverhältnisses,
- Angebot der Fortsetzung des Arbeitsverhältnisses zu geänderten Bedingungen nach Ablauf der Kündigungsfrist.

Wenn das KSchG Anwendung findet, gilt auch hier, dass die Kündigung nur wirksam ist, wenn sie sozial gerechtfertigt ist.

Beteiligung des Betriebsrats

Eine Kündigung seitens des Arbeitgebers ist unwirksam, wenn keine **Anhörung des Betriebsrats** in der im Betriebsverfassungsgesetz (§ 102 BetrVG) vorgeschriebenen Form erfolgte oder wenn die Anhörung mangelhaft war, zum Beispiel wenn dem Betriebsrat im Rahmen der Anhörung nicht alle erforderlichen Unterlagen zur Verfügung gestellt wurden.

Im Rahmen der Anhörung ist der Betriebsrat in Kenntnis zu setzen über

- die persönlichen Daten des Arbeitnehmers (Name, Alter, Familienstand, Beschäftigungsdauer);

- die Art der beabsichtigten Kündigung (ordentlich, außerordentlich, Änderungskündigung);
- die Dauer der Kündigungsfrist (ist umstritten);
- den Kündigungsgrund.

Hat der Arbeitgeber die Absicht, eine ordentliche Kündigung auszusprechen, kann sich der Betriebsrat binnen einer Woche nach Zugang der entsprechenden Mitteilung schriftlich dazu äußern. Grundsätzlich kann er zustimmen, widersprechen oder Bedenken äußern. Bei der außerordentlichen Kündigung verkürzt sich die Äußerungsfrist auf drei Tage. Äußert sich der Betriebsrat innerhalb dieser Fristen nicht, so gilt dies als Zustimmung. Widerspricht er einer Kündigung zu Recht, so verpflichtet dies den Arbeitgeber, den Arbeitnehmer auf dessen Verlangen unter unveränderten Arbeitsbedingungen bis zum Ende eines vom Arbeitnehmer rechtzeitig (innerhalb von drei Wochen) eingeleiteten Kündigungsschutzprozesses (Klage) weiterzubeschäftigen. Entscheidet das Arbeitsgericht gegen den Arbeitnehmer, so muss der Arbeitnehmer das Gehalt nicht zurückzahlen, das er in der Zeit vom Ende der Beschäftigung (Kündigungstermin) bis zum Abschluss des Arbeitsgerichtsverfahrens erhalten hat.

BEISPIEL ▶ Kündigungsschutzprozess und Gehaltsanspruch

Der Arbeitgeber kündigt einem Arbeitnehmer fristgerecht zum 30. Juni 2008. Der Betriebsrat widerspricht der Kündigung, und der Arbeitnehmer erhebt beim Arbeitsgericht Klage. Das Arbeitsgericht entscheidet am 15. Juli 2008, dass die Kündigung rechtmäßig ist. Der Arbeitnehmer darf das vom 1. Juli bis zum 15. Juli bezogene Gehalt behalten.

1.3.7 Beendigung des Arbeitsverhältnisses

In vielen Fällen einigen sich Arbeitgeber und Arbeitnehmer, nachdem der Arbeitgeber die Kündigung ausgesprochen hat, auf einen Vergleich: Der Arbeitnehmer verzichtet auf die Weiterbeschäftigung und erhält dafür vom Arbeitgeber eine Abfindung.

Nach der Beendigung des Arbeitsverhältnisses werden dem Arbeitnehmer seine Arbeitspapiere übergeben (Lohnsteuerkarte, Versicherungsnachweis, Zeugnis). Oft lässt der Arbeitgeber den Arbeitnehmer eine Ausgleichsquittung unterschreiben, in der dieser den Empfang der Papiere bestätigt und aus der hervorgeht, dass der Arbeitnehmer keine Ansprüche an den Arbeitgeber hinsichtlich Urlaub, Gehalt und Ähnlichem stellt.

Gemäß den Bestimmungen des Dritten Buchs des Sozialgesetzbuches (SGB III) hat der Arbeitgeber den Arbeitnehmer vor der Beendigung eines Arbeitsverhältnisses (das heißt vor der Kündigung beziehungsweise vor dem Ablauf der Kündigungsfrist) darüber zu informieren, dass er sich frühzeitig nach einer anderen Beschäftigung umsehen muss und verpflichtet ist, sich persönlich bei der Arbeitsagentur als Arbeit suchend zu melden. Um etwaige Kürzungen des Arbeitslosengeldes zu vermeiden, muss diese Meldung erfolgen, sobald der Arbeitnehmer vom Beendigungszeitpunkt des Arbeitsverhältnisses Kenntnis erlangt hat. Für die Meldung hat der Arbeitgeber den Arbeitnehmer freizustellen.

Der Arbeitnehmer kann von seinem bisherigen Arbeitgeber ein schriftliches Zeugnis über das Arbeitsverhältnis und dessen Dauer verlangen. Wenn er es wünscht, muss das Zeugnis als sogenanntes qualifiziertes Zeugnis auch Angaben über seine Leistung und seine Führung im Dienst enthalten (§ 630 BGB).

1.3.8 Arbeitsgerichtsbarkeit

Der Staat hat für das Arbeitsrecht eine eigenständige Rechtspflege geschaffen (§ 1 Arbeitsgerichtsgesetz – ArbGG). Im Fall von Streitigkeiten aus einem arbeitsvertraglichen Verhältnis ist das Arbeitsgericht des Ortes zuständig, an dem die streitige Verpflichtung zur erfüllen ist (Erfüllungsort).

> Der **Erfüllungsort** ist der Ort, an dem das Arbeitsverhältnis seinen Mittelpunkt hat, an dem also der Arbeitnehmer regelmäßig seine Leistung erbringt.

Sachlich zuständig ist das Arbeitsgericht für Streitigkeiten zwischen Arbeitnehmern und Arbeitgebern sowie bei Streitigkeiten zwischen den Tarifpartnern (Gewerkschaften und Arbeitgeber beziehungsweise Arbeitgeberverbände). Bevor es zu einer streitigen Verhandlung vor dem Arbeitsgericht kommt, versuchen sich die Parteien in einer Güteverhandlung unter Vorsitz eines Richters zu einigen. Schaubild 1.18 illustriert die möglichen Abläufe bei einem Arbeitsgerichtsverfahren.

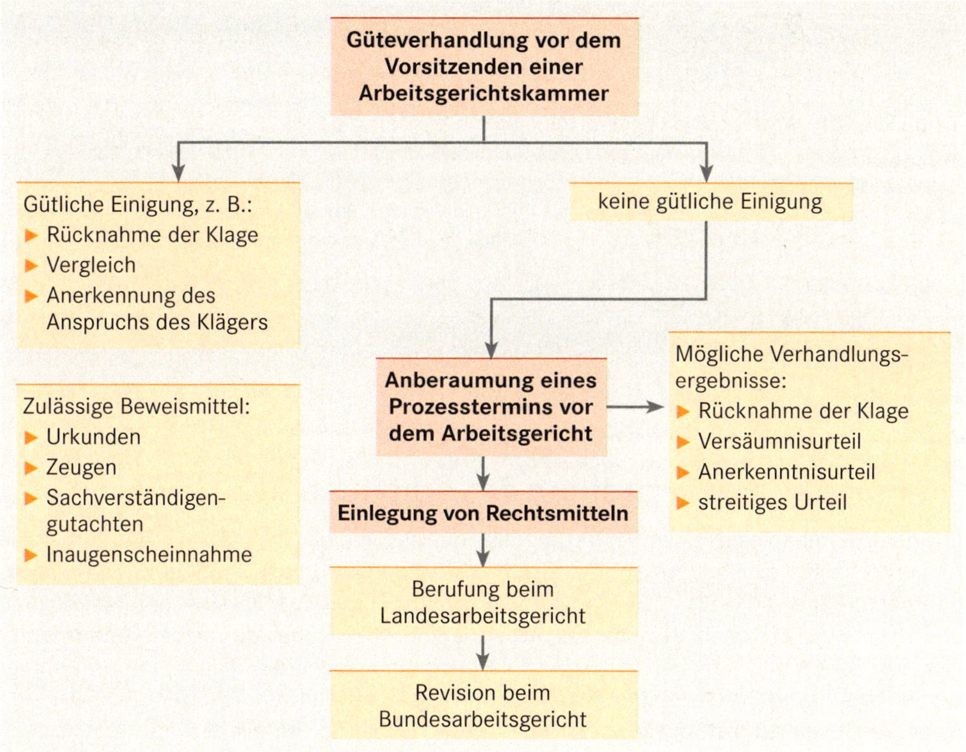

Schaubild 1.18: Das Arbeitsgerichtsverfahren

Schaubild 1.18 und Tabelle 1.38 vermitteln einen Überblick über den mehrstufigen Aufbau der Arbeitsgerichtsbarkeit.

Instanzen (§ 8 Arbeitsgerichtsgesetz)	**Zuständigkeit**	**Aufgaben**
Erste Instanz: **Arbeitsgericht**	ist in allen arbeitsrechtlichen Streitigkeiten zuständig.	*Beschlussverfahren:* Das Gericht erforscht von Amts wegen und muss von sich aus alle dafür notwendigen Schritte unternehmen (z. B. Streitigkeiten aus dem Betriebsverfassungsgesetz oder den Mitbestimmungsgesetzen). Es wird mit der Stellung eines Antrags tätig. *Urteilsverfahren:* Im Urteilsverfahren müssen die am Verfahren beteiligten Personen Tatsachen und Beweise liefern (z. B. Streitigkeiten über Kündigungen, Zeugnisse, Urlaubsanspruch, Weihnachtsgeld). Es beginnt mit der Klageeinreichung.
Zweite Instanz: **Landesarbeitsgericht**	ist zuständig für Berufungen gegen Urteile oder Beschwerden gegen Beschlüsse des Arbeitsgerichts.	*Berufung:* Sie richtet sich gegen Urteile der ersten Instanz. Es können neue Tatsachen und Beweismittel vorgebracht werden, die ein zweites Urteilsverfahren eröffnen.
Dritte Instanz: **Bundesarbeitsgericht (Erfurt)**	ist zuständig für Revisionen gegen Urteile oder Rechtsbeschwerden gegen Beschlüsse des Landesarbeitsgerichts.	*Revision:* Das Bundesarbeitsgericht prüft das Urteil des Landesarbeitsgerichts bzw. des Arbeitsgerichts (Sprungrevision) auf Rechtsfehler und befindet damit über die Wirksamkeit des Urteils des Landesarbeitsgerichts. Es ist keine Urteilsinstanz.

Tabelle 1.38: Die Arbeitsgerichtsbarkeit in Deutschland

1.3.9 Interessenvertretung der Arbeitnehmer

In Deutschland spielen in der Vertretung der Interessen der Arbeitnehmer traditionell die Gewerkschaften eine wichtige Rolle. Gewerkschaften sind betriebsübergreifende Arbeitnehmerverbände, die als rechtsfähige oder nichtrechtsfähige Vereine organisiert sind und die wirtschaftlichen Belange der Arbeitnehmer gegenüber den Arbeitgebern wahrnehmen. Allein im Deutschen Gewerkschaftsbund sind rund 6,44 Millionen Arbeitnehmer organisiert (Stand 31. Dezember 2007). Die größten Einzelgewerkschaften des DGB sind die Vereinte Dienstleistungsgewerkschaft (ver.di, 2,21 Mio. Mitglieder), die Industriegewerkschaft Metall (2,31 Mio.) und die Industriegewerkschaft Bergbau, Chemie, Energie (0,71 Mio.). Schaubild 1.19 weist die Entwicklung der Mitgliederzahlen der im DGB zusammengeschlossenen Einzelgewerkschaften aus.

Von den Gewerkschaften zu unterscheiden sind die Betriebs- beziehungsweise Personalräte und die Jugend- und Auszubildendenvertretungen. Sie sind die gesetzlichen Organe der betrieblichen Interessenvertretung der Arbeitnehmer.

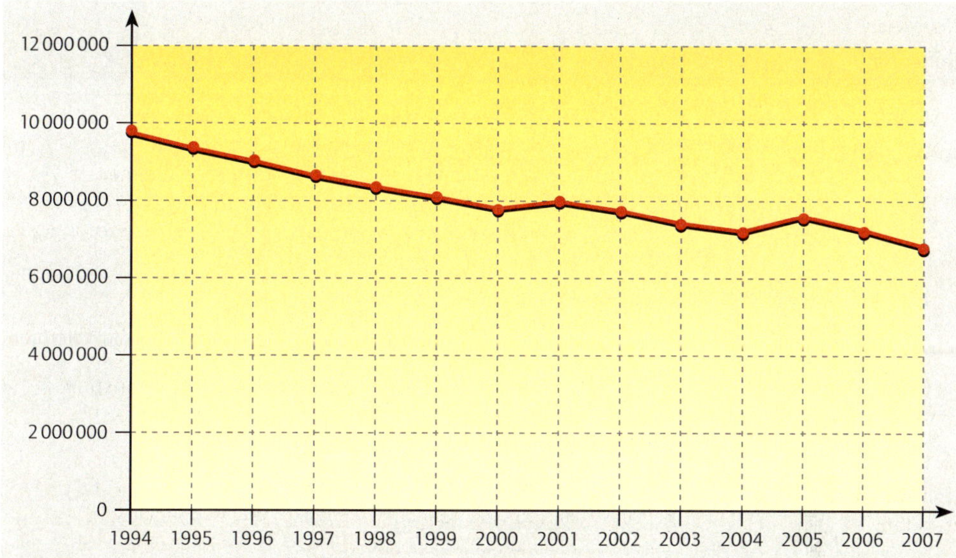

Schaubild 1.19: Mitgliederentwicklung der Gewerkschaften in Deutschland, 1994 bis 2007

Für **privatrechtliche Betriebe** gilt das Betriebsverfassungsgesetz (BetrVG) von 1952 beziehungsweise 1972. Es regelt die Wahl, die Aufgaben und die Rechtsstellung der betriebsverfassungsrechtlichen Organe und ihrer Mitglieder. Schaubild 1.20 vermittelt einen Überblick über die Beziehungen zwischen den einzelnen betriebsverfassungsrechtlichen Organen.

Betriebsrat

Gemäß dem BetrVG kann in jedem Betrieb, der in der Regel mindestens fünf wahlberechtigte und drei wählbare Arbeitnehmer beschäftigt, ein Betriebsrat gewählt werden (§ 1 BetrVG). Die Zahl der Betriebsratsmitglieder ist abhängig von der Anzahl der wahlberechtigten Arbeitnehmer. Das BetrVG gibt die in Tabelle 1.39 wiedergegebene Staffelung vor.

Anzahl der wahlberechtigten Arbeitnehmer	Größe des Betriebsrats
5– 20	1
21– 50	3
51– 100	5
101– 200	7
201– 400	9
401– 700	11
701–1 000	13
1 001–1 500	15
1 501–2 000	17
2 001–2 500	19

(Fortsetzung s. folgende Seite)

(Fortsetzung)

2 501–3 000	21
3 001–3 500	23
3 501–4 000	25
4 001–4 500	27
4 501–5 000	29
5 001–6 000	31
6 001–7 000	33
7 001–9 000	35
mehr als 9 000	je angefangene weitere 3 000 Arbeitnehmer 2 Mitglieder mehr

Tabelle 1.39: Größe des Betriebsrats gemäß § 9 BetrVG

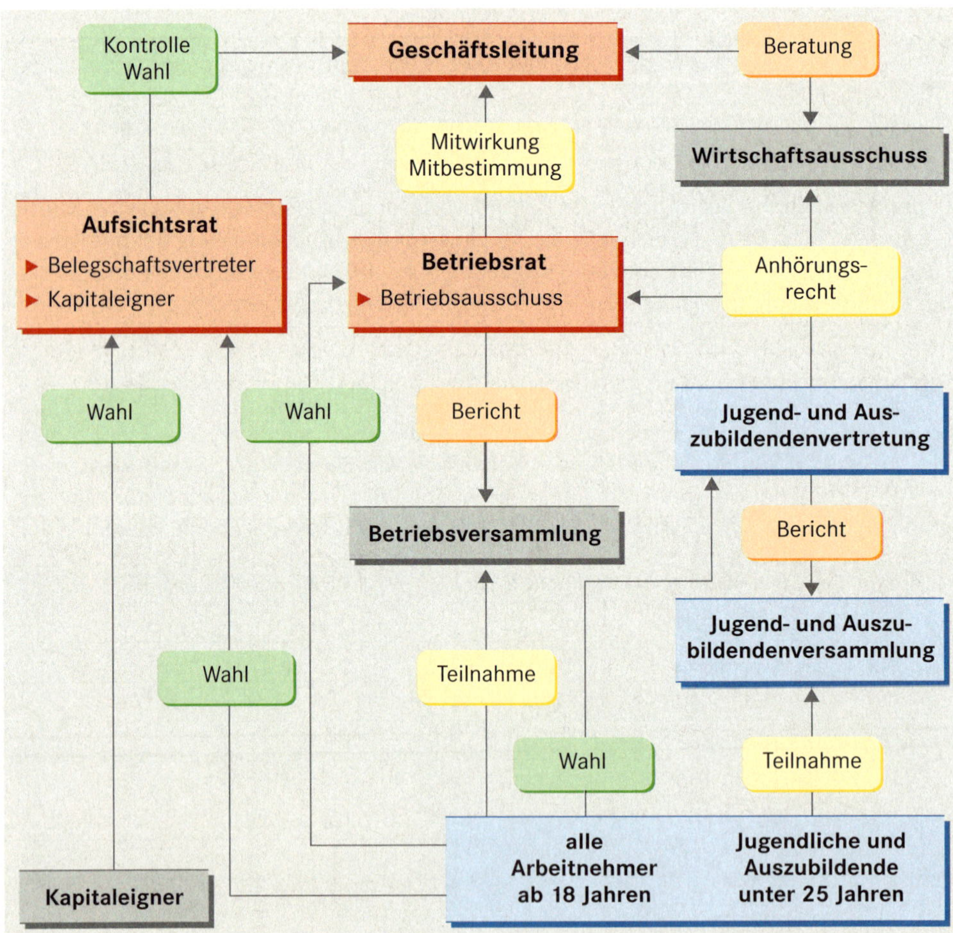

Schaubild 1.20: Die betriebsverfassungsrechtlichen Organe

Der Betriebsrat wird regelmäßig alle vier Jahre in der Zeit vom 1. März bis 31. Mai neu gewählt (§ 13 BetrVG). Wahlberechtigt sind alle Arbeitnehmer im Sinne des BetrVG (also keinen leitenden Angestellten), die das 18. Lebensjahr vollendet haben. Leiharbeiter, die länger als drei Monate im Betrieb eingesetzt sind, dürfen ebenfalls wählen. Die Wählbarkeit setzt grundsätzlich voraus, dass der Arbeitnehmer dem Betrieb mindestens sechs Monate angehört (§§ 7, 8 BetrVG).

Das Wahlverfahren ist in den §§ 14 a, 16 und 17 BetrVG festgelegt. Bei Erstwahlen wählt die Betriebsversammlung - sofern kein Konzernbetriebsrat oder Gesamtbetriebsrat existiert - mit der Mehrheit der anwesenden Mitglieder einen Wahlvorstand, der die Wahl einleitet und durchführt. Bei Neuwahlen wird der Wahlvorstand von dem amtierenden Betriebsrat spätestens zehn Wochen vor Ablauf der Amtszeit bestellt. In Kleinbetrieben mit nicht mehr als 50 Mitarbeitern gilt ein vereinfachtes Wahlverfahren (zweistufiges Verfahren; erste Wahlversammlung: Wahl des Wahlvorstandes, zweite Wahlversammlung: Betriebsrat wählen; siehe auch § 14 a BetrVG).

Die **Betriebsversammlung** (§ 42 BetrVG) ist eine Zusammenkunft aller Arbeitnehmer eines Betriebes. Sie findet mindestens einmal in jedem Kalendervierteljahr statt und wird vom Betriebsrat geleitet.

Je nach der Größe des Betriebs ist zur Erfüllung der Aufgaben des Betriebsrats ein Teil seiner Mitglieder von der Arbeit freizustellen. Die Zahl der freigestellten Mitglieder wächst mit der Anzahl der beschäftigten Arbeitnehmer (§ 38 BetrVG).

BEISPIEL ▶ Freistellung von Betriebsratsmitgliedern

In Betrieben mit in der Regel 200 bis 500 Arbeitnehmern ist ein Betriebsratsmitglied, in Betrieben mit 9 001 bis 10 000 Arbeitnehmern sind zwölf Betriebsratsmitglieder freizustellen. Dazwischen und jenseits einer Arbeitnehmerzahl von 10 000 erfolgt eine Staffelung.

Betriebsrat und Arbeitgeber sind zur vertrauensvollen Zusammenarbeit verpflichtet (§ 2 BetrVG). Hierzu sollen die Betriebspartner mindestens einmal im Monat zu einer Besprechung zusammentreten (§ 74 BetrVG). Die durch die Betriebsratstätigkeit anfallenden Kosten hat der Arbeitgeber zu tragen, sofern diese erforderlich waren (§ 40 BetrVG).

Die allgemeinen Aufgaben des Betriebsrats (§§ 80, 89 und 90 BetrVG) sind

- die Überwachung der Einhaltung von Rechtsnormen und arbeitsrechtlichen Grundsätzen, die zugunsten von Arbeitnehmern gelten;
- die Förderung der tatsächlichen Gleichberechtigung zwischen Mann und Frau;
- die Mitwirkung bei der Eingliederung schutzbedürftiger Personen;
- die Zusammenarbeit mit der Jugendvertretung;
- die Förderung der Beschäftigung älterer Arbeitnehmer;
- die Mitwirkung bei der Eingliederung ausländischer Arbeitnehmer;
- die Mitwirkung bei der Gestaltung von Arbeitsplätzen;
- die Überwachung der Einhaltung von Vorschriften über den Arbeitsschutz und die Unfallverhütung im Betrieb sowie über den betrieblichen Umweltschutz.

Jugend- und Auszubildendenvertretung

Zur Wahrnehmung der besonderen Interessen der Auszubildenden und Jugendlichen kann in Betrieben mit mindestens fünf wahlberechtigten Arbeitnehmern unter 18 Jahren oder Auszubildenden unter 25 Jahren eine Jugend- und Auszubildendenvertretung (JAV) eingerichtet werden. Die Anzahl der JAV-Mitglieder wird von der Anzahl der Wahlberechtigten bestimmt (Tabelle 1.40).

Anzahl der wahlberechtigten jugendlichen Arbeitnehmer	Größe der Jugend- und Auszubildendenvertretung
5 - 20	1
21 - 50	3
51 - 150	5
151 - 300	7
301 - 500	9
501 - 700	11
701 - 1 000	13
1 001 und mehr	15

Tabelle 1.40: Größe der Jugend- und Auszubildendenvertretung nach § 62 BetrVG

Wahlberechtigt sind alle Arbeitnehmer, die das 18. Lebensjahr (Jugendliche) noch nicht vollendet haben oder die zu ihrer Berufsausbildung beschäftigt sind und das 25. Lebensjahr noch nicht vollendet haben; wählbar sind alle Arbeitnehmer des Betriebs, die das 25. Lebensjahr noch nicht vollendet haben, allerdings keine Mitglieder des Betriebsrats (§ 61 BetrVG). Die Jugend- und Auszubildendenvertretung wird in geheimer und unmittelbarer Wahl gewählt (§ 63 BetrVG). Die Wahlen finden alle zwei Jahre zwischen dem 1. Oktober und dem 30. November statt. Die regelmäßige Amtszeit der JAV beträgt zwei Jahre und beginnt mit der Bekanntgabe der Wahlergebnisse oder, wenn zu diesem Zeitpunkt noch eine JAV besteht, mit Ablauf der vorherigen Amtszeit (§ 64 BetrVG).

Die JAV kann die Interessen der Jugendlichen und Auszubildenden nicht direkt gegenüber dem Arbeitgeber vertreten. Partner der JAV ist stets der Betriebsrat (BR). Eine wichtige Aufgabe der JAV ist die Förderung von Maßnahmen der Berufsausbildung und die Überwachung der Einhaltung von Bestimmungen (Jugendschutzgesetz, Tarifverträge) zugunsten der Jugendlichen und Auszubildenden. Die JAV kann vor oder nach jeder Betriebsversammlung im Einvernehmen mit dem Betriebsrat eine betriebliche Jugend- und Auszubildendenversammlung einberufen. Darüber hinaus kann sie zu allen Betriebsratssitzungen einen Vertreter entsenden.

Beabsichtigt ein Arbeitgeber, einen Auszubildenden, der JAV-Mitglied ist, nach Beendigung des Berufsausbildungsverhältnisses nicht in ein Arbeitsverhältnis auf unbestimmte Zeit zu übernehmen, so hat er dies dem Auszubildenden drei Monate vor Beendigung des Berufsausbildungsverhältnisses schriftlich mitzuteilen (§ 78 a BetrVG).

Für die Mitglieder der JAV gilt der besondere Kündigungsschutz. Mitglieder sind während der Amtszeit sowie im darauffolgenden Jahr vor ordentlichen Kündigungen geschützt. Eine außerordentliche Kündigung ist hingegen möglich (§ 15 KSchG).

Personalrat

In **den öffentlichen Dienststellen** ist die Personalvertretung das Gegenstück zum Betriebsrat. Das Bundespersonalvertretungsgesetz (BPersVG) gilt für Bundesdienststellen. Für die Dienststellen der Länderbehörden gibt es Landespersonalvertretungsgesetze. In der Regel setzt sich der Personalrat aus Gruppen von Beamten, Angestellten und Arbeitern zusammen. Das Mitwirkungs- und Mitbestimmungsrecht in sozialen und personellen Angelegenheiten ähnelt dem im Betriebsverfassungsgesetz für die privaten Betriebe geregelten, ist aber auf die Besonderheiten des öffentlichen Dienstes ausgerichtet. Bei Streitigkeiten aus dem Bundespersonalvertretungsgesetz entscheidet nicht das Arbeitsgericht, sondern das Verwaltungsgericht.

1.3.10 Mitbestimmung

Individuelle Mitbestimmung

Das Betriebsverfassungsgesetz von 1952 beziehungsweise 1972 räumt dem einzelnen Arbeitnehmer Mitwirkungs- und Beschwerderechte ein, die unabhängig davon bestehen, ob im Betrieb ein Betriebsrat gewählt ist oder wählbar wäre. Demgemäß hat der Arbeitnehmer ein Recht auf

- Unterrichtung über die Aufgaben und die damit verbundene Verantwortung,
- Unterrichtung bei Gesundheitsgefahren,
- Einsicht in die Personalakte,
- die Einbringung von Vorschlägen,
- die Führung von Beschwerden,
- die Erörterung einer Beurteilung.

Unternehmerische Mitbestimmung

Auch auf der Ebene der Unternehmensleitung hat der Gesetzgeber Regelungen für die Mitbestimmung der Arbeitnehmer geschaffen. Die Mitbestimmung wird durch die Vertretung von Arbeitnehmern im Aufsichtsrat ermöglicht. Seit dem 8. Oktober 2004 gilt eine EU-Verordnung, die es Unternehmen grundsätzlich freistellt, die Führungsgremien Aufsichtsrat und Vorstand durch einen „Board of Directors“ nach amerikanischem Vorbild zu ersetzen. Voraussetzung für diesen Schritt ist ein Wechsel zur Rechtsform der „Europäischen Aktiengesellschaft“.

Die Mitbestimmung gemäß dem **Mitbestimmungsgesetz von 1976** gilt für Kapitalgesellschaften mit mehr als 2 000 Beschäftigten. Der Aufsichtsrat ist je zur Hälfte mit Vertretern der Anteilseigner und der Arbeitnehmervertreter, das heißt paritätisch, besetzt. Den Vorsitz hat ein Vertreter der Anteilseigner. Dieser verfügt in Abstimmungen bei Stimmengleichheit über eine den Ausschlag gebende zweite Stimme (Schaubild 1.21).

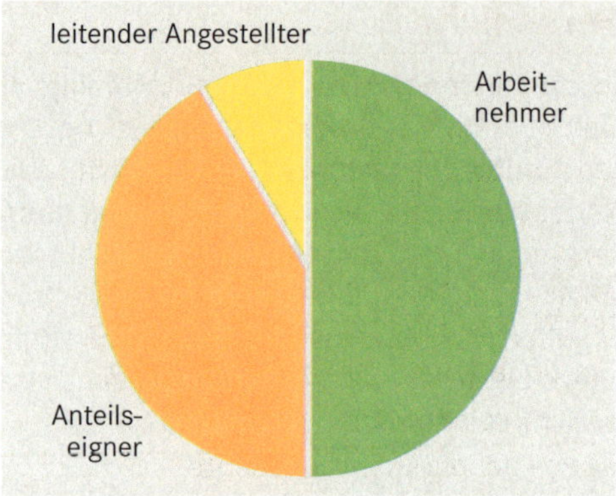

Schaubild 1.21: Die Zusammensetzung des Aufsichtsrats nach dem Mitbestimmungsgesetz

Die **Montan-Mitbestimmung** gemäß dem Montan-Mitbestimmungsgesetz von 1951 ist die älteste und am weitesten reichende Form der Mitbestimmung in Deutschland. Sie gilt für Kapitalgesellschaften im Bergbau und der Eisen- und Stahlindustrie. Der Aufsichtsrat ist je zur Hälfte mit Vertretern der Anteilseigner und Arbeitnehmervertretern besetzt. Hinzu kommt ein unabhängiger Vertreter, oft aus der Politik. Den Vorsitz hat ein Vertreter der Anteilseigner inne (Schaubild 1.22).

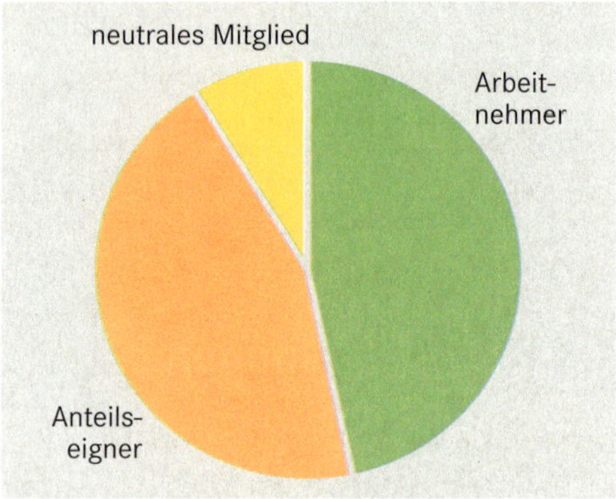

Schaubild 1.22: Die Zusammensetzung des Aufsichtsrats nach dem Montan-Mitbestimmungsgesetz

Die Regeln zur **Mitbestimmung nach dem Betriebsverfassungsgesetz von 1972** gelten für Kapitalgesellschaften mit 500 bis 2 000 Beschäftigten. Hier stellen die Arbeitnehmer nur ein Drittel der Aufsichtsratsmitglieder. Den Vorsitz hat ein Vertreter der Anteilseigner inne (Schaubild 1.23).

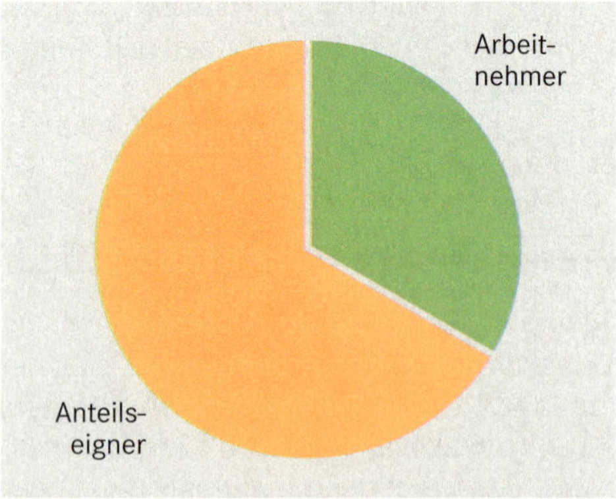

Schaubild 1.23: Die Zusammensetzung des Aufsichtsrats nach dem Betriebsverfassungsgesetz

Betriebliche Mitbestimmung

Neben den individuellen Mitbestimmungsrechten hat der Arbeitnehmer auf betrieblicher Ebene in Form der Kollektivrechte des Betriebsrats beziehungsweise des Personalrates mittelbare Mitbestimmungsrechte. Die rechtlichen Grundlagen bestehen aus dem Betriebsverfassungsgesetz und aus Tarifverträgen.

Die Rechte des Betriebsrats lassen sich nach dem Grad der möglichen Einflussnahme unterscheiden in

- Informations- und Beratungsrechte,
- Mitwirkungsrechte,
- zwingende Mitspracherechte.

In **wirtschaftlichen Angelegenheiten** hat der Betriebsrat das Recht auf Information durch die Unternehmensleitung und das Recht der Beratung. Er wird informiert und kann in einer Beratung mit der Unternehmensleitung seine Auffassung und eventuell eigene Vorschläge einbringen (§§ 90, 106–113 BetrVG).

BEISPIELE ▶ Wirtschaftliche Angelegenheiten im Sinne des BetrVG

Zu den wirtschaftlichen Angelegenheiten, über die der Betriebsrat zu informieren ist und in denen er beratend tätig werden kann, gehören

- der Neubau eines Bürogebäudes,
- eine geplante Fusion mit einem anderen Unternehmen,
- eine Änderung der Betriebsorganisation,
- die Verlegung von Betriebsteilen,
- die Stilllegung von Betriebsteilen,
- die wirtschaftliche und finanzielle Lage,
- die Produktions- und Absatzlage,
- das Produktionsprogramm,
- die Gestaltung von Arbeitsplätzen.

In Betrieben mit mehr als 100 ständig beschäftigten Arbeitnehmern muss zur Beratung der wirtschaftlichen Angelegenheiten und zur Unterrichtung des Betriebsrats ein **Wirtschaftsausschuss** eingerichtet werden (§ 106 BetrVG). Dieser besteht aus mindestens drei und höchstens sieben Mitgliedern, die dem Unternehmen angehören müssen, darunter mindestens einem Betriebsratsmitglied. Die Mitglieder des Wirtschaftsausschusses werden vom Betriebsrat bestimmt.

In **personellen Angelegenheiten** hat der Betriebsrat Mitwirkungsrechte, das heißt, er muss informiert werden und kann unter Umständen bei der Unternehmensleitung Widerspruch gegen Personalmaßnahmen einlegen (§§ 92–105 BetrVG). Macht er von seinem Recht Gebrauch, so müssen Betriebsrat und Arbeitnehmer nach einer einvernehmlichen Lösung suchen.

BEISPIELE ▶ Mitwirkungsrechte des Betriebsrats

Der Betriebsrat hat bei den folgenden Maßnahmen ein Mitwirkungsrecht:

Informations- und Beratungsrecht	Zustimmungsverweigerungsrecht
Personalplanung	Personalbeurteilung
Beschäftigungssicherung	Einstellungen, Versetzungen, tarifliche Ein- und Umgruppierungen (in Unternehmen mit mehr als 20 Beschäftigten)
Berufsbildung	ordentliche Kündigungen
	außerordentliche Kündigungen von Betriebsratsmitgliedern oder Mitgliedern der Jugend- und Auszubildendenvertretung

Darüber hinaus kann er vom Arbeitgeber verlangen, dass dieser Arbeitnehmer entlässt, die durch gesetzwidriges Verhalten den Betriebsfrieden wiederholt und ernstlich stören.

In **sozialen Angelegenheiten** hat der Betriebsrat, sofern keine gesetzliche oder tarifliche Regelung besteht, ein zwingendes Mitbestimmungsrecht, das heißt, er muss beteiligt werden und die Maßnahme kann nur mit seinem Einverständnis durchgeführt werden.

BEISPIELE ▶ Mitbestimmungsrechte des Betriebsrats

Der Betriebsrat kann in den folgenden Fällen mitbestimmen:

- Urlaubssperren,
- Einführung eines Rauchverbotes im Betrieb,
- Kleiderordnung,
- Aufstellung von Entlohnungsgrundsätzen,
- Lage der täglichen Arbeitszeit und deren Verteilung auf die Wochentage,
- Einführung einer Gleitzeitregelung,
- vorübergehende Verlängerung oder Verkürzung der Arbeitszeit (Überstunden),
- Einführung von Videoüberwachung (Verhaltens- und Leistungsüberwachung der Arbeitnehmer).

Im Streitfall entscheidet die **Einigungsstelle** (§ 109 BetrVG). Diese ist bei Bedarf zu bilden oder kann durch Betriebsvereinbarung ständig eingerichtet werden (§ 76 BetrVG). Die Einigungsstelle besteht zu gleichen Teilen (paritätisch) aus Mitgliedern, die vom Betriebsrat und vom Arbeitgeber benannt wurden; den Vorsitz hat eine unparteiische Person inne, über die sich beide Seiten einigen müssen.

2 Information, Kommunikation und Kooperation

2.1 EDV-Unterstützung

2.1.1 Infrastruktur – Grundlagen der Informationstechnologie

Die Informationstechnologie (IT) umfasst alle modernen technischen Mittel der Informations- und Datenverarbeitung. Darunter fallen die Verfahren zur Verarbeitung von Informationen und Daten (EDV), im weiteren Sinn aber auch die Mittel der Telekommunikation. Die Erfassung, Weiterverarbeitung und Verwaltung großer Datenmengen erfolgt mithilfe von Computern.

Elektronische Datenverarbeitung

Im Gegensatz zum Menschen kann der Computer mit komplexen Zahlen oder Wörtern als solchen zunächst einmal nicht umgehen. Diese Daten müssen erst in digitale Zeichen („digital" steht für Ziffer) umgewandelt werden. In der Computertechnik werden die digitalen Zeichen 0 und 1 verwendet.

Das **Binärsystem** ist ein Zahlensystem, das auf den digitalen Zeichen 0 und 1 beruht. Jedes Zeichen steht für einen von zwei Zuständen. Ein digitales Zeichen heißt in der EDV Bit. Ein Bit ist die kleinste Informationseinheit.

Ein Computer unterscheidet also nur zwei Zustände: „Strom an" oder „Strom aus", ja oder nein, richtig oder falsch, wahr oder unwahr.

Ein Bit lässt nur zwei Möglichkeiten zu. Deshalb werden mehrere Bits zusammengefasst. Zwei Bits ergeben vier Kombinationen, drei Bits ergeben acht Kombinationen und vier Bits ergeben bereits 16 Kombinationen.

Die allgemeine Formel zur Ermittlung der Zahl der Kombinationen bei einer gegebenen Anzahl von Bits lautet:

$$\text{Zahl der Kombinationen} = 2^x,$$

wobei x für die Anzahl der kombinierbaren Bits steht.

BEISPIEL ▶ Bit-Kombinationen

Ein Bit verfügt über die zwei Zustände 0 und 1. Werden drei Bits zusammengefasst, so ergeben sich die folgenden acht Kombinationen:

erste Kombination	000	zweite Kombination	001
dritte Kombination	011	vierte Kombination	010
fünfte Kombination	111	sechste Kombination	110
siebte Kombination	100	achte Kombination	101

$\text{Zahl der Kombinationen} = 2^3 = 2 \cdot 2 \cdot 2 = 8$

Der gesamte Zeichensatz, also die Zeichen des Alphabets sowie die Ziffern, Sonderzeichen und die verschiedenen Tastenfunktionen, wird durch Kombinationen von Bits dargestellt, indem jedem Zeichen eine eindeutige Kombination zugewiesen wird. Allein das Alphabet besteht aus 26 Buchstaben und zusätzlich aus Umlauten. Die möglichen Kombinationen aus drei Bits reichen also bei Weitem nicht aus, um den gesamten Satz der benötigten Zeichen darzustellen. Dazu werden vielmehr acht Bits benötigt. Diese lassen 256 achtstellige Kombinationen zu:

$$\text{Zahl der Kombinationen} = 2^8 = 2 \cdot 2 \cdot 2 \cdot 2 \cdot 2 \cdot 2 \cdot 2 \cdot 2 = 256$$

Eine Kombination aus acht Bits nennt man ein **Byte.** Ein Byte ist die kleinste Informationseinheit zur Darstellung eines Zeichens (Buchstabe, Ziffer, Sonderzeichen) in einem elektronischen Speicher.

Die Komponenten eines Computers

Ein Computer ist aus verschiedenen Einheiten aufgebaut, die während der Datenverarbeitung jeweils bestimmte Funktionen ausführen. Die Grundausstattung ist die sogenannte **Hardware,** die alle physikalischen Geräte umfasst, das heißt die Zentraleinheit, den Bildschirm, die Tastatur und die physikalischen Verbindungen dieser Geräte untereinander. **Software** ist eine Sammelbezeichnung für die Programme, die für die verschiedenen Anwendungen des Computers benötigt werden (wie zum Beispiel Betriebssysteme und Anwendungsprogramme).

Die zentrale Funktion eines Computers ist die Ausführung von Befehlen zur Verarbeitung von Daten. Diese Funktion wird von der **Zentraleinheit** des Computers, auch CPU (Central Processing Unit) genannt, erfüllt. Die CPU eines Computers besteht aus den folgenden Teilen:

- Steuerwerk (Leitwerk, CU = **C**ontrol **U**nit),
- Rechenwerk (ALU = **A**rithmetic **L**ogical **U**nit),
- Arbeitsspeicher (RAM = **R**andom **A**ccess **M**emory).

Das Steuer- und das Rechenwerk bilden in der Regel eine Einheit und werden deshalb unter der Bezeichnung Prozessor zusammengefasst. Die Arbeitsgeschwindigkeit eines Prozessors wird mithilfe der Maßeinheit Megahertz ausgedrückt. Je höher die Zahl, desto leistungsfähiger der Prozessor. Die ersten PCs im Jahr 1981 wurden mit 4,77 Megahertz getaktet, heute sind wir bei 2000 MHz, und die Entwicklung schreitet weiter voran. Die modernen Prozessoren verfügen über einen sogenannten mathematischen Prozessor, der auch als Coprozessor bezeichnet wird. Seine Funktion ist die Berechnung von Nachkommastellen. Es gibt viele Firmen, die Prozessoren herstellen. Im PC-Bereich setzen vor allem die Firmen Intel® und AMD® Maßstäbe. Der PENTIUM® ist ein Prozessortyp der Firma Intel®.

Der dritte Bestandteil der CPU ist der Arbeitsspeicher. Er wird auch RAM (**R**andom **A**ccess **M**emory), Hauptspeicher, Primärspeicher, Zentralspeicher, physikalischer Arbeitsspeicher oder temporärer Arbeitsspeicher genannt. Das Attribut „temporär“ weist darauf hin, dass die Daten im Arbeitsspeicher nach dem Abschalten des Rechners verloren gehen. Sie werden dort nur so lange gespeichert, wie der PC in Betrieb ist. Die Leistungsfähigkeit eines

Arbeitsspeichers hängt von seiner Schnelligkeit, der Zugriffszeit und seiner Kapazität ab. Ein leistungsfähiger Arbeitsspeicher kann viele Millionen Zeichen aufnehmen und braucht nur eine millionstel Sekunde, um auf eine bestimmte Adresse zuzugreifen. Die heutigen Arbeitsspeicher sind meist als Halbleiterspeicher ausgelegt, da sie über Direktzugriff und eine sehr kurze Zugriffszeit verfügen. Ein einziger Halbleiterbaustein hat eine Länge von weniger als 2 cm und ist trotzdem in der Lage, mehrere tausend Byte zu speichern. Die Bausteine werden zu großen Speichern zusammengefasst.

Daten, die für weitere Verarbeitungen in der Datenverarbeitungsanlage verbleiben sollen, werden auf speziellen **Datenträgern** gespeichert.

Ein **Datenträger** ist ein Medium, das zu Dateien zusammengefasste Daten enthält, die der Computer direkt lesen kann. Jeder Datenträger verfügt über ein Fassungsvermögen, das mithilfe spezifischer Maßeinheiten beschrieben wird.

Die Einheit Byte steht nicht nur für ein Zeichen, sondern in ihr wird auch die Größe (das Fassungsvermögen) eines Datenspeichers angegeben. Da die modernen Datenträger oder Speicher sehr große Kapazitäten haben, werden anstelle der Maßeinheit Byte andere Maßeinheiten verwendet, die das Vielfache eines Byte repräsentieren (Tabelle 2.1). Der Aufbau des Systems der computertechnischen Maßeinheiten ist vergleichbar dem Aufbau des Systems der Längenmaße (Millimeter, Zentimeter, Meter und so weiter).

1 B (Byte)	=	8 Bits	1 TB (Terabyte)	=	1 024 GB
1 KB (Kilobyte)	=	1 024 Byte	1 PB (Petabyte)	=	1 024 TB
1 MB (Megabyte)	=	1 024 KB	1 EB (Exabyte)	=	1 024 PB
1 GB (Gigabyte)	=	1 024 MB			

Tabelle 2.1: Maßeinheiten der Speicherkapazität von Datenträgern

Die gängigsten Datenträger sind Festplatten, DVDs und CD-ROMs. Sie werden auch als ROM-Speicher (ROM = **R**ead **O**nly **M**emory) oder Festspeicher bezeichnet. Von diesen Speichermedien können Informationen lediglich ausgelesen, sie können hingegen in ihnen nicht verändert werden. Die in einem Festspeicher gelagerten Informationen gehen nicht verloren, wenn der Computer ausgeschaltet wird.

Tabelle 2.2 gibt die Kapazitäten der verschiedenen Speichermedien wieder.

Speichermedium	Kapazität
Diskette	1,44 MB
ZIP-Diskette	100 MB und mehr
CD-ROM	650 MB–700 MB
DVD-ROM	4,7 GB und mehr
Festplatte	100 MB–200 GB
Wechselfestplatte	80 MB–1 TB
Magnetband	80 MB bis in den Gigabytebereich
Magnetkarte	einige hundert Byte bis ein paar hundert Kilobyte

Tabelle 2.2: Kapazität von Datenträgern

Die Daten und die Programme, die der Computer zu deren Verarbeitung benötigt, müssen vor ihrer Verarbeitung in den Computer eingegeben werden. Diese Eingaben erfolgen über die Eingabegeräte. Bevor ein Datenträger Daten aufnehmen kann, muss er formatiert, das heißt magnetisch in Sektoren und Spuren aufgeteilt werden. Die Daten werden vom Betriebssystem in die Sektoren geschrieben. Damit das Betriebssystem auf die Datenträger zugreifen kann, braucht es einen Wegweiser, der wie ein Inhaltsverzeichnis aufgebaut ist. Dieses Inhaltsverzeichnis wird als Dateizuordnungstabelle oder FAT (**F**ile **A**llocation **T**able) bezeichnet.

Die Eingabegeräte und alle übrigen Einheiten, die nicht mit der direkten Verarbeitung von Daten betraut sind, bilden zusammen die sogenannte Peripherie des Computers.

BEISPIELE ▶ Ein- und Ausgabegeräte

- Eingabegeräte: Tastatur, Maus, Scanner, Diskettenlaufwerk
- Ausgabegeräte: Bildschirm, Drucker, Diskettenlaufwerk

Die Arbeitsweise eines Computers

Nach dem Start des Computers werden von einem speziellen Programm (dem BIOS) die wichtigsten Hardwareteile überprüft. Nach dieser Prüfung wird das auf der Festplatte gespeicherte Betriebssystem in den Arbeitsspeicher geladen, den eigentlichen Ort der Datenverarbeitung.

Im Rahmen der Datenverarbeitung werden zunächst die Daten in den Computer eingegeben, dann werden sie mithilfe von Programmen verarbeitet und anschließend werden die gewünschten Ergebnisse ausgegeben. Diese Schrittfolge wird als EVA-Prinzip – **E**ingabe, **V**erarbeitung, **A**usgabe – bezeichnet (Schaubild 2.1).

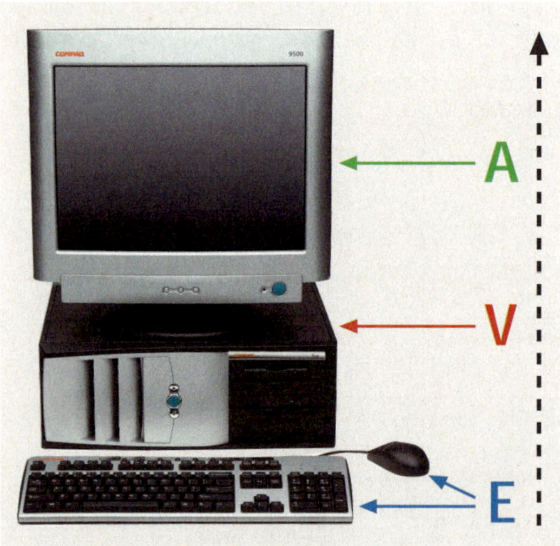

Schaubild 2.1: Ablauf der Datenverarbeitung

Wer bei seiner Bank eine Überweisung in Auftrag geben will, tut gut daran, das Überweisungsformular so auszufüllen, dass der Angestellte die Angaben zu dem Auftrag lesen kann. Analoges gilt für die EDV: Die Daten, die verarbeitet werden sollen, müssen zunächst erfasst, das heißt in computerlesbarer Form auf einen Datenträger aufgebracht werden.

Die CPU oder Zentraleinheit ist das „Gehirn“ eines Computers. Sie kontrolliert und steuert alle Datenverarbeitungsvorgänge. Auch die Daten, die nur über Eingabegeräte eingegeben, zwischengespeichert und ohne Veränderungen über Ausgabegeräte wieder ausgegeben werden, durchlaufen die CPU.

Das Steuerwerk koordiniert und leitet alle Aktionen, die in der CPU ablaufen. Jedes Computerprogramm wird zuerst in den Arbeitsspeicher geladen. Ein Programm stellt bestimmte Abläufe dar. Das Steuerwerk interpretiert die einzelnen Anweisungen des Programms und arbeitet sie ab. Die Befehle werden an die übrigen Teile der CPU weitergeleitet, wobei das Steuerwerk darauf achtet, dass keine Befehle an CPU-Teile geleitet werden, die noch mit anderen Aufgaben beschäftigt sind.

Das Rechenwerk führt alle Rechenoperationen durch.

Unter einer **Rechenoperation** versteht man Kalkulationen wie die Addition, Subtraktion, Multiplikation und Division, aber auch logische Verknüpfungen, Vergleiche und das Runden von Werten.

Solche Aufgaben löst das Rechenwerk auf relativ einfache Weise. Die komplizierten Rechnungen werden dabei immer in viele kleinere Teilrechnungen aufgelöst. So kann beispielsweise eine Division durch vielfaches Subtrahieren ausgeführt werden.

Der Hauptspeicher eines Computers, auch „Gedächtnis“ genannt, besteht aus vielen Bereichen, den sogenannten Adressen. Die Bereiche kann man sich als die einzelnen Fächer eines Apothekerschranks vorstellen. Jedes Fach hat seine eigene Adresse, dort können die Informationen direkt ausgelesen werden.

Die Tabellen 2.3 bis 2.5 geben einen Überblick über die Palette der Ein- und Ausgabegeräte sowie der Speichergeräte und Datenträger.

Tastatur	Maus	Trackball

Quelle: Genius Europe	Quelle: Logitech Inc.	Quelle: Logitech Inc.
Die Tastatur, auch als Keyboard bezeichnet, ist eine Schnittstelle zwischen Computer und Mensch. Mithilfe der Tastatur werden Befehle und Anweisungen an den Computer weitergegeben. Die Computertastatur ist mit einer Schreibmaschinentastatur vergleichbar, sie besitzt allerdings zusätzliche Befehls- und Steuertasten.	Die Maus ist ein Zeigegerät mit einer sehr einfachen Handhabung, um die Benutzung von sogenannten grafischen Benutzeroberflächen, wie zum Beispiel Windows, zu erleichtern. Die Maus wird in die gewünschte Richtung bewegt, die Bewegungen werden in elektronische Signale umgesetzt und synchron mit dem Cursor auf dem Bildschirm nachvollzogen.	Der Trackball ist ebenfalls ein Zeigegerät. Die Methode ähnelt einer umgedrehten Maus: Die Kugel, die die Bewegungen des Zeigers auf dem Monitor steuert, ist auf der Oberfläche des Gerätes angebracht. Trackballs sind für tragbare Computer geeignet, da sie keine Auflageflächen brauchen.

Touchpad	Scanner	Markierungsleser
 Ein Touchpad ist in tragbaren Computern als Mausersatz eingebaut. Der Mauszeiger bewegt sich, indem auf der abgegrenzten Fläche ein Finger hin und her geschoben wird.	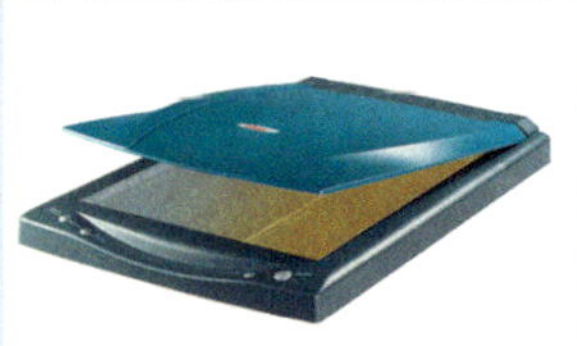 Quelle: Umax Systems GmbH Der Scanner ist in der Lage, Bilder und Textstellen (mit Schreibmaschine oder Handschrift erstellt) zu erfassen. Die Handhabung eines Scanners ist sehr einfach: Die einzulesende Vorlage wird auf die Glasscheibe des Scanners gelegt, anschließend wird der Lesevorgang eingeleitet. Die eingelesenen Daten können am Computer weiterverarbeitet werden. Es gibt Hand- und Flachbettscanner.	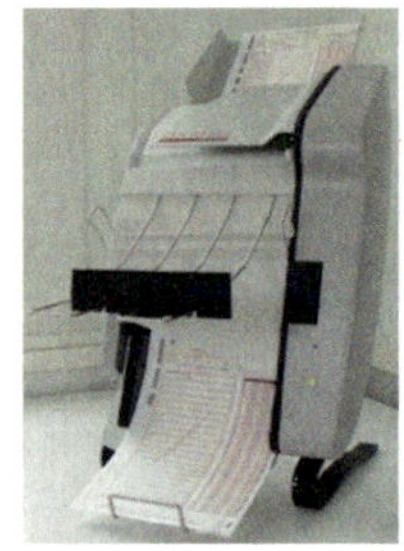 Quelle: Lange Datentechnik GmbH Der Markierungsleser arbeitet ähnlich wie der Strichcodeleser und der Scanner. Er erkennt die auf Markierungsbelegen maschinell oder per Hand aufgebrachten Markierungen. Beispiele hierfür sind TÜV-Mängellisten oder Lottoscheine.
Joystick	**Lenkrad**	**Strichcodeleser**
 Quelle: Genius Europe Dieser Steuerknüppel ist ein Eingabegerät, das im PC-Bereich hauptsächlich für Spiele wie beispielsweise Flugsimulationen oder Weltraumspiele eingesetzt wird.	 Quelle: Genius Europe Das Lenkrad ist eine Alternative zum Joystick. Dieses Eingabegerät wird vor allem für diverse Autorennsimulationen eingesetzt.	 Quelle: Datalogic GmbH Der Strichcodeleser wird überwiegend im Handel eingesetzt, wo viele Artikel mit einem Code gekennzeichnet werden. Mit dem Codeleser werden die Artikelnummern der jeweiligen Artikel beim Verkauf einfach und schnell ausgelesen. Dies geschieht in der Regel dadurch, dass man mit dem Strichcodeleser über den Strichcode fährt und dieser anhand der Anordnung der Striche nicht nur den Preis, sondern auch die Bezeichnung des Artikels aus dem Computersystem der Verkaufsstelle abruft. Die verkauften Artikel können ausgedruckt und aus der Lagerbestandsliste abgebucht werden.

Magnetschriftenleser	Voice Control	Digitalkamera
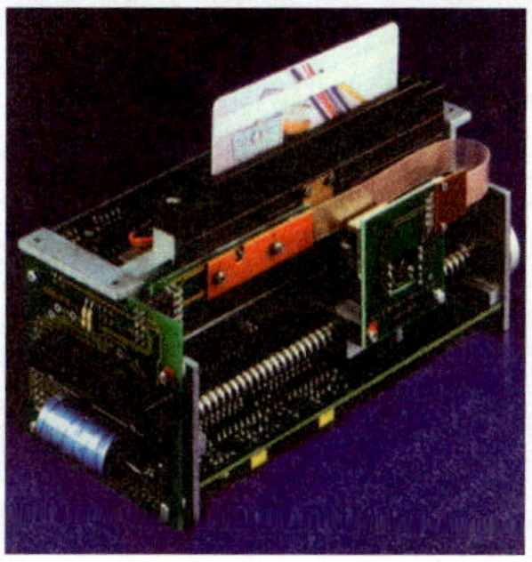 Quelle: rinas Gerätetechnik GmbH Der Magnetschriftenleser liest von einem Magnetstreifen die maschinenlesbaren Informationen. Beispiele hierfür sind Kreditkarten oder Versichertenkarten.	 Quelle: Anubis Electronic GmbH Voice Control ist eine Kombination aus Hard- und Software. Mithilfe eines Mikrofons werden dem Computer Befehle oder Texte in der gesprochenen Sprache übermittelt. Ein spezielles Spracherkennungsprogramm interpretiert die angesagten Texte und verarbeitet diese.	 Quelle: Casio Europe GmbH Die Computertechnik dominiert auch in der Fotoindustrie. Die modernsten Fotoapparate arbeiten mit Computertechnik. Es gibt sogar spezielle Kameras für den Computer. Die Technik einer Digitalkamera unterscheidet sich gravierend von herkömmlichen Kameras. Eine Digitalkamera benötigt keinen Film. Die Bilder werden von einem lichtempfindlichen elektronischen Bauteil in digitale Signale umgewandelt und gespeichert. Die Digitalkamera kann an einen Computer angeschlossen und die digitalen Bilder können auf die Festplatte des Computers übertragen, von dort aus bearbeitet, angesehen und ausgedruckt werden.

Tabelle 2.3: Eingabegeräte

Drucker	Lautsprecher
 Quelle: Hewlett Packard GmbH Der Drucker ist ein sehr häufig verwendetes Ausgabegerät. Es gibt in diesen Bereich der peripheren Geräte eine Vielzahl von Modellen, die sich hinsichtlich der Drucktechnik und der Leistungsfähigkeit stark unterscheiden, wie zum Beispiel Nadeldrucker, Laserdrucker und Tintenstrahldrucker.	 Quelle: Genius Europe Damit die Töne ausgegeben werden können, muss der Computer über eine Soundkarte verfügen. Über diese Karte können die Computerlautsprecher angesprochen werden. Die Lautsprecher werden auch als Computerboxen bezeichnet.

Bildschirm	
 Quelle: Hewlett Packard GmbH	Der Bildschirm ist ohne Zweifel das wichtigste Ausgabegerät. Er wird auch Monitor oder Terminal genannt. Er kann entweder im Computer integriert sein, wie das bei mobilen PCs der Fall ist, oder als selbstständiges Peripheriegerät an den Computer angeschlossen werden. Die Größe wird in Zoll angegeben (1 Zoll = 2,54 cm). Für jede Bildschirmgröße gibt es eine optimale Einstellung der Auflösung:

15“-(Zoll-)Bildschirme	800 x 600 Bildpunkte (Pixel)
17“-(Zoll-)Bildschirme	1 024 x 768 Pixel
20“-(Zoll-)Bildschirme	1 152 x 864 Pixel

Für die Qualität des Bildes ist die Bildwiederholfrequenz maßgeblich. Sie wird auch als Bildwiederholrate bezeichnet und in Hz (Hertz) gemessen. Die Bildwiederholfrequenz legt fest, wie oft ein Bild in einer Sekunde aufgebaut wird. Liegt die Frequenz zu niedrig, empfindet man unangenehmes Flimmern, das Kopf- und Augenschmerzen verursachen kann. Die Bildwiederholfrequenz soll mindestens 75 Hz betragen. Das bedeutet, dass das Bild in einer Sekunde 75-mal aufgebaut wird. Noch besser sind höhere Frequenzen, zum Beispiel 100 Hz, die für das menschliche Auge absolut flimmerfrei sind.

Tabelle 2.4: Ausgabegeräte

Diskette	Festplatte	Ziplaufwerk
Quelle: Fuji Magnetics GmbH 	Quelle: Samsung 	Quelle: Jomega Corporation 
speichert Daten, die dann auf der Diskette transportiert werden können. sehr beschränkter Speicherplatz (1,44 MB)	speichert Daten langfristig zum immer erneuten Aufruf, zum Verändern und zum Löschen. Speicherplatz: 100 MB bis 1 TB	speichert Daten zum Transport, wesentlich mehr Speicherplatz als eine Diskette, relativ geringe Verbreitung Speicherplatz: ~ 100 MB
CD (Compact Disc)	**DVD**	**CD-RW**
Quelle: Fuji Magnetics GmbH 	Quelle: Fuji Magnetics GmbH 	Quelle: Wikipedia 
speichert Daten nur einmal und in begrenzter Menge, kann nach dem Speichern nur noch (vom CD-Laufwerk) gelesen werden. Speicherplatz: ~ 700 MB	speichert ebenfalls Daten nur einmal, die Menge ist auch begrenzt, die Speicherkapazität ist wesentlich größer als die einer CD (~ 4,7 GB).	Compact Disc ReWriteable. Diese wiederbeschreibbaren CD-ROMs können mit üblichen CD-RW-Brennern bis zu 1 000-mal neu beschrieben werden.

Diskettenlaufwerk	CD-ROM-Laufwerk	CD-ROM-Brenner
 Quelle: NEC Deutschland GmbH Zu den ältesten und einfachsten Speichermedien gehören Disketten. Eine Diskette ist eine flexible, runde Folie, auf der Daten gespeichert werden können. Disketten werden von Diskettenlaufwerken beschrieben und gelesen. Das gebräuchlichste Format einer Diskette ist 3 1/2 Zoll. Der große Nachteil von Disketten ist ihre geringe Speicherkapazität. Sie beträgt 720 KB oder 1,44 MB.	 Quelle: NEC Deutschland GmbH Eine CD ist eine kreisrunde, mit Alu beschichtete Kunststoffscheibe. Auf einer CD können mehrere hundert Megabyte (ca. 700 MB) an Daten gespeichert werden. Um mit einer CD arbeiten zu können, benötigen Sie ein CD-ROM-Laufwerk.	 Quelle: Samsung Electronics GmbH Ein CD-Brenner unterscheidet sich äußerlich kaum von einem CD-ROM-Laufwerk. Die Technik erlaubt die sogenannten Rohlinge zu beschreiben. Ein Rohling ist eine leere CD, die in einem CD-Brenner beschrieben werden kann. Man unterscheidet zwischen zwei Rohlingsarten: CD-Rs können nur einmal beschrieben werden. CD-RWs können mehrmals (ca. 1000-mal und mehr) beschrieben werden.
DVD-Laufwerk	**Ziplaufwerk**	**Streamer**
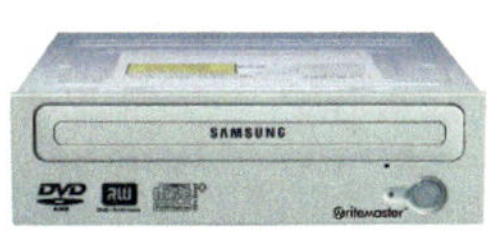 Quelle: Samsung Electronics GmbH Eine DVD (Digital Versatile Disc) unterscheidet sich optisch nicht von einer normalen CD. Die Unterschiede liegen in der Technik und Kapazität. Durch ihre große Aufnahmekapazität (mindestens 26-mal mehr als eine CD) eignet sich diese Technik nicht nur für aufwendige Programme, Spiele oder Filme, sondern auch zur Sicherung der Daten.	 Quelle: Iomega Corporation Ein Ziplaufwerk ist eine Art Diskettenlaufwerk. Die speziellen „Disketten" können jedoch bis zu 100 Megabyte Daten speichern. Das Laufwerk lässt sich entweder im Computer wie ein herkömmliches Laufwerk einbauen oder kann am Drucker angeschlossen werden. In diesem Falle bezeichnet man es als externes Ziplaufwerk.	 Quelle: Hewlett-Packard GmbH Der Magnetbandspeicher, auch Streamer genannt, ähnelt einem Tonbandgerät. Den Datenträger für einen Streamer bezeichnet man als Magnetband. Magnetbänder werden in der Regel zur Speicherung von großen Datenmengen, bis hin in den Giga- und Terabytebereich, eingesetzt. Allerdings haben sie einen großen Nachteil: Liegen die gewünschten Informationen am Ende des Bandes, dauert es relativ lange, bis die Daten gelesen werden können, denn ein Magnetband erlaubt im Gegensatz zu einer CD oder Diskette keinen Direktzugriff.

Smartcard	Magnetfestplattenspeicher	Mikrofilm
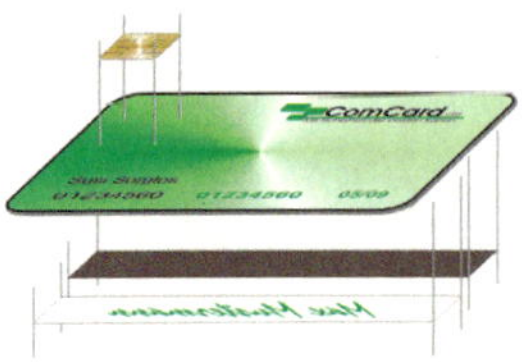		
Quelle: ComCard GmbH	Quelle: Samsung Electronics GmbH	Quelle: M&M Wandel GmbH
Eine Smartcard ist eine Karte, die einen Mikrochip besitzt. Mithilfe des eingebauten Mikroprozessors werden die Zugriffe auf die Karte kontrolliert. Es ist sogar möglich, bestimmte Umgebungsparameter wie Temperatur, falsche Zugriffsversuche und so weiter zu überwachen. Werden diese Parameter überschritten, kann sich die Smartcard deaktivieren oder sogar die Daten zerstören. Eine Smartcard ist immer an das zugehörige Gerät angepasst, das die Daten von der Karte ausliest. Die Einsatzgebiete von Smartcards sind zum Beispiel Handys, Boxen für digitales Fernsehen (Pay-TV) oder Krankenversichertenkarten.	Eine Festplatte ist ein sehr schneller magnetischer Direktzugriffsspeicher und im Normalfall fest in einen Computer eingebaut. Das Herzstück einer Festplatte ist eine kreisrunde metallische Platte. Auf einer Festplatte finden sehr viele Daten Platz (im Gigabytebereich). Immer, wenn Sie Ihren Computer starten, werden Daten (Betriebssysteme und Programme) von der Festplatte geladen. Die Festplatte funktioniert, indem sich die magnetische Scheibe mit hoher Geschwindigkeit dreht. Die Daten werden von dem Schreib-Lese-Kopf gelesen. Falls der Schreib-Lese-Kopf die Festplattenoberfläche berührt, wird die Festplatte unbrauchbar und die Daten gehen verloren. In diesem Fall spricht man von einem Headcrash.	Ein vormals sehr verbreitetes, jetzt aber rückläufiges Speichermedium zur Archivierung diverser Vorlagen (Briefe, Akten und so weiter) stellt der Mikrofilm dar. Die zu speichernden Daten werden auf einem Mikrofilm abgelichtet. Die Vorteile dieser Speichertechnik gegenüber anderen Speichermedien liegen in den günstigen Kosten und in der platzsparenden Speicherung.

Tabelle 2.5: Datenträger, Lese- und Schreibgeräte

2.1.2 Standardsoftware – Grundfunktionen und Einsatzgebiete

Überblick

Schaubild 2.2 vermittelt eine Übersicht über die zur Verwendung des Computers notwendige Software.

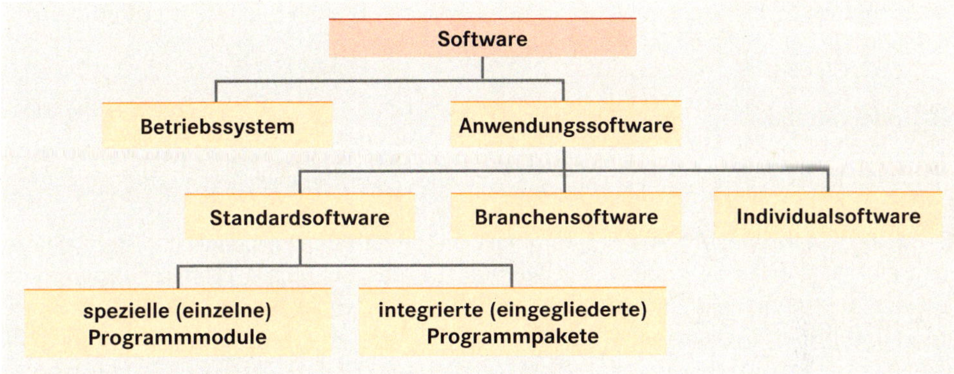

Schaubild 2.2: Computersoftware

Die Anwendungssoftware wird in drei Bereiche unterteilt:

- Standardsoftware
- Branchensoftware
- Individualsoftware

Standardsoftware

Standardsoftware ist eine Software, die für eine große Anzahl von Anwendern entwickelt wurde und deshalb branchenunabhängig ist.

Die Programme, die unter die Standardsoftware fallen, werden in sehr großer Stückzahl hergestellt. Die Kosten der Programmentwicklung werden dementsprechend auf sehr viele Kunden verteilt, weshalb die Programme relativ günstig sind. Da sie aber das gesamte Spektrum der Anforderungen erfüllen müssen, sind die Programmfunktionen meist so allgemein, dass der Anwender das Programm erst an seine speziellen Bedürfnisse anpassen muss.

Für den PC stehen sehr viele hochwertige Standardsoftwareprodukte zur Verfügung. Diese Programme sind fast immer mit einer ausreichenden Dokumentation versehen, die dem Anwender die Bedienung des Programms erleichtert.

Die Standardsoftware lässt sich je nach Anwendung in folgende Gruppen unterteilen:

- Textverarbeitung,
- Tabellenkalkulation,
- Datenbanken,
- Grafik, Präsentation,
- Kommunikation,
- Termin- und Projektplanung,
- integrierte Programme.

Branchensoftware

Branchensoftware ist Software, die branchenspezifischen Bedürfnissen gemäß entwickelt wurde. Sie bietet Lösungen für die einzelnen Branchen an.

Die Preise für branchenspezifische Software sind hoch, da die Entwicklung dieser Software Kenntnisse der Gegebenheiten in der jeweiligen Branche voraussetzt und der Absatzmarkt kleiner ist als derjenige für Standardsoftware.

Individualsoftware

Individualsoftware ist Software, die speziell für einen Anwender entwickelt wurde.

Individualsoftware besteht aus Programmen, die gemäß der Probleme und Bedürfnisse eines einzigen Anwenders entwickelt wurden. Da das Schreiben größerer Programme sehr zeit- und personalintensiv ist, sind die Erstellung von Individualsoftware und ihre Integration in das System zur elektronischen Datenverarbeitung des Anwenders sehr teuer.

Das Betriebssystem

Wird ein Computer eingeschaltet, so laufen parallel einige interne Prüfungen ab. Der Rechner kontrolliert sich selbst und testet, ob alle Elemente an der richtigen Stelle eingebaut und korrekt zusammengesetzt sind. Dieser Vorgang wird als booten bezeichnet. Er läuft in der Regel ohne Zwischenfälle ab. Im Anschluss an den Boot-Vorgang startet das Betriebssystem.

Das **Betriebssystem** (**o**perating **s**ystem – OS) ist die Software, die den Betrieb eines Computers ermöglicht. Es besteht hauptsächlich aus Systemsteuerungsprogrammen. Das Betriebssystem verwaltet die Komponenten der Hardware, das heißt Betriebsmittel wie Prozessor, Speicher, Ein- und Ausgabegeräte, und steuert die Ausführung von Anwendungsprogrammen.

Die meistgenutzten Betriebssysteme im PC-Bereich sind die verschiedenen Varianten von Microsoft Windows, Apple Mac OS X, Linux und OS/2.

Das Betriebssystem hilft dem Benutzer, auch ohne umfassende Programmierkenntnisse wichtige Befehle einzusetzen und zu beherrschen. Die mit der Befehlseingabe verbundenen Verknüpfungen laufen im Hintergrund und bleiben dem Nutzer verborgen. Die wichtigsten Aufgaben des Betriebssystems sind

1. die Verwaltung der Hardware,
2. die Bereitstellung von Dienst- oder Anwendungsprogrammen (zum Beispiel Textverarbeitungs- oder Bildbearbeitungsprogramme),
3. die Benutzerführung,
4. die Verwaltung der Prozessorzeit,
5. die Verwaltung des Speicherplatzes für Programme und Anwendungen.

BEISPIEL ▶ Aufgaben des Betriebssystems

Auf einem Rechner werden gleichzeitig drei Programme benutzt, und es werden drei Druckaufträge für denselben Drucker abgeschickt. Das Betriebssystem sorgt dafür, dass alle laufenden Programme ihren Auftrag korrekt ausführen können, das heißt, dass die Druckaufträge in eine Warteschlage gestellt und nacheinander ausgeführt werden.

Der Desktop

Nach dem Booten des Computers erscheint der Desktop (Schaubild 2.3), das heißt eine grafische Benutzeroberfläche (**G**raphical **U**ser **I**nterface – GUI), auf der verschiedene Programmsymbole (Icons) abgelegt sind. Diese Symbole stehen für diejenigen Programme, die bei der Arbeit mit dem PC oft benötigt werden.

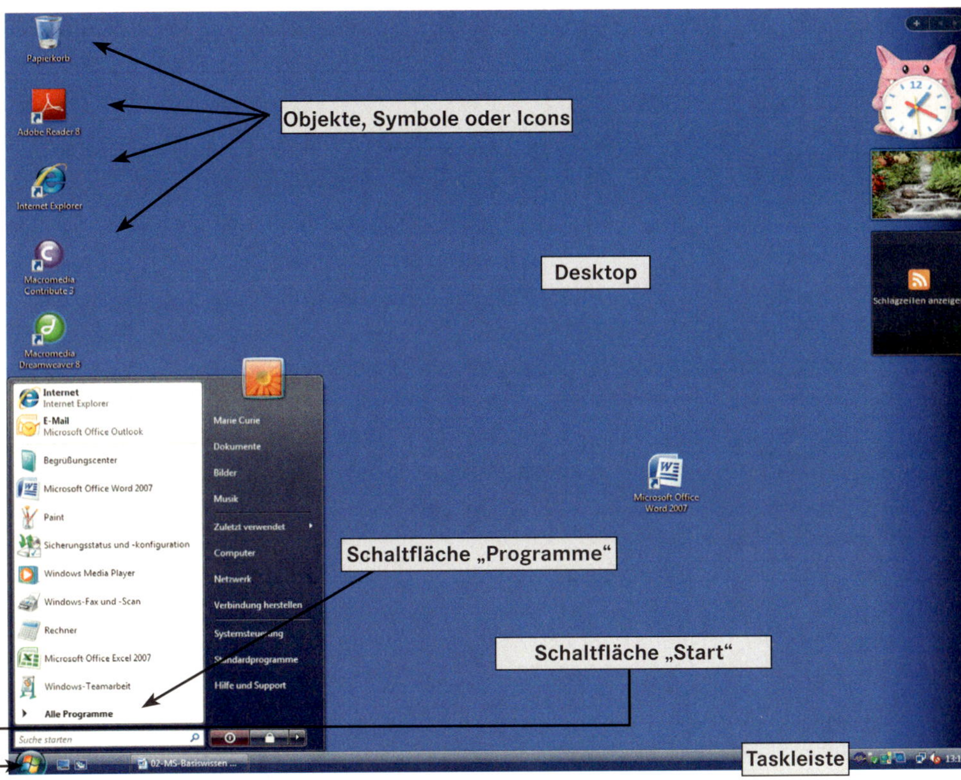

Schaubild 2.3: Der Desktop des Betriebssystems Microsoft Windows Vista

Bei Betätigung der Schaltfläche „Start“ wird das Startmenü geöffnet. Dieses sieht je nach Benutzer unterschiedlich aus, da die Anzahl der installierten Programme je nach Bedarf variiert. Die Taskleiste zeigt alle aktiven Programme und die aktuelle Uhrzeit an.

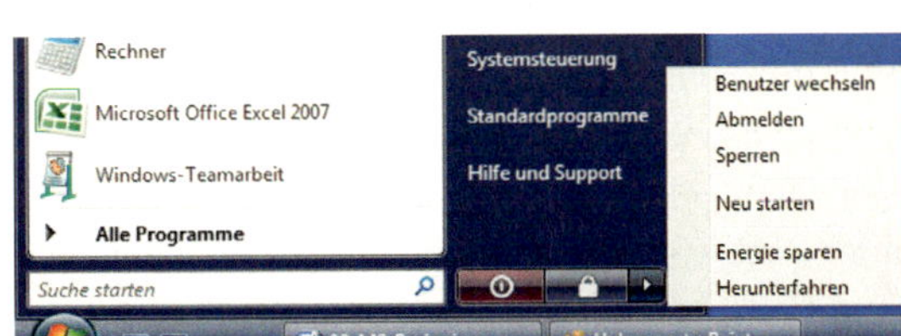

Schaubild 2.4: Beendung von Windows

Der Befehl zur Beendung von Windows (Schaubild 2.4) ist ebenfalls im Startmenü zu finden. Der Desktop wird dunkler, sobald die Schaltfläche „Herunterfahren" angeklickt wurde. Windows schließt die noch offenen Programme und schaltet den Computer automatisch aus.

Hinter der Schaltfläche „Programme" verbergen sich alle installierten Programme. Wird der Mauspfeil auf die Schaltfläche bewegt, so öffnet sich das Programmmenü und das benötigte Programm kann angesteuert und gestartet werden.

Sollte ein Programm nicht mehr auf Eingaben reagieren, so kann es mit der Tastenkombination [Strg] + [Alt] + [Entf] beendet werden. Bei den modernen Betriebssystemen öffnet sich durch diese Tastenkombination der sogenannte Taskmanager und das Programm kann dort beendet werden.

Das Systemprogramm „Computer" zeigt aus der Sicht des Betriebssystems die Komponenten des Rechners, wie zum Beispiel Laufwerke und ihre Daten, Systemeinstellungen, Drucker oder Scanner.

Der Internet Explorer hilft beim Betrachten von Informationen im Internet oder Intranet. Um eine Verbindung ins Internet herzustellen, muss ein Internetprovider, das heißt ein Internetzugangsanbieter, angewählt werden.

Die Maus

Ein unabdingbares Gerät zur Benutzung der grafischen Oberfläche ist die Maus. Mit ihrer Hilfe werden die Bewegungen am Bildschirm gesteuert. Um eine Aktion am Computer auszuführen, wird die Spitze des Mauspfeils auf das gewünschte Objekt bewegt. Anschließend wird die linke Maustaste betätigt:

- **Einfacher Klick** – Der Mauspfeil zeigt auf die gewünschte Desktop-Position und durch einmaliges Drücken auf die linke Maustaste wird das Programmsymbol markiert.
- **Doppelklick** – Der Mauspfeil zeigt auf die gewünschte Desktop-Position und durch schnelles zweimaliges Drücken auf die linke Maustaste wird das Programm geöffnet. Die Position der Maus darf während des Doppelklicks nicht verändert werden.
- **Ziehen** – Während auf ein Objekt gezeigt wird, wird die Maustaste gedrückt und gleichzeitig die Maus zu einer neuen Position bewegt. Wird die Maustaste losgelassen, erscheint das Objekt an der gewünschten neuen Position.

Durch die Betätigung der rechten Maustaste wird das sogenannte Kontextmenü aktiviert. Im Kontextmenü werden objektbezogene Befehle zur Ausführung von Aufgaben oder Optionen angezeigt. Dieses Menü bietet einen raschen Zugriff auf gebräuchliche Befehle, die innerhalb der Systemsteuerung und der Anwendungsprogramme zur Verfügung stehen.

Der Windows Explorer

Die auf der Festplatte gespeicherten Dateien sind nach dem Muster eines Baumes angeordnet – die Hauptebene wird vom Stamm gebildet, vom Stamm gehen Äste aus, von jedem Ast wiederum Zweige und so weiter. Der Windows Explorer ist ein nützliches Werkzeug (Tool) zur Verwaltung der Dateien. Die Baumstruktur der auf der Festplatte gespeicherten Ordner und Dateien ermöglicht die einfache und schnelle Durchführung von Operationen mithilfe des Windows Explorers.

5620108

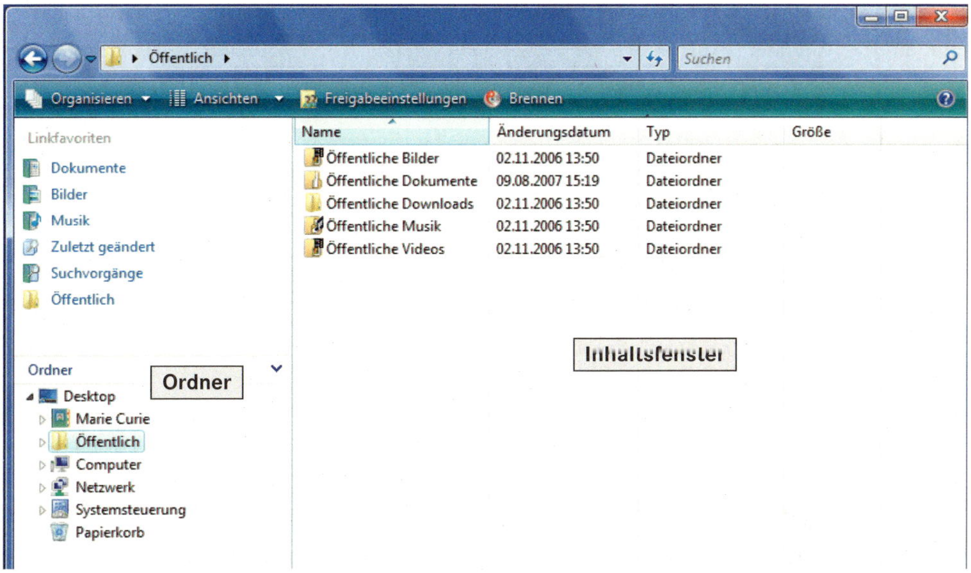

Schaubild 2.5: Fensteransicht des Windows Explorers

Der Explorer besteht aus einem zweiteiligen Fenster (Schaubild 2.5). Das linke Fenster zeigt den Bereich „Ordner". Hier können alle verfügbaren Laufwerke und Ordner angezeigt werden. Im rechten Fenster, dem Inhaltsfenster, werden alle Ordner und Dateien angezeigt, die in dem markierten Objekt aus dem Ordnerfenster enthalten sind.

Zur Illustration der Baumstruktur eignet sich sehr gut ein Apothekerschrank. Der Apothekerschrank steht für die Festplatte. Er hat eine ganze Reihe von Schubladen. Diese Schubladen stehen für die Ordner. Die Ordner können geöffnet werden und die Inhalte kommen ans Licht. Diese Inhalte sind die Dateien. Manchmal sind in der Schublade zur besseren Übersicht neben einzelnen Dateien oder auch an ihrer Stelle kleinere Fächer enthalten. Diese Fächer stehen für untergeordnete Ordner. Jeder Ordner kann beliebig viele Unterordner und Dateien enthalten.

Der Windows Explorer erlaubt über sein Suchwerkzeug den raschen Zugriff auf Ordner und Dateien. Die Suchfunktion vereinfacht das Auffinden eines Dokuments ungemein. Dabei kann ein Dokument anhand seines Namens, anhand von in ihm enthaltenen Informationen (zum Beispiel Textpassagen) oder anhand seines Erstellungsdatums gesucht werden. Darüber hinaus kann man mit dem Windows Explorer Dateien und Ordner kopieren, verschieben, umbenennen oder löschen. Soll eine Datei auf einen anderen Datenträger (zum Beispiel eine Diskette) gespeichert werden, so ist es ratsam, diesen zuvor zu formatieren, das heißt zur Datenaufnahme vorzubereiten. Auch diese Aufgabe wird vom Windows Explorer ausgeführt. Doch Vorsicht: Bei der Formatierung eines Datenträgers werden sämtliche auf diesem gespeicherten Dateien gelöscht.

Zubehör

Die Schaltfläche „Programme" beinhaltet nicht nur die auf dem Computer installierten Anwendungsprogramme, sondern auch mitgelieferte Systemprogramme für das Betriebssystem. Mithilfe dieser Systemprogramme kann der Inhalt der Datenträger aufgeräumt werden.

BEISPIELE ▶ Windows-Systemprogramme

- **Defragmentierung.** Nach einer gewissen Nutzungszeit des Computers wird die Belegung der Sektoren der Festplatte durch das Speichern, Verschieben und Löschen von Dateien fragmentiert (zerstreut). Die Zerstückelung von Dateien und ihre Verteilung auf verschiedenen Sektoren der Festplatte bindet unnötig viel Speicherplatz und erhöht die Zugriffszeiten. Zur Umkehrung dieses Prozesses wird die Festplatte defragmentiert, das heißt, die Teile werden wieder zusammengeführt. Die Zugriffszeiten verkürzen sich wieder und die freie Speicherkapazität steigt.
- **Scan Disk.** Mit diesem Befehl können Ordner- oder Dateifehler bereinigt werden. Fehler in der Hardware, zum Beispiel ein Defekt in der Festplattenoberfläche, können nicht behoben werden. Die Dateistruktur wird aber so geändert, dass die defekten Bereiche nicht mehr gebraucht werden.
- **Datenträgerbereinigung.** Durch häufigen Gebrauch sammeln sich auf der Festplatte nicht benötigte Daten an. Um den dadurch gebundenen Speicherplatz wieder verfügbar zu machen, kann der Befehl „Datenträgerbereinigung“ genutzt werden. Mit diesem Programm werden überflüssige Daten von der Festplatte gelöscht.

Das Zubehör umfasst neben Systemprogrammen unter anderem einen Taschenrechner, eine Uhr, ein kleines Malprogramm und zwei Textprogramme, den Editor und das WordPad.

Eigenschaften

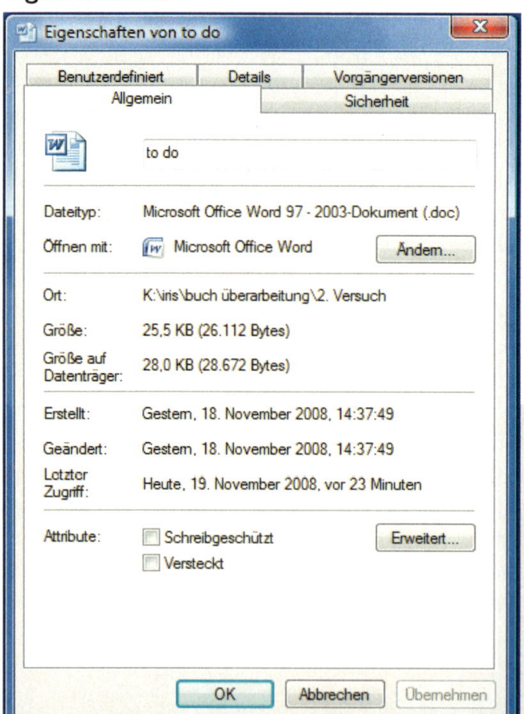

Wählt man im Kontextmenü die Option „Eigenschaften“ an, so erhält man Informationen über das betreffende Objekt sowie die Möglichkeit, unter verschiedenen Einstellungsoptionen zu wählen. Der Umfang der Informationen und Optionen und ihre Einordnung in das durch die Registerkarten gebildete Register variieren je nach der Art des Objekts (Hardwarekomponente, Programm, Datei).

BEISPIEL ▶ Objekteigenschaften

Schaubild 2.6 zeigt die Dokumentierung der Eigenschaften einer Word-Datei namens „to do“. Die allgemeinen Eigenschaften werden in vier Abschnitten angezeigt. Als Erstes ist der komplette Dateiname angegeben, der zweite Abschnitt informiert über den Dateityp und den Speicherort. Der dritte Abschnitt zeigt den auf acht

Schaubild 2.6: Eigenschaften – Steckbrief und Verwaltungswerkzeug für Hardware und Software

Zeichen reduzierten DOS-Dateinamen (DOS = **D**isk **O**perating **S**ystem) und weist aus, wann die Datei erstellt, geändert und wann zum letzen Mal auf sie zugegriffen wurde. Im vierten und letzten Abschnitt sind die Dateiattribute aufgezählt.

Der Ordner „Eigenschaften" der Datei „to do" ist in mehrere Abschnitte unterteilt und enthält dementsprechend noch eine ganze Reihe von zusätzlichen Informationen und gegebenenfalls Einstellungsoptionen, wie die Registerkarten „Sicherheit" (Berechtigungen), „Benutzerdefiniert" (Name, Typ, Wert), „Details" und „Vorgängerversionen".

Drucker

Die Schaltfläche „Drucker" im Startmenü eröffnet eine Übersicht über alle installierten Drucker. Hier kann durch einen Doppelklick auf den Druckernamen der Druckermanager geöffnet werden (Schaubild 2.7).

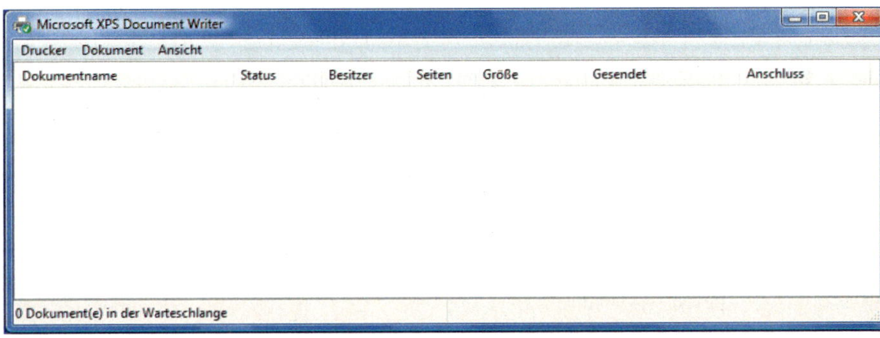

Schaubild 2.7: Der Druckermanager

Der Druckermanager stellt alle erteilten Druckaufträge in eine Warteschlange und sorgt für ihre schrittweise Ausführung. Jeder Druckauftrag kann vom Nutzer angehalten, gelöscht oder abgebrochen werden.

Wurden mehrere Drucker installiert, so ist es sinnvoll, den wichtigsten Drucker als Standarddrucker auszuwählen (Schaubild 2.8). Zukünftige Druckaufträge werden immer über den Standarddrucker abgewickelt, sofern der Nutzer nicht innerhalb des Anwendungsprogramms einen anderen Drucker auswählt und ansteuert.

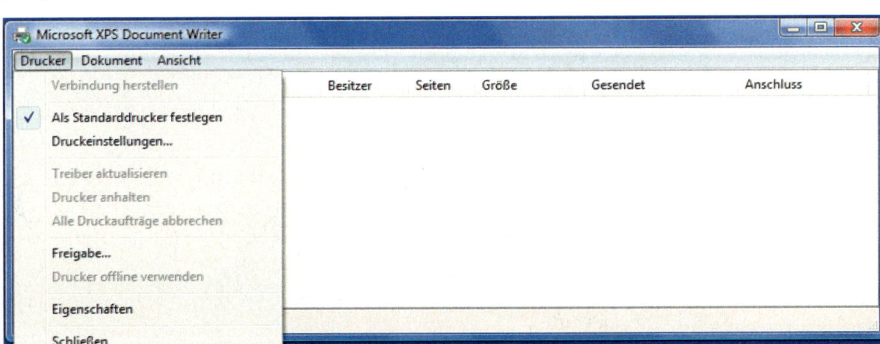

Schaubild 2.8: Befehlsmenü des Druckermanagers

Textverarbeitung

Das meistverwendete Textverarbeitungsprogramm ist Microsoft Word. Es ist ein Programm zur Erstellung, Bearbeitung (Editierung) und Formatierung (Gestaltung) von Texten am Computer. Ein einmal erstelltes Dokument kann abgespeichert und ausgedruckt werden.

Im Büroalltag werden Briefe erstellt, die nicht nur formatierten Text enthalten, sondern auch Rechnungen, Tabellen und Grafiken. Moderne Textverarbeitungsprogramme beherrschen Grundrechenarten und verfügen über die Möglichkeit, in Texte Grafiken oder Bilder einzufügen (zu importieren). Eine weitere Funktion ist die Erstellung von Serienbriefen. Das Programm braucht eine Adressdatei, die die Kundendaten enthält, und ein Dokument mit Standardtext. Das Textverarbeitungsprogramm verbindet die Adressen mit dem Brieftext und kann Briefe an mehrere Adressaten mit identischem Inhalt erzeugen. Auf diese Weise spart man Zeit. Die alltäglichen Funktionen einer Textverarbeitung sind neben der Aufnahme von Text in eine Datei die Rechtschreibprüfung, die automatische Erzeugung von Zeilen- und Seitenumbrüchen, die Integration von Textbausteinen und vieles mehr.

Starten von Word

Es gibt zwei Möglichkeiten, Microsoft Word zu öffnen (Schaubild 2.9):

❶ Start ➜ Alle Programme ➜ Office-Programmpaket ➜ Microsoft Office Word 2007,

❷ vom Desktop aus mit einem Doppelklick auf das Programmsymbol.

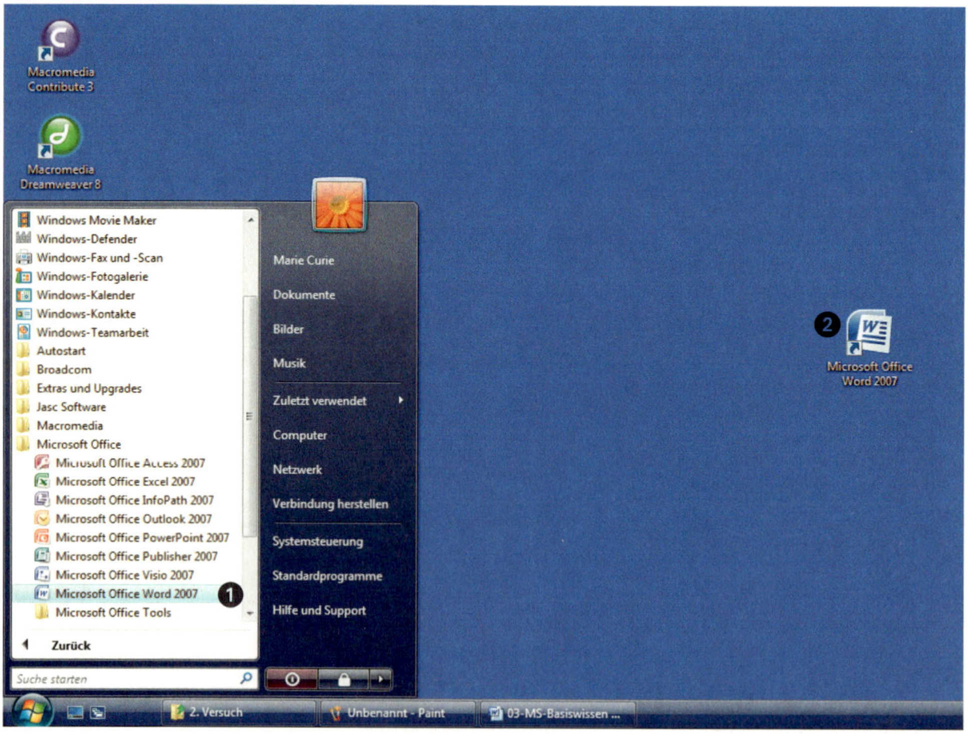

Schaubild 2.9: Start von Word (Version Word 2007)

Nach dem Öffnen des Programms ist ein neues, leeres Dokument auf dem Bildschirm zu sehen, das automatisch den Namen „Dokument 1“ erhält (Schaubild 2.10).

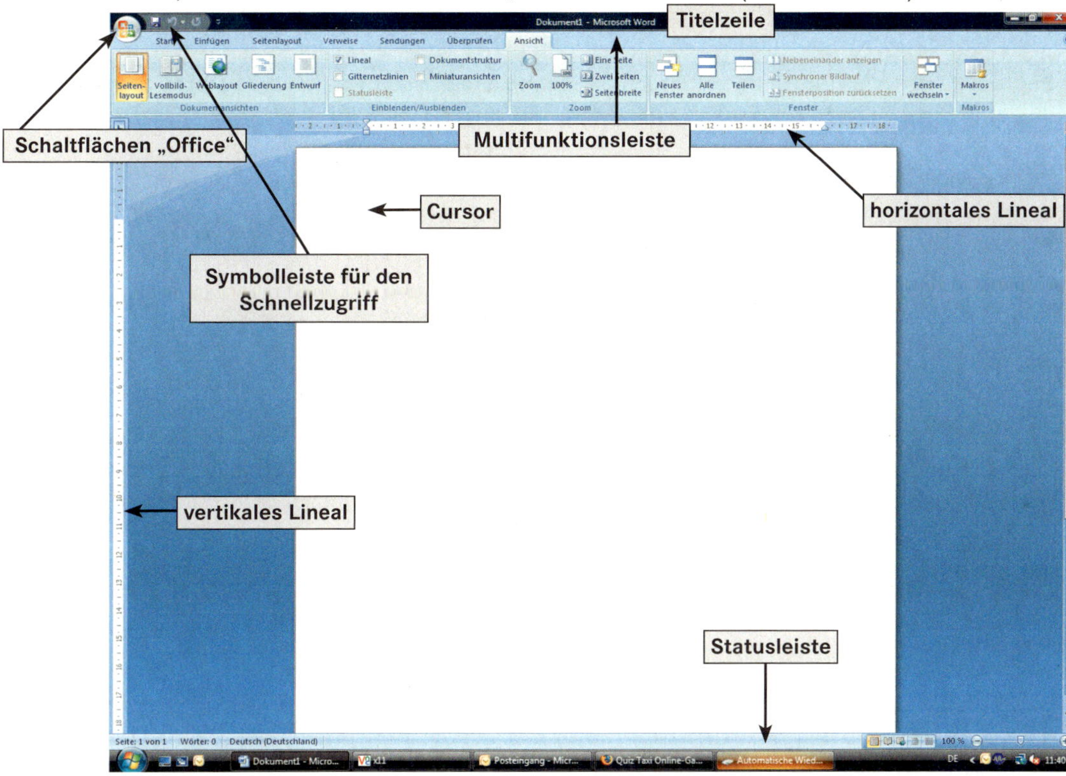

Schaubild 2.10: Ausgangsansicht nach dem Starten von Word

Um ein neues Dokument anzulegen, muss auf der Schaltfläche „Office“ der Befehl „Neu“ ausgewählt werden (Schaubild 2.11).

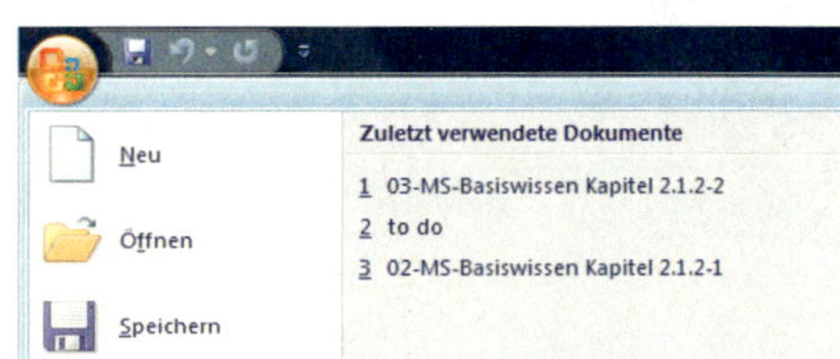

Schaubild 2.11: Anlegen eines neuen Dokuments in Word

Ansichten

In Word stehen fünf Anzeigemodi zur Verfügung, zwei weitere kommen für spezielle Zwecke hinzu. Die optimale Darstellung ist abhängig davon, welche Art von Dokument gerade bearbeitet wird beziehungsweise welche Aufgaben erledigt werden müssen. Um zwischen den fünf Darstellungsarten wechseln zu können, müssen die Befehle „Seitenlayout“, „Vollbildlesemodus“, „Weblayout“, „Gliederung“ oder „Entwurf“ in der Registerkarte „Ansicht“ verwendet werden.

- Das **Seitenlayout** zeigt die Seite schon bei der Eingabe mit Seitenrändern, Grafiken sowie allen anderen Elementen. Hier können Kopf- und Fußzeilen bearbeitet, zwei- oder mehrspaltige Textabschnitte sichtbar gemacht, Seitenränder und Seitenumbrüche festgelegt und Grafiken und andere Elemente eingefügt werden.
- Im **Vollbildlesemodus** maximiert das Programm den auf dem Bildschirm verfügbaren Platz zum Lesen oder Kommentieren.

- Die **Weblayoutansicht** stellt das Dokument so dar, wie es in einem Web-Browser aussehen würde. Das Weblayout eignet sich zum Erstellen von Webseiten oder für Texte, die nur auf dem Bildschirm dargestellt werden. Das Dokument wird also so angezeigt, als würde es über eine einzige Seite laufen, das heißt, es werden keine Seitenumbrüche angezeigt. Text und Tabellen werden automatisch an die Fensterbreite angepasst.
- Die **Gliederungsansicht** zeigt die hierarchische Struktur eines Dokuments an. Hier werden Überschriften und jede weitere Textebene unterschieden, um die Struktur des Dokuments hervorzuheben. Es können zum Beispiel allein die Hauptüberschriften angezeigt oder die Kapitel eingeblendet werden, was vor allem bei langen Texten vorteilhaft ist. Auch hier werden bestimmte Elemente wie Kopf- und Fußzeilen, Grafiken und Hintergründe nicht angezeigt.
- In der **Entwurfansicht** wird der Text so angezeigt, dass er schneller bearbeitet werden kann. Elemente wie die Kopf- und Fußzeile werden in dieser Ansicht nicht angezeigt.

Word bietet neben den oben beschriebenen Grundansichten die beiden Modi „Dokumentstruktur“ und „Miniaturansichten“.

- Die **Dokumentstruktur** blendet auf der linken Seite eine Gliederung mit den Überschriften ein. Hier genügt ein Mausklick, um schnell an die gewünschte Textstelle zu springen. Dieser Darstellungsmodus kann über das entsprechende Symbol oder über die Registerkarte „Ansicht“ und den hierunter eingeordneten Befehl „Dokumentstruktur“ eingeblendet werden.
- Der Modus **Miniaturansicht** kann über die Registerkarte „Ansicht“ ausgewählt werden. Er erlaubt es, in einem Dokument mithilfe von kleinen Bildern von Seite zu Seite zu navigieren.

Multifunktionsleiste

Symbolleisten wie in Office 2000 oder Office 2003 gibt es in Office 2007 nicht mehr. Hier hat die Multifunktionsleiste, die sich am oberen Rand des Fensters befindet (Schaubild 2.12), die Menüs und Symbolleisten abgelöst.

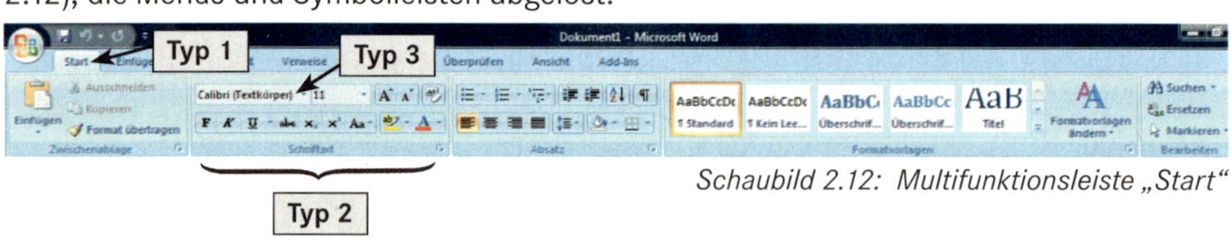

Schaubild 2.12: Multifunktionsleiste „Start“

Die Multifunktionsleiste besteht aus den drei folgenden Typen von Komponenten:

- Am oberen Rand der Multifunktionsleiste sind Registerkarten angeordnet. Jede Registerkarte stellt einen Aktivitätsbereich dar.
- Der zweite Komponententyp ist die Gruppe. In den Gruppen werden verwandte Befehle dargestellt, die mit hoher Wahrscheinlichkeit für einen bestimmten Aufgabentyp erforderlich sind.
- Der dritte Komponententyp ist der einzelne Befehl. Die Befehle sind den verschiedenen Gruppen untergeordnet. Sie können über eine Schaltfläche, eine Menü oder ein Feld eingegeben werden.

Die Multifunktionsleiste wird durch zwei weitere Bestandteile ergänzt, die das Arbeiten mit den Programmen erleichtern.

Die Microsoft-Office-Schaltfläche ersetzt das aus der Vorgängerversion bekannte Menü „Datei". Hier befinden sich die Befehle zum Öffnen, Speichern und Drucken von Dokumenten sowie die Dateieigenschaften.

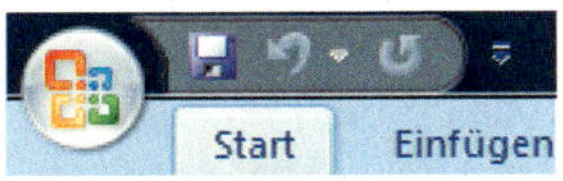

Der Bereich oberhalb der Multifunktionsleiste umfasst die Symbolleiste für den Schnellzugriff. Diese Symbolleiste enthält Befehle, die in der Regel sehr häufig verwendet werden, wie „Speichern", „Rückgängig", „Wiederholen" und „Öffnen". Über das Drop-down-Symbol am rechten Ende der Leiste können weitere Befehle hinzugefügt werden.

Kopf- und Fußzeile

Informationen wie Datum oder Seitenzahl sollten in keinem Brief fehlen. Damit diese Angaben nicht auf jeder Seite neu eingegeben werden müssen, verwendet man die Kopf- und Fußzeilen. Die gewünschten Informationen müssen hier nur einmal eingeben werden und Word übernimmt sie automatisch für alle folgenden Seiten.

Die Kopf- oder Fußzeile wird durch den Registerbefehl „Ansicht" und den Unterbefehl „Kopf- und Fußzeile" aktiviert. Nun erscheint ein gestricheltes Feld, das den Inhalt für die Kopfzeile aufnimmt, und die Symbolleiste für die Eingabe in die Kopf- und die Fußzeile wird sichtbar (Schaubild 2.13).

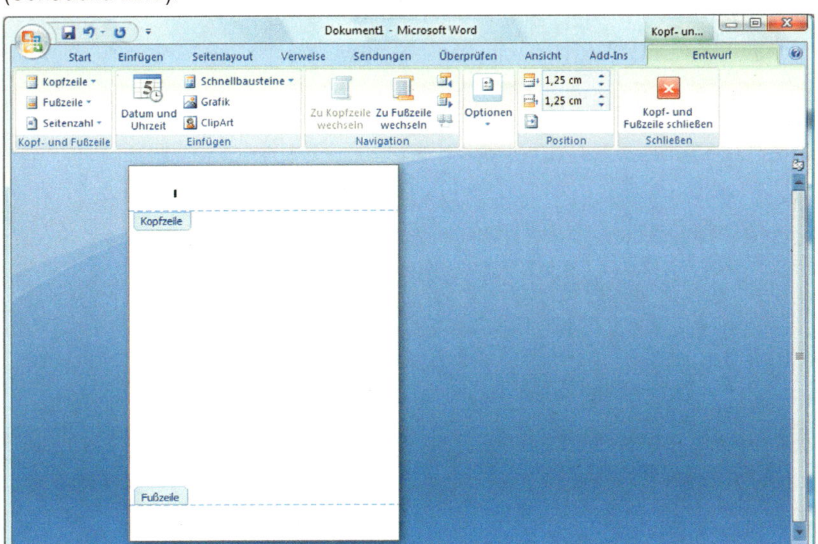

Schaubild 2.13: Eingabefelder für Kopf- und Fußzeile

In der Ansicht „Kopf- und Fußzeile" gelten alle gewohnten Optionen – der Haupttext wird von den Änderungen nicht betroffen. Texte werden wie im normalen Haupttext in der Kopf- und Fußzeile eingetippt. Die Schriftart und -größe wird wie gewohnt über die Symbolleiste geändert. Dasselbe gilt für Formatierungen wie rechtsbündig, zentriert, Fettschrift oder kursiv. Absätze werden generell mit der Eingabetaste eingefügt. Um den Zeilenabstand zu ändern, muss in der Gruppe „Absatz" (Schaubild 2.14) der Befehl „Absatz" aktiviert werden.

Formate

Die Formatierung kann auf ein einzelnes Wort, aber auch auf ganze Textabschnitte und ganze Dokumente angewendet werden. Dazu muss der Text, der gestaltet werden soll, durch Bewegen des Cursors bei gedrückt gehaltener linker Maustaste markiert werden.

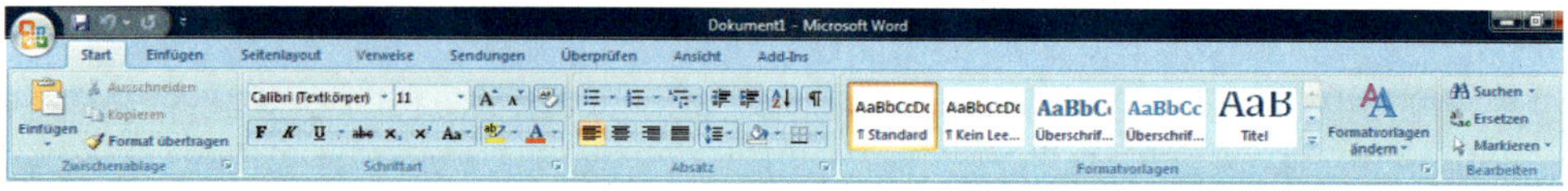

Schaubild 2.14: Die Registerkarte „Start" mit Formaten

Mithilfe des Befehls „Zeichen" lässt sich das Aussehen der Buchstaben verändern (Schaubild 2.15). Selbst Texteffekte wie zum Beispiel blinkender Text sind bei Word schon hinterlegt und müssen nur noch aktiviert werden.

Schaubild 2.15: Zeichengestaltung in Word

Der Befehl „Absatz" (Schaubild 2.16) ermöglicht die unterschiedliche Ausrichtung einzelner Textabschnitte: links- oder rechtsbündiger Flattersatz, Blocksatz und zentrierter Satz. Wird zwischen den einzelnen Zeilen mehr Abstand benötigt, kann der Zeilenabstand auf 1,5 Zeilen oder „Doppelt" gesetzt oder individuell eingestellt werden.

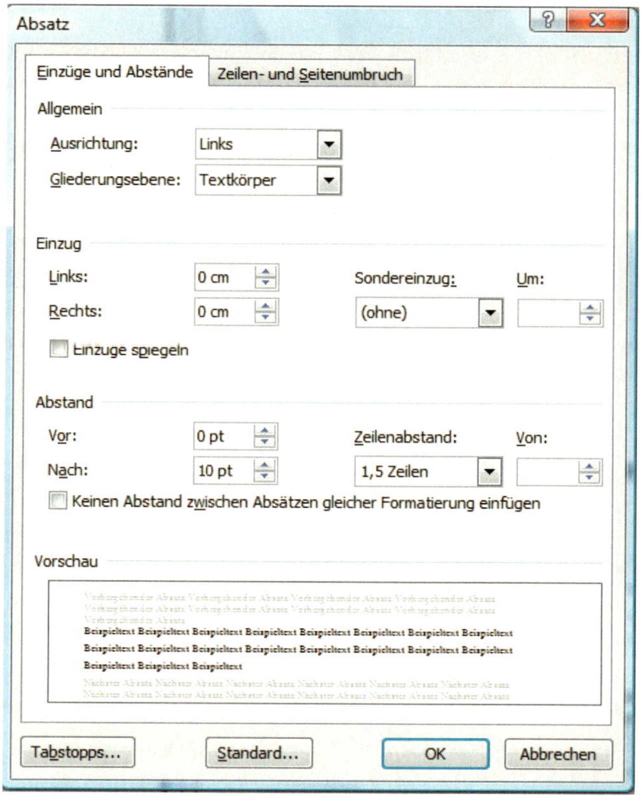

Schaubild 2.16: Absatzgestaltung in Word

Mithilfe des Befehls „Nummerierung und Aufzählungszeichen“ (Schaubild 2.17) lassen sich markierte Zeilen, die jeweils durch einen Absatz getrennt sind, zu einer mit Aufzählungszeichen oder Nummern gekennzeichneten Aufzählung umwandeln. Zur Abkürzung der Befehlseingabe stehen in der Formatsymbolleiste zwei Schaltflächen zur Verfügung:

- 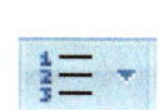 Über diese Schaltfläche werden Zeilenfolgen in eine nummerierte Aufzählung verwandelt.
- 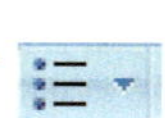 Über diese Schaltfläche werden Zeilenfolgen in eine durch Spiegelstriche gekennzeichnete Aufzählung verwandelt.

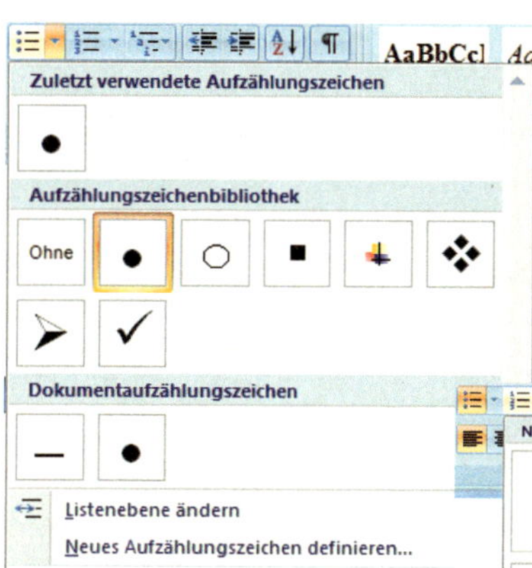

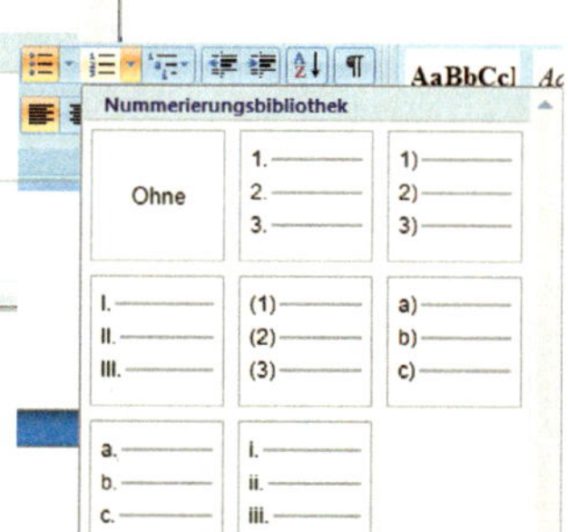

Schaubild 2.17: Gestaltung von Aufzählungen in Word

Rechtschreibprüfung

Falsch geschriebene Wörter werden durch eine rote Wellenlinie gekennzeichnet. Steht der Cursor auf einem falsch geschriebenen Wort, so kann über die rechte Maustaste ein Korrekturvorschlag im Kontextmenü gefunden werden. Gegebenenfalls zeigt Word Alternativen an. Wird der Korrekturvorschlag angeklickt, erfolgt die Änderung automatisch. Stören die roten Wellenlinien beim Schreiben, lässt sich die Anzeige ausblenden, indem man das Buchsymbol in der Statusleiste von Word mit der linken Maustaste anklickt. Über die Registerkarte „Überprüfen" (Schaubild 2.18) und den Befehl „Rechtschreibung und Grammatik" wird die Rechtschreibprüfung aktiviert. Um sie abzuschalten, muss das Häkchen vor „Rechtschreibung während der Eingabe überprüfen" entfernt werden.

Schaubild 2.18: Rechtschreibprüfung in Word

Ein **Kontextmenü** ist eine Liste von Auswahlmöglichkeiten. Es öffnet sich, wenn die rechte Maustaste angeklickt wird, während der Cursor an einer beliebigen Stelle des Bildschirms steht.

Das Kontextmenü bietet Funktionen oder Attribute an; abhängig von der Oberfläche können jeweils bestimmte Aktionen ausgewählt werden.

BEISPIELE ▶ Funktionen des Kontextmenüs

- Steht der Mauszeiger auf einem leeren Teil des Desktops, so öffnet sich das Kontextmenü zur Änderung der Bildschirmanzeige.
- Steht der Cursor auf einer in ein Word-Dokument eingefügten Grafik, so öffnet sich ein Kontextmenü mit einer Reihe von Befehlen wie etwa „Ausschneiden", „Kopieren", „Grafik formatieren".

Das Standardwörterbuch von Word besitzt schon sehr viele Einträge, sodass die Rechtschreibprüfung gute Ergebnisse liefern kann. Damit neue Wörter hinzugefügt werden können, muss im Menü „Überprüfen" die Gruppe „Dokumentprüfung" und anschließend die Registerkarte „Rechtschreibung und Grammatik" aktiviert werden. Word hat bereits ein Standardwörterbuch eingerichtet, in dem alle Wörter aufgelistet werden, die bei der Rechtschreibprüfung dem Verzeichnis hinzugefügt werden. Wird mit der Rechtschreibprüfung während der Eingabe gearbeitet, muss mit der rechten Maustaste auf eine rote Wellenlinie geklickt und im Kontextmenü „Rechtschreibung" gewählt werden, danach wird wie gewohnt verfahren.

Autokorrektur

Die Autokorrektur wird mittels der Office-Schaltfläche „Word-Optionen" aufgerufen und kann dort unter dem Punkt „Dokumentprüfung" eingeschaltet werden. Auf diese Weise werden typische Eingabefehler, die in eigenen Listen aufgeführt sind, automatisch schon bei der Eingabe verbessert.

Die Autokorrektur verhindert, dass zu Beginn eines Wortes zwei Buchstaben großgeschrieben werden. Damit bestimmte Abkürzungen nicht automatisch geändert werden, müssen für diese Abkürzungen Ausnahmen definiert werden.

BEISPIEL ▶ Autokorrektur-Ausnahme

Die Abkürzung „JArbSchG“ steht für „Jugendarbeitsschutzgesetz“. Für diese Abkürzung muss eine Ausnahme definiert werden. Das Menü „Extras“ und der in ihm enthaltene Befehl „AutoKorrektur-Optionen“ aktiviert die Registerkarte „AutoKorrektur“. Hier wird die Schaltfläche „Ausnahme“ betätigt. Der Registerkarte „WOrtanfang GRoß“ wird der Eintrag „JArbSchG“ hinzugefügt.

Solche Ausnahmen können auch bereits bei der Eingabe definiert werden. Hat Word fälschlicherweise ein Wort mit zwei Großbuchstaben korrigiert, wird die Rücktaste in der Symbolleiste (nach links umgebogener, blauer Pfeil, siehe Schaubild 2.10) gedrückt. Das betreffende Wort wird so automatisch in die Ausnahmeliste aufgenommen, wenn auf der Registerkarte „WOrtanfang GRoß“ vor „Wörter automatisch hinzufügen“ ein Häkchen gesetzt ist.

Tabulatoren

Tabulatoren sind „Stopper“, mit denen genau bestimmt werden kann, an welche Stelle einer Zeile der Cursor springen soll. Damit der Cursor dorthin springt, muss die Tab-Taste benutzt werden (Schaubild 2.19).

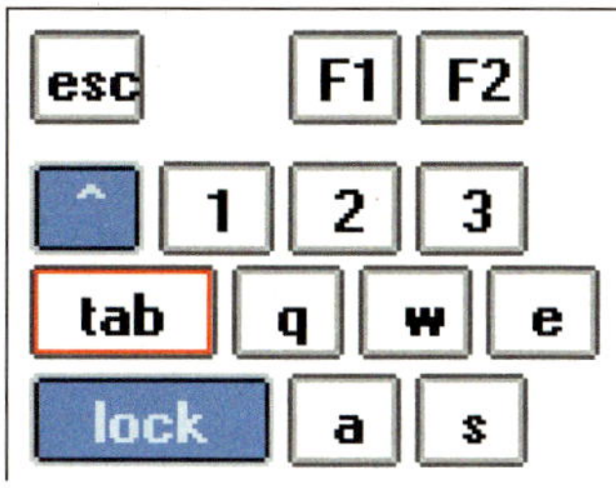

Schaubild 2.19: Die Tab-Taste

Zum Einrücken und Ausrichten von Text ist es besser, Absatzeinzüge oder Tabulatoren anstelle von mit der Leertaste erzeugten Leerzeichen zu verwenden. Anderenfalls besteht bei Verwendung von Proportionalschriften – das heißt von Schriften, die den einzelnen Buchstaben je nach deren Breite unterschiedlich viel Platz einräumen – die Gefahr, dass eingerückte Zeilenfolgen „flattern“. MERKE

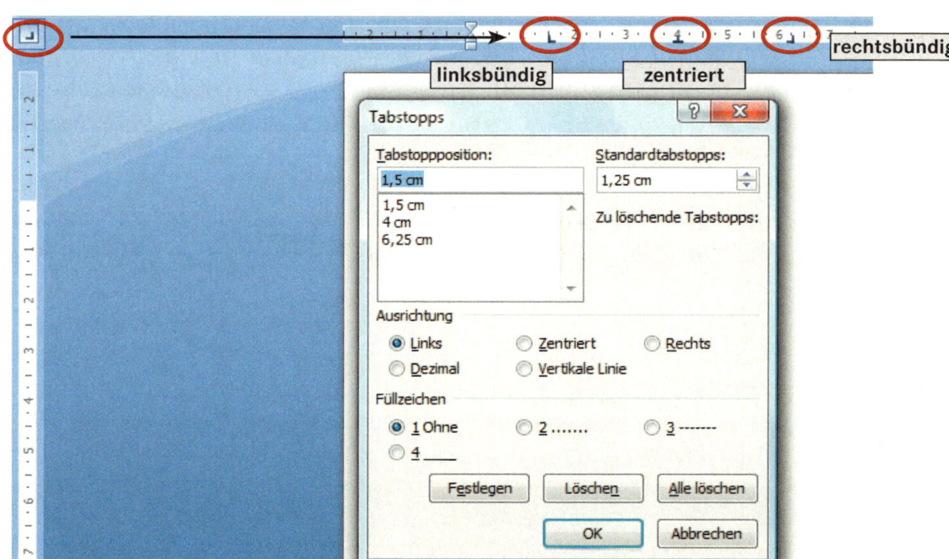

Schaubild 2.20: Optionen für Tabstopps

Um die Ausrichtung der Tabulatoren vorzunehmen, bieten sich zwei Möglichkeiten an: einerseits über die Maus oder per Eingabe unter der Gruppe „Absatz“ mit dem Befehl „Tabstopp“ (Schaubild 2.20).

Tabulatoren lassen sich linksbündig (Stopper stellt die linke Grenze für den Text dar), rechtsbündig (Text wird nach links geschrieben; geeignet für Datum und Uhrzeit) sowie zentriert (gleiche Textbreite nach links und rechts) anordnen.

Außer den drei genannten gibt es noch den dezimalen Tabulator. Er richtet Dezimalzahlen mit dem Komma untereinander aus, sodass die Zahlen rechnerisch korrekt untereinander stehen.

Tabellen

Am einfachsten und übersichtlichsten sind Berechnungen in Word, wenn mit einer Tabelle gearbeitet wird. Im ersten Schritt fügt man mithilfe des Menüs „Einfügen“ eine Tabelle in das Dokument ein und legt die wichtigsten Parameter für Spalten und Zeilen fest. Dafür wird der Cursor an die Position in Ihrem Dokument gebracht, an der die Tabelle stehen soll. In der Symbolleiste wird auf die Schaltfläche „Tabelle“ geklickt. Im Dialogfeld wird die Anzahl der Spalten und Zeilen festgelegt, indem entweder eine Zahl in das entsprechende Eingabefeld getippt oder die vorgegebenen Werte über die kleinen Pfeiltasten eingestellt werden. Word zeichnet sodann eine Standardtabelle in das Dokument, in der alle Spalten gleich breit und alle Zeilen gleich hoch sind. Die einzelnen Zellen sind durch dünne Linien markiert, die ein Gitternetz bilden.

Zum Formatieren der eingefügten Tabelle stehen alle Werkzeuge der Gruppe „Rahmenlinien zeichnen“ im Menü „Tabellentools“ zur Verfügung. Steht der Cursor in einem beliebigen Tabellenfeld, so erscheint links oben ein Symbol, mit dem die ganze Tabelle durch Betätigen der linken Maustaste markiert werden kann. Wird der Mauszeiger an den oberen Rand einer Spalte geführt, erscheint ein kleiner schwarzer Pfeil, der die ganze Spalte per Klick markiert. Ganze Zeilen lassen sich markieren, indem der Mauszeiger neben den linken Zeilenrand geführt und anschließend die linke Maustaste betätigt wird. Spaltenbreite und Zeilenhöhe lassen sich ändern, indem der Cursor auf die Trennlinien geführt und diese anschließend mit der gedrückt gehaltenen linken Maustaste verschoben werden. In den markierten Tabellenbereichen können Linien entfernt, geändert und Hintergrundfarben eingestellt werden. Einzelne Zellen können in mehrere Zellen aufgeteilt oder umgekehrt mehrere Zellen zu einer großen Zelle zusammengefügt werden.

Im Microsoft-Office-Paket ist das Tabellenkalkulationsprogramm Excel der Rechenprofi, aber simple Rechenaufgaben können auch gleich in Word erledigt werden. Die Rechenarten in Word sind nicht auf die einfache Addition „unter dem Strich“ beschränkt. Neben Additionsformeln stehen auch die Grundrechenarten zur Verfügung. Sollen die Werte einer Zeile addiert werden und die Summe in derselben Zeile ganz rechts erscheinen, muss im Menü „Tabelle“ der Befehl „Formel“ gewählt und anschließend in der obersten Zeile der Befehl „=SUMME (LINKS)“ eingegeben werden.

Für die Rechenoperationen muss das gewünschte Zahlenformat gewählt werden (Tabelle 2.6).

Format	Erläuterung
#.##0	Rechenergebnisse ab 1 000 werden mit Tausenderpunkt und ohne Nachkommastellen ausgewiesen.
#.##0,00	Rechenergebnisse ab 1 000 werden mit Tausenderpunkt und zwei Nachkommastellen ausgewiesen.
#.##0,00; (#.##0,00 €)	Rechenergebnisse werden mit Tausenderpunkt und mit dem Währungszeichen „Euro“ ausgewiesen, negative Rechenergebnisse erscheinen in Klammern.
0	Platzhalter für eine ganze Zahl; Rechenergebnisse werden gerundet, Dezimalstellen werden nicht ausgewiesen.
0%	Platzhalter für eine ganze Zahl; Rechenergebnisse werden gerundet und mit nachgestelltem Prozentzeichen ausgewiesen, Dezimalstellen werden nicht ausgewiesen.
0,00	Rechenergebnisse werden ohne Tausenderpunkt und mit zwei Nachkommastellen ausgewiesen.
0,00%	Rechenergebnisse werden ohne Tausenderpunkt, mit zwei Nachkommastellen und mit nachgestelltem Prozentzeichen ausgewiesen.

Tabelle 2.6: Zahlenformate für Rechenoperationen

Grafiken einfügen

Grafiken, die in Dateien mit den Endungen „jpg“, „gif“ oder „bmp“ abgespeichert sind, lassen sich schnell und einfach in Word einfügen. Dazu wird der Cursor an der Stelle platziert, an der die Grafik eingefügt werden soll. Einmal eingefügte Grafiken können anschließend beliebig platziert sowie per Doppelklick auf die Grafik bearbeitet werden.

Im Menü „Einfügen“ werden der Befehl „Grafik“ und der Unterbefehl „Aus Datei“ gewählt (Schaubild 2.21). Es öffnet sich ein Explorer-Fenster, in dem die gewünschte Grafik ausgesucht und anschließend durch Bestätigen eingefügt werden kann.

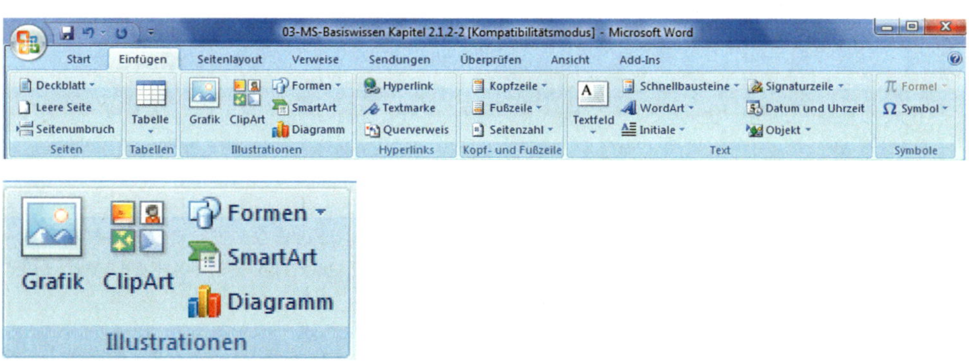

Schaubild 2.21: Einfügen von Grafiken

ClipArts oder Grafiken bearbeiten

Nicht immer hat das ausgewählte Bild auch die gewünschte Größe. Um die Grafik oder das Bild auf die benötigte Größe zu bringen, gibt es mehrere Möglichkeiten. Die einfachste besteht darin, mit der Maus auf das Bild zu klicken und dieses anschließend mit den durch Doppelpfeile dargestellten Anfassern bei gedrückter Maustaste auf die nötige Größe zu verschieben. Dabei ist zu beachten, dass die Anfasser in den Ecken das Bild proportional vergrößern oder verkleinern. Die Anfasser an den Seiten verändern hingegen nur die Breite beziehungsweise nur die Höhe des Bildes (Schaubild 2.22).

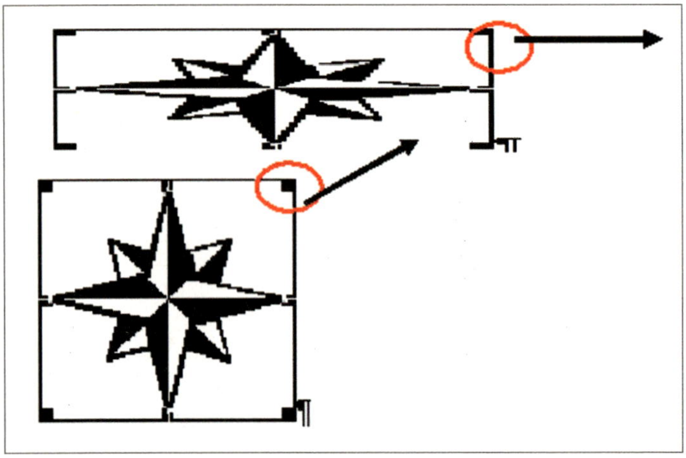

Schaubild 2.22: Änderung der Größe einer Grafik in Word

Über das Menü „Bearbeiten" und den Unterbefehl „Bild bearbeiten" oder alternativ dazu über einen doppelten Mausklick auf die Grafik können auch andere Eigenschaften der Grafik verändert werden. Der Befehl findet sich auch im Kontextmenü der rechten Maustaste wieder, dort heißt er „Grafik formatieren".

Tastenkombinationen oder Shortcuts

Häufig benötigte Befehlsfolgen können durch die Verwendung von Tastenkombinationen schneller durchgeführt werden, das heißt, indem eine oder mehrere Tasten gleichzeitig gedrückt werden.

BEISPIEL ▶ Shortcut

Ein markierter Text kann
- ▶ durch Auswahl von „Fett" im Dialogfeld „Zeichen" im Menü „Format",
- ▶ durch Klicken auf das Symbol „Fett" in der Formatsymbolleiste oder
- ▶ durch Drücken der Tastenkombination [STRG] + [B]

fett formatiert werden.

5620122

Tabelle 2.7 enthält eine kleine Auswahl nützlicher Tasten beziehungsweise Tastenkombinationen.

Taste/Tastenkombination	Befehl
[F1]	Office-Assistenten Hilfe aufrufen
[Strg] + [A]	Komplett markieren
[Strg] + [B]	Fett formatieren
[Strg] + [C]	Markierung kopieren
[Strg] + [F]	Suchen und/oder Ersetzen
[Strg] + [F4]	Aktive Arbeitsmappe schließen
[Strg] + [N]	Neue Arbeitsmappe einfügen
[Strg] + [O]	Befehl „Öffnen" ausführen
[Strg] + [P]	Befehl „Drucken" ausführen
[Strg] + [S]	Befehl „Speichern" ausführen
[Strg] + [V]	Daten der Zwischenablage einfügen
[Strg] + [X]	Markierung ausschneiden
[Strg] + [Z]	Letzte Aktion rückgängig machen
[Alt] + [1]	Formatierung der Überschrift gemäß Formatvorlage
[Alt] + [2]	Formatierung der Überschrift 2 gemäß Formatvorlage
[Alt] + [3]	Formatierung der Überschrift 3 gemäß Formatvorlage
[Strg] + [Shift] + [N]	Formatierung von Standardtext gemäß Formatvorlage
	Neues Dokument anlegen (gemäß Dokumentvorlage Normal.dot)
	Ordner öffnen
	Dokument speichern
	Dokument drucken

Tabelle 2.7: Auswahl von Shortcuts in Word

Drucken

Texte am PC richtig zu schreiben und zu gestalten, ist eine Sache. Nun müssen die Briefe auch richtig zu Papier gebracht werden. Wird auf der Office-Schaltfläche der Befehl „Drucken" angeklickt, so öffnet sich das folgende Fenster (Schaubild 2.23).

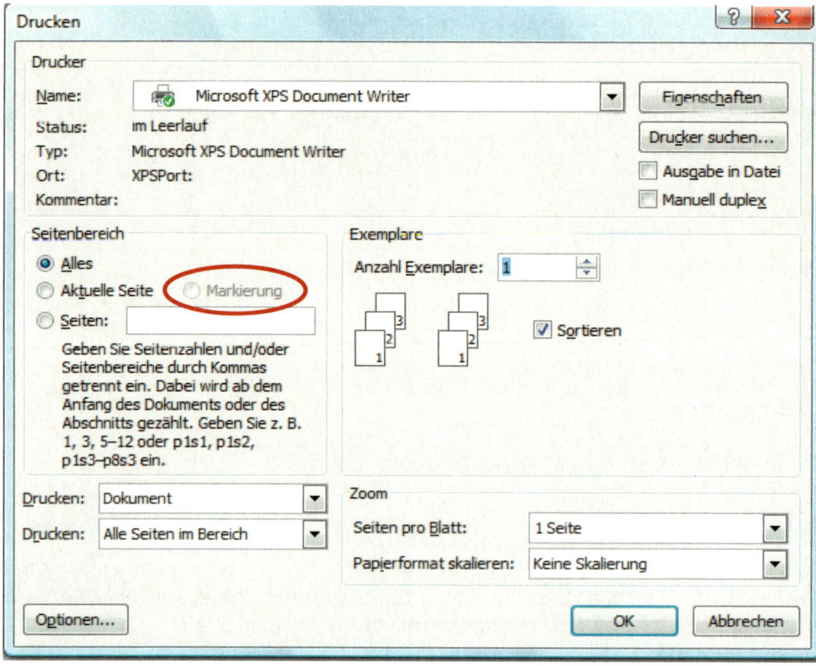

Schaubild 2.23: Drucken in Word

Hier kann die gewünschte Druckoption ausgesucht werden. Um einen bestimmten Absatz oder Bereich des Dokuments zu drucken, wird die Druckfunktion „Markierung" benötigt. Im Dokument müssen diejenigen Teile markiert werden, die ausgedruckt werden sollen. Dazu wird mit gedrückter linker Maustaste der Mauszeiger über den zu markierenden Bereich gezogen. Um einen ganzen Absatz zu markieren, wird dreimal schnell auf ein beliebiges Wort in diesem Abschnitt geklickt. Wurde ein Textbereich markiert, so wird über den Menübefehl „Datei" und die Option „Drucken" und das sich öffnende Fenster in der Rubrik „Drucken" die Option „Markierung" aktiviert. Um den Druckvorgang zu beginnen, muss auf die Schaltfläche „OK" gedrückt werden.

Serienbriefe erstellen

Serienbriefe sind zweckmäßig erstellte Briefe mit demselben Inhalt, die an verschiedene Empfänger adressiert werden. Das Hauptdokument wird nur einmal verfasst. Es enthält den sich wiederholenden Text sowie Datenfelder (Platzhalter), die der automatischen Einfügung individueller Informationen aus einer Datenbank (Datenquelle) vorbehalten sind. Der einzelne Brief (Serienbrief) ist insofern persönlich, als bestimmte Variablen wie Adresse und Anrede aus der Datenquelle automatisch an den entsprechenden Stellen im Hauptdokument eingefügt werden.

Zur Erstellung von Serienbriefen benötigt man also

- ein Hauptdokument und
- eine Datenquelle.

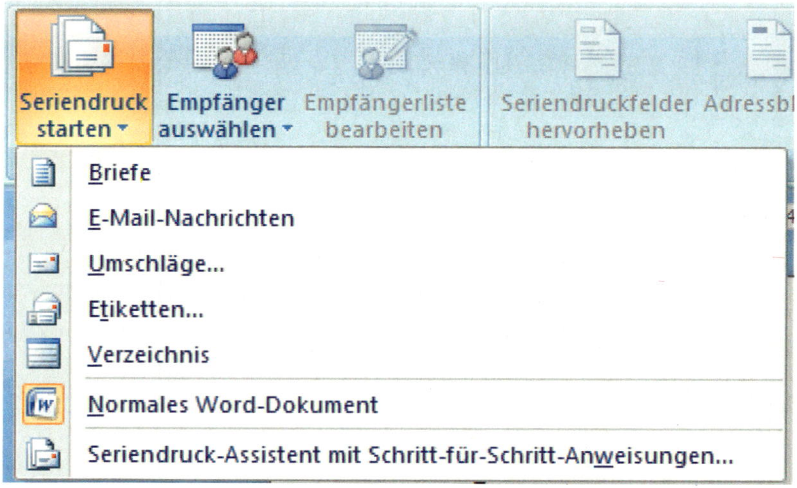

Schaubild 2.24: Befehlsfolge zur Erstellung eines Serienbriefes

Die Erstellung eines Serienbriefes beginnt mit dem Befehl „Seriendruck starten" (Schaubild 2.24). Danach folgen im Wesentlichen sechs Schritte (Schaubild 2.25).

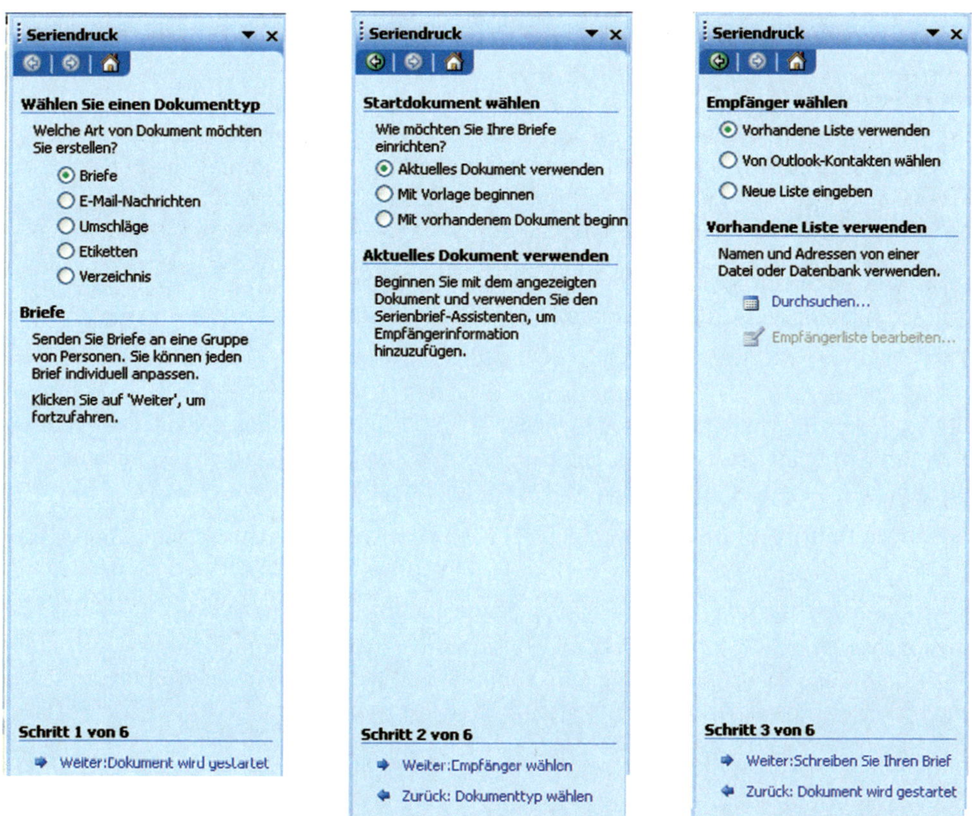

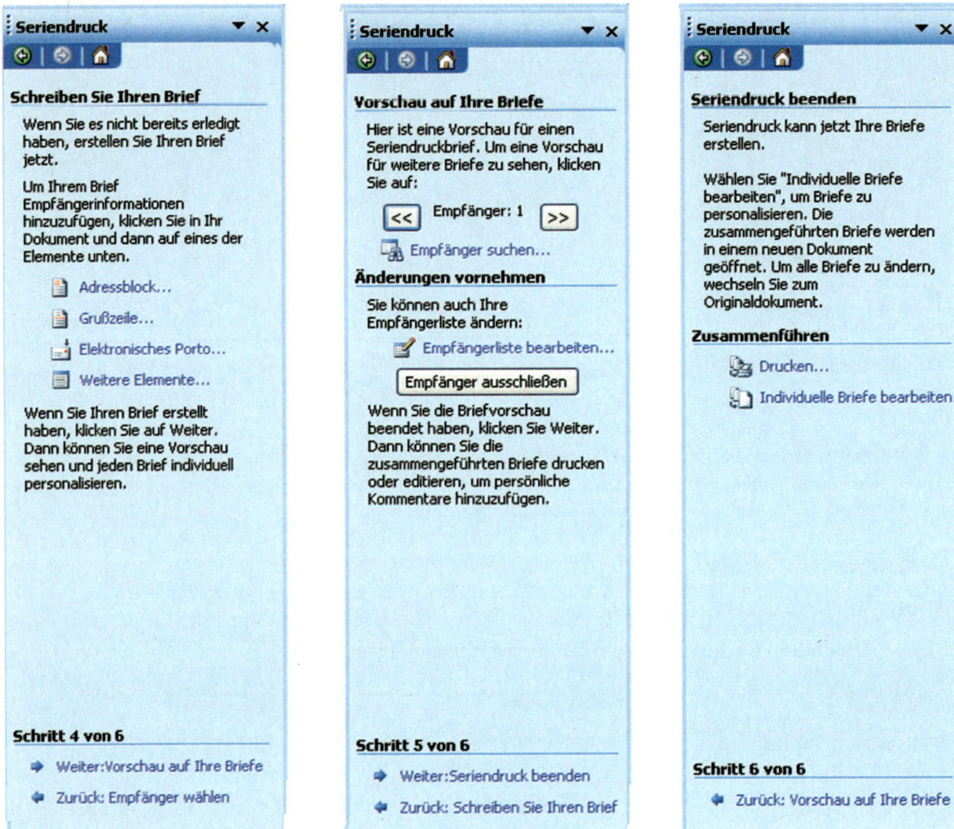

Schaubild 2.25: Schritte zur Erstellung eines Serienbriefes

Im **ersten Schritt** wird die Art des Hauptdokuments ausgewählt. Es wird im Vorhinein definiert, ob es sich bei dem Hauptdokument um einen Brief, eine E-Mail oder ein Etikett handelt.

Im **zweiten Schritt** wird das Hauptdokument erstellt. Die rot hinterlegten Felder (Schaubild 2.26) sind Platzhalter und werden später durch die Informationen aus der Datenquelle ersetzt. Im Aufgabenbereich kann das aktuell entworfene oder geöffnete Schriftstück als Hauptdokument eingesetzt oder ein weiteres Dokument geöffnet werden.

Im **dritten Schritt** wird die Datenquelle geöffnet oder, falls nötig, neu erstellt (Schaubild 2.27).

Die Datenquelle besteht aus einer Liste mit den nötigen Informationen und kann beliebig angepasst werden. Grundsätzlich können alle Daten verwendet werden, die in Form einer Datenbank gespeichert sind. Die Liste kann in Word, Excel oder in Access angelegt sein und darf keine Formatierungen enthalten.

Schaubild 2.26: Hauptdokument in der Serienbrieferstellung

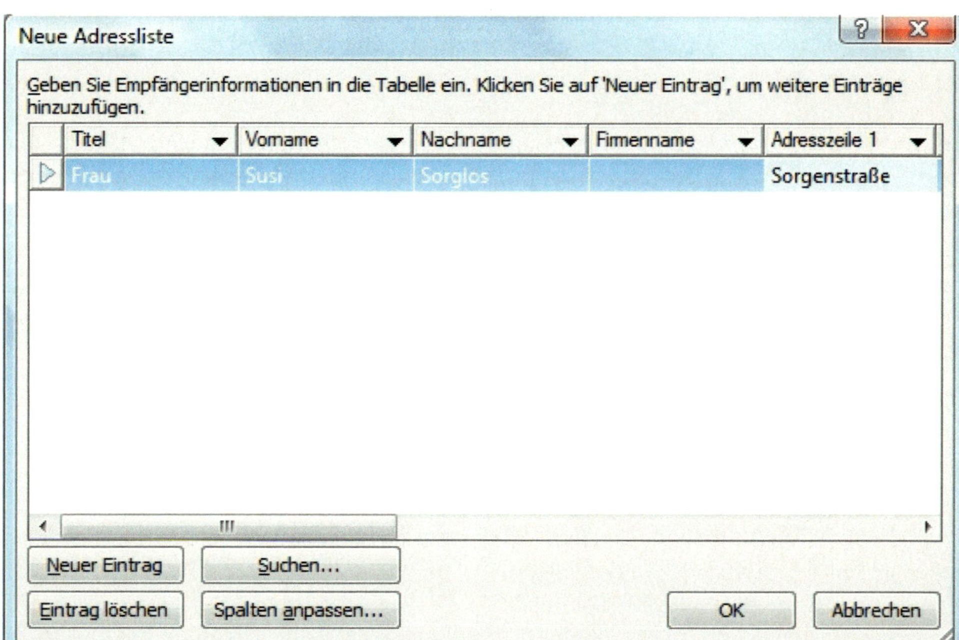

Schaubild 2.27: Erstellen einer Datenquelle

BEISPIEL ▶ Datenquelle in der Serienbrieferstellung

Tabelle 2.8 zeigt eine Datenquelle zur Erstellung von Serienbriefen.

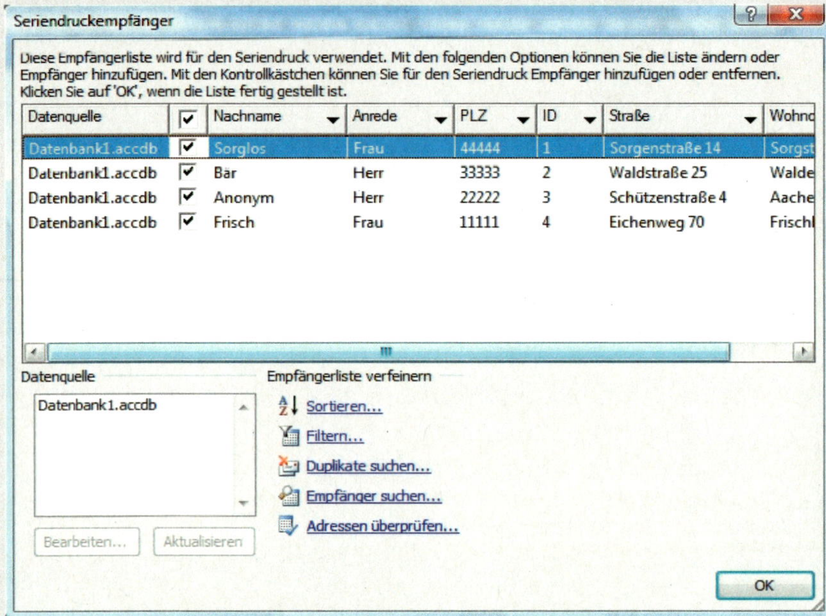

Tabelle 2.8: Datenquelle für Serienbriefe

Im **vierten Schritt** werden das Hauptdokument und die Datenquelle miteinander verknüpft. Dies geschieht unter der Registerkarte „Sendungen“ (Schaubild 2.28)

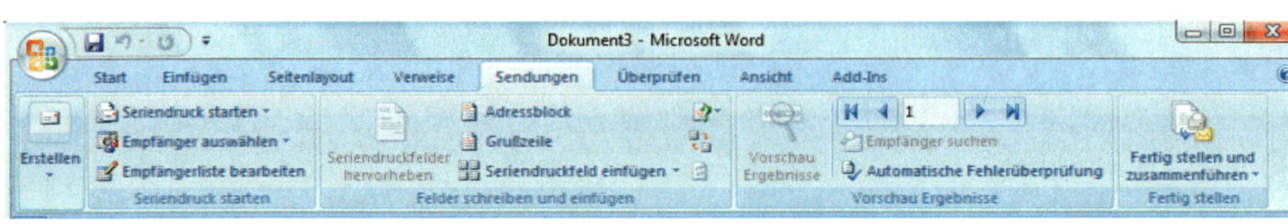

Schaubild 2.28: Die Symbolleiste für den Seriendruck in Word

Durch „Drag and Drop“ werden die Seriendruckfelder an der gewünschten Position eingefügt (Schaubild 2.29).

Das Datum wird über das Menü „Einfügen“ und den Befehl „Datum und Uhrzeit“ eingefügt.

Gibt es für einen Platzhalter zwei Möglichkeiten, so wird eine „Wenn ... Dann ... Sonst ...“-Abfrage, ein sogenanntes Bedingungsfeld benötigt (Schaubild 2.30).

BEISPIEL ▶ Bedingungsfeld

Die Datenquelle enthält die Spalte „Anrede“ („Frau“ oder „Herr“).

Das ausgefüllte Bedingungsfeld muss dann folgendermaßen aussehen:

Wenn ... „Frau“ Dann ... „geehrte“ Sonst ... „geehrter“.

Diese Information wird als Platzhalter (Bedingungsfeld) im Hauptdokument an die gewünschte Stelle gebracht.

Nun kann im **fünften Schritt** überprüft werden, ob das Zusammenspiel zwischen Datenquelle und Hauptdokument funktioniert. Dazu klicken wir auf das Symbol „Überprüfen".

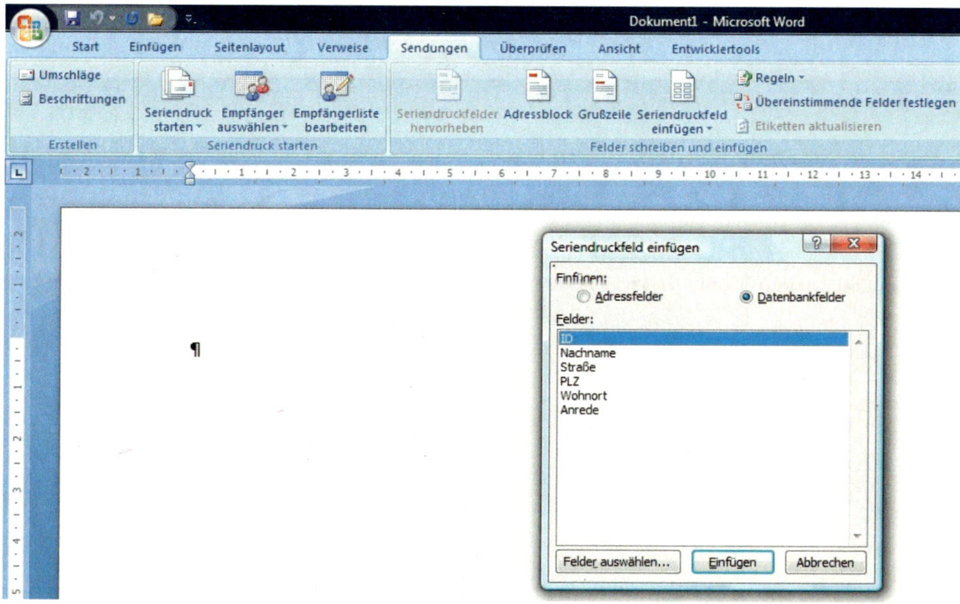

Schaubild 2.29: Der Befehl „Seriendruckfeld einfügen" in Word

Im **sechsten und letzten Schritt** wird der Seriendruck abgeschlossen (Schaubild 2.25). Hier kann ausgewählt werden, ob der Brief sofort ausgedruckt oder zuvor noch einmal individuell bearbeitet werden soll.

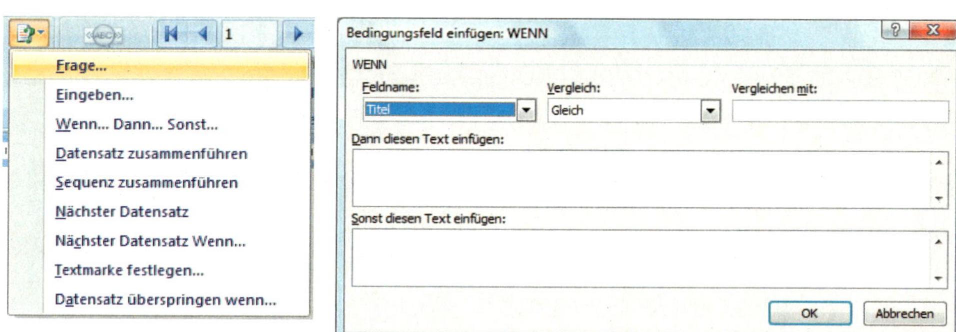

Schaubild 2.30: Bedingungsfeld zur optionalen Belegung eines Seriendruckfeldes

Tabellenkalkulation

Das Tabellenkalkulationsprogramm Excel (Schaubild 2.31) kann Zahlen und Texte verwalten und auswerten. Für die Berechnungen zur Auswertung steht eine Vielzahl von mathematischen Funktionen zur Verfügung, zum Beispiel Zinsrechnung aus der Finanzmathematik, Standardabweichungen aus der Statistik, aber auch wissenschaftliche Funktionen wie logische Schlussfolgerungen wie Richtig (Wahr) oder Falsch.

Grundlagen

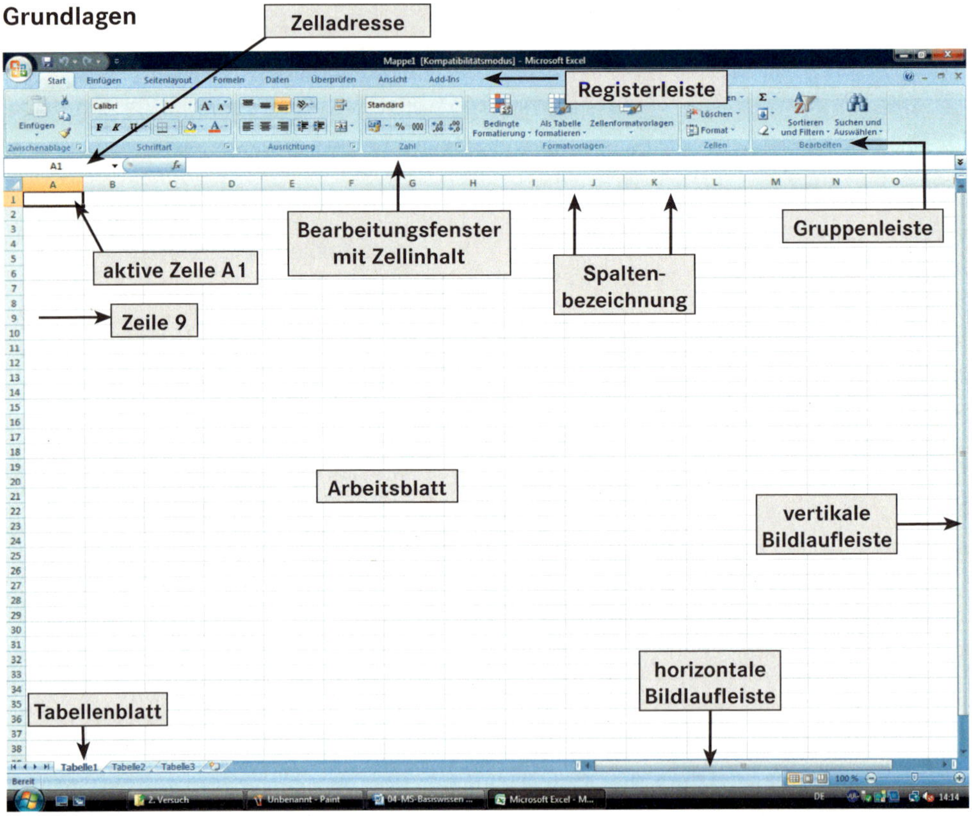

Schaubild 2.31: Eröffnungsansicht von Excel

Wie bei allen Microsoft-Produkten besteht die Benutzeroberfläche aus verschiedenen Elementen, deren Wiedererkennungswert die Bedienung vereinfacht. Alle Eingaben (Zahlen oder Texte) werden in tabellarischer Form auf Tabellenblätter geschrieben (Schaubild 2.32).

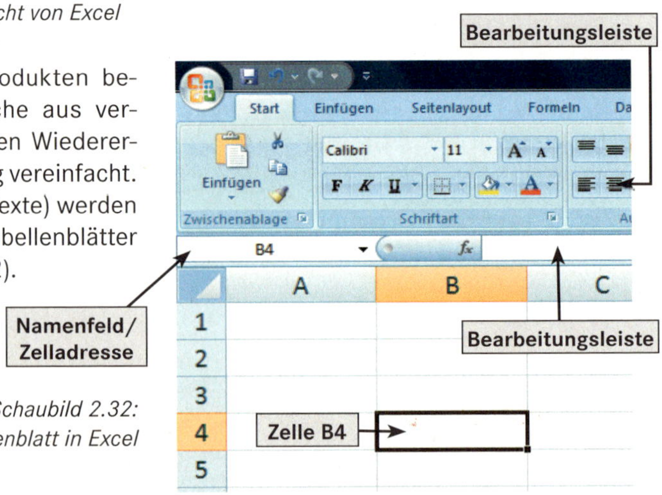

Schaubild 2.32: Tabellenblatt in Excel

Das Tabellenblatt ist in Spalten und Zeilen unterteilt. Dabei werden die Spalten mit Buchstaben und die Zeilen mit Zahlen benannt. Der Bereich, der durch eine Spalte und eine Zeile gebildet wird, wird als Zelle bezeichnet (Schaubild 2.31). In jede Zelle kann Text, eine Zahl oder eine Formel eingetragen werden. Ein Tabellenblatt kann aus maximal 65 536 Zeilen und maximal 256 Spalten bestehen, das heißt aus maximal 16 777 216 Zellen.

Um in einer Zelle arbeiten zu können, muss diese zunächst markiert werden. Die ausgewählte Zelle wird auch aktive Zelle genannt und durch eine Umrandung gekennzeichnet. Die Zellenbezeichnung der aktiven Zelle wird zusätzlich auch im Namenfeld angezeigt.

> Daten können nur in aktive Zellen eingetragen werden.
> MERKE

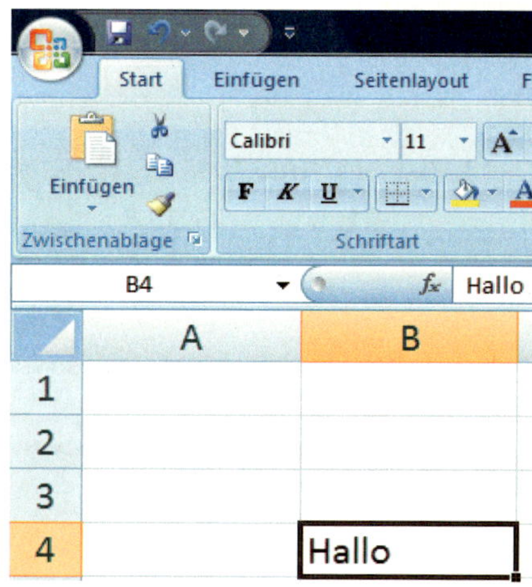

Schaubild 2.33:
Eintrag in eine Zelle einer Excel-Tabelle

Ist eine Zelle aktiviert, so können über die Tastatur Daten eingegeben werden (Schaubild 2.33). Der Eintrag erscheint sowohl in der Zelle als auch in der Bearbeitungsleiste. Durch Betätigung der „Enter"-Taste wird der Eintrag beendet und automatisch die Zelle in der nächsten Zeile derselben Spalte aktiviert. In Schaubild 2.33 ist das die Zelle B5.

Excel erkennt bei der Eingabe automatisch, ob es sich um einen numerischen oder alphanumerischen Wert handelt. Zahlen werden automatisch am rechten Rand der Zelle, Text am linken Rand der Zelle ausgerichtet (Schaubild 2.34). Ein Prozentzeichen verursacht das Zahlenformat „Prozent", Trennpunkte in Datumseingaben erzeugen automatisch das Datumsformat.

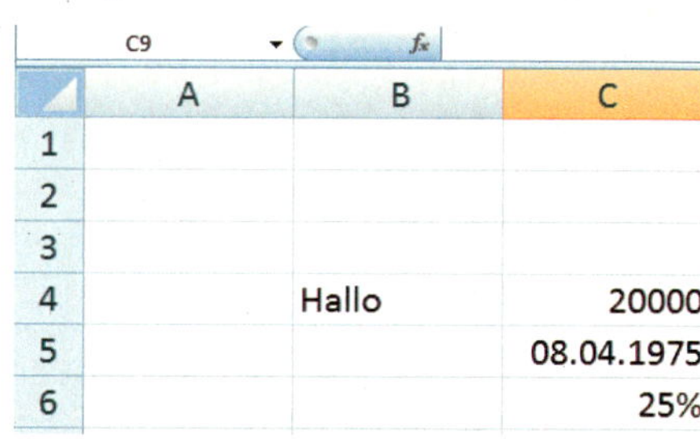

Schaubild 2.34: Alphanumerische und numerische Werte in Tabellenzellen

Um den Inhalt einer Zelle zu überschreiben, muss auf die entsprechende Stelle geklickt und anschließend der neue Wert eingegeben werden. Mit der Taste [F2] oder einen Doppelklick auf die gewünschte Zelle wird der Bearbeitungsmodus aktiviert. In der Bearbeitungsleiste werden neben dem Zellinhalt zwei zusätzliche Schaltflächen angezeigt (Schaubild 2.35).

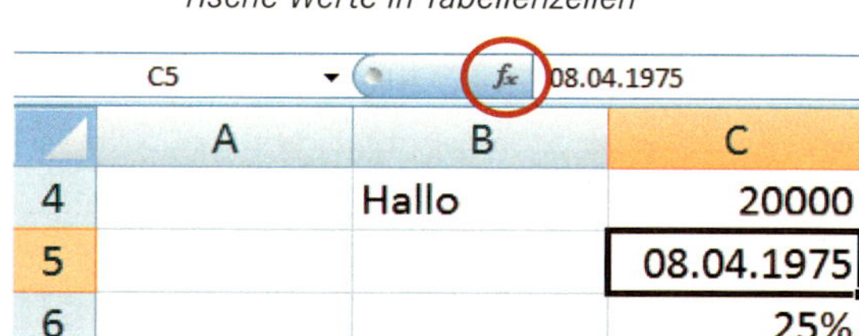

Schaubild 2.35:
Schaltflächen zur Unterstützung der Dateneingabe

Ein Mausklick auf das rote Kreuz bricht die Eingabe ab und der ursprüngliche Inhalt bleibt in der Zelle erhalten: Somit hat das Kreuz dieselbe Funktion wie die [Esc]-

Taste. Ein Mausklick auf das grüne Häkchen beendet die Eingabe und hat somit dieselbe Wirkung wie die „Enter"-Taste.

Eine Zelle verfügt über mehrere Elemente:

- den Inhalt,
- den Formatteil und
- den Kommentarteil.

Beim **Inhalt** einer Zelle handelt es sich um eingegebene Daten, das sind Text, Zahlen oder Formeln. Der **Formatteil** speichert die Darstellung einer Zahl oder die Schriftgröße und -farbe und die Gitternetzlinien. In jede Zelle kann mithilfe des Befehls im Kontextmenü „Kommentar einfügen" ein **Kommentar** eingefügt werden, der den Inhalt der Zelle näher erklärt (Schaubild 2.36). Ein Kommentar wird mit einem kleinen, roten Dreieck in der rechten oberen Ecke der Zelle gekennzeichnet. Alle Inhalte oder auch einzelne Elemente können über das Menü „Bearbeiten" und den Befehl „Löschen" entfernt werden.

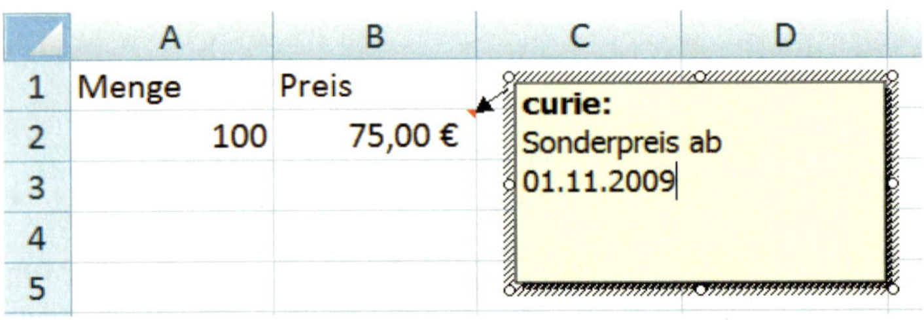

Schaubild 2.36: Kommentarfunktion in Excel

Schaubild 2.37: Registerkarte „Ansicht" in Excel

Ansichten

Schaltfläche	Erläuterung
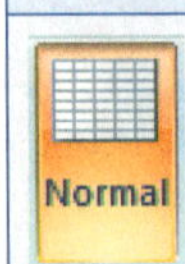	**Normalansicht/Standardansicht:** Eine neue Arbeitsmappe wird automatisch in der Normalansicht angezeigt. Die Normalansicht wird auch Standardansicht genannt. Hier werden die Daten erfasst und formatiert oder als Diagramme dargestellt.
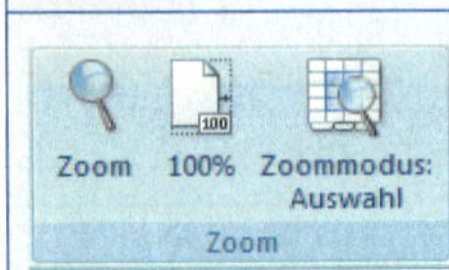	**Zoom:** Mit dem Zoom kann die Bildschirmanzeige des Tabellenblattes vergrößert oder verkleinert werden. Der Vervielfachungsfaktor kann über das Pull-down-Menü oder durch Eingabe einer Prozentzahl ausgewählt werden.
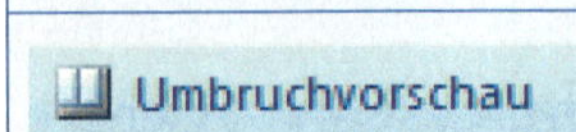	**Seitenumbruchvorschau:** In der Seitenumbruchvorschau wird der automatische Seitenwechsel durch eine gestrichelte Linie dargestellt.

Tabelle 2.9: Ansichten von Tabellenblättern in Excel

Da ein Tabellenblatt sehr groß werden kann, ist es notwendig, sich einen Überblick über das gesamte Arbeitsblatt zu verschaffen. Dafür stehen in Excel mehrere Ansichten zur Verfügung (Schaubild 2.37, Tabelle 2.9).

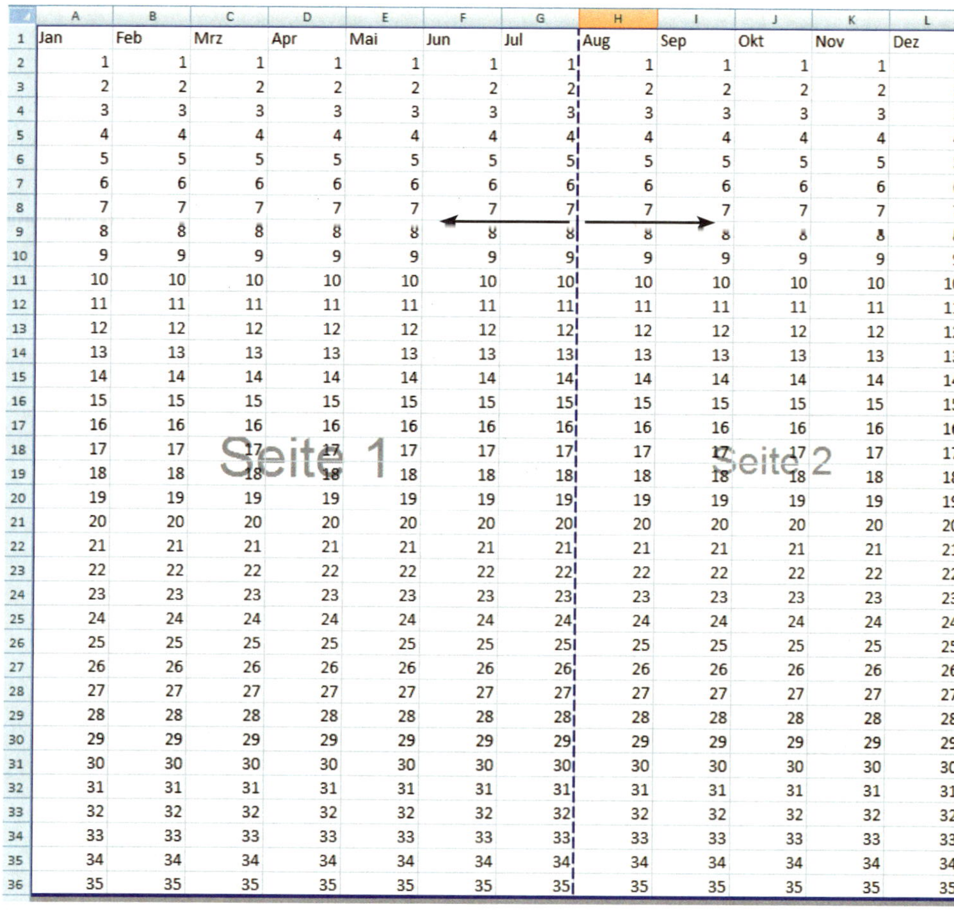

	A	B	C	D	E	F	G	H	I	J	K	L
1	Jan	Feb	Mrz	Apr	Mai	Jun	Jul	Aug	Sep	Okt	Nov	Dez
2	1	1	1	1	1	1	1	1	1	1	1	1
3	2	2	2	2	2	2	2	2	2	2	2	2
4	3	3	3	3	3	3	3	3	3	3	3	3
5	4	4	4	4	4	4	4	4	4	4	4	4
6	5	5	5	5	5	5	5	5	5	5	5	5
7	6	6	6	6	6	6	6	6	6	6	6	6
8	7	7	7	7	7	7	7	7	7	7	7	7
9	8	8	8	8	8	8	8	8	8	8	8	8
10	9	9	9	9	9	9	9	9	9	9	9	9
11	10	10	10	10	10	10	10	10	10	10	10	10
12	11	11	11	11	11	11	11	11	11	11	11	11
13	12	12	12	12	12	12	12	12	12	12	12	12
14	13	13	13	13	13	13	13	13	13	13	13	13
15	14	14	14	14	14	14	14	14	14	14	14	14
16	15	15	15	15	15	15	15	15	15	15	15	15
17	16	16	16	16	16	16	16	16	16	16	16	16
18	17	17	17	17	17	17	17	17	17	17	17	17
19	18	18	18	18	18	18	18	18	18	18	18	18
20	19	19	19	19	19	19	19	19	19	19	19	19
21	20	20	20	20	20	20	20	20	20	20	20	20
22	21	21	21	21	21	21	21	21	21	21	21	21
23	22	22	22	22	22	22	22	22	22	22	22	22
24	23	23	23	23	23	23	23	23	23	23	23	23
25	24	24	24	24	24	24	24	24	24	24	24	24
26	25	25	25	25	25	25	25	25	25	25	25	25
27	26	26	26	26	26	26	26	26	26	26	26	26
28	27	27	27	27	27	27	27	27	27	27	27	27
29	28	28	28	28	28	28	28	28	28	28	28	28
30	29	29	29	29	29	29	29	29	29	29	29	29
31	30	30	30	30	30	30	30	30	30	30	30	30
32	31	31	31	31	31	31	31	31	31	31	31	31
33	32	32	32	32	32	32	32	32	32	32	32	32
34	33	33	33	33	33	33	33	33	33	33	33	33
35	34	34	34	34	34	34	34	34	34	34	34	34
36	35	35	35	35	35	35	35	35	35	35	35	35

Schaubild 2.38: Seitenumbruchvorschau in Excel

Die blaue Außenlinie (Schaubild 2.38) kennzeichnet den vollständigen Druckbereich, die gestrichelte Linie zeigt den Seitenumbruch. Der Seitenumbruch ist variabel, das heißt, es besteht die Möglichkeit, den Umbruch durch Ziehen der Umbruchlinie zu verschieben.

Berechnungen in Excel

Berechnungen können in jeder Zelle durchgeführt werden. Dafür benötigt die Zelle Formeln.

- **Formeln** sind in Excel Anweisungen, die aus Zahlen, Rechenoperatoren (+, -, ·, /) und Zellbezügen bestehen können, wobei die mathematischen Grundsätze wie etwa „Punktrechnung geht vor Strichrechnung" angewendet werden müssen.
- Ein **Zellbezug** besteht aus den Koordinaten der Zelle, das heißt, aus dem die Spalte bezeichnenden Buchstaben und der die Zeile bezeichnenden Zahl, die den Patz der Zelle im Tabellenblatt eindeutig festlegen.

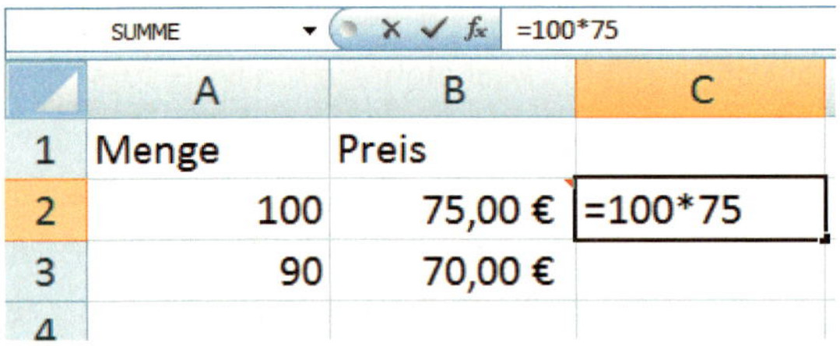

Schaubild 2.39: Eingabe einer Formel in Excel

Eine **Formel** beginnt immer mit einem Gleichheitszeichen. Nach der Eingabe der Formel (Schaubild 2.39) und Bestätigung mit der „Enter“-Taste führt Excel die Berechnung durch und weist das Ergebnis in der betreffenden Zelle aus.

BEISPIEL ▶ Berechnungen in Excel

Gibt man die Formel =80+30·6 in eine Zelle ein, so errechnet Excel das Ergebnis 260, da erst die Multiplikation und anschließend die Addition durchgeführt werden. Durch Klammersetzung wird das Ergebnis verändert, da eine in Klammern gesetzte Berechnung immer zuerst durchgeführt wird. Das Ergebnis der Formel =(80+30)·6 lautet dementsprechend 660.

Ein **Bezug** benennt eine Zelle oder einen Bereich in einem Tabellenblatt und teilt dem Programm mit, wo sich die zu verwendenden Formelwerte oder Daten befinden. Wird der Wert in der Bezugszelle verändert, ändert sich auch automatisch die Ergebniszelle.

BEISPIEL ▶ Rechnung mit Bezügen

Es sollen die gesamten Benzinkosten für ein Auto berechnet werden. Laut Plan verbraucht das Auto 150 Liter Benzin, die Kosten pro Liter Benzin liegen bei 1,20 € (Schaubild 2.40).

Die Benzinkosten steigen gegenüber der Planung drastisch und erhöhen sich um 20 Cent. Die Formel nimmt Bezug auf die Zelle C1. Wird der Wert in Zelle C1 auf 1,40 € erhöht, so ändert sich automatisch auch der Wert in Zelle C4, ohne dass die Formel in Zelle C4 geändert werden muss (Schaubild 2.41).

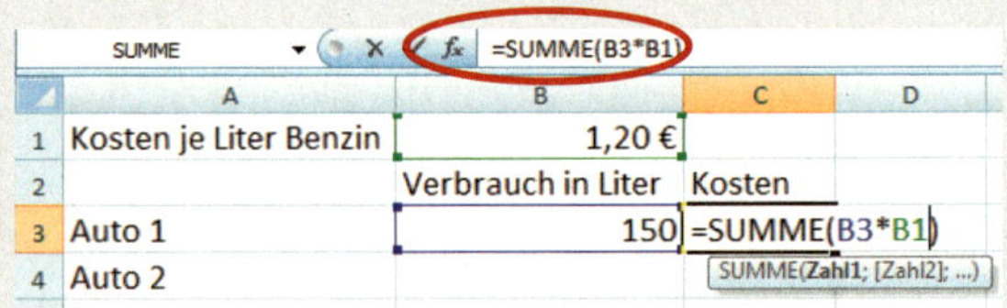

Schaubild 2.40: Berechnung unter Verwendung von Zellbezügen

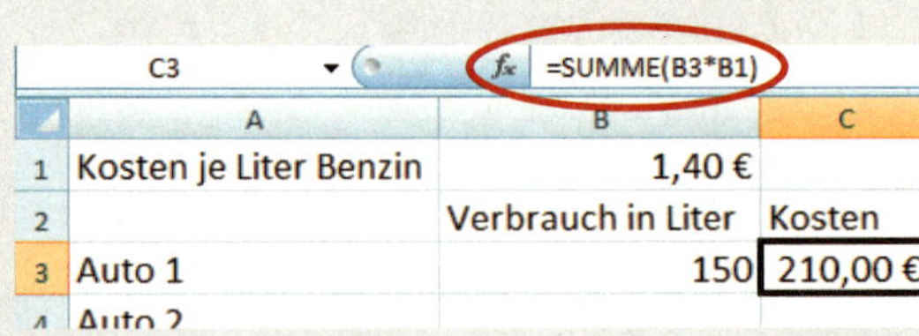

Schaubild 2.41: Automatische Ergebnisanpassung bei verändertem Bezugswert

Das Addieren von Zahlenkolonnen ist mit sehr viel Aufwand verbunden, wenn jede Zelle einzeln markiert werden muss. Die Summenfunktion (Schaltfläche ∑ in der Symbolleiste) hilft mehrere Zellwerte einfach zu addieren, die zuvor mithilfe der linken Maustaste markiert wurden. Durch Doppelklick auf den markierten Bereich, der die addierten Werte und das Ergebnis der Addition umfasst, wird die dem Ergebniswert zugrunde liegende Formel sichtbar (Schaubild 2.42).

BEISPIEL ▶ Summenfunktion

Die Zellen B3 bis B10 (Schaubild 2.42) weisen den jeweiligen Benzinverbrauch acht verschiedener Autos aus. Mithilfe der Summenfunktion werden die Verbrauchswerte automatisch addiert.

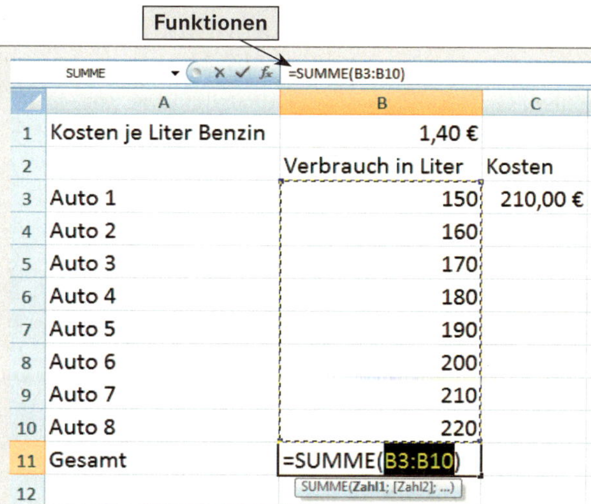

Schaubild 2.42: Summenbildung in Excel

Einfache oder auch umfassende Berechnungen können mithilfe von **Funktionen** durchgeführt werden, die bereits in Excel eingebettet sind. Eine Funktion wird über die „Funktionen"-Schaltfläche (Schaubild 2.42) aufgerufen. Sie beginnt wie eine Formel mit einem Gleichheitszeichen, anschließend werden die Werte (Argumente) eingetragen, die in die Berechnung eingehen sollen. Eine Funktion kann manuell über die Tastatur oder mithilfe des Funktionsassistenten eingegeben werden (Schaubild 2.43).

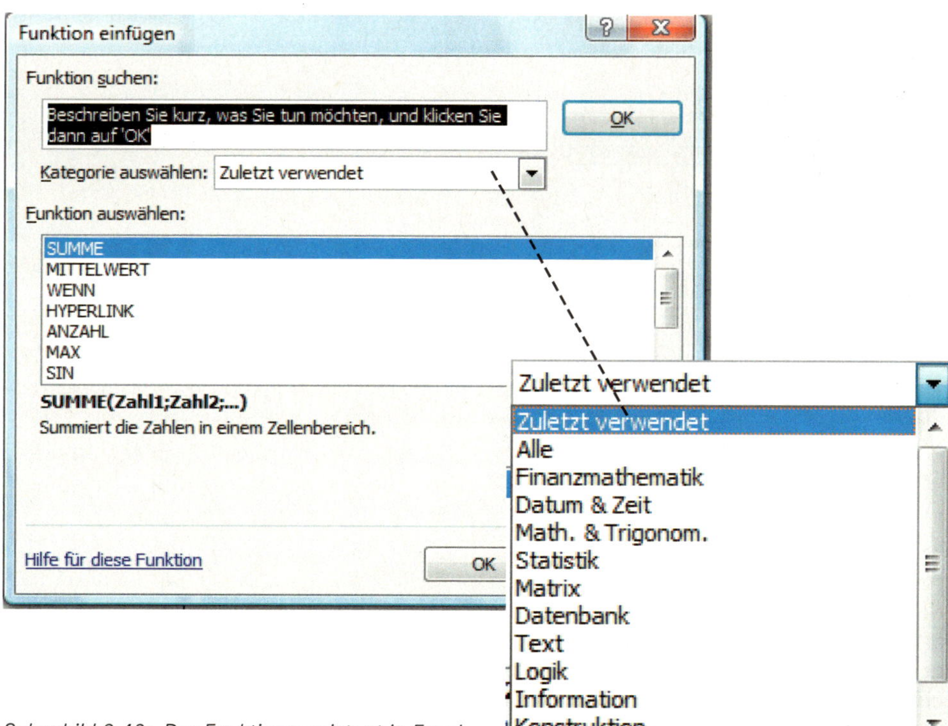

Schaubild 2.43: Der Funktionsassistent in Excel

Nach Anklicken der „Funktionen"-Taste öffnet sich das obere Fenster und über den Befehl „Funktion suchen" kann die gewünschte Funktion gefunden werden. Eine weitere Suchmöglichkeit besteht über die Auswahl einer Kategorie; zum Beispiel ist die Zinsrechnung eine Funktion der Kategorie Finanzmathematik und wird dort mit aufgeführt. Nachdem die Kategorie bestimmt wurde, wird die Funktion im Fenster „Funktion auswählen" ausgewählt und angeklickt. Die nun farbig hinterlegte Funktion wird unterhalb des Fensters „Funktion auswählen" in ihrer Syntax angegeben und noch einmal kurz erklärt.

Die **Formelsyntax** ist die Struktur einer Formel, das heißt die Reihenfolge der einzelnen Elemente der Formel und ihre Verknüpfung miteinander.

Eine Formel muss eine bestimmte Struktur oder Reihenfolge aufweisen; zu Beginn steht immer ein Gleichheitszeichen (=), anschließend folgen die zu berechnenden Werte oder Elemente, die sogenannten Operanden, die durch Operatoren – Klammern, mathematische Zeichen wie plus und minus und so weiter – getrennt werden.

BEISPIEL ▶ Mittelwertberechnung

Es soll der durchschnittliche Verbrauch von acht Autos errechnet werden (Schaubild 2.44).

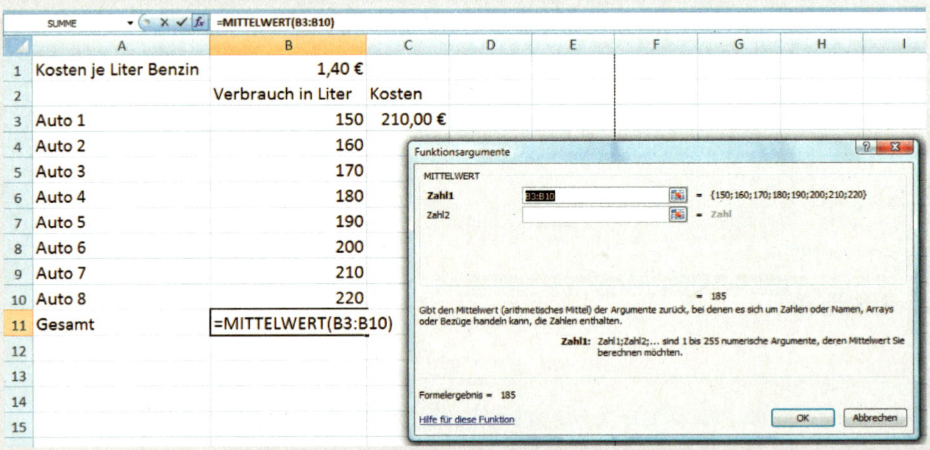

Schaubild 2.44: Mittelwertberechnung in Excel

Normalerweise wird erst die gesamte Zahlenkolonne aufaddiert, anschließend wird das Ergebnis durch die Anzahl der Fahrzeuge dividiert. Die Funktion „Mittelwert" erleichtert uns die Arbeit enorm. Die Syntax wird durch das Gleichheitszeichen eröffnet, der anschließende Begriff, hier der Mittelwert, sagt Excel, dass ein Durchschnittswert berechnet werden muss. Der Funktionsassistent schlägt die Werte (B3:B10), also den Inhalt der Zellen vor, addiert die einzelnen Werte und zeigt das Ergebnis an.

Die Funktion „Autoausfüllen"

Oft kommt es vor, dass in Spalten- oder Zeilenüberschriften eine Wertereihe wie Januar, Februar, März ... oder Montag, Dienstag ... benötigt wird. Hier genügt die Eingabe des ersten Wertes, die restlichen werden anschließend von Excel automatisch erzeugt. Die Wertereihen können unter dem Menü „Extras" mithilfe des Befehls „Optionen" bearbeitet werden.

In die Tabelle müssen nur der erste Wert (zum Beispiel „Januar“) oder bei einer Zahlenfolge die ersten beiden Werte (zum Beispiel 1 und 2) eingegeben werden. Anschließend werden die entsprechenden Zellen markiert und die Einträge über den Ziehpunkt vervollständigt (Schaubild 2.45). Dabei spielt die Ziehrichtung – also von oben nach unten oder von rechts nach links – keine Rolle, das Ergebnis bleibt stets dasselbe.

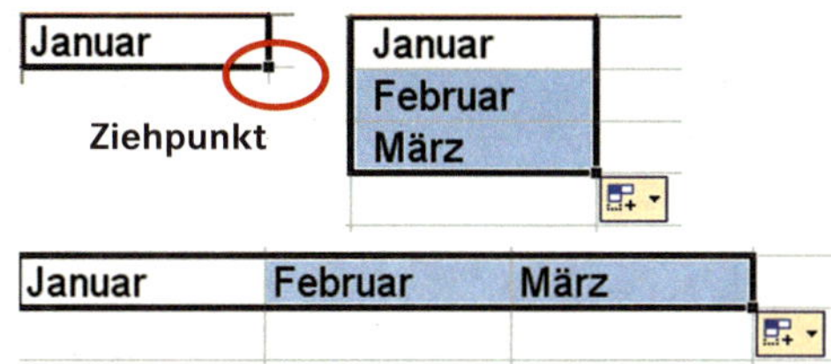

Schaubild 2.45: Erzeugen von Wertereihen in Excel

Relative und absolute Bezüge

Wenn Verknüpfungen in Excel erstellt werden, muss dabei zwischen relativen und absoluten Bezügen unterschieden werden.

Ein **relativer Bezug** ist ein beweglicher Bezug, das heißt, ein Bezug, der keine feste Verknüpfung des Inhalts einer Zelle mit dem Inhalt einer bestimmten anderen Zelle darstellt, sondern eine gleitende, wobei die Abstände zwischen den Zeilen und/oder Spalten maßgeblich sind.

Mithilfe von relativen Bezügen können Formeln, die in einer Zelle erstellt wurden, kopiert und auf eine gesamte Spalte oder auf einen definierten Bereich angewendet werden.

BEISPIEL ▶ Kopieren einer Formel

In Zelle C2 wurde die Formel =A2+B2 eingetragen. Wird diese Formel kopiert und in Zelle C5 eingesetzt, so wird sie automatisch angepasst und lautet dann =A5+B5 (Schaubild 2.46).

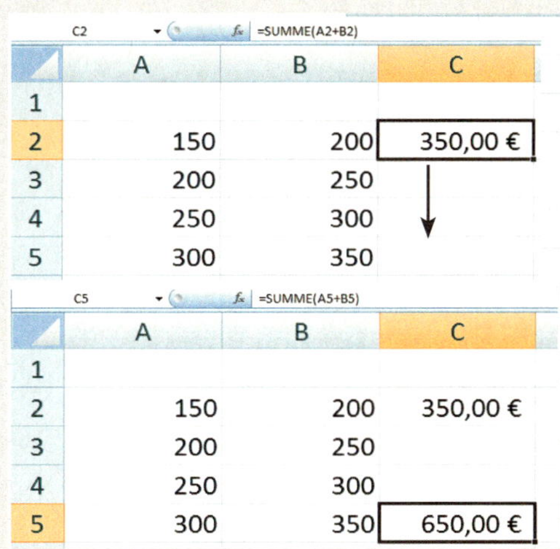

Schaubild 2.46: Erstellung einer neuen Formel unter Verwendung eines relativen Bezugs

Ein **absoluter Bezug** ist die unveränderliche Verknüpfung einer Zelle mit dem Inhalt einer eindeutig bestimmten anderen Zelle.

Ein absoluter Bezug verhindert die automatische Anpassung des Inhalts einer Zelle, wenn dieser kopiert und in eine andere Zelle eingetragen wird. Eine Zelladresse mit einem absoluten Bezug wird durch das Dollarzeichen $ gekennzeichnet. Durch Drücken der F4-Taste wird ein relativer in einen absoluten Zellbezug umgewandelt (Schaubild 2.47).

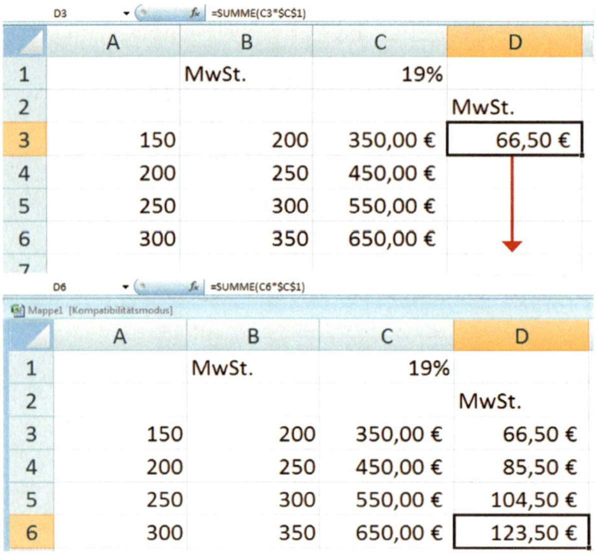

Schaubild 2.47: Erstellung einer neuen Formel unter Verwendung eines absoluten Bezugs

BEISPIEL ▶ Berechnung mit einem absoluten Bezug

In der Formel in Schaubild 2.47 soll der in Zelle C1 eingetragene Mehrwertsteuersatz einen festen Operator darstellen. Die Formel zur Errechnung des Mehrwertsteuerbetrags wird wie gewohnt erstellt. Anschließend wird der Operator in Zelle C1, der konstant bleiben soll, in der Bearbeitungsleiste markiert. Durch Betätigung der F4-Taste werden die Koordinaten der Zelle C1 nun durch zwei Dollarzeichen zu C1 ergänzt.

Tabelle 2.10 fasst die Schritte zur Erstellung von absoluten, gemischten und relativen Zellbezügen zusammen.

Zellbezug des Operators	Betätigung der F4-Taste	Ergebnis	Erläuterung
C1	1-mal	C1	Ein relativer wurde in einen absoluten Zellbezug umgewandelt. Der Bezug ändert sich beim Sprung in eine neue Zelle nicht.
C1	1-mal	C$1	Ein absoluter wurde in einen gemischten Zellbezug umgewandelt. Beim Sprung in eine neue Zelle in Spalte D, E, ... erhält der Formeloperator den Bezug D$1, E$1, ..., d. h., die Spalte „läuft mit“.
C1	2-mal	$C1	Ein absoluter wurde in einen gemischten Zellbezug umgewandelt. Beim Sprung in eine neue Zelle in Zeile 2, 3, ... erhält der Formeloperator den Bezug $C2, $C3, ..., d. h., die Zeile „läuft mit“.
C1	3-mal	C1	Ein absoluter wurde in einen relativen Zellbezug umgewandelt. Beim Sprung in eine neue Zelle, z. B. in Zelle D4, erhält der Formeloperator den Bezug der aktuellen Position der Zelle.

Tabelle 2.10: Erstellung von absoluten, gemischten und relativen Zellbezügen in Excel

Bei laufend zu aktualisierenden Haushalts- und Geschäftszahlen oder Datenbanken verursacht die Eingabe der Daten die meiste Arbeit. Diese Arbeit kann nicht komplett automatisiert werden, doch die Verknüpfungsmöglichkeiten von Excel reduzieren den Aufwand. Die Daten können über mehrere Arbeitsblätter oder Dateien hinweg verknüpft werden. So lassen sich die Tabellen leichter handhaben und die Tabellenstruktur wird übersichtlicher.

Die Funktion „Fenster fixieren“

Große Tabellen mit sehr vielen Zeilen und Spalten werden schnell unübersichtlich, da die Kopfzeile und die Vorspalte durch den Bildlauf verschwinden und dadurch nicht mehr ersichtlich ist, wofür die Werte in den Spalten und Zeilen eigentlich stehen. Dieses Problem lässt sich durch den Befehl „Fenster fixieren“ aus dem Menü „Fenster“ umgehen. Er bewirkt, dass Kopfzeile und Kopfspalte immer im Blickfeld bleiben.

Die Funktion „Sortieren“

Die Sortierfunktion bringt willkürlich eingegebene Daten schnell und einfach in die gewünschte logische Reihenfolge. Der Befehl „Sortieren“ wird über das Menü „Daten“ aufgerufen.

Schaubild 2.48: Sortieren von Daten in Excel

Das Fenster „Sortieren“ wird geöffnet und Excel markiert automatisch den Datenbereich der Tabelle. Im Aufklappmenü „Sortieren nach“ sind alle Spaltenüberschriften der Tabelle aufgelistet. Dort wird die Spalte ausgesucht, deren Werte sortiert werden sollen (Schaubild 2.48).

Eine schnellere Sortierung kann über die entsprechenden Schaltflächen in der Symbolleiste erfolgen:

-  = aufsteigend sortieren
-  = absteigend sortieren

Die Funktion „Autofilter“

Der Autofilter sorgt in langen Tabellenspalten für einen schnellen Überblick, da nur Datensätze angezeigt werden, denen eine bestimmte Eigenschaft gemeinsam ist. Zur Filterung wird die Kopfzeile der Tabelle markiert, anschließend wird mit dem Befehl „Autofilter“ aus dem Menü „Daten“/„Filter“ der Autofilter aktiviert (Schaubild 2.49).

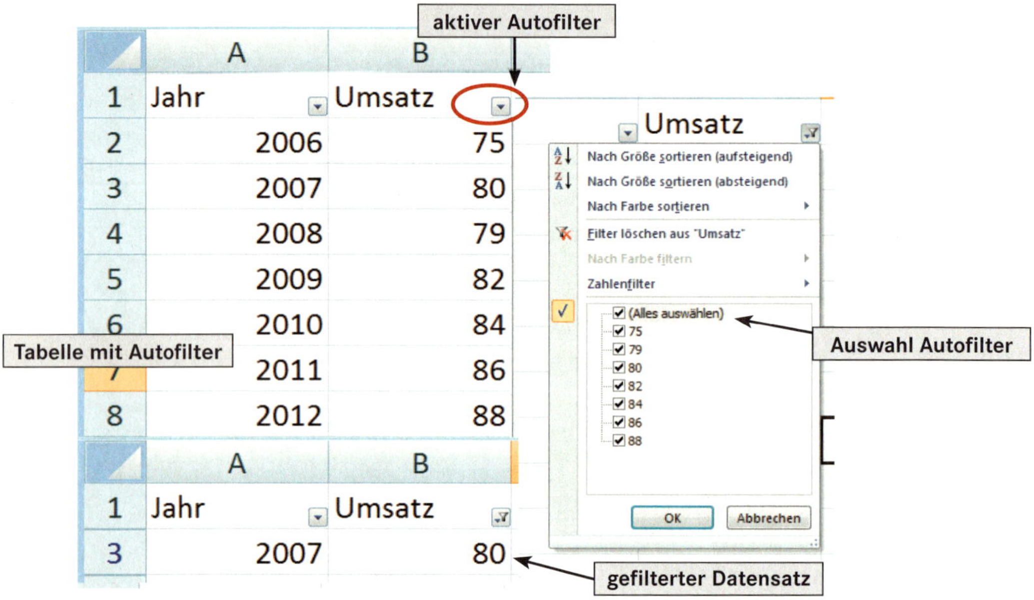

Schaubild 2.49: Automatische Datenfilterung in Excel

Tabellengestaltung

Die Zellenbreite oder die Zellenhöhe in einer Tabelle können automatisch mit einem Doppelklick ausgerichtet werden. Die Spaltenbreite richtet sich dabei nach der Zelle mit dem „breitesten“ Inhalt, die Zeilenhöhe nach der Zelle mit dem „höchsten“ Inhalt (Schaubild 2.50).

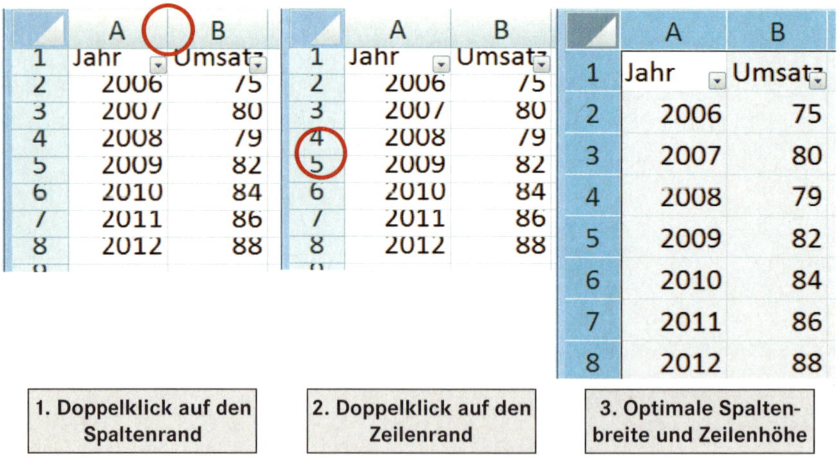

Schaubild 2.50: Ausrichtung von Zellenbreite und -höhe in Excel

Diagramme erstellen

Ein **Diagramm** (aus dem Griechischen, „diagramma“ = geometrische Figur) ist eine grafische Darstellung von numerischen Informationen. Es dient der Veranschaulichung von Zusammenhängen zwischen Einzeldaten.

Schaubild 2.51: Befehl „Diagramme“ in der Registerkarte „Einfügen“

Ein Diagramm kann auf einem separaten Blatt oder als eingebettetes Objekt in einem Arbeitsblatt erstellt werden. Zu seiner Erzeugung werden die Daten für das Diagramm im Arbeitsblatt markiert, anschließend werden durch den Befehl „Diagramme“ aus der Registerkarte „Einfügen“ die Diagrammtools aufgerufen (Schaubild 2.51).

In der ersten Gruppe wird durch einfaches Anklicken der gewünschte Diagrammtyp ausgewählt (Schaubild 2.52).

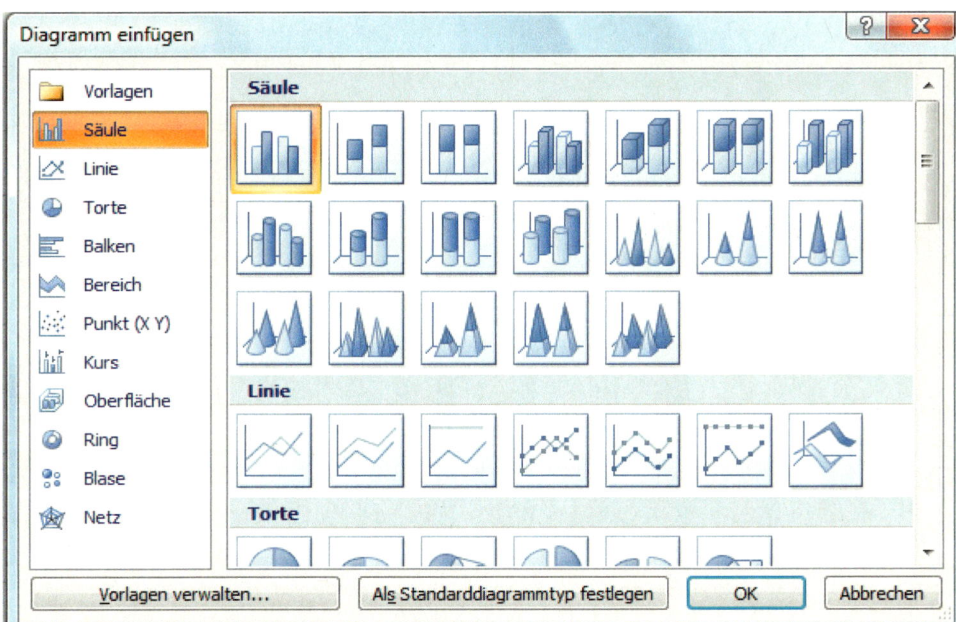

Schaubild 2.52: Die Diagrammauswahl von Excel

In der **zweiten Gruppe** besteht die Möglichkeit, den Datenbereich festzulegen beziehungsweise den markierten Datenbereich noch einmal zu verändern (Schaubild 2.53).

Die **dritte Gruppe** legt die Diagrammoptionen fest (Schaubild 2.54). Hier kann das Diagramm beschriftet und mit einer Legende versehen werden. Darüber hinaus können die Angaben auf den Achsen ausgeblendet werden.

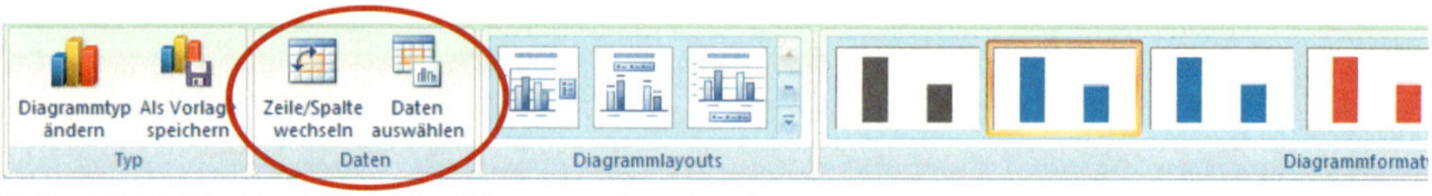

Schaubild 2.53: Festlegung des Diagrammdatenbereichs

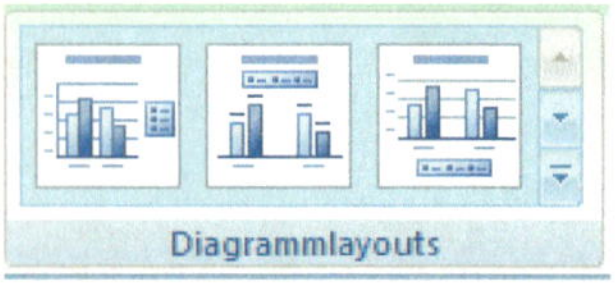

In der **vierten und letzten Gruppe** wird festgelegt, ob das Diagramm in ein neues Tabellenblatt gestellt oder als Objekt in ein bereits bestehendes Tabellenblatt eingefügt wird (Schaubild 2.53, Option „Diagramm verschieben“ ganz rechts auf der Leiste).

Schaubild 2.54: Diagrammoptionen in Excel

BEISPIEL ▶ Arten von Diagrammen

Die Schaubilder 2.55 bis 2.58 zeigen vier Möglichkeiten von Diagrammen, denen jeweils dieselben Daten zugrunde liegen.

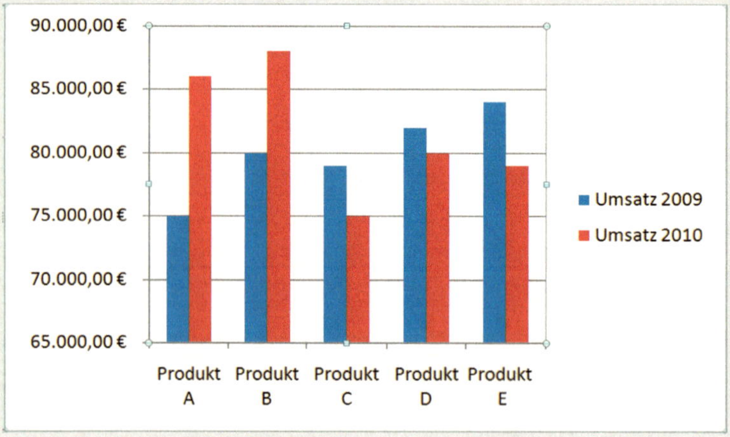

Schaubild 2.55: Säulendiagramm

Schaubild 2.56: Liniendiagramm

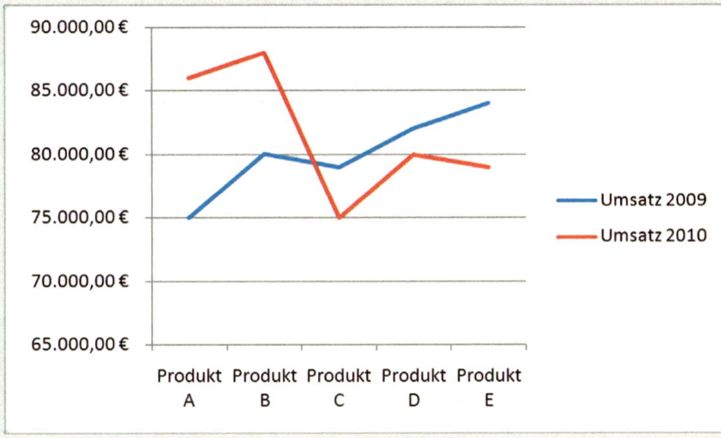

Schaubild 2.57: Punktdiagramm

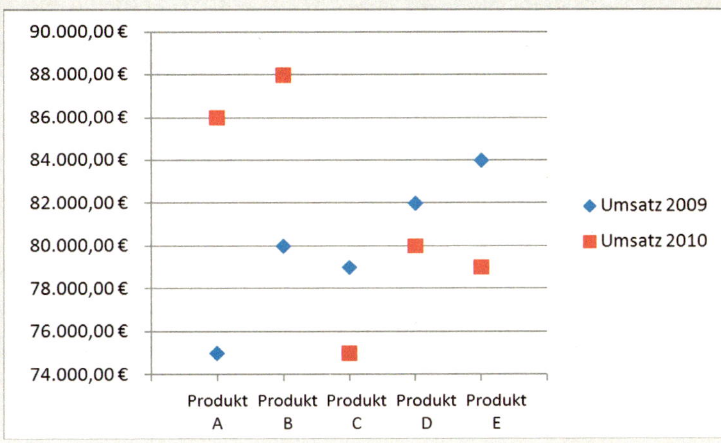

Schaubild 2.58: Kreisdiagramm

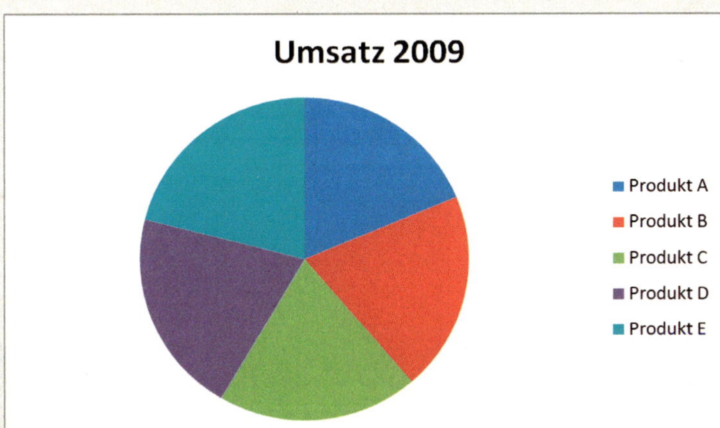

Präsentationen am Beispiel von PowerPoint

Kommunikation und Geschäftserfolge sind oft von gelungenen Präsentationen abhängig. Die Aufbereitung der Informationen ist entscheidend für die Wirkung und für den Erinnerungswert einer Präsentation.

Generell wurde entdeckt, dass man Inhalte je nachdem, wie sie vermittelt werden, nur zu bestimmten Bruchteilen im Gedächtnis speichert:

- 10 % durch Lesen,
- 20 % durch Hören,
- 30 % durch Sehen,
- 50 % durch Lernen in Verbindung von Hören und Sehen,
- 70 % bis 80 % durch Sprechen und
- 90 % durch Sprechen, eigenes Handeln und Ausprobieren.

Microsoft PowerPoint ist ein Programm, mit dem sich interaktive Folienpräsentationen anfertigen lassen und das die Erarbeitung und Präsentation eines Vortrages oder Referates erleichtert. Bei der Gestaltung der einzelnen Seiten (Folien) gibt es umfangreiche Möglichkeiten. Diese reichen von der Erstellung reiner Textfolien über Folien mit Grafikclips, Tabellen und Diagrammen bis hin zu Musikdateien oder Filmsequenzen. Die Folien können vor einem einheitlichen Hintergrund erstellt werden, dem Folienlayout, und sie können ausgedruckt oder mit einem Overheadprojektor gezeigt werden.

Grundlagen

Nach dem Start von PowerPoint stehen drei Auswahlmöglichkeiten zur Verfügung (Schaubild 2.59):

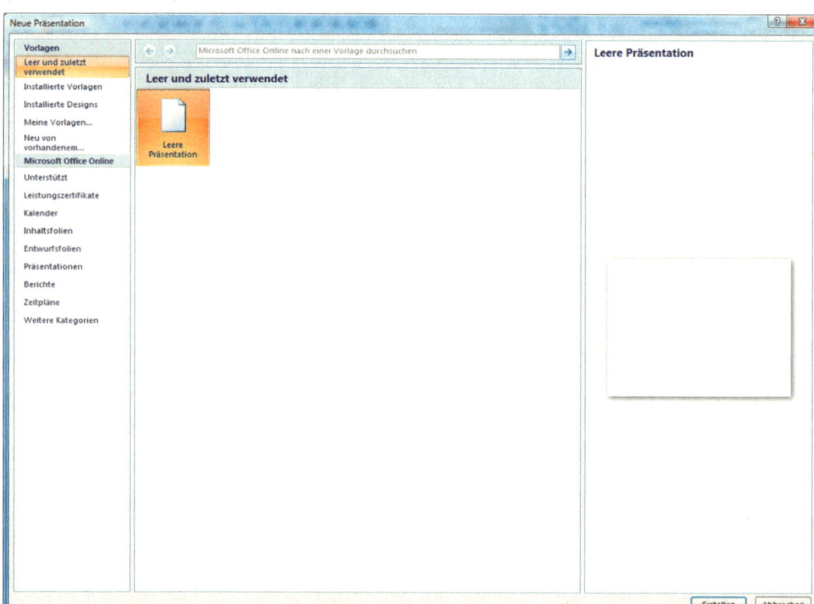

Schaubild 2.59: PowerPoint-Dialogfeld zur Vorlagenauswahl

- **AutoInhalt-Assistent:** Im AutoInhalt-Assistenten sind Vorlagen gespeichert, die über Formate und Farbskalen sowie über Folien mit vorgeschlagenem Text für bestimmte Themen verfügen. Diese Folien können entsprechend den individuellen Anforderungen angepasst werden.
- **Entwurfsvorlage:** Entwurfsvorlagen beinhalten bereits Farbskalen, Folien- und Titelmaster mit vorgegebenen Formatierungen sowie spezielle Schriftarten, mit denen ein besonderes Erscheinungsbild erzielt wird. Durch das Anwenden einer Entwurfsvorlage erhält jede hinzugefügte Folie ein einheitliches Erscheinungsbild. In PowerPoint steht eine umfangreiche Auswahl an Entwurfsvorlagen zur Verfügung.
- **Leere Präsentation:** Eine leere Präsentation bietet weder inhaltliche Vorschläge noch ein Hintergrundlayout.

Bevor mit der Erstellung einer Präsentation begonnen wird, sollten folgende Punkte geklärt werden:

- Das Publikum – Wer sieht diese Präsentation (zum Beispiel Schüler oder Geschäftsleitung)?
- Räumlichkeiten – Wo soll präsentiert werden (zum Beispiel in einem Vortragssaal oder in einem Schulungsraum)?
- Planung – Welche Struktur hat der Vortrag (Gliederung)?
- Stil der Präsentation – (zum Beispiel bunt oder schwarz-weiß)?
- Gestaltung der Folie – Welcher Entwurf wird benötigt?
- Der eigentliche Vortrag – Was soll vermittelt werden?

Leere Präsentation

Will man auf Gestaltungsvorgaben für den Folienhintergrund komplett verzichten, so wählt man die Vorlage „Leere Präsentation“ aus. Anschließend öffnet das Programm ein Fenster und fragt nach einem Layout (Schaubild 2.60).

Hier kann zwischen vielen Varianten gewählt werden. In Schaubild 2.60 ist eine Reihe verschiedener Bilder zu sehen. Mit einem Klick auf das entsprechende Symbol und auf die Schaltfläche „OK“ wird die Folie angelegt. In diesem Fall handelt es sich um eine Folie mit Titel und Inhalt (Schaubild 2.61).

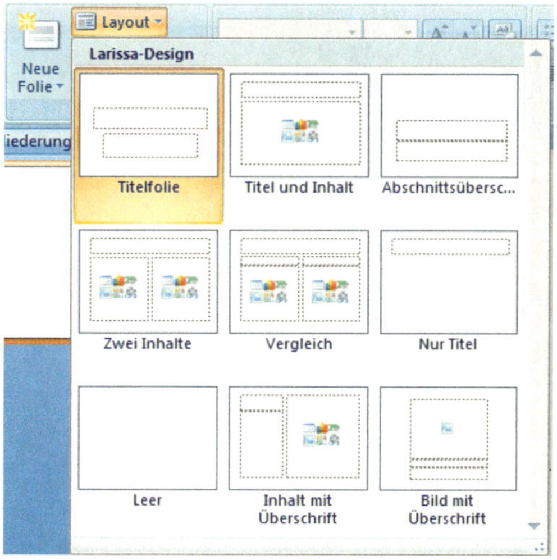

Schaubild 2.60: Auswahl eines AutoLayouts in PowerPoint

Durch diese Schaltfläche wird die **Normalansicht** aufgerufen. Sie umfasst drei Bereiche: Die Gliederung gibt einen Überblick über die gesamte Präsentation. Im Folienausschnitt werden Texte, Grafiken und Animationen erstellt; hier ist die Arbeitsfläche. Das Notizenfeld erlaubt die Eingabe von Texten zur Erläuterung jeder Folie.

In der **Notizenansicht** wird die Seite in zwei Bereiche unterteilt. Oben befindet sich die Folie, unten das Notizfeld. Dieses erlaubt die Eingabe von Text zur Erläuterung der Folie.

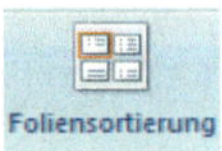

In der **Foliensortierungsansicht** werden alle Folien einer Präsentation als kleine Bilder gemeinsam auf einem Ausschnitt des Bildschirms gezeigt. Diese Ansicht erleichtert es, Folien hinzuzufügen, zu löschen oder zu verschieben. Hier können auch der Präsentationsablauf festgelegt und Animationen ausgewählt werden.

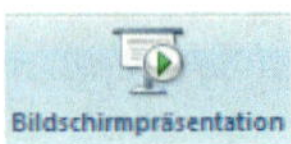

Die **Bildschirmpräsentation** führt den Befehl zur Bildschirmpräsentation aus und beginnt dabei mit der aktuellen Folie.

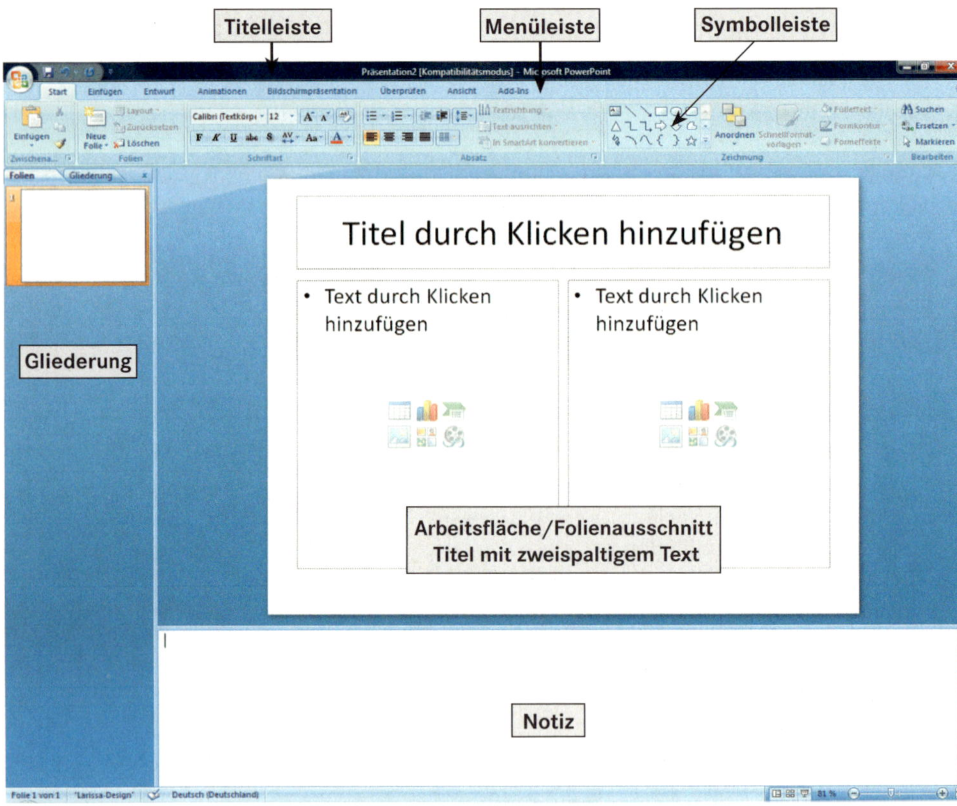

Schaubild 2.61: Anlage einer Präsentationsfolie in PowerPoint

Entwurfsvorlage

Wurde im ersten Schritt die Entwurfsvorlage anstatt einer „leeren Präsentation“ gewählt (Schaubild 2.59), so öffnet sich das in Schaubild 2.62 wiedergegebene Fenster.

Hier wurde die Entwurfsvorlage „Klassisches Fotoalbum“ ausgewählt, die anschließend in der Vorschau angezeigt wird. Durch Betätigen der Schaltfläche „Übernehmen“ werden die Formate und Elemente der Entwurfsvorlage in die neue Präsentation eingefügt. Alle Folien dieser Präsentation haben nun ein einheitliches Erscheinungsbild.

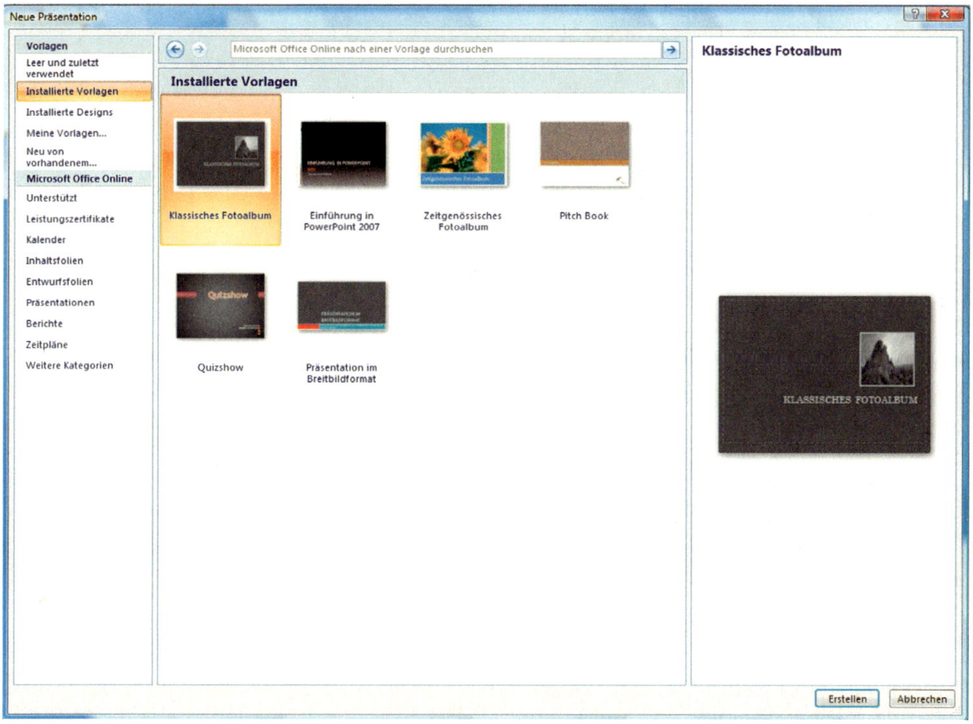

Schaubild 2.62: Verschiedene Entwurfsvorlagen in PowerPoint

Der Inhalt jeder Folie muss von allen Zuhörern lesbar sein. Das gilt insbesondere bei größerem Publikum.

MERKE

Damit die Präsentation nicht überladen wirkt, sollte unter dem Motto „Weniger ist oft mehr“ Folgendes beachtet werden:

- Nur ein Sachverhalt pro Folie,
- nur kurze Wörter (Schlagwörter) und Sätze benutzen,
- eher sechs als acht Zeilen mit maximal 50 Wörtern pro Folie verwenden,
- Schriftauswahl mindestens 16 Punkt groß,
- drei Schriftgrößen pro Folie sind ausreichend,
- Zahlen runden und wenn möglich durch Grafiken verdeutlichen,
- Animationen steigern die Aufmerksamkeit.

In Maßen verwendet, sind Formatierungen und Animationen hilfreich, aber zu viel schmückendes Beiwerk bewirkt das Gegenteil und das eigentliche Thema der Präsentation rückt in den Hintergrund.

MERKE

Der Vortrag sollte nicht zum Folienmarathon ausarten. Als Vortragszeit sollten pro Folie zwei Minuten einplant werden. Die Folie wird zuerst im Überblick und dann im Detail erklärt und besprochen. Bei grafischen Darstellungen wird die Kernaussage zuerst genannt, danach werden die Darstellungsart und die Ergebnisse erklärt. Eine Zusammenfassung im Anschluss ist eine willkommene Wiederholung.

Wenn Unterlagen als Handouts vorbereitet werden, ist darauf zu achten, dass diese vor dem Vortrag verteilt werden, wenn sich die Teilnehmer darin Notizen machen sollen. Manchmal ist es jedoch besser, die Unterlagen erst nach dem Vortrag auszuteilen, um die Aufmerksamkeit auf die Präsentation zu konzentrieren, da eventuelles Blättern und Kritzeln auch den Moderator aus dem Konzept bringen können.

Die Master-Funktion

Mithilfe des Masters (Schaubild 2.63) kann das Erscheinungsbild der Präsentation festgelegt werden. Mit dem Master lassen sich Schrifteigenschaften, die Hintergrundfarbe, Formate und Elemente für alle Folien individuell festlegen. Es gibt Elemente, die während einer Präsentation immer präsent sein sollen; dazu gehören Firmenlogo, Titel oder Seitennummerierungen. Diese Elemente müssen nicht immer neu, sondern nur einmal in den Master eingefügt werden. Auch nach Fertigstellung der Präsentation können sie nach Belieben verändert werden.

Schaubild 2.63: Der Master in PowerPoint

Grafiken

Grafiken können über das Menü „Einfügen“ und die Befehle „Grafik“ und „Aus Datei“ hinzugefügt werden. Soll die Grafik auf jeder Folie erscheinen, so ist es günstiger, die Grafik auf dem Folienmaster zu platzieren.

Animationen

In der Foliensortierungsansicht erscheint automatisch die Symbolleiste „Foliensortierung“. Durch diese Symbolleiste können die Folien ganz einfach mit Effekten und Animationen versehen werden.

BEISPIEL ▶ Folieneffekt

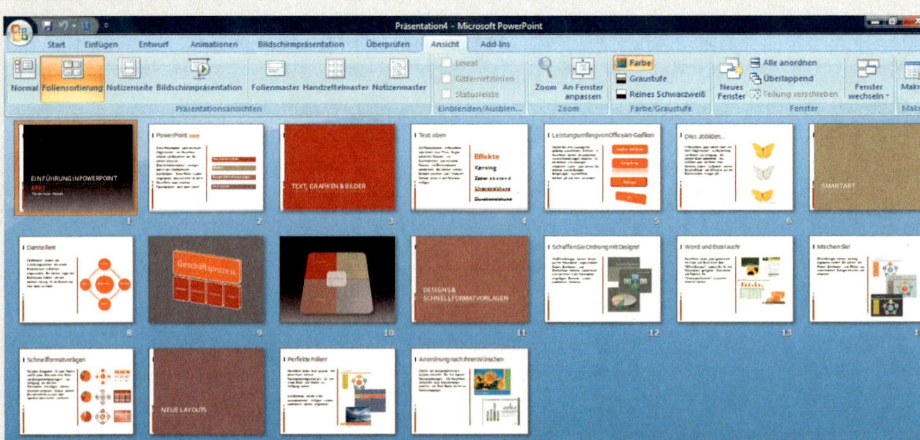

Schaubild 2.64: Foliensortierungsansicht in PowerPoint

In Schaubild 2.64 ist die erste Folie aktiv. Hier soll nun ein Folienübergangseffekt eingefügt werden.

In der Symbolleiste wird im Kästchen Folienübergangseffekt der Befehl „Schnitt über Schwarz“ durch einen Mausklick aktiviert (Schaubild 2.65).

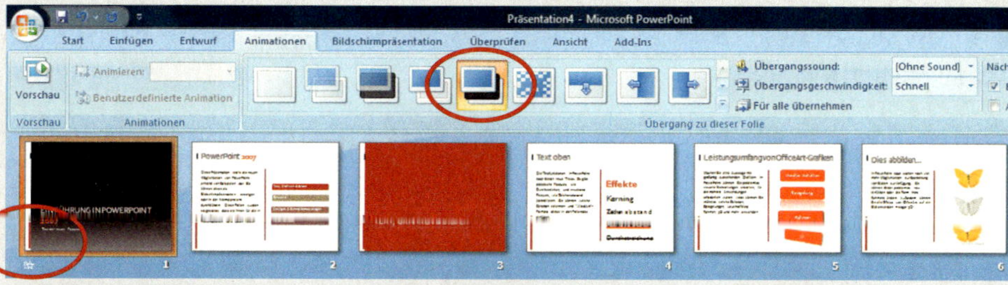

Schaubild 2.65: Einfügen eines Folienübergangseffekts – Schritt 1

Anschließend wird in der Registerkarte „Animation“ ein Befehl, zum Beispiel „Text von oben rechts“, ebenfalls durch einen Mausklick aktiviert (Schaubild 2.66). Schon ist die erste Folie mit einem Effekt versehen. Durch das Aufrufen der Bildschirmpräsentation mithilfe der Funktionstaste F5 kann der Folieneffekt ausgeführt und überprüft werden. In diesem Fall fällt der Text der ersten Folie von oben rechts ins Bild und die Formatvorlage erscheint erst schwarz und wird dann eingeblendet.

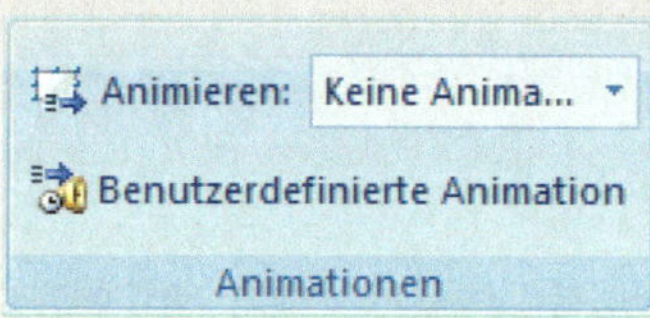

Schaubild 2.66: Einfügen eines Folienübergangseffekts – Schritt 2

Kommunikation und Terminplanung mit Outlook

Outlook ist ein persönliches Informations- und Kommunikationsprogramm, das die Verwaltung von E-Mails (Electronic Mails), Kalendern, Kontakten und weiteren persönlichen und geschäftlichen Informationen an einem Ort ermöglicht.

Überblick

In der Ordnerliste im Fenster „Navigationsbereich“ (Schaubild 2.67) ist ein persönlicher Ordner angelegt. Dort steht eine Vielzahl an Unterordnern zur Verfügung:

- Im Ordner „Aufgaben“ kann man die Ausführung von geplanten Tätigkeiten formulieren und kontrollieren.
- Bei der Terminplanung bietet ein Kalender Unterstützung, der auch rechtzeitige Erinnerungen gewährleistet.
- Adressen und zusätzliche Informationen von Kontaktpersonen lassen sich unter „Kontakte“ verwalten.
- Alle eingehenden Nachrichten erscheinen im elektronischen Postkasten, dem Posteingang.
- Im Ordner „Gesendete Objekte“ erscheint eine Kopie aller gesendeten E-Mails.
- Gesendete E-Mails werden im Postausgang gespeichert.

Outlook (für Windows) ist ein Teil des Microsoft-Office-Pakets und ein weitverbreitetes E-Mail-Programm. Der volle Funktionsumfang des Programms zeigt sich erst im Netzwerk mit einem Microsoft Exchange Server im Hintergrund. Neben dem Versand von E-Mails bietet das Programm zusätzliche Funktionen, wie integrierter Fax- und SMS-Versand, die über den Exchange Server gesteuert werden. Die erste Outlook-Version lag bereits dem Softwarepaket Microsoft Office 97 Professional bei und ist seitdem über mehrere Versionsschritte weiterentwickelt worden.

Exchange ist eine Software, die auf dem Betriebssystem-Server installiert werden kann. Ihre Hauptfunktion ist das Verarbeiten von Nachrichten aller Art, das heißt von E-Mails, Faxsendungen und SMS-Nachrichten. Der Exchange Server bildet die Zentrale der Unternehmenskommunikation und verbindet die einzelnen Arbeitsplätze in einem Netzwerk.

PDAs oder Pocket-PCs lassen sich einfach und komfortabel mit Outlook synchronisieren (abgleichen), sodass Daten nicht doppelt eingegeben werden müssen und der Benutzer auch unterwegs Termine eintragen beziehungsweise sich an Termine erinnern lassen kann.

Ein **Personal Digital Assistant** (PDA) ist ein elektronischer Assistent, der die persönliche Terminplanung unterstützt. Er hat die Größe einer Handfläche und wird deshalb auch Handheld genannt. Oft bietet er neben der Terminplanung auch Programme für Textverarbeitung und Tabellenkalkulation sowie einen Taschenrechner.

E-Mail-Kommunikation

Mit Outlook kann man E-Mails lesen, schreiben, versenden, sortieren und löschen. Outlook wird, wie alle Microsoft-Programme, entweder über das entsprechende Symbol auf dem Desktop oder über das Startmenü geöffnet (Schaubild 2.67).

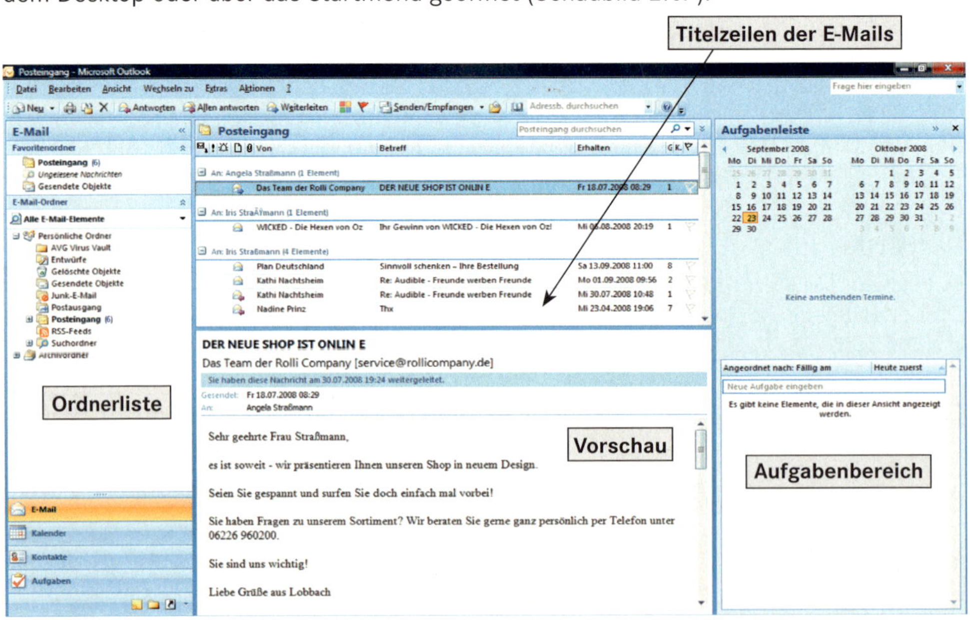

Schaubild 2.67: Die Arbeitsfläche von Outlook

Alle Elemente in Outlook lassen sich beliebig verstellen und ein- oder ausblenden. Die Ordnerliste befindet sich am linken Rand. Mit der in Schaubild 2.67 wiedergegebenen Ansichtseinstellung kann man bereits effektiv arbeiten. Es gibt allerdings noch viele Möglichkeiten zur individuellen Anpassung der Einstellungen. Dazu wird im Hauptmenü „Ansicht" der Befehl „Aktuelle Ansicht" gewählt, anschließend lässt sich die Ansicht nach den eigenen Bedürfnissen gestalten.

Schaubild 2.68: Das E-Mail-Fenster von Outlook

Schaubild 2.68 zeigt das E-Mail-Fenster von Outlook. Man kann wählen, nach welcher Spalte (Eigenschaft, Merkmal) und somit in welcher Reihenfolge die eingegangenen E-Mails sortiert werden sollen.

Rechts neben der Ordnerliste werden immer die Objekte (E-Mails) des links markierten Ordners angezeigt. Dabei werden sofort der Name des Absenders und der Betreff der E-Mail sichtbar. In der Vorschau können die Nachrichten gelesen werden, ohne dass ein eigenes Fenster geöffnet werden muss. Im Aufgabenbereich werden zum Beispiel die Suchergebnisse der Hilfefunktion angezeigt.

E-Mails werden in E-Mail-Ordnern abgelegt, wie zum Beispiel

- Posteingang (alle eingetroffenen E-Mails),
- Postausgang (zum Versand vorgesehene E-Mails),
- gesendete Objekte (alle verschickten E-Mails),
- gelöschte Objekte (alle entfernten E-Mails bis zu ihrer endgültigen Löschung).

Zur Erstellung einer neuen E-Mail wird zunächst die in der Symbolleiste platzierte Schaltfläche „Neu" betätigt. Anschließend können im Nachrichtenfenster die Daten eingegeben werden (Schaubild 2.69).

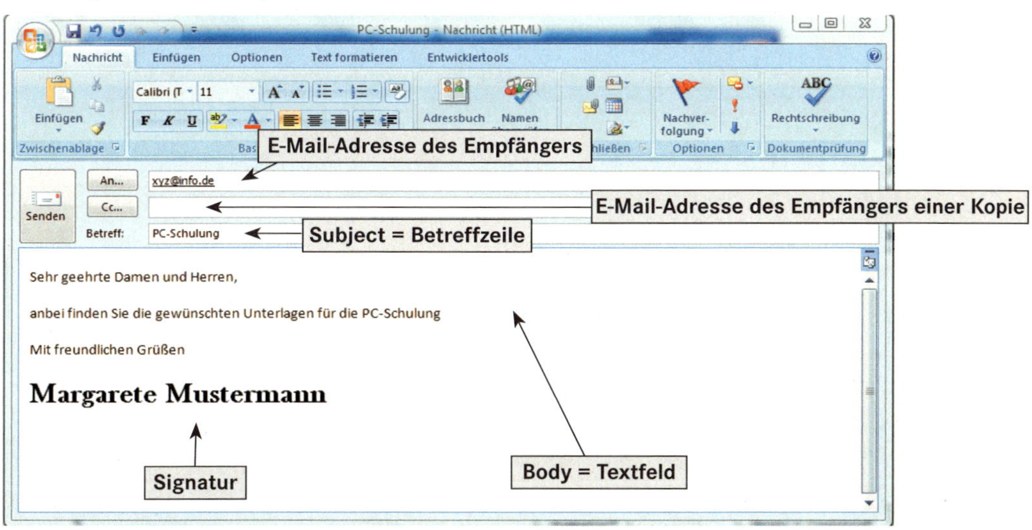

Schaubild 2.69: Erstellen einer neuen E-Mail

Zum Versand einer Kopie an einen oder mehrere weitere Empfänger stehen zwei Optionen zur Verfügung:

- **CC = Carbon Copy (Durchschlag).** Ist hier der Name eines Empfängers eingegeben, wird eine Kopie der Nachricht an diesen Empfänger gesendet, dabei bleibt der Name für andere Empfänger der Nachricht sichtbar.
- **BCC = Blind Carbon Copy (Blinddurchschlag).** Steht der Name eines Empfängers in diesem Feld, wird eine Kopie der Nachricht an diesen Empfänger gesendet, dessen Name ist jedoch für andere Empfänger der Nachricht nicht sichtbar.

Betätigt man die Schaltfläche „Büroklammer", so können ein oder mehrere Anhänge (Attachments) eingefügt werden. Wird eine Datei angehängt, so muss auf Folgendes geachtet werden:

- Der Empfänger muss diese Datei öffnen können, also über ein geeignetes Programm verfügen.
- Die Größe des Anhangs sollte 250 KB nicht überschreiten.
- Größere Dateien sollten zu sogenannten Zipdateien komprimiert werden.

Grundsätzlich lassen sich Dateien in beliebigen Dateiformaten beifügen, wie beispielsweise Bilder, Videos, HTML-Dateien, Word-Dokumente und Programme.

Im letzten Schritt wird die E-Mail versendet, indem die Schaltfläche „Senden" betätigt wird.

Die **Signatur** kann – wie eine Visitenkarte – die Daten des Absenders wie zum Beispiel Name, Adresse, Firma und Telefonnummer umfassen. Eine einmal erstellte Signatur wird bei der Erstellung einer neuen E-Mail automatisch in das Haupttextfeld eingefügt.

Die Visitenkarte kann mithilfe des Befehls „Optionen" im Hauptmenü „Extras" angelegt werden. Unter „Extras" befindet sich das Register „E-Mail-Format" mit dem Befehl „Signaturen".

Terminverwaltung

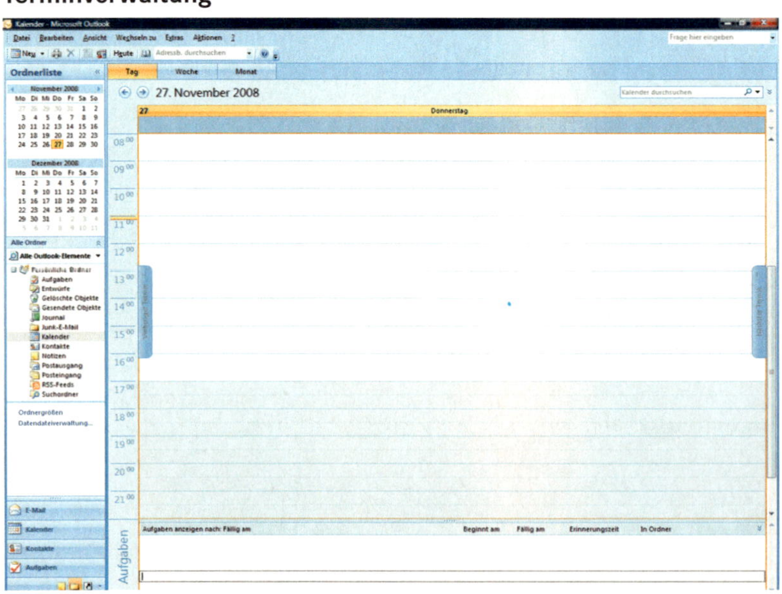

Schaubild 2.70: Die Arbeitsfläche des Kalenders in Outlook

Im betrieblichen Umfeld wird die Terminverwaltung intensiv genutzt. Um hierbei in den vollen Genuss der Möglichkeiten von Outlook zu kommen, ist der Betrieb eines Exchange Servers zwingend erforderlich. Über den Exchange Server können automatisch Besprechungen und andere Termine mit mehreren Teilnehmern geplant werden, indem der Outlook-Client die Terminkalender aller Teilnehmer vergleicht und mögliche Terminüberschneidungen anzeigt. Gleichzeitig können unter Outlook Arbeitsmittel („Ressourcen") wie zum Beispiel Räume oder Geräte reserviert werden.

Mit der Schaltfläche „Neu" in der Symbolleiste kann ein neuer Termin festgelegt werden (Schaubilder 2.70 und 2.71).

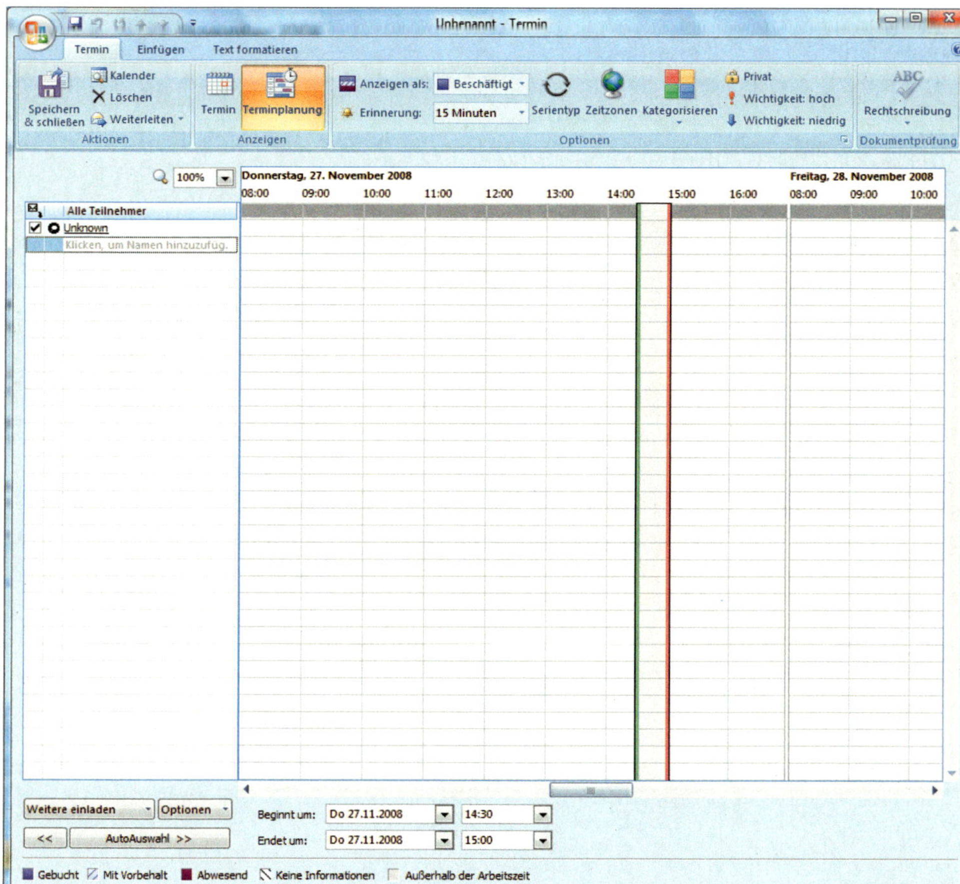

Schaubild 2.71: Terminplanung in Outlook

Die Terminplanung kann mit mehreren Mitarbeitern abgestimmt werden, indem weitere Personen eingeladen werden. Der PC zeigt dann sofort die Terminkalender aller eingeladenen Personen an und stellt fest, ob jeder Zeit hat. Auf diese Weise entfallen zeitraubende Telefonate zur Terminabstimmung.

Bei Aktivierung der Schaltfläche „Serientyp" wird ein Serientermin erstellt.

BEISPIEL ▶ Serientermineintrag

Ab dem 10. Juni 2009 findet in Raum 1504 über zehn Wochen hinweg jeden Mittwoch ein Seminar statt. Der Termin muss nur einmal eingegeben werden, die Serie wird automatisch erstellt (Schaubild 2.72).

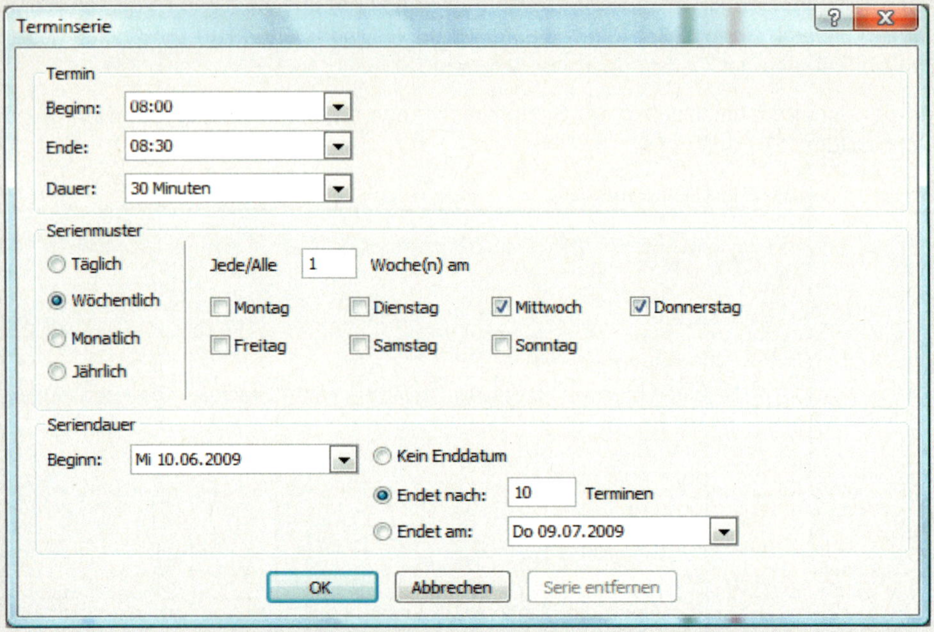

Schaubild 2.72: Optionen bei der Serienterminerstellung

Auch zur Nutzung des Abwesenheits-Assistenten wird der Exchange Server benötigt. Der Abwesenheits-Assistent wird im Menü „Extras“ aktiviert, anschließend muss eine Regel hinzugefügt werden.

Eine **Regel** ist in Outlook eine Bedingung, deren Erfüllung eine bestimmte Aktion auslöst.

BEISPIEL ▶ Regel in Outlook

Frau Schneider stellt eine wichtige Anfrage an Herrn Schmidt und geht anschließend für zwei Wochen in Urlaub. Trifft nun eine E-Mail von Herrn Schmidt ein, so wird Frau Schneiders Regel „An Herrn Meier weiterleiten“ wirksam. Die E-Mail wird sofort weitergeleitet und kann von Herrn Meier bearbeitet werden.

Verwaltung von Kontaktadressen

Ein neuer Kontakt wird mit der Schaltfläche „Neu“ erstellt. Auf den Registerkarten können alle Details der Kontaktinformationen eingegeben werden (Schaubilder 2.73 und 2.74). Abschließend wird in der Symbolleiste der Befehl „Speichern und schließen“ aktiviert.

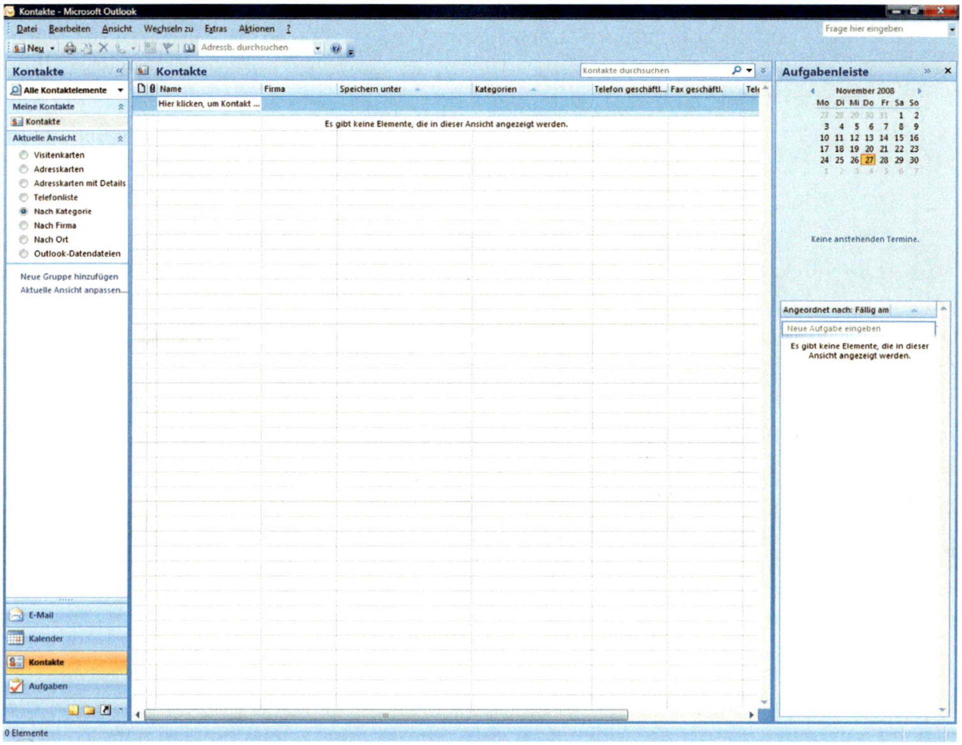

Schaubild 2.73: Arbeitsfläche zur Verwaltung von Kontaktadressen

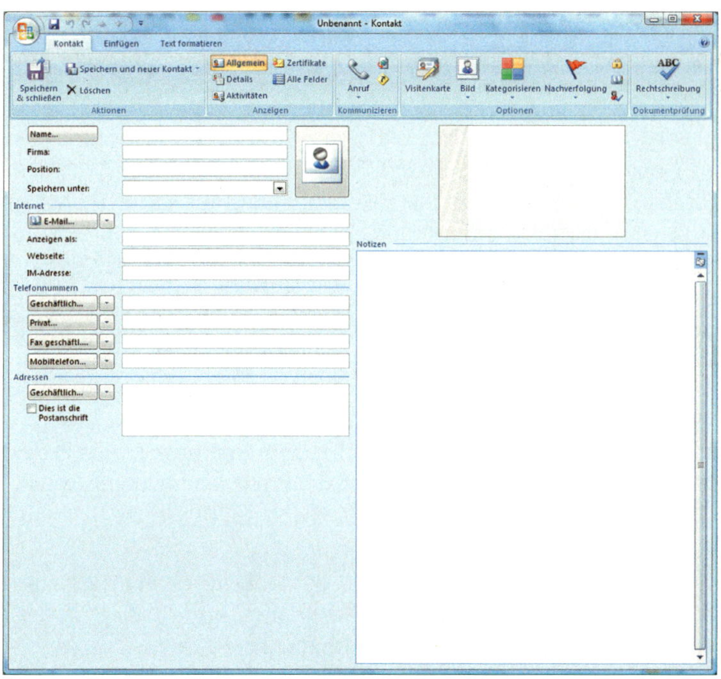

Schaubild 2.74: Eintragung von Kontaktinformationen in Outlook

Notizen

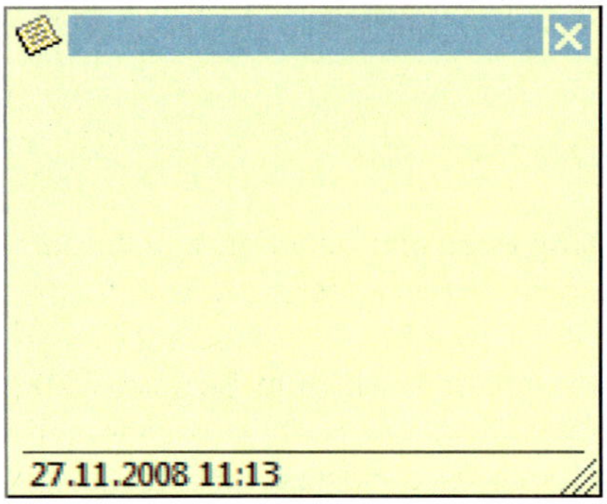

Eine neue Notiz wird über die Schaltfläche „Neu“ erstellt.

Auf dem elektronischen Notizzettel (Schaubild 2.75) können, falls kein Stift zur Hand ist, wichtige Informationen schnell und direkt im PC vermerkt werden.

Schaubild 2.75: Elektronischer Notizzettel in Outlook

Technische Grundlagen der E-Mail-Kommunikation

Die **technischen Voraussetzungen** für E-Mail-Kommunikation sind

- ein Telefonanschluss,
- ein Modem,
- ein Provider und
- ein PC.

Der E-Mail-Austausch ist das elektronische Gegenstück zum herkömmlichen Briefverkehr. E-Mails lassen sich ungleich schneller zustellen und sind sehr viel kostengünstiger. Sie werden durch das Internet von einem Computer zum anderen gesendet und dann so lange auf der Empfänger-Mailbox gelagert, bis sie vom Empfänger abgerufen werden.

Damit E-Mails verschickt werden können, muss ein direkter Zugang zum **Internet** oder ein Zugang über einen Onlinedienst vorhanden sein. Daneben wird eine Software zum Senden und Empfangen von E-Mails benötigt.

Für den reibungslosen Versand von E-Mails ist es wichtig, die **E-Mail-Adresse** des Empfängers korrekt einzugeben. Eine E-Mail-Adresse besteht aus vier Teilen. Vor dem Zeichen @ (für das englische „at“), das mit der Tastenkombination [ALT GR]+[Q] erzeugt und auch Affenschaukel genannt wird, steht der Empfängername. Dahinter steht der Domainname; dieser steht für den Internetdienst, bei dem das Empfänger-Postfach geführt wird. Der Domainname kann aber auch für die Website einer Firma oder einer Person stehen. Nach dem Domainnamen folgt die Länderkennung. Diese wird immer mit einem Punkt vom Domainnamen getrennt.

BEISPIELE ▶ Kennungen von Domains

- Frau Sonnenschein hat ein elektronisches Postfach bei dem Internet Service Provider Web.de. Als ersten Bestandteil ihrer Adresse hat sie ihren Nachnamen gewählt. Die vollständige Adresse lautet folglich sonnenschein@web.de. Der letzte Bestandteil der Adresse ist die Länderkennung für Deutschland.
- Die Kennung „.com“ weist darauf hin, dass es sich bei der Website um eine kommerzielle handelt. Die Kennung „.it“ steht für Italien, die Kennung „.org“ für eine Organisation wie etwa die Kultusministerkonferenz, deren Domainname kmk.org lautet.

Ein **Internet Service Provider** (ISP) ist ein Dienstleister, der gegen ein Entgelt den Internetzugang bereitstellt. Jeder Kunde hat einen Benutzer-Identifikationscode (ID) und ein Passwort.

BEISPIELE ▶ Internetdienste

Andere Internetdienste neben Web sind etwa GMX, T-Online oder AOL.

Um eine E-Mail zu verschicken, wird ein eigenes **E-Mail-Postfach** benötigt. Es gibt eine Vielzahl von Anbietern, die einen Internetzugang ermöglichen und kostenfrei ein elektronisches Postfach bereitstellen. Daneben gibt es aber auch E-Mail-Provider oder sogenannte Freemailer, die ausschließlich E-Mail-Dienste anbieten, wie zum Beispiel GMX, Lycos oder Web. Sie bieten ebenfalls ein kostenloses Postfach, darüber hinaus aber mehr Optionen und oftmals besseren Service. So ist es beispielsweise möglich, sich bei diesen Anbietern mit weiteren E-Mail-Adressen anzumelden.

Sollen E-Mails direkt über den Internetprovider verschickt werden, so muss man sich zuvor in das Internet einwählen und anschließend online bleiben. Das ist umständlich und kann teuer werden. Mit Programmen, die die Bearbeitung und Verwaltung von E-Mails vereinfachen, lässt sich dieses Problem umgehen. Wenn ein **E-Mail-Programm** (auch E-Mail-Client genannt) wie etwa Outlook auf dem Computer installiert ist, können Nachrichten automatisch abgerufen und versandt werden. Zum Abrufen von E-Mails muss die Internetverbindung nur kurz aktiviert werden, damit das Programm eine automatische Verbindung zu dem Provider herstellen kann. Sobald der Inhalt des Postfaches abgerufen ist, sind die Nachrichten auf dem Computer gespeichert und können in Ruhe geöffnet und gelesen werden, ohne dass die Internetverbindung bestehen bleiben muss. Beim Schreiben von E-Mails kann man analog verfahren: Die Nachrichten können Stück für Stück in dem Programm fertiggestellt und im Postausgangsordner gesammelt werden. Der Verbindung mit dem Internet ist dann nur noch zum Versand nötig.

In der virtuellen Welt ist es nicht leicht, sich vor **Spam-E-Mails** zu schützen, das heißt vor E-Mails, die unverlangt zu Werbezwecken versandt werden. Spam-E-Mails sind grundsätzlich nicht verboten und ein Gesetz dagegen wird es in den nächsten Jahren nicht geben. Die Übertragung solcher Mails belastet jedoch das Netz, nimmt die Zeit des Empfängers in Anspruch und kostet letztlich auch noch Geld, weil Onlinegebühren anfallen.

Tabelle 2.11 enthält eine kurze Beschreibung der gängigsten Bezeichnungen für Spam-E-Mails.

Spam	Werbe-E-Mail
Bulkmail	massenhaft versandte Werbe-E-Mail
Junkmail	wertlose Mail – englisch für „Müll-Post“
Mail-Bombe	Postbombe – sehr große Dateien werden an eine E-Mail angehängt. Eine Mail-Bombe hat zum Ziel, Onlinekosten in die Höhe zu treiben oder die Festplatte des Empfängers zu überfüllen.
UBE	englisch für „unsolicited bulk e-mail“; unerwünschte Massen-E-Mail
UCE	englisch für „unsolicited commercial e-mail“; unerwünschte E-Mail mit kommerziellem Inhalt

Tabelle 2.11: Bezeichnungen für Spam-E-Mails

Ein Schutz gegen Spam-E-Mails ist nur durch eigene Vorkehrungen möglich. So kann man sein E-Mail-Postfach mit einem Filtersystem ausstatten, das heißt mit einem Programm, das nach bestimmten Betreffzeilen sucht und die entsprechenden E-Mails aussortiert. E-Mail-Provider führen darüber hinaus sogenannte schwarze Listen bestimmter Absender. Diese enthalten Schlüsselwörter, die verhindern, dass Spam-E-Mails durchdringen.

Internetgrundlagen

Das heutige Internet hat seinen **Ursprung** in dem Internetting Project der DARPA - der **D**efense **A**dvanced **R**esearch **P**rojects **A**gency. Die DARPA ist eine Forschungseinrichtung des amerikanischen Verteidigungsministeriums. Sie plante schon 1981 ein Netzwerk auf der Basis des 1969 eingerichteten Forschungsnetzes ARPANET, das aber ausfallsicherer sein sollte.

Internet ist das Kurzwort für „Interconnected Networks". Das Internet ist ein weltweites elektronisches Netzwerk (WAN = Wide Area Network; großräumiges Netzwerk) voneinander unabhängiger Rechner und regionaler Netzwerke. Generell können alle Rechner, die an das WAN angeschlossen sind, untereinander kommunizieren.

Das Internet dient dem sehr schnellen **Austausch von Informationen.** Oft wird der Begriff „Internet" so aufgefasst, als sei er gleichbedeutend mit dem World Wide Web; das World Wide Web ist allerdings nur einer von vielen Diensten auf der Grundlage des Internets.

Das Internet ist das bekannteste WAN und besteht unter anderem aus

- Firmennetzwerken, über die die Computer einer Firma verbunden sind;
- Providernetzwerken, an die die Rechner der Kunden eines Internetproviders angeschlossen sind;
- Universitätsnetzwerken und
- privaten Anschlüssen.

Die Vernetzung der einzelnen Netzwerke kann über unterschiedliche Kommunikationswege wie zum Beispiel Richtfunkstrecken, Glasfaserkabel, Telefon- oder ISDN-Verbindungen erfolgen.

Tabelle 2.12 fasst die wichtigsten elektronischen Netzwerke zusammen.

Die wichtigsten Vorteile des Internets sind

- **Gleichartigkeit.** Das Abrufen von Informationen bleibt überall gleich, auch wenn zum Beispiel die Browsersoftware, das Betriebssystem oder die Plattform auf jedem Rechner anders sein kann.
- **weltweiter Zugriff.** Von überall auf der Welt kann auf Internetseiten zugegriffen werden.
- **weltweite Verteilbarkeit.** E-Mails können schnell und unbürokratisch weltweit verschickt werden.
- **Einfachheit.** Der Browser ist leicht bedienbar, das Internet ist mit wenigen Mausklicks erreichbar.

Abkürzung	Bezeichnung	Erläuterung
PAN	Personal Area Network	Ein Netzwerk, das durch Kleingeräte wie PDAs oder Mobiltelefone umgehend auf- oder abgebaut werden kann.
LAN	Local Area Network	Ein Computernetz, das innerhalb eines begrenzten Bereiches von maximal 1 km^2 agiert.
MAN	Metropolitan Area Network	Ein breitbandiges, in Glasfasertechnologie umgesetztes Telekommunikationsnetz, das die größten Bürozentren einer Großstadt miteinander verbindet und eine Ausdehnung von bis zu 100 km erreichen kann.
WAN	Wide Area Network	Ein Computernetz, das sich über einen sehr großen geografischen Raum erstreckt. Die Anzahl der angeschlossenen Rechner ist theoretisch unbegrenzt.
GAN	Global Area Network	Ein Netzwerk, das weltweit mehrere WANs verbindet und zum Beispiel zur Vernetzung weltweiter Standorte einer internationalen Firma dient.

Tabelle 2.12: Die wichtigsten elektronischen Netzwerke

Ein **Webbrowser** oder Browser (englisch für „Stöberer“) ist ein Computerprogramm, das die Verbindung zum Internet herstellt und den Inhalt von Text- oder Bilddateien sichtbar macht.

Auf der Grundlage des Internets bestehen heute sogenannte Intranets.

Ein **Intranet** ist ein internes Kommunikationsnetz eines Unternehmens oder einer sonstigen Organisation, das auf der Internettechnologie basiert, jedoch nicht Teil der öffentlichen Netze ist. Es ist vielmehr nur für einen begrenzten und festgelegten Teilnehmerkreis zugänglich.

Während man von einem Intranet aus auf das Internet zugreifen kann, ist die umgekehrte Vorgehensweise nicht möglich; Intranets sind durch Firewalls (englisch für „Brandschutzmauern“) vor unerlaubtem Zugriff geschützt.

Das Intranet bietet den Firmen eine Fülle an Kommunikationsmöglichkeiten und Vorteilen:

- Informationen sind weltweit abrufbar.
- Es ist eine flexiblere Zeiteinteilung möglich, da Mitarbeiter zum Beispiel von zu Hause aus (Telearbeit) oder beim Kunden direkt auf den Firmenrechner zugreifen können.
- Bei Projekten können die Beteiligten weltweit zusammenarbeiten, ohne zu reisen, da die räumliche Distanz durch Bildschirmtelefone, Videokonferenzen und Applicationsharing überbrückt werden kann.

Application Sharing (englisch für „gemeinsame Anwendung“) ist ein Verfahren, das es Konferenzpartnern erlaubt, zur gleichen Zeit auf ein und dasselbe Dokument zuzugreifen und dieses unter bestimmten Bedingungen sogar gleichzeitig zu bearbeiten.

Kurz gefasst, kann man das Internet vom Intranet folgendermaßen abgrenzen:

- **Es gibt ein einziges Internet, aber theoretisch unbegrenzt viele Intranets.**
- **Das Internet ist ein weltweites Informations- und Kommunikationsnetz, ein Intranet hingegen ist ein firmeneigenes, nicht öffentlich zugängliches Informations- und Kommunikationsnetz.**

MERKE

Einige Schlüsselbegriffe zum Internet

Eine Art kommunikativer Telegraf über den Internetdienst IRC (Internet Relay Chat) ist der **Chat.** Der Begriff Chat stammt aus dem Englischen und bedeutet so viel wie plaudern. Gemeint ist der Gedankenaustausch zwischen zwei oder mehreren Anwendern mit Tastatur und Bildschirm. Chat ist Unterhaltung in Echtzeit, das heißt, die Teilnehmer tippen eine Mitteilung ein, die für alle anderen Teilnehmer der Chatrunde unmittelbar sichtbar wird. Da sich die Teilnehmer während eines Chats nicht sehen können, werden sogenannte Emoticons benutzt, um Gefühle wie Ironie oder Freude auszudrücken.

Tabelle 2.13 fasst die gängigsten Emoticons zusammen.

:-)	lachendes Gesicht, „nicht alles so ernst nehmen“	:‘-(	weinen
:-(	trauriges Gesicht, „find ich schade!“, unglücklich, ...	:‘-)	vor Freude weinen
;-)	Augenzwinkern, „war nicht so ernst gemeint“	:-!	Raucher, Rauchpause
:-O	„Oh!“, Erstaunen, Erschrecken	(:-)	Glatzkopf
:-o	„Oh!“, erschrocken	&:-)	Elvis-Frisur
:-D	lautes Lachen	{:-)	Toupet
:-P	Zunge rausstrecken	:-I	„Darüber kann ich nicht lachen ...“
:-X	Küsschen geben		

Tabelle 2.13: Emoticons

Das Verkaufen und Kaufen im Internet (World Wide Web) wird als **E-Commerce** bezeichnet; dabei wird zwischen Business-to-Business (B2B) und Business-to-Consumer (B2C) unterschieden. Bei Unternehmen, die ihre Produkte anderen Unternehmen anbieten und die eigene Versorgung mit Rohstoffen und sonstigen Vorprodukten über das Internet sichern, handelt es sich um B2B. Verkauft das Unternehmen direkt an den Privatkunden, so handelt es sich um B2C. E-Commerce ermöglicht enorme Einsparungen in den Bereichen Einkauf und Vertrieb.

Onlinebanking ermöglicht es dem Kunden, seine Bankgeschäfte online und außerhalb der Geschäftszeiten abzuwickeln. Dabei reicht das Angebot von der Kontostandsabfrage und der Abfrage der Umsätze bis zur Durchführung von Überweisungen und zur Einrichtung von Daueraufträgen. Manche Banken unterhalten keine Filialen mehr und wickeln stattdessen ihre Geschäfte ausschließlich über elektronische Kommunikationswege ab.

Modem ist ein aus den beiden Wörtern Modulator und Demodulator zusammengesetztes Kunstwort. Das Modem wird zwischen Computer und Telefonleitung geschaltet und wandelt die elektrischen Impulse des Computers in akustische Signale um. So werden die digitalen Daten aus dem Computer in analoge Daten für das Telefonnetz umgewandelt und umgekehrt. Ist das Modem in den Computer eingebaut, wird es als internes Modem bezeichnet, hat das Modem ein eigenes Gehäuse, wird es als externes Modem bezeichnet.

Eine **Suchmaschine** dient dazu, den Überblick über die Vielzahl der Informationen im Internet zu behalten. Diese Programme helfen bei der Stichwortsuche im Internet und bei der Recherche von Dokumenten, die in einem Computer oder einem zentralen Rechner gespeichert sind. Nach Eingabe eines Suchbegriffs liefert eine Suchmaschine eine Liste von Verweisen auf wahrscheinlich relevante Dokumente, in denen dieser Begriff enthalten ist und die meist den Titel und einen kurzen Auszug aus dem jeweiligen Dokument umfassen.

Die Adressen von Webseiten, die häufig besucht werden, müssen nicht stets von Neuem in die Adresszeile des Browsers eingegeben werden, wenn sie als Favoriten abgespeichert wurden. Ein **Favorit** ist mit einem Lesezeichen zu vergleichen, das direkt zur gewünschten Internetseite führt.

Das ausschließliche Recht eines Urhebers an seinem Werk wird **Urheberrecht** genannt. Das Urheberrecht dient dem Schutz des Persönlichkeitsrechts und der wirtschaftlichen Interessen der Urheber kultureller Werke. Im Internet können Inhalte spielend weltweit publiziert und ebenso leicht kopiert und für eigene Zwecke eingesetzt werden, aber auch hier gilt das Urheberrecht.

www.www-kurs.de

Datenbanken am Beispiel von Access

Grundlagen

Eine **Datenbank** ist eine Sammlung von Informationen, die einem bestimmten Zweck dienen, wie zum Beispiel

- Bücher in einer Bibliothek,
- Waren im Warenlager oder
- Gehaltsabrechnungen im Betrieb.

Ein Beispiel für manuelle Datenbanken sind Karteikästen. Das Auffinden der Daten wird hier durch Registerkarten erleichtert. Ein Karteikasten enthält zusammengehörige, nach bestimmten Kriterien geordnete Daten. Jede Karte enthält in der Regel die gleiche festgelegte Anzahl von Eintragungen. Der Benutzer erfasst seine Daten manuell auf einer Karteikarte und ordnet diese nach den von ihm bestimmten Kriterien in seinen Karteikasten ein. Um Änderungen vornehmen zu können, muss er die entsprechende Karte aus dem Karteikasten heraussuchen, die Daten ändern und die Karte dann wieder an ihren Platz zurückstellen.

Die Datenbank kann eine einzelne Datei oder eine Gruppe von Dateien sein. Die einzelnen Dateien enthalten Datensätze zu einem bestimmten Thema und Werkzeuge (Tools), die bei der Datenein- und -ausgabe benötigt werden. Die unterschiedlichen Werkzeuge ermöglichen ein schnelleres Erfassen und Wiederfinden der Daten.

Ein **Datenbanksystem** ist ein System zur Sammlung und Verwaltung von Daten. Die Datensammlung ist nach einer bestimmten Struktur aufgebaut und das Verwaltungssystem organisiert die Datensammlung und die Zugriffe auf die Datenbank.

Das Verwaltungssystem ermöglicht dem Nutzer, bestimmte Informationen (Daten) zu erfassen, zu speichern, wieder aufzufinden, zu aktualisieren und weitere Operationen mit den Daten durchzuführen, wie zum Beispiel das Sortieren nach festgelegten Kriterien.

Elektronische Datenbanksysteme sind gegenüber manuellen Datenbanken von Vorteil, da sie

- die Datenerfassung erleichtern,
- es erlauben, gespeicherte Daten schneller zu finden,
- die Aktualisierung von Daten vereinfachen und teilweise automatisieren,
- es erlauben, Daten flexibel und datenbankübergreifend anzuordnen und zusammenzustellen und so unbekannte Informationszusammenhänge aufzudecken,
- eine effektive Auswertung der Daten gestatten.

Tabelle 2.14 enthält einen zusammenfassenden Vergleich der Komponenten manueller und elektronischer Datenbanken.

Manuelle Datenbank	Elektronische Datenbank	Erklärung
Karteikastensystem	**Datenbanksystem**	Beide Systeme enthalten zusammengehörige und nach festgelegten Kriterien geordnete Karteien. Zusätzlich besitzt ein Datenbanksystem ein Verwaltungsprogramm.
Karteikasten	**Tabelle**	Jede Karte oder Tabelle enthält die gleiche festgelegte Anzahl von Eintragungen und fasst eine Datenmenge unter einem gemeinsamen Oberbegriff zusammen.
Karteikarte	**Datensatz/Tabellenzeile**	Jede Karteikarte entspricht einem Datensatz bzw. einer Tabellenzeile. Jeder Datensatz ist nach einer bestimmten Struktur angelegt, dergemäß die Daten gespeichert und verwaltet werden.
Eintragungsfeld	**Datenfeld/Tabellenspalte**	Ein Eintragungsfeld oder ein Datenfeld ist ein Feld, in dem eine einzelne Information eines Datensatzes abgelegt ist.

Tabelle 2.14: Die Komponenten von Datenbanken

Die Datenbanktabelle

Eine Tabelle besteht aus vielen gleichartigen Datensätzen. Jeder Datensatz besteht aus einer bestimmten Aufeinanderfolge von Datenfeldern. Daraus ergibt sich ein tabellenartiger Aufbau (Schaubild 2.76).

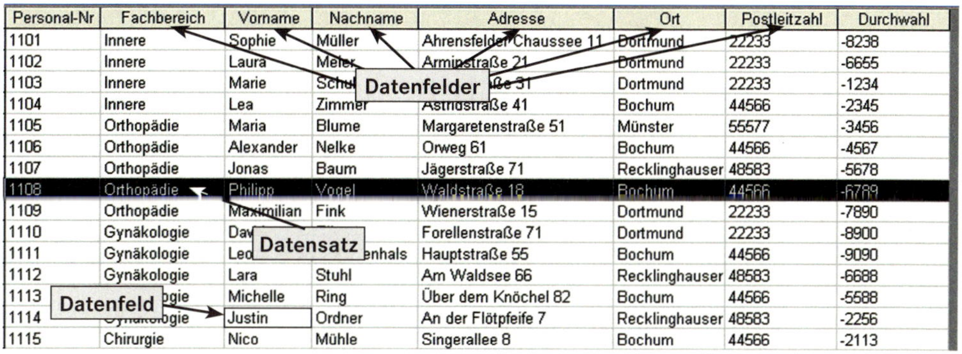

Personal-Nr	Fachbereich	Vorname	Nachname	Adresse	Ort	Postleitzahl	Durchwahl
1101	Innere	Sophie	Müller	Ahrensfelder Chaussee 11	Dortmund	22233	-8238
1102	Innere	Laura	Meier	Arminstraße 21	Dortmund	22233	-6655
1103	Innere	Marie	Schu…	…ße 31	Dortmund	22233	-1234
1104	Innere	Lea	Zimmer	Astridstraße 41	Bochum	44566	-2345
1105	Orthopädie	Maria	Blume	Margaretenstraße 51	Münster	55577	-3456
1106	Orthopädie	Alexander	Nelke	Orweg 61	Bochum	44566	-4567
1107	Orthopädie	Jonas	Baum	Jägerstraße 71	Recklinghauser	48583	-5678
1108	Orthopädie	Philipp	Vogel	Waldstraße 18	Bochum	44566	-6789
1109	Orthopädie	Maximilian	Fink	Wienerstraße 15	Dortmund	22233	-7890
1110	Gynäkologie	Da…	[illegible]	Forellenstraße 71	Dortmund	22233	-8900
1111	Gynäkologie	Leo…	…enhals	Hauptstraße 55	Bochum	44566	-9090
1112	Gynäkologie	Lara	Stuhl	Am Waldsee 66	Recklinghauser	48583	-6688
1113	…ogie	Michelle	Ring	Über dem Knöchel 82	Bochum	44566	-5588
1114	…ogie	Justin	Ordner	An der Flötpfeife 7	Recklinghauser	48583	-2256
1115	Chirurgie	Nico	Mühle	Singerallee 8	Bochum	44566	-2113

Schaubild 2.76: Beispiel für eine Datenbanktabelle

Die Tabelle in Schaubild 2.76 enthält 15 Datensätze mit jeweils acht Datenfeldwerten. Die nach Spalten angeordneten Datenfelder sind jeweils durch einen eindeutigen Namen (Überschrift) definiert, der die Datenstruktur wiedergibt.

Die Erstellung einer Datenbankdatei beginnt mit der Festlegung des Datensatzaufbaus (Struktur) und der Definition der nötigen Datenfelder eines Datensatzes. Jedes einzelne Datenfeld hat folgende Merkmale, die angegeben werden müssen:

- Datenfeldname
- Datenfeldtyp
- Datenfeldlänge

Als Hinweis auf den Verwendungszweck des Feldes sollte sich der Datenfeldname selbst erklären. Begriffe wie Name, Straße oder Umsatz sind – im Gegensatz zu Fantasienamen wie zum Beispiel XYZ, 0815 oder ABC – selbstredend.

Der Datenfeldtyp richtet sich ebenfalls nach dem geplanten Verwendungszweck, wobei hier Text- und Zahlenfelder unterschieden werden. Textfelder enthalten „starre" Informationen, mit den Inhalten der Zahlenfelder können hingegen auch Berechnungen durchgeführt werden. Der Datenfeldtyp für das Datenfeld „Vorname" ist „Text".

Die Datenfeldlänge muss so festgelegt werden, dass sie hinreichend Platz für den Feldeintrag bietet. Das Feld „Postleitzahl" benötigt fünf Zeichen, der Ort oder die Adresse benötigen bestimmt mehr.

Relationale Datenbanken

> Eine **relationale Datenbank** ist eine Datenbank, die aus mehreren Tabellen besteht, die untereinander in einer Beziehung (Relationalität) stehen.

Eine nichtrelationale Datenbank besteht aus nur einer Tabelle. Der Nachteil bei nichtrelationalen Datenbanken besteht darin, dass wiederkehrende Informationen jeweils erneut eingetragen werden müssen.

Microsoft Access ist ein interaktives (die Benutzung ist im Ablauf nicht festgelegt), relationales Datenbanksystem. Es ist für kleinere bis mittlere Datenbankanwendungen geeignet. Auf einfache Weise können Datenmasken, Formulare und Berichte im WYSIWYG-Verfahren (WYSIWYG = What You See Is What You Get) verfasst werden. Mit den Assistenten ist es auch ohne Programmierkenntnisse möglich, viele Aufgaben zu automatisieren. Das Erstellen komplexer Anwendungen wird durch die integrierte Programmiersprache Access Basic ermöglicht.

In einer Access-Datenbank werden normalerweise etliche Tabellen mit zusätzlichen Informationen verknüpft.

BEISPIEL ▶ Verknüpfung von Tabellen

In der Klinik Am Rande der Stadt wird eine Datenbank geführt, in die alle Patienten mit ihren persönlichen Daten (Patientennummer, Name, Adresse, Fachbereiche) eingetragen sind. In der Regel wird jeder Patient in mehreren Fachbereichen versorgt. Bestünde die Datenbank nur aus einer Tabelle, so müsste für jeden Fachbereich eine eigene Zeile angelegt werden, die jeweils dieselben persönlichen Daten enthält (Schaubild 2.77). Eine solche Tabelle besteht zu einem großen Teil aus gleichbleibenden (redundanten) Informationen (Vorname, Nachname, Wohnort).

Schaubild 2.77: Tabelle mit redundanten Informationen

Patienten-Nr	Vorname	Name	Straße	Fachbereich
1	Hans-Jochen	Seidel	Hellerhofstraße 21	Chirurgie
1	Hans-Jochen	Seidel	Hellerhofstraße 21	Innere
1	Hans-Jochen	Seidel	Hellerhofstraße 21	Orthopädie

Zieht der Patient um, so müssen die entsprechenden Adressfelder aktualisiert werden. Gibt es mehrere Tabellen, die miteinander in Beziehung gesetzt wurden, so muss die Änderung der Adresse nur einmal, und zwar in der Tabelle für Adressen, vorgenommen werden. Ist die Patiententabelle (Schaubild 2.78) nach Patientennummern gegliedert und über die Patientennummern mit einer weiteren Tabelle (Schaubild 2.79) verknüpft, so kann jeder Fachbereich, in dem der Patient behandelt wird, über die Patientennummer unmittelbar auf die aktuelle Adresse zugreifen.

Schaubild 2.78: Patiententabelle – Mustertabelle

Patienten-Nr	Vorname	Name	Straße
1	Hans	Seidel	Hellerhofstraße 21
2	Evelyn	Mitzner	Schilder Weg 17
3	Günter	Bachmann	Weinbergst.52-54, Haus 7

In der Patiententabelle sind die persönlichen Daten aller Patienten enthalten, in der zweiten alle Fachbereiche, in denen die Patienten eingeschrieben sind. Wird nun im Fachbereich Innere Medizin die Adresse eines Patienten benötigt, so wird dort in der ersten Tabelle nach dem Datensatz gesucht, der die entsprechende Patientennummer enthält.

Patienten-Nr	Fachbereich
1	Chirurgie
1	Innere
1	Orthopädie
2	Chirurgie
2	Innere
3	Innere

Schaubild 2.79: Tabelle der Fachbereiche – Detailtabelle

Ein **Primärschlüsselfeld** ist ein Feld in einer besonderen Spalte einer Tabelle, in der jeder Wert nur einmal vorkommen darf. Dieses Feld verknüpft zwei Tabellen und dient der eindeutigen Zuordnung verschiedener Daten.

BEISPIEL ▶ Primärschlüssel

Der Wert 2 im Primärschlüsselfeld „Patienten-Nr." der Patiententabelle verweist eindeutig auf die Patientin Evelyn Mitzner. Da er in der Patiententabelle nur einmal vorkommt, weiß jeder Datenbanknutzer, dass genau diese Patientin gemeint ist, auch wenn mehrere Patienten dieselbe Adresse oder gar denselben Namen und dieselbe Adresse haben.

Ein Wert aus einem Primärschlüsselfeld kann in einer anderen Tabelle in einem oder auch mehreren sogenannten Fremdschlüsselfeldern vorkommen. Der Fremdschlüssel ist das Gegenstück einer Beziehung. Er verbindet zwei Datensätze aus unterschiedlichen Tabellen.

BEISPIEL ▶ Fremdschlüssel

Die Patientin Evelyn Mitzner wird, wie aus der Tabelle der Fachbereiche (Schaubild 2.79) zu ersehen ist, während ihres Klinkaufenthaltes in den Fachbereichen Innere Medizin und Chirurgie behandelt.

Zwischen verschiedenen Tabellen können drei verschiedene logische Verbindungen bestehen:

- Die **1: n-Beziehung** ist der häufigste Beziehungstyp. Ein Patient (1) kann in mehreren Fachbereichen (n) versorgt werden. Die Patientennummer ist der Primärschlüssel aus der Patiententabelle, der sogenannten Mastertabelle, und kann in der Tabelle der Fachbereiche mehrfach erscheinen.
- In einer **n: m-Beziehung** kann ein Datensatz mit einem oder mehreren Datensätzen einer weiteren Tabelle in Beziehung gesetzt werden. Umgekehrt kann ein Datensatz einer zweiten Tabelle einem oder mehreren Datensätzen der ersten Tabelle zugeordnet werden. Das setzt voraus, dass eine dritte Tabelle eine Verbindung definiert und bereits in einer 1: n-Beziehung zur Mastertabelle steht.
- Die **1: 1-Beziehung** tritt verhältnismäßig selten auf. Bei dieser Beziehung kommt ein Wert in zwei Tabellen jeweils nur einmal vor und er ist in beiden Tabellen Primärschlüssel. Jeder Datensatz in der ersten Tabelle steht also genau einem Datensatz in der zweiten Tabelle gegenüber.

In Access sorgt die sogenannte referenzielle Integrität dafür, dass bei verknüpften Daten im Fall von Löschvorgängen oder Änderungen geprüft wird, ob die Verknüpfungen noch logisch sind.

BEISPIELE ▶ Referenzielle Integrität

- Wird ein Datensatz in der Detailtabelle der Fachbereiche einfügt, so dürfen nur Fremdschlüssel verwendet werden, die in der Mastertabelle als Primärschlüssel vorkommen. Anderenfalls wird dieser Datensatz nicht mit der Mastertabelle verknüpft.
- Wird in der Patiententabelle der Datensatz mit der Nummer 2 gelöscht, so hat das zur Folge, dass die Datensätze mit der Nummer 2 in den Detailtabellen der Fachbereiche „verwaisen". In den Fachbereichen ist die Patientin Evelyn Mitzner registriert, ohne dass deren Adresse noch auffindbar wäre.

Mithilfe der Indexfunktion von Access können Datensätze in eine bestimmte Reihenfolge (auf-, absteigend) gebracht werden. Ist die Tabelle einmal nach einem bestimmten Kriterium sortiert, so kann schnell auf die Daten zurückgegriffen werden, denn in der Regel läuft die Suche nach einem Wert in einer sortierten Tabelle wesentlich schneller ab als in einer unsortierten.

Ein **Index** ist ein Zusatz zur Beschleunigung von Sortier- und Suchvorgängen. Ist in einer Tabelle für ein oder mehrere Felder ein Index festgelegt, so speichert das Datenbanksystem dazugehörige Informationen in einer getrennten, nicht sichtbaren Systemtabelle.

Ein Primärschlüssel in einer Tabelle ist immer ein Index. Diese Eigenschaft wird von Access bei der Festlegung des Schlüssels automatisch zugewiesen. Umgekehrt muss ein Index nicht auch ein Primärschlüssel sein. Indizes können in mehreren Feldern eingesetzt werden. Dafür muss festgelegt werden, nach welchem Kriterium die Tabelle zuerst sortiert werden soll, danach wird die Tabelle nach dem zweiten Kriterium sortiert und so weiter. Indizes können Duplikate (zwei Felder mit demselben Wert) zulassen oder auch nicht. Wird derselbe Wert nicht zugelassen, so funktioniert ein Index wie ein Primärschlüssel.

BEISPIEL ▶ Sortierung von Datensätzen

Ein aufsteigend sortierender Index auf die Felder Name, Vorname und Straße sortiert nach dem Namen, bei gleichem Namen nach Vornamen, bei gleichem Namen und Vornamen nach der Straße. Die Reihenfolge, in der sortiert werden soll, wird bei der Definition des Index festgelegt.

Arbeiten mit Access

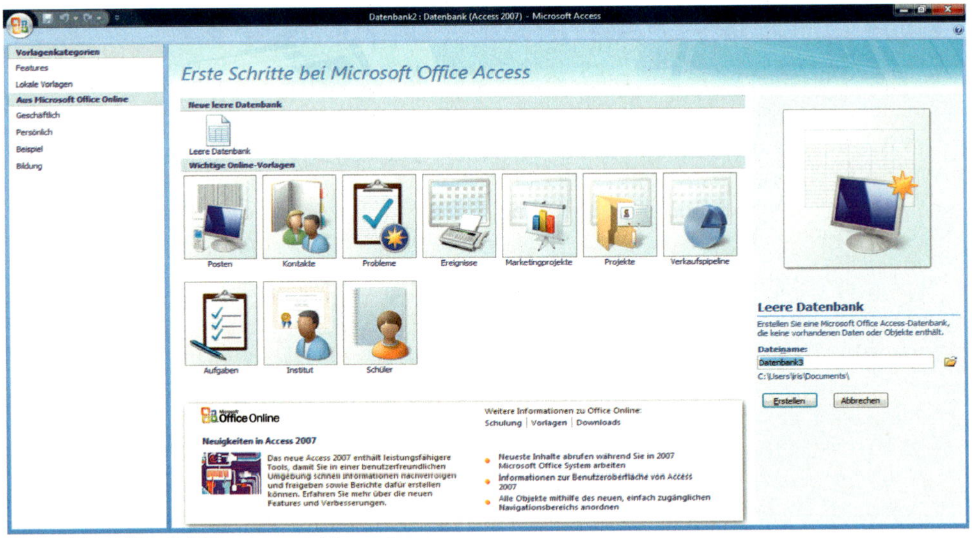

Schaubild 2.80: Eröffnungsansicht von Access

Nach dem Start von Access (Schaubild 2.80) erscheint eine Bildschirmoberfläche, die wie bei allen Microsoft-Produkten aus verschiedenen Elementen besteht, deren Wiedererkennungswert die Bedienung vereinfacht.

Mithilfe des Befehls „Leere Datenbank“ kann eine neue Datenbank erstellt werden. Wird eine neue Datenbank angelegt, so fordert Access dazu auf, diese Datenbank zu benennen und zu speichern.

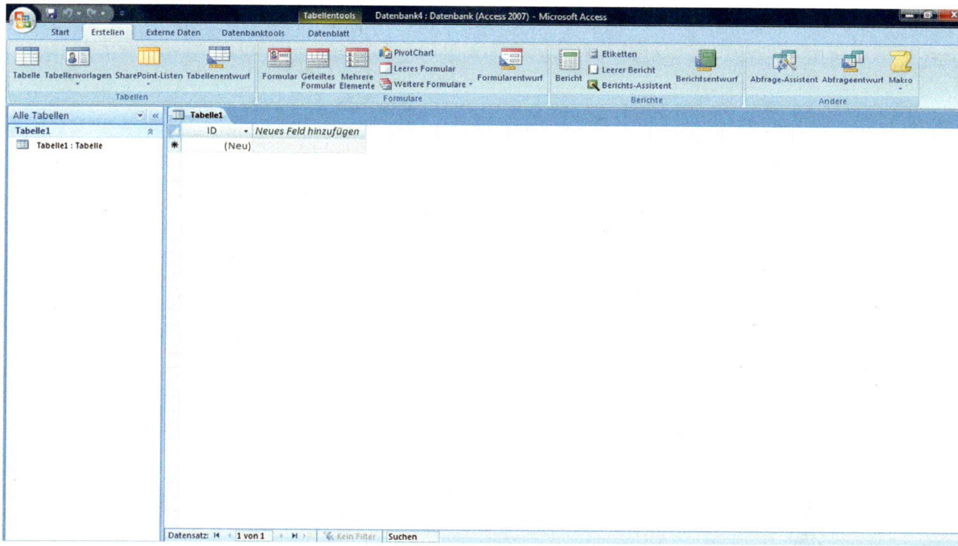

Schaubild 2.81: Das Datenbankfenster von Access

In der Registerkarte „Erstellen" (Schaubild 2.81) können die in Tabelle 2.15 zusammengefassten Funktionen ausgewählt werden.

Befehl	**Aktion**
Tabellen	Hier werden die ursprünglichen Daten gespeichert.
Abfragen	Selektiert Daten aus einer oder mehreren Tabellen. Dabei können die Werte eingeschränkt und/oder sortiert werden.
Formulare	Dienen als Eingabemasken, anhand deren Daten aus Tabellen oder Abfragen bearbeitet werden können.
Berichte	Bereiten die Daten aus Tabellen und Abfragen für den Druck auf. Zusätzlich können Zwischensummen gebildet werden.
Seiten	Erstellt eine Datenzugriffsseite, die den Zugriff auf die Datenbank mittels Internet ermöglicht.
Makros	Automatisieren Aktionen der Datenbank in der in Access integrierten Programmiersprache VBA (Visual Basic für Applikationen).

Tabelle 2.15: Datenbankfunktionen von Access

Schaubild 2.82 zeigt die Beziehungen der verschiedenen Access-Objekte.

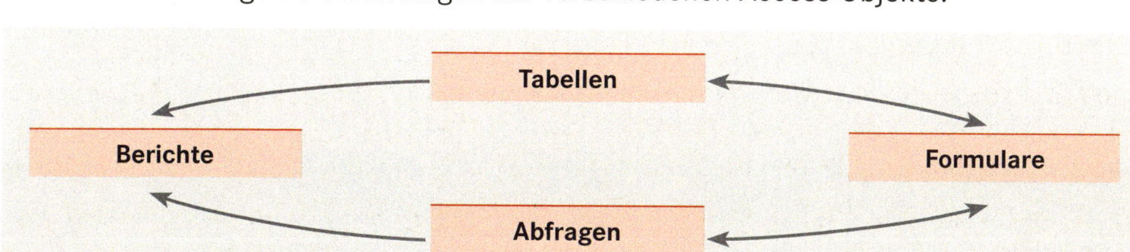

Schaubild 2.82: Die Beziehungen zwischen den verschiedenen Access-Objekten

Neben den schon bekannten Windows-Befehlssymbolen, wie zum Beispiel Speichern, Kopieren und Ausschneiden, umfasst Access weitere spezifische Befehle (Tabelle 2.16).

Befehlssymbol	Aktion
Tabelle analysieren	Der Assistent zur Tabellenanalyse startet die Prüfung der Datenbank auf redundante (doppelte) Informationen. Falls nötig, unterteilt er selbstständig eine Tabelle in mehrere Detailtabellen.
Eigenschaftenblatt	Zeigt die Eigenschaften eines markierten Objekts an.
Beziehungen	Öffnet ein Fenster, in dem Beziehungen der Tabellen/Abfragen angezeigt, bearbeitet und definiert werden können.

Tabelle 2.16: Spezielle Access-Befehle

Ehe die ersten Objekte für eine Datenbank angelegt werden, muss überlegt werden, welchen Zweck die Datenbank hat oder welche Informationen gespeichert werden sollen. Die einzelnen Objekte werden nacheinander angelegt und bauen aufeinander auf, das heißt stehen in einer Beziehung zueinander. Die Datenbankstrukturen im Nachhinein zu ändern, ist sehr mühselig und fehlerbehaftet. Deshalb ist eine sorgfältige Planung von Nutzen.

Der nächste Schritt ist eine logische Verbindung der einzelnen Bestandteile eines Datensatzes (Patientennummer, persönliche Daten der Patienten ...), damit entschieden werden kann, welche Daten zusammen in eine Tabelle gehören. In der Entwurfsansicht (Schaubild 2.83) werden die Spaltenüberschriften und die jeweiligen Feldeigenschaften festgelegt.

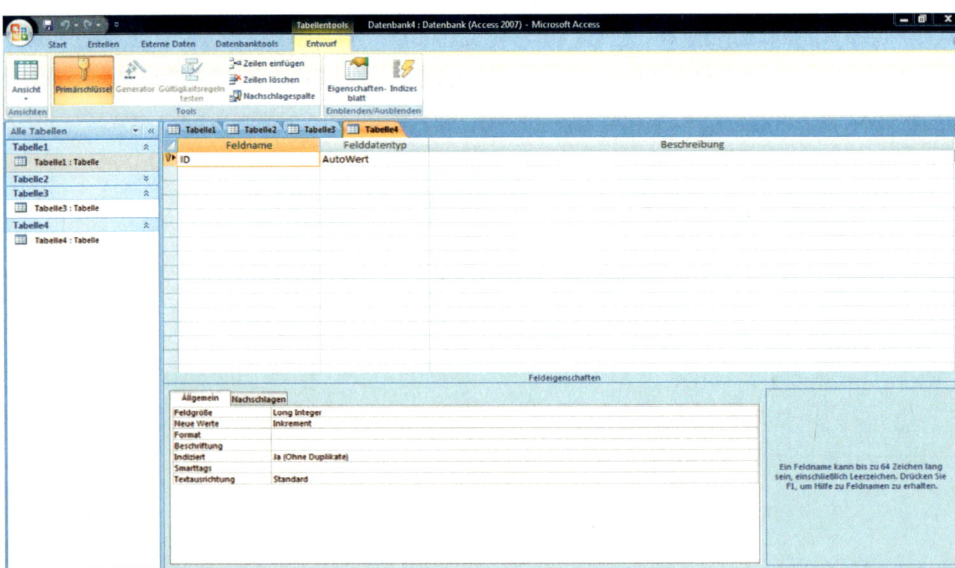

Schaubild 2.83: Die Entwurfsansicht in Access

Die Entwurfsansicht ist in drei große Felder unterteilt:

- Feldname,
- Felddatentyp,
- Beschreibung.

Über den Befehl „Neu“ in der Menüleiste wird die Entwurfsansicht für Tabellen geöffnet. Das kleine schwarze Dreieck in der Vorspalte zeigt an, welche Zeile gerade bearbeitet wird und wo die Bezeichnungen für die Tabellenspalten eingegeben werden. Der Felddatentyp ordnet den Tabellenspalten verschiedene Eigenschaften (zum Beispiel Text oder Zahl) zu. Tabelle 2.17 fasst die in Access verwendbaren Felddatentypen zusammen.

Felddatentyp	Beschreibung
Text	Standardeinstellung. Sie erlaubt Buchstaben, Zeichen und Zahlen; mit den Zahlen lässt sich allerdings nicht rechnen.
Memo	Text in großer Länge, zum Beispiel für Beschreibungen oder vertiefende Bemerkungen
Zahl	beliebiger numerischer Wert
Datum/Zeit/Währung	Datum, Uhrzeit oder Betrag in einer definierten Währung
Auto-Wert	Eine von Access automatisch vergebene Zahl, die bei der Eingabe eines neuen Datensatzes einer Tabelle eindeutig ist (ohne Duplikat). Auto-Wert-Felder können nicht verändert werden, bereits vergebene Zahlen stehen nach dem Löschen der Datensätze nicht mehr zur Verfügung.
Ja/Nein	Wahrheitswerte. Ja kann auch als Wahr oder 1 dargestellt werden, Nein als Falsch oder 0.
OLE-Objekte	Verknüpfte oder eingebettete Objekte, die von einem sogenannten OLE-Server erzeugt wurden. Das können zum Beispiel Excel-Tabellen oder PowerPointfolien sein.
Hyperlink	URL-Adresse, das heißt Adresse einer Internetseite
Nachschlage-Assistent	Eingabehilfe zur Erstellung von Nachschlage-Feldern, die eine Auswahl von Werten aus einer anderen Tabelle/Werteliste ermöglicht

Tabelle 2.17: Felddatentypen in Access

Im unteren Teil der Entwurfsansicht (Schaubild 2.84) werden die verschiedenen Feldeigenschaften bestimmt. Sie sind vom Felddatentyp abhängig.

Schaubild 2.84: Feldeigenschaften des Datentyps „Text“

Die Feldgröße gibt an, wie viel Speicherplatz das jeweilige Feld für die Daten zur Verfügung stellt. Bei einem Textfeld wird die benötigte Zeichenanzahl (0 bis 255) einfach manuell eingegeben. Der Standardwert beträgt 50 Zeichen. Über die Eingabebegrenzung können Fehler vermieden werden. Beispielsweise sind bei der Postleitzahl nur fünf Felder zugelassen. Das Format gibt an, wie die eingegebenen Daten angezeigt werden sollen. Bei der Auswahl helfen vordefinierte Formate, die in einem Drop-down-Fenster angeboten werden. Zur Formatierung aller Datentypen werden verschiedene Symbole verwendet (Tabelle 2.18).

Symbol	Bedeutung
(Leerzeichen)	Zeigt ein Leerzeichen an.
„ABC“	Eine in Anführungszeichen stehende Zeichenfolge wird unverändert dargestellt.
!	Ausrichtung links- statt rechtsbündig
*	Füllt möglichen Leerraum mit den auf das Sternchen folgenden Zeichen auf.
\	Das auf den Backslash folgende Zeichen wird unverändert angezeigt.
[Farbe]	Zeigt die Daten in der in eckigen Klammern angegebenen Farbe an. Mögliche Farben: Schwarz, Blau, Grün, Zyan, Rot, Magenta, Gelb, Weiß.
<	für die Datentypen Text und Memo: alle Zeichen in Kleinbuchstaben
>	für die Datentypen Text und Memo: alle Zeichen in Großbuchstaben

Tabelle 2.18: Symbole zur Datenformatierung

In der Hilfe-Taste (Taste F1) kann eine ausführliche Auflistung der vorhandenen Zeichen und deren Wirkung auf das Erscheinungsbild der Daten abgerufen werden.

Die Feldeigenschaft „Eingabeformat“ beeinflusst und vereinfacht die Dateneingabe. Sie eröffnet die Möglichkeit, zu bestimmen, wie die Daten in ein Feld eingegeben werden dürfen oder auch müssen. Entspricht die Eingabe nicht dem definierten Eingabeformat, erscheint eine Fehlermeldung. Ein benutzerdefiniertes Eingabeformat kann mit dem entsprechenden Platzhalter eingerichtet werden. Bei der Festlegung des Eingabeformats werden die in Tabelle 2.19 zusammengestellten Zeichen verwendet.

Zeichen	Beschreibung
0	Die Ziffern 0 bis 9 können verwendet werden und die Eingabe ist erforderlich. Plus- und Minuszeichen sind nicht erlaubt.
9	Ziffern oder Leerzeichen, dabei sind Plus- und Minuszeichen nicht erlaubt. Die Eingabe ist nicht erforderlich.
#	Ziffer oder Leerzeichen, die Eingabe ist nicht erforderlich, Leerzeichen werden als solche im Bearbeitungsmodus angezeigt, aber beim Speichern der Daten entfernt. Plus- und Minuszeichen sind erlaubt.
L	Die Buchstaben A bis Z können verwendet werden. Die Eingabe ist erforderlich.
?	Buchstaben A bis Z; die Eingabe ist optional (nicht erforderlich).
A	Buchstabe oder Ziffer; die Eingabe ist erforderlich.
a	Buchstabe oder Ziffer; die Eingabe ist nicht erforderlich.
&	Ein beliebiges Zeichen oder ein Leerzeichen; die Eingabe ist erforderlich.
C	Ein beliebiges Zeichen oder ein Leerzeichen, die Eingabe ist optional (nicht erforderlich).
. , : ; - /	Platzhalter für Dezimaltrennzeichen und Tausender-, Datums- oder Zeittrennzeichen, das eigentliche Zeichen ist von der definierten Ländereinstellung der Microsoft-Systemsteuerung abhängig.

Tabelle 2.19: Zeichen zur Festlegung des Dateneingabeformats

BEISPIELE ▶ Dateneingabeformate

- Das Eingabeformat #999 eignet sich für Zahlen wie –50, +432 oder 1892.
- Das Eingabeformat 000&00000 oder 000&000000 eignet sich für alle Telefonnummern mit dreistelliger Ortsnetzkennzahl und fünf- oder sechsstelliger Rufnummer. Es erzeugt Telefonnummern wie 030 42531 oder 069 542319.
- Die ISBN (Internationale Standardbuchnummer) eines Buches besteht immer aus 13 Ziffern, die in 5 durch einen Zwischenraum oder Bindestrich voneinander abgesetzten Teilen angeordnet sind. Sie stehen für das Erscheinungsland, den Verlag und den Titel des Buches; der letzte Teil ist eine Prüfziffer zwischen 0 und 10, wobei die arabische Zahl 10 durch die römische Zahl X vertreten wird. Zur Erzeugung der ISBN 978-1-44556-888-X eignet sich also das Eingabeformat 000&00000&000&A.

Im Feld „Beschriftung“ wird den Tabellenspalten die jeweilige Überschrift zugewiesen. Im Feld „Standardwert“ kann ein Wert voreingestellt werden.

BEISPIEL ▶ Standardwert

Die meisten Patienten der Klinik Am Rande der Stadt, Bonn, wohnen auch in Bonn, also kann in der Wohnort-Spalte „Bonn“ als Standardwert angeben werden. Dieser Wert kann jederzeit geändert werden.

Das Feld „Gültigkeitsregel“ kann durch Ausdrücke den bereits durch den Felddatentyp vorgegebenen Rahmen der Dateneingabe weiter einschränken. Eine Gültigkeitsregel bewirkt, dass in einem Feld nur Werte eingegeben werden können, die die Gültigkeitsregel erfüllen.

BEISPIELE ▶ Gültigkeitsregeln

Formaler Ausdruck	Regelinhalt
>=0	Der Wert ist größer oder gleich null.
>49 UND <=100	Der Wert liegt zwischen 50 und 100.
>Datum	Das Datum liegt mindestens einen Tag nach dem aktuellen Tagesdatum.
Wie „M*“	Der Text beginnt mit einem M, wobei die Art und Menge der folgenden Zeichen beliebig sein kann.
In („Brutto“; „Netto“)	Nur die Eingabe des in Anführungszeichen stehenden Textes (hier: Brutto und Netto)

Tabelle 2.20: Beispiele für Gültigkeitsregeln

Die **Suchfunktion** – erschließbar über die Befehle „Bearbeiten“ und „Suchen“ – vereinfacht die Suche von bestimmten Datensätzen. Um die Suche zu verkürzen, ist es sinnvoll, die Spalte, die den Suchbegriff enthält, zu markieren, denn sonst wird die gesamte Tabelle durchsucht. Durch einen Doppelklick öffnet sich das unten gezeigte Eingabefenster (Schaubild 2.85).

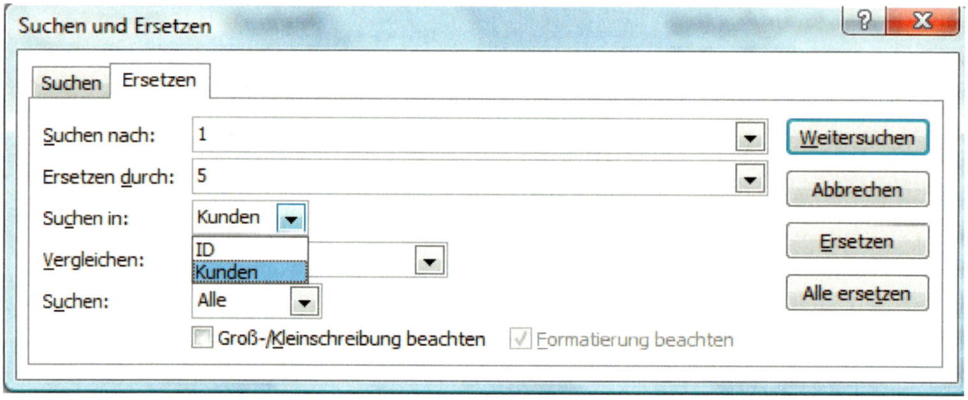

Schaubild 2.85: Die Suchfunktion in Access

BEISPIEL ▶ Suchfunktion

Im Beispiel (Schaubild 2.85) wird in der Spalte „Kunden" die Zahl 1 gesucht. Diese Suche wird scheitern, da die Zahl 1 in dieser Spalte nicht zu finden ist. Wird die Schaltfläche „Weitersuchen" betätigt, so springt Access automatisch zu dem ersten gefundenen Begriff.

Zur **Verknüpfung von Daten** aus mehreren Tabellen wird im Register „Datenbanktools" der Befehl „Beziehungen" gewählt (Schaubild 2.86).

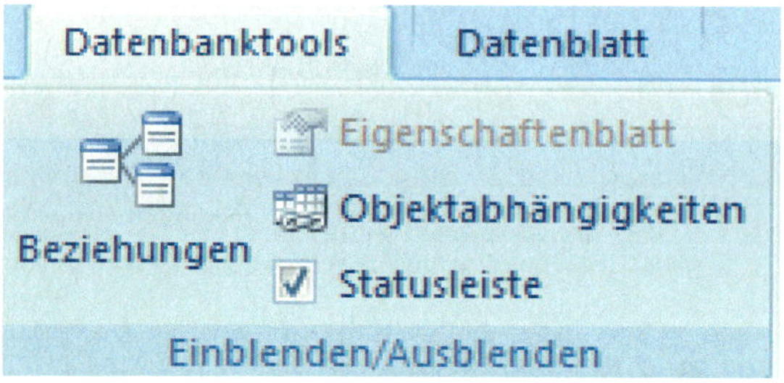

Schaubild 2.86: Herstellung von Beziehungen zwischen einzelnen Tabellen

In dem sich öffnenden Fenster (Schaubild 2.87) können alle erstellten Tabellen eingefügt werden.

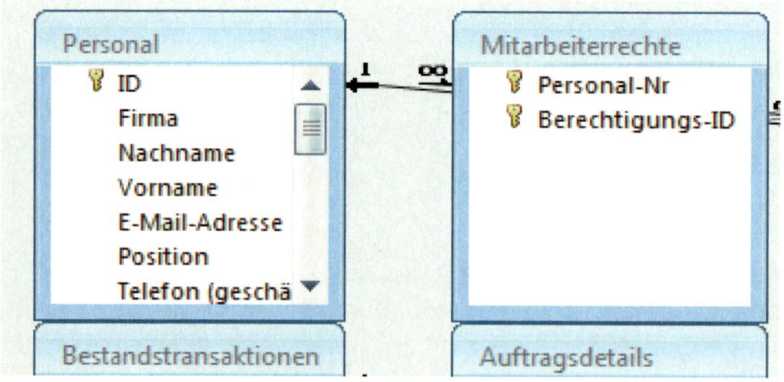

Schaubild 2.87: Verknüpfung von Tabellen

Die Spalten mit einem Primärschlüssel sind fett gekennzeichnet. Damit die beiden Spalten nun verknüpft werden, wird mit gedrückter linker Maustaste der Primärschlüssel der einen Tabelle auf den Fremdschlüssel der zu verknüpfenden Tabelle gezogen. Beide Felder müssen den gleichen Typ haben (Text, Zahl oder Datum). Die Spaltennamen (Personal-Nr.) müssen allerdings nicht identisch sein. Nachdem die linke Maustaste losgelassen wurde, erscheint ein weiteres Fenster (Schaubild 2.88).

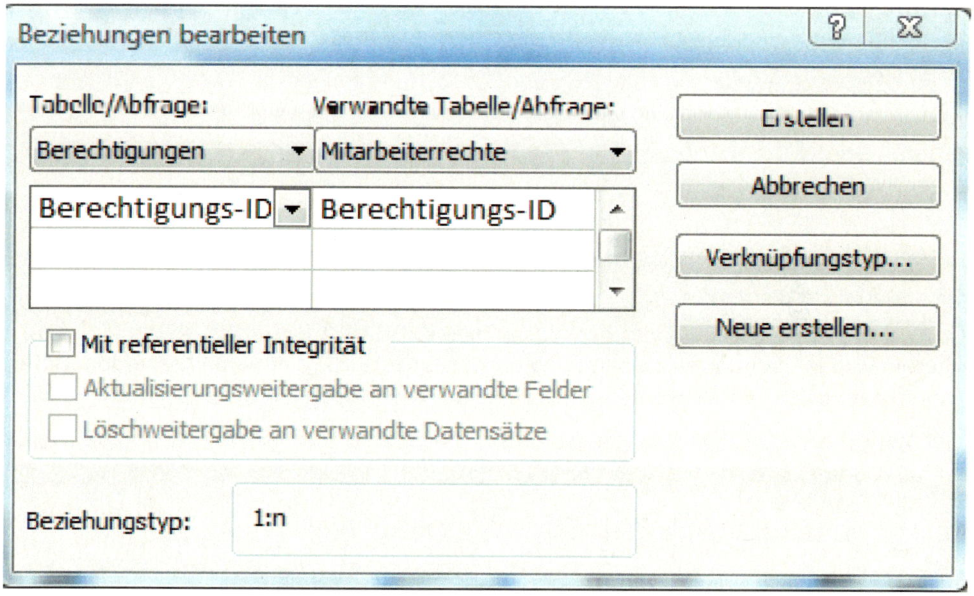

Schaubild 2.88: Optionen bei der Verknüpfung von Tabellen

Im oberen Teil werden die zu verknüpfenden Spalten angezeigt, darunter sollte die Option „Mit referentieller Integrität" gewählt werden, da dadurch automatisch die Konsistenz und Logik der Daten überprüft wird.

Die Datenaufbereitung wird durch **Abfragen** (queries) durchgeführt. Mit einer Abfrage können Daten aus mehreren Tabellen zusammengeführt, neue Felder berechnet oder Daten einfach nur sortiert werden. Durch Auswahlabfragen werden Tabellen oder andere Abfragen selektiert und in verkürzter Form angezeigt. Das Ergebnis einer Abfrage wird Dynaset genannt. Die Daten, die durch eine Abfrage herausgefiltert wurden, können wie eine neue Tabelle gespeichert werden und so als neue Datengrundlage für Formulare, Berichte oder für andere Abfragen dienen.

Eine Abfrage kann direkt über das Datenbankfenster (Schaubild 2.81) mit dem Befehl „Abfrage-Assistent" angelegt werden. Daraufhin öffnet sich das Fenster „Neue Abfrage" (Schaubild 2.89).

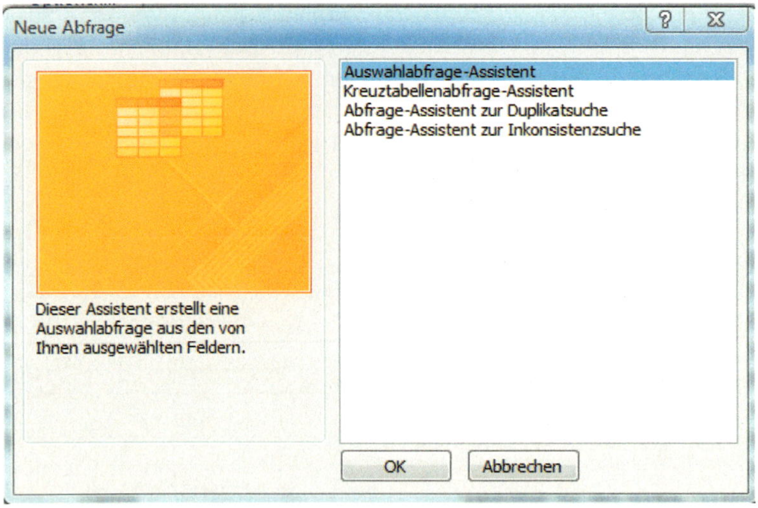

Schaubild 2.89: Optionen zur Erstellung einer Abfrage

Alternativ kann über das Datenbankfenster (Schaubild 2.81) eine Abfrage mit dem Befehl „Abfrageentwurf" erstellt werden. Nach Eingabe dieses Befehls öffnet sich das Fenster „Abfrage" (Schaubild 2.90).

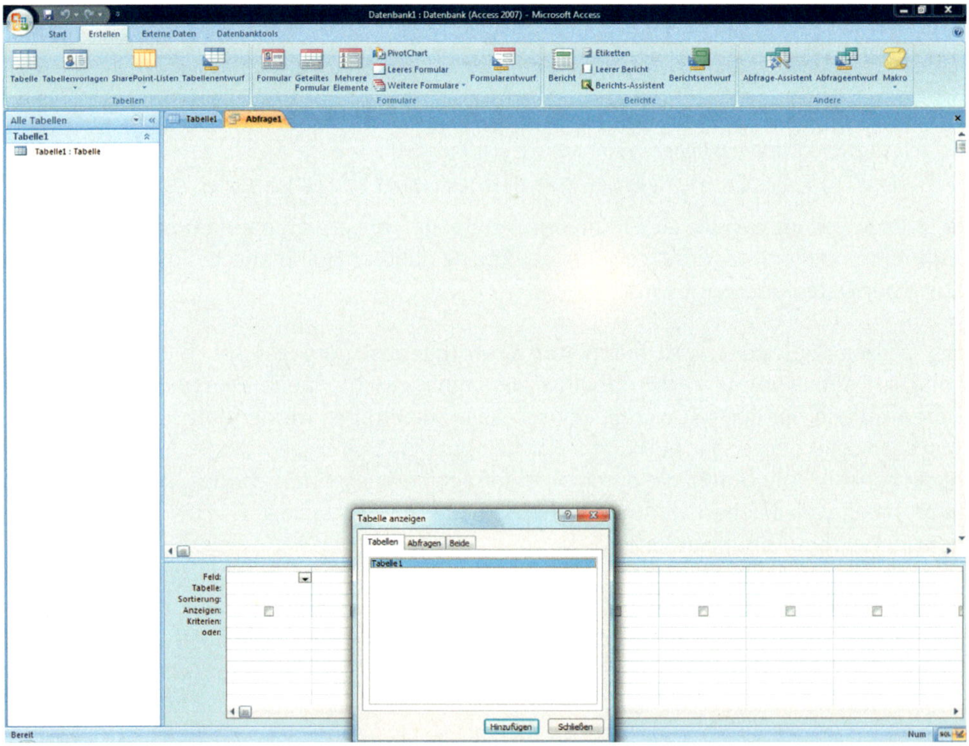

Schaubild 2.90: Arbeitsfläche zur Erstellung von Abfragen

Im Fensterausschnitt „Tabelle anzeigen“ werden alle Tabellen der aktuellen Datenbank zur Auswahl dargestellt. Mit der Schaltfläche „Hinzufügen“ kann die gewünschte Tabelle in den oberen Teil der Entwurfsansicht übernommen werden. Im unteren Teil können entweder Argumente aus einer Tabelle oder Abfragen eingefügt werden. Anschließend können die Auswahlkriterien für die gewünschten Felder festgelegt werden. Durch einen Wechsel in die Tabellenansicht werden nun die Ergebnisse sichtbar. Änderungen können nur in der Entwurfsansicht ausgeführt werden.

BEISPIEL ▶ Datensatzsuche

Um gezielt nach Datensätzen suchen zu können, werden Suchkriterien definiert: Im Beispiel werden Produkte mit dem Produktcode NWTJP-6 gesucht. Dieses Kriterium wird in das Abfragefenster eingetragen (Schaubild 2.91). Dabei ist auf die korrekte Schreibweise zu achten.

Feld:	Artikel.*	Produktcode	Artikelname	Beschreibung
Tabelle:	Artikel	Artikel	Artikel	Artikel
Sortierung:				
Anzeigen:	☑	☑	☑	☑
Kriterien:		NWTJP-6		
oder:				

Schaubild 2.91: Erstellung einer Abfrage – Beispiel

Tabelle 2.21 fasst die Bedingungsoperatoren zusammen, die für die Suche in Datensätzen verwendet werden können.

Operator	Bedeutung	Operator	Bedeutung
<	kleiner als	>	größer als
<=	kleiner als oder gleich	>=	größer als oder gleich
=	gleich	<>	ungleich
&	verkettet zwei Operanden	*	Multiplikation
Und	logisches Und	+	Addition
Nicht	logisches Nicht	–	Subtraktion
Oder	inklusives Oder	/	Division von Gleitkommazahlen
Ist Null	prüft, ob ein Wert null ist.	Wie	prüft, ob eine Zeichenfolge einer als Suchbegriff angegebenen Zeichenfolge gleicht.
Zwischen	prüft, ob ein Wert zwischen zwei Grenzen liegt.	In	prüft, ob ein Wert in einer Wertliste vorkommt.

Tabelle 2.21: Bedingungsoperatoren

Eine **Aktionsabfrage** kopiert oder verändert Daten und wird im Datenbankfenster durch ein Ausrufezeichen (!) neben dem Namen gekennzeichnet. Aktionsabfragen (Schaubild 2.92) sind

- **Anfügeabfragen.** Hier werden Datensätze einer ausgeführten Abfrage an eine andere Tabelle angefügt.
- **Löschabfragen.** Datensätze können aufgrund eines bestimmten Kriteriums gelöscht werden. Allerdings werden bei einer Löschabfrage alle Datensätze der Tabelle gelöscht, die dem angegebenen Kriterium entsprechen.
- **Tabellenerstellungsabfragen.** Mithilfe einer Tabellenerstellungsabfrage kann schnell eine neue Tabelle entstehen, die als Zusammenfassung der Daten verwendet werden kann. (In einer Auswahlabfrage werden die Daten nur abgefragt, jedoch nicht als eine neue Tabelle gespeichert.) Die Tabellenerstellungsabfrage benötigt direkt einen Namen für die neue Tabelle, danach werden die Kriterien und Spalten definiert. Um die Abfrage auszuführen, reicht ein Klick auf das rote Ausrufezeichen (Schaubild 2.92). Die neue Tabelle enthält alle definierten Daten und erscheint im Register „Tabellen".
- **Aktualisierungsabfragen.** Mit einer Aktualisierungsabfrage können in einer Tabelle Begriffe oder Werte ausgetauscht werden. Beispielsweise können bei einer Preiserhöhung die betreffenden Preisangaben durchgängig abgeändert werden.

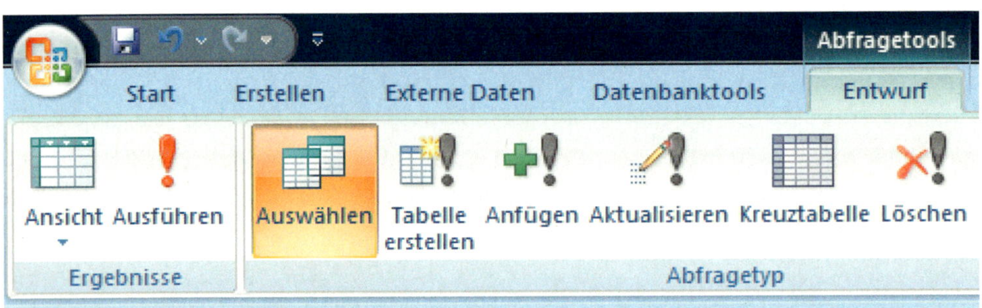

Schaubild 2.92: Typen von Aktionsabfragen

Formulare helfen Daten bequemer zu bearbeiten und schneller anzusehen. Grundlagen für ein Formular sind Tabellen oder Abfragen. Die Feldnamen für ein Formular entstammen einem Tabellenentwurf, wobei die Reihenfolge der Felder selbst definiert werden kann.

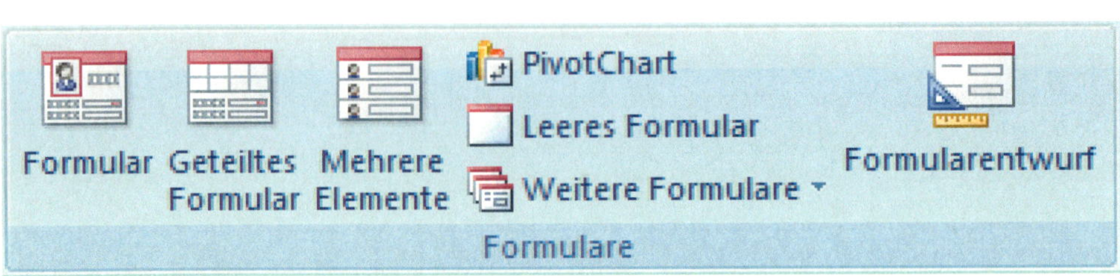

Schaubild 2.93: Arbeitsfläche zur Erstellung von Formularen

Der erste Schritt, um ein Formular zu erstellen, ist ein Klick auf das Register „Erstellen" im Datenbankfenster (Schaubild 2.81). Anschließend wird aus der Gruppe „Formulare" (Schaubild 2.93) ein entsprechendes Objekt ausgewählt.

Damit selektierte und geordnete Daten nicht nur auf dem Bildschirm, sondern auch auf Papier nachzuvollziehen sind, können über das Datenbankfenster (Schaubild 2.81) und dort über die Gruppe „Berichte" **Berichte** angelegt werden (Schaubild 2.94). Der Berichtsassistent fragt die einzelnen Schritte zur Erstellung ab und fertigt den Bericht nach den Vorgaben an.

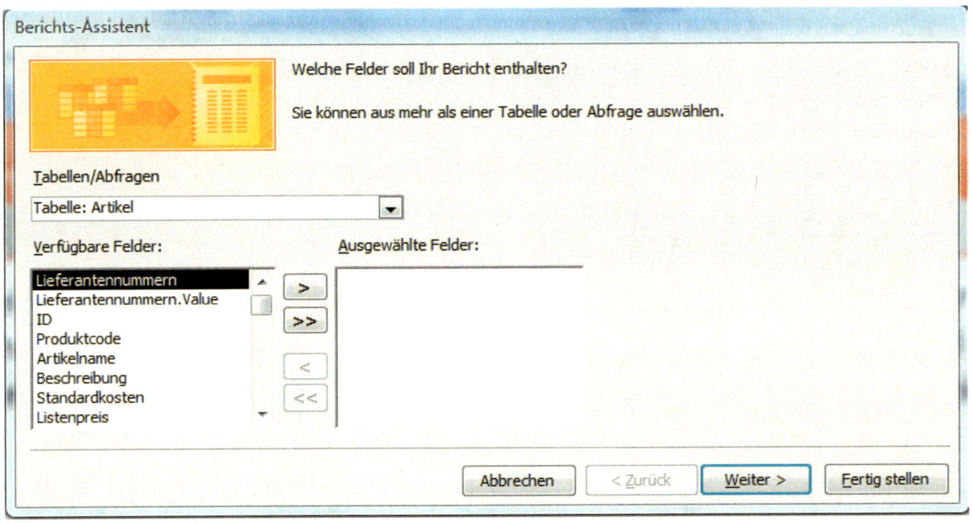

Schaubild 2.94: Arbeitsfläche zur Erstellung von Berichten

2.2 Kommunikation

2.2.1 Kommunikationsformen und -mittel

Kommunikation ist der zwischenmenschliche Austausch von Gedanken in Sprache, Schrift oder Bild. Im weiteren Sinne ist sie das wechselseitige Übermitteln von Daten oder Botschaften mit festgelegtem Bedeutungsinhalt.

Ausgehend davon, dass Kommunikation immer als Interaktion mindestens zweier Menschen stattfindet, kann der Vorgang der Kommunikation mit einem einfachen Grundmodell dargestellt werden. Es gibt zum einen den Sender, der etwas mitteilen möchte. Er verschlüsselt sein Anliegen in erkennbare Zeichen, zum Beispiel in Form von Sprache oder Bildern. Diese verschlüsselte Mitteilung wird als Nachricht bezeichnet. Der Empfänger dieser Nachricht muss diese entschlüsseln und für sich interpretieren. Stimmen gesendete und empfangene Nachricht ohne große Abweichungen überein, so ist eine Verständigung zustande gekommen (Schaubild 2.95).

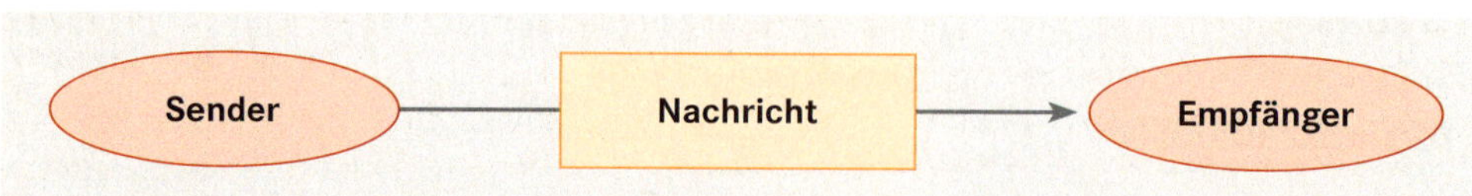

Schaubild 2.95: Grundmodell der Kommunikation

Damit eine wechselseitige Kommunikation (Interaktion) stattfindet, wählt der Empfänger häufig den Weg, durch eine Rückmeldung die Güte der Übertragung der Nachricht zu überprüfen. Es ist davon auszugehen, dass der Empfangsprozess durch vielfältige Faktoren beeinflusst wird. Für den Sender ergibt sich durch die Rückmeldung die Möglichkeit, sowohl etwaige Störungen zu ermitteln als auch sein Kommunikationsverhalten zu überprüfen und im Bedarfsfall an die Erfordernisse des Empfängers anzupassen. Diese Form der Rückmeldung wird als Feedback bezeichnet (Schaubild 2.96).

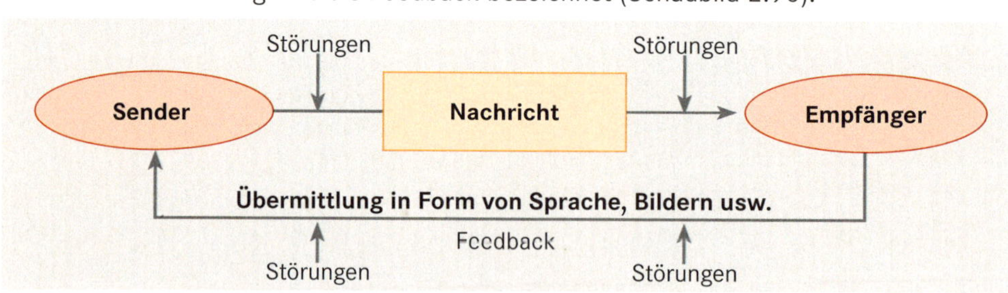

Schaubild 2.96: Überprüfung der Kommunikation

Kommunikation als den Alltag bestimmender Austausch zwischen einzelnen Personen findet immer statt, selbst wenn es nicht zu einer verbalen Kommunikation kommt. Auch Schweigen und Nichthandeln haben Mitteilungscharakter.

Jede Kommunikation hat einen Inhaltsaspekt – ihr Gegenstand sind Informationen, Daten, Fakten – und einen Beziehungsaspekt – die zwischenmenschliche Beziehung zwischen

Sender und Empfänger. Die sachliche Ebene gibt dabei Auskunft darüber, um welche Inhalte es geht. Die Beziehungsebene gibt Auskunft darüber, wie diese Inhalte aufzufassen sind. Beziehungsaspekte werden unter anderem durch Mimik, Gestik oder Tonfall ausgedrückt.

BEISPIEL ▶ Sach- und Beziehungsebene

Die Aussage „Sie waren aber bei dieser Arbeit besonders erfolgreich!" kann vom Empfänger nicht unabhängig davon interpretiert werden, unter welchen durch die Beziehung zwischen ihm und dem Sender bestimmten Umständen sie getroffen wird. Ein Grinsen des Senders kann der Empfänger als ironische Umkehrung auslegen. Er interpretiert die Aussage dann als „Sie haben eine schlechte Leistung erbracht."

Jeder hat eine solche Situation sicher schon selbst erlebt. Der Kommunikationswissenschaftler Friedemann Schulz von Thun geht einen Schritt weiter und nimmt in seiner Betrachtung der Kommunikation eine Erweiterung des Beziehungsaspekts um den Selbstoffenbarungsaspekt und den Appellaspekt vor:

- Schulz von Thun zufolge gibt jeder Sender im Rahmen der Kommunikation auch Auskunft über einen Teil seiner eigenen Persönlichkeit. Diesen Aspekt bezeichnet er als Selbstoffenbarungsaspekt. Damit werden dem Empfänger Informationen über die momentane Situation des Senders mitgeteilt, wie etwa das Gefühlsleben. Es handelt sich hier sowohl um eine gewollte Selbstdarstellung als auch um eine unfreiwillige Selbstenthüllung. Nicht immer ist man als Sender in der Lage, seine eigene Persönlichkeit so zu kontrollieren, dass nur die Informationen nach außen dokumentiert werden, die im eigenen Interesse liegen. In diesem Bereich treten auch bei der zwischenmenschlichen Kommunikation die größten Interpretationsschwierigkeiten auf.
- Der Appellaspekt besteht darin, dass jeder Sender durch eine Nachricht auch ein bestimmtes Ziel erreichen möchte. Verbunden damit möchte der Sender auch Einfluss auf den Empfänger nehmen. Er will den Empfänger veranlassen, bestimmte Dinge zu tun oder zu unterlassen, zu denken oder zu fühlen. Letztendlich verfolgt also jeder Sender auch das Ziel, den Empfänger in seinem Sinne zu bestimmten Einstellungen, Handlungen oder Verhaltensweisen zu bewegen.

Daraus ergibt sich das Modell der vier Seiten einer Nachricht (Schaubild 2.97).

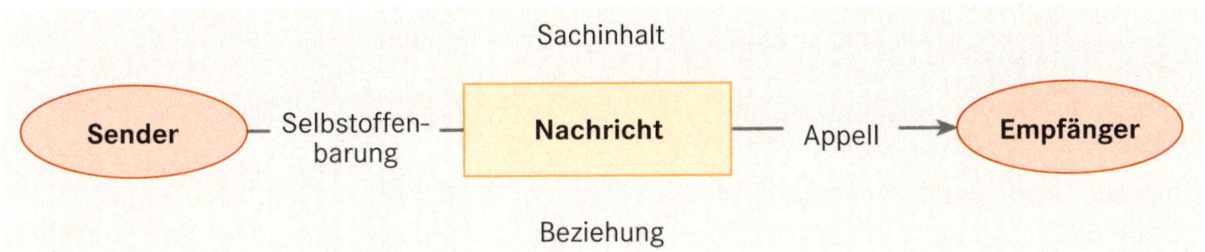

Schaubild 2.97: Die vier Seiten einer Nachricht

Aus diesen grundlegenden Aussagen ergibt sich die Notwendigkeit, sowohl in der privaten als auch in der beruflichen Kommunikation darauf zu achten, dass mögliche Missverständnisse vermieden werden. Sowohl der Sender als auch der Empfänger sollten bestrebt sein, eindeutige Mitteilungen zu machen. Dazu sollten alle Möglichkeiten der Unterstützung der verbalen Kommunikation, unter anderem durch Visualisierung der Nachricht, genutzt werden.

Wenn man erfolgreich mit seinem Gegenüber kommunizieren möchte, sollte man die sogenannten elf Todsünden der Kommunikation vermeiden (Tabelle 2.22).

Sich herablassend benehmen	Signale setzen	Vermeidung
Bewerten durch globale Aussagen wie „du bist rücksichtslos“.	**Befehlen.** Der Sender gibt seiner Nachricht die Form einer Anweisung. Damit bleibt kein Raum für eine weitere Auseinandersetzung.	**Vage sein.** Häufig schlägt der Sender viele Haken, bis er zum eigentlich Kern seiner Nachricht gelangt. Somit muss der Gesprächspartner erst herumrätseln, was eigentlich gemeint ist.
Trösten durch mitleidige Aussagen. Damit wird suggeriert, dass der Sender besser über die Lage des Empfängers Bescheid weiß als dieser selbst.	**Den anderen bedrohen.** Die Bedrohung kann bereits in „Entweder-oder-Botschaften“ bestehen. Damit wird der Argwohn des Empfängers geradezu herausgefordert.	**Informationen zurückhalten.** Ein beliebtes Instrument ist es, nur so viele Informationen zu verbreiten, wie nach Meinung des Senders als notwendig erachtet wird. Damit wird Information zu einem Machtinstrument stilisiert.
Den „Psychologen spielen“. Der Sender vermeint die Gefühlslage des anderen einzuschätzen, er stuft damit den anderen ab.	**Ungebetene Ratschläge erteilen.** Auch durch solche Aussagen wie „Sie sollten ...“ wird die Kommunikation nicht gerade gefördert, da hier quasi ein Monolog gehalten wird.	**Ablenkungsmanöver.** Häufig wird dieses Mittel genutzt, wenn ein Gespräch sehr emotional oder persönlich wird. Der Empfänger wird versuchen das Thema zu wechseln oder in Klischees zu antworten.
Ironische Bemerkungen machen. Durch Ironie werden die Gesprächspartner häufig verletzt. Ironie verhindert ein offenes Gespräch.		
Übertriebene oder unangebrachte Fragen stellen. Durch diese Vorgehensweise entsteht leicht eine „Verhörsituation“.		

Tabelle 2.22: Die elf Todsünden der Kommunikation

Diese Verhaltensweisen werden als Todsünden bezeichnet, weil sie sehr schnell jegliche Kommunikation verderben. Sie führen zu Ratespielen, Missverständnissen, Ärger, Frustration und Gesprächsabbrüchen. Diese Sünden werden unbewusst jeden Tag begangen. Dadurch wird es uns leicht gemacht, sie ebenfalls zu begehen.

Um die Kommunikation erfolgreich zu gestalten, sollten sowohl Sender als auch Empfänger von Nachrichten darauf achten, die oben beschriebenen „Todsünden“ bei ihrer Kommunikation nicht zu begehen. Dazu gehört gerade bei der beruflichen Kommunikation eine intensive Auseinandersetzung mit den möglichen Ursachen von Kommunikationsstörungen. Vor allem im Bereich der Verkaufsgesprächsführung können umfassende Trainings möglicher Kommunikationssituationen den Erfolg beeinflussen.

2.2.2 Präsentation

Präsentation ist das Vorstellen oder Vorführen bestimmter Gegenstände beziehungsweise Inhalte vor einer oder mehreren Personen.

Im allgemeinen Sprachgebrauch steht Präsentation für das „Verkaufen" von Informationen, Meinungen, Ideen oder Konzepten zu einem bestimmten Sachverhalt oder einer bestimmten Fragestellung. Präsentation ist immer eng verbunden mit der Kommunikation zwischen Personen. Im Rahmen einer Präsentation stellt man Informationen, Erkenntnisse oder Projektergebnisse vor, die einen Bezug zum jeweiligen Zuhörerkreis haben.

Aufgrund der Besonderheit einer Präsentation, bei der es überwiegend um eine einseitige, vom Sender ausgehende Kommunikation geht, ist bereits in der Vorbereitung sorgsam darauf zu achten, dass es

1. bei der Übermittlung der Inhalte nicht zu Missverständnissen kommt und dass
2. der Empfänger alle Informationen erfassen kann.

Dazu gehört bei der Planung der Präsentation unter anderem die Planung von Frage- beziehungsweise Diskussionsrunden, um die als Monologe angelegten einzelnen Vortragsphasen fließend miteinander zu verbinden, aber auch um mögliche Missverständnisse oder Unklarheiten aufzudecken und gegebenenfalls auszuräumen.

Erarbeitung einer Präsentation

Präsentationen müssen, um erfolgreich zu sein, professionell vorbereitet werden. Dazu gehören bestimmte Vorüberlegungen, die anzustellen sind, bevor mit der inhaltlichen Erarbeitung der Präsentation begonnen werden kann.

Vorüberlegungen

Im ersten Schritt ist zu klären, welches **Ziel** man mit der Präsentation erreichen will. Dazu ist es hilfreich, sich bewusst zu machen, aus welchem Anlass die Präsentation erfolgt. Handelt es sich um eine Präsentation im Rahmen der schulischen Ausbildung, wird vom Vortragenden etwas anderes erwartet als bei der Präsentation eines Konzeptes vor einem potenziellen Auftraggeber. Bei der Zielformulierung sollte man darauf achten, dass die gewünschten Ergebnisse so konkret wie möglich formuliert werden. So besteht am ehesten die Gewähr, dass die Zielgruppe durch die Präsentation auch erreicht wird.

Der zweite Schritt besteht in der Auseinandersetzung mit den **Adressaten** der Präsentation. Welche Erwartungen, Interessen und möglicherweise auch Befürchtungen hegen diese? Hierbei kommen soziodemografische Aspekte ins Spiel, wie zum Beispiel Bildungsstand und Alter. Beispielsweise ist nichts peinlicher als die Wahl einer falschen Ansprache des Publikums, etwa durch die Verwendung von Fachbegriffen bei einer Präsentation vor einem nicht fachkundigen, allgemeinen Publikum. In diesem Zusammenhang ist es wichtig, sich bewusst zu machen, welchen Nutzen die Teilnehmer aus der Präsentation ziehen sollen. Je höher die Erwartungen der Teilnehmer sind, desto wichtiger ist es, auf die Qualität der Präsentation zu achten. Natürlich wird die Aufmerksamkeit des Publikums gewährleistet sein, wenn bereits der Inhalt als solcher für dieses bedeutsam ist. Andererseits ist das Publikum sehr kritisch, wenn seine Erwartungen nicht erfüllt werden. Deshalb ist es hilfreich, bereits in der Vorbereitungsphase mögliche Fragen der Teilnehmer vorwegzunehmen.

Präsentationen werden für die Teilnehmer nutzbringender, wenn das **Präsentationsumfeld** so beschaffen ist, dass sie die vermittelten Informationen leicht aufnehmen können. Daher sollte man sich im dritten Schritt über die Rahmenbedingungen am Ort der Präsentation informieren. Es ist zu klären, zu welcher Zeit und in welchen räumlichen Verhältnissen die Präsentation stattfinden soll. Findet die Präsentation nach einer anstrengenden Arbeitsphase der Teilnehmer statt, so besteht die Gefahr, dass die Aufmerksamkeit schon nach kurzer Zeit nachlässt, auch wenn das Thema noch so interessant sein mag. Natürlich ist in diesem Zusammenhang auch zu prüfen, welche Medien verfügbar und inwieweit diese in den vorhandenen Räumen überhaupt einsetzbar sind. Eine noch so schön vorbereitete animierte Beamerpräsentation erfüllt ihren Zweck nicht, wenn der Raum bei direkter Sonneneinstrahlung nicht abdunkelbar ist.

Zur Vereinfachung der Vorüberlegungen kann ein Arbeitsblatt nach folgendem Muster sehr hilfreich sein (Tabelle 2.23).

Vorüberlegungen	
Zielsetzung	
Zielgruppe - soziodemografische Merkmale	
Nutzwert für die Zielgruppe	
zeitliche Bedingungen (Tageszeit, Dauer)	
räumliche Bedingungen	
verfügbare/einsetzbare Medien	

Tabelle 2.23: Arbeitsblatt zur Planung einer Präsentation

Vorbereitung und Gestaltung der Präsentation

Sind alle Vorüberlegungen abgeschlossen, so kann die eigentliche Vorbereitung der Präsentation beginnen. Dazu sollten alle erforderlichen Informationen sorgfältig recherchiert und gesammelt werden. Werden für die geplante Präsentation fremde Informationsquellen genutzt, sind diese zu erfassen, um später in der Präsentation korrekt zitiert werden zu können. Damit die Recherche zeitlich begrenzt werden kann, bietet es sich an, die gesammelten Informationen nach offensichtlichen Kriterien vorzusortieren. Wenn die Suchkriterien bereits vor der Recherche spezifiziert werden können, gelangt man bei der Anwendung der verschiedenen Suchmaschinen im Rahmen einer Internetrecherche wesentlich schneller zu den gewünschten Suchergebnissen.

Liegen ausreichend Informationen vor, ist das Datenmaterial unter Berücksichtigung der im Rahmen der Vorüberlegungen ermittelten Erwartungen und Interessen auszuwählen. Dabei sind Hauptinformationen, die unbedingt notwendig sind, um das Ziel der Präsentation zu erreichen, von Begleitinformationen, die die Zielerreichung unterstützen, zu unterscheiden. Diese Unterteilung erleichtert es, eine inhaltliche Überladung der Präsentation zu vermeiden.

Im Anschluss an die Informationssammlung ist zu überlegen, wie sich die Inhalte im Rahmen des Ziels der Präsentation so kurz, prägnant und verständlich wie möglich darstellen lassen. Bei der dramaturgischen Vorbereitung der Präsentation stehen grundsätzlich verschiedene Vorgehensweisen zur Wahl:

5620182

a) **Steigende Reihe.** Es wird mit dem schwächsten Argument begonnen und alle anschließenden Argumente werden hinsichtlich ihrer Bedeutung in aufsteigender Folge angeordnet. Die Präsentation schließt also mit dem stärksten Argument ab.
b) **Fallende Reihe.** Hier wird mit dem stärksten Argument begonnen und die weiteren Argumente schließen sich in einer fallenden Reihe an.
c) **Dramatisierende Reihe („Köderprinzip").** Hier startet man mit dem der eigenen Einschätzung nach zweitstärksten Argument, dann werden alle weiteren Argumente in einer ansteigenden Reihe angeordnet. Den Abschluss bildet das stärkste Argument.
d) **Pro und Kontra.** Stehen sich zwei Argumente gegenüber, so sollte die Präsentation diese beiden Gegenpole dramaturgisch aufnehmen. Setzt man an die erste Stelle das Pro-Argument, so kann man das entsprechende Kontra-Argument anschließen und am besten immer gleich entkräften. Schließt man am Ende noch einmal alle Pro-Argumente als Fazit zusammen, so behalten die Teilnehmer diese eher in Erinnerung.

Bereits im Rahmen der Vorüberlegungen wurde geklärt, welche Medien einerseits zur Verfügung stehen und welche von ihnen andererseits am Ort der Präsentation überhaupt einsetzbar sind. Bei der Gestaltung sollte vor allem darauf geachtet werden, die Sachinhalte zu visualisieren. Hier ist allerdings Fingerspitzengefühl gefragt. Wahrscheinlich hat jeder in der Praxis schon einmal Endlosvorträge erlebt, die mit einer Unzahl von PowerPointcharts unterlegt waren. Hier wurden die Grundsätze der Visualisierung nicht beachtet. Freudlose, abstrakte und schwer verdauliche Grafiken und Tabellen sollten so oft wie möglich vermieden werden. Andererseits müssen die gewählten Bilder zum Inhalt passen. Comics sind deshalb nur ausnahmsweise angebracht.

Visualisierung soll unterstützend wirken und komplexe Inhalte in leicht fassliche und anschauliche Bilder übersetzen.

MERKE

Gerade in der Ausbildung werden immer wieder im Rahmen von Referaten Fachinhalte präsentiert. Dabei sollten bestimmte Grundregeln beachtet werden, damit das Referat erfolgreich absolviert werden kann und sowohl der Referent als auch die Zuhörer einen hohen Nutzwert erzielen. Wenn die folgenden sechs Regeln beachtet werden, ist der Erfolg zumindest in greifbare Nähe gerückt.

1. **Kommunikative Aspekte:** Während der Präsentation ist der Blickkontakt zu den Zuhörern aufzunehmen, um deren aktuelle Befindlichkeit zu erkennen. Bei der sprachlichen Gestaltung ist vor allem darauf zu achten, das Sprechtempo in Abhängigkeit vom Inhalt zu variieren. Dadurch wirkt man der Gefahr eines monotonen Vortrags entgegen, der auf die Zuhörer einschläfernd wirkt.
2. **Kontrollfragen:** Mithilfe von Kontrollfragen kann der Referierende überprüfen, ob die vermittelten Inhalte von den Zuhörern auch aufgenommen und verstanden wurden. Darüber hinaus kann so der Spannungsbogen für die Zuhörer gehalten werden. Nichts ist für den Zuhörer so unangenehm wie das Unvermögen zu antworten, weil er nicht aufgepasst hat.
3. **Variierung der Anreize:** Der Referierende sollte den Teilnehmern während des Vortrags die Möglichkeit geben, selbst aktiv zu werden. Das kann durch Anwendungen oder Demonstrationen von Modellen erreicht werden. In die Planung sollte immer auch die Möglichkeit einbezogen werden, audiovisuelle Hilfsmittel zu benutzen, die vor allem zur Visualisierung der Sachinformationen dienen.

4. **Betonung wichtiger Punkte:** Bei der didaktischen Gestaltung ist darauf zu achten, dass wesentliche Inhalte planmäßig vertieft werden, sei es durch Wiederholungen oder durch besondere Betonung oder auch den Wechsel im Tonfall und im Sprechtempo. Dadurch wird die Einprägsamkeit der Inhalte nachhaltig erhöht.
5. **Persönliche Beteiligung:** Man kann das Interesse der Teilnehmer steigern, indem man einerseits seine persönliche Erfahrung in die Präsentation mit einbindet und andererseits an den Erfahrungshorizont der Zuhörer anknüpft. Der Zuhörer fühlt sich insbesondere dann angesprochen, wenn er ein Interesse und Verständnis für seine eigenen Schwerpunkte und Probleme erkennt.
6. **Haltung und Gestik:** Bei einer Präsentation nicht zu unterschätzen ist die Körpersprache. Durch geschickten Einsatz von Mimik und Gestik lässt sich – ebenso wie durch die Variation des Sprechtempos – die Wirkung des gesprochenen Wortes nachhaltig unterstützen. Allerdings ist darauf zu achten, dass mechanisch wiederholte Gesten vermieden werden. Das wirkt aufgesetzt und ist nicht authentisch. Die verwandten Gesten müssen mit dem vermittelten Inhalt harmonieren.

Präsentationsmedien

Durch Visualisierung lässt sich eine Verbundwirkung von Sehen und Hören erreichen, die darin besteht, dass das Vermittelte länger im Gedächtnis der Zuhörer verbleibt. Je mehr Sinne im Rahmen der Präsentation angesprochen werden, desto besser können sich die Empfänger an die vermittelten Inhalte erinnern. Daher ist es wichtig, die verschiedenen Medien hinsichtlich ihrer Wirkung auf die Sinnesorgane zu unterscheiden:

- **Auditive Medien.** Durch diese Medien wird vor allem der Hörsinn angesprochen. Sie umfassen unter anderem die Compact Disc (CD) und die Hörkassette.
- **Visuelle Medien.** Hier wird vor allem der Sehsinn angesprochen. Zu den visuellen Medien zählt zum Beispiel die klassische Wandtafel, aber auch der Overheadprojektor.
- **Audiovisuelle Medien.** Diese Medien verbinden Sehen und Hören miteinander. Dadurch wird die Aufmerksamkeit stärker gebunden. Zu den audiovisuellen Medien zählt die Digital Video Disc (DVD).
- **Haptische Medien.** Bestimmte Präsentationen, zum Beispiel eines neuen Sportgeräts, erfordern die ganzheitliche Ansprache der Sinne. Hier werden entweder die Geräte selbst oder auch baugleiche Modelle eingesetzt.

Nachfolgend werden die wichtigsten Medien vorgestellt und Hinweise zum wirkungsvollen Einsatz gegeben.

Bei der Wahl des Mediums ist darauf zu achten, dass auch hier gilt: Viel hilft nicht viel. Eine Überladung der Präsentation durch den Einsatz zu vieler verschiedener Medien führt unter Umständen zu einer Ablehnungshaltung der Teilnehmer.

MERKE

Pinnwand, Flipchart und Tafel

Die **Tafel** steht in der Regel für Präsentationen in der Schule zur Verfügung. Dabei handelt es sich meist um eine Standardtafel, bestehend aus einer Mittelfläche (circa 200 cm x 120 cm) und zwei ausklappbaren Seitenflügeln.

5620184

Argumente für die Tafel sind:

- Sie ist universell einsetzbar.
- Sie lässt sich einfach, jederzeit und ohne Vorbereitung handhaben.
- Fehlerhafte Notizen lassen sich leicht löschen.
- Ihr Einsatz verursacht keinen Müll außer Kreidestaub und ist damit umweltfreundlich.

Das schlagende Argument gegen die Tafel ist und bleibt der Kreidestaub, der sich in allen Sachen festsetzt.

Beim **Flipchart** handelt es sich üblicherweise um ein Gestell, auf dem ein Papierblock mit Blättern in der Größe 70 cm x 100 cm befestigt ist. Die Bögen sind entweder glatt weiß oder mit einem Karomuster versehen. Grundsätzlich ist das Flipchart ein Medium, das vor allem im Betrieb eingesetzt wird – am Arbeitsplatz oder im Konferenzraum. In der Schule wird häufig der Flipchartblock im Unterricht eingesetzt.

Auf der **Pinnwand** werden mithilfe von Stecknadeln Packpapierbögen (ca. 125 cm x 150 cm) festgesteckt. Das Packpapier wird mit speziellen Filzstiften beschrieben. Als Zusatzmaterial zur Beschriftung und zum Anheften dienen die in der Moderation verwendeten Karten und Klebesymbole.

Für beide Medien, Flipchart und Pinnwand, gilt die Daumenregel: Die Schriftgröße darf 3 cm nicht unterschreiten, damit der Text lesbar ist.

Argumente für Flipchart und Pinnwand sind:

- Sie eignen sich für unterschiedliche Gestaltungsmöglichkeiten (zum Beispiel Karten in verschiedenen Farben und Formen, verschiedene Schriftarten).
- Sie geben die Möglichkeit, dynamisch zu arbeiten, das heißt etwas weiterzuentwickeln, hinzuzufügen oder zu verändern.
- Sie eignen sich vor allem für die Teammoderation – eine Person spricht, eine andere visualisiert.
- Die Plakate können dauerhaft fixiert werden und sind für alle Teilnehmer ständig sichtbar. Darüber hinaus sind sie auch zukünftig noch nutzbar.

Beim Einsatz dieser Medien sollte aber auch beachtet werden, dass ein hoher Materialaufwand notwendig ist. Es ist genau abzuwägen, ob die Materialien weiter genutzt werden sollen.

Overheadprojektor mit Transparentfolien

Auch wenn immer öfter auf eine Präsentationsunterstützung durch Laptop und Beamer zurückgegriffen wird: Der Overheadprojektor mit den dazugehörigen Transparentfolien wird seinen festen Platz als Präsentationsmedium beibehalten. Vor allem kann so das Risiko des Technikausfalls vermindert werden. Dieses Medium dient zur simultanen Unterstützung eines Vortrags oder Referats und ist besonders geeignet für Präsentationen vor großen Gruppen.

Bei der Vorbereitung einer Präsentation ist darauf zu achten, dass die jeweils geeigneten Folien vorhanden sind. Es werden reine „Schreibfolien“ und kopier- beziehungsweise druckfähige Folien unterschieden. Um Enttäuschungen vorzubeugen, sollte man bereits bei der Vorbereitung darauf achten, dass das richtige Folienmaterial zur Hand ist.

Argumente für Overheadprojektor und Folien sind:

- Folien lassen sich gut vorbereiten und unkompliziert einsetzen.
- Folien sind wiederverwendbar und relativ verschleißresistent.
- Beim Vortrag kann der Blickkontakt mit dem Publikum gehalten werden.
- Es können jederzeit Änderungen und Ergänzungen vorgenommen werden.

Um einen optimalen Einsatz des Overheadprojektors zu gewährleisten, müssen bestimmte Gestaltungskriterien für die Folien erfüllt sein:

1. Den Anfang bildet eine Titelfolie, die nach einem Standardaufbau gestaltet wird, der sich durch alle anschließenden Folien zieht.
2. Jede Folie sollte nur ein Thema beinhalten – und zwar dasjenige, das gerade besprochen wird. Zu diesem Thema sollte man sich auf bis zu fünf Kernaussagen beschränken.
3. Der Schriftgrad muss ausreichend groß sein, das heißt mindestens 20 Punkt für den Fließtext und größer für die Überschriften. Eine Folie sollte nicht mehr als zehn Zeilen umfassen, denn der Text dient nur zur Unterstützung des gesprochenen Wortes, nicht jedoch zum Mitlesen des Referats.
4. Bei der Farbgebung der Schrift sollte man sich auf bis zu drei Farben je Folie beschränken. Etwaige Pfeile und Linien müssen ausreichend dick sein, das heißt mindestens 1,5 Punkt.
5. Grafiken müssen großflächig sein, damit alle Einzelheiten deutlich sichtbar sind.
6. Folien dürfen nicht verwirren. Deshalb sollte man mit ClipArts oder anderen grafischen Ausschmückungen sparsam umgehen. Sie dienen nur der Dekoration und tragen nicht unbedingt zum besseren Verständnis und zur besseren Einprägung der Inhalte bei.
7. Je Folie ist mit einer Vortragszeit von circa vier Minuten zu rechnen. Das bedeutet beispielsweise, dass man bei 45 Minuten Redezeit nicht mehr als elf Folien einsetzen sollte. Werden mehr Folien verwandt, kann das Publikum der Präsentation nicht mehr durchgängig folgen.

Kassette oder Compact Disc

Beide Medien sind immer dann einzusetzen, wenn die Präsentation durch Geräusche oder Musik unterstützt oder wenn sie aufgezeichnet und später als Tondokument wiedergegeben werden soll. Sie ermöglichen das Abspielen sowohl kommerzieller als auch eigener Aufnahmen. Die Wiedergabegeräte sind transportierbar und im Raum flexibel aufstellbar. Es ist darauf zu achten, dass die Leistung der Wiedergabegeräte oft nur in kleinen Räumen ausreicht. Im Vorfeld ist also immer zu prüfen, ob der Vortragsraum durch die verfügbaren Geräte ausreichend beschallt werden kann. Gegebenenfalls benötigt man einen Verstärker und Lautsprecher.

Ein Vorteil der Kassette und der wiederbeschreibbaren CD (CD-RW) liegt vor allem in der Wiederverwertbarkeit des einmal eingesetzten Mediums zur erneuten Erfassung von Tonmaterial.

Diaprojektion

Objekte, Gegenstände und Situationen lassen sich gut durch die Projektion von Diapositiven veranschaulichen. Diapositive erlauben eine sehr realistische, kontrastreiche und großflächige Wiedergabe von Bildern. Eine Diaprojektion ist allerdings unter Umständen mit Nachteilen verbunden. Zum einen erfordern Dias relativ dunkle Räume, damit sie ihre Wirkung entfalten können. Zum anderen verliert der Vortragende in dem abgedunkelten Raum den Blickkontakt mit dem Publikum. Es wird schwierig, in eine Interaktion zu treten. Das Problem kann verringert werden, wenn eine Rückwandprojektion gewählt wird. Dazu muss eine lichtdurchlässige Leinwand vorhanden sein.

Video oder Digital Video Disc

Die Wiedergabe von Filmen ist auch im Rahmen von Präsentationen ein immer häufiger eingesetztes Mittel. Hier wirken auf den Teilnehmer sowohl visuelle als auch auditive Reize. Mithilfe von Filmen lassen sich beispielsweise Mitschnitte von Fernsehbeiträgen wiedergeben. Aber auch wenn eine Location (ein Standort oder Schauplatz) vorgestellt werden soll, kann das mit dem Video effektvoll für alle erfolgen.

Gerade komplexe Situationen lassen sich mit einem Video sehr gut darstellen. Beim Einsatz ist vor allem auf eine dem Vortragsort angepasste Wiedergabe zu achten. Diese kann entweder mithilfe eines Monitors oder eines Beamers erfolgen. Ein Monitor sollte nur eingesetzt werden, wenn das Publikum aus einer kleinen Gruppe besteht. Anderenfalls besteht die Gefahr, dass das Wiedergegebene nicht von allen Teilnehmern aufgenommen werden kann.

Laptop und Beamer

Bei Präsentationen wird zunehmend häufig ein Laptop in Kombination mit einem Beamer eingesetzt. Auf diese Weise lassen sich Präsentationen durchführen, die unter Nutzung eines Präsentationsprogramms wie zum Beispiel PowerPoint erstellt wurden. Ein Vorteil dieser Medien besteht darin, dass sie die Einbindung von Bildern und Filmsequenzen erlauben. Aber auch hier muss, wie beim Einsatz von Folien, darauf geachtet werden, Informationen nicht doppelt zu liefern. Gerne wird hier das Medium zum Selbstzweck erhoben.

BEISPIEL ▶ Fehler bei Präsentationen

Eine Aufzählung der am weitesten verbreiteten Fehler regt vielleicht noch einmal an, über eine geplante eigene Präsentation nachzudenken.
Dave Paradi hat im Jahr 2003 eine Erhebung durchgeführt und dabei das Urteil von Präsentationsteilnehmern erfragt. Dabei wurden die in Tabelle 2.24 wiedergegebenen Kritikpunkte geäußert.

Kritikpunkt	Häufigkeit der Nennungen
Der Referent spricht das Gleiche, was auf den Seiten steht.	60,4 %
Die Schrift ist zu klein und daher nicht lesbar.	50,9 %
Auf den Seiten sind ganze Sätze anstelle von Stichpunkten (Kernpunkten) notiert.	47,8 %
Die Inhalte sind aufgrund der gewählten Farben schlecht zu erkennen.	37,1 %
Die animierten/flackernden Texte oder Grafiken wirken störend.	24,5 %
Die Präsentation umfasst störende Sounds.	22,5 %
Die Diagramme oder Charts sind übermäßig komplex.	22,0 %

Tabelle 2.24: Stolpersteine für PowerPoint-Präsentationen

Quelle: Paradi, Dave, Survey Shows How to Stop Annoying Audience with Bad PowerPoint, 2003 www.thinkoutsidetheslide.com/articles/pptsurvey_article.htm (abgerufen am 13. Januar 2009)

2.3 Projektmanagement

2.3.1 Was ist ein Projekt?

Der Begriff Projekt wird im allgemeinen Sprachgebrauch ähnlich inflationär genutzt wie der Begriff Event. Darum muss an erster Stelle eine Begriffsbestimmung stehen.

Ein **Projekt** ist ein Vorhaben, das der Lösung einer bestimmten Aufgabe gewidmet ist. Es ist durch bestimmte Merkmale gekennzeichnet. Die DIN 69 901 definiert, worin diese Merkmale bestehen (Schaubild 2.98).

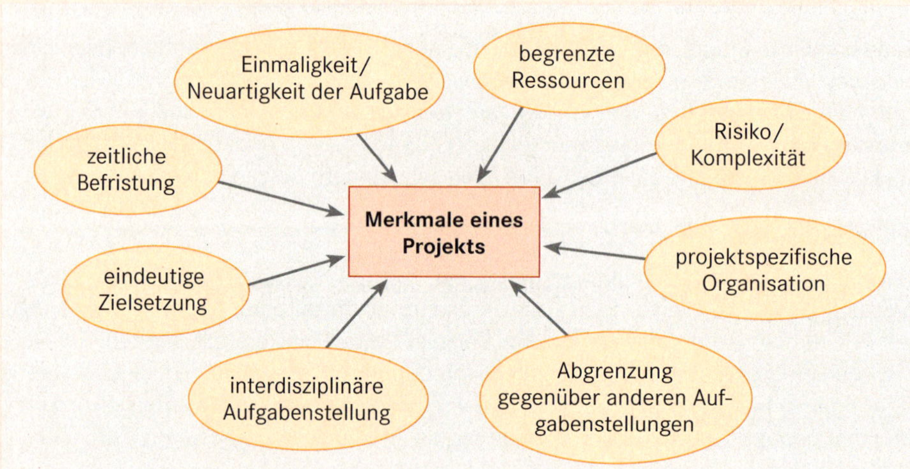

Schaubild 2.98: Projektmerkmale nach DIN 69 901

Ein Projekt ist also hinsichtlich des mit ihm verfolgten Ziels eindeutig definiert, das gewünschte Projektergebnis ist in messbaren Größen beschrieben. Das Projekt hat einen Anfang und ein Ende, ist also zeitlich begrenzt. An einem Projekt arbeiten notwendigerweise mehrere Beteiligte zusammen. Voneinander abhängige Termin-, Ressourcen- und Kostenvorgaben wirken begrenzend. Das Projekt ist einmalig und wird in derselben Form nicht noch einmal durchgeführt. Aus der Vielzahl der Teilaufgaben kann sich eine sehr hohe Komplexität ergeben, was naturgemäß auch Risiken in sich birgt.

BEISPIEL ▶ Projektrisiken

Risiken eines Projekts bestehen darin, dass im Rahmen der Projektarbeit die zur Verfügung stehenden Ressourcen überschritten werden oder dass Termine, die in einem Zeitplan festgehalten wurden, nicht eingehalten werden und sich somit die Fertigstellung des Projekts verzögert.

Aufgrund seiner speziellen Merkmale ergibt sich für ein Projekt immer auch das Erfordernis eines spezifischen Projektmanagements. Das Projektmanagement als Führungsinstrument hat die Aufgabe, alle Faktoren, die den Projekterfolg beeinflussen, so miteinander zu koordinieren, dass das Projektziel erreicht wird.

Im Allgemeinen durchläuft ein Projekt mehrere Phasen (Schaubild 2.99).

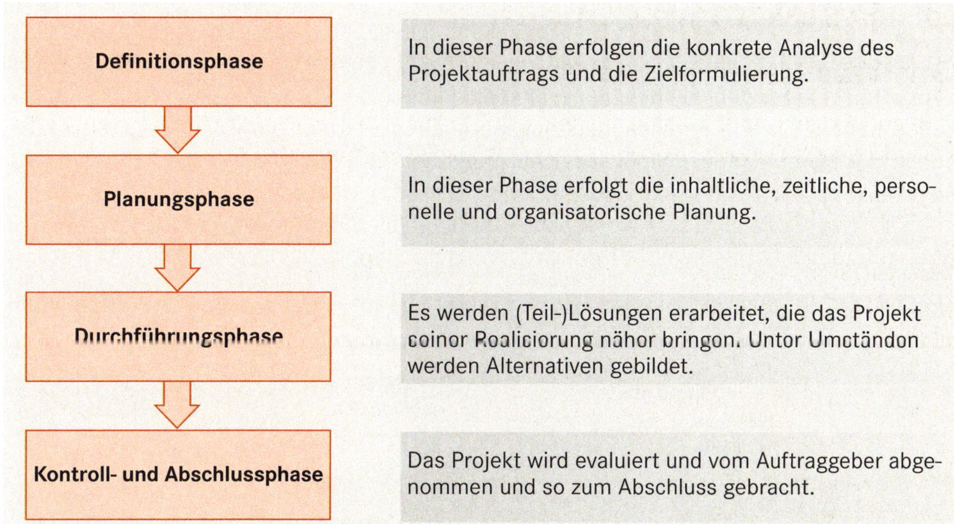

Schaubild 2.99: Vierphasenmodell des Projektablaufs

Damit diese Phasen effektiv durchlaufen werden, ist ein umfassendes Projektmanagement erforderlich.

2.3.2 Phasen des Projektmanagements

Projektmanagement ist die Gesamtheit von Planungs-, Steuerungs- und Überwachungsaufgaben zur zielgerichteten Durchführung eines Projekts.

Projektmanagement findet auf drei verschiedenen Ebenen statt:

- **Sachebene.** Auf dieser Ebene geht es um den Projektauftrag, das Ziel der Projektarbeit und darum, wie dieses Ziel erreicht werden soll.
- **Methodenebene.** Auf dieser Ebene geht es um die Methoden, Techniken und Werkzeuge, die im Rahmen der Projektarbeit eingesetzt werden.
- **Beziehungsebene.** Auf dieser Ebene geht es darum, wie Menschen bei der Projektarbeit miteinander umgehen.

Das Projekt hat nur dann Aussicht auf Erfolg, wenn die verschiedenen Faktoren in einem optimalen Verhältnis zueinander stehen. Ein besonderes Augenmerk ist auf die Rolle des Menschen in diesem Prozess zu legen. Der Projekterfolg hängt unter anderem davon ab, wie die Projektbeteiligten miteinander umgehen. Daher ist es wichtig, sowohl über Fachwissen als auch über Sozial- und Methodenkompetenz zu verfügen.

Definitionsphase

Projektideen können auf ganz unterschiedliche Weise zustande kommen. Oft ist ein bestehendes Problem der Auslöser. Eine Projektidee kann sowohl interne als auch externe Gründe haben. Gerade im Dienstleistungsbereich übernimmt das Dienstleistungsunternehmen für andere Unternehmen oder Auftraggeber die Lösung von Problemen. So kann beispielsweise ein Auftrag darin bestehen, die Produkteinführung eines neuen Pkw zu einem unvergessenen Ereignis werden zu lassen und die Aufmerksamkeit der potenziellen Käufer mit möglichst geringem Streuverlust zu erreichen.

Schaubild 2.100 fasst die Unterscheidungsmerkmale interner und externer Projekte zusammen.

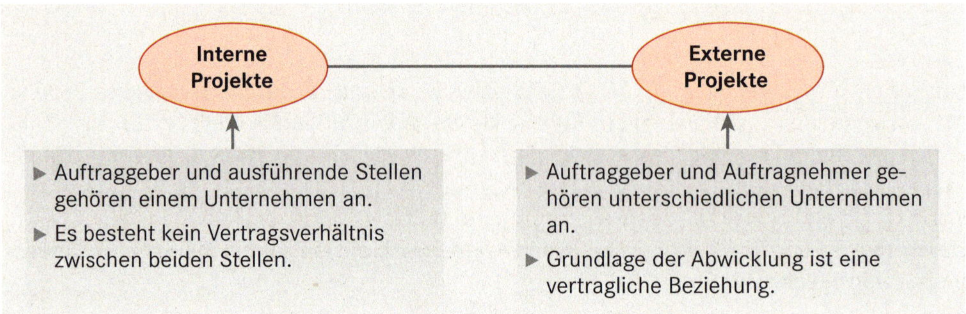

Schaubild 2.100: Kennzeichen interner und externer Projekte

Handelt es sich um größere Projekte, die mit erheblichen wirtschaftlichen Risiken verbunden sind, so wird mithilfe einer Machbarkeitsstudie geprüft, ob die Projektidee im Rahmen eines Projekts verwirklicht werden kann. Dazu gehört bei externen Projekten auch bereits in dieser Phase, dass der Auftragnehmer umfassend prüft, ob er für den gesamten Projektzeitraum ausreichende personelle, sachliche und finanzielle Kapazitäten zur Verfügung stellen kann. Nicht jedes Problem lässt sich auch tatsächlich lösen und damit führt auch nicht jede Projektidee zu einem tatsächlich realisierten Projekt.

Diese intensive Prüfung muss auch im Bereich der Dienstleistungswirtschaft zu einem Prinzip werden, ist doch oft der Auftragnehmer aufgrund der Wettbewerbssituation nicht in der Lage, das wirtschaftliche Risiko – das heißt wirtschaftliche Verluste im Falle eines Scheiterns aufgrund eigenen Verschuldens – zu tragen.

Nachdem die Entscheidung gefallen ist, ob das Projekt unter den bestehenden Rahmenbedingungen durchführbar ist, müssen die Projektziele festgelegt werden. Um bereits in dieser Phase des Projekts das Controlling zu ermöglichen, sind bei der Zielformulierung besondere Anforderungen zu erfüllen. Diese lauten:

- **Spezifität.** Das Ziel muss so eindeutig sein, dass es sich klar von den anderen Zielen abgrenzen lässt.
- **Messbarkeit.** Bei der Zielformulierung muss eine eindeutige Messgröße festgelegt werden, wie zum Beispiel „Abschluss des Rohbaus“.
- **Erreichbarkeit.** Unter Abwägung aller Rahmenbedingungen muss es möglich sein, das angestrebte Ziel auch tatsächlich zu erreichen.

- **Bedeutsamkeit.** Teilziele müssen für das gesamte Projekt von maßgeblicher Bedeutung sein, das heißt zur Erreichung des übergeordneten Projektziels beitragen.
- **Terminbestimmtheit.** Für jedes Ziel muss ein Termin festgelegt werden, der bestimmt, bis wann das Ziel erreicht sein soll.

In der Definitionsphase wird die Entscheidung getroffen, ob ein Projekt überhaupt zustande kommt. Darüber hinaus erfolgen hier eine Situationsanalyse, die Zielentwicklung und eine erste Grobplanung des weiteren Verlaufs.

MERKE

Planungsphase

Die Projektplanung soll das zukünftige Handeln so früh und so präzise wie möglich gedanklich vorwegnehmen. Dazu wird ein Projektstrukturplan (PSP) aufgestellt, mit dessen Hilfe ein Gesamtüberblick über das Projekt hergestellt wird. Das Gesamtprojekt wird dabei in Teilprojekte beziehungsweise Teilaufgaben gegliedert. Die Aufgliederung in Teilaufgaben verringert die Komplexität des Gesamtprojekts und erleichtert dessen Planung, Überwachung und Steuerung. Darüber hinaus lässt sich mithilfe des PSP die Planung leichter auf Vollständigkeit überprüfen.

Der PSP wird vom Projektleiter zusammen mit den Projektbeteiligten erarbeitet. Zu Beginn werden die Projektaktivitäten inhaltlich gegliedert. Dabei werden Arbeitspakete zusammengestellt.

Ein **Arbeitspaket** ist ein in sich abgeschlossenes Arbeitsvolumen, dessen Ergebnis genau definiert ist. Im Rahmen der Projektplanung werden Kapazitäten, Termine und Kosten für ein Arbeitspaket aufgrund von Schätzwerten definiert. Bei der personellen Zuordnung kann ein Arbeitspaket auch von einer Person zu bearbeiten sein.

Die genaue zeitliche Reihenfolge der zu leistenden Arbeitspakete erfolgt anschließend im Rahmen der Terminplanung. Dabei werden Meilensteine gesetzt.

Ein **Meilenstein** ist ein Stichtag oder Teilziel für ein Projekt, zum Beispiel der Abschluss eines Arbeitspaketes.

Werden Meilensteine erreicht, können Entscheidungen über den weiteren Projektverlauf getroffen werden. Meilensteine sind außerdem gut geeignet, um die Motivation der Projektteilnehmer zu stärken, da das Erreichen eines Meilensteins als ein Erfolg erlebt wird, der zu vermehrter Anstrengung herausfordert. Bei externen Projekten sind häufig Zahlungstermine mit Meilensteinen verknüpft.

Sind Arbeitspakete geschnürt und Meilensteine festgelegt, schließt sich die Terminplanung an. Als Erstes wird der Ablaufplan erstellt. Bei diesem geht es darum, die zeitliche Abfolge der einzelnen Arbeitspakete und deren wechselseitige Abhängigkeiten zu bestimmen.

Der Ablaufplan kann auf zwei unterschiedliche Arten dargestellt werden:

- **Balkendiagramm.** Darstellung der Arbeitspakete und Meilensteine in Form von Balken oder Rauten über eine Zeitskala. Abhängigkeiten von Arbeitspaketen untereinander und zu den Meilensteinen werden durch Pfeile vom Vorgänger zum Nachfolger symbolisiert.
- **Netzplan.** Darstellungsform vor allem für große oder sehr komplexe Projekte. Zeigt, wie die einzelnen Vorgänge innerhalb des Projekts voneinander abhängen. Er bestimmt die frühesten und spätesten möglichen Anfangs- und Endtermine. Er weist auf zeitliche Engpässe und gibt mögliche Puffer an.

Der Netzplan ist das genauere Planungsinstrument. Aufgrund der Komplexität wird bei der Erstellung der Netzpläne häufig auf den Einsatz von Projektplanungssoftware (zum Beispiel MS Project) zurückgegriffen.

Durchführungsphase

Ist die Projektplanung abgeschlossen, erfolgt die Genehmigung des Termin- und Kostenrahmens durch den Auftraggeber. Es bietet sich an, dazu dem Auftraggeber den Projektstrukturplan, den Termin- und den Kostenplan vorzulegen. Durch den Auftraggeber muss dann eine Freigabe erfolgen.

Bei der Projektdurchführung hat der Projektleiter die Aufgabe, den Projektverlauf im Sinne der Projektplanung aktiv zu steuern. Für die Projektsteuerung ist ein regelmäßiger Planungsrückblick (Review) wichtig, der eine Soll-Ist-Analyse umfasst. Eine bekannte Methode der Projektsteuerung ist die Meilenstein-Trend-Analyse. Im Rahmen dieser Analyse wird die erwartete mit der tatsächlichen zeitlichen Entwicklung der Arbeitspakete verglichen. Die Ergebnisse werden grafisch dargestellt. Bei den Reviews werden die jeweiligen Verantwortlichen befragt, ob die betreffenden Arbeitspakete erfolgreich bis zum jeweiligen Meilenstein geleistet wurden und ob mögliche Abweichungen gravierende Auswirkungen auf den gesamten Projekterfolg haben. Sollte das der Fall sein, muss eine entsprechende Risikoplanung erfolgen.

Besteht die Gefahr, dass Termine, Aufwandspositionen und/oder Kosten überschritten werden, so ist es die Aufgabe des Projektleiters, gegenzusteuern. Mögliche Steuerungsmaßnahmen sind

- die Fremdvergabe von Teilaufgaben,
- die Zuweisung von Überstunden,
- die Erhöhung der geplanten Arbeitsstundenzahl,
- die Zuweisung zusätzlicher Ressourcen.

Wenn eine dieser Steuerungsmaßnahmen ergriffen wird, hat das Auswirkungen auf andere Projektparameter. Es bietet sich daher an, immer mehrere Lösungsansätze durchzuspielen.

Im Lauf der Durchführungsphase informiert der Auftragnehmer den Auftraggeber mithilfe eines Projektstatusberichts über den aktuellen Stand des Projekts. Damit kann sichergestellt werden, dass der Auftraggeber rechtzeitig reagieren kann, wenn sich mögliche Unstimmigkeiten zwischen beiden Vertragspartnern abzeichnen.

Kontroll- und Abschlussphase

Ist das Projekt durchgeführt worden, werden die Projektergebnisse und deren Dokumentation an den Auftraggeber weitergereicht. Es wird ein abschließender Bericht erstellt, der noch einmal die wichtigsten Informationen wie Ziele, Kosten- und Termindaten, Struktur, Leistungen und Ergebnisse zusammenfasst. Im Abschlussbericht wird auch auf besondere Punkte eingegangen, die für die Projektumsetzung von Relevanz waren. Eine Kostenaufstellung rundet den Bericht ab. Die Projektabnahme erfolgt durch die Unterschriften von Auftraggeber und Auftragnehmer. Es bietet sich sowohl bei internen als auch bei externen Projekten an, eine abschließende Sitzung mit dem Auftragnehmer und den Auftraggeber durchzuführen.

Wurde das Projekt vom Auftraggeber abgenommen, muss auch das Projektteam von seinen Aufgaben entlastet werden. Der Projektleiter hat die Aufgabe, die Arbeit seines Teams zu würdigen. Welche Form dabei gewählt wird, obliegt seiner Entscheidung. Nicht immer ist eine materielle Anerkennung die effektivste Form, um die Arbeit der Mitarbeiter anzuerkennen.

Im Lauf der Durchführung eines Projekts machen alle Mitarbeiter eine Reihe von Erfahrungen. Diese werden in organisatorisches, methodisches und fachliches Know-how umgemünzt, das auch künftig genutzt werden kann und sollte.

2.4 Teambildung und Teamarbeit

2.4.1 Was ist ein Team?

Projekte werden üblicherweise von Personengruppen durchgeführt, die zeitlich befristet zusammengestellt werden. Damit die Arbeit am Projekt erfolgreich wird, muss aus dieser Gruppe von Spezialisten ein Team werden.

Ein **Team** ist eine funktionsgegliederte, eigenverantwortlich handelnde Gruppe von Mitarbeitern mit einer fest umrissenen, oft komplexen Aufgabenstellung, die auf ein einheitliches Ziel ausgerichtet ist.

Das Team löst die ihm übertragene Aufgabe im Idealfall kooperativ und unter Nutzung und Koordination der ihm zugewiesenen Ressourcen. Ausschlaggebend für eine erfolgreiche Arbeit im Team sind weitreichende Selbstbestimmungsmöglichkeiten. Das Team ist bei der Umsetzung von Konzepten und Maßnahmen autonom und löst im Zug der gemeinsamen Arbeit auftretende Probleme wenn möglich selbst.

2.4.2 Phasen der Teamarbeit

Im Lauf eines Projekts durchläuft ein Team verschiedene Entwicklungsphasen, in denen die Mitglieder des Teams im Idealfall Schritt für Schritt zu einer produktiven Zusammenarbeit finden:

- **Orientierungsphase.** Worum geht es? Wer sind die anderen? Was können sie? Was bringt mir das? Soll ich mich engagieren?
- **Konfliktphase.** Wer hat hier etwas zu sagen? Was ist meine Position? Wieso der/die und nicht ich?

- **Organisationsphase.** Wir sind das Team! Wer übernimmt welche Aufgaben? Welche Regeln gelten für uns?
- **Leistungsphase.** Die Zusammenarbeit läuft erfolgreich! Jeder trägt Verantwortung.

Ob diese vier Phasen letztlich zur Bildung eines erfolgreichen Teams führen, in dem jedes Mitglied eine klar umrissene und sinnvolle Rolle einnimmt, hängt unter anderem von den verschiedenen Menschentypen ab, die in der Gruppe vorzufinden sind.

Orientierungsphase

Die erste offizielle Sitzung des zukünftigen Projektteams, das sogenannte Projekt-Kick-off-Meeting, hat das Ziel, alle Projektbeteiligten miteinander bekannt zu machen und sie über das Projektziel und die davon abgeleiteten wesentlichen Aufgaben zu informieren. Dieses Meeting eröffnet die Orientierungsphase für alle Projektbeteiligten.

Für den zukünftigen Projektleiter kommt es nun darauf an, sich ein Bild von jedem einzelnen Mitglied seines Teams zu machen. Im Sinne einer kooperativen Arbeitsatmosphäre erfordert jeder Menschentyp angepasste Reaktionen. Tabelle 2.25 fasst verschiedene Typen und die jeweils angemessenen Maßnahmen zu ihrer Integration in das Team zusammen.

Menschentypen	Integrationsmöglichkeiten durch Teamleiter
der Streiter	Sachlich und ruhig bleiben. Die Gruppe veranlassen, seine Behauptungen zu widerlegen.
der Positive	Ergebnisse durch ihn zusammenfassen lassen.
der Alleswisser	Die Gruppe auffordern, zu dessen Behauptungen Stellung zu nehmen.
der Redselige	Bei Bedarf taktvoll unterbrechen. Besser von vornherein Redezeit für alle festlegen.
der Schüchterne	Leichte und direkte Fragen stellen. Selbstbewusstsein stärken.
der Ablehnende	Seine Kenntnisse und Erfahrungen anerkennen.
der Uninteressierte	Nach seiner persönlichen Leistung/Arbeit fragen. Beispiel aus seinem Interessengebiet geben.
das „große" Tier	Keine direkte Kritik üben. Bei möglichen Diskussionspunkten die „Ja-Aber-Technik" einsetzen.
der Ausfrager	Seine Fragen an die Gruppe zurückgeben. Dadurch entsteht ein „Ausbremseffekt".
der „Teamgeist"	Versuchen, diese Person zu „wecken" und am Geschehen zu beteiligen.

Tabelle 2.25: Menschentypen und Möglichkeiten ihrer Integration

Hat der Projektleiter es geschafft, alle Teilnehmer typgerecht anzusprechen, ist der erste Schritt für eine erfolgreiche Zusammenarbeit getan. Noch ist jedoch aus der Gruppe von Spezialisten kein Team geworden. Im nächsten Schritt müssen sich alle Mitglieder der Gruppe miteinander bekannt machen.

Konfliktphase

Um von der hierarchischen Ordnung, die üblicherweise in einer Gruppe vorzufinden ist, zu einem kooperativen Arbeitsstil zu gelangen, muss man sich der Rollen in einer Gruppe bewusst werden. In hierarchisch organisierten Gruppen sind die Rollen des Gruppenführers, des Außenseiters und des Rivalen vertreten. Oft herrschen in solchen Gruppen Rivalität und Dynamik. Die Übernahme von Verantwortung der Beteiligten ist in solchen Gruppen nicht ausgeprägt. Das gilt es zu ändern, um zu einem funktionierenden Team zu gelangen. Um ein Projekt in seiner Komplexität erfolgreich zu bewältigen, sind die Mitglieder gefordert, ihre jeweiligen Erfahrungen und Kenntnisse für das Team als Ganzes verfügbar zu machen. Nur auf diese Weise können Synergien, das heißt positive Effekte der Zusammenarbeit, erzeugt werden.

Nicht allein die fachlichen Qualifikationen sind maßgeblich für den Erfolg, sondern auch das Wirken eines informellen Netzes persönlicher Beziehungen zwischen den einzelnen Mitgliedern. Nur so kann die Konfliktphase bei der Teamentwicklung relativ schnell gemeinsam durchlaufen werden.

Organisationsphase

Um in der Organisationsphase schnell zu einer geeigneten Form der Zusammenarbeit zu finden, muss ein aktiver Austausch der Gruppenmitglieder über Stärken und Schwächen erfolgen. Dabei muss beleuchtet werden, welche Rollen die jeweiligen Personen im Gesamtteam übernehmen können.

Das Geheimnis eines guten Teams liegt darin, Aufgaben und Verantwortlichkeiten auf die einzelnen Mitglieder nicht nur entsprechend ihrer Qualifikation zu verteilen, sondern auch entsprechend ihrem Typ. Es muss also darauf geachtet werden, dass jeder im Team diejenige Rolle übernimmt, die seinen natürlichen Stärken am ehesten entspricht. Darüber hinaus muss sich jeder auch als Teamplayer, das heißt als Teil der Gruppe, verstehen. Wenn einem Mitglied ein Fehler unterläuft, betrifft dieser alle, und alle sorgen dafür, dass wieder alles ins Lot kommt.

Psychologische Untersuchungen haben ergeben, dass in jedem Team vier Rollen vorkommen:

- Der **Sammler** beschafft Informationen, sammelt Fakten und sucht Statistiken, die ausgewertet werden können. Er stellt sich zum Beispiel die folgenden Fragen: Was war schon da? Was fehlt noch? Es bereitet ihm Freude, alles zu erkunden und zu sammeln. Er ist der Versorger des Teams.
- Der **Kreative** spinnt ständig neue Ideen, denkt sich neue Produkte und Vorgehensweisen aus. Er fantasiert und denkt an alles, was möglich und vielleicht machbar wäre. Der Kreative ist der Ideenmotor des Teams.
- Der **Macher** sieht seinen Bereich in der Erstellung und Umsetzung von Plänen. Er handelt und drängt auf die Umsetzung der Zwischenergebnisse und Vereinbarungen. Er kann nicht abwarten und will sofort beginnen. Sein Ziel ist es, keine Zeit zu verlieren. Er sorgt für die Ergebnisse im Team.
- Der **Kontrolleur** will, bevor er anfängt, wissen, ob die Aufgabe überhaupt lösbar ist. Ist es möglich? Wie genau geht das? Der Kontrolleur ist die kritische Instanz im Team. Er will alles prüfen, um zu verhindern, dass das Team unbedacht und voreilig handelt.

Die verschiedenen Teamrollen haben alle sowohl Stärken als auch Schwächen. Keine ist besser oder schlechter als die andere. Entscheidend ist es für alle Beteiligten, sich ihre Stärken und Schwächen bewusst zu machen. Der Projektleiter ist dann besser in der Lage, die Teammitglieder entsprechend ihrer Stärken einzusetzen und kritische Situationen vorwegzunehmen und wenn möglich zu vermeiden.

Der Teamleiter sollte gemeinsam mit seinen Mitstreitern prüfen, wer sich bei der Beschreibung der Teamrollen wo wiederfindet. Ergeben sich bei der Einordnung der Teammitglieder Schwierigkeiten, ist dafür zu sorgen, dass sich die Mitglieder besser kennenlernen. Dazu dienen unter anderem teambildende Maßnahmen wie zum Beispiel gemeinsame Aktivitäten außerhalb des eigentlichen Projekts. Eine solche Maßnahme kann etwa der vierzehntägliche Bowlingabend sein. In einem anderen Umfeld, das andere Ansprüche an die Beteiligten mit sich bringt, entsteht eine Atmosphäre, in der man sich besser kennenlernt.

Leistungsphase

Die Qualität der Zusammenarbeit in der Leistungsphase hängt nicht zuletzt von der Qualifikation des Teamleiters ab. Ein guter Teamleiter sollte nicht nur über Fachkompetenz verfügen, sondern auch über soziale Kompetenz, Selbstkompetenz und Methodenkompetenz.

Zur **sozialen Kompetenz** gehört zum einen die Kommunikationsfähigkeit, das heißt die Fähigkeit, nicht nur sprachliche, sondern auch nonverbale Signale der anderen Mitarbeiter aufzunehmen und situationsgerecht zu reagieren. Neben der Kommunikationsfähigkeit sollte der Teamleiter die Fähigkeit besitzen, soziale Situationen zwischen Personen treffend einzuschätzen, die Perspektive anderer einzunehmen und sich in sozialen Netzen selbstsicher zu bewegen. Dabei geht es nicht darum, es allen recht zu machen. Konflikte muss er offenlegen und lösen, aber unterschiedliche Meinungen der Mitarbeiter behalten durchaus ihren Stellenwert.

Kennzeichen für **Selbstkompetenz** sind der produktive Umgang mit den eigenen Emotionen, konstruktive Werthaltungen, Einstellungen und Motive, eine gute und realistische Selbsteinschätzung sowie der kreative Einsatz persönlicher Ressourcen. Ist der Teamleiter sich seiner persönlichen Stärken und Schwächen bewusst und in der Lage, an diesen zu arbeiten, kann von einer gereiften Persönlichkeit gesprochen werden.

Methodenkompetenz umfasst das Beherrschen von Techniken, mit deren Hilfe Gruppen effizient und effektiv geleitet werden können. Dazu gehören Moderationsmethoden, Präsentations- und Visualisierungstechniken. Der Teamleiter übt innerhalb des Teams eine besondere Rolle aus: Er ist nicht hierarchischer Führer, sondern Mitglied einer Gruppe von Personen, die die Verantwortung für das Projekt gemeinsam tragen. Deshalb ist es insbesondere erforderlich, moderieren zu können, das heißt ausgleichend zu wirken. Letztlich besteht die Aufgabe des Teamleiters darin, seine Gruppe durch gezieltes Fragen und den Einsatz geeigneter Methoden zu steuern und eine zielgerichtete und produktive Zusammenarbeit zu initiieren. Dazu gehört vor allem die Aufbereitung von Arbeitsergebnissen, ihre rhetorisch verständliche und überzeugende Präsentation.

3 Marketing und Verkauf

3.1 Marktwirtschaft und Wirtschaftspolitik

3.1.1 Der Wirtschaftskreislauf

Das komplexe Zusammenspiel zwischen den einzelnen Akteuren in einer Volkswirtschaft lässt sich anhand eines vereinfachenden Modells darstellen und erklären. Dieses Modell beschreibt den Wirtschaftskreislauf.

Die Zusammenhänge in diesem Wirtschaftkreislauf werden schrittweise durch den „einfachen Wirtschaftskreislauf“, den „erweiterten Wirtschaftskreislauf“ und den „vollständigen Wirtschaftskreislauf“ erklärt. Im Folgenden wird die Evolution des Kreislaufmodells dargestellt, die von einer geschlossenen Wirtschaft ohne Auslandsbeziehungen und ohne staatliche Aktivität bis hin zur offenen Wirtschaft reicht.

Der einfache Wirtschaftskreislauf

Im einfachen Wirtschaftskreislauf (Schaubild 3.1) stehen sich nur die Haushalte als Nachfrager und die Unternehmen als Anbieter gegenüber. Dabei umfasst der Sektor (Privat-) Haushalte sämtliche Verbraucher, während mit dem Sektor Unternehmen alle privaten Hersteller von Gütern und Dienstleistungen gemeint sind.

Die Haushalte stellen den Unternehmen Produktionsfaktoren in Form von Arbeit, Boden (zum Beispiel Produktionsstandorte, Ackerboden und Abbauflächen) und Kapital (zum Beispiel Verwaltungsgebäude, Produktionshallen, Maschinen, Geldmittel) zur Verfügung.

Schaubild 3.1: Der einfache Wirtschaftskreislauf

Das **Faktoreinkommen** ist das Einkommen (Y), das die Haushalte als Gegenleistung dafür beziehen, dass sie den Unternehmen Produktionsfaktoren zur Verfügung stellen. Es umfasst Löhne und Gehälter, Pachtgebühren, Mieten und Zinsen.

Im einfachen Wirtschaftskreislauf fließen alle Einkommen als Konsumausgaben an die Unternehmen zurück, während die Unternehmen sämtliche erzeugten Produkte an die privaten Haushalte absetzen. Somit ergeben sich zwei entgegengesetzte Ströme: der Güterstrom und der Geldstrom. Dies ist in sämtlichen Wirtschaftskreisläufen so, um jedoch die Übersichtlichkeit zu wahren, werden fortan nur noch die Geldströme dargestellt.

Im einfachen Wirtschaftskreislauf findet kein Wachstum statt, da die Geldmittel vollständig für Konsum und Produktion verausgabt werden. Deshalb spricht man auch von einem stationären Wirtschaftskreislauf.

Der erweiterte Wirtschaftskreislauf

Das Modell des erweiterten wird gegenüber dem Modell des einfachen Wirtschaftskreislaufs um die Sektoren Kreditinstitute (Banken, auch Vermögensänderungskonto genannt) und Staat ergänzt (Schaubild 3.2).

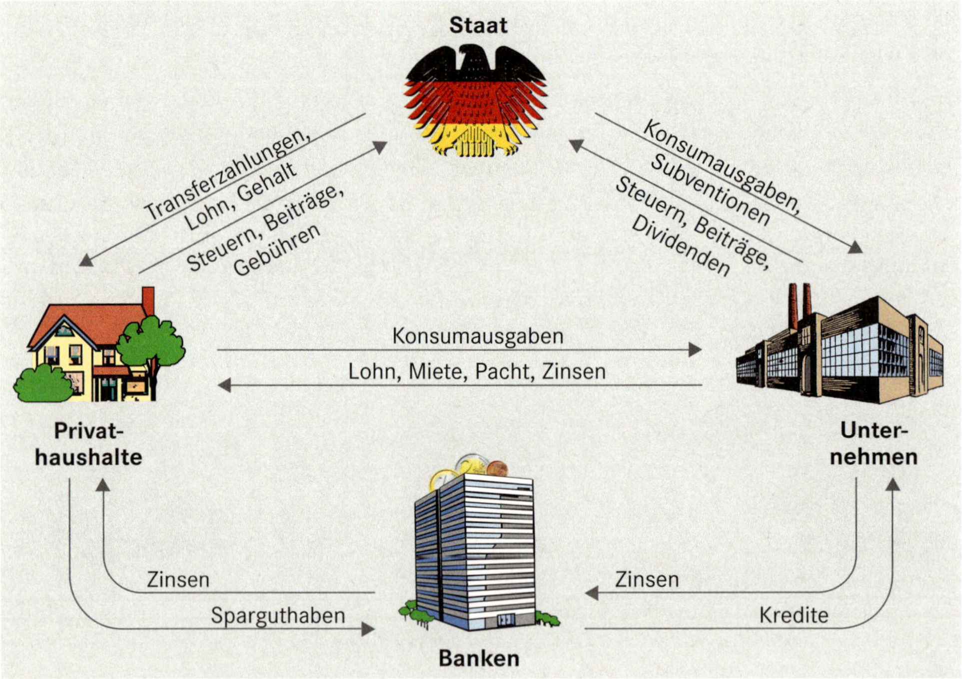

Schaubild 3.2: Der erweiterte Wirtschaftskreislauf

Alle Sektoren stehen untereinander in einer wirtschaftlichen Beziehung. Die Haushalte zahlen an den Staat Steuern, Gebühren und Beiträge zur Sozialversicherung. Der Staat mit all seinen untergeordneten Organen zahlt seinerseits an die Haushalte Einkommen für staatliche Bedienstete und leistet Transferzahlungen.

Ein **Transfer** ist eine Leistung, die nicht mit einer unmittelbaren Gegenleistung verknüpft ist.

BEISPIEL ▶ Transferzahlungen

Zu den Transfers zählen Gelder, die der Staat zur sozialen Sicherung oder zur Einkommensumverteilung verausgabt, wie etwa Arbeitslosengeld, Sozialhilfe, Wohngeld und Kindergeld.

An die Unternehmen zahlt der Staat für seine Käufe, zum Beispiel von Büromöbeln und Dienstfahrzeugen. Weiterhin leistet er Hilfen in Form von Subventionen.

BEISPIELE ▶ Subventionen

Unter die Subventionen an Unternehmen fallen Finanzhilfen, wie etwa die Absatz- und Stilllegungshilfen für die Steinkohlenindustrie, und Steuervergünstigungen, etwa zur Förderung erneuerbarer Energien.

Die Unternehmen wiederum zahlen Steuern, Gebühren und Beiträge. Gegebenenfalls erhält der Staat auch Ausschüttungen für Beteiligungen an den Unternehmen.

Geld, das die Haushalte nicht ausgeben (müssen), wird gespart, das heißt für künftige Käufe zurückgelegt. Die Ersparnisse fließen an die Kreditinstitute und werden verzinst. Die Kreditinstitute wiederum verleihen die Guthaben gegen Zinsen an die Unternehmen, die damit ihre Investitionen finanzieren.

Nur durch Sparen und Investieren ist ein Wachstum der Wirtschaft möglich. Wenn das Einkommen der Haushalte deren Konsumausgaben übersteigt, werden bei den Unternehmen weniger Produktionskapazitäten zur Herstellung von Konsumgütern benötigt. Die Kapazitäten, die nicht zur Herstellung von Konsumgütern eingesetzt werden, werden in die Herstellung von Produktionsgütern investiert, die die **Produktivität** der Unternehmen erhöhen. Wirtschaftskreisläufe, in denen ein Teil des Einkommens in Form von Ersparnissen zur Finanzierung von Investitionen verwendet wird, nennt man auch **evolutorische** Wirtschaftskreisläufe.

Der vollständige Wirtschaftskreislauf

Der vollständige Wirtschaftskreislauf (Schaubild 3.3) ergibt sich, wenn der erweiterte Kreislauf durch den Sektor Ausland ergänzt wird. Dieser repräsentiert alle wirtschaftlichen Beziehungen von Staat, Haushalten und Unternehmen zu ausländischen Personen und Institutionen. Das Statistische Bundesamt erfasst alle Transaktionen im Verkehr mit dem Ausland unter dem Begriff „Übrige Welt".

Im vollständigen Kreislauf wird berücksichtigt, dass Unternehmen Rohstoffe, Fertigwaren oder Maschinen aus dem Ausland beziehen (Importe) und dass sie durch den Export von Waren und Dienstleistungen ins Ausland Erlöse erzielen. Daneben existiert eine Vielzahl weiterer wirtschaftlicher Beziehungen mit dem Ausland, die Einkommens- und Ausgabenströme nach sich ziehen.

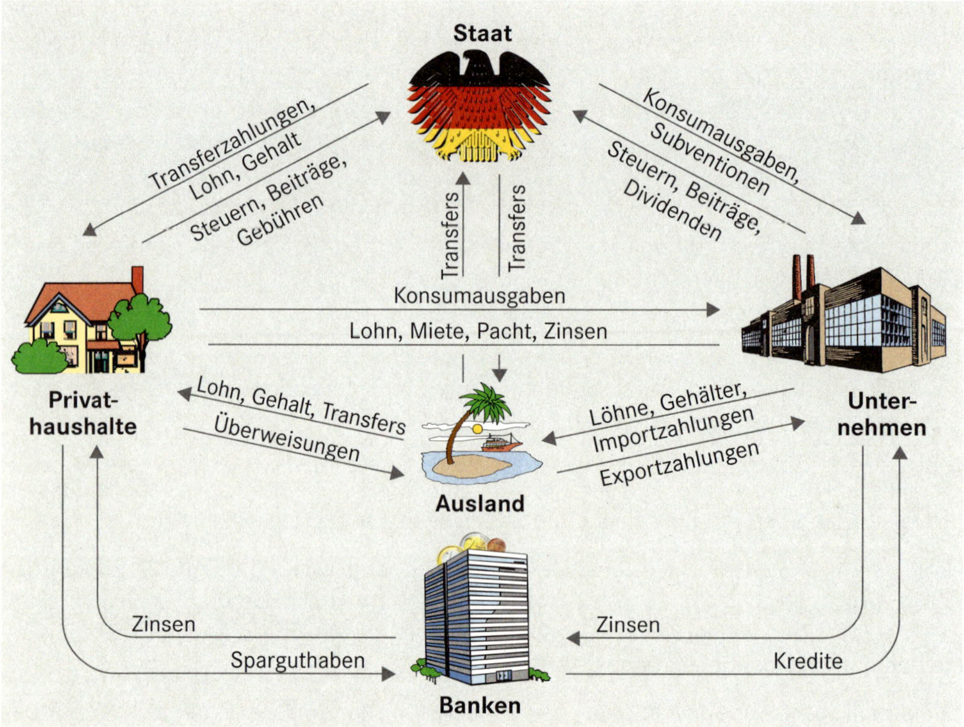

Schaubild 3.3: Der vollständige Wirtschaftskreislauf

BEISPIELE ▶ Grenzüberschreitende Transaktionen

- Der Sektor Haushalte bezieht Gehälter aus der Tätigkeit inländischer Arbeitnehmer im Ausland.
- Inländische Haushalte beziehen Transferleistungen wie Renten oder Sozialleistungen aus dem Ausland.
- Inländische Haushalte helfen ihren Familien im Ausland durch Überweisungen oder Geldgeschenke.
- Unternehmen zahlen an das Ausland Gehälter für dort von ihnen beschäftigte Arbeitnehmer.
- Zwischen den Staaten fließen Zahlungen im Rahmen von Kreditbeziehungen und von Leistungen der Entwicklungshilfe.

Auch die Zahlungen der privaten Haushalte für Auslandsreisen und andere Ausgaben für Tourismus im Ausland zählen als Importe und laufen über den Sektor Unternehmen.

Der **Außenbeitrag** eines Landes ist die Differenz zwischen Exporten und Importen. Der Außenbeitrag ist positiv, wenn die Einnahmen aus dem Export größer sind als die Ausgaben durch den Import von Gütern und Leistungen.

Der Wirtschaftskreislauf ist ein idealtypisches Modell, das die realen Zusammenhänge vereinfacht abbildet. Besondere Verhaltensweisen, wie zum Beispiel das Horten von Kleingeld im Rahmen der Einführung des Euros in Deutschland, können dazu führen, dass die Zahlungsströme in der statistischen Gesamtrechnung nicht exakt miteinander übereinstimmen.

3.1.2 Das ökonomische Prinzip

Das ökonomische Prinzip ergibt sich aus der Notwendigkeit des Wirtschaftens. Diese Notwendigkeit wird deutlich, wenn man zwischen freien und wirtschaftlichen Gütern unterscheidet.

Freie und wirtschaftliche Güter

Freie Güter kommen immer seltener vor. Sie finden sich in der Natur und lassen sich ohne vorherigen Arbeitseinsatz verwenden. Sie sind in praktisch unbegrenzter Menge vorhanden, kostenlos verfügbar und daher nicht Gegenstand des Wirtschaftens.

BEISPIELE ▶ Freie Güter

▶ Luft ▶ Sonnenlicht

Das Vorkommen eines freien Gutes kann jedoch regional begrenzt sein. So ist der Sand in der Sahara ein freies Gut, während man ihn in unserer Region in einem Baustoffhandel kaufen muss. Ebenso ist an manchen Orten der Strand ein freies Gut, während der Zugang zum Strand an manchen Küstenorten an Nord- und Ostsee kostenpflichtig ist.

Alle Güter, die keine freien Güter sind, bezeichnet man als **wirtschaftliche Güter.**

Diese Güter sind nur in begrenztem Umfang vorhanden und ihre Gewinnung beziehungsweise Herstellung ist mit dem Aufwand von Ressourcen, das heißt von Arbeit und finanziellen Mitteln, verbunden. Wirtschaftliche Güter sind somit knapp.

Bewältigung der Knappheit – das zentrale Problem des Wirtschaftens

Die meisten Güter, die uns Nutzen stiften, sind knapp. Es stellt sich also die Frage, wie dieser Knappheit am besten begegnet werden kann. Grundsätzlich erfordert Knappheit den sparsamen Umgang mit den Errungenschaften der Zivilisation. Andererseits liegt in der Begrenztheit von Ressourcen auch der Motor des wissenschaftlichen Vorankommens.

BEISPIEL ▶ Knappheit als Fortschrittsmotor

Der Betrieb von Verbrennungsmotoren und die Versorgung mit Elektrizität erfordern den Einsatz knapper mineralischer Rohstoffe (Öl, Kohle, Gas). Die Knappheit dieser Rohstoffe vermittelt den Antrieb zu Erfindungen, um die Folgen der Knappheit zu mildern. Solche Erfindungen sind zum Beispiel der Wasserstoffmotor oder Anlagen zur Nutzung der Sonnenenergie.

Vom wirtschaftlichen Standpunkt aus gesehen ist der vernünftige (rationale) Umgang mit den Ressourcen das Bewirtschaften nach dem ökonomischen Prinzip. Dieses lässt sich auf zwei verschiedene Arten formulieren: als Minimalprinzip und als Maximalprinzip.

Das Maximalprinzip

Das **Maximalprinzip** fordert, dass mit einem vorgegebenen (mengenmäßigen) Mitteleinsatz ein größtmöglicher (maximaler) Erfolg erzielt werden soll.

BEISPIELE ▶ Maximalprinzip

- Mit einem Etat von 5.000,00 € soll auf einer Abendgala ein möglichst breit gefächertes Publikum höchstmöglich zufriedengestellt werden.
- Aus 500 ml Sirup soll durch Zugabe von Wasser eine größtmögliche Menge eines wohlschmeckenden isotonischen Mineraldrinks hergestellt werden.
- Der Fahrer des Firmenwagens soll sein Reisetempo so dosieren, dass mit einer Tankfüllung in vertretbarer Zeit eine größtmögliche Strecke zurückgelegt werden kann.

Das Minimalprinzip

Das **Minimalprinzip** fordert, dass ein gewünschter Erfolg mit dem geringstmöglichen Aufwand erzielt werden soll.

BEISPIELE ▶ Minimalprinzip

- Auf einem Festbankett soll für 500 Gäste ein schmackhaftes Drei-Gänge-Menü zu den geringstmöglichen Kosten bereitet werden.
- Fünf Liter eines wohlschmeckenden Mineralgetränks sollen mit so wenig Sirup wie möglich erstellt werden.
- Die 200 Kilometer lange Strecke zur Firmenzentrale soll in vertretbarer Zeit mit dem geringstmöglichen Benzinverbrauch zurückgelegt werden.

Die meisten Menschen handeln im täglichen Leben unbewusst nach dem ökonomischen Prinzip. Oftmals lenken Einflussfaktoren wie Werbung, Kultur oder auch besondere Lebensumstände vom rationalen Umgang mit den (finanziellen) Ressourcen ab.

Gelegentlich wird von Unternehmen neben dem ökonomischen Prinzip auch das Humanprinzip - Arbeit als Mittel zur Selbstverwirklichung - oder das Umweltprinzip - möglichst schonender Umgang mit der natürlichen Umwelt - als wirtschaftliche Leitidee genannt. Jedoch sind all diese Prinzipien nach wie vor dem wichtigsten Unternehmensziel untergeordnet: der Gewinnmaximierung.

3.1.3 Märkte - Funktionen, Preisbildung, Marktformen

Ein **Markt** ist ein Ort, an dem Anbieter und Nachfrager zusammentreffen, um Güter zu tauschen.

Arten von Märkten

Jeder kennt Märkte in seiner unmittelbaren Umgebung. Es gibt den Wochenmarkt, die Einkaufspassage, die Börse, Messen und viele andere Märkte. Diese Märkte sind alle ortsgebunden. Gerade durch die Zunahme des elektronischen Datenverkehrs hat die Zahl der

Märkte sprunghaft zugenommen, die nicht mehr ortsgebunden sind, wie zum Beispiel Internetkaufhäuser, Internetauktionen oder Internettauschbörsen.

Das Marktgeschehen hat sich rasant verändert und ist dadurch einerseits schwerer überschaubar geworden, andererseits ist die Beschaffung von Informationen über Anbieter und ihre Waren heute sehr viel schneller möglich.

Tabelle 3.1 fasst die verschiedenen Arten von Märkten zusammen.

Marktart	Erläuterung
Gütermarkt: a) Konsumgütermarkt	Handel mit Konsumgütern für Endverbraucher (private Haushalte)
Gütermarkt: b) Investitionsgütermarkt	Handel mit Produktionsgütern für Unternehmen
Faktormarkt: a) Arbeitsmarkt	Wichtigster Faktormarkt; Anbieter sind Arbeitswillige, Nachfrager sind Unternehmen und die öffentliche Hand.
Faktormarkt: b) Immobilienmarkt	Handel mit Grundstücken und Gebäuden; Anbieter und Nachfrager sind Privatpersonen, Unternehmen und die öffentliche Hand.
Faktormarkt: c) Kapital- und Geldmarkt	Handel mit kurzfristigen (Geldmarkt-) und langfristigen (Kapitalmarkt-) Krediten und Geld- und Kapitalanlagen; Anbieter sind Kreditinstitute; Nachfrager sind die öffentliche Hand, Unternehmen und private Haushalte.

Tabelle 3.1: Arten von Märkten

Marktfunktionen

Nachfrager und Anbieter verfolgen jeweils eigene Wirtschaftspläne, die sie versuchen gemäß dem ökonomischen Prinzip umzusetzen. Der Interessengegensatz der Marktparteien könnte größer nicht sein: Die Anbieter möchten ihre Güter und Dienstleistungen zu möglichst hohen Preisen verkaufen, die Nachfrager wollen benötigte Waren und Dienstleistungen zu möglichst niedrigen Preisen erstehen.

Greift der Staat nicht in das Marktgeschehen ein, so regelt allein der Markt die Grundfragen einer jeden Volkswirtschaft: Was soll wie produziert und an wen in welcher Menge und zu welchem Preis abgesetzt werden? Der Markt erfüllt also vier Funktionen:

- **Versorgungsfunktion.** Der Markt sorgt in der arbeitsteiligen Wirtschaft über den Güteraustausch für die bestmögliche Versorgung der Menschen.
- **Koordinationsfunktion.** Der Markt stimmt die Wirtschaftspläne der Marktteilnehmer miteinander ab. Er sorgt dafür, dass nur die Güter und Dienstleistungen hergestellt werden, die nachgefragt werden.
- **Preisbildungsfunktion.** Durch das Wechselspiel von Anbietern und Nachfragern auf dem Markt bildet sich ein Preis, der dafür sorgt, dass Angebots- und Nachfragemengen in Übereinstimmung gebracht werden, das heißt, dass der Markt geräumt wird.
- **Verteilungsfunktion.** Der Preis wird durch Angebot und Nachfrage gebildet. Damit ist der Preis gleichzeitig auch die Regelgröße für die Verteilung der Güter. Die angebotenen

Güter fließen den Marktteilnehmern zu, die aufgrund ihrer Kaufkraft, ihrer Bedürfnisse und ihrer Vorlieben bereit sind, den durch die Marktkräfte bestimmten Preis zu zahlen.

Preisbildung

Die Preisbildungsfunktion ist am einfachsten zu erklären, wenn man einen vollkommenen Markt betrachtet. Der vollkommene Markt ist ein Modell, das die Realität stark vereinfacht abbildet. In ihm lassen sich die Marktmechanismen jedoch sehr leicht deutlich machen. Folgende Bedingungen gelten für den vollkommenen Markt:

1. Die Güter sind homogen, das heißt, das von einem Anbieter hergestellte Gut lässt sich von den Gütern aller übrigen Anbieter nicht unterscheiden.
2. Es gibt unendlich viele Nachfrager und Anbieter.
3. Auf beiden Seiten herrschen keinerlei persönliche oder sachliche Präferenzen.
4. Beide Seiten haben vollkommene Marktübersicht, das heißt, es besteht Transparenz im Hinblick auf Preise und Mengen.
5. Die Reaktionen der Marktteilnehmer erfolgen ohne zeitliche Verzögerung.

- Die **Angebotskurve** ist die grafische Darstellung der Angebotsfunktion. Diese ordnet den verschiedenen Preisen die Mengen zu, die die Anbieter zu den jeweiligen Preisen auf den Markt bringen.
- Die **Nachfragekurve** ist die grafische Darstellung der Nachfragefunktion. Diese ordnet den verschiedenen Preisen die Nachfragemengen der Konsumenten zu, die diese zu den jeweiligen Preisen abzunehmen bereit sind.

BEISPIEL ▶ Preisbildung

In einer Großstadt wollen fünf Unternehmen zur selben Zeit jeweils eine Fitnessanlage eröffnen. Für diese Fitnessanlagen gibt es 7 000 Interessenten, die jeweils bei einem der Anbieter ihr Training absolvieren wollen. Die Leistungen in allen Anlagen sind gleich.

Jeder Betreiber plant eine Kapazität von 1 500 Mitgliedern. Auf der Grundlage ihrer Kosten haben die Betreiber die folgenden Angebotspreise kalkuliert:

Fitnessanlage	monatlicher Mitgliedsbeitrag
1	25,00 €
2	30,00 €
3	35,00 €
4	40,00 €
5	45,00 €

Die Interessenten sind bereit, im Höchstfall die folgenden Preise zu zahlen:

Zahl der Interessenten	Preis
700	27,50 €
1 800	33,00 €
2 100	37,50 €
1 600	42,00 €
800	47,00 €

Aus diesen Angaben lassen sich zwei Kurven, die Angebots- und die Nachfragekurve, ableiten. Trägt man diese Kurven in einem gemeinsamen Koordinatensystem ab, so erhält man den in Schaubild 3.4 wiedergegebenen Zusammenhang. (Bei unendlich großer Zahl von Anbietern und Nachfragern erhält man anstelle der mit Sprung- und Knickstellen versehenen Kurven stetige Kurvenverläufe.)

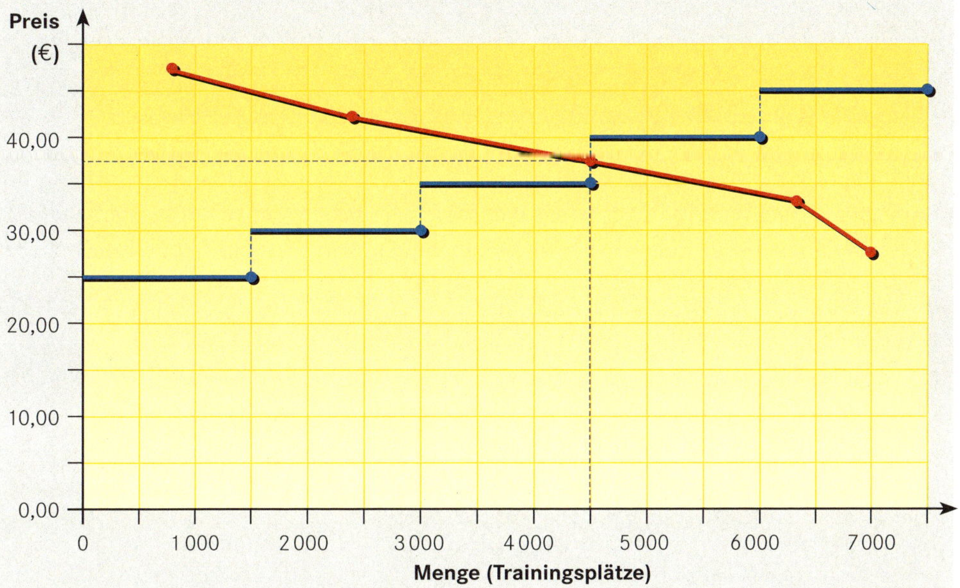

Schaubild 3.4: Angebot, Nachfrage und Gleichgewichtspreis

Der Gleichgewichtspreis liegt dort, wo sich die beiden Kurven schneiden, das heißt bei rund 37,50 €. An diesem Punkt stimmen Angebots- und Nachfragemengen miteinander überein. Alle, die zu diesem oder einem geringeren Preis anbieten, können Trainingsplätze verkaufen, und alle, die zu diesem oder einem höheren Preis nachfragen, erhalten einen Platz in einer der Fitnessanlagen. Läge der Preis höher, so gäbe es einen Angebotsüberhang (Käufermarkt), das heißt, nicht alle Anbieter könnten verkaufen. Läge er niedriger, so gäbe es einen Nachfrageüberhang (Verkäufermarkt), das heißt, nicht alle Nachfrager könnten befriedigt werden.

In dem Beispiel können alle Interessenten, die bereit sind, den Preis von 37,50 € zu zahlen, einer Fitnessanlage beitreten. Dies sind alle 4 500 Interessenten aus den drei Gruppen mit der höchsten Zahlungsbereitschaft. Der Gleichgewichtspreis ist mit den Preisvorstellungen von drei Fitnessanlagen mit einer Kapazität von insgesamt 4 500 Mitgliedern vereinbar. Er liegt sogar noch um 2,50 € über dem Mindestangebotspreis der Anlage 3. Die Anlagen 4 und 5, die zu einem höheren Mindestpreis anbieten, scheiden aus dem Wettbewerb aus. Die Anlagen 1 bis 3, die zunächst einen niedrigeren Preis kalkuliert haben, können ihren Preis hochsetzen und machen einen höheren Gewinn als ursprünglich geplant.

In der Realität kommt die Börse dem vollkommenen Markt am nächsten, da dort die Preistransparenz der einzelnen Anbieter am ehesten gewährleistet ist. Sowohl an der Börse als auch auf jedem anderen Markt treffen mindestens zwei Interessenten aufeinander und werden versuchen, ihre gegensätzlichen Interessenlagen in Einklang zu bringen. Dabei spielt die Marktmacht der Parteien eine entscheidende Rolle.

Marktformen

Gibt es auf einem Markt nur einen einzigen Anbieter, so spricht man von einem **Monopol.** Im spiegelbildlichen Fall eines einzigen Nachfragers spricht man von einem **Monopson.**

Ein Monopolist wird sich anders verhalten als ein Anbieter, der viele Konkurrenten hat. Er kann den Marktpreis diktieren, da für die Nachfrager keine anderen Möglichkeiten bestehen, das benötigte Gut zu beschaffen. Wird das Verhalten eines Monopolisten nicht staatlich reguliert, so wird er einen höheren Preis verlangen als ein Anbieter, der in einem Wettbewerbsmarkt agiert. Analoges gilt für den Monopsonisten. Als alleiniger Nachfrager auf einem Markt mit vielen Anbietern hat auch er eine starke Machtposition.

In Tabelle 3.2 sind die verschiedenen Marktformen, klassifiziert nach der Anzahl der Marktteilnehmer, zusammengestellt.

Nachfrager \ Anbieter	viele	wenige	einer
viele	**Polypol** (vollkommene Konkurrenz) Wochenmarkt, Börse	**Oligopol** Tankstellen, Mineralölgesellschaften, Pauschalreiseanbieter	**Monopol** Reederei Frisia Norden/Norddeich, Energielieferanten in ihren jeweiligen Regionen, früher: Briefpost
wenige	**Oligopson** Molkereien/Milchbauern, Winzereien/Weinbauern	**bilaterales Oligopol** Reedereien/Werften weltweit, Flugzeughersteller/Fluggesellschaften	**beschränktes Monopol** städtische Müllabfuhr/Recycling-Unternehmen, Hersteller von Speziallasern/Augenkliniken
einer	**Monopson** Staat/Straßenbauunternehmen, Hersteller von Instantkartoffelpüree/Landwirte	**beschränktes Monopson** Staat/Rüstungsbetriebe, Energielieferanten/Betreiber von Fotovoltaikanlagen	**bilaterales Monopol** Teilelieferant/Autoproduzent, Fußballbundesligamannschaft/Trikotsponsor

Tabelle 3.2: Marktformen und Marktmacht

Kooperation und Konzentration

Jedes Unternehmen ist bestrebt, seine Marktmacht zu vergrößern. Da die Einflussmöglichkeiten eines Anbieters auf das Marktgeschehen umso größer sind, je weniger Konkurrenten der Anbieter hat, besteht in oligopolistischen Märkten die Neigung – und auch die Möglichkeit – zu einem gemeinsamen, abgestimmten Vorgehen. Dieses kann in einer

Kooperation auf ausgewählten Teilgebieten bestehen, denkbar sind aber auch Absprachen oder vertragliche Zusammenschlüsse von zuvor unabhängigen Unternehmen oder der Kauf eines Unternehmens durch einen marktmächtigen Konkurrenten.

Kooperation ist die Zusammenarbeit zweier oder mehrerer rechtlich und wirtschaftlich selbstständiger Unternehmen auf einem oder mehreren Teilgebieten.

Im Fall von Kooperationen geben Unternehmen in der Regel nur für das Gebiet der Zusammenarbeit ihre wirtschaftliche Selbstständigkeit teilweise oder gänzlich auf. Je nach der Branchenzugehörigkeit der beteiligten Unternehmen unterscheidet man horizontale, vertikale und diagonale Kooperation.

- Bei einer **horizontalen** Kooperation arbeiten verschiedene Unternehmen aus der gleichen Branche zusammen, um gleichartige oder substituierbare Produkte anzubieten.
- Bei einer **vertikalen** Kooperation arbeiten Betriebe aufeinanderfolgender Wirtschaftszweige oder Produktionsstufen miteinander.
- Bei einer **diagonalen** Kooperation arbeiten Unternehmen zusammen, deren Produkte im engeren Sinne nichts miteinander zu tun haben.

BEISPIELE ▶ Formen der Kooperation

horizontal	▶ Banken betreiben Geldautomaten, die für ihre eigenen und für die Kunden anderer Banken verfügbar sind. ▶ Autohersteller entwickeln gemeinsam ein neues Modell.
vertikal	▶ Apfelbauern und Fruchtsafthersteller betreiben gemeinsam die Herstellung von Apfelsaft. ▶ Autohersteller schließen mit Autohändlern exklusive Vertriebsverträge ab.
diagonal	▶ Kaufhäuser arbeiten mit Kreditinstituten zusammen und bieten Kundenkreditkarten an. ▶ Autohändler arbeiten mit einem Reiseveranstalter zusammen und bieten Flugreisen an.

Tabelle 3.3 fasst weitere Arten der Kooperation zusammen.

Organisation der Kooperation	Erläuterungen
Unternehmensverband, Interessengemeinschaft	von Unternehmen getragener Verbund zur Förderung der wirtschaftlichen Interessen der Mitglieder
Arbeitsgemeinschaft, Konsortium	zeitliche und auf ein bestimmtes Projekt beschränkte Zusammenarbeit von Unternehmen
Syndikat	Verbund zum gemeinsamen Absatz der produzierten Güter
Kartell	informell oder formell (vertraglich) abgestimmte Verhaltensweisen zwischen rechtlich selbstständigen Unternehmen mit dem Ziel, den Wettbewerb zu beschränken

Tabelle 3.3: Arten der Kooperation

Kartelle sind in Deutschland prinzipiell verboten, da sie den Wettbewerb beschränken. Das Gesetz gegen Wettbewerbsbeschränkungen (GWB) lässt allerdings Ausnahmen zu.

BEISPIEL ▶ Ausnahme vom Kartellverbot des GWB

Unternehmen dürfen ein Rationalisierungskartell bilden (§ 5 GWB). Allerdings darf dadurch keine marktbeherrschende Stellung entstehen oder verstärkt werden. Zudem muss das Kartell die Leistungsfähigkeit der beteiligten Unternehmen wesentlich anheben und dadurch die Befriedigung des Bedarfs verbessern. Schließlich muss der Rationalisierungserfolg in einem angemessenen Verhältnis zur wettbewerbsbeschränkenden Wirkung des Kartells stehen.

Konzentration liegt dann vor,

- wenn sich zwei oder mehrere rechtlich und wirtschaftlich selbstständige Unternehmen zusammenschließen, wobei die beteiligten Unternehmen ihre wirtschaftliche Selbstständigkeit verlieren.
- wenn ein Unternehmen Anteile an einem anderen Unternehmen erwirbt, das dadurch seine wirtschaftliche Selbstständigkeit einbüßt.

In beiden Fällen sinkt die Zahl der unabhängig voneinander agierenden Anbieter am Markt, das heißt, der Konzentrationsgrad steigt durch die Zusammenfassung der Marktanteile der vormals unabhängigen Anbieter.

Man unterscheidet als Grundformen der Konzentration zwischen Trust und Konzern.

- Ein **Trust** ist ein Unternehmenszusammenschluss, in dessen Folge die beteiligten Unternehmen sowohl ihre rechtliche als auch ihre wirtschaftliche Selbstständigkeit verlieren.
- Ein **Konzern** ist ein Unternehmenszusammenschluss, in dessen Folge die beteiligten Unternehmen ihre rechtliche Selbstständigkeit wahren, die wirtschaftliche Selbstständigkeit hingegen aufgeben und die Leitung in einer Hand bündeln.

Für die beteiligten Unternehmen bieten Kooperationen und Konzentrationsprozesse die folgenden Vorteile:

- **Kostensenkung:** Durch die Zusammenlegung von bestimmten Aktivitäten oder ganzen Betrieben können Größenvorteile (zum Beispiel durch bessere Auslastung teurer Maschinen) und Verbundvorteile (zum Beispiel durch gemeinsame Nutzung von Vertriebswegen zum Absatz verschiedener Produkte) ausgeschöpft und somit Kosten eingespart werden.
- **Verbreiterung der Kapitalbasis:** Es erfolgt eine Bündelung der Finanzkraft.
- **Größere Marktmacht:** Die Marktanteile werden erhöht, die Marktposition wird dadurch gestärkt.
- **Risikoverteilung:** Die Bündelung von Leistungsprogrammen (zum Beispiel Sportartikel und Freizeitkleidung) senkt das Absatzrisiko.

Fusionen führen ebenso wie Kartelle zur Konzentration von Marktmacht. Sie sind deshalb in Deutschland nur unter bestimmten Voraussetzungen zulässig. Grundsätzlich dürfen sie die Funktionsfähigkeit des Wettbewerbs nicht gefährden. Fusionen können jedoch auch dann im Rahmen des sogenannten Instruments der Ministererlaubnis (§ 8 GWB) ausnahmsweise genehmigt werden, wenn sie eine marktbeherrschende Stellung begründen oder verstärken. Voraussetzung ist, dass die Wettbewerbsbeschränkung durch Vorteile für das Gemeinwohl mindestens aufgewogen wird.

3.1.4 Wirtschaftsordnungen

Die **Wirtschaftsordnung** ist die Gesamtheit der Rahmenbedingungen (Gesetze und Normen) zur Ordnung und Regelung der wirtschaftlichen Aktivitäten in einem Land oder einer Gemeinschaft.

Markt oder Plan

Man unterscheidet rein gedanklich zwei typische Wirtschaftsordnungen: die freie Marktwirtschaft und die Zentralverwaltungswirtschaft. Die Gegenüberstellung in Tabelle 3.4 verdeutlicht die wichtigsten Unterschiede.

Merkmal	freie Marktwirtschaft	Zentralverwaltungswirtschaft
ideologische Grundlage	Individualismus, Liberalismus	Kollektivismus, Sozialismus
wirtschaftliche Planung	dezentral	zentral
Entscheidungsträger	Unternehmen, private Haushalte, Staat	Staat
Eigentumsordnung	Privateigentum	Kollektiveigentum
Koordinationsinstrument	Markt und Preis	staatlicher Plan
Motivation der Unternehmen	Gewinn	Grad der Planerfüllung
Motivation der Haushalte	Nutzen	Bedarfsdeckung
Vertragsfreiheit	grundsätzlich ja	nein
Gewerbefreiheit	grundsätzlich ja	nein
Konsumfreiheit	ja	eingeschränkt aufgrund des Produktionsplans
Funktion des Staates	Festlegung des Ordnungsrahmens	Festlegung und Durchsetzung der Planvorgaben
Vorteile	hohe Produktivität, vielfältiges Güterangebot, Motivation durch Gewinn- und Nutzenmaximierung	sichere Güterversorgung (auf niedrigem Niveau), Vollbeschäftigung, umfangreiche soziale Sicherung
Nachteile	Verdrängung schwächerer Marktteilnehmer, Tendenz zur Monopolbildung, keine soziale Sicherung, starke Konjunkturschwankungen	geringes Güterangebot, geringe Produktivität/ Verschwendung von Ressourcen, außenwirtschaftliche Isolation

Tabelle 3.4: Die Merkmale der freien Marktwirtschaft und der Zentralverwaltungswirtschaft im Vergleich

Auf den beiden skizzierten Grundtypen bauen die Wirtschaftsordnungen aller Staaten auf: den Marktwirtschaften der demokratischen Staaten standen bis Ende der 1980er-Jahre die Planwirtschaften der sozialistischen Länder gegenüber. Heute gibt es sozialistische Wirtschaftsordnungen nur noch in Kuba und Nordkorea. In den meisten anderen Industrienationen herrschen inzwischen unterschiedliche Ausprägungen der Marktwirtschaft vor.

Die soziale Marktwirtschaft

Während eine Zentralverwaltungswirtschaft auf eine rein staatliche Steuerung setzt, werden in einer freien Marktwirtschaft alle wirtschaftlichen Aktivitäten über Märkte koordiniert und der Staat übt keinerlei Steuerungsfunktion aus.

Alfred Müller-Armack ist der theoretische, Ludwig Erhard der politische Wegbereiter der sozialen Marktwirtschaft in Deutschland. In der sozialen Marktwirtschaft wird der wirtschaftliche Freiheitsgedanke mit der Idee der sozialen Sicherung verbunden. Sie soll die Vorteile beider Systeme in sich vereinen. Ihre Gestaltung folgt dem Grundsatz „So viel Markt wie möglich, so viel Staat wie nötig!“

Tabelle 3.5 fasst die Aufgaben des Staates in einer sozialen Marktwirtschaft zusammen.

Funktion	Inhalt	Instrumente
Ordnungsfunktion	Schaffung einer funktionsfähigen und freiheitlichen Wettbewerbsordnung	staatliche Ordnungs- und Wettbewerbspolitik
Steuerungsfunktion	Steuerung der Konjunktur unter Berücksichtigung der wirtschaftspolitischen Hauptziele: ▶ hoher Beschäftigungsstand ▶ Stabilität des Geldwertes ▶ stetiges und angemessenes Wirtschaftswachstum ▶ außenwirtschaftliches Gleichgewicht	▶ Konjunkturpolitik ▶ Beschäftigungspolitik ▶ Außen(wirtschafts)politik ▶ Strukturpolitik ▶ Geldpolitik
Schutzfunktion	Schutz schwächerer Marktteilnehmer	▶ Verbraucherschutzpolitik ▶ Umweltschutzpolitik ▶ Mitbestimmungspolitik
Ausgleichsfunktion	Korrektur sozial unerwünschter Marktergebnisse ohne Zerstörung der Motivation zu eigenverantwortlichem Handeln	▶ Sozialpolitik ▶ Verteilungspolitik

Tabelle 3.5: Die Aufgaben des Staates in der sozialen Marktwirtschaft

Grundsätzlich soll der Staat nach dem Subsidiaritätsprinzip arbeiten, das heißt, er leistet dann Hilfe zur Selbsthilfe, wenn die Haushalte und die Unternehmen Probleme nicht aus eigener Kraft bewältigen können. Dabei sollen nur solche Maßnahmen zum Einsatz kommen, die den Marktmechanismus nicht behindern.

BEISPIEL ▶ Subsidiaritätsprinzip

Ein erwerbsfähiger Arbeitsloser, der keinen Anspruch auf Arbeitslosengeld mehr hat, wird nur dann weiterhin vom Staat finanziell unterstützt, wenn er sich nicht selbst helfen kann und wenn er auch von Angehörigen keine Hilfe erhält. Das Einkommen aus staatlichen Hilfen soll darüber hinaus so bemessen sein, dass es nicht den Anreiz zerstört, nach einer bezahlten Beschäftigung zu suchen. Anderenfalls würde die Sozialleistung dazu führen, dass das Arbeitskräfteangebot in den unteren Lohngruppen des Arbeitsmarktes sinkt.

5620210

3.1.5 Ziele und Bereiche der Wirtschaftspolitik

Die **Wirtschaftspolitik** umfasst die Aktivitäten der staatlichen Organe zur Ordnung der Wirtschaft und zur Steuerung des wirtschaftlichen Geschehens.

Der Staat hat die Möglichkeit, vor dem Hintergrund bestimmter wirtschaftspolitischer Ziele das wirtschaftliche Handeln des Einzelnen zu beeinflussen oder gesetzlich vorzugeben. Die wirtschaftspolitischen Ziele werden in einer Demokratie durch gesellschaftlichen Konsens bestimmt und in einer Wirtschaftsverfassung festgehalten. Die Wirtschaftsverfassung umfasst die für das wirtschaftliche Handeln des Einzelnen und für die wirtschaftspolitischen Institutionen relevanten Regeln und bildet somit die rechtliche Basis zur Verwirklichung der Leitideen der Wirtschaftsordnung.

Tabelle 3.6 stellt die wichtigsten Träger der Wirtschaftspolitik im Überblick dar.

Organe	**Beispiele für Instrumente**
Bundesregierung, Landesregierungen, Kommunen	Gesetze, Verordnungen
Europäische Zentralbank	geldpolitische Instrumente
Tarifparteien	öffentliche Stellungnahmen, Tarifverhandlungen, Streiks, Aussperrungen
Selbstverwaltungsorgane der Wirtschaft (Industrie- und Handelskammern, Handwerkskammern)	Prüfungswesen, Aus- und Fortbildung
internationale Organisationen (z. B. Organisation für wirtschaftliche Entwicklung und Zusammenarbeit – OECD, Internationaler Währungsfonds – IWF)	internationale Abkommen und Vereinbarungen
Vereine und Verbände (z. B. Greenpeace, Bund der Steuerzahler)	öffentliche Stellungnahmen, Protestaktionen

Tabelle 3.6: Träger der Wirtschaftspolitik

BEISPIEL ▶ Vertretung von Verbandsinteressen

Schaubild 3.5 vermittelt ein Beispiel zur gemeinsamen Interessenvertretung der Arbeitgeber in Deutschland, hier in Gestalt der Bundesvereinigung der Deutschen Arbeitgeberverbände.

Arbeitgeberpräsident Dr. Dieter Hundt: Konjunktur braucht Fortsetzung der Reformen

Zum heute vorgestellten Herbstgutachten der Wirtschaftsforschungsinstitute erklärt Arbeitgeberpräsident Dr. Dieter Hundt:

Deutschland braucht eine konsequente Fortsetzung des Reformkurses. Dann besteht eine Chance für die von den Wirtschaftsforschungsinstituten für Mitte kommenden Jahres vorhergesagte Konjunkturbelebung. Um die Konjunktur zu stützen und eine Rezession zu vermeiden muss die Politik die hohen Belastungen durch Einkommensteuer und Sozialabgaben senken.

Wie die Wirtschaftsforschungsinstitute halte auch ich neue Ausgabenprogramme für sinnlos und sogar schädlich. Sie lösen keine Probleme und verschieben das wichtige Ziel eines ausgeglichenen Staatshaushalts auf unbestimmte Zeit.

An die Tarifpartner appelliere ich, sich ihrer großen Verantwortung bewusst zu sein und mit einer maßvollen Lohnpolitik ihren eigenen Beitrag zur Bewältigung der gegenwärtig schwierigen Lage zu leisten.

Quelle: Bundesvereinigung der Deutschen Arbeitgeberverbände, Presseinformation 090/2008 vom 14. Oktober 2008

Schaubild 3.5: Der BDA – ein wichtiger wirtschaftspolitischer Interessenverband

Bereiche der Wirtschaftspolitik

Die einzelnen Bereiche der Wirtschaftspolitik werden üblicherweise wie folgt abgegrenzt:

- Die **Ordnungspolitik** beschäftigt sich mit den Grundfragen des Wirtschaftssystems und seiner konkreten Ausgestaltung.
- Die **Strukturpolitik** strebt eine ausgewogene Entwicklung der einzelnen Branchen (sektorale Strukturpolitik) und Regionen (regionale Strukturpolitik) an.
- Die **Prozesspolitik** versucht Schwankungen, Instabilitäten und Ungleichgewichte sowie deren Folgen zu glätten, um den Wirtschaftsprozess zu optimieren.

BEISPIELE ▶ Bereiche und Aufgaben der Wirtschaftspolitik

Tabelle 3.7 vermittelt einige Beispiele für Aufgaben der verschiedenen Bereiche der Wirtschaftspolitik.

	Politikbereich	Beispiele
Wirtschafts-politik	Ordnungspolitik	Umfang der betrieblichen Mitbestimmung
	Strukturpolitik	▶ Kohlepolitik ▶ Länderfinanzausgleich
	Prozesspolitik oder Konjunkturpolitik	▶ Beschäftigungspolitik ▶ Geldpolitik

Tabelle 3.7: Teilbereiche der Wirtschaftspolitik

Prozesspolitik

Ein wichtiger Gegenstand der Prozesspolitik ist die Beobachtung und Beeinflussung der Konjunktur.

Konjunktur ist im engen Sinne ein Synonym für Wirtschaftslage, das heißt für den Stand von Produktion und Beschäftigung. Der Begriff umfasst allerdings in der Regel nicht nur den Zustand der gesamten Volkswirtschaft oder einzelner Wirtschaftszweige, sondern auch deren Entwicklung.

Betrachtet man die Vergangenheit, so kann man feststellen, dass der Verlauf der wirtschaftlichen Entwicklung gewisse Regelmäßigkeiten aufweist. Aufeinanderfolgende typische Phasen bilden in ihrer Gesamtheit einen Konjunkturzyklus. Tabelle 3.8 gibt einen Überblick über die verschiedenen Phasen der Konjunkturentwicklung.

Konjunkturphase	Kennzeichen
Aufschwung	▶ Nachfrageüberhang ▶ Produktion und Investitionstätigkeit nehmen zu. ▶ Einkommensanstieg ▶ Inflationsrate und/oder Zinsen steigen. ▶ allgemeiner Optimismus in der Wirtschaft
Boom	▶ Die Nachfrage übersteigt die Produktionskapazitäten. ▶ Lieferengpässe ▶ annähernd Vollbeschäftigung ▶ deutliche Steigerung des Preisniveaus und/oder der Zinsen ▶ Umschwung von Optimismus zu Pessimismus

Abschwung	▶ Die Produktionskapazitäten übersteigen die Nachfrage. ▶ Abnahme der Produktion und der Investitionen ▶ Die Arbeitslosigkeit steigt. ▶ Einkommen gehen zurück ▶ Preis- und/oder Zinsgefälle ▶ pessimistische Prognosen der Wirtschaft
Rezession	▶ Angebotsüberhang ▶ weitere Abnahme der Produktion und der Investitionen ▶ Massenarbeitslosigkeit ▶ niedrige Preise und/oder Zinsen ▶ Umschwung von pessimistischen zu optimistischen Zukunftsaussichten

Tabelle 3.8: Konjunkturphasen und ihre Kennzeichen

Größen, die den Zustand und die Entwicklung einer Volkswirtschaft beschreiben, werden Konjunkturindikatoren genannt. Tabelle 3.9 vermittelt einen Überblick über die gängigsten Indikatoren.

Art	Zweck	Größe
Frühindikator (bezieht sich auf die kommenden Monate)	Erkenntnisse zur künftigen Entwicklung der Wirtschaft	▶ Baugenehmigungen ▶ Auftragseingänge ▶ Investitionen ▶ Geschäftserwartungen
Präsenzindikator	Erkenntnisse über den augenblicklichen Stand der Wirtschaft	▶ Bruttonationaleinkommen ▶ Kapazitätsauslastung ▶ Produktivität
Spätindikator (hinkt Konjunkturverlauf hinterher)	Ausweis der Folgeerscheinungen der wirtschaftlichen Entwicklung	▶ Arbeitslosenquote ▶ Preisindizes

Tabelle 3.9: Die wichtigsten Konjunkturindikatoren

In der Bundesrepublik Deutschland sind die Ziele der prozessorientierten Wirtschaftspolitik im Stabilitäts- und Wachstumsgesetz von 1967 festgelegt. Hier heißt es in § 1:

„Bund und Länder haben bei ihren wirtschafts- und finanzpolitischen Maßnahmen die Erfordernisse des gesamtwirtschaftlichen Gleichgewichts zu beachten. Die Maßnahmen sind so zu treffen, dass sie im Rahmen der marktwirtschaftlichen Ordnung gleichzeitig zur Stabilität des Preisniveaus, zu einem hohen Beschäftigungsstand und außenwirtschaftlichem Gleichgewicht bei stetigem und angemessenem Wirtschaftswachstum beitragen."

Das grundlegende prozesspolitische Ziel der Wirtschaftspolitik ist also die Sicherung oder Herbeiführung des gesamtwirtschaftlichen Gleichgewichts. Dieses Ziel wird durch die folgenden vier Einzelziele konkretisiert:

1. Stabilität des Preisniveaus,
2. hoher Beschäftigungsstand,
3. außenwirtschaftliches Gleichgewicht,
4. angemessenes und stetiges Wirtschaftswachstum.

Da die Wirtschaftsordnung eines Landes ein Teil der Gesellschaftsordnung ist, bestehen immer Wechselwirkungen zwischen wirtschaftlichen Gesichtspunkten und der Staats- oder Gesellschaftspolitik. So könnte beispielsweise rein ökonomisch eine Partnerschaft mit einem ausländischen Staat sehr wünschenswert sein, gleichzeitig könnte dies kulturelle und gesellschaftliche Probleme aufwerfen.

BEISPIEL ▶ Streitfall Türkei

Der Beitritt der Türkei zur Europäischen Union wird sehr kontrovers diskutiert. Er könnte volkswirtschaftlich durchaus sinnvoll sein, denn die Türkei bildet einen zusätzlichen Absatzmarkt, über den sich zudem weitere Märkte im Nahen Osten leichter erschließen ließen. Da jedoch die Gesellschaftsordnung und die Bedeutung der Religionen in der Türkei gegebenenfalls nicht mit denen der restlichen EU-Staaten vereinbar sind, raten viele Politiker von einem vorschnellen Beitritt ab.

Darüber hinaus bestehen auch zwischen den einzelnen prozesspolitischen Zielen wechselseitige Einflüsse (Tabelle 3.10).

Ziel	Beispiel aus dem wirtschaftspolitischen Maßnahmenkatalog	... möglicherweise negativer Einfluss auf ...
Preisniveaustabilität ▶ Senkung der Preissteigerungsrate	Steigerung des Zinsniveaus	▶ Wirtschaftswachstum ▶ hohen Beschäftigungsstand ▶ außenwirtschaftliches Gleichgewicht
hoher Beschäftigungsstand ▶ Rückführung der Arbeitslosenzahl	Steuersenkung	▶ Preisniveaustabilität ▶ außenwirtschaftliches Gleichgewicht
außenwirtschaftliches Gleichgewicht ▶ Rückführung eines Importüberschusses	Einfuhrbeschränkung	▶ hoher Beschäftigungsstand ▶ Wirtschaftswachstum ▶ Preisniveaustabilität
Wirtschaftswachstum ▶ Erhöhung der Wachstumsrate	Steuersenkung	▶ Arbeitslosenquote ▶ Preisindizes

Tabelle 3.10: Mögliche Konflikte zwischen wirtschaftspolitischen Zielen

Ob und welche negativen Auswirkungen konkret eintreten, ist von der jeweils aktuellen Situation abhängig. Die Erfahrung zeigt jedoch, dass es nahezu völlig unmöglich ist, alle vier Ziele gleichzeitig zu erreichen. Aufgrund dessen nennt man die im Stabilitäts- und Wachstumsgesetz festgelegten wirtschaftspolitischen Ziele auch das „magische Viereck" (Schaubild 3.6). Es gilt also, die jeweilige Bedeutung der wirtschaftspolitischen Ziele sorgsam gegeneinander abzuwägen.

Im Lauf der Jahrzehnte seit der Verabschiedung des Stabilitäts- und Wachstumsgesetzes wurden weitere Ziele in den Brennpunkt der Wirtschaftspolitik gerückt, sodass man inzwischen nicht mehr von einem magischen Viereck, sondern von einem „magischen Vieleck" sprechen kann (Schaubild 3.7).

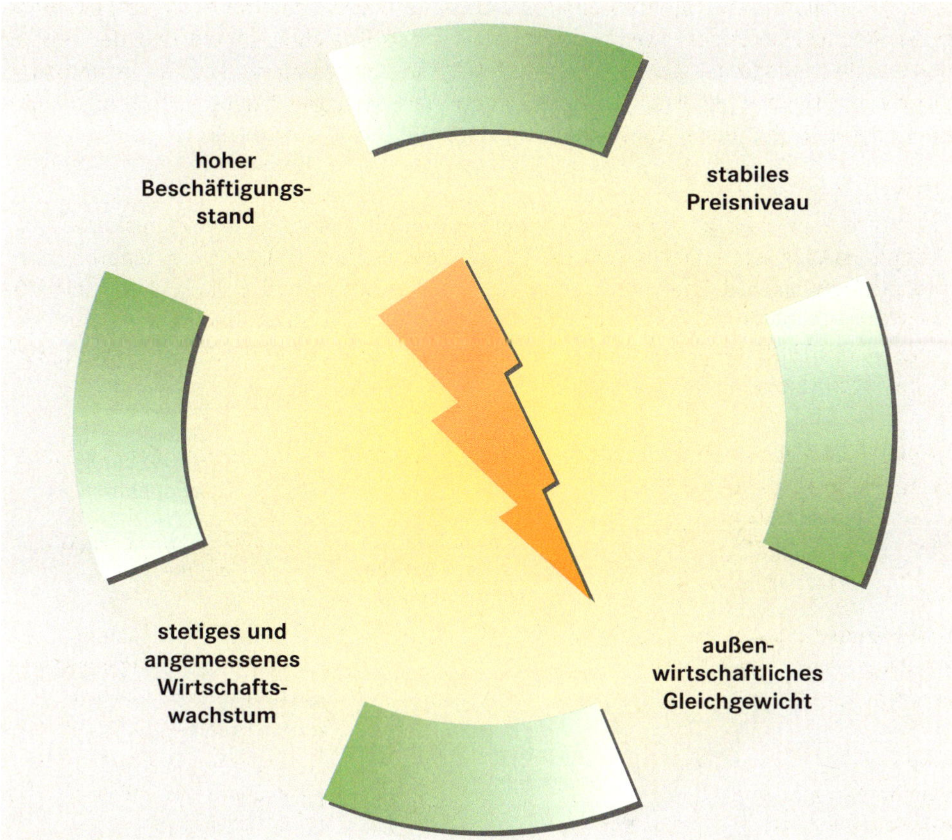

Schaubild 3.6: Das magische Viereck der Wirtschaftspolitik

Ziel Nr. 1 – Preisniveaustabilität

Die Entwicklung der Preise ist in der Wirtschaftspresse ein ständig wiederkehrendes Thema (Schaubild 3.8).

EZB: Stark warnt vor Folgen einer Preisspirale

FRANKFURT/Dow Jones – EZB-Direktoriumsmitglied Jürgen Stark hat angesichts der gegenwärtig hohen Inflationsrate im Euroraum vor Zweitrundeneffekten gewarnt. „Es wäre fatal, wenn sich das derzeit hohe Inflationsniveau in den Köpfen der Verbraucher und Unternehmer festsetzen und über längere Zeit ihre Entscheidungen beeinflussen würde", sagte das Mitglied im Direktorium der Europäischen Zentralbank (EZB) der Zeitung „Merkur" (Donnerstagausgabe). Die daraus resultierende Inflationsspirale wäre nur mit erheblichen gesamtwirtschaftlichen Kosten zu unterbrechen. Wichtig sei deshalb, bei Preis- und Lohnentscheidungen nicht die aktuelle hohe Inflationsrate zugrunde zu legen, sondern die Rate, die die EZB als ihr mittelfristiges Ziel definiert hat, nämlich unter 2 %. Wenn dennoch höhere Preise und Löhne durchgesetzt würden, schaffe dies die Basis für eine Preis-Lohn-Spirale. „Diese Zweitrundeneffekte toleriert die EZB nicht", betonte der Notenbanker. Daher habe die EZB auch das einzige ihr verfügbare Instrument genutzt und Anfang Juli die Zinsen erhöht.

Quelle: Dow Jones & Company, Inc., 18. September 2008; www.rss-nachrichten.de/nachrichten/89360.html (abgerufen am 13. Januar 2009)

Schaubild 3.8: Pressemeldung zur Preisentwicklung

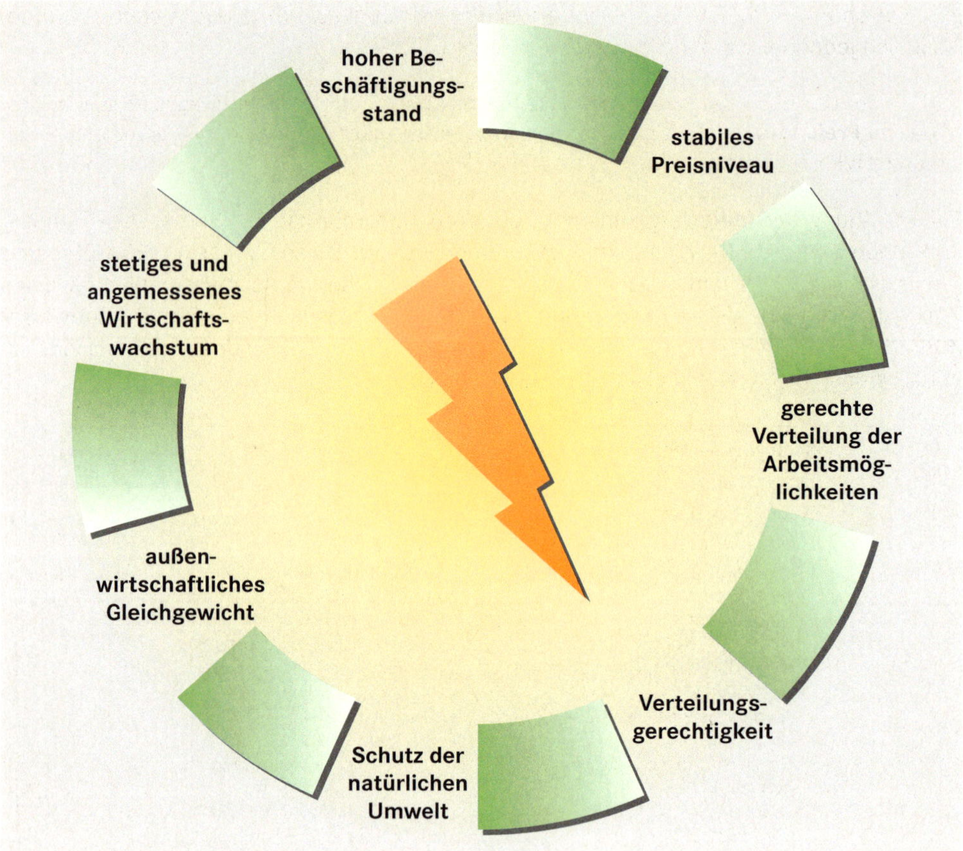

Schaubild 3.7: Das magische Vieleck der Wirtschaftspolitik

Im Allgemeinen unterscheidet man die folgenden Arten von Inflation:

- Nach der Erkennbarkeit. Die **offene Inflation** ist für jedermann erkennbar, da die Preise ständig und merklich steigen. Die **verdeckte** oder auch **aufgestaute Inflation** ist nicht so leicht ersichtlich, da der Staat Maßnahmen zu Kontrolle der Preise ergreift mit dem Ziel, sie „künstlich" stabil zu halten.
- Nach dem Tempo der Preisniveauänderungen. Von einer **schleichenden Inflation** spricht man, wenn das Preisniveau um nicht mehr als 5 % pro Jahr steigt, von einer **trabenden Inflation** bei Raten von bis zu 30 %, von einer **galoppierenden Inflation** bei Raten jenseits von 30 %.
- Nach den Ursachen. Die **kosteninduzierte Inflation** ist auf gestiegene Produktionskosten zurückzuführen. Die **importierte Inflation** ist durch den Import von Gütern begründet, deren Preise gestiegen sind (zum Beispiel Rohöl). Die **geldmengeninduzierte Inflation** schließlich geht auf eine im Verhältnis zu den Produktionsmöglichkeiten einer Volkswirtschaft zu hohe Liquidität der Wirtschaft zurück.

Jeder weiß, dass man in den 1970er-Jahren für einen Euro (damals circa 2 D-Mark) wesentlich mehr kaufen konnte als heutzutage. Das Preisniveau ist also im Lauf der Zeit angestiegen. Ob und in welchem Maß das Ziel der Preisniveaustabilität dadurch verletzt wurde, lässt sich jedoch nicht ohne Weiteres beurteilen.

Nach der Definition der Europäischen Zentralbank als Hüterin der Preisniveaustabilität ist das Ziel der **Preisniveaustabilität** erreicht, wenn der Anstieg des harmonisierten Verbraucherpreisindex (HVPI) zwischen 0 % und 2 % liegt.

Zur Ermittlung der Preissteigerungsrate oder Inflationsrate hat das Statistische Bundesamt einen sogenannten Warenkorb zusammengestellt. Dieser umfasst 750 Güter und Dienstleistungen, die entsprechend der durchschnittlichen Konsumgewohnheiten eines Haushaltes mit zwei Erwachsenen und zwei Kindern ausgesucht wurden. Schaubild 3.9 zeigt einen Ausschnitt aus dem Warenkorb des Statistischen Bundesamtes, der der Ermittlung des Verbraucherpreisindex zugrunde liegt.

01	**Nahrungsmittel und alkoholfreie Getränke**	
011	Nahrungsmittel	
0111	Brot und Getreideerzeugnisse	
	Langkornreis, parboiled	Lebkuchen
	Weißbrot	Eiernudeln, Markenware
	Toastbrot	Eier-Ravioli
	Roggenbrot	Tortenboden
	dunkles Mischbrot	Käsekuchen, tiefgefroren
	Schnittbrot, Roggen-Vollkornbrot	Hefegebäck
	Körnerbrot	Zitronenkuchen
	Roggen-Knäckebrot	Pizza, tiefgefroren
	Brötchen	Weizenmehl, Type 405
	Brötchen zum Fertigbacken	Haferflocken, Markenware
	Zwieback	Weizengrieß
	Butterkekse	Backmischung für Kuchen
	Salzstäbchen	Cornflakes
0112	Fleisch, Fleischwaren	
	Rindfleisch zum Kochen	Bratwurst
	Rinderroulade	Jagdwurst
	Rinderlende	feine Leberwurst
	Rindfleisch zum Schmoren	Bockwurst in Dosen
	Kalbsschnitzel	gekochter Schinken
	Schweinekotelett	Schinkenspeck
	Schweinebauchfleisch	Bauchspeck
	Schweinebraten	Schweine- oder Rinderleber
	Lammfleisch	Fleischsalat
	Putenschnitzel	Hühnerfrikassee, tiefgefroren
	Brathähnchen, tiefgefroren	Fertiggericht mit Fleisch für Mikrowelle
	Cervelatwurst	Kaninchenteile, tiefgefroren
	Salami	Hackfleisch, gemischt
	Fleischwurst	
0113	Fische, Fischwaren	
	Kabeljau (Dorsch)	Heringe in Tomatensoße
	Seelachs-Filet	Rollmops
	Rotbarsch-Filet	Fischstäbchen, tiefgekühlt
	Makrelen, abgepackt	Seehecht/-lachs (Schlemmerfilet), tiefgefroren

Schaubild 3.9: Ausschnitt aus dem Warenkorb des Statistischen Bundesamtes

Quelle: www.destatis.de/jetspeed/portal/cms/Sites/destatis/Internet/DE/Content/Statistiken/Preise/Verbraucherpreise/WarenkorbWaegungsschema,property=file.pdf (abgerufen am 6. November 2008)

Bei der Bestimmung der durchschnittlichen Konsumgewohnheiten spielen neben der Qualität und Quantität der gekauften Güter auch der Ort und die Häufigkeit der Käufe eine Rolle. Der Warenkorb wird auf der Grundlage der Ergebnisse von stichprobenartigen Erhebungen alle fünf Jahre überprüft und angepasst. Das Jahr der Anpassung ist das sogenannte Basisjahr. Die Preise der in dem Warenkorb enthaltenen Güter und Dienstleistungen werden gemäß der Bedeutung der verschiedenen Güter und Dienstleistungen für den Gesamtverbrauch gewichtet und zum Verbraucherpreisindex zusammengefasst. Schaubild 3.10 zeigt das Wägungsschema des Statistischen Bundesamtes.

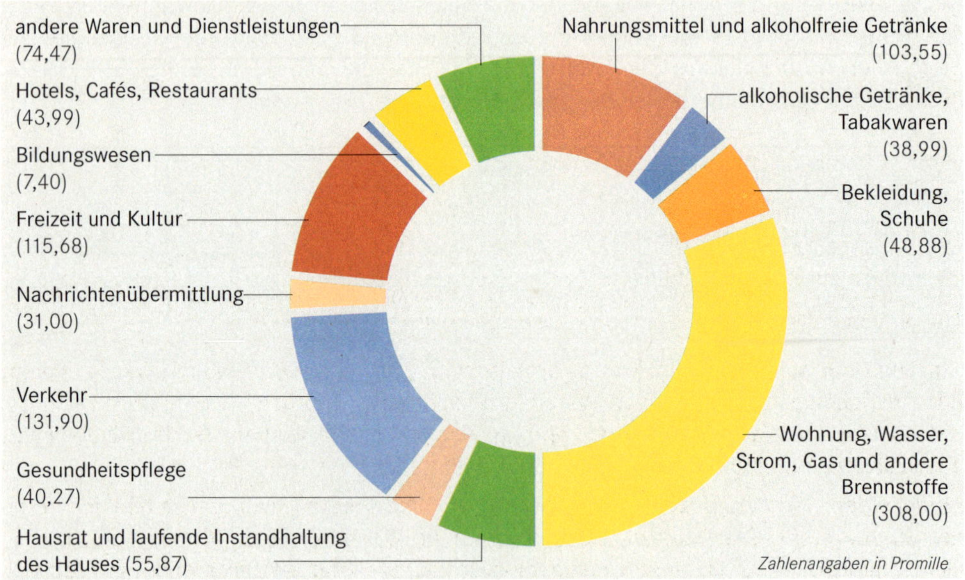

Schaubild 3.10: Wägungsschema für den Verbraucherpreisindex in Deutschland
Quelle: www.destatis.de/jetspeed/portal/cms/Sites/destatis/Internet/DE/Content/Statistiken/Zeitreihen/WirtschaftAktuell/Preise/Content100/pre110a,templateId=renderPrint.psml (abgerufen am 6. November 2008)

Anschließend wird durch den Vergleich des Preisindex im Betrachtungsjahr mit dem Preisindex des Basisjahres die Inflationsrate errechnet (Tabelle 3.11).

Jahr	Monat	Wert	Veränderung gegenüber dem Vorjahresmonat (%)	Veränderung gegenüber Januar 2003 (%)
	Sep.	107,2	2,9	
	Juli	107,6	3,3	
	Apr.	106,1	2,4	
2008	Jan.	105,3	2,8	9,2
	Dez.	105,6	3,1	
	Okt.	104,5	2,8	
	Juli	104,2	2,1	
	Apr.	103,6	2,1	
2007	Jan.	102,4	1,7	6,2
	Dez.	102,4	1,4	
	Okt.	101,7	1,1	
	Juli	102,1	1,8	

	Apr.	101,5	2,0	
2006	Jan.	100,7	1,8	4,5
	Dez.	101,0	1,4	
	Okt.	100,6	1,8	
	Juli	100,3	1,0	
	Apr.	99,5	1,2	
2005	Jan.	98,9	1,4	2,6
	Dez.	99,6	2,3	
	Okt.	98,8	2,0	
	Juli	98,7	1,7	
	Apr.	98,3	1,7	
2004	Jan.	97,5	1,1	1,1
	Dez.	97,4	1,0	
	Okt.	96,9	1,1	
	Juli	97,0	0,9	
	Apr.	96,7	0,9	
2003	Jan..	96,4	1,0	

Tabelle 3.11: Entwicklung der Verbraucherpreise in Deutschland, April 2004 bis September 2008

Quelle: www.destatis.de/jetspeed/portal/cms/Sites/destatis/Internet/DE/Content/Statistiken/Zeitreihen/WirtschaftAktuell/Preise/Content100/pre110a,templateId=renderPrint.psml (abgerufen am 6. November 2008)

Aufgrund der schnellen Entwicklung von Technologien und Kaufgewohnheiten erscheint das Anpassungsintervall für den Warenkorb recht lang. Erhöht sich in diesem Zeitraum die Qualität des Warenkorbes, so kann man also aus einem gestiegenen Preisindex nicht zwangsläufig auf eine entsprechend starke Geldentwertung schließen.

Entscheidend für den Einzelnen ist vielmehr die Kaufkraft, die das Spiegelbild des Preisniveaus darstellt. Die Kaufkraft erfasst, welchen Gebrauchsnutzen man sich für eine Geldeinheit (GE) kaufen kann beziehungsweise, bezogen auf das Einkommen pro Arbeitsstunde, wie lange man für ein bestimmtes Gut arbeiten muss. Veränderungen der Kaufkraft werden ermittelt, indem man unter sonst unveränderten Bedingungen die Preissteigerungen mit den Lohnsteigerungen eines Jahres vergleicht.

Die **Nominallohnentwicklung** gibt an, um welchen Betrag sich die Geldlöhne in einem bestimmten Zeitraum verändern. Demgegenüber gibt die **Reallohnentwicklung** an, um welchen Betrag sich die Löhne nach Abzug der Preissteigerungen verändern.

BEISPIEL ▶ Nominal- und Reallohnentwicklung

Steigen die Preise in einem Land um 2 %, während die Löhne im Durchschnitt um 4 % wachsen, so nimmt die Kaufkraft zu, weil die Reallöhne um 2 % gestiegen sind, die Menschen sich folglich mehr leisten können. Umgekehrt sinken die Reallöhne und damit die Kaufkraft um 2 %, wenn die Löhne um 2 %, die Preise hingegen um 4 % steigen.

Die Kaufkraft stellt also das umgekehrte Verhältnis zum Preisniveau dar. Steigen in einem gewissen Zeitraum die Preise bei sonst gleichbleibenden Bedingungen (ceteris paribus), so nimmt die Kaufkraft entsprechend ab.

Beeindruckend sind in diesem Zusammenhang immer wieder die internationalen Kaufkraftvergleiche zu einem bestimmten Zeitpunkt. Schaubild 3.11 zeigt, wie viel im Jahr 2004 ein Big Mac in verschiedenen Ländern rund um den Globus kostete.

Preisunterschiede lassen allerdings keinen direkten Schluss auf Wohlstandsunterschiede zu, da der Wohlstand der Bürger eines Landes maßgeblich durch das Volkseinkommen bestimmt wird.

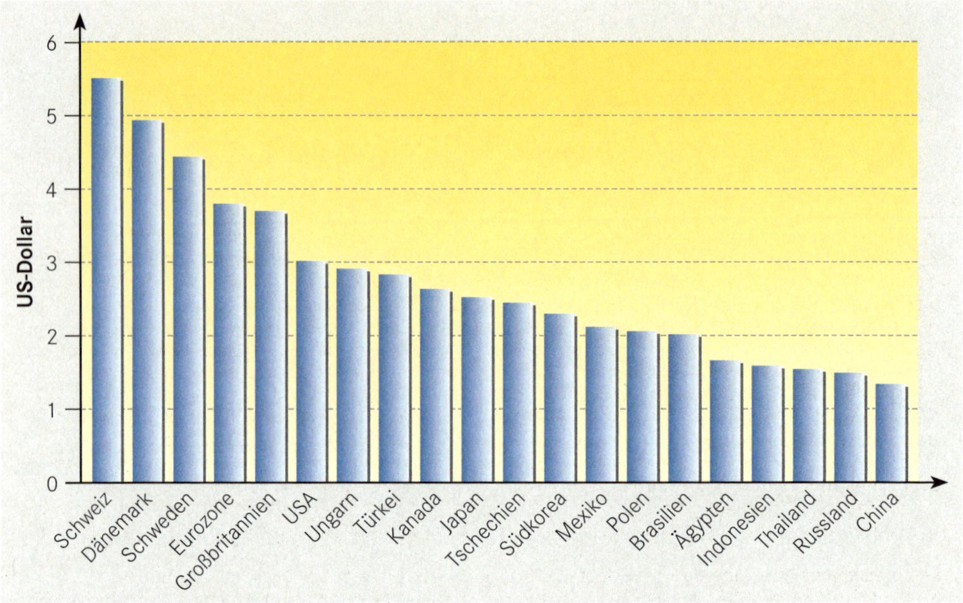

Schaubild 3.11: Der Preis eines Big Mac in US-Dollar in ausgewählten Ländern
Quelle: The Economist, 16. Dezember 2004

BEISPIEL ▶ Preise, Einkommen und Wohlstand

Ein Schweizer muss zwar im Vergleich zu einem Chinesen für einen Big Mac ein Vielfaches bezahlen, auf der anderen Seite verfügt er über ein wesentlich höheres Einkommen. Ob er jedoch besser oder schlechter gestellt ist als der Chinese, lässt sich erst beurteilen, wenn man die Stundenlöhne der beiden ins Verhältnis zu den Preisen in ihrem eigenen Land setzt.

Ziel Nr. 2 – Hoher Beschäftigungsstand

Eines der wichtigen Ziele der Wirtschaftspolitik ist die Vollbeschäftigung. Dieses Ziel ist allerdings in den letzten Jahren in immer weitere Ferne gerückt. Der Versuch der Wirtschaftspolitik, Vollbeschäftigung und damit die vollständige Auslastung der Produktionskapazitäten zu erreichen, hat in der Vergangenheit häufig steigende Löhne und in deren Folge auch steigende Preise (eine sogenannte Lohn-Preis-Spirale) nach sich gezogen und auf diese Weise die Inflation angetrieben. Das Vollbeschäftigungsziel geriet also in einen offensichtlichen Zielkonflikt mit dem Ziel eines stabilen Preisniveaus. Aufgrund dieser Erfahrungen steckt die Wirtschaftspolitik heutzutage in einem schwer auflösbaren Dilemma.

Abgesehen davon gibt es aufgrund des Strukturwandels der Wirtschaft und der damit verbundenen Bewegungen am Arbeitsmarkt zu jedem Zeitpunkt eine gewisse Zahl an Arbeitslosen ebenso wie an offenen Stellen. Deshalb gilt das Ziel eines hohen Beschäftigungsstandes als erreicht, wenn die Arbeitslosenquote den Wert von 2 % nicht übersteigt.

- Als **arbeitslos** gilt jede erwerbsfähige Person, die keinen Arbeitsplatz besitzt, aber eine Stellung sucht und dem Arbeitsmarkt zur Verfügung steht.
- Die **Arbeitslosenquote** ist das Verhältnis zwischen der Zahl der Arbeitsuchenden und der Gesamtzahl der Erwerbspersonen.

Die exakten Kriterien, die einen Arbeitslosen gemäß Arbeitslosenstatistik definieren, ändern sich im Laufe der Zeit (Schaubild 3.12).

Arbeitslosenzahl erreicht höchsten Stand seit Bestehen der Bundesrepublik

Noch nie seit dem Zweiten Weltkrieg waren in Deutschland so viele Menschen als arbeitslos registriert wie im Januar. Aufgrund von Hartz IV werden jetzt mehr Erwerbslose in die Statistik einbezogen. In erster Linie eine Änderung der Statistik hat die Zahl der Arbeitslosen in Deutschland im Januar auf 5,037 Millionen getrieben.

Das teilte die Bundesagentur für Arbeit (BA) am Mittwoch in Nürnberg mit und bestätigte damit Medienberichte. Es ist das erste Mal in der deutschen Nachkriegsgeschichte, dass die Fünf-Millionen-Marke überschritten wurde. Die Arbeitslosenzahl liegt den Angaben zufolge um 573 000 höher als im Dezember und um 439 700 höher als vor einem Jahr. Die Arbeitslosenquote stieg gegenüber Dezember um 1,3 Punkte auf 12,1 Prozent. Im Januar 2004 lag sie bei 11,0 Prozent.

Unbereinigt nahm die Arbeitslosenzahl den Angaben zufolge im Westen gegenüber Dezember um 406 000 auf 3,266 Millionen zu. In Ostdeutschland sei sie um 167 000 auf 1,771 Millionen gestiegen, hieß es weiter.

Arbeitslosigkeit umfassender abgebildet

Seit Jahresanfang werden im Zusammenhang mit der Arbeitsmarktreform Hartz IV auch frühere Sozialhilfeempfänger, die erwerbsfähig sind, in der Statistik erfasst. Das führt zwangsläufig zu einer höheren Zahl registrierter Arbeitsloser, worauf BA-Chef Frank-Jürgen Weise bei der Vorstellung der Januarzahlen hinwies. Die Arbeitslosigkeit sei nicht größer geworden, sondern werde lediglich umfassender abgebildet, sagte Weise: „Wir alle wissen, dass in Deutschland mehr Menschen eine Arbeit suchen, als bisher in der Statistik aufgetaucht sind."

Darüber hinaus hätten Witterungseinflüsse für die Zunahme der Erwerbslosenzahlen im Januar gesorgt, teilte die BA weiter mit. Der Effekt der Hartz-IV-Reform spiegele sich in der saisonbereinigten Erwerbslosenzahl wider, die um 227 000 auf 4,714 Millionen stieg.

Der Wirtschaftsweise Bert Rürup sagte am Morgen im Deutschlandfunk, die Symbolkraft der Zahl von mehr als fünf Millionen Arbeitslosen werde überschätzt.

Schaubild 3.12: Änderung der statistischen Kriterien für Arbeitslosigkeit
Quelle: www.netzeitung.de/arbeitundberuf/32906.html, 2. Februar 2005 (abgerufen am 13. Januar 2009)

Solange man für Berechnungen und Vergleiche der errechneten Quoten unterschiedliche Definitionen von Arbeitslosen als Grundlage nimmt, vergleicht man „Äpfel mit Birnen". Daher ist die Arbeitslosenquote in der Bundesrepublik nicht ohne Weiteres mit der anderer Nationen zu vergleichen. Auch die Anwendung der Formeln ist international keineswegs einheitlich. Beispielsweise wird in anderen Ländern die Zahl der Arbeitslosen nicht wie in Deutschland auf die abhängig beschäftigten Erwerbspersonen bezogen, sondern auf die Gesamtzahl der potenziell Erwerbstätigen. Daher fallen die Erwerbslosenstatistiken im Ausland oft deutlich günstiger aus.

Darüber, wie man Arbeitslosigkeit zu Leibe rücken kann, gibt es bisher, selbst innerhalb der verschiedenen politischen Parteien, unterschiedliche Auffassungen. So favorisiert die eine Seite den keynesianischen Ansatz, nach dem die Gesamtnachfrage durch staatliche Maßnahmen aufgestockt werden muss, um die Unternehmen zu neuen Investitionen zu animieren. Die andere Seite baut dagegen eher auf den Ansatz von Milton Friedman, nach dem die Unternehmen von belastenden Größen wie Sozialabgaben, Arbeits- und Sozialgesetzen und Ähnlichem befreit werden müssen, um wieder in den Faktor Arbeit zu investieren.

Es gibt unterschiedliche Erscheinungsformen der Arbeitslosigkeit (Tabelle 3.12).

friktionell	saisonal	konjunkturell
kurze, oft selbst herbeigeführte Arbeitslosigkeit, z. B. wegen eines Arbeitsplatzwechsels; vorübergehende Beschäftigungslosigkeit	Arbeitslosigkeit, die aufgrund einer bestimmten Jahreszeit oder aufgrund einer bestimmten Wetterlage ausgelöst wird; z. B. Saisonkräfte in Tourismusgebieten oder Surflehrer auf Norderney	Arbeitslosigkeit, die durch eine schlechte gesamtwirtschaftliche Lage ausgelöst wurde; meist branchenübergreifend aufgrund fehlender Güternachfrage
technologisch	**strukturell**	**demografisch**
Arbeitsplätze fallen aufgrund von technologischen Fortschritten bei Investitionsgütern weg; auslösende Faktoren sind Rationalisierungsmaßnahmen der Unternehmen.	branchen- oder regionalbezogene Arbeitslosigkeit, z. B. hohe Arbeitslosigkeit in der Region Wilhelmshaven oder Beschäftigungsprobleme in der Baubranche	Arbeitsplatzmangel aufgrund von geburtsstarken Jahrgängen, die auf den Arbeits- und Ausbildungsmarkt drängen

Tabelle 3.12: Erscheinungsformen der Arbeitslosigkeit

Nicht zuletzt aufgrund der Tendenz hin zur Dienstleistungsgesellschaft hat sich der Arbeitsmarkt in den letzten Jahren - wie alle anderen Märkte auch - immer schneller und in vielfältiger Weise gewandelt. Ein Ende dieses Prozesses ist bisher nicht abzusehen und in Zeiten der Globalisierung wohl auch nicht zu erwarten.

Ziel Nr. 3 – Außenwirtschaftliches Gleichgewicht

Mit Außenhandel sind alle Güterbewegungen zwischen In- und Ausland gemeint. Außenhandel ergibt sich im Allgemeinen aus folgenden Gründen:

- unterschiedliche Faktorkosten (Arbeitslöhne, Rohstoffpreise);
- unterschiedliche Rohstoffvorkommen, bedingt durch klimatische, geografische und geologische Unterschiede;
- unterschiedlicher technologischer Fortschritt.

Bereits David Ricardo (1772–1823) hat nachgewiesen, dass internationale Arbeitsteilung und der Tausch von Waren über Ländergrenzen hinweg ökonomisch sinnvoll sein können, selbst wenn ein Land im Vergleich zu einer anderen Nation alle Güter zu geringeren Kosten herstellen kann. Er argumentierte, dass die entscheidende Größe nicht das länderspezifische Kostenniveau, sondern die Kostenstruktur sei und begründete damit das Prinzip des komparativen Kostenvorteils.

BEISPIEL ▶ Wohlstandsgewinne durch Außenhandel

Ricardo führte das in Tabelle 3.13 zusammengefasste Beispiel an.

Land	Portugal	England
Kosten für 10 Tonnen Tuch (in Arbeitstagen)	90	100
Kosten für 10 000 Liter Wein (in Arbeitstagen)	80	120
Kostenvergleich Tuch/Wein (in der gleichen Zeit kann man 1 Einheit Tuch oder x Einheiten Wein herstellen)	1 : 0,88	1 : 1,2

Tabelle 3.13: Die komparativen Kosten für Tuch und Wein

Wie die Aufstellung zeigt, kann Portugal beide Güter günstiger produzieren. Dennoch würde es sich für beide Länder lohnen, sich auf ein Gut zu spezialisieren und das andere über den Außenhandel zu beziehen. Dieser Schluss ergibt sich aufgrund der folgenden Überlegungen.

Portugal benötigt für die Produktion von 10 Tonnen Tuch und 10 000 Litern Wein insgesamt (90 + 80) 170 Tage, England benötigt für die gleiche Menge (100 + 120) 220 Tage; zusammen benötigen sie also 390 Tage. Produziert Portugal ausschließlich Wein und spezialisiert sich England demgegenüber auf die Herstellung von Tuch, so benötigen beide Länder für die gleiche Menge (20 Tonnen Tuch und 20 000 Liter Wein) nur 360 Tage. Portugal braucht für 20 000 Liter Wein 160 Tage statt der vorher investierten 170 Tage. England braucht für 20 Tonnen Tuch 200 Tage statt der vorher investierten 220 Tage. Beide wären also durch eine Arbeitsteilung mit anschließendem Gütertausch im Vorteil.

Wahrscheinlich würde sich der Produktionsaufwand in beiden Nationen aufgrund der Arbeitsteilung sogar noch stärker reduzieren, da sich aufgrund der Spezialisierung und der mit höheren Produktionsmengen verbundenen Größenvorteile die Stückkosten nochmals reduzieren ließen.

BEISPIEL ▶ Wirkungen der Arbeitsteilung

Den Effekt der Arbeitsteilung hat Adam Smith (1723–1790), der Begründer der Volkswirtschaftslehre, in seinem 1776 erschienenen Hauptwerk **Der Wohlstand der Nationen** (Originaltitel: An Inquiry into the Nature and Causes of the Wealth of Nations) sehr anschaulich beschrieben:

„Der eine Arbeiter zieht den Draht, ein anderer steckt ihn, ein dritter schneidet ihn ab, ein vierter spitzt ihn zu, ein fünfter schleift ihn am oberen Ende, damit der Kopf angesetzt werden kann. Auch die Herstellung des Kopfes erfordert zwei oder drei getrennte Arbeitsgänge. Das Ansetzen des Kopfes ist eine eigene Tätigkeit, ebenso das Weißglühen der Nadeln, ja, selbst das Verpacken der Nadeln ist eine Arbeit für sich. Um eine Stecknadel anzufertigen, sind somit etwa 18 verschiedene Arbeitsgänge notwendig, die in einigen Fabriken jeweils verschiedene Arbeiter besorgen, während in anderen ein einzelner zwei oder drei davon ausführt. Ich selbst habe eine kleine Manufaktur dieser Art gesehen, in der nur 10 Leute beschäftigt waren, so daß einige von ihnen zwei oder drei solcher Arbeiten übernehmen mußten. Obwohl sie nun sehr arm und nur schlecht und recht mit dem nötigen Werkzeug ausgerüstet waren, konnten sie zusammen am Tage doch etwa 12 Pfund Stecknadeln anfertigen, wenn sie sich einigermaßen anstrengten. Rechnet man für ein über 4 000 Stecknadeln mittlerer Größe, so waren die 10 Arbeiter imstande, täglich etwa 48 000 Nadeln herzustellen, jeder also ungefähr 4 800 Stück. Hätten sie indes alle einzeln und unabhängig voneinander gearbeitet, noch dazu ohne besondere Ausbildung, so hätte der einzelne gewiß nicht einmal 20, vielleicht sogar keine einzige Nadel am Tag zustande gebracht. Mit anderen Worten, sie hätten mit Sicherheit nicht den zweihundertvierzigsten, vielleicht nicht einmal den vierhundertachtzigsten Teil von dem produziert, was sie nunmehr infolge einer sinnvollen Teilung und Verknüpfung der einzelnen Arbeitsvorgänge zu erzeugen imstande waren."

Quelle: Adam Smith, Der Wohlstand der Nationen. Eine Untersuchung seiner Natur und seiner Ursachen, C. H. Beck, München 1974, S. 9 f. (ursprünglich erschienen unter dem Titel „An Inquiry into the Nature and Causes of the Wealth of Nations", Ward, Lock, Bowden & Co., London 1776)

Ziel Nr. 4 – Angemessenes und stetiges Wirtschaftswachstum

Spricht man von **Wirtschaftswachstum,** so meint man damit im Allgemeinen die Zunahme der Wirtschaftsleistung einer Region oder einer Nation innerhalb eines bestimmten Zeitraums.

Selten spricht man von „Wirtschaftsschrumpfung" oder ähnlichen Begriffen. Im deutschsprachigen Raum gab es seit dem Zweiten Weltkrieg nur wenige Jahre (1967, 1975, 1982, 1993 und 2003), in denen das reale Bruttoinlandsprodukt abgenommen hat. Schaubild 3.13 zeigt die Konjunkturentwicklung in Deutschland seit den 1950er-Jahren.

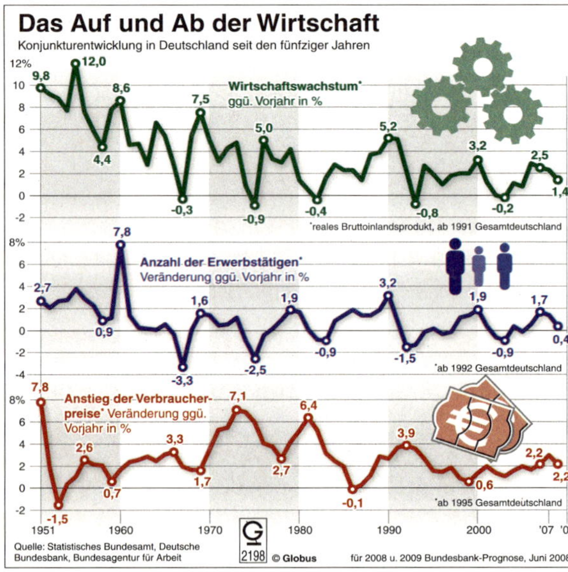

Schaubild 3.13: Konjunkturentwicklung in Deutschland seit den 1950er-Jahren

Wohl auch deshalb gibt es keinen geläufigen deutschsprachigen Begriff für ein abnehmendes Bruttonationaleinkommen; man spricht dann von „negativem Wachstum", wobei schon der Begriff an sich etwas merkwürdig anmutet.

Man unterscheidet zwischen dem quantitativen und dem qualitativen Wachstumsbegriff.

Quantitatives Wachstum bedeutet eine rein mengenmäßige Erhöhung des Bruttoinlandsprodukts (BIP) beziehungsweise des Pro-Kopf-Einkommens.

Die prozentuale Wachstumsrate (w) wird folgendermaßen berechnet:

$$w = \frac{\text{Zu-/Abnahme des BIP im Vergleich zum Vorjahr}}{\text{BIP des Vorjahres}} \cdot 100$$

Das Stabilitäts- und Wachstumsgesetz verlangt ein stetiges und angemessenes Wirtschaftswachstum. Stetigkeit meint dabei ein kontinuierliches und möglichst schwankungsfreies Wachstum. Als angemessen wird das Wachstum angesehen, wenn die Wirtschaftsleistung um 3 % bis 5 % pro Jahr zunimmt.

Früher war ein Wachstum der Wirtschaft ein Garant für zusätzliche Arbeitsplätze. Heute geht man davon aus, dass das Wachstum mindestens 3 % betragen muss, um vorhandene Arbeitsplätze zu sichern. Ein Grund für die Entkoppelung von Wachstum und Beschäftigung ist die Tatsache, dass aufgrund von Rationalisierungsmaßnahmen in der industriellen Produktion immer weniger Menschen zur Güterproduktion benötigt werden.

Kritisch zu betrachten ist der Begriff Wachstum auch aus ökologischer Sicht. Nicht jedes Wachstum bedeutet gleichzeitig mehr Wohlstand. In vielen Ländern wird das Wachstum mit einer deutlichen Verschlechterung der Lebensbedingungen erkauft (Schaubild 3.14). So sind in den Industrienationen die Umweltschäden aufgrund einer Zunahme der Transportleistungen und der Beförderungswege mehr und mehr spürbar. Oft schaffen es diese Nationen noch, die Folgen von Umweltbelastungen an Produktionsstätten in Entwicklungsländer auszulagern. Um die Folgen zu lindern, boomt der sogenannte „Wohlstandsreparatursektor" wie Müllverbrennungsanlagen und die Filter- beziehungsweise Rückgewinnungsindustrie.

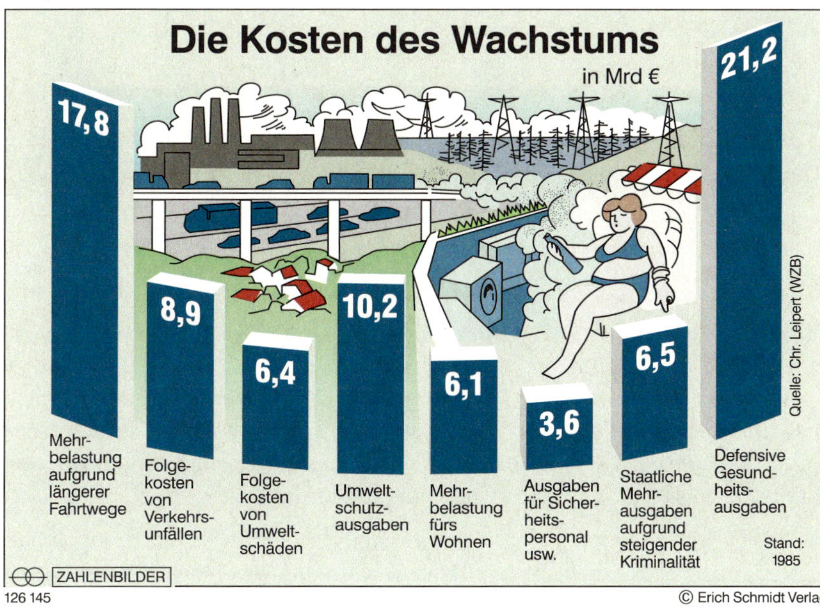

Schaubild 3.14: Die Kosten des Wachstums

Wachstum muss also auch unter einem qualitativen Aspekt betrachtet werden. Qualitatives Wachstum bezieht sich auf die Verbesserung der Lebens- und Umweltbedingungen, beispielsweise durch den Einsatz ressourcenschonender Produktionsverfahren und durch bessere Bildungschancen.

Ziel Nr. 5 – Gerechte Einkommens- und Vermögensverteilung

Die Arbeitslosenquote in Deutschland explodiert, deutsche Unternehmen entlassen Mitarbeiter trotz guter Gewinne, immer mehr Haushalte haben immer weniger Anteile am Volksvermögen (Schaubild 3.15).

Nicht zuletzt aufgrund des in aller Munde befindlichen Begriffs des „Shareholder Value" geraten in der breiten Öffentlichkeit die Unternehmensgewinne immer wieder ins Fadenkreuz der Kritik. Auf der einen Seite steigen die Dividenden, während viele andere den Gang zur Schuldnerberatung antreten müssen. Inzwischen fordert man die Offenlegung der Managergehälter, um auch hier eine Kontrolle ausüben zu können.

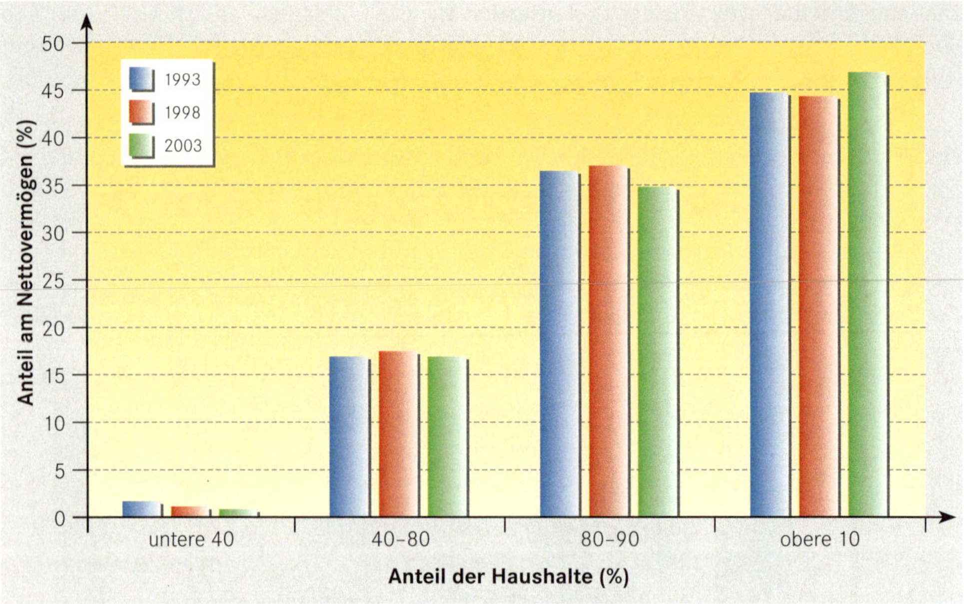

Schaubild 3.15: Verteilung des Nettovermögens in Deutschland nach Einkommensgruppen
Datenbasis: 2. Armuts- und Reichtumsbericht der Bundesregierung, 2. März 2005

Der Wunsch nach einer gerechten Verteilung des Vermögens besteht bereits seit Langem. Er wird vom Großteil der Bevölkerung und von den Parteien geäußert, die diese Bevölkerungsschichten vertreten. Der Staat versucht, diesem verständlichen Wunsch über Maßnahmen der Steuer- und Sozialpolitik nachzukommen. So werden Besserverdienende höher besteuert als Wenigverdienende und Sozialhilfe und Wohngeld werden gezahlt, ohne dass der Staat dafür eine Gegenleistung verlangt.

Der Teil der Bevölkerung, der den Unternehmergewinnen skeptisch gegenübersteht, sollte sich aber auch vor Augen halten, dass es ohne die Gewinnchance kein Motiv gibt, überhaupt das Risiko einer Unternehmensgründung einzugehen. Es ist zu erwarten, dass ohne das Gewinnmotiv Investitionen, die Arbeitsplätze schaffen, Innovationen hervorrufen und zum ökologisch und ökonomisch sinnvollen Umgang mit den Ressourcen führen, nur unzureichend durchgeführt würden.

3.1.6 Wirtschaftspolitische Grundkonzeptionen

Die Arbeitslosigkeit stellt in den westlichen Industrieländern das größte Problem dar, da hier das Wohlergehen und die soziale Zufriedenheit der Bürger direkt betroffen sind. Die Ansprüche an die Politik variieren je nach wirtschaftspolitischer Grundanschauung. Auf der einen Seite werden Entlastungen der Arbeitnehmer gefordert, damit diese mehr Geld für den Konsum zur Verfügung haben und durch vermehrte Ausgaben die gesamtwirtschaftliche Nachfrage anheben. Auf der anderen Seite werden Entlastungen der Arbeitgeber gefordert, um die finanziellen Möglichkeiten für Investitionen und Personaleinstellungen zu verbessern.

Diese beiden Standpunkte stehen für zwei gegensätzliche Grundkonzeptionen der Wirtschaftspolitik, die zusammenfassend als nachfrageorientierte beziehungsweise angebotsorientierte Wirtschaftspolitik bezeichnet werden.

Nachfrageorientierte Wirtschaftspolitik

In der nachfrageorientierten Wirtschaftspolitik wird der Nachfrage der privaten Konsumenten und der öffentlichen Hand eine besondere Bedeutung zugemessen. Sie gilt als entscheidender Faktor für die Auslastung der Produktionskapazitäten. Umgekehrt wird eine unzureichende gesamtwirtschaftliche Nachfrage als Hauptgrund für zunehmende Arbeitslosigkeit betrachtet.

Hauptansatzpunkte für eine Erhöhung der Nachfrage sind die Instrumente der Fiskalpolitik, die den Bürger finanziell entlasten und die Nachfrage des Staates steigern. Dazu gehören

- die Senkung von Steuern und Sozialabgaben,
- die Erhöhung der Staatsausgaben in Form von öffentlichen Investitionen oder von Subventionen.

Diese Maßnahmen bergen jedoch Gefahren. Reichen die öffentlichen Einnahmen und etwaige Rücklagen aufgrund von Haushaltsüberschüssen früherer Jahre nicht aus, um Steuerausfälle oder vermehrte Staatsausgaben zu finanzieren, so muss sich der Staat verschulden. Die erhöhte Kreditnachfrage kann wiederum zu steigenden Zinsen führen, die zusätzlichen Ausgaben können einen Anstieg der Inflationsrate zur Folge haben. Zudem bringt eine wachsende Staatsschuld früher oder später unerwünscht hohe staatliche Zinslasten mit sich.

Angebotsorientierte Wirtschaftspolitik

In der angebotsorientierten Wirtschaftspolitik wird den Rahmenbedingungen für die Unternehmen eine besondere Bedeutung zugemessen. Deren Vertreter gehen davon aus, dass Unternehmen, die nicht durch Auflagen belastet sind und die im Hinblick auf die Beschäftigung und Entlohnung von Arbeitskräften möglichst flexibel sind, eher Investitionen tätigen und ihre Kapazitäten voll auslasten können.

Zu den angebotsorientierten Maßnahmen der Wirtschaftspolitik zählen unter anderem

- der Abbau von Investitionshemmnissen wie zum Beispiel Umweltschutzauflagen,
- der Abbau von Arbeitsmarktregulierungen wie zum Beispiel Kündigungsschutzvorschriften,
- die Senkung der Sozialabgaben als Komponenten der Lohnnebenkosten,
- die Senkung der Unternehmensbesteuerung.

Eine solche Politik kann zu erheblichen sozialen und ökologischen Spannungen führen. Darüber hinaus fördern ein günstigeres Investitionsumfeld und höhere Gewinne nicht zwangsläufig die Investitionsbereitschaft und das Arbeitsplatzangebot im Inland.

Bei beiden Konzepten ist zu bedenken, dass eine Entlastung der einen Seite zunächst immer zu einer erhöhten Belastung der Gegenseite führt, da der Staat auf Steuereinnahmen angewiesen ist. Entlastet er die Arbeitgeber von Steuern oder Sozialabgaben, muss er im

Gegenzug die privaten Konsumenten zusätzlich belasten und gefährdet damit die Konsumgüternachfrage. Entlastet er die Arbeitnehmer, so muss er seine Einnahmen auf der Unternehmensebene sichern, was wiederum die Investitionsbereitschaft beeinträchtigt.

3.1.7 Geldpolitik

Das Europäische System der Zentralbanken

Im Rahmen der europäischen Wirtschafts- und Währungsunion wurde die Aufgabe der Währungssicherung, die bis 1999 in Deutschland allein der Deutschen Bundesbank oblag, auf das Europäische System der Zentralbanken (ESZB) übertragen. Heute ist die Europäische Zentralbank (EZB) der wichtigste und einflussreichste Träger der Geldpolitik.

Schaubild 3.16 gibt einen Überblick über das Bankensystem in der Eurozone.

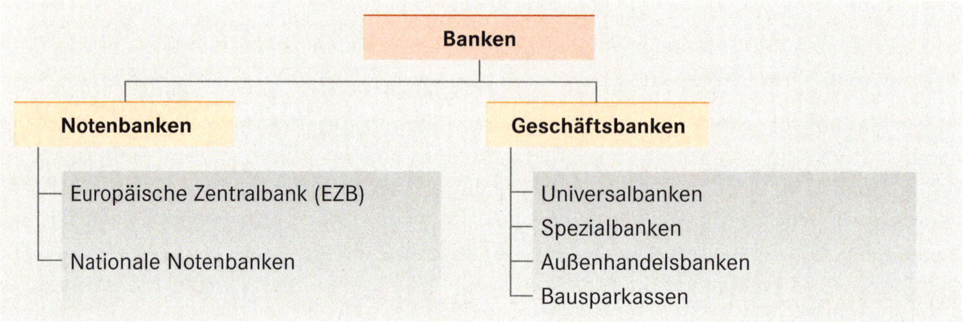

Schaubild 3.16: Das Bankensystem in der Eurozone

Das wichtigste Ziel der EZB ist die Gewährleistung der Preisniveaustabilität in den Ländern der Eurozone. Dieses Ziel lässt sich nur erreichen, wenn die EZB ihre Entscheidungen unabhängig treffen kann. Diese Unabhängigkeit ist tatsächlich gegeben, denn keine Regierung in der Eurozone ist befugt, der EZB Weisungen zu erteilen.

Preisniveaustabilität

Preisniveaustabilität bedeutet in der Praxis, dass eine gewisse Inflationsrate nicht überschritten werden sollte. Ein leichter Preisanstieg ist volkswirtschaftlich durchaus normal und zu verkraften. Die EZB hat festgelegt, dass Preisniveaustabilität immer dann herrscht, wenn der Anstieg des Harmonisierten Verbraucherpreisindex unter 2 % liegt. Eine Deflation, das heißt ein Rückgang des Preisniveaus, ist hingegen mit dem Ziel der EZB nicht vereinbar.

Instrumente der Geldpolitik

Zur Wahrung der Preisniveaustabilität stehen der EZB verschiedene Mittel zu Verfügung. Da sie nicht direkt auf die Preise einwirken kann, nutzt sie das Bankensystem für ihre Zwecke, indem sie den Zugang der Geschäftsbanken zu Zentralbankgeld, das diese zur Finanzierung ihrer Geschäfte benötigen, erleichtert oder erschwert.

Dies geschieht, indem sie

- im Rahmen der sogenannten Offenmarktpolitik die Leitzinssätze verändert und damit die kurzfristigen Zinsen steuert,
- die Mindestreservesätze verändert und damit die Liquidität der Geschäftsbanken erhöht oder senkt.

- **Zentralbankgeld** ist Geld, das nur von der Zentralbank geschaffen werden kann. Es besteht aus Bargeld und kurzfristigen Guthaben der Geschäftsbanken und der Nichtbanken bei der Zentralbank.
- Die **Geldmenge** ist der Bestand der in einer Volkswirtschaft zum Geld zählenden Vermögenswerte. Sie besteht aus dem Bargeld außerhalb des Bankensektors, den kurzfristigen Guthaben (Sichteinlagen) der Nichtbanken bei den Banken und in einer weiter gefassten Definition zusätzlich aus den Sparguthaben der Nichtbanken bei den Banken.
- Die **Leitzinssätze** sind die Zinssätze, zu denen sich die Geschäftsbanken bei der Zentralbank Liquidität beschaffen können. Der wichtigste Leitzinssatz ist der Hauptrefinanzierungssatz, das heißt der Satz, zu dem die Notenbank den Banken Zentralbankgeld zur Verfügung stellt.

Die in den Schaubildern 3.17 und 3.18 abgebildeten Marktreaktionen gelten als normal.

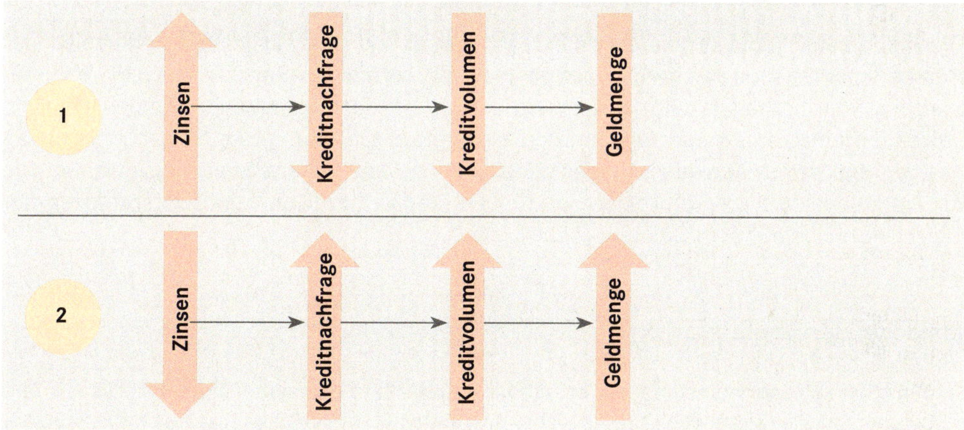

Schaubild 3.17: Zinsen und Geldmenge

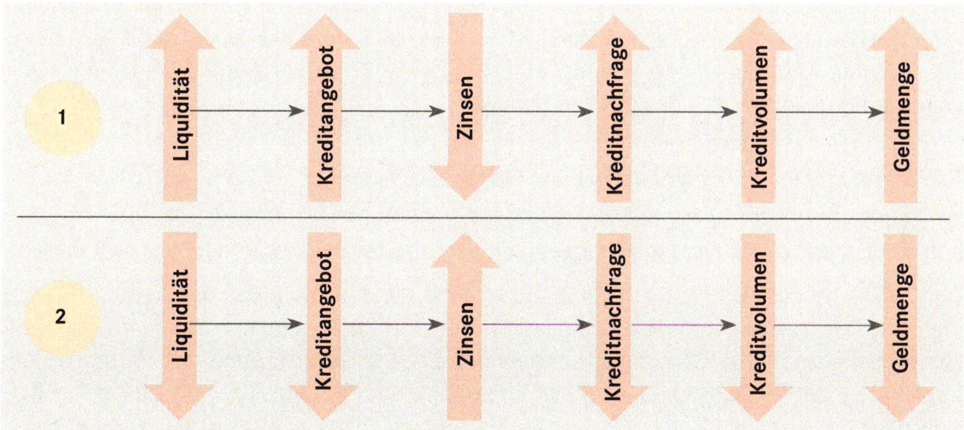

Schaubild 3.18: Bankenliquidität und Geldmenge

Offenmarktpolitik

Als **Offenmarktpolitik** bezeichnet man den Ankauf und Verkauf von Wertpapieren durch die EZB am Geld- oder Kapitalmarkt mit dem Ziel, die Geldmenge zu vergrößern oder zu verkleinern und damit indirekt auf das Preisniveau einzuwirken. Das Offenmarktgeschäft ist das bedeutendste geldpolitische Instrument der EZB.

Offenmarktgeschäfte können befristet oder endgültig sein. Im ersten Fall spricht man von einem Pensionsgeschäft. Hier werden Wertpapiere nur für eine bestimmte Zeit von der EZB angekauft und die Kreditinstitute dazu verpflichtet, sie nach Ablauf der vereinbarten Frist zurückzukaufen.

Gelegentlich gibt es direkte Geschäfte zwischen der Zentralbank und den Kreditinstituten (bilaterale Geschäfte). Das Hauptrefinanzierungsgeschäft, über das rund drei Viertel des Zentralbankgeldbedarfs abgedeckt werden, findet jedoch in Form von wöchentlichen Versteigerungen (Haupttenderverfahren) am Geldmarkt statt. Der im Hauptrefinanzierungsgeschäft geltende Zinssatz ist der wichtigste Leitzins. Er gibt Aufschluss über die aktuelle Richtung der Geldpolitik der EZB.

Die ständigen Fazilitäten bieten den Geschäftsbanken die Möglichkeit, jederzeit kurzfristige liquiditätsausgleichende Maßnahmen zu treffen. Im Rahmen der sogenannten Spitzenrefinanzierungsfazilität können die Banken bei der Zentralbank für einen Tag Geld ausleihen, im Rahmen der sogenannten Einlagefazilität können sie Geld für einen Tag anlegen und damit Liquiditätsengpässe beziehungsweise -überschüsse ausgleichen. Die für die ständigen Fazilitäten geltenden Zinsen stecken die Ober- und Untergrenzen der Tagesgeldzinsen auf dem Geldmarkt ab.

Mindestreservepolitik

Der **Mindestreservesatz** ist der prozentuale Anteil an bestimmten Verbindlichkeiten der Geschäftsbanken gegenüber ihren Kunden, den diese als Guthaben bei der Zentralbank unterhalten.

Die Geschäftsbanken sind verpflichtet, Mindestreserven bei der Zentralbank zu halten, um gegen unvorhergesehenen Liquiditätsbedarf abgesichert zu sein. Die folgenden Verbindlichkeiten unterliegen der Mindestreservepflicht:

- tägliche fällige Einlagen,
- Einlagen mit vereinbarter Laufzeit von bis zu zwei Jahren,
- Einlagen mit vereinbarter Kündigungsfrist von bis zu zwei Jahren,
- ausgegebene Schuldverschreibungen mit vereinbarter Laufzeit von bis zu zwei Jahren.

Der Mindestreservesatz beträgt einheitlich 2 %. Die Mindestreserven können die Banken nicht zur Finanzierung ihrer Kreditvergabe nutzen. Eine Erhöhung des Mindestreservesatzes verringert somit die Kreditvergabemöglichkeiten und damit auch das Vermögen der Banken, auf der Basis der Einlagen ihrer Kunden durch die Vergabe von Krediten Geld zu schöpfen; umgekehrt führt eine Verringerung des Mindestreservesatzes zu einer Erhöhung der Spielräume der Banken.

3.2 Das unmittelbare Umfeld: Markt und Marketing

3.2.1 Marktsegmentanalyse

Anbieter teilen ihre Absatzmärkte, das heißt die Gesamtheit ihrer potenziellen Kunden, in unterschiedliche Teilmärkte beziehungsweise Marktsegmente auf. Das Ziel ist, für jedes Segment geeignete absatzpolitische Instrumente festzulegen.

Ein **Marktsegment** ist ein Ausschnitt aus dem Gesamtmarkt für ein Gut oder eine bestimmte Dienstleistung, der aus Nachfragern besteht, die bestimmte Merkmale gemeinsam haben.

Die Segmentierung wird anhand der folgenden Merkmale der Nachfrager vorgenommen:

1. Lebensalter
2. Geschlecht
3. Einkommen
4. Ausbildung/berufliche Tätigkeit
5. Familienstand/Kinder
6. Wohnort/Einzugsbereich
7. persönliche Interessen der Kunden

Teilt man das Lebensalter von Menschen (Kriterium Nr. 1) in Abschnitte auf (zum Beispiel Säuglings- und Kleinkindalter, Kindergartenalter, Grundschulalter und so weiter), so lässt sich unschwer feststellen, dass ein Mensch in jedem Lebensabschnitt unterschiedliche Bedürfnisse hat. Gleichzeitig gibt es Bedürfnisse, die vom Lebensalter mehr oder weniger unabhängig sind (Kriterium Nr. 7).

Inwieweit ein bestimmtes Bedürfnis in einen am Markt geäußerten Bedarf übersetzt wird, hängt ganz entscheidend vom persönlichen Einkommen ab (Kriterium Nr. 3). Untersucht man nun die Bevölkerung einer bestimmten Region anhand dieser Kriterien, so kann man abschätzen, wie groß die Nachfrage nach einem Produkt sein wird, das ein bestimmtes Kernbedürfnis erfüllt. Hat man umgekehrt aus der Bevölkerung einer bestimmten Region eine Gruppe von Personen ausgewählt, die im Hinblick auf die Segmentierungskriterien vergleichbar sind, so kann man abschätzen, für welches Produkt sich ein potenzieller Kunde entscheiden würde, dem die Auswahl aus einer bestimmten Produktpalette angeboten wird.

BEISPIEL ▶ Kundenprofil und Produktauswahl

Herr Schmitz ist 40 Jahre alt, verheiratet und hat zwei Kinder. Das Familiennettoeinkommen beträgt 4.000,00 €. Herr Schmitz ist Angestellter beim Finanzamt und interessiert sich seit Längerem für ostasiatische Kampfsportarten und Selbstverteidigungstechniken. In seiner Stadt gibt es drei Angebote, die für ihn infrage kämen:

- Der Polizeisportverein betreibt eine Karate-Abteilung für Anfänger jeglichen Alters und beiderlei Geschlechts. Der monatliche Beitrag beläuft sich auf 10,00 €.
- Die Volkshochschule veranstaltet regelmäßig einen Selbstverteidigungskurs. Teilnehmer sind überwiegend Frauen, zehn Unterrichtsstunden kosten 40,00 €.
- Das örtliche Sportstudio Fitnessgym GmbH bietet einen Jiu-Jitsu-Anfängerkurs für Frauen und Männer ab 30 Jahren an, die Teilnahme ist nur für Clubmitglieder möglich. Der monatliche Beitrag beläuft sich auf 65,00 €.

Voraussichtlich wird sich Herr Schmitz aus den folgenden Gründen für das Sportstudio entscheiden:

- Hier ist er unter Menschen in seiner Altersgruppe, das heißt, er wird keine Bedenken haben, sich unter Umständen vor jüngeren Teilnehmern zu blamieren.
- Der VHS-Kurs ist zwar auch interessant, jedoch liegt hier bei der Vermittlung der Techniken das Augenmerk vor allem auf einer besonders für Frauen geeigneten Ausrichtung. Zudem erwartet Herr Schmitz, dass der sportliche Aspekt eher im Hintergrund stehen wird.
- Mit einer Clubmitgliedschaft erwirbt Herr Schmitz gleichzeitig das Recht, auch andere Einrichtungen des Clubs zu nutzen - Sauna, Schwimmbad, Trainingsgeräte und weitere Kurse.
- Selbst der relativ hohe Preis dürfte unseren Kunden nicht daran hindern, einen längerfristigen Vertrag mit dem Sportstudio einzugehen, da er ein gesichertes Einkommen und einen gesicherten Arbeitsplatz hat.

Die Aufgabe für den Sportstudiobetreiber liegt jetzt darin, diese Altersgruppe gezielt anzusprechen, um weitere Mitglieder zu gewinnen.

Die genannten Segmentierungskriterien stellen einen Katalog von Eckpunkten dar, der prinzipiell beliebig verändert oder erweitert werden kann. Dieser Katalog ist in jeder Branche von Bedeutung und sollte bei jeder Marktsegmentanalyse verwendet werden. Schaubild 3.19 zeigt einen ausführlicheren, dreistufigen Katalog von Segmentierungskriterien.

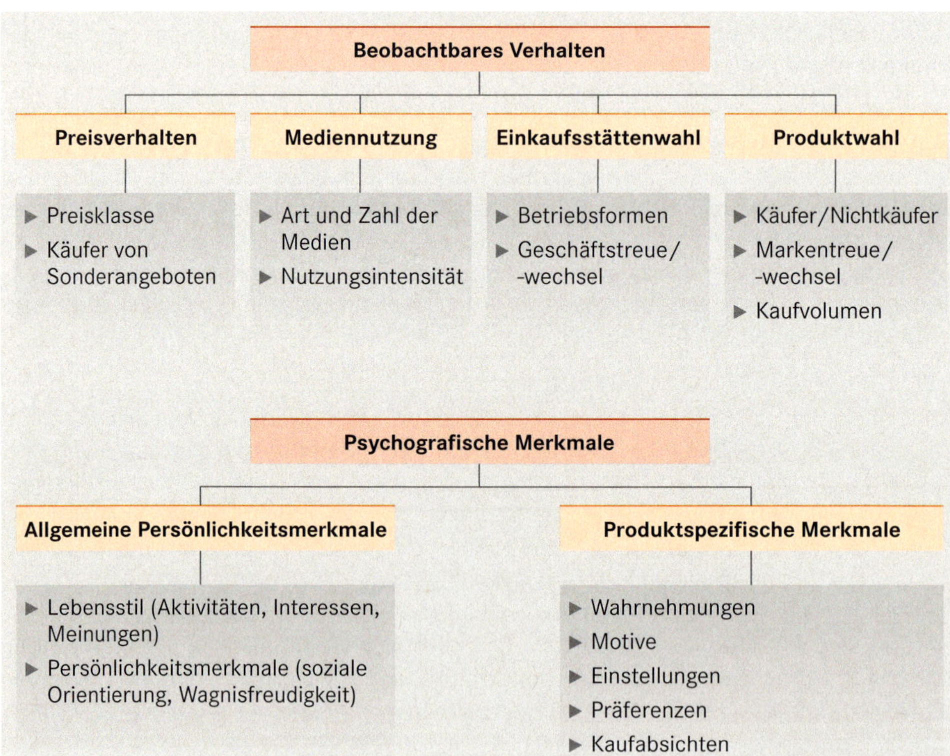

Sozioökonomische Merkmale

- **Geografische Merkmale**
  - Wohnortgröße
  - Region
  - Stadt/Land
- **Familienlebenszyklus**
  - Geschlecht
  - Alter
  - Familienstand
  - Zahl und Alter der Kinder
- **Soziale Schicht**
  - Einkommen
  - Schulbildung
  - Beruf

Schaubild 3.19: Kriterien der Marktsegmentierung

BEISPIEL ▶ Marktorientierte Angebotsgestaltung

Ein Unternehmen, das seine Dienstleistungen überwiegend Bewohnern der Region anbieten will, muss sich zunächst die grundsätzliche Frage stellen, wie die Bevölkerung in der eigenen Region zusammengesetzt ist. Wenig sinnvoll ist es, in einem strukturschwachen Landkreis mit hoher Arbeitslosenquote und einem überdurchschnittlichen Alter der Bevölkerung ein Freizeit- und Wellnesszentrum zu errichten und zu betreiben, dessen Mitglieder einen Monatsbeitrag von 75,00 € zahlen müssen. Eine Freizeitanlage muss vielmehr auf die zu erwartenden Mitglieder zugeschnitten werden. Das kann bedeuten, dass der Betreiber auf Luxus und Komfort verzichtet und folglich keine Klimaanlage im Umkleideraum und kein Schwimmbecken einplant. Auf diese Weise kann er einen niedrigeren Monatsbeitrag kalkulieren und damit der vergleichsweise niedrigen Kaufkraft der Bevölkerung seiner Region Rechnung tragen.

3.2.2 Kommunikationsformen und -mittel

Die **Kommunikationspolitik** umfasst Maßnahmen zum Aufbau und zur Pflege von Kundenbeziehungen in den Bereichen Absatzwerbung, Verkaufsförderung/Salespromotion und Öffentlichkeitsarbeit/Public Relations.

Will ein Anbieter seine Produkte und Dienstleistungen verkaufen, so muss er seine potenziellen Kunden über die Art seiner Produkte und Dienstleistungen und über ihre Eigenschaften, Verwendungsmöglichkeiten und Leistungsvorteile informieren. Allerdings reicht die bloße Information mithilfe von Werbemedien selbst bei sehr guten Produkten und Dienstleistungen nicht aus. Der umworbene Adressatenkreis muss durch eine Vielzahl von Maßnahmen zu einem Verhaltenswandel und schließlich zum Kaufabschluss motiviert werden. Bei bereits bekannten Produkten geschieht dies unter anderem über die Gestaltung von Verpackungen, Schaufenstern und Schauräumen, Messen und dergleichen. Bei Dienstleistungen konzentriert sich die Kommunikationspolitik auf Inserate, Faltblätter, Broschüren, Tage der offenen Tür, Informationsgespräche.

Absatzwerbung

Absatzwerbung umfasst Maßnahmen, die den Kunden mittelbar durch Werbeträger und Werbemittel an das Produkt oder die Dienstleistung heranführen.

BEISPIELE ▶ Werbeträger und Werbemittel

Tabelle 3.14 vermittelt Beispiele für Werbeträger und die über sie eingesetzten Werbemittel.

Werbeträger	Werbemittel
Postversand	Werbebrief/Prospekt/Werbegeschenk/Preisausschreiben
Zeitung/Fachzeitschrift	Anzeige/Preisausschreiben
Rundfunk	Werbespot
Kino/Fernsehen	Werbefilm
Internet	Website/Anzeige/Animation/Preisausschreiben
Fassade/Bande	Plakat/Banner
Litfaßsäule	Plakat
mobile Werbeträger (Kraftfahrzeuge)	Werbeaufdruck

Tabelle 3.14: Werbeträger und Werbemittel

Man unterscheidet die Werbung nach

1. der Zielsetzung (Tabelle 3.15),
2. Einzel-, Sammel- und Gemeinschaftswerbung (Tabelle 3.16),
3. der Art der Einwirkung auf den Adressaten der Werbung (Tabelle 3.17).

Art der Werbung	Ziel	Beispiel: Gegenstand der Bewerbung
Einführungswerbung	Ein neues Produkt wird auf den Markt gebracht und soll bekannt gemacht werden.	der Wellnesstrend in den 1990er-Jahren
Expansionswerbung	Erschließung neuer Märkte für ein bekanntes Produkt/Anwerbung neuer Kunden	Wassergymnastik für Senioren
Erhaltungswerbung	Sicherung des Absatzes/Bindung vorhandener Kunden, Abschirmung von der Konkurrenz	▶ Neuauflage eines Kurses für denselben Adressatenkreis ▶ Neugestaltung der Saunaanlage in einem Fitnessstudio
Reduktionswerbung	Schwerpunktverlagerung im Verkaufs- oder Dienstleistungsprogramm	▶ Auslaufmodelle zu Sonderpreisen ▶ Angebote im Rahmen von Räumungsverkäufen

Tabelle 3.15: Arten der Werbung je nach Zielsetzung

Art der Werbung	Prinzip	Beispiel
Einzelwerbung	individuelle Werbung eines bestimmten Anbieters	Ein Sportstudio schaltet eine Anzeige in der örtlichen Tageszeitung.
Sammelwerbung	Mehrere Unternehmen schließen sich zur Bewerbung ihrer Angebote zusammen.	Ein Sportstudio befindet sich gemeinsam mit einem Sanitätshaus und anderen Unternehmen in einer Einkaufspassage. Anlässlich eines Jubiläums präsentieren sich alle Unternehmen über eine Anzeige in der Tageszeitung.
Gemeinschaftswerbung	Nur die Leistung als solche tritt in Erscheinung, die Person der Werbenden bleibt im Hintergrund.	„Im Verein ist Sport am schönsten." (Werbung des Deutschen Sportbundes für alle Sportvereine)

Tabelle 3.16: Einzel-, Sammel- und Gemeinschaftswerbung

Die psychologische Werbewirkung lässt sich nach der sogenannten AIDA-Formel in vier Phasen unterteilen:

1. **A**ttention – Aufmerksamkeit erregen.
2. **I**nterest – Interesse am Produkt erzeugen.
3. **D**esire – Besitzwunsch erzeugen.
4. **A**ction – Kaufhandlung ausführen.

Art der Werbung	Beeinflussung	Beispiel
Informationswerbung	durch sachliche Argumente Kunden gewinnen	Ansprache für Herz-/Kreislauferkrankte: „Cardio-Training beugt einem Herzinfarkt vor."
Suggestivwerbung	Freisetzen von versteckten Gefühlen und Trieben. Dem Kunden soll suggeriert werden, dass sich durch den Kauf einer Dienstleistung oder eines Produkts sein Ansehen oder Selbstwertgefühl erhöht.	Leitbildwerbung: Plakat in einem Sportstudio mit durchtrainierten Profisportlern, die die gleichen Trainingsmittel benutzen, die auch im Studio zur Verfügung stehen.
unterschwellige Werbung	Die Wahrnehmung vollzieht sich außerhalb des Bewusstseins. Häufig nur schwer von der Suggestivwerbung zu trennen.	Der „Marlboro-Mann": Hier wird suggeriert, dass Raucher der Marke Marlboro mit dem Zigarettengenuss ein Gefühl von Freiheit und Abenteuer erleben. Der Transfer der Werbebotschaft erfolgt über einen Cowboy, der an den Tafelbergen Arizonas der untergehenden Sonne entgegenreitet.

Tabelle 3.17: Arten der Werbung je nach Form der Beeinflussung

Werbeplanung

Die Grundlage der Werbeplanung ist je nach dem konkreten Anlass eines der in Tabelle 3.13 aufgeführten Werbeziele.

Die **Werbeplanung** umfasst Art und Einsatz aller Mittel und Maßnahmen, die zur Verwirklichung eines bestimmten Werbeziels erforderlich sind.

Bei der Planung von Werbemaßnahmen müssen verschiedene Überlegungen angestellt werden:

1. Festlegung der Werbeziele – Was soll durch die Werbung erreicht werden? Je nachdem, welche Marktstellung der Anbieter innehat, kann es darum gehen, durch die Werbung sein Produkt als solches bekannt zu machen, sein bereits eingeführtes Produkt im Hinblick auf dessen Eigenschaften näher zu beschreiben oder – im Fall eines stark umkämpften Marktes – seinem Produkt ein unverwechselbares Image zu verleihen.
2. Festlegung des Werbeetats – Welche finanziellen Mittel stehen für die Werbung zur Verfügung? Je mehr Personen durch die Werbung erreicht werden sollen, desto höher sind erfahrungsgemäß die Werbekosten.
3. Festlegung des Streukreises oder der Zielgruppe – Wie groß ist die Zielgruppe und wie lässt sie sich am besten erreichen?
4. Gestaltung der Werbebotschaft – Umsetzung der Werbebotschaft durch Formulierung konkreter Aussagen und Auswahl bildlicher Darstellungsformen. Dies geschieht häufig mithilfe von Leitfiguren wie Sport- oder Filmstars, die als Trendsetter fungieren.
5. Bestimmung der Werbemittel und Werbeträger – Mit welchen Werbemitteln und über welche Werbekanäle oder Werbeträger lässt sich die Zielgruppe am besten erreichen? Bestimmung der Werbezeit und der Werbegebiete – Wann und wo soll die Werbebotschaft die Adressaten erreichen? Günstige Werbezeiten für Freizeitunternehmen sind zum Beispiel Wochenendtage, da die potenziellen Kunden dann eher Zeit haben, sich mit diesem Thema zu befassen. Das Streugebiet richtet sich im Regelfall nach der Zahl der Adressaten, die erreicht werden soll.
6. Durchführung der Werbung – Eigendurchführung oder Auftragsvergabe an eine externe Agentur? Diese Entscheidung richtet sich nach den im Unternehmen vorhandenen Kapazitäten (Personal, Fachkenntnisse) und nach dem Werbeetat.

Bei allem Wettbewerbsdruck und Konkurrenzkampf dürfen die Grundsätze der Werbewahrheit und Werbeklarheit nicht außer Acht gelassen werden. Aus der Sicht der Adressaten der Werbung gilt die Regel, dass das, was versprochen wurde, auch eingehalten werden muss. Dies wird mit einer einfachen und verständlichen Botschaft erreicht.

Aus der Sicht des Werbetreibenden muss die Werbung wirtschaftlich sein, das heißt, der Werbeaufwand muss in einem angemessenen Verhältnis zum Erfolg stehen. Die Wirtschaftlichkeit einer Werbeaktion lässt sich grob anhand des Umsatzzuwachses im Verhältnis zum Werbeaufwand abschätzen.

Salespromotion und Verkaufsförderung

- **Salespromotion** umfasst alle Maßnahmen zur Verbesserung der eigenen Verkaufsorganisation und zur Information und Beratung der Kunden bezüglich der Verwendung und des Nutzens des Produkts oder der Dienstleistung.
- **Verkaufsförderung** umfasst alle Maßnahmen, die den Adressaten unmittelbar am Ort des Verkaufs (Point of Sale) zum Kauf gewinnen sollen.

Letztendlich dient Salespromotion als Interaktionsprozess zwischen Kunden und Verkäufern dazu, den Kaufentschluss des Kunden zu beschleunigen. In der Dienstleistungsbranche steht Salespromotion vor einer besonderen Schwierigkeit, die sich daraus ergibt, dass der Kunde kein greifbares Produkt erwirbt, sondern eine Dienstleistung, deren Nutzen sich oft erst mittel- oder langfristig erschließt. Die Güte und Solidität des Angebots ist also wesentlich schwerer zu beurteilen als im Fall eines materiellen Produkts.

BEISPIEL Salespromotion

Ein Käufer erwirbt ein Mountainbike für 800,00 € während einer Produktdemonstration zu Sonderkonditionen. Normalerweise hätte das Rad 1.000,00 € gekostet. Bei diesem Preis dürfte die Erwartungshaltung in puncto Qualität relativ hoch liegen. Der Kunde nimmt eine Probefahrt vor und ist im Normalfall zufrieden. Falls er Mängel feststellt, wird er sich überlegen, ob er den Kauf rückgängig machen oder eine Kaufpreisminderung verlangen sollte.

Ganz anders gestaltet sich die Situation im Fall des Sportstudios „Fitnessgym“, dessen Vertreter im Rahmen einer Salespromotionkampagne ausgewählte Schulen besuchen mit dem Ziel, junge Leute als Mitglieder und für die Teilnahme an neuen Kursprogrammen zu gewinnen. Für die Lehrer und Schüler, die sich aufgrund dieser Veranstaltung zum Fitness- und Kurstraining anmelden und längerfristige Verträge abschließen, ist die Qualitätskontrolle der Leistungen des Sportstudios wesentlich schwerer durchführbar, vor allem dann, wenn es sich um Laien handelt.

In beiden Beispielen handelt es sich um klassische Verkaufsförderungsmaßnahmen. Im ersten Beispiel ist es eine klassische Promotion am Point of Sale mit dem Ziel, den Umsatz zu steigern, im zweiten Beispiel handelt es um eine Außendiensttätigkeit, speziell zugeschnitten auf ein Dienstleistungsunternehmen.

Außendienst-Promotion umfasst Maßnahmen, die dazu dienen, die Leistungsfähigkeit der Mitarbeiter im Außendienst durch Schulung und Unterstützung zu verbessern.

Im Handel werden Maßnahmen der Außendienst-Promotion üblicherweise von Außendienstmitarbeitern durchgeführt, die das Produkt an den Kunden zu bringen haben. Die Arbeit der Außendienstmitarbeiter wird durch die folgenden Maßnahmen unterstützt:

- Externe und interne Schulungen mit dem Ziel, die Produktkenntnisse der Mitarbeiter zu erweitern und ihre Fähigkeiten zur Einschätzung der Marktverhältnisse und zur Führung von Verkaufsgesprächen auszubauen;

- Vorbereitung und Zusammenstellung von Verkaufsunterlagen wie zum Beispiel Preislisten und Produktinformationen sowie von speziellen Medien wie zum Beispiel Präsentationsprogramme;
- betriebsinterne Wettbewerbe und Beteiligung am Umsatz mit dem Ziel, die Motivation der Mitarbeiter zu fördern.

Händler-Promotion umfasst Informations- und Beratungsmaßnahmen mit dem Ziel, die Leistungsfähigkeit des Groß- und Einzelhandels zu verbessern.

Instrumente der Händler-Promotion sind:

- Information des Handels durch Zeitschriften, Händlertreffen, Händlerschulungen;
- Beratung des Handels bei der Preisbildung und der Ausgestaltung der Verkaufsräume;
- Händlerpreisausschreiben mit dem Ziel, die Motivation zur Umsatzsteigerung zu stärken.

Verbraucher-Promotion umfasst besondere Aktionen mit dem Ziel, dem Kunden das Produkt nahezubringen.

Instrumente der Verbraucher-Promotion sind:

- Anleitungen zur sachgerechten Verwendung des Produkts (Produktpräsentationen, Gebrauchsanweisungen, Bedienungsanleitungen);
- Probepackungen, Rabattaktionen.

Öffentlichkeitsarbeit – Public Relations

Durch die Herstellung einer Beziehung zur Öffentlichkeit (Public Relations – PR) sollen das Ansehen eines Unternehmens und das Vertrauen, das ihm von der Öffentlichkeit entgegengebracht wird, gepflegt und gestärkt werden. PR ist als ganzheitliche Aufgabe zu verstehen, die die Wirkung der Werbung und der Verkaufsförderung verstärken soll. Werbung wirkt kurzfristig bis mittelfristig, Verkaufsförderung mittelfristig und PR langfristig. PR gilt in der modernen Wirtschaft als Schlüsselfaktor zu langfristigem Erfolg.

BEISPIEL ▶ Maßnahmen der Öffentlichkeitsarbeit

- Betriebsbesichtigungen und Veranstaltungen (Tage der offenen Tür, Ausstellungen, Informationsveranstaltungen);
- Berichte und Reportagen (zum Beispiel über neue Forschungen in der Medizin);
- Kundenzeitungen, Veröffentlichungen in Fachzeitschriften;
- Sponsoring/Stiftungen (Kunst, Wissenschaft, Forschung, Sport).

Grenzen der Werbung

Nicht jegliche Werbung ist zulässig. So ist Werbung für bestimmte Produkte und/oder in bestimmten Medien, wie zum Beispiel Tabakerzeugnisse in Fernsehen und Hörfunk, verboten.

Für Angehörige freier Berufe, wie zum Beispiel Ärzte, Apotheker, Rechtsanwälte oder Steuerberater, gelten darüber hinaus - anders als für Gewerbetreibende - bestimmte Beschränkungen der Werbung. Werbung von Personen aus diesen Berufsgruppen ist nur zulässig, solange sie nicht die Person und ihr berufliches Handeln herausstellt, in Form und Inhalt sachlich gehalten und nicht auf die Erteilung einzelner Aufträge gerichtet ist.

Unabhängig davon verbietet das Gesetz gegen den unlauteren Wettbewerb (UWG) unlautere Wettbewerbshandlungen. In § 1 UWG heißt es: „Dieses Gesetz dient dem Schutz der Mitbewerber, der Verbraucherinnen und der Verbraucher sowie der sonstigen Marktteilnehmer vor unlauterem Wettbewerb. Es schützt zugleich das Interesse der Allgemeinheit an einem unverfälschten Wettbewerb." Und § 3 UWG postuliert: „Unlautere Wettbewerbshandlungen, die geeignet sind, den Wettbewerb zum Nachteil der Mitbewerber, der Verbraucher oder der sonstigen Marktteilnehmer nicht nur unerheblich zu beeinträchtigen, sind unzulässig."

Eine **unlautere Wettbewerbshandlung** liegt vor, wenn die Handlung geeignet ist, den Wettbewerb zum Nachteil der Mitbewerber, der Verbraucher oder der sonstigen Marktteilnehmer zu beeinträchtigen.

BEISPIELE ▶ Unlautere Wettbewerbshandlungen

Unlautere Wettbewerbshandlungen sind:

- Lockvogelangebote (Kunden werden mit niedrigen Preisen angelockt, obwohl nur wenige Waren in dieser Preisklasse vorrätig sind und dementsprechend möglicherweise die Abgabe an den einzelnen Käufer beschränkt wird);
- unverlangte Werbung gegenüber Verbrauchern mithilfe von Telefonanrufen oder Faxsendungen;
- unwahre oder irreführende Angaben in der Werbung wie falsche oder mehrdeutige Angaben über Güte, Beschaffenheit und Herstellungsart der Ware;
- vergleichende Werbung, in der Konkurrenten herabgesetzt werden („Nur auf unsere Erzeugnisse ist Verlass.");
- das Vortäuschen von Produkteigenschaften durch die Benutzung eines fremden Firmennamens oder Markenzeichens.

Werbung mit Preisgegenüberstellungen ist nur zulässig, wenn diese nicht als Blickfang herausgestellt werden. Ansonsten ist diese Art der Werbung als Innen- und Außenwerbung unzulässig.

BEISPIEL ▶ Unzulässige Werbung

Gegenüberstellungen in einer Zeitung in Form einer bildlichen Darstellung sind verboten.

Sonderveranstaltungen, das heißt Veranstaltungen, die außerhalb des regelmäßigen Geschäftsverkehrs stattfinden, sind grundsätzlich erlaubt, es sei denn, sie werden dazu benutzt, um Konkurrenten gezielt Schaden zuzufügen.

BEISPIELE ▶ Sonderveranstaltungen

Zu den Sonderveranstaltungen zählen etwa:

- zeitlich befristete Sonderangebote, die den Eindruck hervorrufen, dass besondere Kaufvorteile gewährt werden;
- Jubiläumsverkäufe zur Feier des Bestehens eines Unternehmens;
- Räumungsverkäufe, die anlässlich eines Schadens (zum Beispiel durch Feuer, Wasser oder Sturm) oder aufgrund von Baumaßnahmen durchgeführt werden;
- saisonale Schlussverkäufe oder Schlussverkäufe aufgrund der Aufgabe des Geschäftsbetriebs.

Wurde der Kunde im Wesentlichen durch irreführende oder unwahre Angaben zum Kauf bewegt, so kann er vom Vertrag zurücktreten. Das Rücktrittsrecht erlischt, wenn es nicht innerhalb von sechs Monaten nach Abschluss des Vertrags ab dem Zeitpunkt, an dem der Kunde Kenntnis von den wahren Umständen des Kaufs erlangt hat, geltend gemacht wird.

Schließlich gilt im Interesse der Allgemeinheit an einem unverfälschten Wettbewerb, dass jeder, der Endverbrauchern regelmäßig Waren oder Leistungen anbietet, dazu verpflichtet ist, Preise anzugeben. Die Preisangaben müssen unabhängig von einer möglichen Rabattgewährung sein und die Umsatzsteuer beinhalten. Auf diese Weise soll gewährleistet werden, dass Endverbraucher die Preise verschiedener Anbieter eines Produkts oder einer Dienstleistung vergleichen können.

3.2.3 Marketingmix

Marketingmix ist die Zusammenstellung von ausgewählten absatzpolitischen Maßnahmen, die für den bestmöglichen Absatz eines Produkts oder einer Dienstleistung sorgen sollen.

Schaubild 3.20 vermittelt eine Übersicht über die absatzpolitischen Instrumente, die einem Unternehmen grundsätzlich zur Verfügung stehen.

Schaubild 3.20: Absatzpolitische Instrumente

Der absatzpolitische Werkzeugkasten lässt sich folgendermaßen weiter untergliedern:

1 **Produktpolitik**
1.1 Produktgestaltung
1.1.1 Aufmachung
1.1.2 Verpackung und Markierung
1.1.3 Produkthaftung
1.2 Produktinnovation/Produktvariation
1.2.1 Produktidee
1.2.2 Produktkonstruktion
1.2.3 Produkterstellung
1.3 Sortimentsgestaltung
1.3.1 Sortimentsausdehnung
1.3.2 Sortimentszusammensetzung
1.4 Zusatzleistungen
1.4.1 Kundendienst
1.4.2 Garantieleistungen
1.4.3 Beratung und Finanzierungsangebot

2 **Preispolitik**
2.1 Preisbildung
2.1.1 Nachfrageorientiert
2.1.2 Kostenorientiert
2.1.3 Konkurrenzorientiert
2.2 Preispolitische Entscheidungen
2.2.1 Preisoptik (zum Beispiel Niedrigpreissegment oder Hochpreissegment)
2.2.2 Preisdifferenzierung (zum Beispiel zeitlich, nach Kundengruppen oder nach Regionen)
2.2.3 Preisstrategien (zum Beispiel Einführungspreis)
2.3 Konditionen
2.3.1 Kundendienst- oder Zusatzleistungen
2.3.2 Rabatte, Liefer- und Zahlungsbedingungen, Lieferantenkredite

3 **Kommunikationspolitik**
3.1 Absatzwerbung
3.1.1 Werbeplanung (Werbebotschaft, Werbemittel, Werbeträger)
3.1.2 Werbedurchführung
3.2 Verkaufsförderung/Salespromotion
3.2.1 Außendienst-Promotion
3.2.2 Händler- und Verbraucher-Promotion
3.3 Öffentlichkeitsarbeit/Public Relations
3.3.1 Betriebsbesichtigungen/Tage der offenen Tür
3.3.2 Publikationen in diversen Medien (Imagewerbung)
3.3.3 Sponsoring, Stiftungen

4 **Distributionspolitik**
4.1 Direkter Absatz
4.2 Indirekter Absatz (Absatz über Zwischenhändler)
4.3 Absatzhelfer
4.3.1 Reisender/Außendienstmitarbeiter
4.3.2 Handelsvertreter (nach § 84 Handelsgesetzbuch)
4.3.3 Kommissionär (nach § 383 Handelsgesetzbuch)
4.4 Unternehmensübergreifende Kooperation

Unabhängig von der Branche gilt beim Marketingmix die Regel „Das Ganze ist mehr als die Summe seiner Teile“. Dies bedeutet nichts anderes, als dass die verschiedenen Marketinginstrumente miteinander verzahnt sind. Es muss zwar jedes einzelne Instrument sorgfältig durchdacht und geplant sein, jedoch wird jedes Instrument ohne eine Verzahnung wirkungslos bleiben. Grundsätzlich gilt auch, dass keines der Instrumente von vornherein vorrangig ist. Jedes Instrument muss vielmehr in der Marketingplanung gleichermaßen berücksichtigt werden.

Ein Dienstleistungsunternehmen muss aufgrund der Schnelllebigkeit der Angebote jederzeit in der Lage sein, Dienstleistungen und ergänzende Produkte schnell und effizient an den Kunden zu bringen. Der richtige Marketingmix ist eine entscheidende Voraussetzung, um am Markt erfolgreich zu sein.

BEISPIEL ▶ Marketingmix

Die Leitung des Sport- und Fitnessstudios Fitnessgym will den derzeitigen Trend nach Fernost aufgreifen, um alle Mitglieder stärker an das Studio zu binden und gegebenenfalls neue Mitglieder zu gewinnen. Die Altersstruktur der Studiomitglieder ist gemischt, die Gruppe der 30- bis 50-Jährigen überwiegt. Aus diesem Grund überlegt man, einen Tai-Chi-Kurs anzubieten. Den geplanten Marketingmix hat man in einer Übersicht festgehalten (Tabelle 3.18).

Instrument	Kernfrage	Konzept
Produkt	Was wird für wen angeboten?	Tai-Chi-Kurs für Anfänger unabhängig vom Lebensalter Merkmale: gesundheitlicher Nutzen für die Teilnehmer, Trainer aus Asien und/oder langjährig erfahren Zusatznutzen: Kennenlernen neuer Leute, Stressabbau, Spaß am Erlernen neuer Bewegungsabläufe
Preis	Was kostet das den Kunden?	Kostenlose Teilnahme für alle Mitglieder, die bereits ein Jahresabonnement haben Die ersten zehn neu angemeldeten Mitglieder erhalten ein vergünstigtes Jahresabonnement – der erste Monat der Mitgliedschaft ist als „Schnuppermonat“ gebührenfrei.
Kommunikation	Wie werden die potenziellen Kunden informiert?	In der Werbebotschaft werden der gesundheitliche Nutzen, die Exklusivität des Angebots und der Zusatznutzen herausgestellt. spezielle Informationsbroschüren als Werbeträger, Ankündigung des Angebots über die Veröffentlichung von Pressemitteilungen in den örtlichen Zeitungen, Vorstellen des Angebots im Unternehmen, gegebenenfalls auch auf Veranstaltungen wie Tag der offenen Tür oder Jahresabschlussfeier
Distribution	Wo wird die angebotene Leistung vermittelt? Wie gelangt die Leistung zum Kunden?	Hinweis auf das eigene Studio mit Kundenparkplätzen, Erreichbarkeit auch mit öffentlichen Verkehrsmitteln Trainer sind Multiplikatoren, das heißt, der Kursleiter sollte in Bezug auf seine Fähigkeit geprüft werden, Kunden zu binden: Passt er zur Philosophie des Studios?

Tabelle 3.18: Beispiel für einen Marketingmix

3.2.4 Konflikt- und Beschwerdemanagement

In einem Dienstleistungsunternehmen wird jeder Mitarbeiter bemüht sein, eine gute Dienstleistung zu erbringen. Dennoch wird es immer wieder Situationen geben, in denen der Kunde unzufrieden ist. Wenn ein Kunde sich beschwert, sind seine Erwartungen nicht erfüllt worden, das heißt, die Anbieter-Kunden-Beziehung ist belastet.

Umgang mit Beschwerden

Ein Mitarbeiter, der eine Beschwerde entgegennimmt, sollte sich darüber im Klaren sein, dass der Beschwerdeführer die Erwartung hegt, dass seine Beschwerde ernst genommen und der Mangel abgestellt wird. An erster Stelle jedoch erwartet der Kunde eine Entschuldigung. In dieser Situation werden häufig Fehler gemacht.

BEISPIELE ▶ Fehler im Umgang mit Beschwerden

- Anstelle einer Entschuldigung wird zuerst der Inhalt der Beschwerde geprüft.
- Es wird Ursachenforschung betrieben, das heißt, es wird zuerst ein Schuldiger gesucht.
- Derjenige, der die Beschwerde entgegennimmt, erklärt sich für nicht zuständig.
- Das Ziel besteht nicht darin, durch eine sachliche Aufklärung des Falles die Kundenerwartungen nachträglich zu erfüllen oder sogar zu übertreffen. Stattdessen verzetteln sich die beteiligten Mitarbeiter in der Schuldfrage, was im Regelfall lediglich zur Verschlechterung des Betriebsklimas führt.

Es stellt sich nun die Aufgabe, die Beschwerde- und Konfliktsituation rasch und zur Zufriedenheit des Kunden aufzulösen. In einem modernen Serviceunternehmen geht es darum, permanent einen guten Eindruck zu schaffen, indem die Erwartungen der Kunden erfüllt oder sogar übertroffen werden.

Grundsätzlich gilt: Entscheidend ist nicht, ob der Kunde im Falle einer Beschwerde recht hat oder nicht. Auf die Schuldfrage einzugehen, wirkt sich kontraproduktiv aus und führt beim Kunden zu negativen Eindrücken.

Eine konstruktive Vorgehensweise ist für alle Mitarbeiter in Serviceunternehmen aus psychologischer Sicht herausfordernd. Mitarbeiter in Dienstleistungsunternehmen müssen sich dessen bewusst sein, dass Werte aus dem privaten Bereich wie Ehre, Stolz, Moral, Konsequenz, Genugtuung und Wahrung des eigenen Standpunkts von Werten im Geschäftsleben zu trennen sind. Im Klartext bedeutet dies aus der Sicht des Mitarbeiters: Was nützt es mir, wenn ich recht behalte, der unzufriedene Kunde aber zu einem anderen Unternehmen wechselt?

Bei der Bearbeitung einer Beschwerde gilt es im Geschäftsleben in erster Linie, den Kunden nicht zu verlieren. Wandert der Kunde zur Konkurrenz ab, so bedeutet dies für das Unternehmen und letztendlich auch für den Mitarbeiter einen Verlust, der sich direkt in den Umsätzen niederschlägt. Darüber hinaus besteht die Gefahr, dass der unzufriedene Kunde sein Negativerlebnis bei jeder sich bietenden Gelegenheit weitererzählt, das heißt, dass das Ansehen des Unternehmens durch die negative „Mund-zu-Mund-Propaganda" Schaden nimmt.

Die Konsequenz lautet: Selbst wenn die Beschwerde objektiv gesehen ungerechtfertigt ist, steht im Umgang mit dem unzufriedenen Kunden als Ziel an oberster Stelle, den Kunden weiterhin an das Unternehmen zu binden. Damit gewinnt das eigene Unternehmen immer. Hierzu ist es erforderlich, sich während der Dienstzeit von eigennützigen Gefühlen zu lösen und diese durch eine professionelle Serviceeinstellung zu ersetzen. Der Kunde ist immer im Recht, auch dann, wenn er nicht recht hat.

Übertreffen von Kundenerwartungen

Welches Vorgehen in Beschwerdefällen geeignet ist, den Kundenerwartungen gerecht zu werden, lässt sich an verschiedenen beispielhaften Situationen demonstrieren.

BEISPIEL NUMMER 1 ▶ Einfache Beschwerde

In einem Kurhotel mit einer Wellness- und Fitnesseinrichtung bestellt sich ein Kunde nach der Anwendung am Tresen ein Erfrischungsgetränk. Nach dem ersten Schluck stellt er fest, dass der Rand des frisch gespülten Glases leicht verschmutzt ist.

Der Kunde erwartet ein neues Getränk in einem sauberen Glas und natürlich eine Entschuldigung. Wird diese Erwartung erfüllt, so entspricht dies allerdings nur einer Mindestleistung. Erhält der Kunde hingegen eine zusätzliche Leistung auf Kosten des Hauses, etwa ein weiteres Getränk oder einen Gutschein für eine zusätzliche Dienstleistung wie etwa die Benutzung des Solariums, so werden seine Erwartungen übertroffen.

An diesem Beispiel wird der Unterschied zwischen altem und neuem Servicedenken deutlich: Ein neues Getränk in einem sauberen Glas galt früher als Wiedergutmachung und als solche als ausreichend. Der mögliche Vertrauensverlust („Die können ja noch nicht mal die Gläser ordentlich spülen!“) wurde kaum beachtet.

Einen Fehler wiedergutzumachen, kann unter Umständen nicht ausreichen, um einen Kunden zu halten. Vielmehr geht es darum, das Vertrauen des Kunden zurückzugewinnen.

MERKE

BEISPIEL NUMMER 2 ▶ Ernsthafte Beschwerde

Eine Rehabilitations-Einrichtung mit integriertem Sportstudio ist so stark frequentiert, dass keine Garderobenschränke mehr frei sind. Ein Kunde muss deshalb warten. Er kann auch durch das Versprechen, dass solche Situationen künftig nicht mehr eintreten werden – zum Beispiel, indem zusätzliche Schränke aufgestellt werden – nicht zufriedengestellt werden. Er erleidet einen Zeitverlust, der nur schwer oder gar nicht auszugleichen ist. Folgende Möglichkeiten bieten sich an, um den Konflikt zu bereinigen:

1. Das Personal entschuldigt sich bei dem Kunden für die missliche Situation und bietet ihm an, seine Kleidung vorübergehend an der Rezeption abzugeben, vielleicht den Trainerraum zu benutzen oder sich einen Schrank mit einem anderen Kunden zu teilen. Letzteres kommt allerdings nur unter eng beschränkten Voraussetzungen

in Betracht - etwa wenn der andere Kunde ein guter Bekannter ist -, da die meisten Menschen dies schon aus hygienischen Gründen ablehnen würden.
2. Der Kunde wird zu einem Getränk auf Kosten des Hauses eingeladen; so kann er den Zeitverlust überbrücken.

Beide Lösungen sind nicht voll befriedigend, da die Unannehmlichkeiten für den Kunden nur gelindert, aber nicht behoben werden können. Je nach Dauer der Wartezeit sollte dem Mitglied mehr angeboten werden, zum Beispiel ein T-Shirt mit Clubaufdruck oder ein Gutschein für eine Zusatzleistung der Einrichtung (Sauna, Solarium, kosmetische Behandlung oder Ähnliches).

Eine unerwartete Geste einem unzufriedenen Kunden gegenüber mit dem Ziel, ihn dem Unternehmen zu erhalten, ist in der Regel weniger aufwendig als die Gewinnung eines neuen Mitglieds. MERKE

BEISPIEL NUMMER 3 ▶ Schwerwiegende Beschwerde

Ein Clubmitglied wurde in den Clubräumen bestohlen. Selbst wenn der Club ausdrücklich darauf hingewiesen hat, dass er keine Haftung für Diebstahl übernimmt, entsteht zunächst einmal ein enormer Vertrauensverlust gegenüber dem Unternehmen.

Neben der obligatorischen Entschuldigung erwartet der Kunde den vollen Ersatz des Verlustes, der von der Versicherung des Clubs abgedeckt sein sollte. Zudem dürfte er erwarten, dass er so wenig wie möglich mit der Schadensabwicklung konfrontiert wird.

Trotz alledem dürfte in diesem Beispiel der Vertrauensverlust noch nicht wettgemacht sein, da ein Diebstahl immer einen Eingriff in die Privatsphäre eines Menschen bedeutet. In solchen Fällen kommt ein bedeutenderes Geschenk infrage, wie zum Beispiel die Erstattung eines Monatsbeitrags.

Beschwerdemanagement

Es ist sinnvoll, die Bearbeitung von Beschwerden systematisch zur organisieren. Dies ist mithilfe einer Vorrichtung zur Erfassung von Beschwerden und der Vorgabe bestimmter Verhaltensregeln in Beschwerdefällen möglich. Ein derartiges Beschwerdemanagement könnte folgendermaßen aussehen:

1. Für jeden Kunden wird im Fall einer Beschwerde eine gesonderte Beschwerdekarte angelegt. Jeder Mitarbeiter ist berechtigt, bei der Beschwerdeannahme ein Geschenk zu verteilen. Dies wird auf der Beschwerdekarte neben dem Grund für die Beschwerde vermerkt.
2. Die Vergabe von Geschenken wird durch die Vermerke auf den Beschwerdekarten kontrolliert; dies erlaubt die Führung eines gesonderten Inventars.
3. Durch die Führung der Beschwerdekartei hat das Unternehmen die Möglichkeit, Mängel zu identifizieren, die besonders häufig auftreten. So kann es frühzeitig Abhilfe schaffen, bevor in größerem Ausmaß Kundenverluste auftreten.
4. Kunden, die die Großzügigkeit des Unternehmens missbrauchen und sich wiederholt grundlos beschweren, können schneller herausgefiltert werden.

Bei der Erstellung einer Beschwerdekarte sollten die folgenden Daten erfasst werden:

- Name des Kunden,
- Datum/Uhrzeit,
- Bearbeiter.
- Grund der Beschwerde,
- Maßnahmen des Unternehmens,

Es wäre außerordentlich umständlich und zeitraubend, jede Beschwerde bis ins Detail aufzulisten. Stattdessen kann man Beschwerden in Hauptkategorien erfassen.

BEISPIEL ▶ Kategorien von Beschwerden

In einem Dienstleistungsunternehmen wird die Beschwerdeerfassung durch die Einordnung der Beschwerdefälle in eine der folgenden Kategorien standardisiert:

1. Unannehmlichkeiten,
2. Zeitverlust,
3. Sachschaden/-verlust oder Vermögensverlust,
4. Personenschaden.

4 Geschäfts- und Leistungsprozess

4.1 Dienstleistungen und Güter beschaffen und verwalten

Beschaffung ist die quantitative und qualitative Versorgung eines Unternehmens mit Material. Sie ist eine der Grundfunktionen des Unternehmens, deren Aufgabe darin besteht, die wirtschaftliche Versorgung des Unternehmens mit den benötigten betrieblichen Produktionsfaktoren sicherzustellen, die nicht selbst erzeugt werden.

Die Beschaffung betrifft die Gestaltung der

- rechtlichen,
- materiellen,
- finanziellen,
- räumlichen,
- zeitlichen und
- informationellen

Beziehungen zwischen den externen Anbietern und den Bedarfsträgern im Unternehmen (Schaubild 4.1).

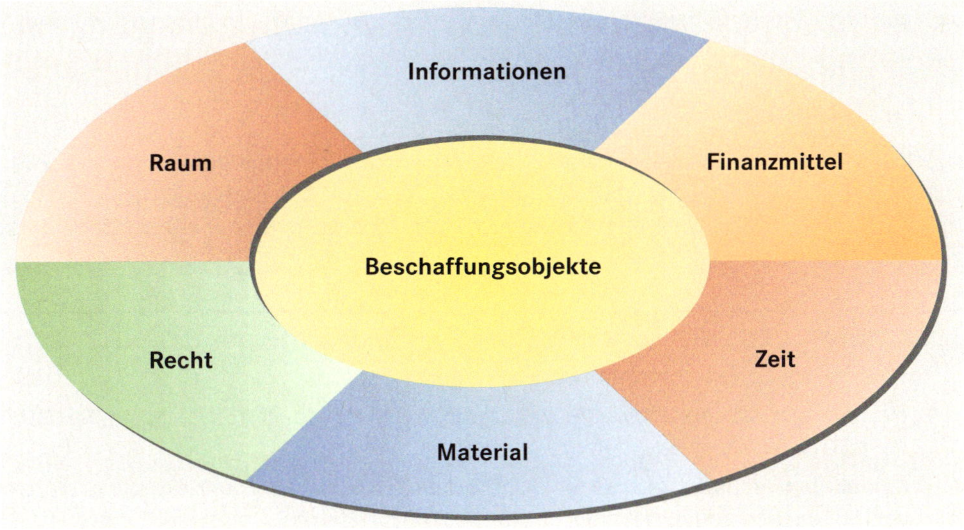

Schaubild 4.1: Objekte der Beschaffung

4.1.1 Planung der Beschaffung

Die Informationen aus der Produktionsplanung werden in den Beschaffungsplan übernommen. Im Beschaffungsplan werden für Material und Waren die Art, die Menge, der Zeitpunkt, der Preis und der Ort der Beschaffung festgelegt (Schaubild 4.2).

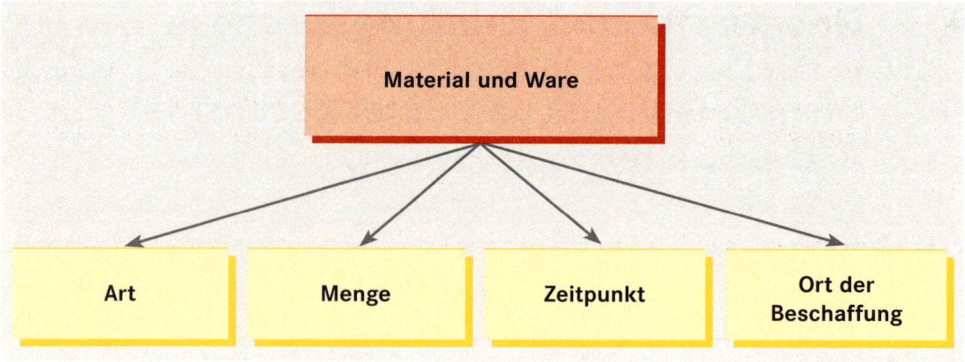

Schaubild 4.2: Bestandteile des Beschaffungsplans

Bedarfsanalyse

Die Art des Materials und der Waren ergibt sich aus der zu erstellenden Dienstleistung beziehungsweise aus dem herzustellenden Fertigerzeugnis. Die benötigte Menge setzt sich aus dem Bedarf laut Absatzplan und dem in der Produktion erfahrungsgemäß anfallenden Ausschuss abzüglich des vorhandenen Lagerbestands zusammen. Der Zeitpunkt ergibt sich aus den Lieferterminen. Der Ort gibt an, wo Material und Waren beschafft werden.

Bedarfsplanung

Die Bedarfsplanung beruht auf der kurz-, mittel- und langfristigen Vorhersage des zukünftigen Bedarfs mithilfe statistischer Methoden. Bei der Erstellung der Prognose müssen als bestimmende Faktoren Produkt- und Marktgesichtspunkte berücksichtigt werden.

BEISPIELE▶ Faktoren der Bedarfsprognose

Produktbezogene Faktoren der Bedarfsprognose sind

- die unterschiedlichen Produkte beziehungsweise Leistungen der Angebotspalette mit ihren jeweiligen Merkmalen;
- Produktfamilien, das heißt gleichartige Produkte, zu deren Herstellung teils dieselben Materialien benötigt werden.

Marktbezogene Faktoren der Bedarfsprognose sind

- Absatzregionen und deren jeweilige Größe,
- Marktsegmente, das heißt bestimmte, unterschiedliche Kundengruppen.

Neben den produkt- und den marktbezogenen Faktoren müssen auch Sonderfaktoren wie saisonale Einflüsse – Sommer oder Winter, Feiertage, Promotions, zum Beispiel Sommerfeste, Tage der offenen Tür – beachtet werden.

5620248

4.1.2 Die sechs „Ws" der Beschaffung

Aufgabe der Beschaffungsplanung ist die bestmögliche Organisation der Anlieferungen nach Art und Menge. Dazu müssen alle internen, aber auch externen Kapazitäten und mögliche Engpässe wie Anlieferrhythmen und Wiederbeschaffungszeiten berücksichtigt werden.

In der Beschaffung muss im Einzelnen über sechs Fragen entschieden werden (Schaubild 4.3).

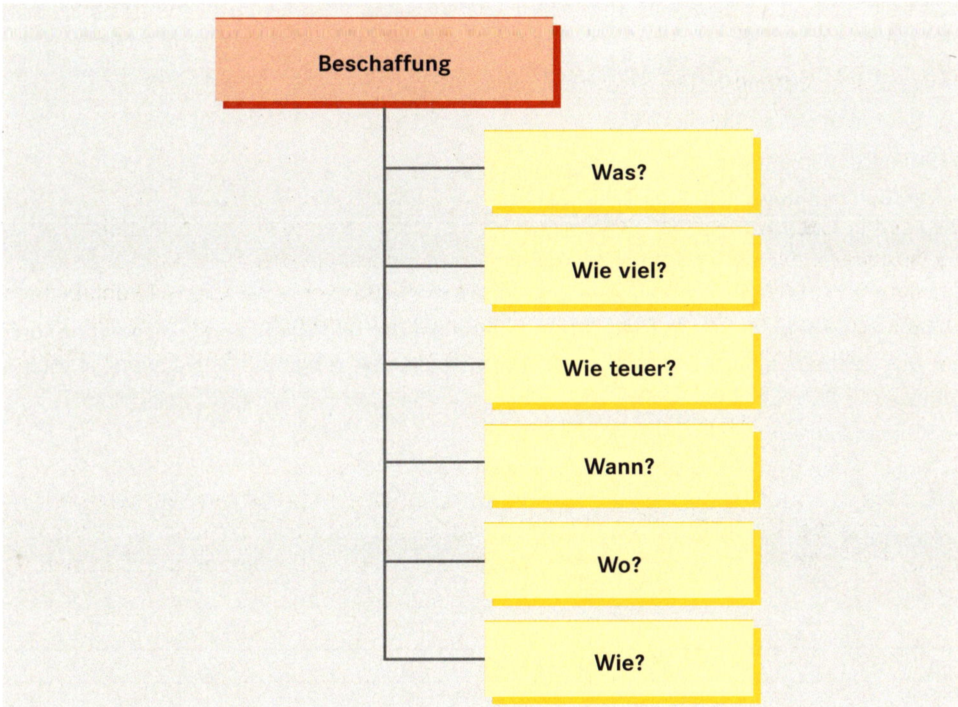

Schaubild 4.3: Die sechs „Ws" der Beschaffung

Was soll beschafft werden?

Waren werden unterschieden in

- Roh-, Hilfs- und Betriebsstoffe,
- Halbfabrikate,
- Betriebsmittel,
- Büromaterial,
- Waren, die vom Handelsbetrieb zur Weiterveräußerung erworben werden.

Um zu entscheiden, welche Ware einer bestimmten Art beschafft werden soll, sind folgende Faktoren zu berücksichtigen:

- Qualität,
- Normen,
- Abmessungen,
- Güterklassen,
- Gestaltung,
- andere Eigenschaften (Umweltverträglichkeit, Recycling- und Entsorgungseignung).

Wie viel soll beschafft werden?

Die Warenmenge ergibt sich aus:

- Produktionsplanung,
- Verkaufsplanung,
- Lagerhaltungsplanung.

Wichtige Gesichtspunkte oder auch Grundlagen bei der Bedarfsplanung (Disposition) und der Mengenfestlegung sind die Beschaffungszahlen der Vergangenheit. Es gibt jedoch – wie weiter oben teils schon erwähnt – Faktoren, die diese Zahlen beeinflussen:

- Schwankungen im Auftragseingang;
- Promotions, besondere Anlässe, Werbeaktionen;
- neue Trends oder Produkte;
- Niederlassung von Konkurrenten in der Nachbarschaft.

Wie hoch darf der Einkaufspreis sein?

Um konkurrenzfähig zu bleiben, muss ein Unternehmen seinen Verkaufspreis nach den Gegebenheiten seines Absatzmarktes bestimmen. Mithilfe der Rückwärtskalkulation kann bei einem gegebenen Verkaufspreis bestimmt werden, wie hoch die Kosten für das Fertigungsmaterial und die Fertigungslöhne maximal sein dürfen.

Wann und zu welchem Zeitpunkt ist zu beschaffen?

Um Störungen im Arbeitsablauf zu vermeiden, ist es notwendig, den Zeitpunkt der Beschaffung zu optimieren. Damit die Ware rechtzeitig geliefert werden kann, sind besondere Einflüsse einzukalkulieren:

- **Lieferzeit** – die Zeit zwischen Bestellung und Lieferung.
- **Umschlagsgeschwindigkeit** – wie oft wird ein bestimmter Artikel im Monat verkauft?
- **Lagerfähigkeit** – die Haltbarkeit der Ware.

5620250

- **Preisschwankungen** – werden in absehbarer Zeit Preiserhöhungen erwartet, sollte man die Ware in überdurchschnittlichem Umfang noch zum alten Preis einkaufen; das Umgekehrte gilt für erwartete Preissenkungen.
- **Größe und Ausstattung des Lagers** – kann eine sachgerechte Lagerung gewährleistet werden?
- **Saisonale Schwankungen der Verfügbarkeit** – manche Artikel sind nur zu bestimmten Zeiten erhältlich.

Wo soll eingekauft werden?

Nachdem festgelegt wurde, welche Waren in welchen Mengen eingekauft werden sollen, stellt sich die Frage: „Wer ist der beste Lieferant?" Die Ermittlung der Bezugsquelle kann intern und extern erfolgen.

Wurde die Ware bereits zu einem früheren Zeitpunkt beschafft, so kann man in den internen Datenbanken einen geeigneten Lieferanten finden:

- Lieferantendatei,
- Artikeldatei.

Manchmal ist es aber auch angebracht, neue Bezugsquellen zu ermitteln. Dann müssen externe Quellen helfen, den richtigen Lieferanten zu finden:

- Internet, elektronische Medien;
- Vertreterbesuche;
- Adressenverzeichnisse, Branchenadressbücher (Gelbe Seiten);
- Angebote, Prospekte, Kataloge und Preislisten;
- Messen, Fachmessen, Ausstellungen, Tagungen;
- Anzeigen in (Fach-)Zeitschriften und Tageszeitungen;
- Berufsverbände, Handwerks- oder Industrie- und Handelskammern;
- Hinweise von Geschäftsfreunden;
- Nachbarschaft;
- Mundpropaganda;
- Empfehlungen von Dritten.

Wie soll die Ware beschafft werden?

Es gibt unterschiedliche Möglichkeiten, Waren zu beschaffen:

- fallweise Einzelbeschaffung,
- fertigungssynchrone Beschaffung (Just-in-time-Beschaffung),
- auftragsbezogene Beschaffung,
- allgemeine Vorratsbeschaffung.

Fallweise Einzelbeschaffung

Sobald ein Bedarf erkannt wird, löst dies einen Beschaffungsvorgang aus.

BEISPIEL ▶ Fallweise Einzelbeschaffung

Wenn eine Maschine oder Anlage benötigt wird, ist eine individuelle Ermittlung des Bedarfs nach Art, Ausführung, Menge, Qualität und Termin nötig, ebenso die individuelle Einholung und Prüfung von Angeboten. Die Entscheidung über die Durchführung wird für jeden Fall neu getroffen.

Fertigungssynchrone Beschaffung

Aufgrund des Produktionsplans und des daraus abgeleiteten Beschaffungsplans wird benötigtes Material so beschafft, dass es im Augenblick des Bedarfs in der Fertigung eintrifft (Rohstoffe). Im Rahmen der fertigungssynchronen Beschaffung (Just-in-time-Beschaffung) gelten strenge Vorgaben:

- Der Bedarf muss im Bestellzeitpunkt taggenau oder sogar stundengenau bekannt sein.
- Das Bestell- und Lieferverfahren muss mit dem Lieferanten genau vereinbart sein. Dies gilt insbesondere im Hinblick auf die benötigte Lieferzeit.
- Der Lieferant muss hinsichtlich Qualität und Termin absolut zuverlässig sein.
- Der Lieferant muss nahe beim Fertigungsbetrieb angesiedelt sein, da andernfalls die Risiken der Transportzeit den Anlieferungszeitpunkt gefährden.

Auftragsbezogene Beschaffung

Die Beschaffung erfolgt auf der Grundlage der vorliegenden Aufträge, für die anhand der Stückliste der Materialbedarf ermittelt wurde. Die Bestellung erfolgt so, dass nach und nach eingehendes Material eingelagert werden kann und insgesamt bei Produktionsbeginn bereitsteht (Rohstoffe, Hilfsstoffe).

Die **Stückliste** ist ein zentrales Dokument für alle am Produktionsprozess beteiligten Personen. In ihr wird erfasst, welche Materialien in welcher Menge und zu welchem Zeitpunkt in die Herstellung des Endprodukts eingeflossen sind.

Die Stückliste zeigt den Bedarf der verschiedenen Materialien je Stück an. Die Multiplikation mit der Auftragsstückzahl ergibt die Dispositionsmenge.

Vorratsbeschaffung

Um die laufende und termingerechte Versorgung des Betriebs mit den erforderlichen Sachgütern sicherzustellen, wird ein Lager geführt. Aufgrund des für einen bestimmten Zeitraum geschätzten Bedarfsverlaufes wird das Material beschafft und eingelagert, sodass immer genügend Material für die Produktion vorhanden ist (zum Beispiel Rohstoffe, Hilfsstoffe, Betriebsstoffe oder Handelswaren).

Die Lagerhaltung erfolgt nicht nur aufgrund von produktionstechnischen Gegebenheiten, sondern auch aus wirtschaftlichen Gründen.

5620252

BEISPIELE ▶ Motive für Lagerhaltung

- Für größere Bestellungen werden Rabatte gewährt, sodass der durchschnittliche Einkaufspreis sinkt.
- Bestimmte Artikel sind nur zu bestimmten Zeiten erhältlich, werden aber laufend benötigt.
- Da der Lieferant die pünktliche Lieferung nicht gewährleisten kann, wird eine Sicherheitsreserve angelegt.

4.1.3 Angebots- und Bezugskalkulation und Angebotsvergleich

Kalkulation (vom lateinischen „calculare“ = rechnen) ist die Berechnung der Kosten einer Ware oder Dienstleistung zu dem Zweck, den Verkaufspreis festzusetzen. Sie stützt sich auf Ist-Werte oder auf Planwerte.

Angebotskalkulation

Ein Händler muss seine Verkaufspreise so kalkulieren, dass sie mindestens die Kosten decken. Dazu werden alle entstehenden Kosten, der geplante Gewinn sowie die Umsatzsteuer ermittelt und auf die einzelnen Kostenträger verteilt.

Zur genauen Kalkulation benötigt man eine detaillierte betriebliche Kostenrechnung (siehe Abschnitt 5.2.2). Eine Voraussetzung ist, dass zuvor eine Kostenartenrechnung erfolgt, in der die neutralen Aufwendungen herausgerechnet und die kalkulatorischen Kosten identifiziert und einbezogen wurden. Darüber hinaus muss ein Betriebsabrechnungsbogen vorliegen.

Vom Bruttoeinkaufspreis werden gewährte Rabatte abgezogen. Der so ermittelte Nettoeinkaufspreis dient als Basis für die Berechnung des Verkaufspreises:

Einkaufspreis netto
+ Aufschlag
+ Umsatzsteuer
= Bruttoverkaufspreis

In einem Betrieb werden nicht alle Waren gleich kalkuliert. Die Verwendung unterschiedlicher Kalkulationssätze wird differenzierte Kalkulation oder auch Mischkalkulation genannt.

Die Kalkulation ist ein Verfahren der Vollkostenrechnung, das Elemente der Teilkostenrechnung, wie Maschinenstundensätze oder Kilometersätze, beinhalten kann. Der Aufbau des Kalkulationsvorganges richtet sich nach

- der angewendeten Kalkulationsmethode,
- dem vorliegenden Betriebsabrechnungsbogen,
- den Details des Auftrages und
- den Besonderheiten der Branche.

Jedes Unternehmen führt eine individuelle Berechnung durch. Bei der Kalkulation werden den Einzelkosten die Gemeinkosten zugeschlagen. Der Zuschlag erfolgt in der Regel durch die Anwendung eines Kalkulationsfaktors. Auf diese Weise gelangt man zu den Selbstkosten:

Einzelkosten · Kalkulationsfaktor = Selbstkosten

Die Kalkulation zerfällt in drei Bereiche, die bei Bedarf individuell gestaltet werden können:

- **Bezugskalkulation** (Einkaufskalkulation oder Vorwärtskalkulation). Hier werden die Einzelkosten ermittelt und als Ausgangspunkt gewählt, wobei die im Einkauf erhaltenen Nachlässe abgezogen und die Bezugskosten oder sonstigen Nebenkosten hinzugerechnet werden.
- **Selbstkostenkalkulation.** Hier werden die aus dem Betriebsabrechnungsbogen stammenden Zuschlagssätze hinzugerechnet.
- **Verkaufskalkulation** (Rückwärtskalkulation). Hier werden die Angebotspreise unter Einbezug der im Verkauf gewährten Nachlässe ermittelt und zum Ausgangspunkt gewählt.

In der Verkaufskalkulation stützt man sich auf die Summe der zuvor ermittelten Selbstkosten. Die Bezugs- und die Selbstkostenkalkulation hingegen können für jede Einzelkostenart und für jede einzelne Kostenstelle des Betriebsabrechnungsbogens durchgeführt werden.

- Die **Vorkalkulation** ist eine betriebsinterne Angebotskalkulation und dient primär der Preisfindung auf Vollkostenbasis. Sie setzt Zuschlagssätze voraus, die meist aus dem Durchschnitt eines vergleichbaren Zeitraumes (Vorjahr) gebildet werden.
- Die **Vorwärtskalkulation** ist eine Kalkulation zur Ermittlung des angemessenen Verkaufspreises (Vorkalkulation mit Normalzuschlägen).
- Die **Rückwärtskalkulation** ist eine Kalkulation zur Ermittlung des angemessenen Listeneinkaufspreises.
- Der **Kalkulationsfaktor** ist das Verhältnis des Listenverkaufspreises zum Bezugspreis: Listenverkaufspreis/Bezugspreis (netto oder brutto).
- Die **Handelsspanne** ist der prozentuale Unterschied zwischen dem Verkaufspreis (abzüglich der Umsatzsteuer) und dem Einstandspreis. Die Handelsspanne wird auch Bruttogewinn, Rohgewinn oder Rohertrag genannt, wenn der Betrag in Euro ausgedrückt wird. Die Höhe der Handelsspanne entscheidet über die Rentabilität des Unternehmens.

Eine einfache Handelskalkulation mit Rabatten und Skonti sowohl im Einkauf als auch im Verkauf demonstriert anschaulich die im Folgenden dargestellte Dreiteilung in Bezugs-, Selbstkosten- und Verkaufskalkulation (Schaubild 4.4).

Vorwärtskalkulation	
Bezugskalkulation (Einkauf) →	Listeneinkaufspreis
	− Lieferantenrabatt
	= Zieleinkaufspreis
	− Lieferantenskonto
	= Bareinkaufspreis
	+ Bezugskosten
	= Bezugspreis/Einstandspreis
	+ Allgemeine Handlungskosten/ Gemeinkosten
Verkaufskalkulation (Verkauf) →	= Selbstkostenpreis
	+ Gewinn
	= Barverkaufpreis
	+ Kundenskonto
	= Zielverkaufspreis
	+ Kundenrabatt
	= Listenverkaufspreis

Rückwärtskalkulation	
Verkaufskalkulation (Verkauf) →	Listenverkaufspreis
	− Kundenrabatt
	= Zielverkaufspreis
	− Kundenskonto
	= Barverkaufpreis
	− Gewinn
	= Selbstkostenpreis
	− Allgemeine Handlungskosten/ Gemeinkosten
Bezugskalkulation (Einkauf) →	= Bezugspreis/Einstandspreis
	− Bezugskosten
	= Bareinkaufspreis
	− Lieferantenskonto
	= Zieleinkaufspreis
	+ Lieferantenrabatt
	= Listeneinkaufspreis

Schaubild 4.4: Vergleich von Vorwärtskalkulation und Rückwärtskalkulation

BEISPIEL ▶ Verkaufskalkulation

Ein Händler hat die in Tabelle 4.1 wiedergegebene Kalkulation erstellt.

Position		€	Prozent	
Listeneinkaufspreis	600,00 €	600,00	100 %	
- Lieferantenrabatt	10 %	60,00	10 %	
= Zieleinkaufspreis		540,00	90 %	100 %
- Lieferantenskonto	2 %	10,80		2 %
= Bareinkaufspreis		529,20		98 %
+ Bezugskosten	20,80 €	20,80		
= Einstandspreis		550,00	100 %	
+ Gemeinkostenzuschlag	28 %	154,00	28 %	
= Selbstkostenpreis		704,00	128 %	100 %
+ Gewinnspanne	15 %	105,60		15 %
= Barverkaufspreis		809,60	98 %	115 %
+ Kundenskonto	2 %	16,52	2 %	
= Zielverkaufspreis		825,79	100 %	92 %
+ Kundenrabatt	8 %	31,81		8 %
= Listenverkaufspreis netto		857,60		100 %
+ Umsatzsteuer	19 %	137,22		19 %
= Listenverkaufspreis brutto		1.020,54		119 %
Kalkulationsfaktor netto (Listen-VKP/Listen-EKP):			1,4293333 €	
Kalkulationsfaktor brutto (Listen-VKP/Listen-EKP):			1,7075667 €	

Tabelle 4.1: Vom Listeneinkaufspreis zum Listenverkaufspreis

Achtung: Vom Listeneinkaufspreis bis zum Barverkaufspreis wird „vom Hundert“ (Grundwert) und von da ab „im Hundert“ (verminderter Grundwert) gerechnet.

BEISPIEL: „Vom Hundert“ und „im Hundert“

Die Prozentrechnung „vom Hundert“ verläuft im Fall des Lieferantenrabatts folgendermaßen: 100 % = 600,00 €
Lieferantenrabatt = 10 % = x

$$x = \frac{600{,}00\ € \cdot 10\ \%}{100\ \%} = 60{,}00\ €$$

Die Prozentrechnung „im Hundert“ verläuft im Fall des Kundenskontos und des sich daraus ergebenden Barverkaufspreises folgendermaßen:
Barverkaufspreis = 809,60 € = 98 % des Zielverkaufspreises bei einem Kundenskontosatz von 2 %
Kundenskonto = 2 % = x

$$x = \frac{809{,}60\ € \cdot 2\ \%}{98\ \%} = 16{,}52\ €$$

Nachkalkulation

Die **Nachkalkulation** ist eine betriebsinterne Kontrollrechnung und dient primär zur Überprüfung der in der Vorkalkulation errechneten Daten. Sie wird aufgrund der Istzuschlagssätze durchgeführt.

Eine Nachkalkulation kann für einzelne Artikel, einzelne Warengruppen oder den gesamten Betrieb erfolgen. Die regelmäßige Nachkalkulation wird auch kurzfristige Erfolgsrechnung genannt. Durch den Soll-Ist-Vergleich, das heißt den Vergleich der realisierten Preis-Kosten-Verhältnisse (Ist-Zustand) mit der ursprünglichen Preiskalkulation (Soll-Zustand) kann der Händler hinsichtlich seiner Unternehmenspolitik (Preis, Sortiment) Schlüsse (Auftragsannahme/-ablehnung) ziehen.

Angebotsvergleich

Bei größeren Investitionen im privaten oder im geschäftlichen Bereich ist es sinnvoll, einen Angebotsvergleich durchzuführen. Nach einer Ausschreibung muss der Auftraggeber aus den eingegangenen Angeboten das günstigste heraussuchen. Hierfür werden die Angebote zuerst nach einheitlichen Kriterien bewertet und anschließend in eine Rangfolge gebracht. In einfachen Fällen kann das direkt zur Auftragsvergabe an den erstplatzierten Bieter führen.

Bei einem mehrstufigen Auswahlverfahren werden die besten Angebote einer genaueren Überprüfung unterzogen. Die Anbieter können dabei in der zweiten Stufe zu einer persönlichen Präsentation ihres Angebots eingeladen werden.

Bei der Auftragsvergabe spielen nicht nur quantitative (messbare) Kriterien eine Rolle, sondern oftmals auch qualitative Kriterien (Tabelle 4.2).

Qualitative Kriterien	Quantitative Kriterien
Kulanz	Bezugskosten: - Transport - Verpackung
Kundendienst	
Liefermenge/Mindestabnahme	
Lieferzeit	Lieferpreis
Qualität der Ware	Lieferantenrabatt
Zuverlässigkeit des Lieferanten: - Reklamationen - Termintreue	Lieferantenskonto

Tabelle 4.2: Kriterien zur Angebotsbewertung

BEISPIEL ▶ Angebotsvergleich

Eine Klinik benötigt im Januar 2009 zehn neue klassische Krankenhausbetten. Drei verschiedene Anbieter haben sich fristgemäß bis zum 30. Dezember 2008 zurückgemeldet und die in den Tabellen 4.3 und 4.4 gegenübergestellten Angebote abgegeben. Werden nur die quantitativen Merkmale bewertet, so ist der Anbieter 1 vorzuziehen. Bezieht man auch die qualitativen Merkmale in den Vergleich ein, dann stellt sich die Frage, ob auch diese für den Anbieter 1 sprechen. Anbieter 1 ist der günstigste, benötigt aber auch die längste Lieferzeit. Die Entscheidung darüber, welchem Anbieter der Zuschlag erteilt werden soll, ist abhängig von der individuellen Gewichtung der Kriterien.

	Anbieter 1		Anbieter 2		Anbieter 3	
Angebot vom	30.12.2008		20.12.2008		25.12.2008	
	Pro Stück	Gesamt	Pro Stück	Gesamt	Pro Stück	Gesamt
Listeneinkaufspreis	2.500,00 €	25.000,00 €	3.000,00 €	30.000,00 €	2.700,00 €	27.000,00 €
- Lieferantenrabatt	10 %	2.500,00 €	15 %	4.500,00 €	12,7 %	3.159,00 €
= Zieleinkaufspreis		22.500,00 €		25.500,00 €		23.841,00 €
- Lieferantenskonto	2 %/10 Tage	450,00 €	2 %/15 Tage	510,00 €	3 %/10 Tage	715,23 €
= Bareinkaufspreis		22.050,00 €		24.990,00 €		23.125,77 €
+ Verpackung	-	-	-	-	-	-
+ Transport		250,00 €	frei Haus	-	frei Haus	-
= Einstandspreis		**22.300,00 €**		**24.990,00 €**		**23.125,77 €**

Tabelle 4.3: Quantitativer Angebotsvergleich

	Anbieter 1	Anbieter 2	Anbieter 3
Kundendienst	ja/gut	nein	ja/schnell
Mindestbestellmenge	nein	nein	nein
Lieferzeit	acht Wochen	vier Wochen	drei Wochen
Reklamationen	sehr wenig kulant	unbekannt	schnelle Handhabung
Sonstiges	zuverlässige Lieferung	neuer Anbieter	langlebige Geräte

Tabelle 4.4: Qualitativer Angebotsvergleich

5620258

4.1.4 Schriftverkehr im Beschaffungsprozess

Im Schriftverkehr ist der Geschäftsbrief die Visitenkarte eines jeden Unternehmens. Einfach gestaltete Briefe (nach DIN) und ein freundlicher Briefstil führen zu zufriedenen Kunden und sparen Zeit und Geld.

Bei externen oder internen Geschäftsmitteilungen ist unbedingt darauf zu achten, dass wichtige Daten für den Betrachter sofort und deutlich zu erkennen sind. Dazu gehören Absender, Empfänger, Datum, Anlage, Verteiler, Betreff, Anrede und Gruß.

Musterbrief

Die Schreib- und Gestaltungsregeln für die Textverarbeitung (DIN 5008) sind die Grundlage für den Schriftverkehr besonders in Wirtschaft und Verwaltung.

Am Beispiel eines Geschäftsbriefes (Schaubild 4.5) wird der Aufbau eines mustergültigen Briefes veranschaulicht. Für die Gestaltung von Geschäftsbriefen ist es von Vorteil, die DIN 676 heranzuziehen; hier finden sich genaue Angaben zur DIN-gerechten Aufteilung von A4-Blättern. In der DIN 676 werden zwei Formblätter (A und B) unterschieden, für die die in Tabelle 4.5 wiedergegebenen Zeilenpositionen gelten.

Zeilenpositionen nach DIN 676	Formblatt A		Formblatt B	
Zeilenbezeichnung	**Zeilenanfang von der oberen Blattkante**	**Zeilenanfang auf Zeile**	**Zeilenanfang von der oberen Blattkante**	**Zeilenanfang auf Zeile**
Erste Absenderzeile bei Briefblättern ohne Aufdruck	16,9 mm	5	16,9 mm	5
Erste Anschriftzeile	33,9 mm	9	50,8 mm	13
Erste Zeile des Informationsblocks	33,9 mm	9	50,8 mm	13
Leitwörter Kommunikationszeile	63,5 mm	16	80,4 mm	20
Leitwörter Bezugszeichenzeile	80,4 mm	20	97,4 mm	24
Betreff	97,4 mm	24	114,3 mm	28

Tabelle 4.5: Aufteilung von A4-Bögen nach DIN 676

A **Well & Fit e. K.**
Alzheimerstraße 35 · 45663 Recklinghausen

B Well & Fit e. K. · Alzheimerstr. 35 · 45663 Recklinghausen
¶
¶
C Bernd Brötchen
Jägerstraße 14
45657 Recklinghausen

D

Ihr Zeichen →	Unser Zeichen →	Telefon →	Datum
→	Is/806 →	02361 67899 →	20.05.20..

E **Einladung zum Sommerfest 20..**
¶
¶
F Sehr geehrter Herr Brötchen,
¶
am 12. Juni 20.. veranstaltet die Well & Fit e. K. ihr traditionelles Sommerfest auf dem Firmengelände.
¶
Es gibt viele tolle Preise zu gewinnen und für das leibliche Wohl ist gesorgt.
¶
G Es erwarten Sie viele Attraktionen:
¶
•→Luftballon-Wettbewerb für Kinder
•→Kostenloser Fitness-Test auf dem Luxus-Ergometer
•→Krafttest beim Bankdrücken
•→Wettbewerb im Wetttrinken
•→Körperfettanalyse mit Profigeräten
•→Blutzuckertest und vieles mehr
¶
Gratisparkplätze sind direkt vor dem Laden und hinter dem Haus verfügbar. Unser Team freut sich auf Ihren Besuch.
¶
H Mit freundlichen Grüßen
¶
I Well & Fit e. K.
¶
¶
¶
Willi Meier
¶
J Anlage

K Bankverbindung usw.

Schaubild 4.5: Muster eines Geschäftsbriefes

A Briefkopf

Im Briefkopf stehen die Daten des Absenders, häufig werden die Adressdaten mit einem Firmenlogo optisch aufbereitet. Dafür stehen 4,5 cm zur freien Verfügung.

B Postanschrift

Unter dem Briefkopf oder auch direkt über dem Adressfeld erscheint die Postanschrift des Absenders. Bei Briefumschlägen mit Sichtfenster ist so nicht nur der Empfänger, sondern auch der Absender zu erkennen. Dies ist vor allem dann von Bedeutung, wenn der Brief nicht zugestellt werden kann.

C Empfängeranschrift

Für die Empfängeranschrift steht ein neunzeiliges Feld zur Verfügung. Hier werden die Angaben untereinander abgedruckt (Tabelle 4.6).

Zeile	Zeileninhalt	Beispiel
1	Versendungsform	Warensendung
2	Sendungsart und	Eilzustellung
3	Vorausverfügungen	Nicht nachsenden
4	Empfängerbezeichnung	Bernd Brötchen
5	2. Zeile Empfängerbezeichnung	Jägerstr. 14
6	3. Zeile Empfängerbezeichnung	45663 Recklinghausen
7	Straße und Hausnummer/Postfach oder „postlagernd"	
8	Postleitzahl und Ort	
9		

Tabelle 4.6: Gestaltung der Empfängeranschrift

D Bezugszeichen

Die Bezugszeichenzeile enthält die folgenden Informationen:

- **Ihr Zeichen, Ihre Nachricht vom**
  Kurzzeichen des Verfassers (und des Schreibers) des vorausgegangenen Schriftstücks, Datum des vorausgegangenen Schriftstücks
- **Unser Zeichen, unsere Nachricht vom**
  Kurzzeichen des Verfassers (und des Schreibers) des Absenders, Datum des vorausgegangenen Schriftstücks des Absenders
- **Name, Telefon (mit vorgedrucktem Hauptanschluss)**
  Name des Ansprechpartners,
  Durchwahl des Ansprechpartners
- **Datum**

E Betreff

Zwei Zeilen unterhalb des Empfängerfeldes wird der Betreff angegeben. Der Betreff ist eine Art Überschrift und kann deutlich betont werden. Er vermittelt kurz und bündig den Sachverhalt.

F Anrede

Die Anrede wird zwei Zeilen unterhalb der Betreffzeile geschrieben. Förmliche Anreden wie
- Sehr geehrte Damen und Herren,
- Sehr geehrte Frau Meier,
- Sehr geehrter Herr Brötchen,

sind beliebt und immer passend.

G Text

Eine Leerzeile nach der Anrede beginnt der eigentliche Brieftext. Für die Textgestaltung sind nachstehende Regeln zu beachten:
- Bei kurzem Text auf 1,5-Zeilen-Abstand umstellen,
- Absätze durch eine Leerzeile trennen,
- Signalwörter markieren,
- auf Folgeseiten hinweisen.

Die Gestaltung des Textes ist durch Einrückungen in gleichmäßigen Abständen möglich, vor und hinter dem eingerückten Text wird eine Leerzeile geschaltet.

H Gruß

Der Gruß wird eine Leerzeile unterhalb des Textes positioniert und kann nach Belieben gestaltet werden. Gebräuchliche Grußformulierungen lauten:
- Mit freundlichen Grüßen
- Mit freundlichem Gruß
- Mit herzlichen Grüßen

I Unterschrift

Vollmachtskennzeichnungen wie „i. A.“ (im Auftrag), „i. V.“ (in Vollmacht, in Vertretung) oder „ppa.“ (per procura) werden nach Schaltung einer Leerzeile unter dem Gruß positioniert. Drei Zeilen nach dem Gruß beziehungsweise nach der dem Gruß folgenden Vollmachtskennzeichnung sollte der Name wiederholt werden, da manche Unterschriften nur schwer zu entziffern sind und so die Gefahr von Verwechselungen ausgeschaltet wird. Müssen mehrere Personen unterschreiben, so steht die ranghöchste Unterschrift links.

> Eine **Vollmacht** ist eine Ermächtigung, jemanden bei Rechtsgeschäften zu vertreten oder in seinem Namen eine Willenserklärung abzugeben.

Der Umfang der Vollmacht kann unterschiedlich sein. Die Vollmachtskennzeichnung „i. A.“ (im Auftrag) weist darauf hin, dass eine Einzelvollmacht vorliegt, das heißt, der Unterschreibende ist für diesen einzelnen Fall berechtigt. Die Vollmachtskennzeichnung „i. V.“ (in Vollmacht, in Vertretung) bedeutet, dass der Unterschreibende auf unbeschränkte Zeit zu mehreren Rechtsgeschäften berechtigt ist. Schließlich weist die Bezeichnung „ppa.“ (per procura) darauf hin, dass der Unterschreibende vergleichsweise umfassende Handlungsvollmachten besitzt.

J Anlagevermerk/Verteilervermerk

Der Anlagevermerk besteht aus dem Wort „Anlage", das unterstrichen werden kann. Der Text „Anlage" beendet den Brief und es ist unpassend, die Anlagen einzeln aufzuführen. Besteht trotzdem einmal die Notwendigkeit, die Anlagen Stück für Stück aufzulisten, so sollte das integriert im Brieftext erfolgen. Der Anlagevermerk beginnt drei Zeilen unter dem Gruß oder circa 12,5 cm neben den Gruß. Dem Anlagenvermerk folgt der Verteilervermerk mit einer Zeile Abstand; und bei behördlichen Schreiben folgt mit einer weiteren Zeile Abstand der Beglaubigungsvermerk.

K Brieffuß

Im Brieffuß sind alle Geschäftsangaben des Absenders, wie zum Beispiel Geschäftsräume, Nummer des Handelsregistereintrags, Bankverbindung(en), Geschäftsführer, aufgelistet. Einige Gesellschaftsformen sind durch das Gesetz verpflichtet, bestimmte Angaben auf ihren Geschäftsbriefen zu treffen.

Schriftverkehr in der Beschaffung

In der Beschaffung ist der kaufmännische Schriftverkehr besonders breit gefächert. Hier kommen vor allem die folgenden Schriftstücke infrage:

- Anfragen
- Angebote
- Bestellungen
- Auftragsbestätigungen
- Rechnungen
- Lieferscheine
- Reklamationen/Mängelrügen
- Mahnungen
- Erinnerungen

Anfrage

Eine **Anfrage** ist ein unverbindliches Forderungsschreiben zur Abgabe eines Angebots.

Durch Anfragen kann festgestellt werden, ob und zu welchen Preisen und Bedingungen ein Produkt oder eine Dienstleistung bezogen werden kann. Anfragen sind an keine gesetzlichen Formvorschriften gebunden.

Unterschieden werden allgemeine Anfragen zum Gesamtsortiment eines Lieferers (Kataloganfrage) und spezielle Anfragen zu einem bestimmten Produkt oder zu einer bestimmten Dienstleistung. Tabelle 4.7 fasst die Elemente einer Anfrage zusammen.

Aufbau	Inhalt
1. Grund	Situation, gewünschte Ware
2. Basisinformationen	gewünschte Ware hinsichtlich Qualität, Menge oder Standards, Terminvorgaben, Lieferadresse, Preisrahmen
3. Spezielle Wünsche	Vorgabe eines Liefertermins, Garantien, Gewährleistungen oder andere Konditionen
4. Allgemeines	Bitte um Informationen über das Unternehmen, Beilage von Zeichnungen, Prospekten, Beschreibungen oder Ähnlichem zur Präzisierung der gewünschten Ware

Tabelle 4.7: Aufbau und Inhalt einer Anfrage

BEISPIELE: Textbausteine für Anfragen

Die Inhalte einer Anfrage können nach den folgenden Mustertextbausteinen formuliert sein:

Wie wir von ... erfuhren, suchen Sie für ... der Marke „...“, die bei ... teilweise beschädigt und dann von Ihnen übernommen wurden, Käufer. Wir hätten Interesse an der Ware.
Wie uns von der Industrie- und Handelskammer in ... auf Anfrage mitgeteilt worden ist, stellen Sie ... her und suchen eine Kooperation mit artverwandten Unternehmen.
Unsere Firma hat sich bisher ausschließlich mit ... beschäftigt und möchte sich nun ein zweites Standbein zulegen.
Um besser disponieren zu können, teilen Sie uns bitte mit, wie viel Zeit die Antragsbearbeitung in Anspruch nehmen wird und wie hoch der Zuschuss ungefähr sein wird.

Internet

Onlinehilfen für die Anfertigung betrieblicher Korrespondenz:

- www.rz.fh-ulm.de/projects/onhelp
- www.uni-duisburgessen.de/schreibwerkstatt

WWW

Angebot

Nach einer Anfrage erfolgt die Angebotserstellung, damit der Kunde verbindliche Angaben zur Ware und den Vertragsbedingungen erhält. Ein Angebot kann ein einfaches unterschriebenes Preisblatt sein oder auch ein umfassendes Schriftstück, das sich über mehrere Seiten erstreckt. Tabelle 4.8 fasst die Elemente eines Angebots zusammen.

Aufbau	Inhalt
1. Grund	detaillierte Artikelbeschreibung mit Preis (mit oder ohne MWSt.)
2. Konditionen	Rabattmöglichkeiten oder Skonto, Liefertermin (fest = fix), Lieferkonditionen, Zahlungsbedingungen und Hinweis auf Eigentumsvorbehalt
3. Verbindlichkeit	eine Frist für die Gültigkeit Ihres Angebots
4. Anlagen	Zeichnungen, Prospekte, Beschreibungen und die allgemeinen Geschäftsbedingungen.

Tabelle 4.8: Aufbau und Inhalt eines Angebots

5620264

BEISPIELE ▶ Textbausteine für Angebotsschreiben

Die Inhalte eines Angebots können nach den folgenden Mustertextbausteinen formuliert sein:

Unser Angebot für Sie:
Ihre sachkundigen Informationen waren für uns sehr interessant. Wir haben unser Angebot darauf abgestimmt:
Vielen Dank für Ihr Interesse. Gern bieten wir Ihnen unsere Drinks gemäß unseren Allgemeinen Liefer- und Verkaufsbedingungen bis zum ... verbindlich an.
Die Zahlung erfolgt bei der Warenübernahme ohne jeglichen Abzug. Das Angebot gilt, solange der Vorrat reicht.
Wir bitten um Ihre Auftragsbestätigung.
Sollten Sie spezielle Fragen haben, rufen Sie uns bitte an. Unsere Frau ... berät Sie gerne und unverbindlich.
Unsere Mitarbeiter würden gerne Details mit Ihnen besprechen. Rufen Sie uns bitte an.

Angebotsvergleich

Um einen Angebotsvergleich durchführen zu können, müssen Angebote von mehreren Anbietern eingeholt werden. Bei einem Vergleich werden sowohl die quantitativen als auch die qualitativen Kriterien berücksichtigt.

BEISPIELE: Quantitative und qualitative Kriterien eines Angebotsvergleichs

Quantitative Kriterien sind Preis, Rabatt und Bezugskosten, während zu den qualitativen Kriterien die Qualität der Ware und die Kulanz und Zuverlässigkeit des Lieferanten zählen.

Wirtschaftlich gesehen sollte immer der günstigste Anbieter den Zuschlag erhalten. Manchmal überwiegen bei der Abwägung konkurrierender Angebote die qualitativen Kriterien den Preis. Das passiert zum Beispiel häufig dann, wenn der Lieferant im Unternehmen schon bekannt ist und als zuverlässig gilt.

Bestellung

Die Bestellung ist Gegenstand des Kaufvertrags und als wichtiges Dokument aufbewahrungspflichtig. Tabelle 4.9 fasst die Elemente einer Bestellung zusammen.

Aufbau	Inhalt
1. Grundlage	Bedingungen
2. Gegenstand	Artikel, Preis und Menge
3. Konditionen	Preis und Preisnachlässe, Liefer- und Zahlungsbedingungen, Lieferzeit und Lieferort, Lieferkonditionen (Verpackungskosten, Lieferungskosten), Gewährleistung, Eigentumsvorbehalt, Erfüllungsort und Gerichtsstand
4. Anlagen	Zeichnungen, Prospekte, Beschreibungen

Tabelle 4.9: Aufbau und Inhalt einer Bestellung

Rechnung

Eine Rechnung ist jedes Dokument, das eine Leistung abrechnet. Jeder Verkäufer ist zur Rechnungsschreibung verpflichtet, wenn er Leistungen an einen Kunden erbringt. Folgende Punkte müssen in einer Rechnung aufgeführt werden:

- vollständiger Name und Anschrift des Verkäufers,
- vollständiger Name und Anschrift des Käufers,
- die Steuernummer (Finanzamt) oder die Umsatzsteuer-Identifikationsnummer (Bundesamt für Finanzen),
- das Ausstellungsdatum der Rechnung,
- eine fortlaufende Rechnungsnummer,
- die Menge, die Bezeichnung und das Lieferdatum der Ware oder Dienstleistung,
- das nach Steuersätzen und -befreiungen aufgeschlüsselte Entgelt für Lieferung und Leistung und vereinbarte Minderungen des Entgelts sowie den anzuwendenden Steuersatz und den Steuerbetrag.

Die Aufbewahrungsfrist nach den Vorschriften des Handelsgesetzbuches beträgt zehn Jahre.

Reklamation oder Mängelrüge

In einer Reklamation oder Mängelrüge teilt der Käufer dem Verkäufer mit, dass er mit einer Leistung oder Lieferung nicht zufrieden ist. Dabei kann es sich um eine Abweichung von der Bestellung, um eine beschädigte Lieferung oder um eine Falschlieferung handeln. Diese Mitteilung kann schriftlich oder mündlich erfolgen, wobei die schriftliche Form aufgrund ihrer Beweiskraft bevorzugt wird.

Mahnung

Die Mahnung soll einen Kunden an seine Zahlungspflicht erinnern. Ein Mahnschreiben sollte immer einen kurzen, aber präzisen Hinweis auf die Zahlungsfristen und den Anlass enthalten. Weitere Mahnschreiben können in Abständen von 14 Tagen erfolgen, wobei jede weitere Mahnung zwar freundlich, aber doch verbindlich formuliert werden sollte, bis hin zum Vorbehalt von rechtlichen Schritten.

4.1.5 Recht der Stellvertretung

Willenserklärungen müssen nicht persönlich abgegeben werden. Vielmehr kann man sich durch eine andere Person vertreten lassen. Eine Willenserklärung, die jemand im Namen des Vertretenen abgibt, wirkt unmittelbar für oder gegen den Vertretenen (§ 164 BGB).

Gesetzliche und vertraglich vereinbarte Vertretung

Bei den verschiedenen Möglichkeiten der Vertretung wird zwischen der gesetzlichen (Tabelle 4.10) und der vertraglich vereinbarten Vertretung unterschieden.

5620266

Gesetzliche Vertretung ...	
bei natürlichen Personen	**bei juristischen Personen**
Eltern (§ 1626 ff. BGB)	Vorstandsmitglieder (AG, Genossenschaft, eingetragener Verein)
Elternteile (§ 1671 BGB)	Geschäftsführer (GmbH)
Vormund (§ 1773 BGB)	persönlich haftende Gesellschafter einer OHG oder KG
Betreuer (§ 1896 BGB)	amtlicher Vertreter von Sondervermögen (Insolvenzverwalter, Nachlasspfleger)
Pfleger (§ 1909 BGB)	

Tabelle 4.10: Möglichkeiten der gesetzlichen Vertretung

Im Rahmen der vertraglich vereinbarten Vertretung wird dem rechtsgeschäftlichen Vertreter eine Vollmacht (§ 164 BGB) übertragen. Man unterscheidet zwischen

- **Spezialvollmacht oder Einzelvollmacht.** Sie berechtigt zur Ausführung einer einzelnen Rechtshandlung, zum Beispiel zur Überweisung eines Geldbetrages, zur Führung eines Prozesses, oder zur Zeichnung „im Auftrag".
- **Artvollmacht.** Sie berechtigt zur laufenden Ausführung von Rechtshandlungen einer bestimmten Art, zum Beispiel zum regelmäßigen Einkauf und Verkauf, oder zur Zeichnung „in Vertretung" oder „im Auftrag".
- **Allgemeine Handlungsvollmacht.** Sie berechtigt zur Ausführung aller Rechtshandlungen, die gewöhnlich in einem Geschäftszweig vorkommen, zum Beispiel zur Einteilung von Diensten, zu Einstellung und Entlassung von Mitarbeitern, oder zur Zeichnung „in Vertretung".
- **Gesamtvollmacht.** Hier wurde mehreren Personen die gleiche Vollmachtsart erteilt und bestimmt, dass keiner der Bevollmächtigten allein ein Rechtsgeschäft vornehmen darf.
- **Allgemeine Vollmacht oder Generalvollmacht.** Diese Art der Vollmacht darf nicht mit den bisher erwähnten Vollmachtsarten verwechselt werden. Der Begriff ist nicht eindeutig gesetzlich geregelt, jedoch sind die Befugnisse eines Generalbevollmächtigten eher zwischen denen des Vorstands und des Prokuristen eines Unternehmens anzusiedeln.

Jeder Bevollmächtigte kann im Rahmen seiner Vollmacht Untervollmachten erteilen. Da die Generalvollmacht im Handelsgesetzbuch (HGB) nicht geregelt ist, werden auf sie die Vorschriften des § 164 BGB angewandt. Nachdem die Generalvollmacht aufgrund dessen nicht ins Handelsregister eingetragen werden kann, erteilt man Generalbevollmächtigten zusätzlich die Prokura. Die Zeichnung erfolgt dann mit „per procura" („ppa", aus dem Lateinischen = in Ausübung der Prokura) oder „in Vertretung" („i. V.").

Die Erteilung der genannten Vollmachten ist formfrei und kann sowohl durch den Kaufmann nach HGB und den Kleingewerbetreibenden als auch durch den Prokuristen erfolgen. Die Vollmacht wird im Innenverhältnis mit ihrer Erteilung wirksam, im Außenverhältnis jedoch erst, wenn Dritte davon Kenntnis genommen haben.

Vollmachten nach dem Handelsgesetzbuch

Im Handelsgesetzbuch wird zwischen der Prokura (§ 48 ff. HGB) einerseits und verschiedenen Varianten der Handlungsvollmacht (Einzel-, Art- sowie allgemeine Handlungsvollmacht gemäß § 54 ff. HGB) andererseits unterschieden.

Das Recht zur Erteilung der Prokura ist dem Inhaber eines Handelsgewerbes nach HGB vorbehalten. Prokura kann auch Personen erteilt werden, die nicht in einem Beschäftigungsverhältnis mit dem Unternehmen stehen. Personen, denen die Prokura erteilt werden soll, müssen mindestens 16 Jahre alt sein. Bei Minderjährigen ist die Zustimmung des Vormundschaftsgerichts erforderlich.

Der Prokurist unterschreibt mit dem Namen der Firma und seinem Namen. Vor dem Namen steht der Zusatz ppa.

Auch bei der Prokura sind verschiedene Formen möglich:

- Einzelprokura,
- Gesamtprokura (analog zur Gesamtvollmacht),
- Filialprokura (die Prokura beschränkt sich auf eine bezeichnete Filiale).

Einschränkungen der Stellvertretung und der Prokura

Eine Stellvertretung ist bei folgenden Rechtsgeschäften nicht möglich:

- Unterzeichnung von Bilanzen und Steuererklärungen,
- Leistung eines Eides,
- Beantragung von Handelsregistereinträgen,
- Aufnahme von Gesellschaftern,
- Verkauf des Unternehmens,
- Beantragung eines Insolvenzverfahrens.

Zum Verkauf oder zu Belastung von Grundstücken benötigt der Prokurist eine besondere Vollmacht.

Die Prokura beginnt im Innenverhältnis mit der Erteilung, im Außenverhältnis sobald Dritte davon Kenntnis genommen haben. Letztere Bedingung ist erfüllt, wenn die Prokura im Handelsregister eingetragen und der Eintrag veröffentlicht wurde. Die Eintragung ins Handelsregister hat also rechtsbezeugende (deklaratorische) Wirkung.

Die Prokura besteht unabhängig von der Person des Geschäftsinhabers, bleibt also auch beim Tod des Geschäftsinhabers gültig. Hingegen wird sie beendet durch

- die Beendigung des Rechtsverhältnisses, mit dem sie verbunden ist (Kündigung oder Auflösung des Arbeits- oder Dienstvertrags),
- Widerruf seitens eines Geschäftsinhabers,
- Auflösung des Unternehmens,
- den Tod des Prokuristen,
- den Wechsel des Geschäftsinhabers, sofern der neue Inhaber die Prokura widerruft.

5620268

4.1.6 Kaufvertrag, Dienstvertrag und Werkvertrag

- Ein **Vertrag** ist ein zwei- oder mehrseitiges Rechtsgeschäft, das durch übereinstimmende Willenserklärungen zustande kommt und das alle Vertragsparteien verpflichtet.
- Eine **Willenserklärung** ist eine rechtlich wirksame Äußerung einer geschäftsfähigen Person, durch die eine Rechtsfolge bewusst herbeigeführt werden soll.

Schaubild 4.6 verdeutlicht das Zustandekommen eines Vertrags zwischen zwei Parteien.

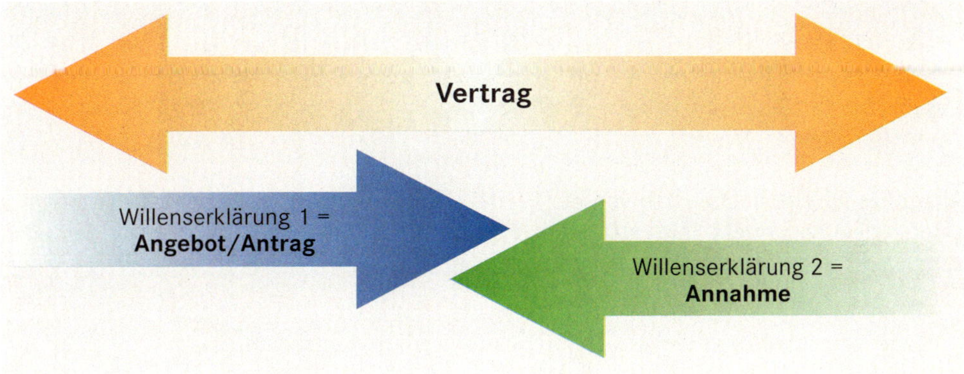

Schaubild 4.6: Begründung eines Vertrags

Die gesetzliche Grundlage für Verträge jeglicher Art ist das Bürgerliche Gesetzbuch (BGB).

- Rechtsgeschäfte: §§ 104–251
- Schuldrecht: §§ 241–300, 433–479

Merkmale von Rechtsgeschäften

Rechtsgeschäfte werden nach der/den erforderlichen Willenserklärung(en) (einseitig/mehrseitig) oder nach der/den Verpflichtung(en) (einseitig/mehrseitig) unterteilt (Schaubild 4.7).

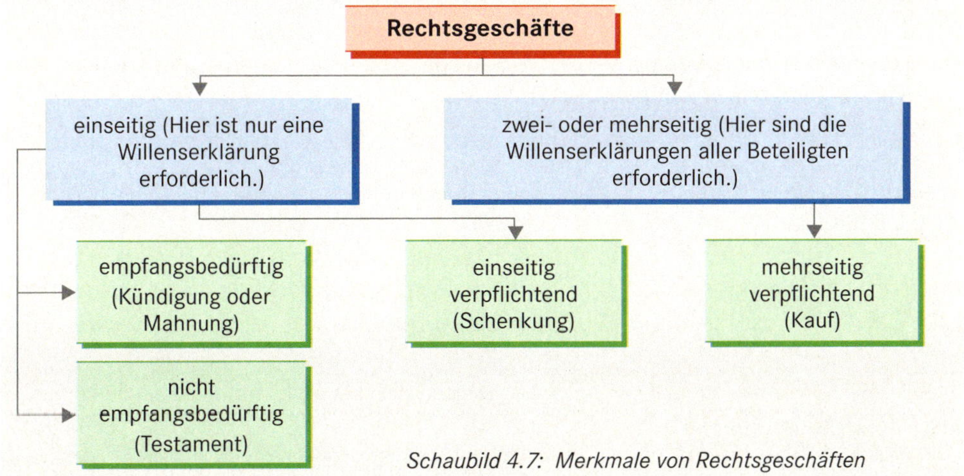

Schaubild 4.7: Merkmale von Rechtsgeschäften

Rechtsgeschäfte unterliegen grundsätzlich der Vertrags- beziehungsweise Formfreiheit, das heißt, es muss keine besondere Form gewahrt werden. Nicht nur schriftliche Verträge, sondern auch mündlich (persönlich oder telefonisch) oder per E-Mail abgeschlossene Verträge sind demnach wirksam. Auch konkludentes oder schlüssiges Verhalten kann zu einem rechtswirksamen Vertrag führen.

BEISPIEL ▶ Vertragsabschluss durch konkludentes Verhalten

Wer in einen Bus einsteigt, bringt damit stillschweigend zum Ausdruck, dass er mit dem Bus befördert werden will. Sein Verhalten lässt also darauf schließen, dass er das Angebot der Busgesellschaft annehmen will. Die Busgesellschaft wiederum bringt dadurch, dass sie die Haltestelle anfährt, stillschweigend zum Ausdruck, dass sie bereit ist, den Passanten als Fahrgast zu befördern. Das Verhalten des bei der Gesellschaft angestellten Fahrers lässt darauf schließen, dass sie dem Passanten ein entsprechendes Angebot macht.

Allerdings gibt es Ausnahmen von der Formfreiheit, das heißt, manche Rechtsgeschäfte sind an eine bestimmte Form gebunden. Formgebundene Rechtsgeschäfte sind nur wirksam, wenn sie der gesetzlichen Schriftform genügen.

BEISPIELE ▶ Formgebundene Rechtsgeschäfte

- Die Bürgschaft einer Privatperson muss schriftlich fixiert sein.
- Die Anmeldung einer Handelsregistereintragung muss schriftlich verfasst und öffentlich beglaubigt sein.
- Notarielle Beurkundungen, die bei einem Grundstückserwerb erforderlich sind, müssen bestimmten Vorgaben entsprechen.

Nichtigkeit und Anfechtbarkeit von Rechtsgeschäften

Rechtsgeschäfte sind ohne Weiteres nichtig, wenn keine rechtswirksamen Willenserklärungen vorliegen. Dieser Fall liegt auch vor, wenn die Willenserklärung im Zustand der Bewusstlosigkeit oder einer vorübergehenden Störung der Geistestätigkeit abgegeben wurde. Daneben gibt es noch eine ganze Reihe weiterer Mängel, die die Nichtigkeit eines Rechtsgeschäftes bewirken können (Tabelle 4.11). Solche Rechtsgeschäfte sind allerdings gültig, solange sie nicht von einem der Vertragspartner angefochten werden. Erst mit der Anfechtung werden sie nichtig.

Mangel	Beispiele
Nichtigkeit der Willenserklärung (§ 105 BGB)	▶ Ein Betrunkener erklärt, dass er sein Auto verschenken will. ▶ Ein fünfjähriges Kind kauft eine Zeitschrift.
Formmangel (§ 125 BGB)	Der Kaufvertrag über ein Grundstück liegt zwar schriftlich vor, wurde aber nicht von einem Notar beurkundet.
Mangelnder Wille zum Geschäftsabschluss (Schein- oder Scherzgeschäfte, §§ 117, 118 BGB)	▶ Der Hausbesitzer verkauft sein Haus, um Steuern zu sparen, zum halben Preis. ▶ Der Hausbesitzer verkauft sein Haus für zehn Kisten Sekt.

Verstoß gegen ein Gesetz (§ 134 BGB)	Ein Hobbygärtner baut Cannabis an, stellt daraus Haschisch her und verkauft es an seine Freunde.
Verstoß gegen die guten Sitten (§ 138 BGB)	Der Kredithai verleiht Geld und verlangt dafür einen Zinssatz von 40 % jährlich.

Tabelle 4.11: Mängel und Nichtigkeit von Rechtsgeschäften

Auch Rechtsgeschäfte, die auf einem Irrtum, auf Täuschung oder auf einer Drohung beruhen, sind anfechtbar (Tabelle 4.12).

Anfechtungsgrund	Beispiel
Übermittlungsirrtum (§ 120 BGB)	Ein Bote richtet etwas falsch aus.
Inhaltsirrtum (Irrtum über wesentliche Eigenschaften einer Sache oder Person, § 119 BGB)	Der Besitzer einer Originalgitarre von John Lennon hat diese nur verkauft, weil er angenommen hatte, es handele sich um eine Kopie.
Erklärungsirrtum	Der Verkäufer verwechselt bei der Abgabe seines Preisangebots den festgelegten Preis der Ware und nennt 13,00 € anstelle von 31,00 €.
Drohung oder Täuschung (§ 123 BGB)	Der Verkäufer eines Pkw verschweigt trotz Nachfrage des Käufers einen Unfallschaden.

Tabelle 4.12: Gründe zur Anfechtung von Rechtsgeschäften

Kaufvertrag

Der Kaufvertrag begründet für den Käufer ebenso wie für den Verkäufer bestimmte Verpflichtungen, deshalb wird er auch als zweiseitig verpflichtendes Geschäft bezeichnet. Kommt ein Verpflichtungsgeschäft zustande, so entsteht ein Anspruch gegen den Verpflichteten:

- Der Verkäufer verpflichtet sich, die Ware in der richtigen Beschaffenheit, Menge und Qualität an den richtigen Ort zu liefern und dafür die Zahlung anzunehmen.
- Der Käufer verpflichtet sich im Gegenzug, die Ware anzunehmen und die verabredete Kaufsumme zu bezahlen.

Das Erfüllungsgeschäft ist die Umsetzung der Verpflichtungen, das heißt für den Verkäufer die tatsächliche und ordnungsgemäße Lieferung sowie für den Käufer die tatsächliche Annahme und Bezahlung der Ware. Es gliedert sich in ein Waren- und ein Geldgeschäft.

- Beim Warengeschäft gilt:
  Der Verkäufer ist der Schuldner, der Käufer ist der Gläubiger der Ware.
- Beim Geldgeschäft gilt:
  Der Verkäufer ist der Gläubiger, der Käufer ist der Schuldner des Kaufpreises.

Die Vertragspartner können zwei unterschiedliche Rechtsstellungen haben:

- Die Vertragspartner sind Nichtkaufleute.
- Mindestens ein oder alle Vertragspartner ist/sind Kaufleute.

Beim bürgerlichen Kauf sind beide Vertragspartner Privatpersonen beziehungsweise Nichtkaufmann/-frau. Hier gelten die kaufrechtlichen Regelungen des BGB.

BEISPIEL ▶ Bürgerlicher Kauf

Frau Hansen kauft als Privatperson (Nichtkauffrau) von ihrem Nachbarn Herrn Meyer (Nichtkaufmann) ein Fahrrad.

Der Handelskauf ist hingegen ein Kauf, bei dem mindestens ein Vertragspartner ein Kaufmann ist. Ist nur einer von beiden Partnern Kaufmann, so spricht man vom einseitigen Handelskauf, sind beide Partner Kaufleute, spricht man vom zweiseitigen Handelskauf. Neben den Regelungen aus dem BGB gelten für den Handelskauf auch die Vorschriften des Handelsgesetzbuches (§§ 373–381 HGB).

BEISPIELE ▶ Handelskauf

Frau Hansen erwirbt bei Optiker Müller (Kaufmann) eine Brille. Da sie keine Kauffrau ist, handelt es sich bei diesem Rechtsgeschäft um einen einseitigen Handelskauf.

Der Optiker Müller (Kaufmann) kauft beim Optik-Großhändler Schulze (Kaufmann) hundert Brillen für sein Geschäft ein. Dieses Geschäft ist ein zweiseitiger Handelskauf.

Die Kernpunkte eines Kaufvertrags sind:

- Namen der Vertragspartner,
- Art und Güte der Ware oder Dienstleistung,
- Preis der Ware oder Dienstleistung (inklusive Mehrwertsteuer),
- Menge der Ware oder Umfang der Dienstleistung,
- Lieferbedingungen,
- Zahlungsbedingungen und gegebenenfalls Zahlungsziel,
- gegebenenfalls AGB (Allgemeine Geschäftsbedingungen),
- Erfüllungsort,
- Gerichtsstand.

Es ist sinnvoll, im Kaufvertrag alle Bedingungen zu vermerken, auf die sich die Vertragspartner geeinigt haben – einschließlich der je nach Fall getroffenen zusätzlichen Vereinbarungen, die sich aus den Eigenheiten des konkreten Geschäfts ergeben.

Der Erfüllungsort ist der Ort, an dem der Verkäufer die Ware liefert beziehungsweise der Käufer die Ware bezahlt. Wenn nichts anderes vereinbart wurde, gilt die gesetzliche Regelung. Ihr zufolge ist der Erfüllungsort der jeweilige Wohn- oder Geschäftssitz des Waren- und des Geldschuldners. Am Erfüllungsort geht die Gefahr auf den Käufer über, das heißt, nimmt er die Ware an und wird sie anschließend beschädigt, so hat er die Schadensfolgen selbst zu verantworten. Geldschulden sind Schick- oder Bringschulden. Daher hat der Käufer das Geld auf seine Kosten und Gefahr an den Wohn- beziehungsweise Geschäftssitz des Verkäufers zu schicken.

Bei Streitigkeiten zwischen Verkäufer und Käufer richtet sich der Gerichtsstand immer nach dem Wohn- oder Geschäftssitz des jeweiligen Schuldners. Eine Klage wird je nach Streitwert entweder beim Amtsgericht oder beim Landgericht eingereicht. Übersteigt der Streitwert 5.000,00 €, geht die Zuständigkeit vom Amts- auf das Landgericht über. Beim zweiseitigen Handelskauf ist eine abweichende vertragliche Regelung möglich.

Die Allgemeinen Geschäftsbedingungen (AGB, § 305 ff. BGB) sind die Rahmenbedingungen oder auch das Kleingedruckte eines Vertrags. In den AGB sind zum Beispiel Regelungen zur

Gewährleistung oder Haftung des Verkäufers festgelegt. Der Käufer muss vor der Unterzeichnung eines Vertrags auf die ABG hingewiesen werden und auch die Möglichkeit erhalten, diese einzusehen.

Dienstvertrag

Abgesehen vom Arbeitsvertrag sind der Arzt- oder Krankenhausvertrag ganz typische Dienstverträge. Im Dienstvertrag steht nicht der Erfolg beziehungsweise das gewollte Ergebnis der vereinbarten Tätigkeit im Vordergrund, sondern die Erbringung der Dienstleistung als solche (§ 611 BGB). Der Schuldner der Dienstleistung erhält also sein Honorar unabhängig davon, ob das Ergebnis seiner Tätigkeit den Gläubiger der Dienstleistung zufriedenstellt oder nicht.

BEISPIELE ▶ Gegenstand eines Dienstvertrags

- Der Arzt bietet seinen Dienst an, aber eine Besserung des Gesundheitszustandes seines Patienten kann er nicht garantieren. Er schuldet dem Patienten eine den Maßstäben seines Berufsstandes entsprechende Behandlung, nicht jedoch die Herstellung seines gewünschten Gesundheitszustandes.
- Ein Rechtsanwalt vertritt seinen Mandanten. Er schuldet diesem eine fachkundige Beratung und eine seinen Interessen gemäße Vertretung vor Gericht, nicht jedoch den Prozessgewinn.

Werkvertrag

Der Werkvertrag enthält die Verpflichtung eines Unternehmers, eine Leistung gegen eine festgelegte Bezahlung zu erbringen. Die gesetzliche Grundlage findet sich in den §§ 631–651 BGB. Durch den Abschluss des Vertrags ist der Auftragnehmer verpflichtet, seine Arbeit zu erledigen und auch die erfolgreiche Ausführung zu garantieren. Bleibt der Erfolg aus, so ist er verpflichtet, auf eigene Kosten Nachbesserungen vorzunehmen, es sei denn der Aufwand dafür steht in keinem Verhältnis zum gesamten Auftrag.

BEISPIELE ▶ Gegenstand eines Werkvertrags

- Ein Bauunternehmen baut ein Haus, das den Plänen des Architekten und den Vorgaben des Statikers entsprechen muss und das frei von baulichen Mängeln ist. Stellt sich nach Fertigstellung des Hauses heraus, dass das Dach undicht ist, so muss es nachgebessert werden.
- Der Schreiner stellt einen Schrank nach den Wünschen des Auftraggebers her. Hat er versehentlich die falschen Türbeschläge angebracht, so muss er diese auf eigene Kosten austauschen.

Tabelle 4.13 fasst Inhalt und gesetzliche Grundlagen der wichtigsten Arten von Verträgen zusammen.

Vertragsarten	Inhalt	Partner	gesetzliche Grundlage
Kaufvertrag	entgeltliche Veräußerung/Verkauf von Sachen oder Rechten	Verkäufer/ Käufer	§§ 433–514 BGB §§ 373–382 HGB
Werkvertrag	Herstellen eines Werkes gegen vereinbarte Vergütung	Unternehmer/ Besteller	§§ 631–651 BGB
Mietvertrag	entgeltliche Überlassung einer Sache oder eines Rechtes	Vermieter/ Mieter	§§ 535–580 BGB
Pachtvertrag	entgeltliche Überlassung von Sachen oder Rechten zum Gebrauch gegen Pachtzins	Verpächter/ Pächter	§§ 581–597 BGB
Leihvertrag	unentgeltliche Überlassung von Sachen zum Gebrauch	Verleiher/ Leiher	§§ 598–606 BGB
Dienstvertrag/ Arbeitsvertrag	Dienstleistungen sowie Verpflichtungen zu Arbeitsverhältnissen gegen Entgelt	Arbeitgeber/ Arbeitnehmer	§§ 611–630 BGB, § 59 ff. HGB

Tabelle 4.13: Die wichtigsten Vertragsarten

4.1.7 Vertragsstörungen

Eine Kaufvertragsstörung liegt vor, sobald Unregelmäßigkeiten in der Lieferung, der Zahlung oder in Form von Mängeln der Ware auftreten.

Mangelhafte Lieferung

Ein jeder Käufer besitzt das Recht auf eine mängelfreie Lieferung. Eine Lieferung kann in vielerlei Hinsicht mangelhaft sein (Sachmangel: § 434 BGB, Rechtsmangel: § 435 BGB).

BEISPIELE ▶ Liefermängel

- Der Kunde erhält anstelle der bestellten fünf Stück Unterhosen 50 Stück (Mangel in der Menge, Quantitätsmangel).
- Die bestellten Socken haben Löcher (Mangel in der Güte, Qualitätsmangel).
- Der Kunde erhält anstelle der von ihm bestellten Socken Unterwäsche (Mangel in der Art, Gattungsmangel).

Hat der Käufer die mangelhafte Lieferung fristgemäß bemängelt, so kann er zunächst sofortige Nacherfüllung (§§ 437, 439 BGB) verlangen. Dabei kann er zwischen Nachbesserung und Neulieferung wählen, die der Verkäufer allerdings bei unverhältnismäßig hohen Kosten (§ 439 Abs. 3 BGB) verweigern darf.

Der Nacherfüllungsanspruch gilt für geringe Mängel und unabhängig davon, ob der Verkäufer den Mangel verschuldet hat. Ist der Verkäufer für den Mangel verantwortlich, so kann der Käufer neben der Nacherfüllung/Leistung außerdem Schadensersatz verlangen (§ 280 Abs. 1 BGB).

Scheitert die Nacherfüllung, so hat der Käufer nachrangige Rechte. Zunächst kann er dem Verkäufer eine zweite angemessene Frist (mit Nachfrist) für die Nacherfüllung setzen.

In bestimmten Fällen ist es nicht möglich oder nicht sinnvoll, das Recht auf Nacherfüllung durchzusetzen. Dies gilt, wenn

- der Verkäufer die Nacherfüllung verweigert,
- der zweite Nacherfüllungsversuch ebenfalls fehlschlägt,
- die Nacherfüllung für Verkäufer oder Käufer unzumutbar ist oder
- unter besonderen Umständen, wie zum Beispiel bei einem Fix- oder Zweckkauf.

BEISPIEL ▶ Nicht sinnvolle Nacherfüllung

Hat der Käufer ein Hochzeitskleid bestellt und wird dieses verspätet, das heißt etwa erst 14 Tage nach der Hochzeit, geliefert, so ist eine Nacherfüllung nicht mehr sinnvoll.

Scheidet das Recht auf Nacherfüllung aus, so verbleiben dem Käufer die in Tabelle 4.14 aufgeführten Rechte.

Rücktritt vom Vertrag (§§ 437, 440 und 326 BGB)	Handelt es sich nicht um einen lediglich geringfügigen Mangel, so hat der Käufer das Recht, die Aufhebung des Kaufvertrags zu verlangen.
Minderung (§§ 437, 441 BGB)	Der Käufer darf eine angemessene Minderung des Kaufpreises verlangen.
Schadensersatz statt Leistung (§§ 437, 440 BGB)	Der Käufer kann eine Änderung (Wandlung) des Vertrags und gleichzeitig Schadensersatz verlangen. Dies setzt voraus, dass es sich nicht um einen lediglich geringfügigen Mangel handelt.
Ersatz vergeblicher Aufwendungen (§ 284 BGB)	Der Käufer kann Ersatz für die Aufwendungen verlangen, die er im Vertrauen auf den Erhalt der Leistung gemacht hat. Dazu zählen auch die Vertragskosten.

Tabelle 4.14: Käuferrechte jenseits des Rechts auf Nacherfüllung

Lieferverzug

Lieferverzug bedeutet, dass die Lieferung der Ware verspätet erfolgt. § 286 BGB bestimmt, dass der Schuldner in Verzug gerät, wenn er auf eine Mahnung des Gläubigers, die nach dem Eintritt der Fälligkeit erfolgt, nicht liefert. Voraussetzung für diese Art der Vertragsstörung ist ein vereinbarter Liefertermin, der schuldhaft verzögert wurde. Verzögerungen wegen höherer Gewalt (zum Beispiel Hochwasser, Feuer) hat der Verkäufer gegenüber dem Käufer nicht zu vertreten. Kommt es zum Lieferverzug, so kann der Käufer je nach Sachlage die oben genannten Rechte geltend machen.

Annahmeverzug

Sobald der Gläubiger die ihm angebotene Leistung nicht annimmt und deren Annahme verweigert, obwohl sie dem Vertrag entspricht, gerät er in Annahmeverzug (§ 293 BGB). Ab dem Zeitpunkt, zu dem er in Verzug geraten ist, geht die Gefahr auf den Gläubiger über. Der Schuldner hat während des Verzugs des Gläubigers nur Vorsatz und grobe Fahrlässigkeit zu vertreten (§ 300 BGB).

Zahlungsverzug

Hat der Schuldner seine fällige Verbindlichkeit nicht beglichen und wird ihm vom Gläubiger eine Mahnung zugestellt, so gerät er aufgrund dessen mit seiner Zahlung in Verzug (§ 286 ff. BGB).

Eine Mahnung ist allerdings nicht immer Voraussetzung für den Zahlungsverzug. Dieser tritt vielmehr auch ein,

- sobald das vereinbarte Zahlungsziel überschritten ist oder
- sobald 30 Tage nach Zugang und Fälligkeit einer Rechnung (gesetzliche Zahlungsfrist) vergangen sind, ohne dass diese beglichen wurde.

4.1.8 Zahlungsverkehr

In der modernen Wirtschaft wird der Güter- und Leistungsaustausch gegen Geld abgewickelt. Die mit dem Güter- und Leistungsaustausch verbundenen Zahlungsvorgänge werden als Zahlungsverkehr bezeichnet. Zahlungsvorgänge werden zwischen Zahler und Empfänger abgewickelt. Man unterscheidet beim Zahlungsverkehr zwischen

- Barzahlung,
- halbbarer Zahlung,
- bargeldloser Zahlung und
- elektronischem Zahlungsverkehr.

Barzahlung

Bei der Barzahlung wird Bargeld übertragen.

Bargeld sind Banknoten und Münzen. Diese sind gesetzliches Zahlungsmittel.

Alle Gläubiger sind verpflichtet, Banknoten in unbegrenztem Umfang anzunehmen. Bei Münzzahlungen verhält es sich anders: Im Geltungsbereich der Euromünzen brauchen Gläubiger nur bis zu 50 Münzen pro Zahlung anzunehmen.

Es wird zwischen der unmittelbaren und mittelbaren Barzahlung unterschieden. Bei der **unmittelbaren** Bargeldzahlung übergibt der Zahler persönlich oder durch eine von ihm beauftragte Person Bargeld an den Empfänger. In der heutigen Zeit hat die Bargeldzahlung nur noch bei der Abwicklung von Geschäften Bedeutung, an denen der private Haushalt teilnimmt, das heißt zum Beispiel

- im Einzelhandel,
- beim Privatkauf,
- an Automaten und Fahrkartenschaltern.

Der Zahler ist bei Bargeldzahlung berechtigt, vom Zahlungsempfänger eine Quittung zu verlangen. Diese dient als Beleg und als Beweismittel.

Bei der **mittelbaren** Zahlung übernimmt in Deutschland die Deutsche Postbank AG in Kooperation mit ihrem Partner, der Western Union, über einen sogenannten Minutenservice die Vermittlung der Bargeldzahlung. Hierbei fungieren die Filialen der Post als Agenturen.

BEISPIEL ▶ Mittelbare Übertragung von Bargeld

Während seines Urlaubs in Bayern hat man Herrn Müller sein Portemonnaie inklusive Kreditkarte und ec-Karte gestohlen. Herr Müller wickelt seine Geldgeschäfte über seine örtliche Sparkasse in Norddeutschland ab und an seinem Urlaubsort gibt es keine Bank, die ihm ein Darlehen oder Geld auszahlen würde. Um seine Hotelrechnung bezahlen zu können, bittet er seinen Sohn, ihm den erforderlichen Geldbetrag per Post zu übermitteln. Der Sohn geht zur nächsten Postagentur und zahlt die benötigte Summe ein. Wenig später kann Herr Müller das Geld an der Agentur der Deutschen Post AG an seinem Urlaubsort abholen.

Das Bargeld kann innerhalb Deutschlands und in mehr als 200 weitere Länder der Welt (Stand: Oktober 2008) übermittelt werden. Nach Ausfüllen des Auftragsvordrucks erfolgt die Einzahlung des Überweisungsbetrages. Die Auszahlung erfolgt grundsätzlich in der Währung des Empfängerlandes, auch in US-Dollar.

Halbbare Zahlung

Bei der halbbaren Zahlung muss entweder der Empfänger oder der Zahler über ein Girokonto verfügen. Der restliche Teil des Zahlungsvorganges wird bar abgewickelt.

Der Zahler kann mit einem Zahlschein zahlen, wenn der Empfänger über ein Girokonto bei einem Geldinstitut verfügt. Das Geld wird bei dem entsprechenden Geldinstitut bar eingezahlt, dem Empfänger wird dieser Betrag auf seinem Girokonto gutgeschrieben.

Bei der Postnachnahme mit Zahlschein können Kunden mit einem inländischen Bankkonto Geldbeträge durch die Post einziehen lassen, die auf dem Konto des Gläubigers gutgeschrieben werden. Die Postsendung wird nur gegen Zahlung des auf der Sendung angegebenen Nachnahmebetrages beim Empfänger abgeliefert. Der Nachnahmebetrag darf 3.500,00 € nicht überschreiten.

BEISPIEL ▶ Postnachnahme mit Zahlschein

Heinz Müller hat nach seiner Ausbildung zum Sport- und Fitnesskaufmann die Möglichkeit, ein kleines Fitnessstudio zu übernehmen. Er will sein Sortiment, das aus den herkömmlichen Nahrungsergänzungsmitteln besteht, um den „Multi-Power-Drink" erweitern. Um dieses Produkt anbieten zu können, muss er den Kreis seiner Lieferanten erweitern. Der Anbieter des Produkts hat in der Vergangenheit schlechte Erfahrungen mit Neukunden gemacht und liefert bei diesen Kunden bis auf Weiteres nur über Postnachnahme aus. Er nutzt also die Möglichkeit, die Summe bei Auslieferung kassieren und sich anschließend gutschreiben zu lassen.

In der Praxis wird diese Zahlung per Nachnahme nur noch selten angewandt, da immer mehr Unternehmen und auch Privatpersonen aus Kostengründen die bargeldlose oder elektronische Zahlungsweise vorziehen.

Verfügt der Zahler über ein Girokonto, so bestehen die folgenden Möglichkeiten der halbbaren Zahlung:

- Der geschuldete Betrag kann durch **Lastschrift** vom Konto des Schuldners abgebucht und dem Empfänger bar ausgezahlt werden.

- Beim **Barscheck** ist das Geldinstitut, bei dem der Scheck zur Einlösung eingereicht wurde, berechtigt, die Zahlung an den Einreicher des Schecks in bar zu leisten.
- Mit der **Zahlungsanweisung „zur Verrechnung"** können Postbank-Kunden mit hohem Zahlungsverkehr ihre Zahlungen an Empfänger leisten, deren Konten nicht bekannt sind oder die kein Konto haben. Die Postbankniederlassung erhält einen Sammelauftrag mit allen Zahlungsanweisungen, das Konto des Einzahlers wird mit der Gesamtsumme belastet. Der Empfänger erhält die Zahlungsanweisung zur Verrechnung als gewöhnlichen Brief und hat folgende Möglichkeiten, sie einzulösen:
  - Gutschrift auf das eigene Bankkonto,
  - Auszahlung an jedem Postschalter der Postbank gegen Vorlage des Personalausweises und Zahlung einer Gebühr.

BEISPIELE ▶ Halbbare Zahlungen

Halbbare Zahlungen sind heute noch bei folgenden Geldgeschäften gängig:
- Schadensregulierungen oder Beitragsrückerstattungen durch Versicherungen,
- Barauszahlung von Renten,
- Rückerstattungen im Versandhandel.

Bargeldlose Zahlung

Bei der bargeldlosen Zahlung wird Buchgeld übertragen. Voraussetzung der bargeldlosen Zahlung ist, dass Empfänger und Zahler über ein Girokonto bei einem Geldinstitut verfügen.

Buchgeld, auch Giralgeld oder Bankengeld genannt, sind Guthaben von Kunden auf Girokonten bei Kreditinstituten, über die die Kunden jederzeit uneingeschränkt verfügen können.

Der bargeldlose Zahlungsvorgang besteht aus einer Lastschrift auf dem Konto des Zahlers und einer Gutschrift auf dem Konto des Empfängers.

Es gibt folgende Möglichkeiten der bargeldlosen Zahlung:
- Einzel- oder Sammelüberweisung,
- Erteilung eines Dauerauftrags,
- Ausstellung eines Verrechnungsschecks,
- Lastschriftverfahren.

Bei der **Einzel- oder Sammelüberweisung** erteilt der Zahler seiner Bank den Auftrag, zulasten seines Girokontos einen bestimmten Geldbetrag dem Konto des Zahlungsempfängers gutzuschreiben. Für den Überweisungsauftrag nutzt der Zahler das Überweisungsformular seines Geldinstitutes.

BEISPIEL ▶ Einzelüberweisung

Die Power Fit GmbH hat der Heinz Müller Fitness KG drei Kartons mit Fitnessriegeln geliefert. Aufgrund dessen hat sie eine Forderung gegenüber der Heinz Müller Fitness KG in Höhe von 1.200,00 € erworben. Heinz Müller begleicht die Forderung mittels Überweisung. Der Betrag wird dem Konto der Power Fit GmbH gutgeschrieben. Dadurch erwirbt diese gegen ihr Geldinstitut eine Forderung in Höhe dieser Summe. Im selben Zug erlischt das Schuldverhältnis aus dem Kaufvertrag zwischen der Power Fit GmbH und der Heinz Müller Fitness KG.

Bei der **Sammelüberweisung** fasst der Einzahler mehrere Überweisungen an verschiedene Empfänger in einem Überweisungsauftrag zusammen. Die Sammelüberweisung vereinfacht Büroarbeiten und trägt dazu bei, Personalkosten zu senken.

5620278

BEISPIEL ▶ Sammelüberweisung

Bei der monatlichen Überweisung der Gehälter an die Arbeitnehmer der Power Fit GmbH wird ein Überweisungsauftrag über die Summe der Gehälter unterschrieben. Die Beträge der Einzelüberweisungen auf die Girokonten der Mitarbeiter werden auf einem gesonderten Rechenstreifen erfasst.

Ein **Scheck,** der auf der Vorderseite den Vermerk „Nur zur Verrechnung" trägt, darf von dem Geldinstitut, bei dem er eingereicht wird, nicht bar ausgezahlt werden, sondern lediglich dem Konto des Scheckeinreichers gutgeschrieben werden. Diese Form der bargeldlosen Zahlung dient der Sicherung vor Zugriffen unbefugter Dritter.

Der **Dauerauftrag** ist ein geeignetes Zahlungsmittel bei regelmäßig wiederkehrenden Zahlungen, die zu bestimmten Terminen über denselben Betrag an denselben Empfänger zu leisten sind. Dies sind zum Beispiel Mieten oder Darlehensraten. Der Zahler erteilt seinem Kreditinstitut einmalig den Zahlungsauftrag, der dann bis zum Widerruf zulasten seines Kontos ausgeführt wird.

Das **Lastschriftverfahren** ist geeignet, wenn Geldbeträge in gleicher oder wechselnder Höhe fällig werden, wie zum Beispiel Telefonrechnungen, Gemeindeabgaben oder Mitgliedsbeiträge für Sportvereine. Der entsprechende Geldbetrag wird vom Konto des Zahlers eingezogen, der wiederkehrende Zahlungsvorgang wird dabei jeweils vom Zahlungsempfänger ausgelöst. Es gibt zwei Verfahren: die Einzugsermächtigung und den Abbuchungsauftrag.

BEISPIELE ▶ Einzugsermächtigung und Abbuchungsauftrag

- Der Sportstudiobetreiber Heinz Müller erteilt der Deutschen Telekom AG die Ermächtigung, die Beträge gemäß den monatlichen Fernmelderechnungen von seinem Konto einzuziehen.
- Ewald Krause ist Mitglied im Sportstudio Müller. Er trainiert gerne, zahlt jedoch selten fristgemäß. Seine Beiträge gehen oft um Monate verspätet und sehr unregelmäßig auf dem Konto des Sportstudios ein. Herr Müller möchte Herrn Krause aufgrund der harten Konkurrenzsituation nicht kündigen und schlägt ihm vor, seine Zahlungsweise umzustellen: Herr Krause soll seinem Geldinstitut einen Abbuchungsauftrag erteilen, das heißt den Auftrag, die von Herrn Müller vorgelegten Lastschriften einzulösen.

Die Einzugsermächtigung muss schriftlich erfolgen und kann jederzeit widerrufen werden. Zudem kann der Auftraggeber einer Belastung seines Kontos innerhalb von sechs Wochen widersprechen. Auch der Abbuchungsauftrag gilt bis zum Widerruf, hingegen kann der Zahlungspflichtige einer Belastung nicht widersprechen.

Elektronischer Zahlungsverkehr/Telebanking/Electronic-Banking-Service

Mit dieser Form des Zahlungsverkehrs bieten die Banken ihren Kunden weitere Dienstleistungen an, die über den konventionellen Zahlungsverkehr hinausgehen: die Bargeldabhebung am Geldautomaten und die bargeldlose, elektronische Zahlungsabwicklung an der Ladenkasse (Electronic Cash) und in jüngerer Zeit auch via Internet. Vergleicht man die Zahlungsmodalitäten seit der Nachkriegszeit, so hat sich mit den Diensten im Rahmen des elektronischen Zahlungsverkehrs ein entscheidender Schritt in die bargeldlose Gesellschaft vollzogen. Der papiergebundene Zahlungsverkehr wird auf längere Sicht überflüssig werden.

Die Abwicklung des Zahlungsverkehrs zwischen Geldinstitut und Kunde erfolgt entweder über den beleglosen Datenträgeraustausch (DTA) oder mithilfe der Datenfernübertragung (DFÜ). Beim DTA, der mithilfe von Datenträgern wie Magnetbändern oder Disketten erfolgt, besteht keine direkte Verbindung zum Bankrechner, das heißt, die Kommunikation erfolgt offline. Die DFÜ im Rahmen von elektronischen Netzen - zum Beispiel T-Online - erfolgt hingegen online, das heißt mittels einer direkten Verbindung zwischen der Bank und dem Kunden. Viele Unternehmen sowie die Sozialversicherungsträger nutzen diese Technik. Gegenüber dem Datenträgeraustausch gewinnt die Datenfernübertragung immer mehr an Bedeutung.

Im Rahmen des elektronischen Zahlungsverkehrs werden weitere Serviceleistungen erbracht, die über die reine Abwicklung von Zahlungen hinausgehen.

BEISPIELE ▶ Zusätzliche Serviceleistungen im Rahmen des elektronischen Zahlungsverkehrs

- ▶ Zahlungsverkehr und Kontoinformationen über geschlossene Netze oder das Internet: Mit speziellen Softwarepaketen, die die Banken ihren Kunden zur Verfügung stellen, können Kontoinformationen abgerufen und Zahlungsgeschäfte abgewickelt werden. Bei geschlossenen Netzen wird dieser Service als Homebanking bezeichnet; hier ist ein Bankgeschäft nur zwischen dem Kunden und seiner Bank möglich. Bei offenen Netzen wie dem Internet können Bankgeschäfte weltweit abgewickelt werden (Internetbanking).
- ▶ Währungsumrechnungen, Bankleitzahlenabfrage;
- ▶ Liquiditätsplanung auf der Basis von festgelegten Zahlungsströmen;
- ▶ Übermittlung von aktuellen Wirtschaftsnachrichten und Börseninformationen, zum Beispiel über Aktienkurse.

Um im Rahmen des elektronischen Zahlungsverkehrs zu verhindern, dass Unbefugte auf ein Konto zugreifen, muss sich der Teilnehmer als Kontoinhaber beziehungsweise als Verfügungsberechtigter ausweisen. Die Teilnehmeridentifizierung erfolgt anhand

- ▶ eines persönlichen Kennworts des Telekommunikationsdienstes;
- ▶ der **p**ersönlichen **I**dentifikations**n**ummer (PIN) der Bank und
- ▶ einer **T**rans**a**ktions**n**ummer (TAN) der Bank, die dazu berechtigt, bestimmte Zahlungsgeschäfte vorzunehmen (zum Beispiel Überweisungen, Erwerb von Wertpapieren). Die TAN hat die Funktion einer elektronischen „Unterschrift".

Damit der Benutzer vor Missbrauch geschützt ist, dürfen das Kennwort des Telekommunikationsdienstes, die PIN und die TAN Dritten nicht zugänglich sein.

Das Electronic Banking bietet im Wesentlichen die folgenden Vorteile:

- ▶ Es spart Zeit und Kosten.
- ▶ Bank- und Geldgeschäfte können unabhängig von den Öffnungszeiten der Geldinstitute durchgeführt werden.
- ▶ Informationen über den Kontostand können jederzeit abgerufen werden.

Weitere Möglichkeiten der elektronischen Zahlungsabwicklung bietet die mit einem Magnetstreifen und gegebenenfalls zusätzlich mit einem Chip ausgestattete Girokarte (früher Bankkarte):

- ▶ **Bargeldbeschaffung** – Die Girokarte erlaubt ihrem Inhaber die jederzeitige Bargeldbeschaffung im In- und Ausland. Sie wird vom Kunden in den Geldautomaten eingeführt, danach werden über die Tastatur die Geheimzahl (PIN) und der gewünschte Geldbetrag eingegeben. Der Geldautomat wirft kurze Zeit später die Karte und den gewünschten Betrag aus.

- **Electronic Cash mit PIN (POS-System)** – Diese Art der Zahlung an der Ladenkasse (Point of Sale) ist möglich, wenn Geschäfte oder Dienstleistungsunternehmen mit Barverkauf an Kassenterminals angeschlossen sind. Der Rechnungsbetrag wird an der Kasse eingegeben, der Kunde prüft die Rechnung, führt die Girokarte in den Kartenleser ein und gibt über die Tastatur des Kartenlesers seine PIN ein. Innerhalb weniger Sekunden wird über den Zentralrechner der Bank die Echtheit der Bankkarte geprüft und es wird festgestellt, ob eine Kontensperre vorliegt oder ob das Kreditlimit des Kunden überzogen ist. Nach der vollautomatischen Lastschrift und Gutschrift des Rechnungsbetrages wird der Kassenbeleg ausgedruckt.
- **Electronic Cash ohne PIN (POZ-System)** – Hier wird die Girokarte ohne PIN verwendet. Die Zahlung erfolgt ohne Zahlungsgarantie. Es wird lediglich mithilfe der im Magnetstreifen enthaltenen Dateien überprüft, ob eine Kontensperre vorliegt, dann unterschreibt der Kunde den Lastschriftauftrag, aufgrund dessen der Rechnungsbetrag zu seinen Lasten eingezogen wird. Löst das Kreditinstitut den Lastschriftauftrag nicht ein, so muss es dem Verkäufer die Anschrift des Kunden mitteilen. Die Gebühren sind bei diesem System geringer als beim POS-System.
- **Electronic Cash mit Chip (ecc-System)** – Der Kunde erhält über den Geldautomaten auf seinem Girokarten-Chip einen Betrag gutgeschrieben. Das Bankkonto des Kunden wird jetzt nicht bei jeder Zahlung belastet, sondern erst dann, wenn die Höhe des gutgeschriebenen Betrages überschritten wurde. Dann kann der Chip wieder geladen werden.

Die Geldkarte (Girokarte mit Chip) wird meist zur bargeldlosen Zahlung von Kleinbeträgen genutzt. Geldkarteninhaber können ihre Karte mittels PIN zulasten ihres Kontos mit einem „elektronischen“ Geldbetrag bis zu 200,00 € aufladen. Eine Alternative ist die ungebundene Geldkarte, die mittels Barzahlung am Bankschalter aufgeladen werden kann. Die Geldkarte eignet sich vor allem zur Zahlung an Automaten, da der Kunde unabhängig vom passenden Kleingeld ist. Der Nachteil für den Verkäufer ist, dass er die Kosten für das Geldkartenterminal alleine trägt und an seine Bank Transaktionsgebühren zahlen muss.

Zahlung mittels Kreditkarte

Schließlich bieten auch die verschiedenen Kreditkartenunternehmen wie American Express, VISA, Master Card oder Diners Club die elektronische Zahlungsabwicklung an. Im Regelfall wird die Kreditkarte nur an zahlungsfähige Privat- und Geschäftsleute gegen eine Jahresgebühr ausgegeben. Sie dient weltweit zur bargeldlosen Zahlung von Waren und Dienstleistungen.

Die Zahlung mittels Kreditkarte erfolgt in drei Schritten:

1. Der Verkäufer stellt eine Rechnung aus, prüft die vorgelegte Karte und überträgt anschließend die Kartennummer und den Rechnungsbetrag maschinell oder elektronisch an das Kreditkarteninstitut. Der Kunde unterzeichnet die Abrechnung.
2. Der Rechnungsbetrag wird dem Konto des Verkäufers als Vertragsunternehmen des Kreditkarteninstitutes per Lastschriftverfahren gutgeschrieben.
3. Die Kreditkartengesellschaft rechnet gegenüber dem Karteninhaber einmal im Monat ab. Das Konto des Karteninhabers bei seiner Bank wird im selben Zug mit den

Rechnungsbeträgen belastet. Auf diese Weise erhält der Karteninhaber für die Zeit zwischen Zahlung und Kontobelastung einen zinslosen Kredit.

Internetbasierte Formen der Zahlungsabwicklung

Im Zug des internetbasierten Handels haben sich in den letzten Jahren auch internetbasierte Formen der Zahlungsabwicklung etabliert, die sich vor allem zur bequemen Zahlung von Klein- und Kleinstbeträgen anbieten, die im Onlinehandel anfallen. Während für Käufer die Nutzung der genannten Zahlungsformen kostenlos ist, müssen die Verkäufer eine Gebühr entrichten. Beispiele für internetbasierte Zahlungssysteme sind Pay Pal und T-Pay.

- **Pay Pal** ist eine Tochtergesellschaft des Internet-Auktionshauses eBay. Pay-Pal-Teilnehmer können Zahlungen an jede beliebige Person in den unterstützten Ländern anweisen, sofern diese eine E-Mail-Adresse hat. Die persönlichen Daten der Teilnehmer (zum Beispiel Name, Adresse, Bankverbindung, Kreditkartennummer) werden über SSL (Secure Sockets Layer), ein Verschlüsselungsprotokoll zur Datenübertragung im Internet, geschützt. Da die Finanzdaten des Senders dem Empfänger der Zahlung verborgen bleiben, wird die Gefahr des Missbrauchs persönlicher Daten durch Letzteren vermieden.
- Bei **T-Pay** handelt es sich um eine Tochter der Deutschen Telekom AG. Ein T-Pay-Nutzer kann seine Zahlungen auf verschiedene Weise abwickeln, vorausgesetzt, der Vertragspartner unterstützt T-Pay durch sein entsprechend konfiguriertes Internetangebot. Varianten sind etwa die Abrechnung der Leistungsbezüge von Dritten im Rahmen der monatlichen Telekom-Rechnung, die Zahlung via Kreditkarte oder die Zahlung mittels einer MicroMoney-Guthabenkarte, die der Nutzer online oder bei einer Verkaufsstelle der Telekom erworben hat.

4.1.9 Lagerorganisation

Lagerhaltung

Ein **Lager** ist ein Ort, an dem Güter, die für die Produktion oder den Verkauf bestimmt sind, auf Vorrat aufbewahrt werden.

Um für die Produktion oder für den Verkauf Güter bereithalten zu können, ist ein Lager für Industrie und Einzelhandel, aber auch für Dienstleistungsbetriebe unverzichtbar. Die Größe des Lagers kann allerdings variieren. Dies hängt zum einen mit der Lieferanteninfrastruktur zusammen, zum anderen ist die Höhe der Bevorratung davon abhängig, wie vorhersehbar der Bedarf einzelner Güter ist. Ein Spannungsfeld ergibt sich insofern, als ein zu umfangreicher Lagerbestand unnötige Kosten verursacht, ein zu geringer Lagerbestand hingegen zu Unterbrechungen in der Produktion oder im Verkauf führen kann.

Lagerarten

In der **Industrie** werden dem Ablauf der Fertigung entsprechend folgende Lagerarten unterschieden:

- **Eingangslager (Roh-, Hilfs- und Betriebsstofflager).** Hier werden nach ihrer Anlieferung Güter gelagert, die im Industriebetrieb noch nicht eingesetzt, bearbeitet oder verarbeitet wurden (zum Beispiel Rohmetalle, Zucker, Milch, Kakao).

- **Zwischenlager (Lager für nicht absatzreife Zwischenprodukte).** Hier werden die bearbeiteten Zwischenprodukte aufbewahrt, die noch nicht reif für den Verkauf sind (zum Beispiel unlackierte Karossen, Milchschokolade, bedrucktes Stanniolpapier).
- **Fertigwarenlager.** Hier werden die verkaufsreifen Endprodukte vor der Weitergabe an die Zwischenhändler oder die Endverbraucher bereitgehalten (zum Beispiel Neuwagen, fertig verpackte Schokoladen-Weihnachtsmänner).

Viele der aus dem Fertigwarenlager der Industrie verkauften Waren werden von **Großhandelsunternehmen** bezogen. Großhändler benötigen aufgrund der absoluten Menge an Waren, die sie mehr oder weniger schnell weiterreichen, große Lagerkapazitäten. Diese können unterschieden werden in:

- **Eigenlager,** das heißt Lagerräume, die im Eigentum des Großhandelsunternehmens stehen, und
- **Fremdlager,** das heißt Lagerräume, die nur bei Bedarf durch Anmietung in Besitz genommen werden.

Immer mehr Dienstleistungsunternehmen gehen dazu über, Cross-Selling zu betreiben, das heißt, neben dem eigentlichen Angebot verwandte Produkte zu verkaufen.

BEISPIELE ▶ Cross-Selling

- Der Friseur bietet seinen Kunden Pflegemittel und Styling-Produkte an.
- Im Fitnessclub werden Nahrungsergänzungsmittel verkauft.
- In der Kfz-Werkstatt kann der Kunde Autozubehör erwerben.

Damit agieren sie in diesen Bereichen wie Einzelhändler und benötigen daher ähnlich strukturierte Warenlager.

Einzelhändler und **Dienstleistungsbetriebe** beziehen den größten Teil ihrer Warenlieferung von Großhändlern. Je nach Unternehmensgröße und Absatzvolumen benötigen sie Lagerungsmöglichkeiten in unterschiedlichen Formen und Größen. Grundsätzlich unterscheidet man hier zwischen dem Verkaufslager und dem Reservelager. Das **Verkaufslager** befindet sich in der Regel in den Verkaufsräumen, wo die Ware zum Beispiel in Regalen zum Verkauf bereitgehalten wird. Das **Reservelager** befindet sich meist in unmittelbarer Nähe zu den Verkaufsräumen, um die Regale bei Bedarf schnell neu füllen oder ergänzen zu können.

Jedes Unternehmen benötigt zudem Lagerkapazitäten in unterschiedlichen Größenordnungen – zum Beispiel für Arbeitsmittel –, um den Fortgang des Geschäftsbetriebs ohne Unterbrechungen zu gewährleisten.

Aufgaben der Lagerhaltung

Das Lager stellt die Instanz zwischen Beschaffung und Produktion beziehungsweise Absatz der Waren in einem Betrieb dar. Erfüllt das Lager seine Aufgaben nicht optimal, so ist der Gesamtablauf des Betriebs gestört.

Sicherstellung der Verkaufsbereitschaft

Das Lager sichert den Verkauf gegen Störungen bei der Beschaffung ab. Störungen können durch verschiedenste Einflussfaktoren entstehen.

BEISPIELE: Störfaktoren in der Beschaffung

- Verlängerte Lieferzeiten aufgrund von Produktionsengpässen beim Lieferanten,
- Lieferausfälle aufgrund von Streiks im Betrieb des Zulieferers,
- verzögerte Anlieferungen aufgrund von durch Wettereinflüsse oder Verkehrsstaus verursachten Transportschwierigkeiten.

Mengenrabatte und Kostenvorteile

Der Beschaffungsmarkt bietet bei Großeinkäufen häufig attraktive Mengenrabatte, die die Beschaffung und Einlagerung größerer Mengen rentabel machen. Weiterhin sind saisonale Verkaufsrenner außerhalb der Saison für den Einzelhändler wesentlich günstiger zu haben, sodass sich auch hier eine Einlagerung lohnen kann. In der Regel sinken die Beförderungskosten pro Mengeneinheit aufgrund von Größenvorteilen. Sie schlagen sich also bei einem Großeinkauf nur noch unwesentlich im Verkaufspreis nieder, sodass die Artikel preiswerter abgegeben werden können.

Umformung und Veredelung von Waren

Lager können dazu dienen, Ware in einen verkaufsfertigen Zustand zu bringen. Es können dort Umfüll-, Misch- und Sortiervorgänge stattfinden (zum Beispiel im Fall von Getreide, Kaffee oder Viehfutter). Ein speziell eingerichtetes Lager kann auch eine qualitative Verbesserung der Ware bewirken (zum Beispiel im Fall von Wein oder Käse).

Anforderungen an ein Lager

Bei der Planung eines Lagers sind verschiedene Gesichtspunkte zu beachten.

- **Lagergröße.** Ein Lager sollte so groß sein, dass die dort notwendigen Arbeitsschritte problemlos und wirtschaftlich erledigt werden können. Gegebenenfalls muss auch der rationelle Einsatz maschineller Hilfsmittel, zum Beispiel von Gabelstaplern oder Förderbändern, möglich sein. Ein zu groß dimensioniertes Lager verursacht wiederum unnötige Kosten der Raumnutzung – zum Beispiel in Form von Miete oder Pacht – sowie durch den Bezug von Energie – zum Beispiel zur Kühlung, Heizung oder Beleuchtung.
- **Lagerordnung.** Ein Lager muss systematisch verwaltet werden. Oft werden Kostenvorteile beim Einkauf durch Verluste aufgrund eines schlechten Lagersystems bei Weitem übertroffen. Das Lagersystem sollte ein Auffinden der gewünschten Ware ohne Zeitverlust ermöglichen. Hier kann man nach dem **Prinzip des Transportminimums** vorgehen: Häufig verlangte Ware sollte den kürzesten Transportweg haben. Weiterhin sollte man das Lager nach Warengruppen aufteilen, um angeforderte Waren rasch auffinden zu können und um zu vermeiden, dass bestimmte Waren zwischen anderen Artikeln übersehen werden. Bei der Entnahme von Waren aus dem Lager sollte das Prinzip **„First in, first out"** oberstes Gebot sein: Die Artikel der gleichen Art, die zuerst eingelagert wurden, sollten auch zuerst entnommen werden, um Überalterung oder Verderb der Ware zu vermeiden.
- **Sachgerechte Lagerkonstruktion und -einrichtung.** Eine grundlegende Aufgabe des Lagers ist es, Güter bestimmungsgemäß aufzubewahren. Dies sollte bei der Planung des Lagers und seiner Einrichtung bedacht werden. Die Lagerbestände müssen je nach Beschaffenheit vor Einflussfaktoren wie zum Beispiel Licht, Wärme, Kälte, Feuchtigkeit, Trockenheit oder Schädlingen geschützt sein. Die Einrichtung sollte so gestaltet sein, dass die Lagerung vorschriftsmäßig, zum Beispiel im Einklang mit Bestimmungen des Gesundheitsschutzes, erfolgen kann.

- **Sicherheit.** Das Lager muss den Sicherheitsanforderungen des Arbeitsschutzes und der Versicherung – zum Beispiel im Hinblick auf Diebstahls- und Brandgefahr – entsprechen. Schlösser, Alarmanlagen, Arbeitsbedingungen und der Brandschutz müssen sorgfältig geplant werden, um unwiederbringliche Verluste der Ware zu vermeiden und um die Mitarbeiter vor Gesundheitsschäden zu schützen.

Der optimale Lagerbestand

Wie schon erwähnt, benötigt ein Lager gewisse Ausmaße, um seine Aufgaben erfüllen zu können. Einerseits könnten Kunden, die die nachgefragte Ware nicht bekommen, demnächst einen anderen Anbieter bevorzugen. Ist das Lager zu klein, so entstehen zudem höhere Kosten pro Mengeneinheit, da nur kleinere Mengen bezogen werden können.

Auf der anderen Seite verursacht jeder Kubikmeter Raum Kosten: Je größer das Lager ist, desto höher sind die Gebäudekosten (Miete, Pacht, Darlehenszinsen) und die Energiekosten. Unter Umständen müssen zur Verwaltung des Lagers und für den Transport neue Mitarbeiter eingestellt werden, sodass die Lohnkosten steigen. Auch die Renovierungs- und Erhaltungskosten sind umso höher, je größer die Räumlichkeiten sind. Die Waren, die auf dem Lager vorgehalten werden, sind meist schon bezahlt, bringen aber erst Einnahmen, wenn sie verkauft werden. Insofern stellen sie ungenutztes Kapital dar, das zusätzliche Zinskosten verursacht, wenn die Waren mithilfe von Krediten finanziert werden beziehungsweise weil das Kapital, das für die Waren eingesetzt wurde, nicht zinsbringend angelegt werden kann.

Das alles bedeutet: Optimal ist ein Lagerbestand dann, wenn die Lieferbereitschaft durchweg aufrechterhalten werden kann, die Nachteile eines zu großen Lagers aber so weit wie möglich vermieden werden.

Der optimale Lagerbestand ist abhängig von der gegenwärtigen und zukünftigen Marktlage, den Transport- und Lieferbedingungen und von der Leistungsfähigkeit der Lieferanten. So wäre es für einen Betrieb sicherlich optimal, wenn die benötigten Waren ohne Zeitverlust jederzeit zu den günstigsten Bedingungen nachgekauft werden könnten, sodass er überhaupt kein Lager unterhalten müsste. Viele Unternehmen machen sich diese Überlegungen zunutze: Der Großhandel verkauft seine Waren im Streckengeschäft, das heißt, er lässt die verkaufte Ware vom Hersteller direkt an den Kunden liefern. Industriebetriebe lassen sich ihre Rohstoffe und Vorprodukte dann, wenn sie benötigt werden, direkt in die Fertigung liefern (Just-in-time-Produktion).

Lagerführung

Der optimale Lagerbestand lässt sich in der Praxis nicht exakt bestimmen, da viele Einflussfaktoren nicht vorhersehbar sind. In der Regel wird die bestmögliche Lagergröße näherungsweise anhand von Erfahrungswerten festgelegt. Im Rahmen eines gegebenen Lagers ist es die Aufgabe der Lagerverwaltung, die Lagerbestände ständig zu kontrollieren und Lagerkennziffern zu bestimmen, die verschiedenen Zwecken dienen.

Lagerbestandskontrolle

Die rechtzeitige und mengenmäßig korrekte Lagerergänzung spielt für die Lieferbereitschaft eine entscheidende Rolle. Dazu müssen die Bestände ständig überwacht werden. Dies kann mithilfe von Listen, Karteien oder einer speziellen Software erfolgen.

Die Beschickung des Lagers orientiert sich an drei Größen: dem Mindestbestand, dem Meldebestand und dem Höchstbestand. Der **Mindestbestand** (auch „eiserner Bestand" genannt) stellt eine Reserve dar, die dazu dient, Unregelmäßigkeiten bei der Bestellung (beispielsweise wenn die Nachfrage höher ist als geplant) beziehungsweise bei der Lieferung (z. B. im Fall eines Streiks beim Lieferanten) aufzufangen. Er wird nur angetastet, wenn die Verkaufs- beziehungsweise Produktionsbereitschaft gefährdet ist. In den meisten Betrieben ist vor Angreifen des Mindestbestands die Zustimmung des Abteilungsleiters beziehungsweise der Geschäftsleitung notwendig. Der Mindestbestand wird aufgrund von Erfahrungswerten festgelegt.

Für die Höhe des **Meldebestands** ist die normale Zeitspanne zwischen Bestellung und Auslieferung der Ware ausschlaggebend. Spätestens dann, wenn der Meldebestand erreicht ist oder unterschritten wurde, hat der Einkäufer die entsprechende Ware nachzubestellen. Da die Ware bis zur nächsten Lieferung weiterverkauft wird, muss der Meldebestand so hoch sein, dass der tatsächliche Warenbestand bis zum Lieferzeitpunkt ausreicht, ohne den Mindestbestand anzugreifen.

Der Meldebestand wird folgendermaßen berechnet:

$$\text{Meldebestand} = \text{täglicher Absatz} \cdot \text{Lieferzeit} + \text{Mindestbestand}$$

BEISPIEL ▶

Ein Fitnessstudio verkauft im Durchschnitt täglich 30 Flaschen eines L-Carnitin-Getränks.

Die Lieferzeit beträgt zehn Tage. Der Mindestbestand ist von der Unternehmensleitung auf 90 Flaschen festgelegt worden. Daraus ergibt sich:

$$\text{Meldebestand} = 30 \cdot 10 + 90 = 390 \text{ Flaschen}$$

Der Einkäufer muss also spätestens dann eine Nachbestellung aufgeben, wenn der Bestand auf 390 Flaschen gefallen ist.

Der **Höchstbestand** wird festgelegt, um ein überhöhtes Lager und somit eine unnötige Kapitalbindung zu verhindern. Der Höchstbestand ist maßgeblich für die Einrichtung der Lagerkapazität. In der laufenden Lagerführung bestimmt er gemeinsam mit dem Mindestbestand die höchstmögliche Bestellmenge. Die maximale Bestellmenge berechnet sich wie folgt:

$$\text{Maximale Bestellmenge} = \text{Höchstbestand} - \text{Mindestbestand}$$

BEISPIEL ▶ Ermittlung der maximalen Bestellmenge

Der Raum, in dem der Betreiber des Fitnessstudios das L-Carnitin-Getränk lagert, kann im Höchstfall 800 Flaschen aufnehmen. Da der Mindestbestand 90 Flaschen beträgt, ergibt sich für die maximale Bestellmenge:

$$\text{Maximale Bestellmenge} = 800 - 90 = 710 \text{ Flaschen}$$

Lagerkennziffern

Um die Kosten und die Wirtschaftlichkeit der Lagerhaltung bestimmen und kontrollieren zu können, werden in der Praxis regelmäßig Lagerkennziffern berechnet. Die wichtigsten Kennziffern sind

- der durchschnittliche Lagerbestand,
- die durchschnittliche Lagerdauer und
- die Umschlagshäufigkeit,
- der Lagerzinssatz.

Da über das ganze Jahr Ware eingelagert und entnommen wird, weichen die Tagesbestände mehr oder weniger stark voneinander ab. Dies ist insbesondere bei Saisonware der Fall. Um die Größe des Lagerbestands in einem bestimmten Zeitraum durch einen einzigen Wert darzustellen, errechnet man den **durchschnittlichen Lagerbestand** (DLB).

Der DLB bildet den tatsächlichen Lagerverlauf umso genauer ab, je größer die Zahl der zugrunde gelegten Lagerbestandswerte in einem gegebenen Zeitraum ist. Einen relativ groben Schätzwert liefert die einfache Berechnung anhand der Werte gemäß der Jahresinventur. Hierbei werden lediglich zwei Bestandswerte, der Bestand am Jahresanfang und der Bestand am Jahresende, herangezogen:

DLB = (Anfangsbestand + Endbestand)/2

BEISPIEL ▶ Ermittlung des durchschnittlichen Lagerbestands

Tabelle 4.15 gibt die Bewegungen im Lager eines Händlers von Aminosäurepräparaten innerhalb eines Jahres wieder. Den Höchstbestand hat der Händler auf 520 Stück festgelegt, den Meldebestand auf 230 Stück.

Hyperpower Ampullen Amino 322 – Lagerbewegungen 1. Jan. 20.. bis 31. Dez. 20..			
Stichtag	**Eingang**	**Ausgang**	**Bestand**
01.01.			*230*
07.01.	270		500
03.02.		100	400
17.02.		148	252
09.03.		70	*182*
23.03	250		432
25.03.		71	361
07.04.		26	335
20.05.		133	*202*
25.06.	200		402
28.06.		10	392
15.07.		25	367
21.07.		41	326
28.08.		32	294
02.09.		71	*223*
05.10.	250	50	423
23.10.		76	347
11.11.		61	*286*
01.12.	150		436
15.12.		117	319
31.12.		143	*176*
Summe	1120	1174	

Tabelle 4.15: Lagerbewegungen eines Händlers von Aminosäurepräparaten

Der Händler errechnet anlässlich der Jahresinventur seinen durchschnittlichen Lagerbestand. Er erhält den folgenden Wert:

DLB = (230 + 176)/2 = 203 Stück

Empfehlenswerter ist es, als Grundlage für die Berechnung die Monatsendbestände oder die Bestände zu monatlichen Stichtagen zu verwenden:

DLB = (Jahresanfangsbestand + Summe der Monatsendbestände) / 13

BEISPIEL ▶ Exaktere Ermittlung des durchschnittlichen Lagerbestands

Um ein genaueres Ergebnis zu erhalten, zieht der Händler seine Lagerbestandsliste (Tabelle 4.15) heran. Da er die Monatsendbestände nicht erfasst hat, wählt er aus den vorhandenen Einträgen 13 Stichtagswerte aus, und zwar den Jahresanfangbestand sowie je einen Bestandswert aus jedem Monat des Jahres. Nunmehr erhält er

DLB = (230 + 500 + 252 + 361 + 335 + 202 + 392 + 326 + 294 + 223 + 347 + 286 + 176) / 13 ≈ 302 St.

Der DLB kann sowohl auf Mengen- als auch auf Wertbasis errechnet werden. Als Mengenkennziffer wird er in Stück oder in einer physikalischen Maßeinheit (zum Beispiel Kilogramm, Meter) angegeben, während die Wertkennziffer aussagt, wie viel Kapital in Geldeinheiten durch die Lagerbestände im Durchschnitt gebunden wurde.

Die **Umschlagshäufigkeit** zeigt an, wie oft der Lagerbestand über das Jahr veräußert wurde. Berechnungsgrundlage ist neben dem Jahresabsatz der DLB:

Umschlagshäufigkeit = Jahresabsatz / durchschnittlicher Lagerbestand

BEISPIEL ▶ Ermittlung der Umschlagshäufigkeit

Der Händler von Aminosäurepräparaten hat im Betrachtungsjahr 1 174 Ampullen verkauft. Da der DLB bei 302 Stück lag, hat er sein Lager viermal umgeschlagen:

Umschlagshäufigkeit = 1 174 / 302 ≈ 4

Liegt der DLB in Euro vor, so wird die folgende Formel angewandt:

Umschlagshäufigkeit = Jahresumsatz / durchschnittlicher Lagerbestand zu Einstandspreisen

Die **(jahres-)durchschnittliche Lagerdauer** eines Artikels zeigt, wie lange die Ware durchschnittlich auf dem Lager gelegen hat:

Durchschnittliche Lagerdauer = 360 Tage / Umschlagshäufigkeit

BEISPIEL ▶ Ermittlung der durchschnittlichen Lagerdauer

Im Durchschnitt war jede Ampulle 90 Tage lang gelagert:

Durchschnittliche Lagerdauer = 360 / 4 = 90 Tage

Häufig findet auch die Kennziffer **Lagerzinssatz** Verwendung, weil sie die Zinskosten erfasst, die durch die Investition des Kapitals in Waren- und Materialvorräte verursacht werden:

Lagerzinssatz = Jahreszinssatz / Umschlagshäufigkeit

oder

Lagerzinssatz = Jahreszinssatz · durchschnittliche Lagerdauer / 360

BEISPIEL ▶ Ermittlung des Lagerzinssatzes

Der Händler von Aminosäurepräparaten zieht als Kalkulationszins den Satz heran, zu dem seine Bank eine einjährige Termineinlage verzinst. Dieser beläuft sich zum Zeitpunkt der Berechnung auf 2,5 %. Der Zinssatz auf das in seinem Lager gebundene Kapital belief sich also im betrachteten Jahr auf 0,625 %:

$$\text{Lagerzinssatz} = 2{,}5\,\%/4 = 0{,}625\,\%$$

4.2 Investitionen finanzieren – Finanzquellen erschließen und Finanzmittel einsetzen

4.2.1 Finanzierungsformen

Gegenstand der betrieblichen Finanzierung ist die Beschaffung von Kapital.

Kapitalbewegungen umfassen Finanzierungsvorgänge und Investitionsvorgänge. Beide Vorgänge lassen sich durch Zahlungsströme darstellen. Die Finanzierung ist eine Reihe von Einzahlungen. Die Investition ist eine Reihe von Auszahlungen.

Das Kapital dient der Finanzierung der Investitionen, die erforderlich sind, um den Betriebszweck zu erfüllen, und der Sicherung der Liquidität, die das Unternehmen benötigt, um seine Zahlungsverpflichtungen zu erfüllen. Das Unternehmen ist nur bei ausreichender Zahlungsfähigkeit (Liquidität) gegenüber seinen Gläubigern unabhängig und in seinem Bestand gesichert. Die Finanzierung hat gleichzeitig die Aufgabe, die Finanzierungskosten – zum Beispiel für die Kreditaufnahme – so gering wie möglich zu halten.

Um diese Aufgaben erfüllen zu können, muss das Unternehmen eine Finanzplanung erstellen. Im Rahmen der Finanzplanung wird der kurz-, mittel- und langfristige Kapitalbedarf eines Unternehmens ermittelt. Dazu werden die zukünftig zu erwartenden Einzahlungen den Auszahlungen gegenübergestellt. Auf diese Weise werden

- ▶ mögliche Finanzierungslücken sichtbar gemacht.
- ▶ mögliche Finanzierungsüberschüsse sichtbar gemacht.

Im zweiten Schritt werden

- ▶ Finanzierungslücken durch die Einplanung zusätzlicher Finanzierungsmittel zeitgerecht überbrückt beziehungsweise geschlossen – zum Beispiel durch die Aufnahme von Lieferantenkrediten oder Kontokorrentkrediten.
- ▶ Finanzierungsüberschüsse gewinnbringend und zeitgerecht angelegt – zum Beispiel in Form von Termineinlagen.

Die wichtigsten Finanzierungsformen sind in Schaubild 4.8 zusammengefasst.

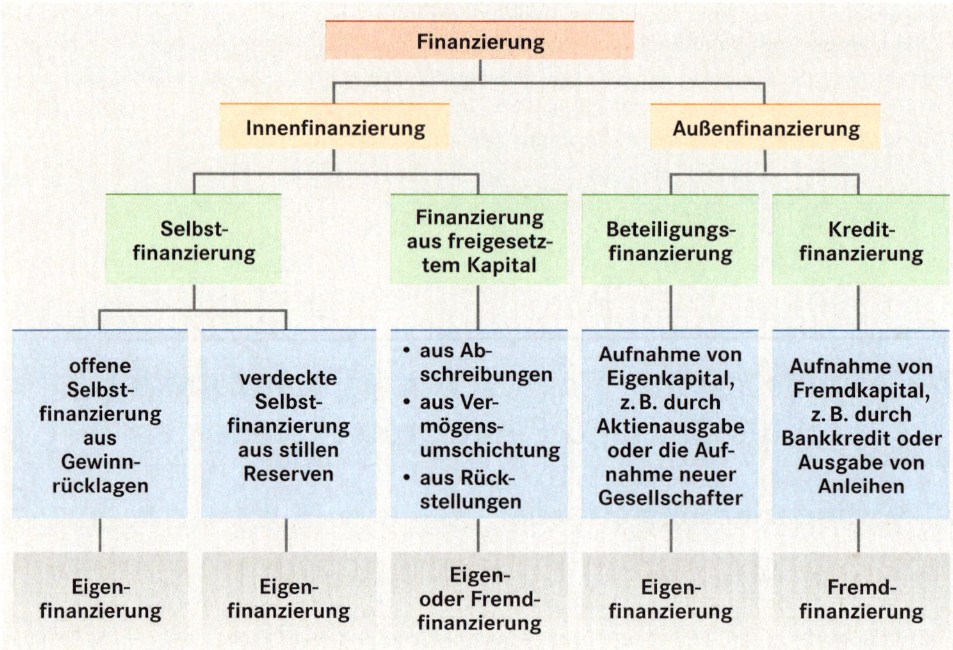

Schaubild 4.8: Finanzierungsformen

Innen- und Außenfinanzierung

Anhand der Herkunft des Kapitals unterscheidet man zwischen Innenfinanzierung und Außenfinanzierung. Im Fall der Innenfinanzierung stammt das Kapital direkt aus der Unternehmenstätigkeit. Wird das Kapital dagegen dem Unternehmen von außen zugeführt, so spricht man von Außenfinanzierung.

Innenfinanzierung

Zur Innenfinanzierung zählen die Selbstfinanzierung, das heißt die Finanzierung aus einbehaltenen Gewinnen und aus Rücklagen, und die Finanzierung aus freigesetztem Kapital. Kapital wird durch verschiedene betriebliche Vorgänge freigesetzt. Dazu gehören Abschreibungen und Vermögensumschichtungen wie zum Beispiel der Verkauf nicht betriebsnotwendiger Gegenstände des Anlagevermögens oder die Auflösung von Rückstellungen.

Eine Messzahl für das Potenzial der Innenfinanzierung ist der sogenannte Cashflow. Aus der Höhe und Entwicklung des Cashflows lassen sich Rückschlüsse auf das Finanzierungspotenzial des Unternehmens ziehen.

Der **Cashflow** ist die Differenz zwischen dem Zuwachs an und dem Abfluss von liquiden Mitteln während einer Abrechnungsperiode.

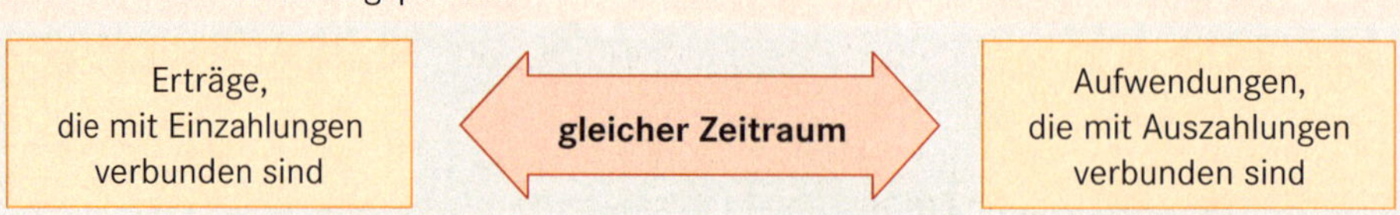

Die Höhe des Cashflows wird im Allgemeinen indirekt bestimmt, das heißt aus der Gegenüberstellung verschiedener Größen der Gewinn- und Verlustrechnung:

Cashflow =

Jahresüberschuss

+ Aufwendungen, die nicht mit Auszahlungen verbunden sind

– Erträge, die nicht mit Einzahlungen verbunden sind

BEISPIELE ▶ Nicht zahlungswirksame Aufwendungen und Erträge

Nicht auszahlungswirksame Aufwendungen	- Abschreibungen vom Anlagevermögen - Bildung von Rückstellungen für Pensionen
Nicht einzahlungswirksame Erträge	- Erhöhung des Lagerbestands - Auflösung von Rückstellungen

Die **Selbstfinanzierung** ist die Finanzierung aus Gewinnen, die das Unternehmen erwirtschaftet hat. Sie kann auf zwei Wegen erfolgen:

- ▶ als offene Selbstfinanzierung, das heißt durch die Bildung von Gewinnrücklagen.
- ▶ als verdeckte Selbstfinanzierung (stille Selbstfinanzierung), das heißt durch die Bildung stiller Reserven.

Die Selbstfinanzierung stärkt die Eigenkapitalbasis und mindert so die Abhängigkeit des Unternehmens vom Kapitalmarkt sowie die Belastung der Liquidität des Unternehmens durch Zins- und Dividendenzahlungen. Zudem mindert sie die Steuerbelastung des Unternehmens. Andererseits wird das in den offenen oder verdeckten Reserven gebundene Kapital dann nicht optimal genutzt, wenn es bei einer Anlage am Kapitalmarkt höhere Erträge brächte.

Durch die Bildung von **Rückstellungen** werden finanzielle Mittel an das Unternehmen gebunden. Diese Mittel können zur Finanzierung von Investitionen genutzt werden. Dabei ist die Frage ausschlaggebend, über welchen Zeitraum die Rückstellungen verfügbar sind, bevor sie für ihren eigentlichen Zweck (zum Beispiel für die Zahlung von Pensionen im Rahmen der betrieblichen Altersvorsorge) benötigt werden. Nur langfristige Rückstellungen ermöglichen einen annehmbaren Finanzierungseffekt. Die Finanzierung aus langfristigen Rückstellungen wird auch als innerbetriebliche Fremdfinanzierung bezeichnet. Pensionsrückstellungen haben durch ihre außerordentliche lange Bindung Ähnlichkeit mit dem Eigenkapital.

Der Finanzierungseffekt von **Abschreibungen** liegt darin begründet, dass die Abschreibungsgegenwerte dem Unternehmen im Rahmen der Leistungserbringung als Einzahlungen zufließen. Während die Anschaffung des Investitionsgutes mit einer Auszahlung in Höhe des Anschaffungspreises verbunden ist, erfolgen die Rückflüsse kontinuierlich in den Folgejahren. Dies ist gleichbedeutend mit einer schrittweisen Freisetzung von Kapital. Werden die frei gewordenen Mittel jeweils sofort in Anlagegüter gleichen Typs und gleicher Anschaffungs- beziehungsweise Herstellungskosten reinvestiert, so erweitert das Unternehmen über die Zeit seine Produktionskapazität.

Außenfinanzierung

Die Außenfinanzierung gliedert sich je nach der Rechtsstellung des Kapitalgebers in Beteiligungsfinanzierung und Kreditfinanzierung. Kapitaleinlagen, die dem Unternehmen von den bisherigen Gesellschaftern neu zugeführt werden oder die durch die Aufnahme neuer Gesellschafter oder Anteilseigner zufließen, zählen zur Beteiligungsfinanzierung (Aufnahme von Eigenkapital). Die Kreditfinanzierung ist die Beschaffung von Kapital über die Aufnahme von Krediten oder über die Ausgabe (Emission) von Anleihen am Kapitalmarkt (Aufnahme von Fremdkapital).

Eigen- und Fremdfinanzierung

Anhand der Rechtsstellung des Kapitalgebers unterscheidet man zwischen Eigenfinanzierung und Fremdfinanzierung.

Eigenfinanzierung

Die Eigenfinanzierung beruht auf dem Kapital der Eigentümer beziehungsweise der Anteilseigner des Unternehmens. Darunter fallen die Selbstfinanzierung, die Beteiligungsfinanzierung und die Finanzierung aus Abschreibungen und Vermögensumschichtungen.

Das Eigenkapital steht dem Unternehmen üblicherweise für einen unbegrenzten Zeitraum zur Verfügung. Die Eigenkapitalgeber haben gewisse Beteiligungsrechte. Die wichtigsten von ihnen sind der Anspruch auf Mitsprache bei der Geschäftsführung und der Anspruch auf Gewinnbeteiligung.

Tabelle 4.16 fasst die Einstufung der verschiedenen Formen der Eigenfinanzierung zusammen.

Eigenfinanzierungsform	Einstufung
Einbehaltene Gewinne	intern/Selbstfinanzierung
Auflösung von Rücklagen	intern/Kapitalfreisetzung
Abschreibungen	intern/Kapitalfreisetzung
Kapitaleinlagen vonseiten alter/neuer Eigentümer	extern/Beteiligungsfinanzierung
Verkauf von Anlagegütern	intern/Kapitalfreisetzung

Tabelle 4.16: Formen der Eigenfinanzierung

Fremdfinanzierung

Bei der Fremdfinanzierung wird das Kapital dem Unternehmen durch fremde Geldgeber zur Verfügung gestellt (Fremdkapital). Unter die Fremdfinanzierung fallen die Finanzierung durch die Aufnahme von Krediten und die Emission von Anleihen sowie die Auflösung von Rückstellungen (Pensionsrückstellungen, die für die Arbeitnehmer gebildet werden).

Das Fremdkapital steht dem Unternehmen nur für eine begrenzte Zeit zur Verfügung und die Fremdkapitalgeber erhalten keine Beteiligungsrechte. Als Ausgleich müssen unabhängig vom Gewinn oder Verlust des Unternehmens für die Bereitstellung des Kapitals Zins- und Tilgungszahlungen an die Gläubiger geleistet werden.

Tabelle 4.17 fasst die Einstufung der verschiedenen Formen der Fremdfinanzierung zusammen.

Fremdfinanzierungsform	**Einstufung**
Kreditaufnahme	extern
Emission von Anleihen	extern
Auflösung von Rückstellungen	intern/Finanzierung aus Kapitalfreisetzung
Verkauf von Anlagegütern	intern/Finanzierung aus Kapitalfreisetzung

Tabelle 4.17: Formen der Fremdfinanzierung

4.2.2 Besondere Finanzierungsquellen

Sponsoring

Im Laufe der letzten Jahre hat sich das Freizeitverhalten der Bevölkerung massiv gewandelt. Dies lässt sich insbesondere aus der wachsenden Anzahl der privaten Anbieter im Sport- und Freizeitbereich ersehen. Aber auch die gemeinnützigen Sportvereine mussten diesem Trend Rechnung tragen und ihr Angebot den geänderten Marktbedingungen, das heißt dem veränderten Verbraucherverhalten, anpassen.

Für gemeinnützige Organisationen bedeutet dies, dass sie sich nicht mehr ausschließlich auf klassische, öffentliche Fördermittel verlassen können und auch in Zukunft immer weniger darauf bauen dürfen. In den letzten Jahren waren sie zunehmend gezwungen, neue Geldquellen zu erschließen, um ihren Bestand und ihre Konkurrenzfähigkeit zu wahren. Diese Tendenz wird sich künftig noch verstärken.

Sie gilt jedoch nicht nur für Unternehmen und Vereine der Sport- und Freizeitwirtschaft, sondern auch für einige Bereiche des Gesundheitswesens. Auch hier handeln Unternehmen als eingetragene Vereine streng marktwirtschaftlich (paritätische Wohlfahrtsverbände), auch hier sind alle Leistungsanbieter vom allgemeinen Spardruck, ausgelöst durch die Reformen des Gesundheitswesens und durch die demografische Entwicklung, betroffen.

Merkmale des Sponsorings

Vor dem Hintergrund dieser Entwicklung ist seit Mitte der 1980er-Jahre Sponsoring ein „Zauberwort" zum Ausgleich von Finanzierungslücken geworden.

Der Begriff **Sponsoring** kommt aus dem Englischen (to sponsor = fördern). Gemeint ist hier die Förderung von einzelnen Personen, Verbänden, Unternehmungen oder Veranstaltungen mit Geld- oder Sachmitteln durch Privatpersonen oder Unternehmen.

Sponsoring beschränkt sich nicht auf den Sport. Geförderte Institutionen können aus verschiedenen gesellschaftlichen Bereichen, wie Kultur, Wissenschaft, Sozialverbände, dem Gesundheitswesen und der Ökologie kommen.

Sponsoring wird bewusst als Marketinginstrument und zur Imagepflege des Sponsors eingesetzt. Es ist ein Geschäft, das auf Leistung und Gegenleistung basiert. Diese beiden Faktoren sind klar definiert.

BEISPIEL ▶ Sponsoring

Eine Brauerei sponsert ein Fußball-Jugendturnier mit Geld-, Sach- und Dienstleistungen, das heißt, sie stellt beispielsweise Barmittel von 1.000,00 €, zehn Kisten Mineralgetränke und Personal für den Getränkeausschank beim abendlichen Fest zur Verfügung. Als Gegenleistung darf sie Bandenwerbung platzieren. Zudem verpflichtet sich der Veranstalter, auf dem Fest ausschließlich Getränke und Produkte der Brauerei zu verkaufen.

Die Grundregeln des Sponsorings lauten zusammengefasst:

- Die Leistung ist an eine Gegenleistung geknüpft.
- Es handelt sich um ein offenes Geben und Nehmen.
- Sponsoring ist im Regelfall dauerhaft angelegt.
- Beide Partner gehen planmäßig vor.

Sponsoren erwarten für die von ihnen geleisteten Mittel eine für sie wirtschaftlich relevante Gegenleistung. Sie unterstützen Unternehmungen, Vereine und einzelne Personen bei der Umsetzung ihrer Ziele und profitieren vom Erfolg und Image des Gesponserten, da das unterstützende Unternehmen von der Öffentlichkeit mit dem positiven Image in Verbindung gebracht wird.

Bestimmte Unternehmen fördern gezielt ausgewählte gesellschaftliche Bereiche. Aus diesem Grunde ist es unter Umständen wenig sinnvoll, einen Sponsoren, der für die Unterstützung von paritätischen Wohlfahrtsverbänden bekannt ist, für ein Projekt „Förderung des Hochleistungstrainings bei Heranwachsenden“ zu gewinnen.

Motive der Sponsoringpartner

Nach einer Untersuchung im Auftrag der Kommunikationsberatungsfirma Pleon GmbH setzten im Jahr 2006 in Deutschland circa 77 % der befragten Unternehmen Sponsoring als Kommunikationsmittel ein, 1998 waren es knapp 70 %.

Rund 85 % dieser Unternehmen betreiben Sportsponsoring und setzen dafür im Durchschnitt knapp 48 % ihres Sponsoring-Gesamtbudgets ein. Sie verfolgen dabei eine Reihe verschiedener Ziele:

- Steigerung des eigenen Bekanntheitsgrades,
- konkrete Zielgruppenansprache,
- Imagebildung, -pflege und -transfer,
- Schaffung von Vertrauen,
- Motivation von Mitarbeitern/Identitätsstiftung,
- Erhöhung des Informationsniveaus,
- Förderung des gesponserten Zwecks.

Da die gesponserten Einrichtungen oder Unternehmen einen Teil ihrer Unabhängigkeit aufgeben, müssen die Vorteile des Sponsorings überwiegen. Die Gesponserten verfolgen im Allgemeinen die folgenden Ziele:

- finanzielle Absicherung des Betriebs und Erhalt der eigenen Organisation,
- Erfüllung gestiegener Leistungsansprüche,
- Kompensation des Ausfalls öffentlicher Fördermittel,
- Bekanntmachung und Vertrieb des eigenen Produkts.

Quelle: www.pleon.com/fileadmin/user_upload/ordner_pleon_com/ordner_insights/SponsoringTrends2006.pdf (abgerufen am 14. Januar 2009)

Varianten des Sponsorings

Individualsponsoring wird überwiegend im Bereich des Sports betrieben. Es werden Sportler in Einzelsportarten oder herausragende Mannschaftssportler gefördert.

Beim Vereins- und Verbandssponsoring, vor allem im Sport und im Tätigkeitsbereich der paritätischen Wohlfahrtsverbände anzutreffen, werden Vereine als Veranstalter oder Leistungserbringer, Vereinsmannschaften oder Auswahlteams, das heißt Mannschaften außerhalb von Vereinen, gefördert.

Dauersponsoring bedeutet ein langfristiges Engagement von Sponsoren für ein Team, einen Verein, Verband, eine Unternehmung oder für einen einzelnen Sportler.

Ereignissponsoring ist eine klassische Form des Eventmarketings. Hier ist vor allem der Bekanntheitsgrad von Großveranstaltungen innerhalb der Bevölkerung von großer Bedeutung. Der Bekanntheitsgrad von Olympischen Spielen liegt in der Gesamtweltbevölkerung bei 99 %, die alljährlich in Wimbledon stattfindenden All England Championships haben ebenfalls einen Bekanntheitsgrad von 99 %. Die Tour de France liegt bei 98 %, die Champions League bei 97 % und das Neujahrsskispringen bei 95 %.

BEISPIELE ▶ Varianten des Sponsorings

Individualsponsoring	- Boxer - Tennisspieler - Formel-1-Rennfahrer
Vereins- und Verbandssponsoring	- Deutsches Rotes Kreuz - Deutsche Fußballnationalmannschaft
Dauersponsoring	- Internetauftritt eines Museumsverbandes - Betrieb eines Zirkusunternehmens
Ereignissponsoring	- Deutsche Leichtathletik-Meisterschaften - Olympische Spiele

Die Vorteile des Sponsorings, speziell des Sportsponsorings, liegen auf der Hand:

- Die Freizeitbeschäftigung Sport wird für kommunikative Zwecke genutzt.
- Zielgruppen werden nicht in kommerziellen Situationen angesprochen.
- Kommunikationsbarrieren wie Überflutung und Übermüdung durch klassische Werbung werden geschickt umgangen.
- Auf Dauer ist Sponsoring günstiger als konventionelle Werbung.
- Hohe Kontaktzahlen sind garantiert.

Für die Zukunft ist in den folgenden Formen noch ein Wachstum des Sponsorings zu erwarten:

- Vergabe von Namensrechten für Sportstätten (zum Beispiel AOL-Arena). Auch die Vergabe von Namensrechten für Einrichtungen im Gesundheitswesen ist in der Diskussion;
- Vergabe von Namensrechten für Spielserien;
- Einrichtung von VIP-Logen.

Jedem Gesponserten muss klar sein, dass die Erwartungshaltung der Sponsoren mit der Höhe der eingesetzten Mittel wächst. Für die Sponsoren ist häufig die direkte Werbewirkung wichtiger als der eigentliche Zweck. Im Sport wird der olympische Gedanke „Dabei sein ist alles" zu „Dabei sein ist nicht mehr alles" modifiziert. Topereignisse und bestimmte Zielgruppen haben Vorrang vor sogenannten „Randereignissen".

BEISPIEL ▶ Wie Sponsoring den Sport bestimmt

Fußball ist in Deutschland die Sportart Nummer eins. Würde an einem Samstag um 18 Uhr, das heißt zur Sendezeit der Sportschau im Fernsehen der ARD, das Endspiel um die Hockey-Weltmeisterschaft mit deutscher Beteiligung stattfinden, so müsste diese Übertragung entweder in die dritten Programme oder auf einen speziellen Sportsender verlagert werden. Um diesem Konflikt vorzubauen, würden die Veranstalter der Hockey-Weltmeisterschaft das Spiel auf 14 Uhr vorverlegen, um den Fans und den Sponsoren entgegenzukommen.

Sponsoring ist in zunehmendem Maß ein betriebswirtschaftlicher Faktor. Wie in jeder Branche gibt es auch beim Sponsoring sogenannte „Trittbrettfahrer". In der Marketing-Branche wird diese Art von Marketing als Ambush-Marketing bezeichnet (Ambush = Hinterhältigkeit). In der Sportbranche etwa schalten Unternehmen, die sich nicht als Sponsoren betätigen, sportartspezifische Motive und täuschen so ein Sponsoring vor. Die Botschaft des offiziellen Sponsors wird verwässert, ohne dass es ernsthafte rechtliche Möglichkeiten gibt, gegen diese Abart des Sponsorings vorzugehen.

BEISPIEL ▶ Ambush-Marketing

Die Fußballweltmeisterschaft 1994 wurde hauptsächlich von Adidas gesponsert. Im Vorfeld des Endspiels in Los Angeles mietete Nike den Hubschrauberlandeplatz eines Hochhauses in der Nähe der Endspielstätte an. So bekamen die Fernsehzuschauer weltweit vor dem Spiel und während der Halbzeit Luftaufnahmen zu sehen, die einen großen Luftballon mit dem Firmenlogo von Nike zeigten.

Gefahren des Sponsorings

Sponsoring hält immer stärker Einzug in die Geschäftsprozesse von Unternehmen. Im Sport ist der Wettkampf der hauptsächliche „Geschäftsprozess". Sponsoren bestimmen schon heute über Zeiten, Orte und manchmal auch über die Regeln des sportlichen Wettkampfes. Fakt ist allerdings auch, dass der heutige Sport immer mehr professionalisiert wird und ohne Sponsoring in seiner heutigen Form kaum überlebensfähig wäre. Die Einnahmen aus dem Sponsoring bedeuten einen Gewinn und zugleich eine Einengung des Handlungsspielraums. Sprichwörter wie „Der Euro kassiert oft die Moral" oder „Geld ist eine gute Sache, wenn es für eine gute Sache ist" kommen nicht von ungefähr.

BEISPIELE ▶ Gefahren des Sponsorings

- Werden die Spielregeln geändert, um Spielunterbrechungen zu ermöglichen, die dann zur Ausstrahlung von Werbestrecken genutzt werden?
- Werden Randsportarten ins Abseits gedrängt, weil deren Zielgruppen zu klein sind, um die Sportarten kommerziell zu nutzen?

Bei allen Gefahren, die das Sponsoring gerade für den Sport mit sich bringt, ist andererseits zu berücksichtigen, dass durch ein Übermaß an Sponsoring die Hauptnutznießer sich selbst schaden können, da die Wahrscheinlichkeit wächst, dass die Adressaten die eigentliche Botschaft nicht mehr aufnehmen.

Finanzierungssurrogate

Neben den verschiedenen Formen des kurz- und langfristigen Bankkredits haben sich in den letzten Jahrzehnten Finanzierungsinstrumente herausgebildet, die Kredite und/oder Eigenmittel ersetzen. Diese sogenannten Finanzierungssurrogate schonen die Liquidität des Unternehmens: Das Unternehmen muss, wenn es ein Investitionsgut benötigt, dazu weder Eigenmittel binden, noch muss es seine Verschuldungsquote, das heißt den Anteil von Fremdkapital an der Bilanzsumme, erhöhen.

Gemeinsames Merkmal der Finanzierungssurrogate ist also, dass sie die Bilanz des Unternehmens entlasten. Anders als eine Kreditfinanzierung führen sie nicht zu einer Bilanzverlängerung. Zu den Finanzierungssurrogaten zählen Factoring, Leasing, Franchising und Forfaitierung.

Factoring

Factoring ist ein Finanzierungsgeschäft, bei dem ein Finanzierungsinstitut fortlaufend offene kurzfristige Forderungen ankauft. Der Verkäufer der Forderungen erhält somit sofort den Gegenwert seiner Forderungen in bar. Wer das Risiko eines Forderungsausfalls trägt, hängt von der entsprechenden Vereinbarung zwischen dem Factor und dem Forderungsverkäufer ab. Meist wird das Ausfallrisiko vom Factor übernommen.

Factoring ist der Kauf von Geldforderungen aus Lieferungen von Waren oder Dienstleistungen an gewerbliche Abnehmer. Dabei verkauft ein Unternehmen Forderungen gegen seine Abnehmer an eine Factoringgesellschaft, den sogenannten Factor. Dieser zahlt dem Verkäufer den Kaufpreis aus.

BEISPIEL ▶ Factoring

Die Mustermann GmbH verkauft an den Kunden Lang 200 Kisten Negerküsse. Zwischen der Mustermann GmbH und dem Kunden wird vereinbart, dass die Rechnung erst nach 90 Tagen beglichen werden muss. Will die Mustermann GmbH direkt in den Genuss von Bargeld aus diesem Geschäft kommen, dann kann sie den Weg des Factorings beschreiten und ihre Forderungen an einen Factor verkaufen.

Grundsätzlich ist Factoring eine Form des Outsourcings, das heißt der Inanspruchnahme der Dienstleistung eines Dritten. Es handelt sich nicht um ein Kreditgeschäft, sondern um ein

Kaufgeschäft (ein „true sale"). Die Factoringgesellschaft wird Eigentümerin der Forderung und übernimmt damit meist auch das Ausfallrisiko.

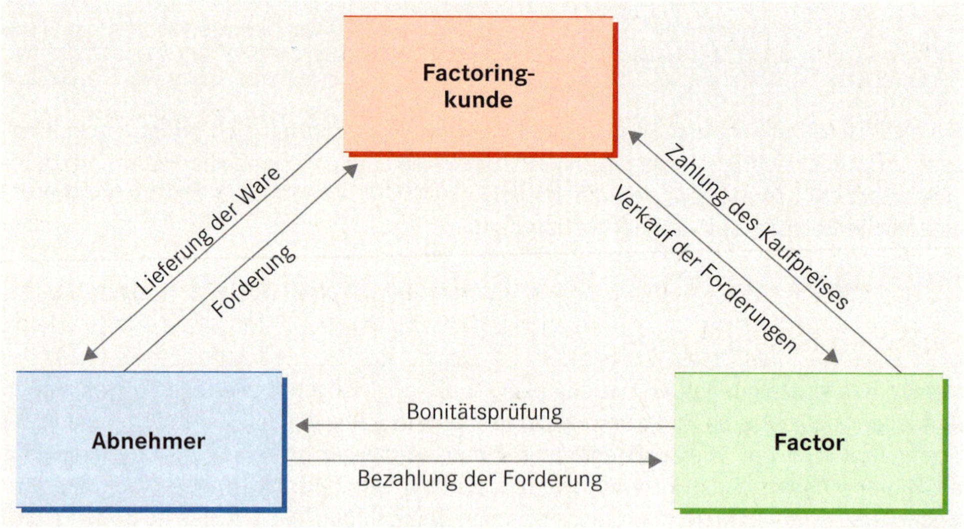

Schaubild 4.9: Grundschema des Factorings

Schaubild 4.9 zeigt die Beziehungen zwischen den Beteiligten im Rahmen des Factorings. Vor Vertragsabschluss und während des Vertragszeitraums prüft der Factor die Zahlungsfähigkeit (Bonität) der Abnehmer (Debitoren) und übernimmt im Rahmen eines vereinbarten Höchstbetrags das volle Ausfallrisiko. Der Factoringkunde stellt dem Factor laufend Rechnungskopien über die Forderungen zur Verfügung beziehungsweise übermittelt die Rechnungsdaten durch Datentransfer (Datenfernübertragung). Sofern die Rechnungsbeträge im Rahmen der eingeräumten Grenzen liegen, kauft der Factor die Forderungen an. Den Forderungskaufpreis (Factoringerlös) schreibt er dem Abrechnungskonto seines Kunden gut. Als Sicherheit zur Deckung von Skontoabzügen oder Mängelrügen behält er allerdings zunächst 10 % bis 15 % des Kaufpreises ein. Dieser Sicherheitseinbehalt wird dem Kunden erst dann gutgeschrieben, wenn der Schuldner die fällige Zahlung an den Factor in voller Höhe geleistet hat.

Der Full-Service-Factor erbringt für seine Kunden die folgenden Leistungen:

- Er stellt Liquidität zur Verfügung.
- Er übernimmt das Risiko des Forderungsausfalls.
- Er übernimmt die Verwaltung und den Einzug der Forderungen seines Kunden gegen dessen Abnehmer.
- Er prüft die Bonität der Abnehmer seines Kunden.
- Er überwacht die Einhaltung des seinem Kunden eingeräumten Limits für den Forderungsankauf.

Diese Leistungen lässt er sich entweder pauschal in Form einer Full-Service-Gebühr vergüten oder aber getrennt nach den einzelnen Leistungen (Managementgebühren und Zinsen). Im Übrigen richten sich die Gebühren nach verschiedenen Größen, wie zum Beispiel der Anzahl der Kunden und Rechnungen, dem durchschnittlichen Forderungsbestand und dem Jahresumsatz des Kunden.

Beim Factoring unterscheidet man mehrere Verfahren.

- Beim **Inhouse-Verfahren** wird das Debitorenmanagement vom Forderungsverkäufer selbst weitergeführt.
- Beim **Full-Service-Verfahren** wird das Forderungsmanagement vom Factor übernommen.
- Beim **stillen Verfahren** wird der Forderungsverkauf gegenüber den Debitoren nicht offengelegt. Dieses Verfahren wird immer nur im Zusammenhang mit dem Inhouse-Verfahren und nur bei guten Bonitäten praktiziert.
- Beim **offenen Verfahren** wird der Forderungsverkauf den Abnehmern angezeigt. Der Factor-Kunde informiert seine Abnehmer darüber, dass die Forderungen gegen sie an den Factor verkauft wurden und der Rechnungsbetrag an den Factor zu zahlen ist.
- Ein Sonderfall ist das **Fälligkeitsfactoring**. Hierbei wird die Forderung zu 100 % gegen Ausfälle absichert. Die Factoringgesellschaft übernimmt aber keine Finanzierungsfunktion, das heißt, die Auszahlung des Forderungsbetrags an den Kunden erfolgt erst, wenn der Schuldner zahlt oder spätestens zum vereinbarten Fälligkeitstermin.

Zu den Vorteilen für den Factoringkunden zählen:

- hundertprozentige Sicherheit vor Zahlungsausfällen – kein Ausfallrisiko;
- Zeitersparnis;
- verbesserte Liquidität durch Abbau der Außenstände, das heißt größerer finanzieller Spielraum;
- für den Abnehmer des Factoringkunden: Einsparungen beim Einkauf durch Skonti und Rabatte;
- Professionalisierung des Debitorenmanagements (bei kleineren Unternehmen);
- Entlastung durch Übertragung der fortlaufenden Bonitätskontrolle der Debitoren an die Factoringgesellschaft;
- Kosteneinsparungen auf Personal- und Serviceebene (Aufwendungen);
- Verbreiterung der Finanzierungsbasis, Verringerung der Abhängigkeit von der Hausbank;
- Wegfall der Kosten für eine Kreditversicherung.

Diese Vorteile für den Factoringkunden werden ergänzt durch einen Vorteil für die Abnehmer: Sie kommen in den Genuss von Einsparungen beim Einkauf, da beim Factoring Skonti, die für die Zahlung vor dem Fälligkeitstermin der Forderung eingeräumt werden, zum Tragen kommen.

Ein Nachteil des Factorings besteht allerdings für den Factoringkunden darin, dass seine Umsatzerlöse durch Gebühren geschmälert werden, die er an die Factoringgesellschaft zu entrichten hat.

Leasing – Miete statt Kauf

Wenn ein Unternehmen ein langlebiges Wirtschaftsgut benötigt, so kann es dieses grundsätzlich kaufen und aus Eigen- oder Fremdmitteln finanzieren oder aber mieten. Ein besonderes Mietverfahren für langlebige Wirtschaftsgüter nennt man Leasing, und zwar in Anlehnung an die Wirtschaftspraxis in den USA, wo Leasing erstmalig im Jahr 1877 von der Bell Telephone Company eingesetzt wurde. Diese Telefongesellschaft ging dazu über, die Telefonapparate, die sie bisher an ihre Kunden verkauft hatte, zu vermieten. Allerdings fand das Leasing erst allgemeine Verbreitung, als spezialisierte Leasinggesellschaften gegründet wurden.

Leasing ist eine spezielle Form der Miete. Das Wort Leasing stammt aus dem englischen Sprachschatz. „To lease" bedeutet „vermieten", „verpachten". „To lease" ist von dem lateinischen „laxare" – lockern, lösen – abgeleitet, das auch dem französischen „laisser" (gestalten, erlauben) zugrunde liegt. Voraussetzung für die Leasingfähigkeit eines Wirtschaftsgutes ist seine Austauschbarkeit (Fungibilität). Das bedeutet, dass das Gut so beschaffen sein muss, dass der Leasinggeber es nach Ablauf der vereinbaren Mietzeit weiterverwerten kann.

Schaubild 4.10 fasst die Vorgehensweise beim Leasing zusammen.

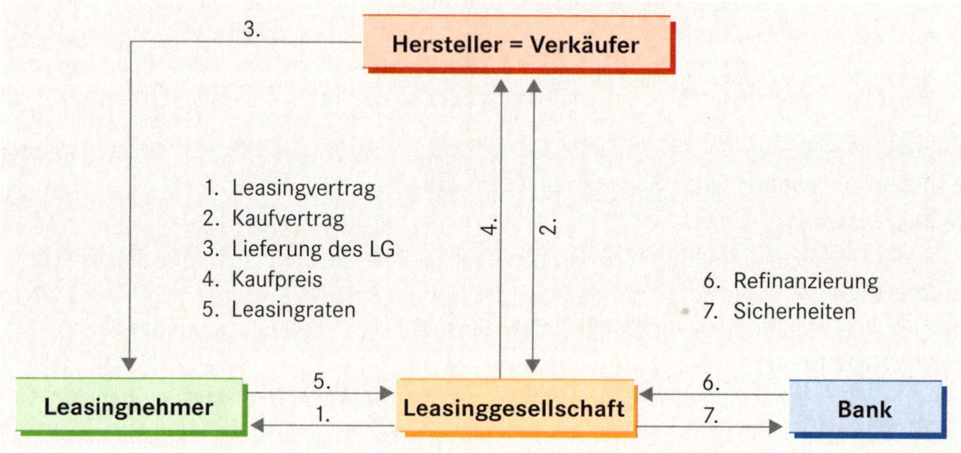

Schaubild 4.10: Grundschema des Leasings

Eine Leasinggesellschaft erwirbt beim Hersteller im eigenen Namen und für eigene Rechnung das Wirtschaftsgut. Dieses gibt sie an den Leasingnehmer zur Nutzung weiter. Hierfür zahlt der Leasingnehmer ein Entgelt: die Leasingrate. Damit will der Leasinggeber die Anschaffungskosten für das Leasinggut sowie die sonstigen Kosten seines Geschäftsbetriebs decken und außerdem einen Gewinn erzielen.

Die vertraglichen Leistungen des Leasinggebers umfassen meist nicht nur die Überlassung des Leasinggegenstandes, sondern auch dessen Wartung sowie verschiedene Beratungsleistungen.

BEISPIEL ▶ Inhalte eines Leasingvertrags

Die Leasinggesellschaft A kauft bei der Herstellerfirma C eine Verpackungsmaschine für 500.000,00 €. Die Verpackungsmaschine wird an den Leasingnehmer Max Mustermann zur Nutzung weitergegeben. Max Mustermann hat mit der Leasinggesellschaft A eine Leasinglaufzeit von 48 Monaten ausgehandelt. In dieser Zeit zahlt er an A eine monatliche Rate von 12.250,00 €.

Kaufpreis netto:	500.000,00 €
Laufzeit:	48 Monate
Leasingrate:	12.250,00 €
Summe der Leasingraten:	588.000,00 €
Mehrkosten:	88.000,00 €
Kosten/Verzinsung:	4,4 % (22.000,00 €) pro Jahr

Am Ende der Laufzeit bestehen für Max Mustermann folgende Wahlmöglichkeiten:

- Verlängerung der Vertragslaufzeit
- Rückgabe der Verpackungsmaschine
- Übernahme der Verpackungsmaschine zu 10 % des Anschaffungswerts, das heißt zu 50.000,00 €.

Die Hauptvorteile des Leasings für den Leasingnehmer sind:

- Er muss keine Investition durchführen, um den neuesten Stand der Technik nutzen zu können.
- Er muss kein Eigenkapital einsetzen. Die Kapitalbindung ist deshalb geringer als bei einem Kauf des Gutes, das heißt, Leasing belastet die Liquidität weniger stark. Die Kreditlinien des Unternehmens werden geschont und die freien Geldmittel können anderweitig eingesetzt werden.
- Nach Ablauf der Vertragslaufzeit kann er je nach der Art des Leasingvertrags das Gut an den Leasinggeber zurückgeben.
- Die festen monatlichen Leasingraten ermöglichen eine genaue Kalkulation, und mögliche Preisveränderungen bleiben unberücksichtigt.
- Leasingraten stellen steuerlich gesehen in voller Höhe Betriebsausgaben dar und mindern so die Steuerbelastung. Das gilt regelmäßig dann, wenn das Leasingobjekt in wirtschaftlicher Hinsicht nicht dem Leasingnehmer zugerechnet wird, das heißt, wenn es nicht als Anlagevermögen in der Bilanz ausgewiesen werden muss.

Aber es gibt auch Nachteile:

Das Investitionsobjekt ist nicht Eigentum des Nutzers. Der Nutzer kann deshalb nicht nach Belieben über das Objekt verfügen.

- Durch die zwischengeschaltete Leasinggesellschaft (siehe Grafik zum Leasingablauf) ist Leasing unter Umständen teurer als der Kreditkauf. Allerdings kann eine gute Marktstellung des Leasinggebers auch dazu führen, dass Leasing für den Leasingnehmer kostengünstiger ist als ein kreditfinanzierter Kauf des Vermögensgegenstandes. Dies gilt beispielsweise dann, wenn der Leasinggeber kostensparende Beratungs- und Serviceleistungen erbringt, über günstigere Beschaffungsmöglichkeiten, bessere Verwertungsmöglichkeiten der Leasinggegenstände oder über Kostenvorteile in der Wartung verfügt.
- Nach Ende der betrieblichen Nutzung liegt die eventuell gewinnbringende Verwertung des Leasingobjekts je nach Ausgestaltung des Leasingvertrags beim Leasinggeber.

In der Bundesrepublik Deutschland hat sich die Leasingquote ausgehend von den 1970er-Jahren bis zum Ende der 1980er-Jahre weitgehend kontinuierlich auf circa 10 % erhöht. In den neuen Bundesländern ist Leasing seit 1990 ebenfalls im Einsatz, vor allem zur Finanzierung mobiler Wirtschaftsgüter. Dort erreichte diese Finanzierungsform bereits im Jahr 1992 eine Quote von gut 16%. Seit 1994/95 wird eine einheitliche Quote von 12,3% registriert. Unter der Leasingquote versteht man den Anteil des Leasings am Volumen der gesamtwirtschaftlichen Investitionen beziehungsweise am Volumen der Investitionen eines bestimmten Teilmarktes.

Leasing wird in verschiedenen Varianten praktiziert. Das **indirekte Leasing** (Schaubild 4.10) ist der Regelfall. Hierbei sucht sich der Mieter beziehungsweise Leasingnehmer das von ihm gewünschte Wirtschaftsgut beim Lieferanten aus und wendet sich dann an die Leasinggesellschaft, das heißt den Vermieter beziehungsweise Leasinggeber. Dieser erwirbt das Wirtschaftsgut in eigenem Namen und für eigene Rechnung und vermietet es dann an den Leasingnehmer.

Beim **direkten Leasing** (Schaubild 4.11) steht keine Leasinggesellschaft als Vermittlerin zwischen Leasingnehmer und Leasinggeber, vielmehr mietet der Leasingnehmer das Gut direkt vom Hersteller oder einer speziell dafür eingerichteten Tochtergesellschaft. So bekommt er das Know-how bei der Beschaffung, zum Beispiel hinsichtlich von technischen Fragen, und die Finanzierung direkt aus einer Hand.

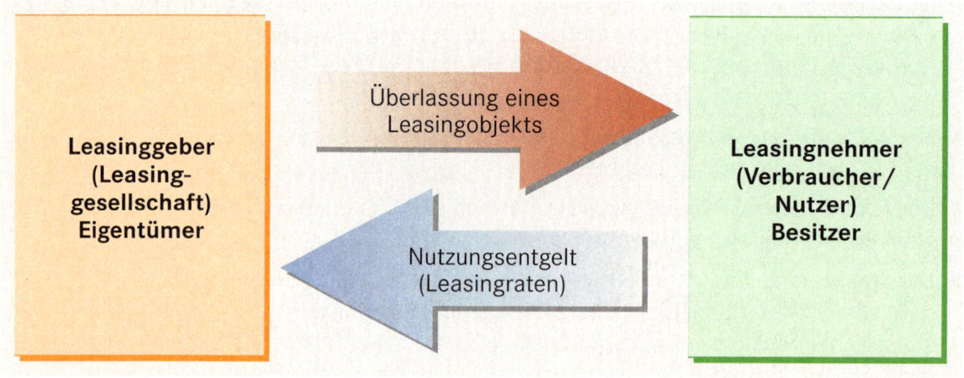

Schaubild 4.11: Direktes Leasing

Das **Sale-and-lease-back-Verfahren** ist eine Sonderform des Leasings. Hierbei erwirbt der Leasinggeber ein Wirtschaftsgut, das neu oder auch gebraucht sein kann, von einem Unternehmen und vermietet es sofort an das Unternehmen zurück. Der bisherige Eigentümer des Gutes wird damit zum Leasingnehmer. Dieses Verfahren dient dazu, Liquidität aus stillen Reserven nutzbar zu machen, also an Kapital zu gelangen und zugleich das Wirtschaftsgut weiterhin uneingeschränkt nutzen zu können.

Das **operative Leasing** ist im eigentlichen Sinne ein Mietvertrag. Der Leasingvertrag kann kurzfristig von beiden Seiten gekündigt werden, da die voraussichtliche Nutzungsdauer nicht eindeutig feststeht. Der Leasingnehmer kann die Leasingraten direkt als Betriebsausgaben steuerlich absetzen. Das Investitionsrisiko des Objekts liegt beim Leasinggeber als Eigentümer. Nach Ablauf des Vertrags wird das Leasingobjekt vom Leasinggeber anderweitig vermietet oder auch verkauft.

Das **Finanzierungsleasing** hingegen ist ein längerfristiger Mietvertrag, der während einer Grundmietzeit unkündbar ist. Für die Unternehmung bietet eine solche Leasingform eine sehr gute Kalkulationsgrundlage, da die zu erwartenden Kosten über einen längeren Zeitraum bekannt sind. Die Grundmietzeit beträgt in der Regel zwischen 40 % und 90 % der betriebsgewöhnlichen Nutzungsdauer des Leasingobjekts und lässt sich nach den amtlichen Abschreibungstabellen (Afa-Tabellen) ermitteln.

BEISPIEL ▶ Grundmietzeit im Finanzierungsleasing

Verpackungsmaschine

Abschreibungszeitraum:	5 Jahre	= 60 Monate
Minimum:	40 %	= 24 Monate
Maximum:	90 %	= 54 Monate

Im Finanzierungsleasing unterscheidet man zwei Formen:

- Der **Vollamortisationsvertrag** (Finanzierungsleasing) deckt durch die Leasingraten in der unkündbaren Grundmietzeit die Herstell- oder Anschaffungskosten für das Leasinggut sowie alle sonstigen Nebenkosten einschließlich der Finanzierungskosten des Leasinggebers und dessen Gewinnspanne. Da der Leasinggeber das Kapital beschafft, trägt er das Kreditrisiko, das Investitionsrisiko des Objekts liegt beim Leasingnehmer, da er die Kosten durch die Leasingrate übernimmt. Diese Art des Leasings wird häufig bei Maschinen, aber auch bei Betriebs- und Geschäftsausstattungen gewählt.
- Der **Teilamortisationsvertrag** (Non-full-pay-out-Vertrag) hat eine feste Laufzeit, die ebenfalls zwischen 40% und 90% der betriebsgewöhnlichen Nutzungsdauer liegt. Die Leasingraten decken während der Vertragslaufzeit die Anschaffungskosten des Leasingobjekts nur zum Teil. Der nach Ablauf der Vertragsdauer noch offene Teil der Anschaffungskosten wird entweder durch Vertragsverlängerung oder durch Veräußerung des Leasinggutes an den Mieter oder an Dritte gedeckt. Der Leasingnehmer hat kein Recht, das Objekt zu kaufen. Demgegenüber kann der Leasingnehmer, sofern der Vertrag nicht verlängert wird, den Leasingnehmer dazu verpflichten, das Objekt zum bei Vertragsabschluss vereinbarten Preis zu erwerben. Diese Art des Leasings wird gerne bei der Kfz-Finanzierung verwendet.

4.2.3 Kredite

Ein **Kredit** (abgeleitet vom italienischen credito = „das leihweise Anvertraute") ist die zeitweilige Überlassung einer Summe Geldes oder einer geldwerten Sache, verbunden mit dem Anspruch auf Rückzahlung beziehungsweise Rückgabe und in der Regel auch Verzinsung.

Die Gewährung eines Kredits begründet ein Schuldverhältnis zwischen dem Kreditnehmer und dem Kreditgeber. Die Schuld des Kreditnehmers entspricht der Forderung des Kreditgebers. Wirtschaftlich gesehen verschafft der Kredit dem Schuldner die Möglichkeit, Zahlungen in die Zukunft zu verschieben.

Ein Kreditvertrag umfasst die Festlegung mindestens der folgenden Bedingungen:

- Laufzeit und Rückzahlungsmodalitäten,
- Zinssatz, eventuell Disagio (Abschlag von der vereinbarten Kreditsumme) und Bearbeitungsgebühren,
- Sicherheiten für den Kreditgeber.

Schaubild 4.12 vermittelt einen Überblick über die verschiedenen Merkmale, anhand deren sich Kredite voneinander unterscheiden lassen.

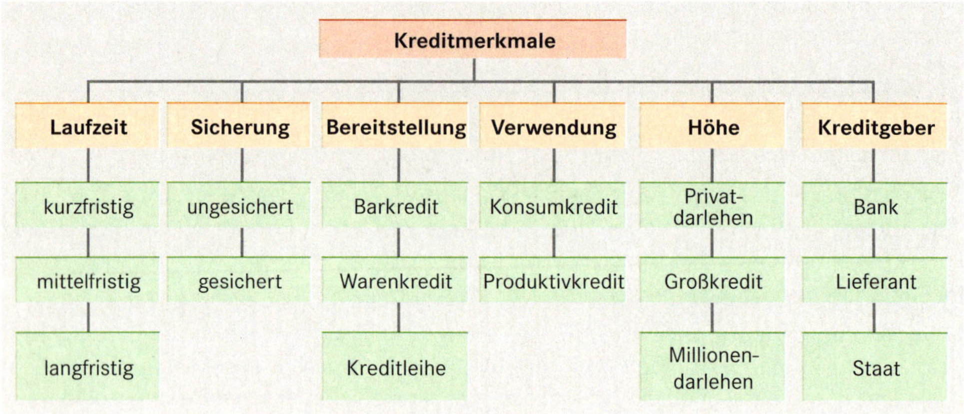

Schaubild 4.12: Unterscheidungsmerkmale von Krediten

Zu den kurzfristigen Krediten zählt auch der Überziehungskredit, der im Rahmen der Führung eines Girokontos gewährt wird, für das ein Kreditlimit vereinbart wurde. Der Überziehungskredit ist eine der teuersten Kreditformen, da die Zinsen sehr hoch sind.

Auch wenn eine Privatperson einer anderen kurzfristig Geld borgt, wird eine Kreditbeziehung begründet, egal ob diese mündlich oder schriftlich vereinbart wird.

Kreditzinsen

Die Hauptpflichten des Kreditnehmers sind

- die Pflicht, den Kreditbetrag am Ende der Laufzeit in einer Summe oder auch zu regelmäßigen Terminen in Teilbeträgen zurückzuzahlen,
- die Pflicht zu Zinszahlungen.

> Der **Zins** ist die Entschädigung des Kreditgebers, das heißt der Preis, den der Kreditnehmer an den Kreditgeber dafür zahlt, dass dieser ihm sein Kapital zur Verfügung stellt.

Der Zins wird als Prozentsatz auf die Kreditsumme angegeben und in der Regel auf Jahresbasis berechnet (Prozent per annum, „% p. a.“).

Es gibt allerdings auch teilweise oder gänzlich zinsfreie Darlehen – zum Beispiel für Betriebsgründungen und öffentlich geförderte Bauvorhaben. Im Rahmen verschiedener Förderprogramme der Europäischen Gemeinschaft, des Bundes, der Länder oder Kommunen können auch Zinszuschüsse oder Zinsverbilligungen in Anspruch genommen werden.

Die Höhe des Zinssatzes für einen einzelnen Kredit richtet sich vor allem nach

- der allgemeinen konjunkturellen Lage der Wirtschaft,
- der Inflationsrate,
- dem aktuellen und dem künftig erwarteten allgemeinen Zinsniveau,
- der Laufzeit des Kredits (einige Monate bis über 20 Jahre),
- der Kreditwürdigkeit (Bonität) des Kreditnehmers,
- den Kreditsicherheiten.

Da die langfristige Zinsentwicklung unsicher ist, wird häufig bei langfristigen Krediten der Zinssatz in regelmäßigen Abständen der aktuellen Entwicklung an den Geld- und Kapitalmärkten angepasst.

Banken als Kreditgeber

Die Banken erbringen Dienstleistungen im Bereich des inländischen und weltweiten Zahlungsverkehrs und vergeben Kredite an Unternehmen, private Haushalte und staatliche Stellen. Darüber hinaus leisten sie wichtige Dienste bei der Ausgabe von und dem Handel mit Wertpapieren sowie bei der Verwaltung und Anlage von Kapital.

Ihre Kreditvergabe finanzieren sie im Wesentlichen durch
- eigene Mittel,
- Einlagen von Sparern und Unternehmen,
- Anleihen am Markt für festverzinsliche Wertpapiere.

Ein Kreditinstitut wird umgangssprachlich meist als Bank oder Bankhaus bezeichnet. Nach dem deutschen Kreditwesengesetz (KWG) sind Kreditinstitute Unternehmen, die Bankgeschäfte gewerbsmäßig oder in einem Umfang betreiben, der einen in kaufmännischer Weise eingerichteten Geschäftsbetrieb erfordert.

Bankgeschäfte im Sinne des KWG sind
- die Annahme fremder Gelder als Einlagen oder anderer rückzahlbarer Gelder des Publikums, sofern der Rückzahlungsanspruch nicht in Inhaber- oder Orderschuldverschreibungen verbrieft wird, ohne Rücksicht darauf, ob Zinsen vergütet werden (Einlagengeschäft);
- die Gewährung von Gelddarlehen und Akzeptkrediten (Kreditgeschäft);
- der Ankauf von Wechseln und Schecks (Diskontgeschäft);
- die Anschaffung und die Veräußerung von Finanzinstrumenten im eigenen Namen für fremde Rechnung (Finanzkommissionsgeschäft);
- die Verwahrung und die Verwaltung von Wertpapieren für andere (Depotgeschäft);
- die in § 7 Abs. 2 des Investmentgesetzes bezeichneten Geschäfte (Investmentgeschäft);
- die Eingehung der Verpflichtung, Darlehensforderungen vor Fälligkeit zu erwerben (Darlehenserwerbsgeschäft);
- die Übernahme von Bürgschaften, Garantien und sonstigen Gewährleistungen für andere (Garantiegeschäft);
- die Durchführung des bargeldlosen Zahlungsverkehrs und des Abrechnungsverkehrs (Girogeschäft);
- die Übernahme von Finanzinstrumenten für eigenes Risiko zur Platzierung oder die Übernahme gleichwertiger Garantien (Emissionsgeschäft);
- die Ausgabe und die Verwaltung von elektronischem Geld (E-Commerce).

Kreditinstitute unterliegen aufgrund ihrer besonderen Bedeutung für die Wirtschaft einer Reihe von nationalen und internationalen gesetzlichen und aufsichtsrechtlichen Vorschriften, zum Beispiel im Hinblick auf die Kreditvergabe und die Eigenkapitalausstattung. In Deutschland übt die Bundesanstalt für Finanzdienstleistungsaufsicht (BaFin) die Aufsicht über Kreditinstitute und andere Finanzdienstleistungsinstitute aus. Ihr obliegt es auch, die Ausübung von Bankgeschäften zu genehmigen. Anfang 2004 waren 2 292 Kreditinstitute zum Geschäftsverkehr in Deutschland zugelassen.

Kreditwürdigkeit

Eine Bank wird nur dann einem Unternehmen einen Kredit gewähren, wenn sie davon ausgehen kann, dass der Kreditnehmer den Kredit ordnungsgemäß verzinst und zurückzahlt. Die Banken sind dazu verpflichtet, ab einem Kreditbetrag von 250.000,00 € eine Offenlegung der wirtschaftlichen Verhältnisse des Kreditnehmers zu verlangen (§ 18 KWG) und diese zu prüfen, um sich aufgrund dessen ein Urteil über die Kreditwürdigkeit des Unternehmens bilden zu können.

Die **Kreditwürdigkeit** ist die Fähigkeit eines Schuldners, seine Verbindlichkeiten vollständig und fristgerecht zu begleichen. Die persönliche Kreditwürdigkeit wird von den Fähigkeiten der Unternehmensführung bestimmt, die sachliche Kreditwürdigkeit hingegen von den wirtschaftlichen Verhältnissen des Unternehmens, die in der Bilanz und in der Gewinn- und Verlustrechnung zum Ausdruck kommen.

Kreditarten

Schaubild 4.13 gibt einen Überblick über verschiedene Kreditarten je nach Kreditgeber und Laufzeit.

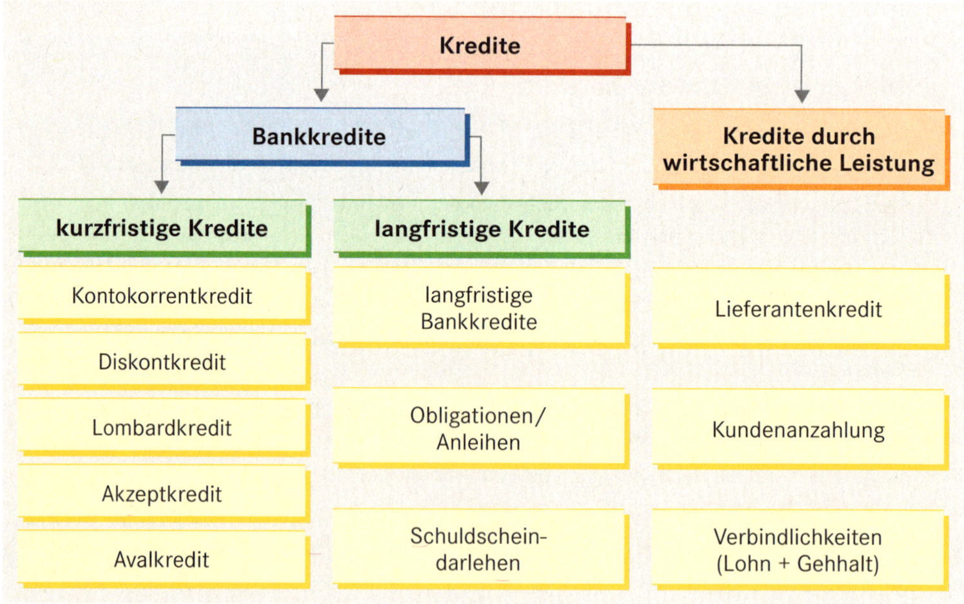

Schaubild 4.13: Kreditarten nach Kreditgeber und Laufzeit

Kontokorrentkredit

Der **Kontokorrentkredit** ist ein Bankkredit, der vom Kreditnehmer je nach Bedarf in wechselndem Umfang bis zu einer vereinbarten Höchstgrenze (Kreditlinie) in Anspruch genommen werden kann.

BEISPIEL ▶ Kontokorrentkredit

Schaubild 4.14 zeigt die Bestände auf dem Girokonto des Ärztezentrums Dr. Lebelang & Partner im Verlauf eines Jahres.

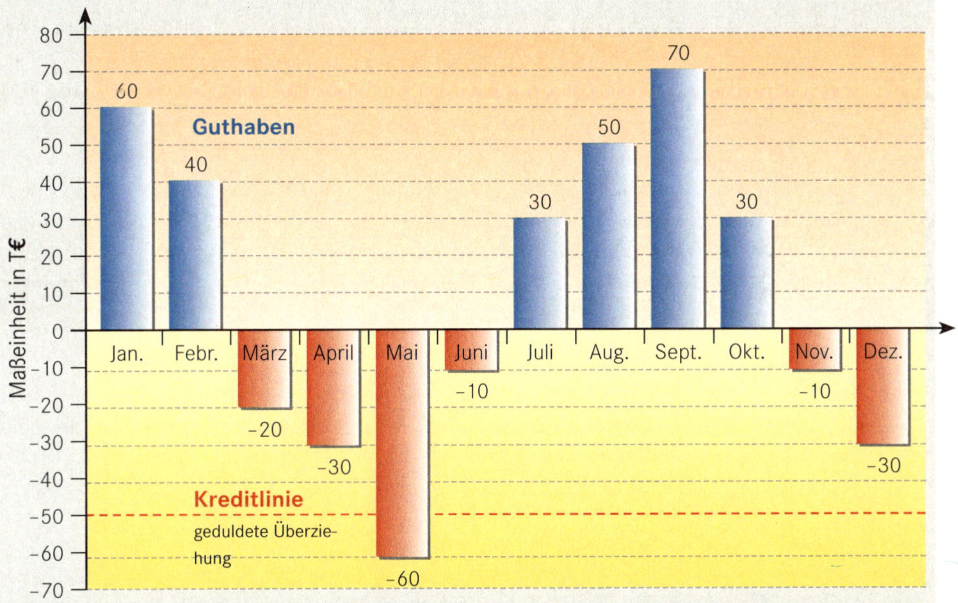

Schaubild 4.14: Entwicklung der Bestände auf einem Girokonto

Die Bank hat dem Gesundheitszentrum ein Kreditlimit von 50.000,00 € eingeräumt. Sie erstellt monatlich eine Abrechnung der Zahlungsein- und -ausgänge. Zu den Kosten der Kontoführung (Porto, Kontoführungsgebühren, Spesen) kommen die Zinsen auf die in Anspruch genommenen Kreditbeträge. Beträge innerhalb des Limits, die im betrachteten Jahr in den Monaten März bis Juni sowie November und Dezember anfielen, hat die Bank mit 11 % verzinst. Bei Beträgen über das Limit hinaus – 10.000,00 € im Monat Mai – hat sie dem Zinssatz eine Überziehungsprovision zugeschlagen, die sich auf 4 % beläuft.

In Tabelle 4.18 sind die wichtigsten Vor- und Nachteile eines Kontokorrentkredits zusammengefasst.

Vorteile	Nachteile
keine Zweckbindung	hohe Kosten
flexible, bedarfsabhängige Inanspruchnahme	akute Liquiditätsgefährdung im Fall einer Kündigung des Kredits

Fortsetzung nächste Seite

Fortsetzung

Vorteile	Nachteile
Vergrößerung der Dispositionsfreiheit, da der nicht ausgenutzte Teil als Liquiditätsreserve verbleibt.	Der Finanzfluss wird für die Bank ersichtlich.
Zinskosten fallen nur entsprechend der Inanspruchnahme des Kredits an.	
Von Lieferanten angebotene Skonti können eher genutzt werden.	

Tabelle 4.18: Vor- und Nachteile des Kontokorrentkredits

Der **Skonto** ist ein prozentualer Abschlag vom Preis einer Ware oder Dienstleistung, die der Lieferant gewährt, wenn der Käufer die Rechnung innerhalb einer bestimmten Frist in bar oder per Banküberweisung begleicht.

Der Kreditnehmer hat die Möglichkeit, das Geld nach seinem Belieben einzusetzen, zum Beispiel zur Finanzierung des Umlaufvermögens (Betriebsmittelkredit) oder von ausstehenden Zahlungen (Zwischenkredit), zur Deckung regelmäßig wiederkehrender Kapitalbedarfsspitzen (Saisonkredit) oder zur Überwindung übersehbarer, vorübergehender Liquiditätsprobleme (Überbrückungskredit).

BEISPIEL ▶ Zinskosten eines Kontokorrentkredits

Die Bank berechnet die Zinskosten des Ärztezentrums Dr. Lebelang & Partner aus der Inanspruchnahme des Kontokorrentkredits im Monat März. Der Berechnung liegen die folgenden Ausgangswerte zugrunde:

Kreditinanspruchnahme: 14 Tage
Zinssatz: 8,25 % p. a.
Kreditbetrag: 20.000,00 €

$$\text{Zinsen} = \frac{(\text{Kreditbetrag} \cdot \text{Zinssatz} \cdot \text{Tage})}{(100\,\% \cdot 360\ \text{Tage})} = \frac{(20.000{,}00\,€ \cdot 8{,}25\,\% \cdot 14)}{(100\,\% \cdot 360)} = 64{,}17\,€$$

Wechseldiskontkredit

- Der **Wechseldiskontkredit** ist ein Bankkredit, den die Bank durch den Aufkauf eines Wechsels vor Fälligkeit und unter Abzug eines Diskonts gewährt.
- Der **Diskont** ist die Differenz zwischen dem Barwert des Wechsels am Tag der Diskontierung und dem Wert des Wechsels am Verfallstag (= Wechselsumme).

$$\text{Diskont} = \frac{(\text{Wechselbetrag} \cdot \text{Diskontsatz} \cdot \text{Restlaufzeit})}{(360 \cdot 100)}$$

BEISPIEL ▶ Barwert eines Wechsels und Wechseldiskont

Am 28. April 2008 reicht das Ärztezentrum Dr. Lebelang & Partner einen Wechsel zum Diskont ein, der am 1. April 2008 ausgestellt und akzeptiert wurde. Verfallstag ist der 6. Juni 2008, die Wechselsumme beträgt 8.000,00 €. Der Diskontsatz der Bank beträgt 6,5 % jährlich. Der Wechseldiskont beläuft sich auf

$$\text{Wechseldiskont} = \frac{(8.000{,}00\,€ \cdot 6{,}5\,\% \cdot 39)}{(360 \cdot 100\,\%)} = 56{,}33\,€$$

Der Barwert des Wechsels (Schaubild 4.15) beläuft sich dementsprechend auf 8.000,00 € - 56,33 € = 7.943,67 €.

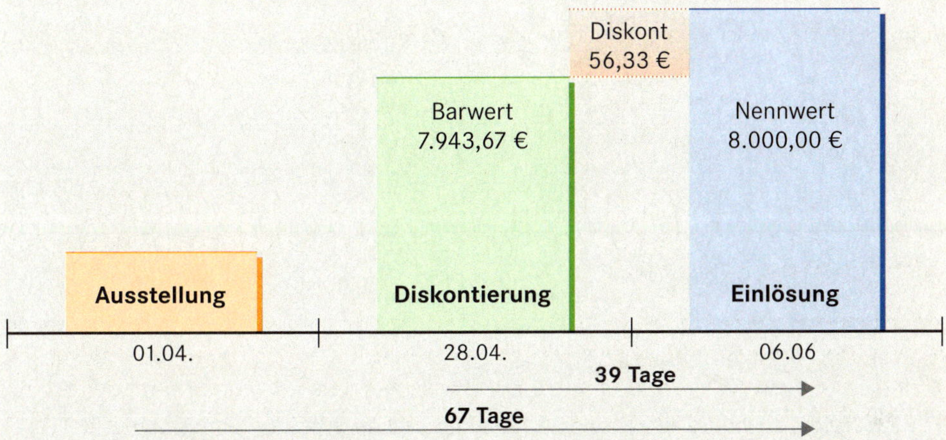

Schaubild 4.15: Wechseldiskontkredit

Die Tilgung des Diskontkredits erfolgt im Normalfall durch den Schuldner aus dem Wechsel (den sogenannten Bezogenen). Ist der Bezogene zahlungsunfähig, so gibt die Bank den Wechsel bei einem Notar oder Gerichtsvollzieher zu Protest und kann Rückgriff („Regress“) auf den Wechseleinreicher nehmen.

Der Diskontsatz liegt etwa zwei bis drei Prozentpunkte über dem Diskontsatz der Notenbank, bei nicht bundesbankfähigen Wechseln wird ein Aufschlag erhoben. Des Weiteren fallen Diskontspesen für das Wechselinkasso und das Einholen von Auskünften über den Wechselschuldner bei der SCHUFA an. Die SCHUFA ist eine privatwirtschaftliche Auskunftei, die über bonitätsbezogene Daten von 60 Millionen Personen verfügt.

Tabelle 4.19 fasst die Vor- und Nachteile des Wechseldiskontkredits zusammen.

Vorteile	Nachteile
sehr günstiger Kredit - geringere Finanzierungskosten als beim Kontokorrentkredit	Kommt es zu einem Wechselprotest, so kann das Unternehmen, das den Wechsel zum Diskont gegeben hat, in Regress genommen werden.
Es sind keine zusätzlichen Sicherheiten erforderlich.	Aus dem laufenden Geschäft müssen Besitzwechsel, das heißt Wechsel, die Forderungen verbriefen, vorliegen.
schnelle Verfügbarkeit	

Tabelle 4.19: Vor- und Nachteile des Wechseldiskontkredits

Schaubild 4.16 verdeutlicht die Beziehungen zwischen den an einem Diskontkredit beteiligten Personen.

Schaubild 4.16: Prozess der Wechseldiskontierung

1. Ein Lieferant sendet Ware an einen Kunden und erwirbt eine Forderung.
2. Der Kunde sendet zur Begleichung seiner Verbindlichkeit einen akzeptierten Wechsel an den Lieferanten.
3. Der Lieferant reicht den Wechsel bei seiner Bank zum Diskont ein.
4. Die Bank schreibt dem Lieferanten den Diskonterlös gut.
5. Die Bank sendet den Wechsel zum Diskont an die Landeszentralbank.
6. Die Landeszentralbank schreibt der Bank den Re-Diskonterlös gut.
7. Die Landeszentralbank legt den Wechsel der Zahlstelle (Bank des Kunden) vor. Die Zahlstelle löst den Wechsel ein und schreibt der Landeszentralbank den eingelösten Betrag gut.
8. Die Zahlstelle legt den Wechsel dem Kunden vor.
9. Der Kunde überweist die Wechselsumme an die Zahlstelle.

Lombardkredit

Der **Lombardkredit** ist ein kurzfristiger, auf einen festen Betrag lautender Kredit, der durch Verpfändung von Sachen oder Rechten - zum Beispiel Wertpapiere, Waren oder Forderungen - gesichert ist.

Im Unterschied zum Kontokorrentkredit wird der Lombardkredit zu einem vereinbarten Termin und in voller Höhe bereitgestellt oder zurückgezahlt. Der Lombardkredit wird oft in Anspruch genommen, wenn die Kontokorrentlinie bereits ausgeschöpft ist und die Bank einer Ausweitung der Kreditvergabe nur mit zusätzlichen Sicherheiten zustimmt.

Der Lombardsatz der Banken, das heißt der Zins für die Inanspruchnahme eines Lombardkredits durch ein Unternehmen, liegt um rund drei bis vier Prozentpunkte über dem Lombardsatz der Bundesbank (dem sogenannten Effektenlombard). Hinzu kommen die Kosten für die Bewertung, Verwahrung und Verwaltung der verpfändeten Güter. Die Gesamtkosten eines Lombardkredits sind in etwa so hoch wie die Gesamtkosten eines Kontokorrentkredits.

Tabelle 4.20 fasst die Vor- und Nachteile des Lombardkredits zusammen.

Vorteile	Nachteile
schnell verfügbar	niedrige Belastungsgrenzen
flexibler Kredit zur Überbrückung kurzfristiger Engpässe	Es müssen geeignete Beleihungsobjekte verfügbar sein, die noch nicht als Sicherheit für andere Kredite eingesetzt sind.
Die gepfändete Sache kann im Betrieb des Kreditnehmers verbleiben.	

Tabelle 4.20: Vor- und Nachteile des Lombardkredits

Akzeptkredit

Ein **Akzeptkredit** ist die Zusage eines Kreditinstituts, innerhalb einer Kreditlinie vom Kreditnehmer auf seine Bank gezogene Wechsel zu akzeptieren.

Die „Überlassung" der Kreditwürdigkeit der Bank erfolgt gegen ein Entgelt, die sogenannte Akzeptprovision. Der Kunde hat den Wechselbetrag vor Fälligkeit des Wechsels zur Verfügung zu stellen (meist in Form eines Guthabens auf seinem Kontokorrentkonto), sodass die Bank ihren Verpflichtungen ohne die Bereitstellung eigener Mittel nachkommen kann. Im Außenverhältnis ist die Bank nach Akzeptieren des Wechsels Hauptschuldner und zur Einlösung des Wechsels am Zahltag verpflichtet. Im Innenverhältnis ist der Kreditnehmer Schuldner der Bank.

Akzeptkredite werden häufig bei großen, kurzfristig abzuwickelnden Warengeschäften, insbesondere im Außenhandel, bewilligt. Die Kosten eines Akzeptkredits setzen sich aus der Akzeptprovision von rund 1,2 % bis 2 % und einer Bearbeitungsgebühr von etwa 0,5 % zusammen.

Tabelle 4.21 fasst die Vor- und Nachteile des Akzeptkredits zusammen.

Vorteile	Nachteile
nur bei zweifelsfreier Bonität erhältlich	Anrechnung auf die Kreditlinie der Bank
sehr geringe Kosten, in der Regel geringer als bei Diskont- und Kontokorrentkredit	kaum erhältlich in Notsituationen

Tabelle 4.21: Vor- und Nachteile des Akzeptkredits

Avalkredit

Ein **Avalkredit** ist eine Bürgschaft oder Garantie, die ein Kreditinstitut für einen Kunden in dessen Auftrag gegenüber einem Dritten übernimmt.

Das Kreditinstitut verpflichtet sich in der Haftungserklärung

- im Fall der **Bürgschaft,** für die Erfüllung der Verbindlichkeit des Kreditnehmers gegenüber dem Dritten einzustehen (= Schuldhaftung);
- im Fall der **Garantie,** für die finanzielle Absicherung des Dritten zu sorgen, wenn ein vom Kreditnehmer versprochener Erfolg nicht eintritt (= Erfolgshaftung).

Durch die Bereitstellung eines Avalkredits entsteht für das Kreditinstitut eine sogenannte Eventualverbindlichkeit, das heißt eine Verbindlichkeit, die nur dann eintritt, wenn das Kreditinstitut aus seiner Bürgschaft oder Garantie in Anspruch genommen wird. Ist dies der Fall, so greift das Kreditinstitut in der Regel gemäß Kreditvertrag auf den Kreditnehmer zurück.

Die Kosten für einen Avalkredit betragen je nach Risiko 1 % bis 3 % des Bürgschafts- oder Garantiebetrags.

Der Avalkredit kann in den folgenden Formen eingesetzt werden:

- als Zollbürgschaft (die Stundung von Zöllen setzt gemäß Abgabenordnung das Stellen von Sicherheiten voraus),
- als Frachtstundungsbürgschaft,
- als Bietungsgarantie (das heißt als Garantie für die Einhaltung der Ausschreibungsbedingungen durch einen anbietenden Exporteur im Fall der Auftragserteilung),
- als Anzahlungsgarantie,
- als Leistungsgarantie,
- als Gewährleistungsgarantie.

Tabelle 4.22 fasst die Vor- und Nachteile des Avalkredits zusammen.

Vorteile	Nachteile
Vermeidung teurer Sicherheiten	Anrechnung auf die Kreditlinie der Bank
erleichtert schwer realisierbare Geschäfte	

Tabelle 4.22: Vor- und Nachteile des Avalkredits

Darlehen

Ein **Darlehen** ist die Überlassung von Geld oder einer bestimmten Sache zur freien Nutzung durch den Darlehensnehmer gegen die Verpflichtung, dem Darlehensgeber bei Fälligkeit den Betrag zurückzuzahlen oder die Sache in gleicher Art und Güte zurückzugeben.

Normalerweise wird bei einem Darlehen ein Zinssatz vereinbart, der wiederkehrend nach Ablauf eines festgelegten Zeitraums (Monat, Jahr) zu zahlen ist. In der Regel wird zusätzlich eine Darlehensgebühr erhoben. Diese richtet sich nach der Höhe des Darlehens und ist von Bank zu Bank unterschiedlich hoch. Die gesetzlich vorgesehene Kündigungsfrist beträgt drei Monate, es kann jedoch einzelvertraglich eine abweichende Frist vereinbart werden.

Meist wird das Darlehen ratenweise zurückgezahlt, sodass die Zinslast im Zeitablauf entsprechend der Rückführung des Darlehensbetrags sinkt. Je nach Bedienung des Darlehens unterscheidet man zwischen verschiedenen Darlehensarten (Schaubild 4.17):

- Im Fall eines **Annuitätendarlehens** zahlt der Darlehensnehmer zur Verzinsung und Tilgung des Darlehens zu festgelegten, regelmäßigen Zahlungsterminen einen gleichbleibenden Betrag, wobei der Tilgungsanteil anfangs niedrig ist und der Zinsanteil im Lauf der Zeit zugunsten des Tilgungsanteils sinkt.
- Demgegenüber ist beim **Tilgungsdarlehen** der Tilgungsbetrag konstant, sodass die wiederkehrende Belastung durch Verzinsung und Tilgung im Zeitablauf sinkt.

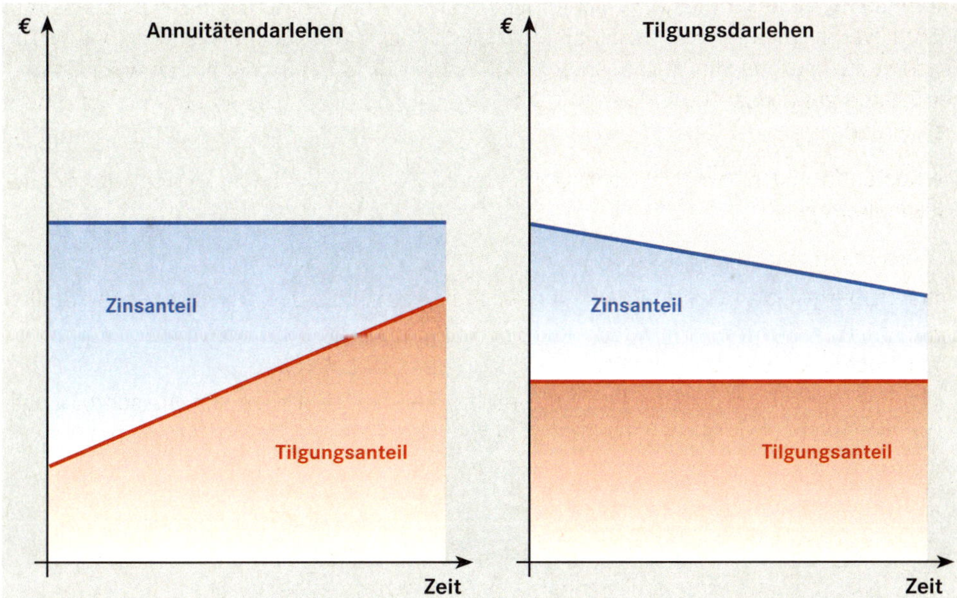

Schaubild 4.17: Belastungsvergleich Annuitäten- versus Tilgungsdarlehen

Anleihe

Anleihen oder Obligationen sind festverzinsliche Wertpapiere, die Forderungsrechte verkörpern.

Anstatt bei einer Bank ein Darlehen aufzunehmen, kann sich ein Unternehmen Fremdkapital von einer Vielzahl von Kapitalgebern beschaffen, indem es festverzinsliche Wertpapiere auflegt, die an der Börse verkauft und in der Folge auch gehandelt werden. Obligationen werden auch Teilschuldverschreibungen genannt, da sie in Stückelungen von beispielsweise 100,00 €, 500,00 € oder 1.000,00 € ausgegeben („emittiert") werden. Da sie einen gleichbleibenden Ertrag in Form von Zinsen abwerfen, werden sie schließlich auch als Rentenpapiere zeichnet.

Die Kosten für Obligationen oder Anleihen setzen sich aus drei Bestandteilen zusammen: dem Nominalzinssatz, den Emissionskosten und dem Ausgabeabschlag vom Nennwert der Anleihe. Der **Zinssatz** ist vom Kapitalmarktzins, dem Unternehmensrisiko, der Laufzeit der Anleihe und etwaigen Sonderkonditionen abhängig. Die Ausgabekosten oder Emissionskosten setzen sich aus der Börseneinführungsprovision, den Druckkosten und Prüfungskosten zusammen und betragen etwa 3 % bis 4 % des Nominalbetrags der Anleihe; pro Jahr fallen überdies laufende Kosten für die Kurspflege, die Verwaltung oder die Einlösung an (rund 0,2 % des Nominalbetrags). Der **Ausgabeab- oder -aufschlag** schließlich ergibt sich aus der Differenz zwischen dem Nominalzinssatz und dem Zinsniveau auf dem Anleihenmarkt. Es gilt:

- Ist der Nominalzinssatz höher als der Marktzins, so wird die Anleihe mit einem Aufschlag ausgegeben.
- Ist der Nominalzinssatz niedriger als der Marktzins, so wird die Anleihe mit einem Abschlag ausgegeben.

BEISPIEL ▶ Nominalzins und Marktzins

Ein Unternehmen legt eine einjährige Anleihe im Nennwert von 2 Millionen Euro (= 100 %) zu einem Zinssatz von 6 % auf. Im Zeitpunkt der Ausgabe der Anleihe liegt das Zinsniveau auf dem Markt für Anleihen mit einjähriger Restlaufzeit bei 5,95 %. Der Zinsunterschied von 0,05 Prozentpunkten wird dadurch ausgeglichen, dass die Anleihe zu einem Kurs ausgegeben wird, der oberhalb ihres Nennwertes liegt. Der Ausgabekurs wird folgendermaßen berechnet:

$$\text{Ausgabekurs} = \frac{\text{Nominalzinssatz}}{\text{Marktzinssatz}} \cdot 100\,\%$$

$$\text{Ausgabekurs} = \frac{6\,\%}{5{,}95\,\%} \cdot 100\,\% = 100{,}84\,\%$$

Dadurch, dass die Anleihekäufer einen Aufschlag von 0,84 Prozentpunkten auf den Nennwert der Anleihe zahlen, wird die effektive Verzinsung der Anleihe dem Marktzinsniveau angeglichen.

$$\text{Effektivzins} = \frac{\text{Nominalzinssatz}}{\text{Ausgabekurs}} \cdot 100\,\%$$

$$\text{Effektivzins} = \frac{6\,\%}{100{,}84\,\%} \cdot 100\,\% = 5{,}95\,\%$$

Tabelle 4.23 fasst die Vor- und Nachteile der Anleihe zusammen.

Vorteile	Nachteile
keine Abhängigkeit von einem einzelnen großen Fremdkapitalgeber	Um die Marktgängigkeit der Anleihe sicherzustellen, muss das Unternehmen seine wirtschaftlichen Verhältnisse offenlegen (Bilanz, Gewinn- und Verlustrechnung) und seine Bonität einer Bewertung unterziehen (Rating).
Mobilisierung von hohen Kapitalbeträgen	Durch das öffentliche Angebot an der Börse und die mit der Börsenzulassung verbundenen Publizitätspflichten sehr langwierig und aufwendig.
Die Attraktivität des Unternehmens für Kapitalgeber steigt.	

Tabelle 4.23: Vor- und Nachteile der Anleihe

Schuldscheindarlehen

Ein **Schuldscheindarlehen** ist ein Darlehen, das durch eine besondere Urkunde, den Schuldschein, unterlegt ist. Der Schuldschein dient als Beweisurkunde.

Schuldscheindarlehen werden von Industrieunternehmen und Körperschaften des öffentlichen Rechts mit erster Bonität in größeren Teilbeträgen bei Banken, Versicherungsgesellschaften oder Investmentgesellschaften (Kapitalsammelstellen) aufgenommen. Dem Kreditgeber wird vom Kreditnehmer ein Schuldschein ausgestellt, der als Beweisurkunde gilt. Schuldscheindarlehen werden nicht an der Börse gehandelt.

Tabelle 4.24 fasst die Vor- und Nachteile des Schuldscheindarlehens zusammen.

Vorteile	Nachteile
Kapitalgeber aus mehreren Bereichen (nicht nur Banken)	nicht fungibel, das heißt nicht handelsfähig
Emission weniger aufwendig als bei Anleihen	Verzinsung etwas höher als bei Anleihen
geringere Publikationspflichten als bei Anleihen	Laufzeit auf 3 bis 5 Jahre begrenzt

Tabelle 4.24: Vor- und Nachteile des Schuldscheindarlehens im Vergleich mit der Anleihe

Lieferantenkredit

Lieferantenkredite zählen zu den Krediten aufgrund von wirtschaftlichen Leistungen. Diese Kredite zeichnen sich dadurch aus, dass sie für den Kreditnehmer nur eingeschränkt gestaltbar sind.

Ein **Lieferantenkredit** ist ein kurzfristiger Kredit, der darauf beruht, dass der Lieferant dem Käufer ein Zahlungsziel gewährt, das heißt die Möglichkeit einräumt, den geschuldeten Betrag innerhalb eines bestimmten Zeitraums zu zahlen.

BEISPIEL ▶ Lieferantenkredit

Ein Lieferant hat mit seinem Kunden, der Waren im Wert von 1.000,00 € (inklusive Mehrwertsteuer) eingekauft hat, die folgenden Konditionen vereinbart:

„Bei Zahlung innerhalb von zehn Tagen 2 % Skonto; Zahlung innerhalb von 30 Tagen netto Kasse“

Der Endbetrag bei Ausnutzung des Skontos wird folgendermaßen berechnet:

	Bruttobetrag		1.000,00 €
–	Skonto	2 %	20,00 €
=	Bruttoendbetrag		980,00 €
–	Mehrwertsteuer	19 %	156,47 €
=	Nettoendbetrag		823,53 €

Netto Kasse ist eine Handelsklausel. Sie besagt, dass der Kaufpreis ohne jeden Abzug zu zahlen ist.

Will man den Effekt einer Skontoausnutzung berechnen, so ist der Skontovorteil gegen die Kosten abzuwägen, die die Skontoausnutzung mit sich bringt. Wird zur Inanspruchnahme des Skontovorteils die Kreditlinie des Bankkontos in voller Höhe des zu begleichenden Rechnungsbetrages in Anspruch genommen, so sind für die Zeitspanne vom letzten Tag des möglichen Skontoabzugs bis zur Fälligkeit der Rechnung Kreditzinsen zu berücksichtigen. Solange der Skontovorteil höher ist als der Zinssatz für den Kontokorrentkredit, lohnt es sich, die Kreditlinie zur Zahlung des Skontos zu nutzen.

BEISPIEL ▶ Berechnung des Skontoeffekts

Der Kunde muss bei seiner Bank für einen Kontokorrentkredit 12 % p. a. zahlen. Sein Lieferant hat die Rechnung am 11. März 20.. gestellt, der Rechnungsbetrag ist spätestens nach einem Monat zur Zahlung fällig, das heißt spätestens am 11. April 20.. . Skontoabzug erfolgt nur bei Zahlung innerhalb von zehn Tagen. Die Begleichung der Rechnung mit Skontoabzug ist somit bis zum 21. März 20.. möglich. Da der Kunde zur Ausnutzung des Skontos seine Kreditlinie in Anspruch nehmen muss, muss er Kreditzinsen für die Zeit vom 21. März bis zum 11. April 20.. berechnen - bei tagegenauer Berechnung also für 21 Tage.

$$\text{Skontovorteil} = \frac{21 \text{ Tage}}{2\,\%} = \frac{360 \text{ Tage}}{x\,\%} = 34{,}29\,\%$$

Da der Skontovorteil - das heißt der auf ein Jahr hochgerechnete Skontosatz - deutlich größer ist als der Zinssatz auf den Kontokorrentkredit, wird der Kunde den Lieferantenkredit nicht in Anspruch nehmen und die Rechnung innerhalb von zehn Tagen unter Ausnutzung des Skontos begleichen.

Tabelle 4.25 fasst die Vor- und Nachteile des Lieferantenkredits zusammen.

Vorteile	Nachteile
spontane Verfügbarkeit	hohe Kosten (Skonto bleibt ungenutzt)
Sicherung der Liquidität	nur eingeschränkt nutzbar, da sonst Probleme mit den Lieferanten drohen
keine formelle Kreditprüfung	Durch den Gebrauch werden dem Lieferanten finanzielle Probleme oder Unachtsamkeit angedeutet.

Tabelle 4.25: Vor- und Nachteile des Lieferantenkredits

Kundenanzahlungen

Zahlt ein Kunde vor Lieferung und Leistung, so gibt er dem Lieferanten indirekt einen Kredit. Dadurch entstehen Kosten, wenn die Anzahlung mit Preiszugeständnissen verbunden wurde oder wenn der Kunde eine Anzahlungsgarantie (siehe Avalkredit) verlangt.

Tabelle 4.26 fasst die Vor- und Nachteile des Kundenkredits zusammen.

Vorteile	Nachteile
geschäftssynchrone Liquiditätsverbesserung	Kosten sind schwer kalkulierbar
keine Belastung des Kreditrahmens	branchenabhängig
keine formelle Kreditprüfung	kann die eigene Verhandlungsposition beeinträchtigen

Tabelle 4.26: Vor- und Nachteile des Kundenkredits

Gestundete Verbindlichkeiten

Dieser Kredit entsteht durch Begleichung von Verbindlichkeiten nach ihrer Fälligkeit.

BEISPIELE ▶ Gestundete Verbindlichkeiten

- Die Löhne und Gehälter werden erst am Monatsende statt zur Monatsmitte ausgezahlt.
- Die geschuldete Mehrwertsteuer wird nachträglich nach Quartalsende oder nach Monatsende an das Finanzamt überwiesen.

Es entstehen nur Kosten durch etwaige Absprachen oder Zugeständnisse an die Mitarbeiter oder Institutionen.

Tabelle 4.27 fasst die Vor- und Nachteile einer Stundung von Verbindlichkeiten zusammen.

Vorteile	Nachteile
kostengünstige/-freie spontane Liquidität	Kosten sind schwer kalkulierbar
keine formelle Kreditprüfung	starres Kreditvolumen

Tabelle 4.27: Vor- und Nachteile einer Stundung von Verbindlichkeiten

Beendigung einer Kreditbeziehung

Eine Kreditbeziehung endet mit der vollständigen, vereinbarungsgemäßen Rückzahlung des Kredits, durch Zeitablauf - zum Beispiel im Fall eines befristeten Kontokorrentkredits - oder durch Kündigung.

Die **gesetzlichen Vorschriften** zur Kündigung von Darlehen sehen vor, dass sowohl der Darlehensnehmer als auch der Darlehensgeber den Kreditvertrag jederzeit kündigen können. Die gesetzliche Frist bei der **ordentlichen Kündigung** beträgt für beide Seiten drei Monate. Die Bank kann die Ablösung des Darlehens von der Zahlung einer angemessenen Vorfälligkeitsentschädigung abhängig machen. Ein besonderes Kündigungsrecht hat der Schuldner für Darlehen, bei denen für einen bestimmten Zeitraum ein fester Zinssatz vereinbart wurde: In diesem Fall darf die Bank keine Vorfälligkeitsentschädigung verlangen. Ist das Darlehen unverzinslich, so darf der Schuldner das Darlehen auch ohne Kündigung zurückzahlen.

Liegt ein wichtiger Grund vor, so können beide Seiten eine **außerordentliche Kündigung** aussprechen, das heißt den Kreditvertrag fristlos kündigen. Der Darlehensgeber kann dieses Recht geltend machen, wenn

- der Kreditnehmer falsche oder unwahre Angaben über seine Vermögensverhältnisse gemacht hat,
- die Vermögensverhältnisse des Kreditnehmers sich wesentlich verschlechtern oder
- der Kreditnehmer seinen Verpflichtungen zur Stellung von Sicherheiten nicht nachkommt.

Der Darlehensnehmer ist zu einer fristlosen Kündigung berechtigt, wenn

- das Darlehen bei Vertragsschluss zugesagt, aber noch nicht ausgezahlt wurde und
- sich seine Vermögensverhältnisse oder der Wert einer für das Darlehen gestellten Sicherheit wesentlich verschlechtert haben.

Im Rahmen der **Vertragsfreiheit** können weitere Kündigungsbedingungen vereinbart werden, die meist aus den Allgemeinen Geschäftsbedingungen des Kreditinstituts hervorgehen.

4.2.4 Kreditsicherung

Im Allgemeinen nimmt der Kreditnehmer den Kredit bei einer Bank, einer Sparkasse oder einem sonstigen Kreditinstitut auf. Im Regelfall wird der Kreditgeber eine Absicherung gegen das Risiko verlangen, dass der Kreditnehmer den Kredit nicht zurückzahlt. Kommt der Kreditnehmer seinen Zahlungsverpflichtungen nicht nach, so kann der Kreditgeber auf die gestellten Sicherheiten zurückgreifen.

Bei der Vergabe von mittel- und langfristigen Krediten durch Kreditinstitute ist die Stellung einer Kreditsicherheit üblich. Die Kreditinstitute verschaffen sich durch ihre Allgemeinen Geschäftsbedingungen einen entsprechenden Anspruch. Bei größeren Krediten – zum Beispiel an eine Aktiengesellschaft – ist vor der endgültigen Entscheidung des Vorstands auch der Aufsichtsrat oder ein Wirtschaftsprüfer mit der Angelegenheit zu befassen.

In seltenen Fällen verzichtet das Kreditinstitut vor der Vergabe eines Kredits auf die Stellung von Sicherheiten. Es vertraut bei einem solchen sogenannten Blankokredit auf die Kreditwürdigkeit des Kunden und darauf, dass dieser seine Verpflichtungen ordnungsgemäß erfüllen wird. Im Gegenzug haftet der Kreditnehmer mit seinem gesamten Vermögen für den Kredit.

Arten von Sicherheiten

Bezüglich der Natur der Sicherheit kann man zwischen persönlichen und sachlichen Sicherheiten unterscheiden.

- **Persönliche Sicherheiten** begründen einen schuldrechtlichen Anspruch gegen den Sicherungsgeber.
- **Sachliche Sicherheiten** sind dingliche Rechte des Kreditgebers (Verwertungsrechte) an einen Vermögensgegenstand.

BEISPIELE ▶ Persönliche und sachliche Sicherheiten

Persönliche Sicherheiten sind

- Bürgschaft,
- Garantie,
- Schuldbeitritt,
- Patronatserklärung.

Sachliche Sicherheiten sind

- Pfandrecht an beweglichen Sachen,
- Grundpfandrecht (Hypothek, Grundschuld),
- Sicherungsübereignung,
- Sicherungszession (Abtretung).

Eine weitere Einteilung ergibt sich nach der rechtlichen Beziehung zwischen der Forderung und dem Sicherungsinstrument.

5620318

Eine **akzessorische Sicherheit** ist vom Bestand einer Forderung abhängig. Dies bedeutet, dass mit dem Erlöschen der Forderung auch die Sicherheit erlischt.

Eine akzessorische Sicherheit besteht immer nur entsprechend der Höhe der Forderung und sie kann nicht wiederaufleben. Zu den akzessorischen Sicherheiten zählen die Hypothek, die Bürgschaft und das Pfandrecht.

Eine **fiduziarische Sicherheit** oder treuhänderische Sicherheit ist eine Sicherheit, die unabhängig von der zu sichernden Forderung besteht.

Zu den fiduziarischen Sicherheiten gehören die Sicherungsgrundschuld, die Sicherungsübereignung und die Sicherungszession. Diese Sicherheiten sind unabhängig von der Höhe und dem Bestand der Forderung und können immer wieder aufleben. Da sie folglich nach Art und Höhe wechselnde Ansprüche der Bank absichern können, werden sie gerne benutzt, um sämtliche Ansprüche der Bank gegenüber dem Kunden abzusichern.

Die Sicherheiten im Einzelnen

Schaubild 4.18 vermittelt einen Überblick über die verschiedenen Möglichkeiten der Kreditsicherung.

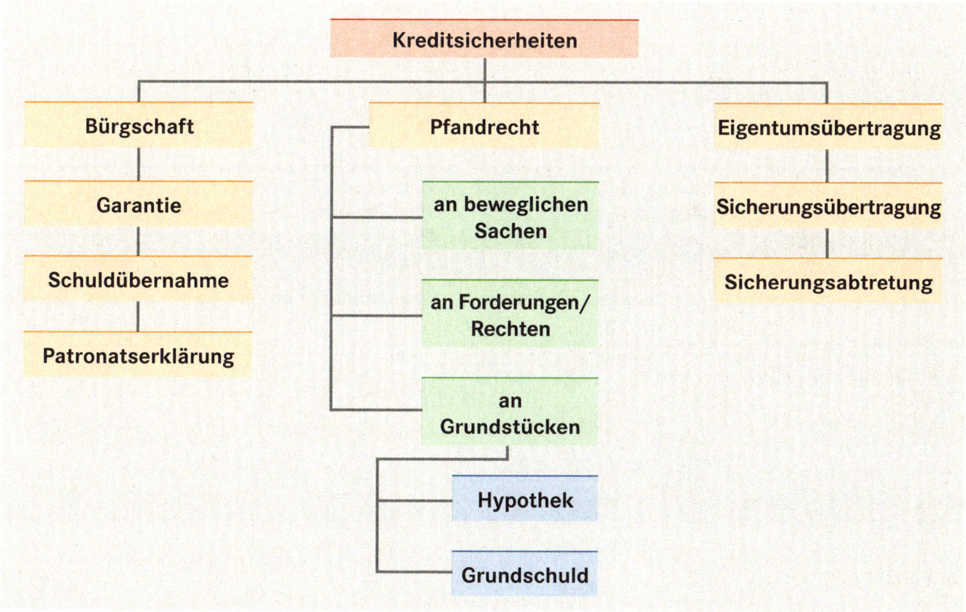

Schaubild 4.18: Instrumente der Kreditsicherung

Bürgschaft

Eine **Bürgschaft** ist ein Vertragsverhältnis, in dem sich der Bürge verpflichtet, dem Gläubiger gegenüber für die Erfüllung der Verbindlichkeiten eines Dritten – des Hauptschuldners – einzutreten. Sie ist eine von der Verbindlichkeit des Hauptschuldners verschiedene, einseitig übernommene, bedingte Verbindlichkeit des Bürgen.

Mit der akzessorischen, das heißt mit dem Bestand der Forderung verknüpften Bürgschaft verpflichtet sich der Bürge, an den Kreditgeber zu zahlen, wenn der Kreditnehmer seinen Zahlungsverpflichtungen nicht nachkommt. Sofern keine selbstschuldnerische Bürgschaft vorliegt, kann der Bürge mit der sogenannten Einrede der Vorausklage sein Gegenrecht gegen den Gläubiger geltend machen, das heißt, er kann verlangen, dass der Gläubiger sich zur Beitreibung seiner Forderung zunächst an den Hauptschuldner wendet.

Bei einer **selbstschuldnerischen Bürgschaft** haftet der Bürge gegenüber dem Gläubiger aus der Bürgschaft bereits ohne dass der Gläubiger den Hauptschuldner in Anspruch genommen hat, das heißt schon dann, wenn die Einziehung der Forderung gegen den Hauptschuldner noch möglich ist.

Die selbstschuldnerische Bürgschaft wird dadurch begründet, dass der Bürge auf das Recht der Einrede der Vorausklage verzichtet. Für den Gläubiger hat dies den Vorteil, dass er Befriedigung erlangen kann, ohne die Zwangsvollstreckung in das Vermögen des Kreditnehmers betreiben zu müssen.

Die Bürgschaft ist ein umfassendes Sicherungsinstrument, denn mit ihr können gegenwärtige, künftige und bedingte Forderungen gesichert werden. Im Falle der Inanspruchnahme des Bürgen durch den Gläubiger geht die ursprünglich dem Gläubiger zustehende Forderung gegen den Kreditnehmer kraft Gesetzes auf den Bürgen über, sodass der Bürge Rückgriff auf den Kreditnehmer nehmen kann.

Tabelle 4.28 vermittelt einen Überblick über die verschiedenen Arten von Bürgschaften.

Bürgschaft	Zweck
Nachbürgschaft	weitere Bürgschaft für die Verpflichtungen des Bürgen
Rückbürgschaft	Absicherung des Bürgen bei einem weiteren Bürgen für den Fall seiner Inanspruchnahme
Zeitbürgschaft	zeitlich befristete Bürgschaft, die nach Ablauf der vereinbarten Frist erlischt
Ausfallbürgschaft	das Eintreten des Bürgen für die Verbindlichkeiten des Schuldners für den Fall, dass der Gläubiger trotz Ausschöpfens aller rechtlichen Möglichkeiten ganz oder teilweise nicht befriedigt wird
Gewährleistungsbürgschaft	stellt sicher, dass der Bürge im Fall der Inanspruchnahme für die Kosten der Beseitigung von Mängeln innerhalb der Gewährleistungsfrist, z. B. an einem Bauwerk, aufkommt

Tabelle 4.28: Arten von Bürgschaften

Garantie

Eine **Garantie** ist das Versprechen des Garanten, für einen bestimmten künftigen Erfolg einzutreten.

Im Gegensatz zur Bürgschaft ist die Garantie abstrakt. Der Garantieempfänger muss das Bestehen einer Schuld (zum Beispiel aufgrund eines Kreditvertrags) weder darlegen noch beweisen. Im Allgemeinen werden Garantien nicht als Mittel zur Absicherung von Krediten gegenüber Banken angewendet, sondern sie werden von Banken selbst – meist im Außenwirtschaftsverkehr – gewährt.

Im Regelfall dient die Bankgarantie der Sicherung einer Verbindlichkeit des Auftraggebers der Bank gegenüber dem aus der Verbindlichkeit Begünstigten. Ihr liegt also ein Vertrag zwischen dem Auftraggeber und dem Begünstigten zugrunde, der mit einer Bankgarantieklausel versehen ist. Diese Klausel enthält die Vereinbarung, dass die Bank die Garantie eröffnen soll (Deckungsverhältnis). Im Garantievertrag selbst verpflichtet sich die Bank gegenüber dem Begünstigten, im Garantiefall einen bestimmten Betrag zu zahlen (Valutaverhältnis).

Schuldbeitritt

Ein **Schuldbeitritt** ist das Eintreten eines Dritten in ein Schuldverhältnis zusätzlich zu dem eigentlichen Schuldner. Der Schuldner und der Beitretende werden Gesamtschuldner, das heißt, der Gläubiger kann jeden von ihnen auf die volle Leistung in Anspruch nehmen.

Der Schuldbeitritt wird auch als kumulative Schuldübernahme bezeichnet. Die Gemeinsamkeit von Schuldbeitritt und Bürgschaft besteht darin, dass beide Instrumente dem Kreditinstitut als zusätzliche Sicherheit einen Anspruch gegen einen Mithaftenden verschaffen. Andererseits besteht ein grundlegender Unterschied darin, dass der Bürge für die Schuld eines Dritten akzessorisch haftet, während der Schuldbeitritt eine selbstständige Verbindlichkeit des Beitretenden begründet. Die grundsätzliche Einrede der Vorausklage des Bürgen gilt beim Schuldbeitritt nicht.

Zwar ist der Schuldbeitritt nicht ausdrücklich gesetzlich geregelt. Er ist jedoch aufgrund des allgemeinen Prinzips der Vertragsfreiheit zulässig.

Patronatserklärung

Durch die Patronatserklärung verspricht der „Patron“, in der Regel die Konzernmutter oder auch eine Gebietskörperschaft, den Gläubigern der Tochtergesellschaft beziehungsweise der selbstständigen Betriebsgesellschaft ein Verhalten, das die Aussicht auf Vertragserfüllung durch die Tochtergesellschaft/die Betriebsgesellschaft verbessert und dadurch deren Kreditwürdigkeit erhöht.

Der Inhalt einer Patronatserklärung kann von einer absolut unverbindlichen Goodwill-Erklärung bis zu einer rechtlichen Verpflichtung garantieähnlicher Art beziehungsweise bis zum Schadensersatz wegen Nichterfüllung der gesicherten Forderung reichen. Nur im letzten Fall spricht man von einer „harten“ Patronatserklärung.

Pfandrecht an beweglichen Sachen

Das **Pfandrecht** an einer beweglichen Sache ist das Recht des Gläubigers, aus der verpfändeten Sache Befriedigung zu suchen.

Im deutschen Recht werden drei Pfandrechte unterschieden:

- das gesetzliche Pfandrecht (zum Beispiel Vermieterpfandrecht, Pfandrecht des Spediteurs/Frachtführers, des Lagerhalters oder des Kommissionärs),
- das Pfändungspfandrecht (bei Betreiben der Zwangsvollstreckung) und
- das vertragliche Pfandrecht.

Das Pfandrecht ist wie die Bürgschaft ein streng akzessorisches Recht und setzt infolgedessen den Bestand einer bestimmten Forderung voraus. Das vertragliche Pfandrecht entsteht durch die Einigung des Pfandrechtsbestellers mit dem Gläubiger über die Bestellung des Pfandrechts und durch die Übergabe der Pfandsache an den Gläubiger. Falls nicht der Schuldner, sondern ein Dritter unmittelbarer Besitzer der Pfandsache ist, tritt an die Stelle der Besitzübergabe die Abtretung des Herausgabeanspruchs gegen den unmittelbaren Besitzer an den Gläubiger, die dem unmittelbaren Besitzer angezeigt werden muss.

Die Verwertung der Pfandsache erfolgt durch öffentliche Versteigerung oder – soweit ein Marktpreis existiert – durch freihändigen Verkauf, im Fall von Wertpapieren durch freihändigen Verkauf zum Börsenkurs.

Hypothek

Die Hypothek ist eines der wichtigsten Rechtsmittel zur Absicherung größerer und längerfristiger Geldforderungen.

Eine **Hypothek** ist ein an einem Grundstück oder grundstücksgleichen Recht bestelltes Pfandrecht, das zur Sicherung einer Forderung dient und vom Bestand der zu sichernden Forderung abhängig (akzessorisch) ist.

Eine Hypothek entsteht durch Einigung zwischen dem Gläubiger der zu sichernden Forderung und dem Eigentümer des Grundstücks und durch Eintragung in das öffentliche Grundbuch. Durch die Hypothek wird das Grundstück an den Gläubiger der zu sichernden Forderung verpfändet. Hypothekengläubiger und Forderungsgläubiger sind identisch. Demgegenüber muss der Eigentümer des Grundstücks nicht identisch mit dem Schuldner sein, vielmehr kann die Forderung des Gläubigers auch durch die Bestellung einer Hypothek auf das Grundstück eines Dritten gesichert werden.

BEISPIEL ▶ Hypothekarische Besicherung

Dr. Lebelang betreibt zusammen mit drei Kollegen und Kolleginnen das Ärztezentrum Dr. Lebelang & Partner. Zur Finanzierung eines teuren Diagnosegeräts hat er bei seiner Bank einen Kredit aufgenommen. Dieser wurde mit einer Hypothek auf das Grundstück der Kollegin Dr. Wohlauf abgesichert.

Der Gläubiger ist berechtigt, die Zahlung einer Geldsumme aus dem Grundstück zu beanspruchen, das mit einer Hypothek zu seinen Gunsten belastet ist. Wird seine Forderung nicht erfüllt, so hat er das Recht, sich aus dem belasteten Grundstück durch Zwangsvollstreckung zu befriedigen.

Grundschuld

Eine **Grundschuld** ist ein an einem Grundstück oder grundstücksgleichen Recht bestelltes Pfandrecht, das zur Sicherung einer Forderung dient. Sie ist ein dingliches Recht, dessen Bestand unabhängig von der zu sichernden Forderung ist.

Eine Grundschuld entsteht – wie eine Hypothek – durch Einigung zwischen dem Gläubiger der zu sichernden Forderung und dem Grundstückseigentümer und durch Eintragung in das öffentliche Grundbuch. Im Gegensatz zur Hypothek begründet sie einen Anspruch des

Gläubigers, der von dem Kreditverhältnis, das heißt von der durch die Grundschuld gesicherten Forderung, losgelöst ist.

Sicherungsübereignung

Sicherungsübereignung ist die Übertragung des Eigentums an einer beweglichen Sache, wobei vereinbart wird, dass die Übertragung nur zu dem Zweck dient, eine Forderung des Erwerbers gegen den Veräußerer zu sichern. Das Eigentum wird nicht durch Einigung und Übergabe der Sache übertragen, sondern durch die Begründung eines Besitzmittlungsverhältnisses, in dessen Rahmen die Sache im unmittelbaren Besitz des Erwerbers verbleibt, der Erwerber also nur mittelbarer Besitzer wird.

Das Sicherungseigentum sichert die Forderung des Gläubigers, indem dieser zugleich mit ihrem Erwerb das Recht eingeräumt bekommt, die übereignete Sache bei Nichterfüllung der Forderung zu verwerten. Die Sicherungsübereignung dient als Ersatz für das ohne Besitzübertragung nicht zulässige und damit in der Praxis oftmals nicht zweckmäßige Pfandrecht an einer beweglichen Sache.

BEISPIEL ▶ Sicherungsübereignung statt Pfandrecht

Das Ärztezentrum Dr. Lebelang & Partner stattet seine Praxisräume mit neuen Computern aus. Dazu nimmt Dr. Lebelang bei seiner Bank einen Kredit auf. Die Bank lässt sich die Computer sicherungsübereignen. Auf diese Weise bleibt Dr. Lebelang unmittelbarer Besitzer der Computer und diese können im Zentrum genutzt werden. Würde er hingegen der Bank ein Pfandrecht einräumen, so müsste er die Computer an die Bank übergeben, womit sie wirtschaftlich wertlos würden.

Die Grundlage der Sicherungsübereignung ist die Sicherungsabrede. Sie umfasst im Einzelnen

- die Bezeichnung der zu sichernden Forderung,
- die Verpflichtung des Schuldners zur Beschaffung der Sicherheit,
- die Modalitäten der Verwaltung des Sicherungsgutes,
- je nach der Art des Sicherungsgutes die Befugnis des Schuldners, über das Sicherungsgut in bestimmter Weise zu verfügen,
- Regelungen zur Freigabe im Fall einer Übersicherung (Deckungsgrenze),
- die Modalitäten im Fall der Verwertung des Sicherungsgutes.

Handelt es sich bei dem Sicherungsgut um Waren, die zum Weiterverkauf bestimmt sind, so wird in der Regel die Vorausabtretung künftiger Forderungen aus dem Warenverkauf vereinbart. Im Fall von Waren, die zur Weiterverarbeitung bestimmt sind, enthält die Sicherungsabrede eine Klausel, durch die das Sicherungseigentum auf die mithilfe des Sicherungsgutes hergestellte Sache ausgedehnt wird.

Besteht zwischen dem Wert des Sicherungsgutes und der Höhe der gesicherten Forderung von Anfang an ein beträchtliches Missverhältnis, so kann dies dazu führen, dass die Sicherungsabrede für nichtig erklärt wird. Bei der nachträglichen Übersicherung – etwa durch Reduzierung der zu sichernden Forderung oder durch eine Werterhöhung des Sicherungsgutes – wird der zunächst bedingte Rückgewähranspruch des Sicherungsgebers in Höhe der Übersicherung zu einem unbedingten, das heißt, die Bank muss ihr Sicherungseigentum in Höhe der Übersicherung freigeben.

Sicherungsabtretung

Eine **Sicherungsabtretung** oder Sicherungszession ist die Abtretung einer bestimmten oder bestimmbaren Forderung des Schuldners gegen einen Dritten an den Gläubiger mit dem Zweck, die Forderung des Gläubigers abzusichern.

Schaubild 4.19 illustriert die Beziehungen zwischen den Beteiligten im Rahmen einer Sicherungsabtretung.

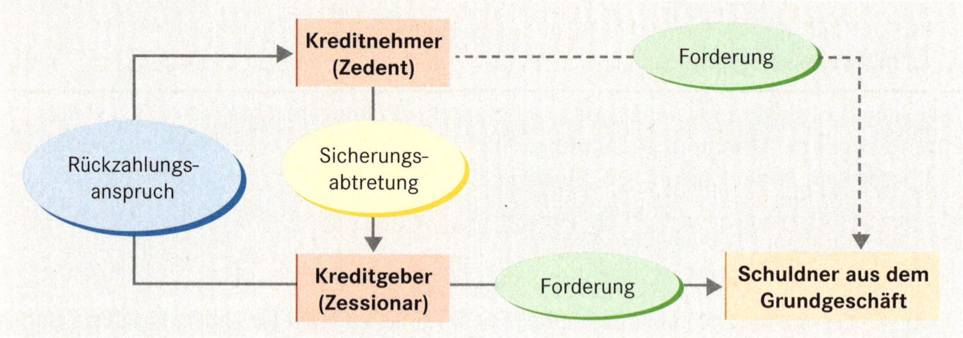

Schaubild 4.19: Sicherungsabtretung

Der Sicherungsabtretung liegt ein Vertrag zwischen dem Sicherungsgeber (dem Zedenten) und dem Sicherungsnehmer (dem Zessionar) zugrunde. In der Regel liegt die Höhe der Sicherungsabtretung um 20 % bis 30 % über der Höhe der gesicherten Forderung. Die Zession ist ein vom Grundgeschäft, zum Beispiel einem Warenverkauf, getrenntes Verfügungsgeschäft. Mängel des Grundgeschäfts führen deshalb nicht zur Unwirksamkeit der Abtretung.

Die Forderungsabtretung ist ein flexibles Mittel zur Kreditsicherung. Nicht nur bereits bestehende, sondern auch künftige Forderungen können abgetreten werden. Voraussetzung ist jedoch die Bestimmtheit der Forderung beziehungsweise die Bestimmbarkeit der künftigen Forderung nach Gläubiger, Schuldner und dem Gegenstand der Forderung.

Die als Kreditsicherungsmittel entwickelte Sicherungsabtretung vermittelt dem Zessionar den vollen Umfang der Gläubigerrechte. Es liegt daher wie bei der Sicherungsübereignung ein fiduziarisches Rechtsverhältnis vor, sodass zwischen dem Außenverhältnis (gegenüber Dritten und dem Schuldner der abgetretenen Forderung) und dem Innenverhältnis, das heißt dem Verhältnis zwischen Zedent und Zessionar, zu unterscheiden ist. Im **Außenverhältnis** bleibt der Sicherungsgeber verfügungsberechtigt, das heißt, er kann die abgetretene Forderung weiterhin selbst einziehen, muss allerdings im Sicherungsfall den eingezogenen Betrag an den Sicherungsnehmer weitergeben. Im **Innenverhältnis** darf der Sicherungsnehmer die Forderung nur für den vereinbarten Zweck verwerten.

Die zu sichernde Forderung kann mit der Sicherungsabtretung durch eine auflösende Bedingung in der Form verknüpft sein, dass mit dem Erlöschen der zu sichernden Forderung auch die Sicherungsabtretung aufgehoben wird, was aber in der Regel nicht der Fall ist. Als typische Bankensicherheit soll die Abtretung gerade nicht akzessorisch sein, weil nur dann auch Austauschforderungen oder nachgeschobene Forderungen abgesichert sind, ohne dass jedes Mal eine neue Sicherheit bestellt werden muss.

Je nachdem, ob die Zession gegenüber dem Drittschuldner offengelegt wird, unterscheidet man zwischen der offenen und der stillen Zession:

- **Offene Zession.** Hier wird der Schuldner der abgetretenen Forderung benachrichtigt. Dies geschieht in der Regel dann, wenn Versicherungsforderungen (zum Beispiel aus einer Transportversicherung oder aus einer Lebensversicherung) als Kreditsicherungsmittel abgetreten werden. Versicherungsunternehmen machen die Wirksamkeit der Abtretung von gegen sie gerichteten Ansprüchen oft von ihrer Zustimmung abhängig, schränken also die Verfügungsrechte des Sicherungsgebers ein. Im Fall der offenen Zession erfolgt die Begleichung der sichernden Forderung durch Zahlung an den Kreditgeber.
- **Stille Zession.** Hier erfolgt keine Benachrichtigung des Drittschuldners. Bei einer stillen Zession ist der Sicherungsgeber berechtigt, weiterhin über die zur Sicherheit abgetretene Forderung nach Maßgabe der Sicherungsabrede zu verfügen. Er darf die Forderung bis zur Offenlegung der Zession selbst einziehen und gegebenenfalls im eigenen Namen zur Leistung an sich oder an den Sicherungsnehmer einklagen. Des Weiteren muss er den Forderungsbetrag im Innenverhältnis bis zur Höhe der gesicherten Forderung an den Sicherungsnehmer weitergeben. Vereinbart eine Bank mit dem Kreditnehmer zur Kreditsicherung eine stille Zession, so lässt sich die Bank üblicherweise Blankoabtretungsschreiben des Kunden gegenzeichnen, die sie jederzeit selbst komplettieren kann. Auf diese Weise schließt sie Diskussionen über ihre Eigenschaft als Forderungsinhaber und damit eventuell verbundene Verzögerungen aus.

Weiterhin unterscheidet man zwischen Einzelabtretung und Rahmenabtretung. Die Rahmenzession wiederum erfolgt als Mantelzession oder als Globalzession:

- Bei der **Mantelzession** erfolgt der Forderungsübergang nur in einer bestimmten Höhe und wird durch Forderungslisten belegt. Die Abtretung wird erst mit der Übergabe der Liste vollzogen.
- Die **Globalzession** ist das typische Kreditsicherungsmittel der Banken. Ihr Gegenstand sind sämtliche gegenwärtigen und zukünftigen Forderungen.

Insbesondere im Fall einer stillen Globalzession kann nicht ausgeschlossen werden, dass die global überlassenen Forderungen auch solche enthalten, die sich als uneinbringlich herausstellen. Der Sicherungsgeber kann allerdings den Sicherungswert des gesamten Forderungsbestands durch den Abschluss einer Warenkreditversicherung erhöhen, die das Ausfallrisiko der Forderungen auf die Höhe des Selbstbehalts beschränkt.

4.3 Investitionsrechnung und Finanzplanung

Investitionen dienen zur Erhaltung, Erweiterung oder Verbesserung der Produktion von Gütern und Dienstleistungen. Investitionen in Produktionsmittel werden auch vorgenommen, um auf dem neuesten technologischen Stand zu bleiben.

- **Investition** ist die Verwendung von Kapital, das heißt die Umwandlung von Kapital in Vermögen.
- Ein **Investitionsgut** ist ein Wirtschaftsgut, das in der Leistungserstellung über mehrere Perioden genutzt wird.

Ein Investitionsobjekt dient der Erwirtschaftung zukünftiger Erträge. Je nach der Art des Objekts unterscheidet man zwischen Sachinvestitionen, Finanzinvestitionen und immateriellen Investitionen.

BEISPIELE ▶ Arten von Investitionsobjekten

- ▶ **Sachinvestitionen** sind Investitionen in Grundstücke, Bauten, Maschinen, Fahrzeuge oder Büroeinrichtungsgegenstände.
- ▶ **Finanzinvestitionen** sind Anlagen in Wertpapiere, zum Beispiel in Anleihen oder Unternehmensbeteiligungen.
- ▶ **Immaterielle Investitionen** sind Investitionen in die Forschung und Entwicklung, in die Ausbildung der Mitarbeiter oder der Erwerb einer Lizenz.

Investition und Finanzierung sind zwei verschiedene Seiten ein und derselben Medaille, da jede Investition finanziert werden muss. Die Finanzierung stellt auf die Mittelherkunft ab, die Investition auf die Mittelverwendung.

4.3.1 Investitionsarten

Schaubild 4.20 fasst verschiedene Arten von Investitionen zusammen, wobei als Unterscheidungsmerkmal der Anlass der Investition herangezogen wurde.

Investition

- **Gründungsinvestition**
  = Investition, die zur Gründung eines Unternehmens erforderlich ist (Erstinvestition)
- **Ersatzinvestition**
  = Investition, die zum Ersatz verschlissener Produktionskapazitäten dient und ein gegebenes Produktionsniveau sichert
- **Erweiterungsinvestition**
  = Investition, die der Vergrößerung der Produktionskapazität dient
- **Rationalisierungsinvestition**
  = Investition, die der Produktivitätssteigerung/Kostensenkung in der Produktion dient
- **Zwangsinvestition**
  = gesetzlich vorgeschriebene Investition
- **Vorratsinvestition**
  = Aufbau von Lagerbeständen

Schaubild 4.20: Arten von Investitionen je nach Investitionsanlass

BEISPIELE ▶ Arten von Investitionen je nach Investitionsanlass

- ▶ Der Geschäftsführer des Sportstudios Fitnessgym GmbH ist davon überzeugt, dass die Firma ihren Kundenkreis vergrößern kann, wenn sie das Sportstudio um eine Biosauna ergänzt. Der Einbau der Biosauna ist eine **Erweiterungsinvestition.**

- In der Röntgenabteilung des Ärztezentrums Dr. Lebelang & Partner werden die verschlissenen Röntgenapparate gegen neue, moderne Röntgengeräte ausgetauscht. Die Anschaffung der neuen Geräte ist eine **Ersatzinvestition.**
- Der Geschäftsführer der Fitnessgym will die Heizkosten des Studios senken und denkt über eine **Rationalisierungsinvestition** nach. Da die Fenster des Gebäudes ohnehin schon mehr als 15 Jahre alt sind, beschließt er, neue Fenster mit verbesserter Wärmedämmung einbauen zu lassen.
- Die Konzertagentur Mix & Fertig zieht in ein denkmalgeschütztes Haus um, dessen Dach zuvor erneuert werden muss. Im Rahmen des Denkmalschutzes sind bestimmte Dachziegel vorgeschrieben, die teurer sind als gewöhnliche. Die Preisdifferenz entspricht einer **Zwangsinvestition.**

Investitionen haben oft strategische Bedeutung, da sie langfristig Kapital binden beziehungsweise da Investitionsentscheidungen nur schwer umkehrbar sind.

BEISPIEL ▶ Strategische Bedeutung einer Investition

Die Erweiterung des Sportstudios um eine Biosauna beruht auf einer strategischen Entscheidung: Sie soll langfristig den Kundenkreis vergrößern, indem sie für Sportstudiobesucher ein zusätzliches Angebot schafft. Sie ist nur schwer umkehrbar, denn die Biosauna lässt sich nur schwer wieder veräußern, da die Nachfrage nach gebrauchten Saunaanlagen eng begrenzt ist. Es ist also wenig wahrscheinlich, dass sich das in der Biosauna gebundene Kapital kurzfristig und ohne Verluste wieder freisetzen lässt.

4.3.2 Grundlagen der Investitionsrechnung

Die Entscheidung über eine Investition hängt von einer Reihe von Faktoren ab. Neben ökonomischen Kriterien spielen weitere Gesichtspunkte wie gesetzliche Vorschriften und Fragen der technischen Machbarkeit eine Rolle. In der Investitionsrechnung werden vor allem die finanziellen Folgen eines Investitionsvorhabens, die sich zahlenmäßig ausdrücken lassen, erfasst und bewertet.

Die **Investitionsrechnung** ist ein rechnerisches Verfahren zur Beurteilung der Vorteilhaftigkeit einer Investition.

In der Investitionsrechnung werden die finanziellen Konsequenzen einer Investition analysiert und beurteilt. Das Ergebnis der Investitionsrechnung bietet die Basis für die Entscheidung darüber, ob die Investition vorgenommen werden soll oder nicht.

Schaubild 4.21 vermittelt einen Überblick über die grundlegenden Verfahren der Investitionsrechnung.

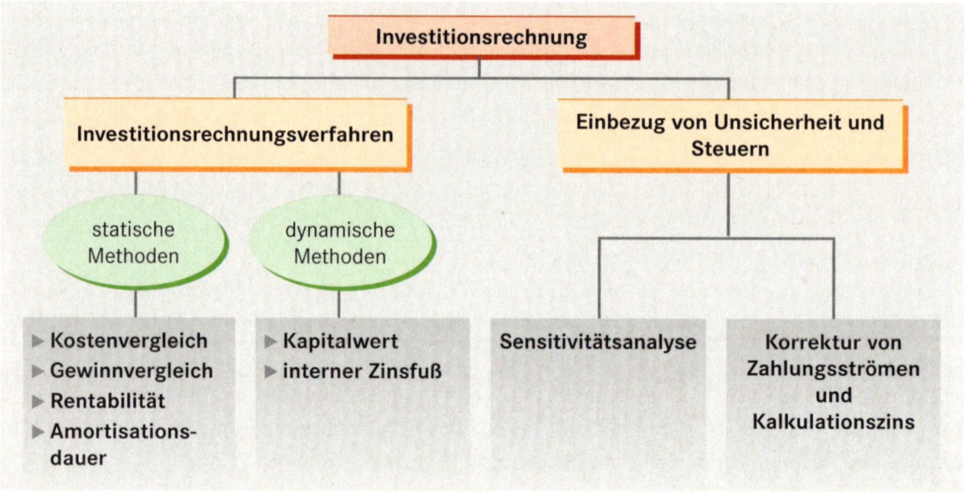

Schaubild 4.21: Verfahren der Investitionsrechnung

Statische Investitionsrechnung

Bei der statischen Investitionsrechnung wird zur Beurteilung der Wirtschaftlichkeit eines Investitionsobjekts ein durchschnittliches oder repräsentatives (typisches) Jahr herangezogen. Die zeitliche Verteilung der mit der Investition verbundenen Zahlungsströme bleibt unberücksichtigt. Die Datenbasis bilden die Werte aus der Kostenrechnung oder aus der Buchhaltung. Der Aufwand für die Beschaffung der Daten ist relativ gering. Allerdings ist die Aussagekraft der statischen Verfahren begrenzt.

Kostenvergleichsrechnung

Die Kostenvergleichsrechnung ist das einfachste statische Verfahren. Hier werden die Kosten alternativer Investitionsobjekte ermittelt, durch die jeweilige Nutzungsdauer geteilt und miteinander verglichen. Die Entscheidungsregel lautet: Wähle diejenige Investition aus, die mit den geringsten Kosten verbunden ist.

Die Kostenvergleichsrechnung ermöglicht eine schnelle Entscheidung. Sie setzt allerdings voraus, dass die betrachteten Alternativen allesamt einen gleich hohen Nutzen aufweisen. Da dies in der Regel nicht der Fall sein wird, ist die Kostenvergleichsrechnung für die Wirtschaftlichkeitsanalyse von Projekten nur bedingt geeignet.

Gewinnvergleichsrechnung

Bezieht man in die Kostenvergleichsrechnung die Erlösseite mit ein, so gelangt man zur Gewinnvergleichsrechnung. Der durchschnittliche Gewinn jeder Alternative wird wie folgt ermittelt:

$$\text{Gewinn pro Jahr} = \frac{\text{Erlöse} - \text{Kosten}}{\text{Nutzungsdauer}}$$

Die Entscheidungsregel lautet: Wähle diejenige Investition aus, die den größten Gewinn abwirft.

Die Gewinnvergleichsrechnung hat den Vorteil, dass sie unterschiedliche Kapazitätsgrößen sowie gegebenenfalls Qualitätsunterschiede der mit den Investitionsobjekten erstellen Leistungen berücksichtigt.

Rentabilitätsrechnung

Die Rentabilitätsrechnung wird auch als Rentabilitätsvergleich, Renditemethode oder Return on Investment (ROI) bezeichnet. Sie beruht auf der Gewinnvergleichsrechnung, zusätzlich wird jedoch das eingesetzte Kapital herangezogen:

$$\text{Jährliche Rentabilität} = \frac{\text{Gewinn pro Jahr}}{\text{durchschnittlicher Kapitaleinsatz}} \cdot 100$$

Die Entscheidungsregel lautet hier: Wähle diejenige Investition aus, deren Rentabilität am größten ist.

Die Rentabilitätsrechnung ermöglicht den Vergleich von Investitionsobjekten mit unterschiedlichen Funktionen und verschieden hohem Kapitaleinsatz. Eine echte Vergleichbarkeit ist aber nur dann gegeben, wenn unterstellt wird, dass sämtliche in den Vergleich einbezogenen Investitionsobjekte die gleiche Nutzungsdauer haben und dass mit der Differenz des Kapitaleinsatzes die gleiche Rentabilität erwirtschaftet wird.

Statische Amortisation

Ausgangspunkt der Amortisationsrechnung ist die Frage, wie lange es dauert, bis die verausgabte Investitionssumme durch die mit der Investition verbundenen jährlichen Gewinne wieder ins Unternehmen zurückgeflossen ist:

$$\text{Amortisationszeit} = \frac{\text{Anschaffungspreis} - \text{Restwert}}{\text{durchschnittlicher Jahresgewinn} + \text{Abschreibungen}}$$

Die Amortisationsrechnung ist eine verbreitete Methode, da sie einfach ist und eine klare Aussage erlaubt. Zieht man die Amortisationsrechnung als Entscheidungshilfe heran, so ist diejenige Investition zu wählen, die sich am schnellsten amortisiert.

Zwar wird durch die Amortisationsrechnung die zentrale Frage der Wirtschaftlichkeit nicht beantwortet. Dafür zeigt sie bestimmte Risiken auf, die mit einer Investition verbunden sind. Deshalb spielt sie bei der Kreditvergabe eine wichtige ergänzende Rolle. Ist die Laufzeit des Kredits kürzer als die Amortisationszeit, so muss das Unternehmen die Mittel zur Tilgung des Kredits teilweise aus dritten Quellen aufbringen. Darüber hinaus ist das Risiko, dass sich der Markt verändert und die investierten Mittel später als geplant oder gar nicht zurückfließen, umso größer, je langsamer sich die Investition amortisiert.

Dynamische Investitionsrechnung

Die den statischen Verfahren eigene Durchschnittsbetrachtung bedeutet eine starke Vereinfachung der Realität. Die dynamischen Verfahren sind demgegenüber wirklichkeitsnäher. Hier werden die mit jeder Investition verbundenen Ein- und Auszahlungen erfasst beziehungsweise geschätzt und in der anschließenden Rechnung in ihrer konkreten zeitlichen Abfolge berücksichtigt. Die Konstruktion einer Durchschnittsperiode wird also durch eine Mehrperioden-Betrachtung abgelöst. Unterschiede der zeitlichen Struktur der Zahlungsströme zwischen alternativen Investitionsobjekten werden durch die Zinseszinsrechnung ausgeglichen.

BEISPIEL ▶ Zeitabhängiger Wert einer Einzahlung

Eine Einzahlung von 10.000,00 €, die in fünf Jahren eingehen wird, ist weniger wert als eine gleich hohe Einzahlung, die gestern verbucht wurde. Während er im zweiten Fall das Geld sofort ausgeben kann, muss der Unternehmer im ersten Fall eine notwendige Anschaffung aufschieben oder aber mithilfe eines Darlehens finanzieren, für das er Zinsen zahlen muss.

Kapitalwertmethode

Die Kapitalwertmethode ist eine der wichtigsten Methoden zur Berechnung der Wirtschaftlichkeit von Investitionen oder Projekten, bei denen sich die Ein- und Auszahlungen (Kosten und Erträge) im Zeitablauf ändern.

Der **Kapitalwert** ist der Barwert sämtlicher mit einer Investition verbundenen Einzahlungen abzüglich der mit ihr verbundenen Auszahlungen, das heißt die Summe der auf die Gegenwart abgezinsten Nettoeinzahlungen.

Um alternative Projekte miteinander vergleichbar zu machen, werden alle zukünftigen Ein- und Auszahlungen auf einen einheitlichen Zeitpunkt abgezinst. Auf diese Weise erhält man die Barwerte der einzelnen Zahlungen. Je später ein bestimmter Betrag anfällt, desto kleiner ist sein Barwert.

BEISPIEL ▶ Barwert einer Einzahlung

Legt man einen Zinssatz von 5 % zugrunde, so ist eine Einzahlung von 1.000,00 €, die in einem Jahr anfällt, heute 952,38 € wert. Verschiebt sich die Einzahlung um ein weiteres Jahr, so sinkt ihr heutiger Wert auf 907,03 €.

Die allgemeine Formel zur Berechnung des Kapitalwertes lautet:

$$\text{Kapitalwert} = \underbrace{\frac{\text{Nettoeinzahlung}}{1+i}}_{\textbf{Jahr 1}} + \underbrace{\frac{\text{Nettoeinzahlung}}{(1+i)^2}}_{\textbf{Jahr 2}} + \underbrace{\frac{\text{Nettoeinzahlung}}{(1+i)^3}}_{\textbf{Jahr 3}} \quad \text{usw.}$$

wobei gilt: i = Zinssatz in %/100.

Der Kapitalwert lässt sich rechnerisch relativ einfach ermitteln und ist national und international verbreitet. Die Entscheidungsregel lautet hier: Ein Investitionsprojekt sollte dann durchgeführt werden, wenn sein Kapitalwert positiv ist.

Schaubild 4.22 veranschaulicht die Ermittlung des Kapitalwertes in zwei Varianten: Der Barwert ergibt sich durch Abzinsung, spiegelbildlich dazu ergibt sich der Endwert durch Aufzinsung.

5620330

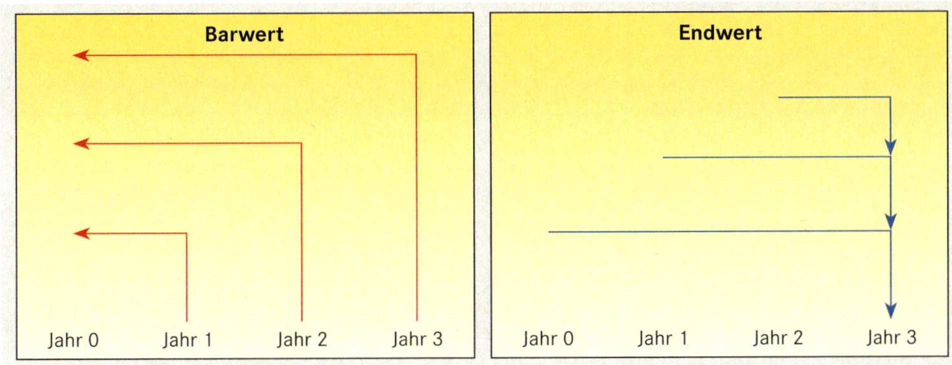

Schaubild 4.22: Barwert und Endwert

BEISPIEL ▶ Barwertberechnung

Ein Unternehmen steht vor der Frage, ob es 10.000,00 € investieren soll, wofür es im Gegenzug drei Jahre lang jeweils am Jahresende eine Zahlung von 3.900,00 € erhielte. Ohne Berücksichtigung von Zinsen beträgt der Einzahlungsüberschuss (EÜ)

$$EÜ = (3.900{,}00\,€ \cdot 3) - 10.000{,}00\,€ = 1.700{,}00\,€$$

Um nicht Äpfel mit Birnen zu vergleichen, addiert die Projektleiterin nur gleichnamige Größen, das heißt, sie rechnet die Zeitwerte der Zahlungen auf die Gegenwart um. Den Zinssatz von 3 %, den sie zur Abzinsung verwenden will, begründet sie folgendermaßen: Würde das Unternehmen auf die Investition verzichten, so könnte es das Kapital für drei Jahre bei seiner Bank anlegen. In diesem Fall erhielte es jährlich 3 % Zinsen. Soll die Investition keine schlechtere Verzinsung als die Anlage bei der Bank bieten, so müssen die drei Zahlungen von jeweils 3.900,00 € das Ergebnis einer mindestens dreiprozentigen Verzinsung des investierten Kapitals sein.

Anschließend berechnet die Projektleiterin die Barwerte der drei Einzahlungen, das heißt, die Beträge, die heute zu 3 % festgelegt werden müssten, um die entsprechenden Einzahlungen nach einem, zwei beziehungsweise drei Jahren erzielen zu können.

Barwerte

Heute		Jahr 1	Jahr 2	Jahr 3
3.569,05 €	⟸			3.900,00 €
3.676,12 €	⟸		3.900,00 €	
3.786,41 €	⟸	3.900,00 €		

Die Summe der Barwerte beträgt 11.031,58 €. Im letzten Schritt subtrahiert sie den Barwert der mit der Investition verbundenen Anfangsauszahlung:

$$\text{Kapitalwert} = 11.031{,}58\,€ - 10.000{,}00\,€ = 1.031{,}58\,€.$$

Die Barwerte der künftigen Einzahlungen übersteigen die Auszahlung um 1.031,58 €. Da mithin der Kapitalwert positiv ist, bekommt die Projektleiterin für das Projekt grünes Licht.

Methode des internen Zinsfußes

Diese Methode wird wie die Kapitalwertmethode zur Beurteilung der Wirtschaftlichkeit einer Investition genutzt. Dabei wird nicht der Kapitalwert der Investition berechnet, sondern derjenige Zinssatz, bei dem der Kapitalwert der Investition den Wert null erreicht. Dieser Zinssatz ist der interne Zinsfuß.

Der **interne Zinsfuß** ist derjenige Zinssatz, bei dem die mit dem Investitionsobjekt verbundenen Auszahlungen genau den Einzahlungen entsprechen, das heißt, bei dem der Kapitalwert den Wert null erreicht.

Die Entscheidungsregel bei dieser Methode lautet: Das Projekt sollte durchgeführt werden, wenn der interne Zinsfuß über der geforderten Mindestverzinsung liegt. Hat das Unternehmen die Wahl zwischen verschiedenen Projekten, dann sollte es das Projekt mit dem höchsten internen Zinsfuß wählen.

BEISPIEL ▶ Ermittlung des internen Zinsfußes

Eine einjährige Geldanlage von 10.000,00 € wirft Zinsen von 800,00 € ab. Der interne Zinsfuß (r) errechnet sich folgendermaßen:

$10.000{,}00\,€ = 10.800{,}00\,€/(1 + r)$

$10.000{,}00\,€ \cdot (1 + r) = 10.800{,}00\,€$

$r = 800{,}00\,€ : 10.000{,}00\,€ = 0{,}08 = 8\,\%$

Die Geldanlage ist vorteilhaft, wenn es keine Alternative gibt, die mehr als 8 % einbringt, das heißt, wenn die Mindestverzinsung niedriger ist als 8 %.

Einbezug von Unsicherheit

Investitionen sind mit Unsicherheit verbunden, da die zukünftigen Ergebnisse nicht bekannt sind. Naturgemäß können über den künftigen Verlauf der mit der Investition verbundenen Kosten und Erlöse nur Vermutungen getroffen werden.

Das **Risiko** einer Investition ist die Möglichkeit, dass die tatsächlichen Ergebnisse der Investition von den geplanten Ergebnissen abweichen.

Die Bewertung des Risikos hängt von der Risikoeinstellung des Betrachters ab. Eine objektive Risikoberücksichtigung ist nicht möglich, trotzdem kann versucht werden, die Auswirkungen von Risikofaktoren transparenter zu machen und zu analysieren. Eine populäre Hilfe ist dabei die sogenannte Sensitivitätsanalyse. Die Ausgangsfrage bei dieser Analyse lautet: Wie verändert sich die Beurteilung der Investition, wenn man von der realistischen Annahme ausgeht, dass die künftigen Ein- und Auszahlungen unsicher sind, und wenn man annimmt, dass bestimmte Risiken eintreten?

BEISPIEL ▶ Kapitalwert und Unsicherheit

Die Konzertagentur Mix & Fertig möchte zusätzliche Veranstalter als Kunden gewinnen und erwägt, zu diesem Zweck ein weiteres Büro in Berlin zu eröffnen. Ihre Investitionsrechnung hat ergeben, dass dieses Projekt im Lauf der nächsten zehn Jahre einen positiven Kapitalwert erzielen wird. Allerdings sind die laufenden Kosten zur Unterhaltung des Büros sowie die Zahl der zusätzlichen Kunden unsicher. Möglicherweise wird die Büromiete stärker steigen als erwartet. Zudem ist es denkbar, dass Konkurrenten einen Teil der Kunden, die die Agentur im Auge hat, auf sich ziehen.
Aufgrund dieser Überlegungen setzt die Agentur für die Mietkosten ab dem Jahr 5 des Betrachtungszeitraums einen jährlichen Aufschlag um 10 % an, die Zahl der erwarteten neuen Kunden reduziert sie um 20 % und berechnet anschließend den Kapitalwert noch einmal neu. Die veränderten Schätzwerte ergeben nun einen negativen Kapitalwert. Ob sie an dem Projekt festhält, hängt nicht nur davon ab, für wie wahrscheinlich sie den Eintritt der Risiken hält, sondern auch von ihrer grundsätzlichen Risikobereitschaft.

Die Sensitivitätsanalyse dient als wichtige Ergänzung zur Investitionsrechnung. Sie ermöglicht die Bestimmung von kritischen Werten, die möglichst nicht über- oder unterschritten werden sollen.

Einbezug von Steuern

Ertragsteuern wie Gewerbeertragsteuer, Körperschaftsteuer oder Einkommensteuer wirken sich auf die Zahlungsströme und den Kalkulationszinssatz aus. Die Nettoeinzahlungen werden durch Steuern verringert und der Kalkulationszinssatz sinkt, weil durch die Berücksichtigung von Steuerlasten die Einkünfte oder Gewinne nach unten korrigiert werden.

4.3.3 Investitionsplanung

Der Investitionsplan ist eine Aufstellung künftiger Anschaffungen, die mit den zur Verfügung stehenden Finanzmitteln abgeglichen wurde. Die Grundlage der Investitionsplanung sind die Ergebnisse der Investitionsrechnung.

Der **Investitionsplan** ist ein Plan, der festhält, wann ein Unternehmen welche Investitionsvorhaben durchführen will.

Die Investitionsplanung kann in fünf Phasen unterteilt werden:

1. Die **Anregungs-/Suchphase.** Hier wird systematisch nach Investitionsmöglichkeiten gesucht. Diese Suche kann intern oder extern erfolgen.
2. Die **Beurteilungsphase.** Hier wird eine Vorauswahl unter den ermittelten Investitionsmöglichkeiten getroffen, das heißt, es werden die Alternativen mit der höchstmöglichen Wirksamkeit herausgefiltert. Anschließend wird eine Entscheidungsvorlage erarbeitet. Darin werden Entscheidungskriterien festgelegt und gewichtet.
3. Die **Entscheidungsphase.** Hier wird der gesamte Investitionsbedarf ermittelt und mit dem Finanzierungsbedarf abgestimmt. Anschließend wird der Investitionsplan genehmigt und die benötigten Mittel werden freigegeben.
4. Die **Durchführungsphase.** Hier wird der eigentliche Ablauf gesteuert. Es wird für die Einhaltung der Termine, des Finanzierungsrahmens und der im Kaufvertrag vereinbarten Qualität der Investitionsobjekte gesorgt.
5. Die **Kontrollphase.** Diese Phase begleitet den laufenden Geschäftsbetrieb. Hier werden die Investitionsergebnisse regelmäßig bewertet. Durch einen Soll-Ist-Vergleich oder eine Abweichungsanalyse kann der Nutzen der Investition bestimmt und es können Maßnahmen zur Korrektur von Abweichungen ergriffen werden.

4.3.4 Finanzplanung

Die **Finanzplanung** ist die Zusammenstellung der geplanten Mittel zur Finanzierung der geplanten Ausgaben des Unternehmens. Sie gibt Aufschluss über die Höhe und die zeitliche Struktur des Finanzierungsbedarfs.

Die Finanzplanung zeigt auf, wie sich die finanzielle Situation des Unternehmens entwickelt, wenn alle Investitionen und laufenden Ausgaben planmäßig vorgenommen werden. Sie ist ein wichtiges Instrument für finanzwirtschaftliche Entscheidungsprozesse. Nicht zuletzt ist sie ein obligatorisches Informationsmittel für die kreditgebende Bank.

Nach der Fristigkeit des Mittelbedarfs unterscheidet man zwischen dem Liquiditätsplan, dem kurzfristigen Finanzplan und dem Kapitalbindungsplan:

- Der **Liquiditätsplan** umfasst die täglichen Mittelzu- und -abflüsse. Er weist etwaige Liquiditätslücken und -überschüsse aus, stellt die tägliche Liquidität sicher und gibt die Handhabe zur Anlage von Überschussliquidität.
- Der **Finanzplan** weist die Mittel zur Deckung des kurzfristigen Finanzierungsbedarfs sowie die kurzfristigen Kapitalanlagen aus.
- Der **Kapitalbindungsplan** beruht auf der Ermittlung der mittel- bis langfristigen Zahlungsströme. Er sorgt für eine strukturierte Kapitalbindung und Kapitalbeschaffung.

Die Kapitalbindungsplanung macht die Grenzen der Finanzierung aus eigenen Mitteln und die Herkunft der Gesamtheit der Finanzierungsmittel sichtbar. Dies schafft eine gute Basis für Verhandlungen mit Kapitalgebern.

Tabelle 4.29 fasst die Instrumente der kurz- und langfristigen Investitions- und Finanzplanung zusammen.

Zeitraum	Instrument	Informationsgehalt
Kurzfristig	Liquiditätsplanung	aktuelle Zahlungsbereitschaft und kurzfristiger Finanzierungsbedarf; gibt Hinweise auf eine eventuelle Gefährdung der Zahlungsfähigkeit.
Mittel- und langfristig	Planbilanz	aktuelle und zukünftige Vermögenssituation; gibt Einblick in die Höhe und Struktur des Vermögens des Unternehmens.
	Planerfolgsrechnung	aktuelle und zukünftige Ertragssituation; gibt Einblick in die Ertragskraft des Unternehmens.
	Kapitalflussrechnung	Gegenüberstellung der Zuflüsse an Finanzmitteln und der Mittelabflüsse aufgrund von Investitionen und laufenden Ausgaben; gibt Einblick in die Finanzkraft des Unternehmens.
	Investitionsplanung	Umfang und zeitliche Struktur der Investitionsausgaben; gibt Aufschluss über die künftige Entwicklung des Unternehmens.
	Kapitalbindungsplan	mittel- und langfristig gebundene Finanzierungsmittel; gibt Hinweise auf die Flexibilität der Geschäftstätigkeit des Unternehmens.
	Budgetkontrolle	Abweichungen zwischen geplanten und tatsächlichen Mittelzu- und -abflüssen; weist Notwendigkeit von Planänderungen aus.

Tabelle 4.29: Instrumente der Investitions- und Finanzplanung

5 Kaufmännische Steuerung und Kontrolle

5.1 Geschäftsprozesse erfassen und auswerten – das betriebliche Rechnungswesen

5.1.1 Die Außenbeziehungen des Unternehmens

Jedes Unternehmen der Dienstleistungswirtschaft steht in wirtschaftlichen Beziehungen mit Kunden, anderen Unternehmen und staatlichen Behörden. Im Rahmen des Leistungsprozesses erstellt es Dienstleistungen, die es für seine Kunden erbringt. Über die Beschaffungsmärkte bezieht es Waren, Betriebsmittel (Geschäftsausstattung, Fahrzeuge) und Fremdleistungen, das heißt Dienstleistungen von dritter Seite. Über die Finanzmärkte bezieht es Finanzmittel (zum Beispiel in Form von Krediten), die es benötigt, um den Geschäftsbetrieb einzurichten und um die Betriebsbereitschaft sicherzustellen. Über den Arbeitsmarkt rekrutiert es Arbeitskräfte. Weitere Voraussetzungen für den Geschäftsbetrieb sind die Anmeldung des Gewerbebetriebs, gegebenenfalls die Vereinnahmung staatlicher Zuwendungen und die Abführung von Steuern. Schließlich ist jede Leistungserstellung mit Abfallprodukten verbunden, die ordnungsgemäß entsorgt werden müssen.

Aufgrund der volkswirtschaftlichen Arbeitsteilung ist somit jedes Unternehmen mit einer Vielzahl von anderen Wirtschaftseinheiten – Kunden, Lieferanten, Mitarbeitern, staatlichen Behörden – verflochten. Aus diesen Beziehungen resultieren Güter- und Geldströme (Schaubild 5.1).

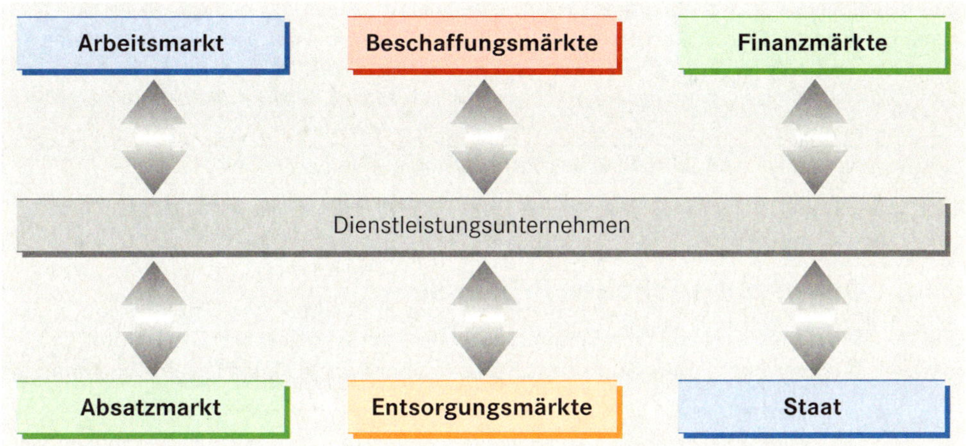

Schaubild 5.1: Die Außenbeziehungen des Dienstleistungsunternehmens

Von den Beschaffungsmärkten fließt ein Strom von Gütern und Dienstleistungen in das Dienstleistungsunternehmen. Im Absatzprozess fließen Güter und Dienstleistungen zu den Kunden am Absatzmarkt. Den Güter- und Dienstleistungsströmen stehen also Geldströme gegenüber. Diese Ströme verändern ständig die Höhe und Zusammensetzung des Vermögens (zum Beispiel Betriebsmittel, Forderungen, Bankguthaben) und der Schulden. Das Ziel der betrieblichen Leistungserstellung ist es, einen Gewinn, das heißt einen Überschuss der

Einnahmen über die Ausgaben zu erreichen. Wird dieses Ziel erreicht, so hat das Unternehmen ein positives Ergebnis erwirtschaftet. Verbunden mit der unternehmerischen Tätigkeit ist aber auch das ständige Risiko, ein negatives Ergebnis, das heißt einen Verlust zu erleiden.

Um das Unternehmensergebnis zu steuern und das Verlustrisiko beherrschen zu können, benötigt die Unternehmensführung zuverlässige Informationen über die Ursachen, die Art und den Umfang der Bestandsveränderungen im Vermögen und in den Verbindlichkeiten. Die Bereitstellung dieser Informationen ist die Aufgabe des betrieblichen Rechnungswesens.

Das Rechnungswesen dient als Informationssystem und ist zugleich ein Kontroll- und Steuerungssystem für alle betrieblichen Informations- und Verantwortungsbereiche. Als **Informationssystem** stellt es Daten über die laufenden Einnahmen und Ausgaben, die Gewinne und Verluste und die Veränderungen der Güter- und Geldmittelbestände bereit. Im Rahmen seiner **Kontrollfunktion** überwacht es die ordnungsgemäße Erfassung aller Geschäftsvorfälle und kontrolliert die Einhaltung von Ergebnisplänen im Soll-Ist-Vergleich. Als **Steuerungssystem** liefert es Planungsdaten für zukünftige Entscheidungen der Unternehmensführung.

Das betriebliche Rechnungswesen ist in vier Teilgebiete gegliedert (Tabelle 5.1).

Betriebliches Rechnungswesen			
Finanzbuchführung	**Kosten- und Leistungsrechnung**	**Statistik**	**Planungsrechnung**
planmäßige, lückenlose und ordnungsgemäße Erfassung aller Geschäftsvorfälle, Ermittlung des Erfolgs	Ermittlung des Betriebsergebnisses und Kontrolle der Wirtschaftlichkeit des Unternehmens	Aufbereitung der Daten aus der Finanzbuchführung und der Kosten- und Leistungsrechnung und deren Auswertung	Vorschaurechnung aufgrund vergangenheitsbezogenen Datenmaterials der anderen Teilbereiche

Tabelle 5.1: Aufgaben und Teilgebiete des betrieblichen Rechnungswesens

5.1.2 Daten betrieblicher Prozesse

Um im Rahmen des betrieblichen Rechnungswesens ein einheitliches Verständnis sicherzustellen, werden bestimmte Grundbegriffe beziehungsweise Begriffspaare voneinander unterschieden.

- **Einzahlungen/Auszahlungen** – Eine Einzahlung ist ein Zufluss an liquiden Mitteln in Form von Bargeld oder Buchgeld. Eine Auszahlung ist ein Abfluss an liquiden Mitteln in Form von Bargeld oder Buchgeld.
- **Einnahmen/Ausgaben** – Eine Einnahme ist eine Einzahlung oder die Zunahme der Forderungen gegenüber Schuldnern. Eine Ausgabe ist eine Auszahlung oder eine Zunahme der Schulden gegenüber den Gläubigern.
- **Aufwand/Ertrag** – Aufwand ist der in Geld bewertete Verzehr von Sachgütern, Dienstleistungen und Rechten pro Periode, der aufgrund gesetzlicher Bestimmungen und bewertungsrechtlicher Konventionen in der Finanzbuchhaltung verrechnet wird. Ertrag ist der Wert aller

erbrachten Leistungen pro Periode, der aufgrund gesetzlicher Bestimmungen und bewertungsrechtlicher Konventionen in der Finanzbuchhaltung verrechnet wird.

- **Kosten/Leistung** – Kosten sind der in Geld bewertete Güterverzehr, der durch die vom Unternehmen erstellten Leistungen bedingt ist. Leistung ist der Wert aller Güter, die im Rahmen der dem betrieblichen Zweck entsprechenden Tätigkeit in einer Periode erstellt wurden.
- **Vermögen/Kapital** – Vermögen ist die Gesamtheit aller in Geld bewerteten Güterbestände eines Unternehmens. Die Zusammensetzung des Vermögens zeigt an, wie das im Unternehmen eingesetzte Kapital verwendet wird. Kapital ist die Gesamtheit der in einem Unternehmen investierten Mittel. Die Zusammensetzung des Kapitals zeigt an, woher die Mittel zur Finanzierung des Vermögens stammen.

5.1.3 Inventur und Bilanz

Inventur und Inventar

Nach dem Handelsgesetzbuch (HGB, § 240) ist jeder Kaufmann verpflichtet, sein Vermögen und seine Schulden zu Beginn seines Handelsgewerbes und zum Schluss eines jeden Geschäftsjahres genau zu verzeichnen. Das bedeutet, dass er seine Vermögensgegenstände und Schulden zu jedem der genannten Stichtage einzeln nach Art, Menge und Wert erfassen und aufzeichnen muss.

Inventur ist die Erfassung der Vermögensgegenstände und Schulden zu einem bestimmten Zeitpunkt, dem Inventurstichtag.

Bei der Inventur werden zwei verschiedene Arten der Bestandsaufnahme unterschieden. Bei der **körperlichen Inventur** werden alle gegenständlichen Vermögensteile (zum Beispiel Betriebs- und Geschäftsausstattung, Fahrzeuge, Waren, Rohstoffe) durch Zählen, Messen, Wiegen oder mithilfe von Schätzverfahren erfasst und anschließend in Geldeinheiten bewertet. Bei der **Buchinventur** hingegen werden alle nicht körperlichen Vermögensteile (zum Beispiel Forderungen und Rechte) und alle Schulden (zum Beispiel Verbindlichkeiten, Darlehen) anhand von Aufzeichnungen und Belegen ermittelt.

Die Feststellung der Bestände muss nach dem Gesetz zu einem bestimmten, festgelegten Zeitpunkt erfolgen. Würde man diese Bestimmung wörtlich auslegen, so hieße das, dass vor allem bei größeren Unternehmen der reguläre Geschäftsbetrieb am Tag der Inventur stark eingeschränkt wäre. Um dies zu vermeiden, lässt der Gesetzgeber im Rahmen der sogenannten Inventurvereinfachungsverfahren eine abweichende Praxis zu. Die folgenden Vereinfachungsverfahren sind denkbar:

- **Zeitnahe Stichtagsinventur (§ 240 Abs. 1, 2 HGB).** Die Inventur muss in einem Zeitraum von zehn Tagen vor oder nach dem Bilanzstichtag durchgeführt werden. Diese Karenzzeit räumt die Finanzverwaltung unter der Voraussetzung ein, dass die Bestände nachweisbar auf den Abschlussstichtag fortgeschrieben oder zurückgerechnet werden.
- **Zeitlich verlegte Inventur (§ 241 Abs. 3 HGB).** Bei diesem Verfahren wird die jährlich durchzuführende Inventur ganz oder zum Teil an einem Tag in einem Zeitraum innerhalb der letzten drei Monate vor oder der ersten zwei Monate nach dem Bilanzstichtag

durchgeführt. Dazu müssen die jeweiligen Bestände in einem gesonderten Verzeichnis festgehalten werden und wertmäßig im Rahmen der ordnungsgemäßen Buchführung fortgeschrieben beziehungsweise zurückgerechnet werden.

- **Permanente Inventur (§ 241 Abs. 2 HGB).** Die körperliche Bestandsaufnahme kann zu einem beliebigen Zeitpunkt innerhalb des Geschäftsjahres erfolgen. Um den Arbeitsaufwand so gering wie möglich zu halten, wird ein Zeitpunkt gewählt, zu dem die Lagerbestände möglichst klein sind. Voraussetzung für dieses Verfahren ist eine den Grundsätzen der ordnungsgemäßen Buchführung folgende Lagerbuchhaltung, die gewährleistet, dass die Vermögensgegenstände nach Art, Menge und Wert jederzeit festgestellt werden können. Die körperliche Bestandsaufnahme dient im Rahmen dieses Verfahrens lediglich der Bestätigung, dass das in den Lagerdateien ausgewiesene Vermögen auch tatsächlich vorhanden ist.
- **Mathematisch-statistische Stichprobeninventur (§ 241 Abs. 1 HGB).** Der Bestand an Vermögensgegenständen wird mithilfe eines technischen Verfahrens durch mathematisch-statistische Methoden aufgrund von Stichproben ermittelt. Dieses Verfahren kommt in kleinen und mittelständischen Unternehmen in der Regel nicht zum Einsatz.

- **Die Inventur ist die Aufnahme aller Vermögensgegenstände und Schulden nach Art, Menge und Wert an einem bestimmten Zeitpunkt.**
- **Die Inventur muss bei Beginn oder Übernahme des Unternehmens, zum Schluss jeden Geschäftsjahres oder bei Auflösung oder Veräußerung des Unternehmens durchgeführt werden.**
- **Die Inventur kann als körperliche oder als Buchinventur durchgeführt werden.**
- **Der Gesetzgeber lässt unter bestimmten Voraussetzungen vereinfachte Inventurverfahren zu.**

MERKE

Wenn die Bestandsaufnahme erfolgreich abgeschlossen wurde, muss der Unternehmer eine ausführliche Übersicht über seine Vermögensgegenstände und Schulden anfertigen. Nach § 240 HGB ist er verpflichtet, das Inventar als ausführliches Bestandsverzeichnis aufzustellen, in dem alle Vermögensteile und Schulden nach Art, Menge und Wert ausgewiesen sind. Mithilfe des Inventars wird das Reinvermögen des Unternehmens ermittelt.

Das **Reinvermögen** ist die Summe aller Vermögensteile abzüglich der Summe der Verbindlichkeiten.

Aus der Definition des Reinvermögens ergibt sich für die Aufstellung des Inventars die folgende sachlogische Gliederung:

A. Vermögen
B. Verbindlichkeiten
C. Ermittlung des Reinvermögens

Darüber hinaus fordert der Gesetzgeber von Unternehmen, die in kaufmännischer Art und Weise geführt werden, eine Gliederung des Vermögens in Anlage- und Umlaufvermögen (§ 247 Abs. 1 HGB).

5620338

Zum **Anlagevermögen** zählen diejenigen Vermögensgegenstände, die dazu bestimmt sind, dauernd dem Geschäftsbetrieb zu dienen. Sie dienen der Sicherstellung der Betriebsbereitschaft eines Unternehmens.

Das Anlagevermögen wird in immaterielle Vermögensgegenstände, Sachanlagen und Finanzanlagen unterteilt.

Zum **Umlaufvermögen** zählen diejenigen Vermögensgegenstände, die nicht für einen längeren Zeitraum im Unternehmen verbleiben, sondern im Leistungsprozess eingesetzt oder durch den Leistungserstellungsprozess umgesetzt werden.

Das Umlaufvermögen ist der eigentliche Gewinnträger des Unternehmens.

Bei der Aufstellung des Inventars wird das Vermögen nach steigender Liquidität, das heißt nach wachsender Geldnähe geordnet.

BEISPIEL: Vermögensinventar der Musterfirma Well & Fit e. K.

Die Firma Well & Fit e. K. mit Sitz in Recklinghausen bietet Fitnessangebote im Bereich der Prävention an. Der großzügige, helle Trainingsbereich mit modernsten Fitnessgeräten und pulsgesteuerten Herz-Kreislauf-Geräten lädt ein, an sieben Tagen in der Woche sportlich aktiv zu sein. In einem gemütlichen Gymnastikraum mit Schwingboden macht Aerobic sehr viel Spaß, der Gymnastikbereich bietet täglich wechselnde Kurse an.

Die Saunalandschaft und die Fitnesskurse stehen für alle Mitglieder gebührenfrei zur Verfügung. Das Solarium und das umfassende Massageangebot (orientalisch, asiatisch) können gegen Entgelt benutzt werden. In dem angeschlossenen Bistro stehen Getränke und kleine Snacks zum Verzehr bereit und hier werden auch Artikel des Wellness- und Fitnessbereichs verkauft. Das Angebot wird durch individuelle Veranstaltungen für Kunden abgerundet.

Das Studio arbeitet mit vier fest angestellten und zwei freien Mitarbeitern. 350 Mitglieder haben ein Jahresabonnement und besuchen regelmäßig mindestens einen Kurs, anschließend verzehren sie nach einer Trainingseinheit mindestens ein isotonisches Getränk. Etwa 200 Tageskarten sind bereits erworben worden.

Die Öffnungszeiten sind täglich von 8 Uhr bis 22 Uhr sowie freitags und samstags von 8 Uhr bis 24 Uhr.

Die Gebühren betragen monatlich 55,00 €, die Zehner-Tageskarte ist für 80,00 € erhältlich. Die Preise für Massage- und Wellness-Angebote sind aus einer Preisliste zu entnehmen.

Tabelle 5.2 gibt den Kursplan der Well & Fit wieder, Tabelle 5.3 die Preisliste für Massagen und Bäder.

Well & Fit – Kursplan					
Montag	**Dienstag**	**Mittwoch**	**Donnerstag**	**Freitag**	**Samstag**
09:15–10:15 Uhr Fit in die Woche, Zirkeltraining Lisa		09:15–10:00 Uhr Wirbelsäulen-gymnastik Lisa		09:15–10:15 Uhr Fit in die Woche, Zirkeltraining Lisa	

Well & Fit – Kursplan					
Montag	**Dienstag**	**Mittwoch**	**Donnerstag**	**Freitag**	**Samstag**
10:15–11:15 Uhr Pilates Lisa		10:15–11:00 Uhr Spin-Race, Herz-Kreislauf Lisa		10:15–11:15 Uhr Pilates Lisa	14:00–15:00 Uhr Fit & Fun Thomas
18.00–19:00 Uhr Wirbelsäulen-gymnastik Marc	18:30–19:30 Uhr Pilates Tina		18:00–19:00 Uhr Wirbelsäulen-gymnastik Moni	18:00–19:00 Uhr Pump & Bauch-Beine-Po Moni	15:00–17:00 Uhr Kickboxen Thomas
19:00–20:00 Uhr Pump Marc	19:30–20:30 Uhr Basic-Step-Aerobic Tina	19:00–20:00 Uhr Rückenfitness Tina	19:00–19:30 Uhr Power Bauch Moni	19:00–20:00 Uhr Spin-Race, Fettverbrennung Moni	
20:00–21:00 Uhr Step-Aerobic Marc	20:30–21:30 Uhr Spin-Race, Fettverbrennung Marc	20:00–21:00 Uhr Spin-Race, Fettverbrennung Tina	19:30–20:15 Uhr Flexi-Band Moni		

Tabelle 5.2: Kursplan der Well & Fit e. K.

Der Innenbereich der Saunaanlage besteht aus einer Kräutersauna (90 °C), einer Tropensauna (90 °C) mit Erlebnisdusche, einer Infrarotkabine und einer Lichttherapiesauna (85 °C). Eine große Zahl von Ruheplätzen sorgt für die nötige Entspannung zwischen den Saunagängen. Damensauna – Sorry, Jungs: Jeden Montag und Donnerstag ist die Saunalandschaft von 10 Uhr bis 22 Uhr nur für Damen geöffnet.

Well & Fit – Preisliste		
Massageangebote		
Relax-Massage	lockert und löst Muskelverspannungen	30 Min. – 30,00 €
Bürstenmassage Vital	durchblutungsfördernd und regenerierend	20 Min. – 20,00 €
Feel-good-Massage	zur Entspannung der Nackenmuskulatur	30 Min. – 30,00 €
Ganzkörpermassage mit Aromaöl	wohltuende Entspannung für den ganzen Körper	50 Min. – 50,00 €
Kopfmassage Vital	befreit den Kopf von den Anspannungen	30 Min. – 30,00 €
La Stone	intensive Behandlung mit warmen Steinen zur tiefenwirksamen Lockerung der Muskulatur	75 Min. – 75,00 €
Exklusive Bäder		
Algen-Meersalzbad	Wertvolle Wirkstoffe straffen und entschlacken die Haut und regen den Entgiftungsprozess an.	30 Min. – 30,00 €

Blütentraum	Tauchen Sie ein in ein Blütenmeer.	30 Min. – 30,00 €
Kleopatra	Ein Milch-Salz-Peeling und ein Ölbad vermitteln dauerhaftes Wohlgefühl.	30 Min. – 30,00 €
Mineralisch	Das basisch-mineralische Entschlackungsbad reinigt die Haut und schenkt ihr Geschmeidigkeit.	30 Min. – 30,00 €
Zitrönchen	Fruchtiges Belebungsbad mit Meersalz und Zitrone	30 Min. – 30,00 €
Oase	Geheimnisvolle Düfte und Essenzen sorgen für ein unvergessliches Erlebnis.	30 Min. – 30,00 €
Chocolate	Sahne und Schokoaromen schmeicheln Körper, Geist und Seele.	30 Min. – 30,00 €

Tabelle 5.3: Preisliste der Well&Fit e. K.

Schaubild 5.2 zeigt die Struktur des Vermögensinventars des Fitnessstudios Well & Fit e. K.

A. Anlagevermögen	**Immaterielle Vermögensgegenstände** Lizenzen Marken Software	**zunehmende Liquidität** ↓
	Sachanlagen Grundstücke, Gebäude Fuhrpark Betriebs- und Geschäftsausstattung	
	Finanzanlagen Darlehensforderungen	
B. Umlaufvermögen	Forderungen aus Lieferungen und Leistungen Liquide Mittel	

Schaubild 5.2: Inventar – das Beispiel der Firma Well & Fit e. K.

Bei den Schulden (Fremdkapital) handelt es sich um Zahlungsverpflichtungen des Unternehmens gegenüber Darlehensgebern oder Lieferanten. Die Schulden unterscheiden sich vor allem hinsichtlich ihrer Fälligkeit oder Restlaufzeit und der gegebenen Sicherheiten voneinander. In der Regel werden Schulden, deren Restlaufzeit mehr als fünf Jahre beträgt, als langfristig eingestuft und als Darlehensschulden ausgewiesen. Bei mittelfristigen (Restlaufzeit ein bis fünf Jahre) und kurzfristigen Schulden (Restlaufzeit bis zu einem Jahr) handelt es sich in der Regel um Verbindlichkeiten aus Lieferungen und Leistungen oder um kurzfristige Verbindlichkeiten, beispielsweise den Sozialversicherungsträgern gegenüber.

BEISPIEL: Wert des Inventars der Musterfirma Well & Fit e. K.

Die Inventur des Fitnessstudios Well & Fit e. K., Recklinghausen, für den 31. Dezember 2008 ergibt das in Tabelle 5.4 wiedergegebene Inventar.

Posten (Art, Menge)	€	€
A. Vermögen		
I. Anlagevermögen		
1. Bebautes Grundstück, Haardtstr. 3		400.000,00
2. Gebäude, Haardtstraße 3		315.000,00
3. Fuhrpark, VW Golf V, RE-B 975		17.000,00
4. Betriebs- und Geschäftsausstattung		270.000,00
II. Umlaufvermögen		
1. Waren (lt. Anlage)		80.000,00
2. Forderungen aus Lieferungen und Leistungen		
- Stadtverwaltung, Recklinghausen	7.500,00	
- GVA a. G., Versicherungsgesellschaft, Münster	24.000,00	
- Mitglieder (lt. Anlage)	800,00	32.300,00
3. Kassenbestand		1.100,00
4. Bankguthaben		
- Sparkasse Vest Recklinghausen lt. Kontoauszug	25.000,00	
- Postbank Dortmund lt. Kontoauszug	6.500,00	31.500,00
Summe des Vermögens		1.146.900,00
B. Schulden		
I. Langfristige Schulden		
Hypothek bei der Sparkasse Vest Recklinghausen lt. Kontoauszug und Darlehensvertrag		800.000,00
II. Kurzfristige Schulden		
1. Verbindlichkeiten aus Lieferungen und Leistungen (Anlage)		58.700,00
2. Sonstige Verbindlichkeiten (Anlage)		29.600,00
Summe der Schulden		888.300,00
C. Reinvermögen (Eigenkapital)		
Summe des Vermögens		1.146.900,00
Summe der Schulden		888.300,00
Reinvermögen		258.600,00

Tabelle 5.4: Inventar der Firma Well & Fit e. K. am 31. Dezember 2008

Durch den Vergleich der Inventare zweier aufeinanderfolgender Jahre werden die Veränderungen der Bestände an Vermögen und Schulden erkennbar. Stellt man das Eigenkapital zweier Jahre gegenüber, so lässt sich feststellen, ob das Eigenkapital gewachsen oder geschrumpft ist. Aus diesem Vergleich kann ein erster Schluss gezogen werden, ob das Unternehmen erfolgreich gearbeitet hat.

BEISPIEL: Eigenkapitaländerungen und Unternehmenserfolg

Ein Blick in die Zukunft der Firma Well & Fit e. K. ergibt verschiedene mögliche Entwicklungen. Im günstigsten Fall beläuft sich das Eigenkapital am Ende des Jahres 2009 auf 469.200,00 €, im ungünstigsten Fall auf 176.300,00 € (Schaubild 5.3).

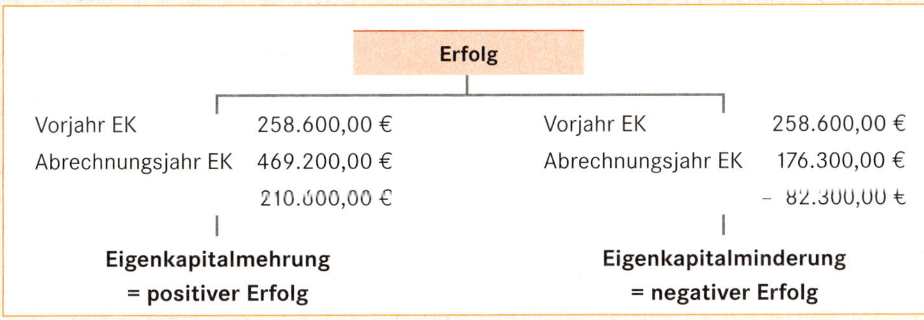

Schaubild 5.3: Eigenkapitaländerungen und Erfolg

Eine Veränderung des Eigenkapitals kann die verschiedensten Ursachen haben (zum Beispiel eine Privateinlage), geht also nicht immer auf die betriebliche Leistungserstellung zurück. Die Unternehmensführung muss im weiteren Verlauf analysieren, wie es zu dieser Änderung kam.

- **Das Inventar ist ein ausführliches Bestandsverzeichnung aller Vermögensgegenstände und Schulden nach Art, Menge und Wert.**
- **Es dient zur Ermittlung des Reinvermögens.**
- **Es ist staffelförmig gegliedert nach Vermögen, Schulden und Reinvermögen.**

MERKE

Bilanz

Der Gesetzgeber verpflichtet die Unternehmen neben der ausführlichen Darstellung aller Vermögensteile und Verbindlichkeiten auch zur Aufstellung einer Abschlussübersicht in Form einer Bilanz.

Die **Bilanz** ist im Gegensatz zum Inventar eine kurz gefasste, systematische Gegenüberstellung von Vermögen und Kapital in Kontenform. Das Vermögen wird auf der Aktivseite, das Kapital auf der Passivseite aufgeführt.

Wie das Inventar ist die Bilanz zu Beginn eines Handelsgewerbes und zum Ende eines jeden Geschäftsjahres aufzustellen. Werden im Inventar noch alle Positionen nach Art, Menge und Wert ausgewiesen, so werden bei der Bilanz bestimmte Positionen zusammengefasst (zum Beispiel Bankguthaben) und nur noch in einer Summe ausgewiesen. Dadurch wird es leichter, sich einen Überblick über die Situation des Unternehmens zu verschaffen. Aus der Bilanz lässt sich schnell ablesen, in welchem Maß das Vermögen durch Eigen- oder Fremdkapital finanziert wird.

BEISPIEL: Bilanz der Musterfirma Well & Fit e. K.

Tabelle 5.5 gibt die Bilanz des Fitnessstudios Well & Fit e. K., Recklinghausen, für den 31. Dezember 2008 wieder.

Aktiva (€)		Passiva (€)	
I. Anlagevermögen		**I. Eigenkapital**	258.600,00
Grundstück mit Bauten	715.000,00	**II. Fremdkapital**	
Fuhrpark	17.000,00	Hypothek	800.000,00
Betriebs- und Geschäftsausstattung	270.000,00	Verbindlichkeiten a. LL	58.700,00
II. Umlaufvermögen		Sonstige Verbindlichkeiten	29.600,00
Waren	80.000,00		
Forderungen a. LL	32.300,00		
Kassenbestand	1.100,00		
Bankguthaben	31.500,00		
	1.146.900,00		1.146.900,00

Recklinghausen, 31. Dezember 2008 — *Petra Schwiers*

Tabelle 5.5: Die Bilanz der Firma Well & Fit e. K. zum 31. Dezember 2008

Für die Bilanz gilt immer, dass die Summe des Vermögens der Summe des Kapitals entspricht (Bilanzgleichung). Die Bilanzgliederung entspricht den Mindestgliederungsvorschriften des § 247 HGB. Der Jahresabschluss, zu dem neben der Bilanz die Gewinn- und Verlustrechnung gehört, ist immer unter Angabe des Datums vom Kaufmann zu unterzeichnen.

- **Die Bilanz ist ein kurz gefasstes Inventar in Kontenform, bei dem die Vermögensteile und die Schulden nur nach Art und Wert ausgewiesen werden.**
- **Inventare und Bilanzen sind zehn Jahre lang aufzubewahren.**

MERKE

5.1.4 Bestandsveränderungen und deren Erfassung auf Konten

Auswirkungen von Bestandsveränderungen auf die Bilanz

Die Bilanz ist genau wie das Inventar das Ergebnis einer Zeitpunktbetrachtung. Im Laufe eines Geschäftsjahres kommt es durch die verschiedensten Aktivitäten zu Veränderungen der in der Bilanz ausgewiesenen Werte. Aufgabe der Finanzbuchführung ist es, diese Veränderungen zu erfassen. Alle Geschäftsvorfälle werden durch Belege angezeigt und erfasst.

Je nachdem, wie sich ein Geschäftsvorfall auf die Bilanz auswirkt, unterscheidet man zwischen Aktivtausch, Passivtausch und Bilanzverlängerung/-verkürzung. Beim Aktivtausch kommt es nur zu Änderungen innerhalb der Aktivseite der Bilanz. Beim Passivtausch kommt es zu Änderungen innerhalb der Passivseite der Bilanz. Eine Bilanzverlängerung oder Aktiv-Passiv-Mehrung tritt ein, wenn dem Unternehmen Kapital zugeführt wird. Umgekehrt spricht man von einer Bilanzverkürzung oder Aktiv-Passiv-Minderung, wenn Kapital aus dem Unternehmen abfließt.

BEISPIELE: Bilanzwirkungen von Bestandsveränderungen

Zu Beginn des Geschäftsjahres stellt die Well & Fit e.K. die folgende verkürzte Ausgangsbilanz auf (alle Angaben in €):

Bilanz zum 1. Januar 20..

Aktivseite		Passivseite	
Geschäftsausstattung	91.500,00	Eigenkapital	84.500,00
Warenvorräte	55.000,00	Darlehen	77.500,00
Kasse	9.000,00	Verbindl. a. LL	9.500,00
Bank	16.000,00		
	171.500,00		171.500,00

Am 20. Januar 2000 kauft die Well & Fit e.K. Waren in bar für 5.000,00 € (Aktivtausch).

Bilanz zum 20. Januar 20..

Aktivseite		Passivseite	
Geschäftsausstattung	91.500,00	Eigenkapital	84.500,00
Warenvorräte	60.000,00	Darlehen	77.500,00
Kasse	4.000,00	Verbindl. LL	9.500,00
Bank	16.000,00		
	171.500,00		171.500,00

Im Februar nimmt sie ein langfristiges Darlehen auf und löst damit Verbindlichkeiten aus Lieferungen und Leistungen von 4.000,00 € ab (Passivtausch).

Bilanz zum 10. Februar 20..

Aktivseite		Passivseite	
Geschäftsausstattung	91.500,00	Eigenkapital	84.500,00
Warenvorräte	60.000,00	**Darlehen**	81.500,00
Kasse	4.000,00	**Verbindl. a. LL**	5.500,00
Bank 1	6.000,00		
	171.500,00		171.500,00

Im April erwirbt die Firma einen neuen Flachbild-Monitor zum Preis von 500,00 € auf Ziel (Bilanzverlängerung).

Bilanz zum 30. April 20..

Aktivseite		Passivseite	
Geschäftsausstattung	92.000,00	Eigenkapital	84.500,00
Warenvorräte	60.000,00	Darlehen	81.500,00
Kasse	4.000,00	**Verbindl. a. LL**	6.000,00
Bank	16.000,00		
	172.000,00		172.000,00

Im August begleicht sie Liefererverbindlichkeiten von 2.500,00 € durch Banküberweisung (Bilanzverkürzung).

Aktivseite	**Bilanz zum 21. August 20..**		Passivseite
Geschäftsausstattung	92.000,00	Eigenkapital	84.500,00
Warenvorräte	60.000,00	Darlehen	81.500,00
Kasse	4.000,00	Verbindl. a. LL	3.500,00
Bank	13.500,00		
	169.500,00		169.500,00

Die Verbuchung der Geschäftsvorfälle erfolgt in der Praxis nicht durch direkte Eintragungen in die Bilanz. Eine ordnungsmäßige Buchführung verlangt vielmehr eine Einzelabrechnung aller Aktiv- und Passivposten der Bilanz. Damit soll die Transparenz über alle Vorgänge gewahrt werden.

Die Gleichheit von Aktiva (Vermögen) und Passiva (Kapital) wird durch Veränderungen der Bilanzpositionen nicht berührt.

MERKE

Auflösung der Bilanz in Bestandskonten

Um eine genaue Übersicht über alle Wertveränderungen der Bilanzpositionen über das gesamte Geschäftsjahr zu erhalten, wird für jede Bilanzposition ein Bestandskonto eingerichtet. Jedes Konto besteht aus zwei Seiten, das heißt einer Soll- und einer Haben-Seite. Wie aus den Beispielen zu ersehen ist, berührt jeder Geschäftsvorfall zwei Konten und wird entsprechend auf zwei Seiten gebucht. Dieses Vorgehen entspricht dem Prinzip der sogenannten doppelten Buchführung.

Je nachdem, auf welcher Seite der Bilanz die Position ausgewiesen wird, für die das Konto geführt wird, unterscheidet man zwischen Aktiv- und Passivkonten. Für die Führung der Bestandskonten gilt das in Schaubild 5.4 wiedergegebene Schema.

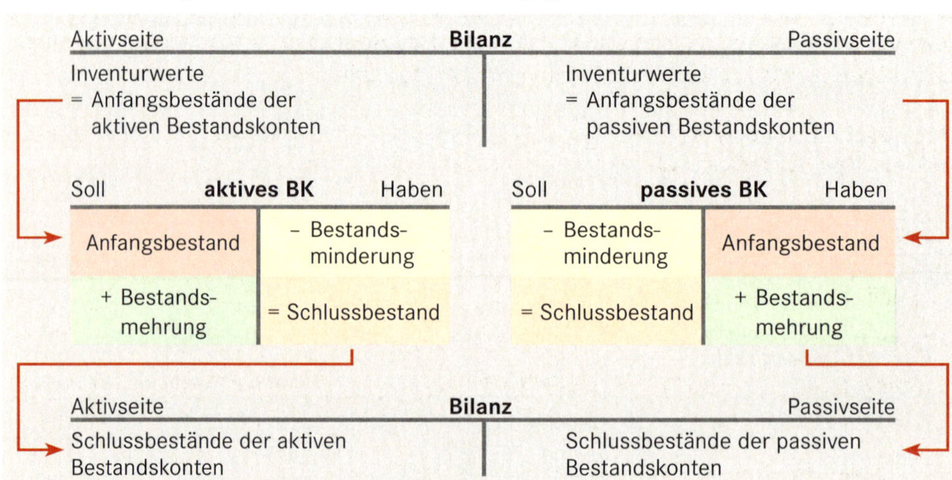

Schaubild 5.4: Buchungsschema für Bestandskonten

Das System der doppelten Buchführung besagt, dass auf eine Soll-Buchung eine Haben-Buchung folgen muss. Um diese Regel einzuhalten, wird im sogenannten Hauptbuch als verfahrenstechnisches Hilfsmittel ein Eröffnungsbilanzkonto eingerichtet. Während die Eröffnungsbilanz selbst gesetzlich vorgeschrieben ist, liegt die Führung eines Eröffnungsbilanzkontos im Ermessen des Unternehmers. Das Eröffnungsbilanzkonto stellt als Hauptbuchkonto die Gegenbuchungen bei der Eröffnung der Bestandskonten dar. Auf der Haben-Seite zeigt es als Gegenbuchung die aktiven Bestände, auf der Soll-Seite die passiven Bestände.

Analoges gilt für die Schlussbilanz. Sie ist gesetzlich vorgeschrieben, während ein Schlussbilanzkonto aus Zweckmäßigkeitsgründen geführt wird. Das Schlussbilanzkonto zeigt als Hauptbuchkonto die Gegenbuchungen für den Abschluss der Bestandskonten. Aufgrund von Korrekturen der Buchbestände des Schlussbilanzkontos gemäß den Inventurwerten ergibt sich aus dem Schlussbilanzkonto schließlich die Schlussbilanz, die gemäß den Vorschriften des HGB aus den Inventurwerten erstellt werden muss.

- **Durch jeden Geschäftsfall werden mindestes zwei Konten berührt.**
- **Durch einen Geschäftsvorfall kommt es immer mindestens zu einer Soll- und einer Haben-Buchung auf den berührten Konten.**

MERKE

Der Buchungssatz

Jedes Unternehmen hat im Rahmen der Buchführungspflicht (§ 239 HGB) Bücher zu führen. Dazu gehört auch das Führen von Grund- und Hauptbuch.

Das **Hauptbuch** enthält alle für die Buchführung erforderlichen Konten. Auf diesen Konten werden die Geschäftsfälle in sachlicher Ordnung gebucht.

Damit der Anlass einer Buchung nachvollziehbar bleibt, muss im Rahmen der doppelten Buchführung jeder Geschäftsvorfall in zeitlicher und sachlicher Ordnung gesondert im sogenannten Grundbuch ausgewiesen werden. Im Hauptbuch wird sodann jeder Geschäftsvorfall erfasst und in Form eines Buchungssatzes formuliert.

Ein **Buchungssatz** ist eine kurze, präzise Anweisung, die besagt, auf welchen Konten ein Geschäftsvorfall auf der Soll- beziehungsweise auf der Haben-Seite zu buchen ist.

BEISPIEL: Buchungssatz

Auf das Bankkonto der Well & Fit e. K. werden 500,00 € eingezahlt. Dieser Geschäftsvorfall wird im Grundbuch folgendermaßen festgehalten:

Grundbuch

Buchungsdatum	Belegnummer	Sollbuchung	€	Habenbuchung	€
1. April 20 ..	12784	Bank	500,00	Kasse	500,00

Der allgemeine Buchungssatz lautet:
Bank 500,00 € an Kasse 500,00 €

Bei komplexen Geschäftsvorfällen kommt es vor, dass mehr als zwei Konten berührt werden. In solchen Fällen wird im Grundbuch ein zusammengesetzter Buchungssatz erfasst. Dabei gilt immer, dass die Summe der Soll-Buchungen gleich der Summe der Haben-Buchungen ist.

BEISPIEL: Zusammengesetzter Buchungssatz

Die Well & Fit e. K. erwirbt ein Sportgerät im Wert von 1.500,00 €, das in die Betriebs- und Geschäftsausstattung (BGA) eingeht. Dabei zahlt sie 450,00 € in bar an, über den Rest erfolgt eine Rechnungsstellung mit Zahlungsziel 14 Tage.

Grundbuch

Buchungsdatum	Belegnummer	Sollbuchung	€	Habenbuchung	€
12. April 20 ..	12797	BGA	1.500,00	Kasse Verbindlichk. a. LL	450,00 1.050,00

Der allgemeine Buchungssatz lautet:
BGA 1.500,00 € an Kasse 450,00 €
an Verbindl. a. LL 1.050,00 €

5.1.5 Buchung auf Erfolgskonten

Erfolgswirksame Vorgänge

Bisher wurde das Unternehmen lediglich als ein Wirtschaftsobjekt betrachtet, das seine Betriebsbereitschaft herbeiführt. Dieses wurde durch die bereits beschriebenen Bestandsvorgänge, bei denen nur eine Umwandlung der vorhandenen Bestände in eine andere Art dokumentiert wird, erreicht. Bestandsvorgänge dokumentieren nicht die betriebliche Leistungserstellung und die damit verbundene Zielerreichung, sondern Umschichtungen, Erhöhungen und Minderungen des betrieblichen Vermögens.

BEISPIEL: Erfolgsneutraler Geschäftsvorfall

Das Unternehmen nimmt bei seiner Hausbank ein Darlehen von 30.000,00 € auf. Hierdurch steigt das zur Verfügung stehende Bankguthaben, aber gleichzeitig erhöhen sich die Verbindlichkeiten gegenüber der Geschäftsbank. Dieser Vorgang trägt nicht unmittelbar zur Erfüllung des Unternehmenszwecks bei.

Buchung im Hauptbuch: Bank 30.000,00 € an Darlehen 30.000,00 €

Neben dem sachlichen Ziel, der Erstellung nützlicher Dienstleistungen, verfolgt jedes Dienstleistungsunternehmen ein wirtschaftliches Ziel. Der Unternehmer beziehungsweise die Eigenkapitalgeber erwarten, dass das eingesetzte Kapital durch den Leistungsprozess gesichert und vermehrt wird.

Schaubild 5.5 illustriert den Prozess der Leistungserstellung im Dienstleistungsunternehmen in vereinfachter Form.

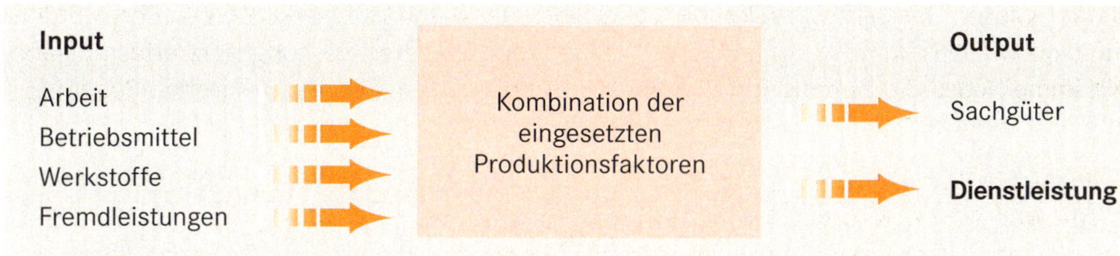

Schaubild 5.5: Prozess der Erstellung einer Dienstleistung

- **Arbeit** ist jede Art zielgerichteter körperlicher oder geistiger Betätigung, die auf die Erwirtschaftung von Einkommen abzielt.
- **Betriebsmittel** sind Sachgüter, die die Betriebsbereitschaft des Unternehmens sicherstellen.
- **Werkstoffe** sind Sachgüter, die bei der Realisation der Dienstleistung eingesetzt werden.

Ein besonderes Merkmal der Dienstleistungswirtschaft ist der hohe Grad an bezogenen Fremdleistungen, wie zum Beispiel im Veranstaltungsbetrieb der Einkauf von Grafikleistungen. Hier wird eine Teilleistung mit anderen Teilleistungen kombiniert, um eine komplexe Dienstleistung nach den Wünschen des Auftraggebers zu erbringen.

Die Tätigkeit des Unternehmens hat zwei Seiten. Einerseits erzielt es durch den Verkauf seiner Leistungen Erlöse, die zur Vermehrung des eingesetzten Kapitals beitragen. Andererseits bedingt die Leistungserstellung Kosten, die das eingesetzte Kapital mindern. Übersteigen die Erlöse die Kosten, so erzielt das Unternehmen einen Gewinn, der das eingesetzte Kapital mehrt. Im umgekehrten Fall erleidet es einen Verlust, der das eingesetzte Kapital mindert.

Minderungen des Kapitals durch Aufwendungen

Die Bereitstellung der für die Leistungserstellung notwendigen Produktionsfaktoren ist für das Unternehmen mit Ausgaben verbunden. Dazu gehören zum Beispiel Gehaltszahlungen für die Arbeitsleistung der Mitarbeiter, die Vergütung von bezogenen Fremdleistungen wie Catering, die Begleichung der Miete für bereitgestellte Anlagen und die Zahlung von Zinsen auf erhaltene Kredite. All diese Vorgänge führen zu einer Minderung des Eigenkapitals, mithin zu einem Werteverzehr. Dieser Werteverzehr wird als Aufwand bezeichnet.

Mehrungen des Kapitals durch Erträge

Den Kosten, die mit der Erstellung von Dienstleistungen verbunden sind, stehen Erlöse gegenüber, die das Unternehmen durch den Verkauf der Leistungen erzielt. Die Umsatzerlöse sollen zum einen die Kosten decken, darüber hinaus aber so hoch sein, dass das Unternehmen einen Gewinn erzielt. Das heißt, die Erlöse des Unternehmens sollen in der Summe größer sein als die Kosten des Einsatzes von Produktionsfaktoren. Die Umsatzerlöse tragen zu einem Wertzuwachs des Eigenkapitals bei. Dieser Wertzuwachs wird als Ertrag bezeichnet.

Aufwand = Werteverzehr für den Einsatz an Produktionsfaktoren	Soll — **Eigenkapital**	— Haben	Ertrag = Zufluss aus erbrachter Leistung für den Absatzmarkt
	Aufwendungen	Erträge	

Schaubild 5.6: Aufwendungen, Erträge und Eigenkapital

Sind die Erträge in ihrer Summe höher als die Aufwendungen, hat das Unternehmen sein wirtschaftliches Ziel erreicht und das eingesetzte Kapital erhöht (Schaubild 5.6).

Buchhalterische Erfassung erfolgswirksamer Vorgänge

Handelsrechtliche Vorschriften

Unternehmen müssen in ihrem Rechnungswesen die Grundsätze ordnungsmäßiger Buchführung (GoB) einhalten, die im deutschen Handelsrecht verankert sind. Die GoB verlangen unter anderem, dass Aufwendungen und Erträge nicht unmittelbar auf dem Eigenkapitalkonto (EK-Konto) erfasst werden sollen. Vielmehr sollen die verschiedenen Aufwands- und Ertragsarten gesondert ausgewiesen werden. Auf diese Weise wird die Übersichtlichkeit gewahrt, die Höhe der einzelnen Aufwendungen und Erträge zu einem bestimmten Zeitpunkt lässt sich ohne erheblichen Arbeitsaufwand ermitteln und es lässt sich unmittelbar ersehen, wodurch sich das Eigenkapital verändert hat.

Aufwendungen und Erträge werden aus Gründen der Übersichtlichkeit und Analysefähigkeit über Erfolgskonten gebucht.

MERKE

Erfolgskonten

Zur Erfassung der Aufwendungen und Erträge werden gesonderte Unterkonten des Eigenkapitalkontos gebildet (Tabelle 5.6). Da durch Aufwendungen und Erträge der Erfolg eines Unternehmens bestimmt wird, werden diese Unterkonten als Erfolgskonten bezeichnet.

BEISPIELE: Aufwands- und Ertragskonten

Tabelle 5.6 umfasst einige Beispiele für Aufwands- und für Ertragskonten.

Aufwandskonten	Ertragskonten
▶ Löhne und Gehälter ▶ Raumkosten ▶ Kommunikationskosten ▶ Fremdleistungsaufwand ▶ Kfz-Kosten	▶ Zinserträge ▶ Erlöse aus eigenen Leistungen ▶ Erlöse aus der Vermittlung von Fremdleistungen

Tabelle 5.6: Unterkonten des Eigenkapitalkontos

Die Unterkonten, auf denen erfolgswirksame Vorgänge verbucht werden, werden buchhalterisch ebenso behandelt wie das Konto Eigenkapital. Im Unterschied zum Konto Eigenkapital, das Bestandsveränderungen ausweist, besitzen sie aber keinen Anfangs- und keinen Schlussbestand. Sie dienen vielmehr der laufenden Erfassung der Aufwendungen und Erträge, die während des Geschäftsjahres anfallen (Schaubild 5.7).

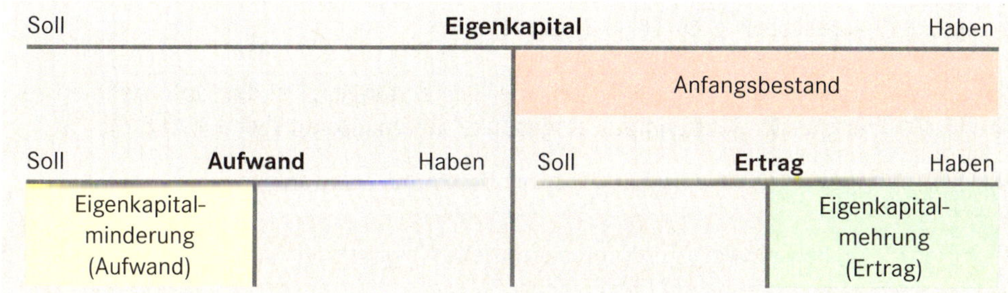

Schaubild 5.7: Verbuchung auf den Unterkonten des Eigenkapitalkontos

Erfolgskonten sind Unterkonten des Eigenkapitalkontos. Sie werden unterteilt in Aufwands- und Ertragskonten. Für jede Aufwands- und Ertragsart wird ein gesondertes Konto eingerichtet.

MERKE

Grundsätzlich werden die Aufwendungen auf der Soll-Seite der Aufwandskonten erfasst, da Aufwendungen das Eigenkapital mindern. Die Erfassung der Erträge erfolgt auf der Haben-Seite, da diese immer zu einer Mehrung des Eigenkapitals führen.

Auf den Erfolgskonten bucht man wie auf dem EK-Konto. Da das EK-Konto ein passives Bestandskonto ist, werden Aufwendungen, die das EK vermindern, im Soll gebucht. Spiegelbildlich dazu werden Erträge, die das Eigenkapital erhöhen, im Haben gebucht.

MERKE

Gewinn- und Verlustkonto

Der Abschluss der Erfolgskonten erfolgt in Form einer Gegenüberstellung auf dem gesetzlich vorgeschriebenen Gewinn- und Verlustkonto (§ 242 Handelsgesetzbuch, HGB). Dazu werden die Salden aller Aufwands- und Ertragskonten gebildet und im Rahmen einer Buchung auf das Gewinn- und Verlustkonto (GuV-Konto) übertragen.

Auf der Soll-Seite des GuV-Kontos werden alle Aufwendungen erfasst, die in einem bestimmten Zeitraum im Unternehmen angefallen sind, auf der Haben-Seite alle Erträge (Schaubild 5.8).

Abschluss der Aufwandskonten:	GuV-Konto an Aufwandskonten
Abschluss der Ertragskonten:	Ertragskonten an GuV-Konto

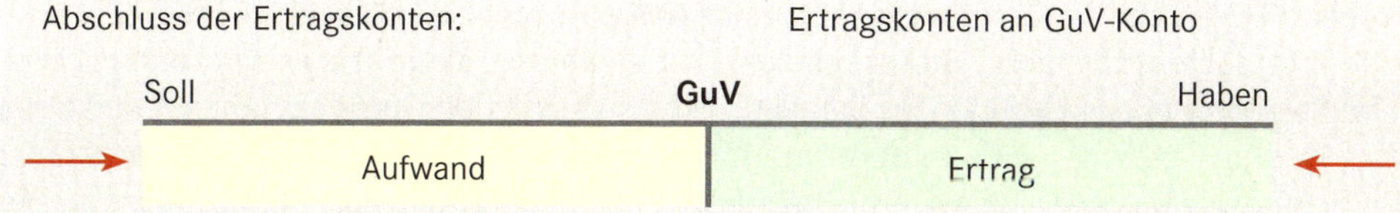

Schaubild 5.8: Aufbau des GuV-Kontos

Die Saldierung des GuV-Kontos gibt Aufschluss über das Ergebnis der Leistungserstellung. Es gilt:

Das GuV-Konto ist ein Sammelkonto. Es sammelt die Salden der Erfolgskonten.

MERKE

Aufwendungen > Erträge	= Verlust
Aufwendungen < Erträge	= Gewinn (Schaubild 5.9)

Soll	**GuV**	Haben
Aufwand		Ertrag **Verlust**

Soll	**GuV**	Haben
Aufwand **Gewinn**		Ertrag

Schaubild 5.9: Saldierung des GuV-Kontos

Der durch die Saldierung des GuV-Kontos ermittelte Gewinn oder Verlust wird anschließend als Eigenkapitalveränderung auf das Eigenkapitalkonto übernommen (Schaubild 5.10).

Abschlussbuchungssatz des GuV-Kontos:

Eigenkapital an GuV-Konto (Verlust) beziehungsweise GuV-Konto an Eigenkapital (Gewinn)

Soll	**Eigenkapital**	Haben
Abgänge Schlussbestand		Anfangsbestand Zugänge

Schaubild 5.10: Abschlussbuchung des GuV-Kontos

Bildet man den Saldo des GuV-Kontos, so erhält man den Erfolg des Unternehmens.

MERKE

Die Umsatzsteuer

Grundlagen

Die Umsatzsteuer ist eine allgemeine Verbrauchsteuer, mit der vom Endverbraucher erworbene Güter und in Anspruch genommene Dienstleistungen belastet werden. Sie wird indirekt erhoben, das heißt, Steuerschuldner (-zahler) und Steuerträger sind unterschiedliche Personen oder Institutionen. Sie wird vom Erwerber des Gutes beziehungsweise der Dienstleistung getragen und an den Unternehmer als Verkäufer gezahlt. Als Unternehmer gilt im Steuerrecht, wer eine gewerbliche oder berufliche Tätigkeit selbstständig ausübt. Der Unternehmer wiederum führt die erhaltene Umsatzsteuer an das zuständige Finanzamt ab.

Die Umsatzsteuer wird in der Alltagssprache häufig als Mehrwertsteuer bezeichnet. In Deutschland ist sie, gemessen an ihrem Aufkommen, eine der bedeutendsten Steuern (Schaubild 5.11).

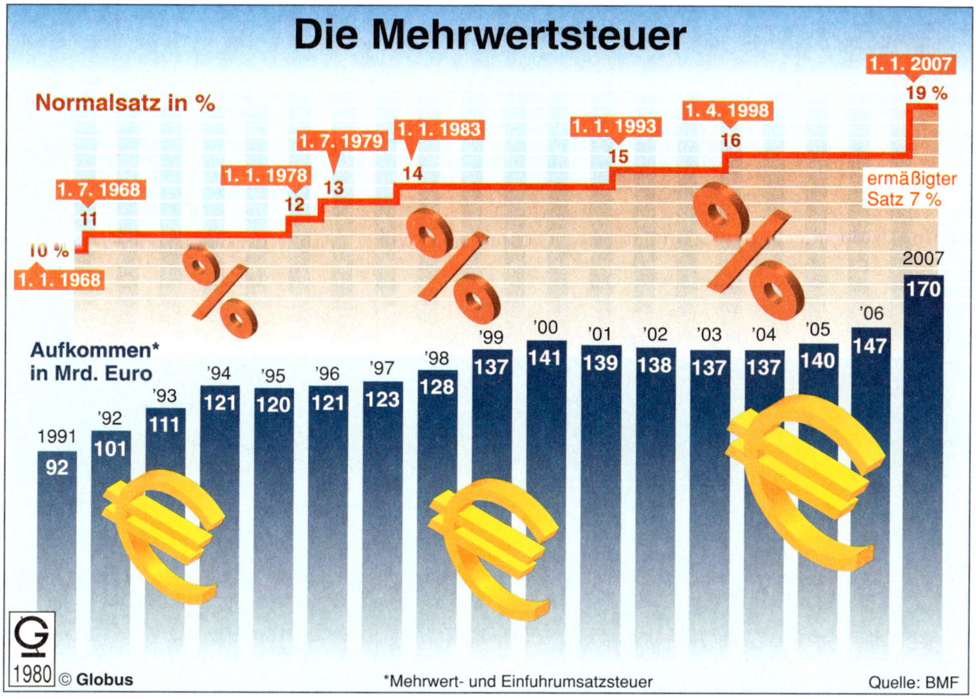

Schaubild 5.11: Umsatzsteuer – Steuersätze und Aufkommen 1968/1991 bis 2007

Im Vergleich mit anderen Ländern liegt der allgemeine Umsatzsteuersatz in Deutschland immer noch im unteren Bereich (Schaubild 5.12), auch wenn mancher Endverbraucher eine abweichende Wahrnehmung hat.

Bestimmungen zur Besteuerung

Das Umsatzsteuergesetz (UStG) und die Umsatzsteuer-Durchführungsverordnung regeln im Einzelnen die Durchführung der Besteuerung. Der Umsatzsteuer unterliegen nach den §§ 1 und 3 UStG die in Schaubild 5.13 wiedergegebenen Umsätze.

Bei den Entnahmen von Gegenständen durch den Unternehmer ist der Tatbestand des steuerbaren Umsatzes nur erfüllt, wenn bei der Beschaffung der Gegenstände ein Vorsteuerabzug geltend gemacht werden konnte. Ist dies nicht der Fall beziehungsweise wurden 50 % oder weniger der bei der Beschaffung gezahlten Umsatzsteuer als Vorsteuer angesetzt, so ist bei der Entnahme keine Umsatzsteuer anzusetzen.

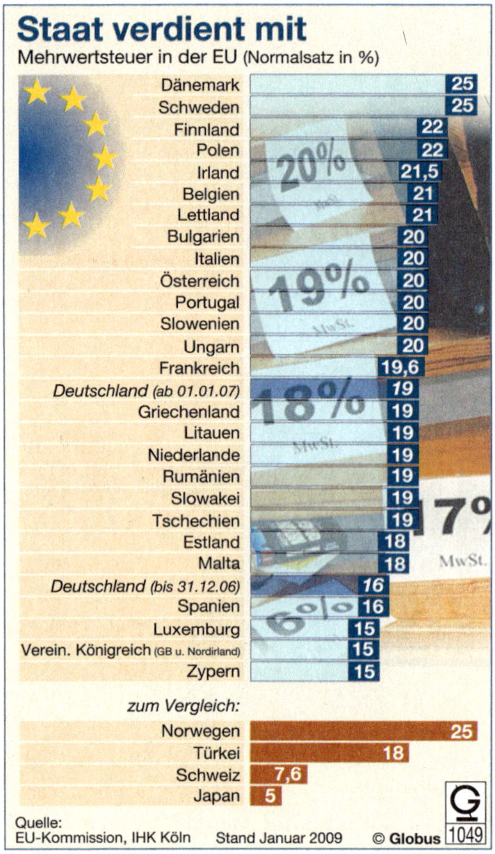

Schaubild 5.12: Mehrwertsteuersätze in der Europäischen Union

Das UStG enthält einen umfangreichen Katalog von Leistungen, die von der Umsatzsteuer befreit sind. Maßgeblich hierfür sind wirtschafts-, kultur- und sozialpolitische Gründe. Zu den von der Umsatzsteuer befreiten Leistungen zählen insbesondere die Kreditgewährung, die Vermietung von Grundstücken, bestimmte Leistungen der Ärzte und anderer Heilberufe, die Leistungen der Sozialversicherungen, der meisten Krankenhäuser und Altenheime, der Privatschulen, Theater, Orchester, Museen und Tierparks sowie der Einrichtungen der Jugendförderung.

Die Bemessungsgrundlage für die steuerbaren und steuerpflichtigen Umsätze ist grundsätzlich das Entgelt.

Steuerbare Umsätze

- Lieferungen und sonstige Leistungen inländischer Unternehmer gegen Entgelt
- Einfuhr von Gegenständen aus dem Nicht-EU-Gebiet in das EU-Zollgebiet
- Entnahmen von Gegenständen durch den Unternehmer für Zwecke außerhalb des Unternehmens
- innergemeinschaftlicher Erwerb innerhalb der EU-Mitgliedstaaten

Schaubild 5.13: Steuerbare Umsätze nach dem Umsatzsteuergesetz

Entgelt ist steuerrechtlich alles, was der Leistungsempfänger aufwendet, um die Leistung zu erhalten (Schaubild 5.14).

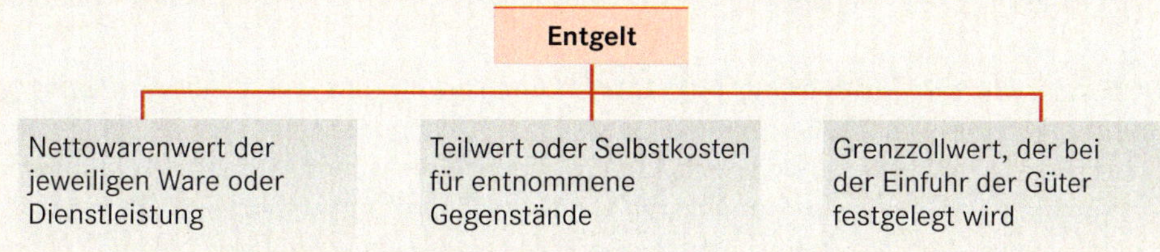

Schaubild 5.14: Entgeltarten nach dem Umsatzsteuerrecht

Das UStG kennt im Wesentlichen zwei Steuersätze: den allgemeinen Steuersatz von 19 % und den ermäßigten Steuersatz von 7 %, der beispielsweise für künstlerische Leistungen gilt.

Die meisten Umsätze unterliegen dem allgemeinen Steuersatz. Der ermäßigte Steuersatz wird insbesondere auf die Lieferung, die Einfuhr und den innergemeinschaftlichen Erwerb von fast allen Lebensmitteln (ausgenommen Getränke und Gaststättenumsätze) angewandt. Außerdem gilt er zum Beispiel für den Personennahverkehr, für die Umsätze von Büchern, Zeitungen und von bestimmten Kunstgegenständen. Von der Umsatzsteuerpflicht befreit sind der Verkauf von Briefmarken, die Vermittlung von Krediten, Vermietung und Verpachtung und Versicherungsprämien.

Grundsätzlich sind alle Unternehmen, die unter die Bestimmungen des UStG fallen und deren Umsätze (zuzüglich der darauf entfallenden Umsatzsteuer) im Vorjahr mehr als 17.500,00 € betrugen, zur Zahlung von Umsatzsteuer verpflichtet. Sie sind daher zum Vorsteuerabzug berechtigt und müssen auch die Umsatzsteuer in ihren Rechnungen ausweisen. Das gilt auch für Unternehmen, die diese Grenze erst im laufenden Jahr überschreiten und voraussichtlich einen Umsatz von mehr als 50.000,00 € erzielen werden.

Eine Besonderheit des Umsatzsteuerrechts ermöglicht bei Kleinbetragsrechnungen bis zu einem Gesamtbetrag (einschließlich der Umsatzsteuer) von 150,00 € die Angabe des Gesamtbetrags ohne gesonderten Ausweis von Bemessungsgrundlage und Umsatzsteuerbetrag. Es muss hierbei nur der angewandte Umsatzsteuersatz angegeben werden.

Kleinunternehmer müssen keine Umsatzsteuer zahlen. Spiegelbildlich dazu ist ihnen aber auch das Recht versagt, die in Rechnung gestellten Vorsteuern geltend zu machen. Nach dem Gesetz kann der Kleinunternehmer auf diese Sonderregelung verzichten und die Besteuerung nach den allgemeinen Vorschriften wählen.

Kleinunternehmer sind umsatzsteuerrechtlich Unternehmen, deren Umsatz (zuzüglich der darauf entfallenden Umsatzsteuer) im vorangegangenen Kalenderjahr 17.500,00 € nicht überstiegen hat und im laufenden Kalenderjahr voraussichtlich 50.000,00 € nicht übersteigen wird.

Das Prinzip der Umsatzbesteuerung

Bevor Güter und Dienstleistungen zum Endverbraucher gelangen, durchlaufen sie in der Regel mehrere Produktionsstufen. Dabei werden immer wieder Umsätze realisiert. Der wertmäßige Unterschied zwischen dem Umsatz mit dem Abnehmer und der Summe der Vorumsätze mit den Lieferanten stellt für die Unternehmen auf jeder Produktionsstufe einen „Mehrwert" oder die Wertschöpfung dar.

Der **Mehrwert** ist umsatzsteuerrechtlich der Unterschied zwischen dem Verkaufspreis eines Gutes und der Summe der Preise der Vorprodukte und Dienstleistungen, die zu seiner Herstellung beziehungsweise Bereitstellung eingesetzt wurden.

Um bei der Umsatzbesteuerung eine Steuerkumulierung, das heißt eine Erhebung von Steuern auf bereits besteuerte Umsatzanteile, auszuschließen, erfolgt der sogenannte Vorsteuerabzug. Auf diese Weise wird lediglich der Mehrwert besteuert: Der Unternehmer muss die vereinnahmte Umsatzsteuer an das Finanzamt abführen, kann jedoch die an seine Lieferanten gezahlte Umsatzsteuer mit seiner Umsatzsteuerschuld verrechnen. Dem Endverbraucher wird vom letzten Unternehmen in der Wertschöpfungskette die Summe der Mehrwertbeiträge aller Wirtschaftsstufen sowie der auf diese entfallenden Umsatzsteuerbeträge in Rechnung gestellt.

Der **Vorsteuerabzug** ist der Abzug von gezahlter Umsatzsteuer von der an das Finanzamt abzuführenden, eingenommenen Umsatzsteuer.

Der Unternehmer ist also berechtigt, von der Steuer, die er dem Finanzamt für seine Umsätze schuldet, die Umsatzsteuerbeträge (Vorsteuern) abzuziehen, die er im Rahmen des Bezugs von Waren oder Dienstleistungen an andere Unternehmen gezahlt hat. Als Vorsteuer abziehbar ist auch die Umsatzsteuer, die der Unternehmer bei der Wareneinfuhr aus Nicht-EU-Staaten an das Zollamt entrichtet hat.

BEISPIEL: Umsatzbesteuerung über mehrere Produktionsstufen

Ein Büroausstatter verkauft an Frau X einen Schreibtisch, den diese bei sich zu Hause benutzt. Das Beispiel des Schreibtisches verdeutlicht die Umsatzbesteuerung auf den einzelnen Wirtschaftstufen bis hin zum Endverbraucher (Tabelle 5.7).

A	B	C	D	E	F
Rohstoffgewinnung	Rohstoffverarbeitung	Rohstoffverarbeitung	Großhandel	Einzelhandel	Endverbraucher
Holz	Bretter	Schreibtisch	Schreibtisch	Schreibtisch	Schreibtisch

Tabelle 5.7: Produktionsstufen vom Rohstoff bis zum Fertigerzeugnis

Das Unternehmen A gewinnt aus der Natur den Rohstoff Holz und verkauft ihn für 500,00 € an B. Dieser bearbeitet das Holz und verkauft das Zwischenprodukt – die Bretter – für 900,00 € an C. In Cs Unternehmen werden die Bretter zum Endprodukt – dem Schreibtisch – weiterverarbeitet. Anschließend verkauft C den Schreibtisch für 1.200,00 € an den Großhandel D, der ihn seinerseits für 1.500,00 € an den Einzelhandel weitergibt. Von hier aus gelangt das Endprodukt für 1.700,00 € an die Endverbraucherin Frau X.

Achtung: Alle Warenwerte sind ohne Umsatzsteuer angegeben!

In Tabelle 5.8 sind die Beträge der Eingangs- und Ausgangsrechnungen (ER, AR) der Unternehmen A bis E zusammengefasst. Sämtliche Umsätze unterliegen dem allgemeinen Umsatzsteuersatz von 19 %.

		Nettowert (€)	davon 19 %	Bruttowert (€)	Umsatzsteuer abzgl. Vorsteuer (€)
A	AR	500,00	95,00	595,00	95,00
B	ER	500,00	95,00	595,00	171,00 – 95,00 = 76,00
	AR	900,00	171,00	1.071,00	
C	ER	900,00	171,00	1.071,00	228,00 – 171,00 = 57,00
	AR	1.200,00	228,00	1.428,00	
D	ER	1.200,00	228,00	1.428,00	285,00 – 228,00 = 57,00
	AR	1.500,00	285,00	1.785,00	
E	ER	1.500,00	285,00	1.785,00	323,00 – 285,00 = 38,00
	AR	1.700,00	323,00	2.023,00	
F	zu zahlen:	1.700,00	323,00	2.023,00	0
					$\sum$ = **323,00**

Tabelle 5.8: Umsatzsteuerschuld auf den verschiedenen Produktionsstufen

Die Summe der an das Finanzamt einbehaltenen Umsatzsteuerbeträge beläuft sich auf 323,00 €.

Der Unternehmer hat innerhalb von zehn Tagen nach Ablauf eines Monats (bei kleineren Unternehmen vierteljährlich) eine Umsatzsteuervoranmeldung zu übermitteln, in der er seine Steuerschuld für den abgelaufenen Zeitraum angibt. Diesen geschätzten oder exakt errechneten Betrag hat er als Vorauszahlung an das zuständige Finanzamt zu entrichten. Die Umsatzsteuererhebung hat keinen Einfluss auf den Unternehmenserfolg. Aufgrund der Vorsteuerabzugsmöglichkeit sind Vorsteuer und Umsatzsteuer im Rahmen der Finanzbuchhaltung vielmehr nur „durchlaufende Posten".

Innerhalb der Europäischen Union gilt grundsätzlich das sogenannte Bestimmungslandprinzip, wonach Umsätze im Land des Empfängers der Ware oder Dienstleistung zu den dort geltenden Sätzen besteuert werden. Um die korrekte Anwendung des Bestimmungslandprinzips zu erleichtern, erhalten die am innergemeinschaftlichen Handel beteiligten Unternehmen eine Umsatzsteuer-Identifikationsnummer (USt-IdNr.).

Die buchhalterische Erfassung der Umsatzsteuer

Die nach dem UStG zu erfüllenden Aufzeichnungspflichten im Rahmen der Umsatzsteuererhebung beziehungsweise -abrechnung erfordern entsprechende Vorkehrungen bei der kaufmännischen Buchführung. Für die abzusetzende Vorsteuer und für die in Rechnung gestellte Umsatzsteuer muss jeweils ein Konto eingerichtet werden.

Für die Erfassung der auf die Umsatzerlöse erhobenen Umsatzsteuer wird ein Umsatzsteuerschuldkonto (Umsatzsteuer) eingerichtet. Dieses Konto erfasst die den Kunden gesondert in Rechnung gestellte und an das Finanzamt abzuführende Umsatzsteuer. Da es sich hierbei um Verbindlichkeiten gegenüber dem Finanzamt handelt, ist das Konto „Umsatzsteuer" ein **passives Bestandskonto**.

Die bei den Beschaffungsvorgängen zu zahlende und vom Unternehmen dem Finanzamt gegenüber in Abzug zu bringende Umsatzsteuer (Vorsteuer) stellt juristisch eine Forderung gegenüber dem Finanzamt dar. Sie wird daher gesondert auf dem Konto „Vorsteuer" erfasst. Dem Charakter nach ist dieses Konto ein **aktives Bestandskonto.**

BEISPIEL: Verbuchung von gezahlter und eingenommener Umsatzsteuer

Es werden die folgenden Geschäftsvorfälle betrachtet:

1. Einem Kunden werden erbrachte Dienstleistungen mit 11.000,00 € zuzüglich 2.090,00 € Umsatzsteuer (19 %) in Rechnung gestellt.
2. Der Dienstleistungsbetrieb hat Fremddienstleistungen in Anspruch genommen und der Lieferant stellt dafür 6.000,00 € zuzüglich 1.140,00 € Umsatzsteuer (19 %) in Rechnung.

Nr.	Soll-Buchung	€	Haben-Buchung	€
1.	Forderungen a. LL	13.090,00	Umsatzerlöse	11.000,00
			Umsatzsteuer	2.090,00
2.	Bezogene Fremdleistungen	6.000,00	Verbindlichkeiten aus LL	7.140,00
	Vorsteuer	1.140,00		

Am Monatsende ermittelt der Unternehmer im Rahmen der Umsatzsteuervoranmeldung die zu zahlende Umsatzsteuerschuld. Dazu wird eine Übertragung beziehungsweise Umbuchung der Vorsteuerbeträge vorgenommen. Der Saldo des Kontos „Vorsteuer" wird auf das Konto „Umsatzsteuer" übertragen. In der Regel ergibt sich dann eine Umsatzsteuerzahllast.

3.	Umsatzsteuer	1.140,00	Vorsteuer	1.140,00

Die durch Saldierung der Beträge auf dem Konto „Umsatzsteuer" ermittelte Zahllast von 950,00 € ist bis zum zehnten Tag des dem Abrechnungszeitraum folgenden Monats an das Finanzamt zu überweisen.

4.	Umsatzsteuer	950,00	Bank	950,00

Soll	**Vorsteuer**		Haben
1. Verb.	1.140,00	3. USt	1.140,00

Soll	**Umsatzsteuer**		Haben
3. VSt	1.140,00	2. Ford.	2.090,00
4. Bank	950,00		

In der unternehmerischen Praxis eher selten ist der sogenannte Vorsteuerüberhang. Dieser entsteht, wenn die Vorsteuer für einen gegebenen Anmeldezeitraum höher als die ausgewiesene Umsatzsteuer ist. Ursachen dafür können zum Beispiel große Vorratskäufe, Geschäftseröffnung, hohe Vorleistungen im Veranstaltungsbereich und umsatzsteuerfreie Exporte sein. Im Fall eines Vorsteuerüberhangs besteht ein Erstattungsanspruch gegenüber dem Finanzamt. Dieser wird aber erst mit der am Jahresende vorzunehmenden Umsatzsteuererklärung geltend gemacht. Ergibt sich zum Abschluss des Geschäftsjahres ein Vorsteuerüberhang, ist dieser über das Schlussbilanzkonto (SBK) abzuschließen. In diesem Fall spricht man von der Passivierung des Vorsteuerüberhangs.

Es gelten immer die folgenden Zusammenhänge:

- **Übersteigt die Umsatzsteuer die Vorsteuer, so ergibt sich eine Umsatzsteuerzahllast, das heißt eine Verbindlichkeit gegenüber dem Finanzamt.**
- **Ist die eingenommene Umsatzsteuer geringer als die Vorsteuer, so ergibt sich ein Vorsteuerüberhang, das heißt eine Forderung gegenüber dem Finanzamt.**

MERKE

5.1.6 Bewertung des Jahresergebnisses

Bewertungspflicht

Nach § 252 HGB ist jeder Kaufmann verpflichtet, im Rahmen des Jahresabschlusses seine Vermögensgegenstände und Schulden zu bewerten. Grundsätzlich hat er im Rahmen dieser Bewertung zu entscheiden, mit welchen Geldwerten er seine Vermögensgegenstände und Schulden inventarisiert und bilanziert. Eine eindeutige Bewertung ist besonders dann immer schwierig, wenn außerordentliche Wertminderungen zum Beispiel des Anlagevermögens eingetreten sind, Wirtschaftsgüter Preisschwankungen unterliegen oder aber auch Kunden ihre Schulden nicht in vollem Umfang begleichen. Zusätzlich kann es vor allem im internationalen Handel aufgrund vom Währungsschwankungen zur Beeinflussung des tatsächlichen Wertes der Forderungen und Schulden kommen.

Damit der Unternehmer im Rahmen der Bilanzierung seiner Informationspflicht Dritten gegenüber – wie Kapitalgebern, der Finanzverwaltung oder der Belegschaft – umfassend nachkommt, wird in § 252 HGB grundsätzlich festgelegt, welche Wertansätze bei der Bewertung von Vermögensgegenständen und Schulden zulässig sind. Danach gilt:

- Vermögensgegenstände sind höchstens mit den um Abschreibungen verminderten Anschaffungs- oder Herstellkosten anzusetzen.
- Verbindlichkeiten sind zu ihrem Rückzahlungsbetrag anzusetzen.

Der Kaufmann hat also darauf zu achten, dass weder das Vermögen zu hoch noch die Schulden zu niedrig bewertet sind. Dadurch soll vermieden werden, dass Gläubiger und Kapitalgeber aufgrund der zur Verfügung gestellten Daten falsche Entscheidungen treffen.

Handels- und steuerrechtliche Bewertungsvorschriften

Jeder Gewerbetreibende hat nicht nur nach dem Handelsrecht, sondern auch nach dem Einkommensteuergesetz (EStG) seinen Gewinn zu ermitteln. Bei der steuerrechtlichen Ermittlung des Gewinns ist das Betriebsvermögen anzusetzen, das nach den handelsrechtlichen Grundsätzen ordnungsmäßiger Buchführung auszuweisen ist. Die Finanzverwaltung hat nun aber auf keinen Fall ein Interesse daran, dass der steuerpflichtige Gewinn, bedingt durch eine zu geringe Bewertung des Vermögens durch Abschreibungen des „vorsichtigen" Kaufmanns oder durch eine zu hohe Bewertung der Schulden, gemindert wird. Im Interesse der Allgemeinheit ist darauf zu achten, dass die Finanzierung des öffentlichen Haushalts durch angemessene Steuerzahlungen gewährleistet wird.

Bei der Erstellung des Jahresabschlusses müssen daher sowohl die handels- als auch die steuerrechtlichen Bewertungsvorschriften eingehalten werden. Dabei gilt der Grundsatz der Maßgeblichkeit der Handelsbilanz für die Steuerbilanz. Das bedeutet, dass die Handelsbilanz nach den Aufstellungsrichtlinien des HGB der Ausgangspunkt für die Steuerbilanz des Gewerbetreibenden sein muss. Damit ist der Kaufmann an die Handelsbilanz gebunden, es sei denn, das Steuerrecht sieht eine abweichende Bilanzierung vor.

Tabelle 5.9 fasst den Geltungsbereich und den Zweck der handelsrechtlichen und der steuerrechtlichen Bewertungsvorschriften zusammen.

Bewertung	
Handelsrecht	**Steuerrecht**
rechtliche Grundlage: das dritte Buch des HGB	rechtliche Grundlage: im Wesentlichen das EStG
Die Vorschriften gelten für alle Kaufleute.	Die Vorschriften gelten für alle, die nach dem Steuerrecht zur Buchführung verpflichtet sind.
Die Vorschriften dienen dem Gläubigerschutz, da vorsichtig bewertet werden muss.	Die Vorschriften dienen einer gerechten Besteuerung, da der Gewinn nach einheitlichen Grundsätzen bewertet werden muss.

Tabelle 5.9: Geltungsbereich und Zweck der handels- und der steuerrechtlichen Bewertungsvorschriften

Handelsrechtliche Bewertungsgrundsätze

Die wichtigsten allgemeinen Bewertungsgrundsätze sind in § 252 HGB festgelegt. Im Einzelnen zählen dazu die Grundsätze der Bilanzidentität, der Einzelbewertung, der Vorsicht, der zeitlichen Abgrenzung und der Bewertungsstetigkeit.

Unter dem **Grundsatz der Bilanzidentität** ist zu verstehen, dass sinngemäß die Eröffnungsbilanz eines Geschäftsjahres mit der Schlussbilanz des vorangegangenen Geschäftsjahres übereinstimmen muss. Daraus folgt eine unmittelbare Verknüpfung der Buchführung der beiden Geschäftsjahre. Eine Unterbrechung der Bilanzidentität ist nur in absoluten Ausnahmefällen zulässig.

Der **Grundsatz der Fortführung der Unternehmenstätigkeit** wird auch als „Going-Concern-Prinzip" bezeichnet. Dieses Prinzip besagt, dass bei der Bewertung der einzelnen Bilanzpositionen von der Fortführung des Unternehmens auszugehen ist, solange dem nicht tatsächliche oder rechtliche Gegebenheiten entgegenstehen.

Der **Grundsatz der Einzelbewertung** besagt, dass alle Vermögensgegenstände und Schulden durch eine Inventur einzeln erfasst und bewertet werden müssen. Von diesem Grundsatz darf der Kaufmann nur in begründeten Ausnahmefällen abweichen. Allerdings ist in § 256 HGB die Möglichkeit der Sammelbewertung bei gleichartigen Vermögensgegenständen des Vorratsvermögens ausdrücklich erwähnt. Macht ein Unternehmer von dieser Möglichkeit Gebrauch, kann er zwischen verschiedenen Verfahren wählen.

Zu den bekanntesten zählen

- die Durchschnittsbewertung,
- das Fifo-Verfahren (First in, first out) und
- das Lifo-Verfahren (Last in, first out).

Der **Grundsatz der Vorsicht** besteht aus mehreren untergeordneten Grundsätzen. Dazu gehören

- das Realisationsprinzip: Gewinne dürfen nur berücksichtigt werden, wenn sie tatsächlich realisiert wurden;
- das Imparitätsprinzip: Alle vorhersehbaren Risiken und Verluste müssen berücksichtigt werden, auch wenn sie noch nicht realisiert wurden;
- das Wertaufhellungsprinzip: Tatsachen, die erst nach dem Stichtag bekannt werden, sind bei der Bilanzierung zu berücksichtigen;
- das Niederstwertprinzip: Sind verschiedene Wertansätze bei Vermögensgegenständen möglich, so ist immer der niedrigere Wert anzusetzen;
- das Höchstwertprinzip: Bei Verbindlichkeiten ist von zwei möglichen Wertansätzen immer der höhere anzusetzen.

Der **Grundsatz der zeitlichen Abgrenzung** erfordert bei der Bilanzierung der Aufwendungen und Erträge eines Geschäftsjahres deren Berücksichtigung ungeachtet des Zeitpunkts der Zahlung. Bei diesem Grundsatz geht es im engeren Sinne nicht um die Bewertung der Aufwendungen und Erträge, sondern um deren periodengerechten Ansatz. Er wirkt sich allerdings indirekt erhöhend oder vermindernd auf das Vermögen aus.

Der **Grundsatz der Bewertungsstetigkeit** sieht vor, dass die im vorangegangenen Jahresabschluss angewandten Bewertungsmethoden beibehalten werden sollen.

Die wichtigsten Ziele der Bewertung sind der Gläubigerschutz, die Vermeidung zu hoher Gewinnausschüttungen, die gerechte Gewinnversteuerung und die Erhaltung der Haftungssubstanz des Unternehmens.

MERKE

5.2 Geschäftsprozesse erfolgsorientiert steuern – Kostenrechnung und Controlling

5.2.1 Aufgaben der Kosten- und Leistungsrechnung

Die Kosten- und Leistungsrechnung (KLR) ist ein Aufgabengebiet in der Betriebswirtschaft. Sie ist ein Teil des internen Rechnungswesens und unterliegt im Vergleich zur Finanzbuchhaltung wenigen gesetzlichen Vorschriften.

Die Aufgabe der Kostenrechnung besteht in der Erfassung, Verteilung und Zurechnung der Kosten, die durch den betrieblichen Ablauf anfallen. Durch die Offenlegung der mit der Leistungserstellung und der betrieblichen Tätigkeit verbundenen Kosten kann eine Basis für

Planungen geschaffen werden und man kann untersuchen, ob und inwieweit es Abweichungen zwischen geplanten und tatsächlichen Kosten beziehungsweise zwischen Soll-Kosten und Ist-Kosten gibt.

Die Analyse der Struktur von Kosten und Erlösen sowie von Abweichungen zwischen Soll- und Ist-Werten dient der Kontrolle der Wirtschaftlichkeit der Leistungserstellung. Sie ist damit eine unerlässliche Informationsgrundlage zur erfolgsorientierten Steuerung der Unternehmenstätigkeit.

Tabelle 5.10 fasst die Aufgaben und Ziele der Kosten- und Leistungsrechnung zusammen.

Aufgaben	Ziele
Darstellung des Ressourcenverbrauchs	Verbesserung der Wirkkraft
Durchsichtigkeit/Transparenz der Kosten der betrieblichen Tätigkeit	Entscheidungsunterstützung
Ermittlung der Selbstkosten (gesamt und pro Stück) der Leistungen	Vergleich der Produkte/Leistungen
Bewertung der Leistungen	Ermittlung der Wirtschaftlichkeit der Leistungserstellung
Ermittlung der Deckungsbeiträge der Leistungen	Grundlage für die Planung des Leistungsprogramms

Tabelle 5.10: Aufgaben und Ziele der Kosten- und Leistungsrechnung

Die Kosten- und Leistungsrechnung ist in drei Bereiche untergliedert (Schaubild 5.15).

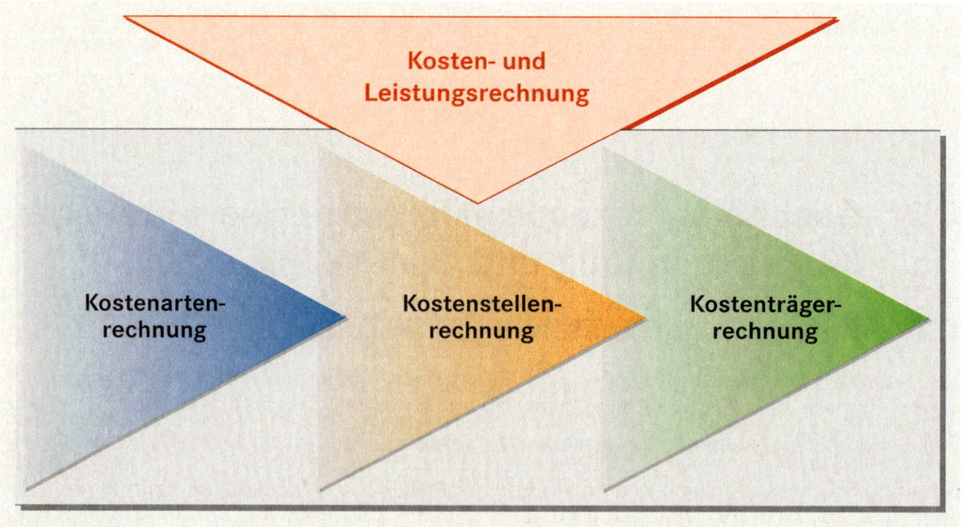

Schaubild 5.15: Die drei Bereiche der Kosten- und Leistungsrechnung

In der Kostenartenrechnung lautet die Ausgangsfrage: Welche Kosten entstehen? In der Kostenstellenrechnung wird ermittelt, wo und in welcher Höhe die Kosten entstehen. Die Kostenträgerrechnung schließlich dient dazu, die Kosten bestimmten Kostenträgern – zum Beispiel den verschiedenen Produkten aus dem Absatzprogramm des Unternehmens – zuzurechnen und davon ausgehend deren Beitrag zum Unternehmenserfolg zu bestimmen.

5.2.2 Grundbegriffe und Methoden der Kosten- und Leistungsrechnung

Kostenartenrechnung

Der Kostenartenrechnung liegt die Einteilung der Kosten nach bestimmten Kostenarten zugrunde. Als Organisationsschema für die Kostenarten benutzt man Kontenrahmen, zum Beispiel den Industriekontenrahmen (IKR).

Die Primärkosten werden aus den Bereichen

- Finanzbuchhaltung,
- Lohn- und Gehaltsbuchhaltung,
- Lagerbuchhaltung und
- Anlagenbuchhaltung

übernommen.

Die kalkulatorischen Kosten und die Sekundärkosten werden demgegenüber in der Kostenrechnung ermittelt. In der Kostenrechnung sind die Zuordnungsbereiche die jeweiligen Kostenstellen.

Primärkosten

Primärkosten sind der bewertete Verzehr von Gütern und Dienstleistungen, die ein Unternehmen von außerhalb bezieht und die es im betrieblichen Leistungsprozess einsetzt.

BEISPIEL: Primärkosten

Zu den Primärkosten zählen die Gehälter der Beschäftigten oder die Kosten von Fremdleistungen wie etwa Mietkosten oder Pachtkosten.

Schaubild 5.16 vermittelt eine Übersicht über die Bestandteile der Primärkosten.

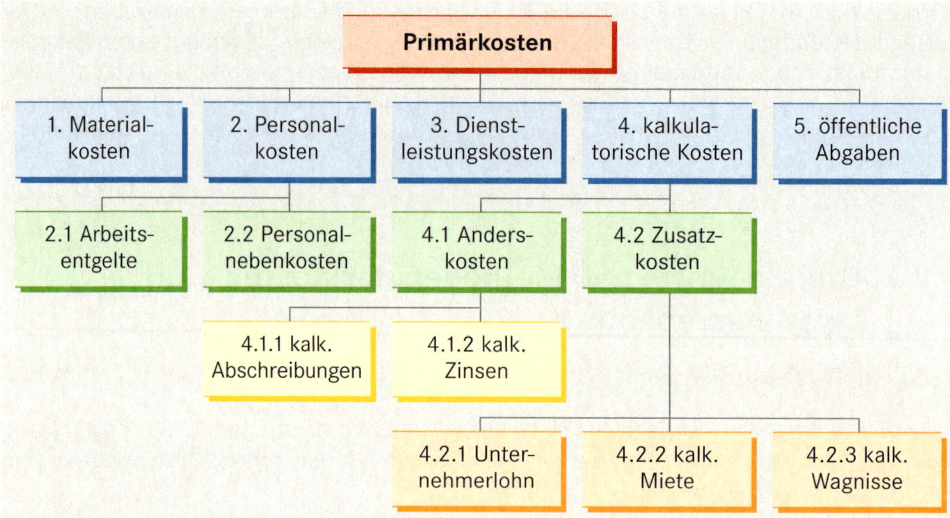

Schaubild 5.16: Die Zusammensetzung der Primärkosten

Materialkosten entstehen aus dem Verbrauch von Roh-, Hilfs- und Betriebsstoffen.

BEISPIELE: Materialkostenarten

Materialkostenart	Beispiele
Rohstoff	das Gummi, aus dem ein Rad gefertigt wird
Hilfsstoff	Schrauben oder Leim
Betriebsstoff	Schmierstoff für eine Maschine

Die **Personalkosten** umfassen die Arbeitsentgelte und die Personalnebenkosten.

BEISPIELE: Personalkostenarten

Personalkostenart	Beispiele
Arbeitsentgelt	Löhne, Gehälter
gesetzliche Personalnebenkosten	Beiträge zur Sozialversicherung, Berufsgenossenschaftsbeiträge, Lohnfortzahlung im Krankheitsfall, Vergütung gesetzlicher Feiertage und sonstiger Ausfallzeiten (Mutterschutz, bezahlter Urlaub)
betriebliche Personalnebenkosten	Aufwendungen für betriebliche Altersversorgung, Aufwendungen für berufliche Bildung, Sonderzahlungen wie Urlaubsgeld oder vermögenswirksame Leistungen

Dienstleistungskosten entstehen durch die Inanspruchnahme von Leistungen, die von Dritten erbracht werden.

BEISPIELE: Dienstleistungskostenarten

Telefongebühren, Honorare für Steuerberater und Rechtsberater, Frachtraten, Provisionen, Leasingraten, Miete, Pacht, Weiterbildungskosten, Patentgebühren, Bewirtungskosten, Kosten für Wartungs- und Instandhaltungsleistungen von dritter Seite.

Die mit der betrieblichen Leistungserstellung verbundenen Kosten umfassen nicht nur Beträge, die aufgrund von Verträgen an andere Betriebe und Personen verausgabt wurden, sondern auch **kalkulatorische Kosten,** zum Beispiel den Nutzen, der dem Unternehmer dadurch entgangen ist, dass er eigene materielle oder immaterielle Güter in den Leistungsprozess des Unternehmens eingebracht und nicht zu anderen Zwecken eingesetzt hat.

Kalkulatorische Kosten sind Kosten, denen keine unmittelbaren Ausgaben gegenüberstehen. Sie werden deshalb in der Gewinn- und Verlustrechnung des Unternehmens nicht berücksichtigt. Kalkulatorische Kosten werden in der Kostenrechnung ermittelt, um den tatsächlichen betriebswirtschaftlichen Werteverzehr bestimmen zu können.

BEISPIELE: Kalkulatorische Kosten

- Das Unternehmen hat seinen Sitz in einem Gebäude, das dem Unternehmer gehört, und zahlt keine Miete. Der Unternehmer kann aber in der Kostenrechnung des Unternehmens eine kalkulatorische Miete ansetzen. Dahinter steht die Überlegung, dass der Unternehmer sogenannte Opportunitätskosten zu tragen hat: Er verzichtet auf Mieteinnahmen, die er erzielen würde, würde er das Gebäude an einen Dritten vermieten.
- Der Unternehmer ist Gesellschafter einer Personengesellschaft. Er arbeitet in seinem Betrieb als Geschäftsführer, bezieht aber, anders als die Angestellten des Unternehmers, kein fixes Gehalt. Seine Vergütung besteht vielmehr aus dem im Gesellschaftervertrag festgelegten Anteil am Gewinn des Unternehmens. Dieser Betrag ist jedoch nicht automatisch gleichzusetzen mit dem Wert seiner Arbeitsleistung für das Unternehmen. Deshalb setzt er in der Kostenrechnung einen kalkulatorischen Unternehmerlohn an.

Die kalkulatorischen Kosten unterteilt man in Anderskosten und Zusatzkosten.

Anderskosten liegen vor, wenn das Unternehmen Mittel eingesetzt hat, der tatsächliche Werteverzehr jedoch geringer oder größer war als der in der Gewinn- und Verlustrechnung ausgewiesene Aufwand.

Zu den Anderskosten zählen die kalkulatorischen Abschreibungen und die kalkulatorischen Zinsen. Die kalkulatorischen Abschreibungen dienen dazu, die tatsächliche Wertminderung des betriebsnotwendigen Anlagevermögens zu erfassen und als Kosten zu verrechnen. Demgegenüber entspricht die Abschreibung im Rahmen der Bilanzierung nicht dem geschätzten Werteverzehr. Sie richtet sich vielmehr nach handels- und steuerrechtlichen sowie nach bilanzpolitischen Maßstäben.

BEISPIEL: Anderskosten

Wird ein Anlagegut nach Ablauf der geschätzten Nutzungsdauer noch im Produktionsprozess eingesetzt, so wird es mit einem Erinnerungswert von 1,00 € bilanziert. Die kalkulatorische Abschreibung hingegen orientiert sich an der tatsächlichen Nutzung. Sie wird so lange fortgesetzt, wie die Anlage noch verwendet wird.

Im Rahmen der Bilanzierung richtet sich die Abschreibung nach dem Anschaffungswert des Anlagegutes. Die kalkulatorische Abschreibung hingegen basiert im Idealfall auf dem Wiederbeschaffungswert, das heißt auf dem Tageswert zum Zeitpunkt der Bewertung des

Anlagegutes. Da der Wiederbeschaffungspreis am Ersatztag aufgrund von Preissteigerungen höher sein kann als die Summe der Abschreibungen, ist es sinnvoll, die den Abschreibungswerten entsprechenden Beträge bis zum Ersatzzeitpunkt zinsbringend anzulegen.

In der Kostenrechnung unterscheidet man mehrere Möglichkeiten zur Bemessung der kalkulatorischen Abschreibung. Die einfachste Formel lautet:

$$\text{kalkulatorische Abschreibung} = \frac{\text{Wiederbeschaffungspreis am Rechnungstag}}{\text{Nutzungsdauer}}$$

Der prozentuale Abschreibungssatz für ein beliebiges Jahr ergibt sich dann aus der Gleichung

$$\text{Abschreibungssatz} = \frac{\text{kalkulatorische Abschreibung}}{\text{Wiederbeschaffungspreis} \cdot 100}$$

BEISPIEL: Kalkulatorische Abschreibungen

Der Leiter eines Fuhrparks hat Anfang des Jahres 2008 einen Personenkraftwagen im Wert von 25.000,00 € angeschafft. Die geschätzte Nutzungsdauer beläuft sich auf fünf Jahre. Der Auslastungsgrad des Pkw soll in jedem Jahr gleich hoch sein. Daraus ergibt sich für das Jahr 2008:

kalkulatorische Abschreibung = 25.000,00 € : 5 = 5.000,00 €

Abschreibungssatz = 5.000,00 € : 25.000,00 € · 100 = 20 %

Aufgrund von Preissteigerungen steigt der Wiederbeschaffungswert des Pkw im Jahr 2009 auf 26.000,00 €. Für das Jahr 2009 gilt also:

kalkulatorische Abschreibung = 26.000,00 € : 5 = 5.200,00 €

Abschreibungssatz = 5.200,00 € : 26.000,00 € · 100 = 20 %

Da die Abschreibung in der Bilanz vom Anschaffungswert vorgenommen werden muss, wird in der Gewinn- und Verlustrechnung des Unternehmens für 2009 eine niedrigere Abschreibung ausgewiesen als in der Kostenrechnung.

Kalkulatorische Zinsen werden in der Kostenrechnung ermittelt, um die tatsächlichen Kapitalkosten zu erfassen. Im Regelfall werden die betriebsnotwendigen Mittel mithilfe von Fremdkapital (zum Beispiel Darlehen, Anleihen) und Eigenkapital finanziert. Die Zinsen auf Fremdkapital werden in der Finanzbuchhaltung erfasst. Diese machen jedoch nur einen Teil der Kapitalkosten aus. Auch die Bindung von Eigenkapital verursacht Kapitalkosten. Diese werden in der Kosten- und Leistungsrechnung nach dem Opportunitätskostenprinzip ermittelt, das heißt, es wird gefragt, wie hoch sich das Eigenkapital verzinsen würde, wenn es einer alternativen Verwendung zugeführt würde. Der so ermittelte Zinssatz ist der kalkulatorische Zinssatz des Eigenkapitals. Er ist ein Maßstab für die Kosten, die dem Unternehmer dadurch entstehen, dass er sein Eigenkapital nicht zinsbringend anlegen kann.

Um die kalkulatorischen Zinsen zu berechnen, wird das betriebsnotwendige Kapital um das sogenannte Abzugskapital, das heißt die Summe der zinsfrei zur Verfügung stehenden (Lieferanten-)Kredite, bereinigt. Der kalkulatorische Zinssatz richtet sich im Allgemeinen nach dem langfristigen Kapitalmarktzins, zum Beispiel nach dem Zinssatz von Bundesanleihen mit einer Laufzeit von zehn Jahren.

BEISPIEL: Kalkulatorische Zinsen

Der oben betrachtete Pkw wurde jeweils zur Hälfte mit Fremd- und mit Eigenmitteln finanziert. Der Zinssatz auf das Fremdkapital beträgt 6,5 %, als kalkulatorischen Zinssatz auf das Eigenkapital setzt der für die Kostenrechnung zuständige Kollege der Fuhrparkleiterin 4 % an.

Im Jahr 2008 betrugen also die kalkulatorischen Zinsen

$$25.000{,}00\,€ : 0{,}5 \cdot 0{,}04 = 500{,}00\,€$$

Die Darlehenszinsen belaufen sich auf

$$25.000{,}00\,€ \cdot 0{,}5 \cdot 0{,}065 = 812{,}50\,€$$

In der Kostenrechnung werden mithin Kapitalkosten von

$$500{,}00\,€ + 812{,}50\,€ = 1.312{,}50\,€$$

angesetzt.

Der durchschnittliche kalkulatorische Kapitalkostensatz beträgt demnach

$$1.312{,}50\,€ : 25.000{,}00\,€ \cdot 100 = 5{,}21\ \%$$

Zusatzkosten sind Kosten, denen in der Gewinn- und Verlustrechnung kein Aufwand gegenübersteht.

Zu den Zusatzkosten gehören der kalkulatorische Unternehmerlohn, kalkulatorische Mieten und kalkulatorische Wagnisse. Zur Bestimmung des kalkulatorischen Unternehmerlohns gibt es eine Vielzahl von Hilfsgrößen. Ein Maßstab kann der persönliche Bedarf des Unternehmers sein, ein anderer das Gehalt, das der Unternehmer beziehen würde, wenn er als Angestellter eines anderen Unternehmens eine vergleichbare Tätigkeit ausüben würde. Eine dritte Variante besteht darin, den Unternehmerlohn als bestimmten prozentualen Anteil am Umsatz des Unternehmens zu definieren.

Ähnlich wie der Unternehmerlohn für die Tätigkeit des Unternehmers im eigenen Betrieb in der Kostenrechnung berücksichtigt werden muss, ist auch ein Kostenbetrag anzusetzen, wenn der Unternehmer private Räume für betriebliche Zwecke zu Verfügung stellt. Die Höhe der fiktiven Miete richtet sich im Allgemeinen nach dem ortsüblichen Mietspiegel.

Das Unternehmensrisiko, das der Unternehmer trägt, wird abgedeckt durch den Gewinn, den das Unternehmen erwirtschaftet. Andere abschätzbare Risiken, wie zum Beispiel Feuerschäden, Wasserschäden oder Einbruch/Diebstahl können durch eine Versicherung abgedeckt werden. Die versicherten Risiken spiegeln sich in der Kostenrechnung in Form von Versicherungsprämien wider. Es gibt aber auch Risiken, die nicht abgedeckt werden können. Sie gehen als kalkulatorische Wagnisse in die Kostenrechnung ein. Die Höhe der einzelnen Wagnisse kann nur geschätzt werden. Allerdings sind diese Schätzwerte wichtige Orientierungsgrößen für die Entscheidung des Unternehmers, in welcher Höhe er Rücklagen für Risiken bilden will, gegen die sich das Unternehmen nicht versichert hat.

BEISPIELE: Kalkulatorische Wagnisse

- Absatzrisiko
- Entwicklungsrisiko
- Risiko der Fehleinschätzung technischen Fortschritts (Entwertung des Maschinenbestands)
- Risiko von Mehrkosten durch erhöhten Ausschuss oder Nacharbeit/ Garantieleistungen

Sekundärkosten

Sekundärkosten sind der bewertete Verzehr eigener beziehungsweise selbst erstellter Leistungen.

BEISPIELE: Sekundärkosten

- Eigenreparaturen
- eigene Energieproduktion

Einzelkosten und Sondereinzelkosten

Einzelkosten sind diejenigen Kosten, die direkt einem Kostenträger, das heißt einem Produkt oder einer Dienstleistung, zugeordnet werden können.

BEISPIELE: Einzelkosten

- Fertigungsmaterialkosten: Rohstoffe, Halbfabrikate
- Fertigungslohnkosten: Stücklöhne

Sondereinzelkosten sind Einzelkosten, die nicht regelmäßig anfallen.

BEISPIELE: Sondereinzelkosten

- Spezialversandmaterial
- Werbemittel für spezielle Erzeugnisse
- Forschungs- und Entwicklungskosten

Gemeinkosten sind Kosten, die nicht direkt einem Kostenträger zugeordnet werden können.

BEISPIELE: Gemeinkosten

- Das Gehalt des Assistenten
- Kosten der Strom- und Wasserversorgung
- Kosten des Kantinenbetriebs

Variable Kosten, fixe Kosten und Mischkosten

Variable Kosten sind Kosten, die vom Beschäftigungsgrad abhängen.

Die variablen Kosten lassen sich in proportionale (lineare) Kosten, progressive Kosten und degressive Kosten unterteilen.

variable Kosten	Art der Abhängigkeit von der Beschäftigung
proportionale Kosten	Die Kosten steigen im selben Verhältnis wie die Beschäftigung.
progressive Kosten	Die Kosten steigen stärker als die Beschäftigung.
degressive Kosten	Die Kosten steigen schwächer als die Beschäftigung.

BEISPIELE: Variable Kosten

- Fertigungsmaterialkosten: Für jedes zusätzliche Produkt wird dieselbe Menge an Rohstoffen benötigt. Bei einheitlichem Rohstoffpreis handelt es sich um proportionale Kosten.
- Stücklöhne: Der Lohn richtet sich nach der gefertigten Stückzahl. Wird der Stücklohn bei Überschreitung einer bestimmten Fertigungsmenge erhöht, so handelt es sich um progressive Kosten.
- Stückzahlabhängige Vertriebskosten: Das Transportunternehmen berechnet die zu zahlenden Frachtgebühren nach der Menge des beförderten Frachtgutes. Die Frachtgebühr pro Stück wird gestaffelt und sinkt mit steigender Menge (degressive Kosten).

Fixe Kosten sind Kosten, die unabhängig von der hergestellten Menge anfallen. Sie lassen sich nur im Zeitverlauf variieren.

BEISPIELE: Fixe Kosten

- Gehälter
- Mieten
- Abschreibungen

Mischkosten sind Kosten, die sich aus fixen und variablen Bestandteilen zusammensetzen.

BEISPIELE: Mischkosten

- Wartungs- und Instandhaltungskosten
- Betriebsstoffkosten

Bestandsaufnahme der Kosten

Die Kostenartenrechnung erfordert eine Bestandsaufnahme der im Betrieb anfallenden Kosten. Die Ausgangsfragen lauten hier:

- Welche Arten von Kosten fallen an?
- Wie können die verschiedenen Kostenarten identifiziert werden?

BEISPIEL: Kostenanalyse

Die Firma Well & Fit e. K. möchte sich Klarheit über ihre Kostenarten verschaffen. Die Untersuchung der Kosteninformationen aus der betrieblichen Buchhaltung ergibt die in Tabelle 5.11 zusammengefassten Positionen.

Kostenart	Primärkosten	Einzel-/Gemeinkosten	variabel/fix
Fremdleistungen	Dienstleistungen	Einzelkosten	variabel
Personalkosten	Personalkosten	Einzelkosten	fix
Werbungskosten	Dienstleistungen	Gemeinkosten	variabel
Reisekosten	Dienstleistungen	Gemeinkosten	variabel
Verwaltungskosten	Dienstleistungen	Gemeinkosten	fix
Betriebsbedarf (Matten für Kurse)	Materialkosten	Gemeinkosten	fix
Instandhaltung	Dienstleistungen	Gemeinkosten	Mischkosten
Mieten	Dienstleistungen	Gemeinkosten	fix

Tabelle 5.11: Kostenarten – das Beispiel der Firma Well & Fit e. K.

Die Fitnesstrainerin Lisa Gelenkig hat eine starke Nackenverspannung. Damit sie ihren Kurs durchführen kann, lässt sie sich von Claudia Knackig, der Masseurin von Well & Fit, den Nacken massieren. In diesem Fall handelt es sich um Sekundärkosten für den Betrieb, da es sich bei der Massage um bewerteten Verzehr einer selbst erstellten Dienstleistung handelt.

Die kalkulatorischen Kosten werden folgendermaßen angesetzt:

1. Kalkulatorische Abschreibungen

Zur Geschäftsausstattung gehören zwei Personal Computer im Anschaffungswert von jeweils 3.000,00 €. Die zwei Geräte wurden Ende September 2005 angeschafft. Die bilanzielle Abschreibung wird wie folgt errechnet:

Anschaffungskosten = 6.000,00 €
Nutzungsdauer = fünf Jahre
Abschreibung pro Jahr = 6.000,00 €/5 = 1.200,00 €
Davon drei Monate = 1.200,00 €/12 · 3 = 300,00 €

Bezogen auf das Geschäftsquartal 1. Oktober 2008 bis 31. Dezember 2008 verbucht Herr Müller in seiner Finanzbuchführung 300,00 € als Abschreibungen.

In den Jahren ab 2008 sollen die beiden Geräte über kalkulatorische Abschreibungen in die Kostenrechnung eingehen. Der Wiederbeschaffungswert liegt Ende 2008 insgesamt bei rund 6.500,00 €, die Restnutzungsdauer beträgt fünf Jahre. Der kalkulatorische Abschreibungsbetrag errechnet sich folgendermaßen:

6.500,00 €/5 = 1.300,00 €

Aus Tabelle 5.12 werden die Beträge ersichtlich, die in die Kostenrechnung einerseits, die Gewinn- und Verlustrechnung andererseits eingehen.

Kalenderjahr	kalkulatorische Abschreibung	bilanzielle Abschreibung
2008	0	300,00 €
2009	1.300,00 €	1.200,00 €
2010	1.300,00 €	1.200,00 €
2011	1.300,00 €	1.200,00 €
2012	1.300,00 €	1.200,00 €
2013	1.300,00 €	900,00 €

Tabelle 5.12: Kalkulatorische und bilanzielle Abschreibungen

Andere Gegenstände des Anlagevermögens, wie zum Beispiel Schreibtische und Bürostühle, bleiben in diesem Beispiel unberücksichtigt.

2. Kalkulatorische Zinsen

betriebsnotwendiges Anlagevermögen	1.002.000,00 €
+ betriebsnotwendiges Umlaufvermögen	144.900,00 €
= betriebsnotwendiges Vermögen	1.146.900,00 €
– Abzugskapital (Verbindlichkeiten)	888.000,00 €
= betriebsnotwendiges Vermögen	258.600,00 €

Zinssatz: 4 % (Das Vermögen ist vollständig eigenfinanziert.)

Zinsbetrag: 258.600,00 € · 0,04 = 10.344,00 €

3. Kalkulatorischer Unternehmerlohn

Als Unternehmerlohn werden 3.200,00 € pro Monat sowie ein gleich hohes 13. Gehalt angesetzt. Daraus ergibt sich ein jährlicher Unternehmerlohn von 41.600,00 €. Dies ist der Betrag, der für einen entsprechend qualifizierten Angestellten bei vergleichbarer Arbeitsbelastung derzeit am Arbeitsmarkt bezahlt wird, nach Berücksichtigung eines Risikozuschlags von 15 %.

Von der Finanzbuchhaltung zur Kosten- und Leistungsrechnung

Im Rahmen der Kostenartenrechnung erfolgen die Rechnungen zur Überführung der Ertrags- und Aufwandsdaten der Finanzbuchhaltung in Kosten- und Erlösdaten der Kosten- und Leistungsrechnung in vier Schritten:

1. Gegenüberstellung von Aufwand und Ertrag aus der Finanzbuchhaltung
   → Unternehmensergebnis beziehungsweise Gesamtergebnis,
2. Aussonderung von betriebsfremden Aufwands- und Ertragspositionen
   → Ergebnis der unternehmensbezogenen Abgrenzungsrechnung,
3. Korrektur der verbleibenden Aufwands- und Ertragsdaten
   → Kosten und Leistungen nach kostenrechnerischen Korrekturen,
4. Gegenüberstellungen von Kosten und Leistungen
   → Betriebsergebnis laut Kostenrechnung.

	Bereich A		Bereich B		Bereich C						Bereich D	
	Werte aus der Finanzbuchhaltung		unternehmensbezogene Abgrenzungsrechnung		betriebsbezogene Abgrenzungsrechnung						Kosten- und Leistungsarten	
					außerordentliche/betriebsbezogene		Verrechnungskorrekturen		sonstige Abgrenzungen			
	1.	2.	3.	4.	5.	6.	7.	8.	9.	10.	11.	12.
	Aufwendungen	Erträge	Aufwendungen	Erträge	Aufwendungen	Erträge	Aufwendungen	Erträge	Aufwendungen	Erträge	Kosten	Leistung
	Gesamtergebnis		Ergebnis der unternehmensbezogenen Abgrenzungsrechnung		Ergebnis nach kostenrechnerischen Korrekturen						Betriebsergebnis	
betriebsfremde Erträge												
außerordentliche betriebliche Erträge												
betriebliche Erträge												
betriebsfremde Aufwendungen												
außerordentliche betriebliche Aufwendungen												
betriebliche Aufwendungen, für die kalkulatorische Werte eingesetzt werden												
betriebliche Aufwendungen, für die Verrechnungswerte verrechnet werden												
betriebliche Aufwendungen, bei kurzfristigen Abrechnungen, die periodisiert werden												
betriebliche Aufwendungen, die mengen- und wertmäßig zugleich Kosten sind (Zweckaufwand)												
kalkulatorische Kosten												

Tabelle 5.13: Verrechnungsschema zur Abgrenzung der Finanzbuchhaltungs- von den Kostenrechnungsgrößen

5620372

Unternehmensbezogene Abgrenzungsrechnung

Die unternehmensbezogene Abgrenzungsrechnung ist die Verbindung zwischen Finanzbuchhaltung und Kosten- und Leistungsrechnung (KLR). Sie hat eine Filterfunktion. Die Abgrenzungsrechnung muss diejenigen Aufwendungen und Erträge ausfiltern, die nicht im Rahmen der eigentlichen Unternehmenstätigkeit angefallen sind. Diese Aufwendungen oder Erträge dürfen nicht in der KLR weiterverrechnet werden. In der unternehmensbezogenen Abgrenzungsrechnung werden also die betriebsfremden Aufwendungen beziehungsweise Erträge aus dem Gesamtergebnis der Finanzbuchhaltung herausgerechnet und damit neutralisiert.

Dazu werden die Werte aus der Finanzbuchhaltung in eine Verrechnungstabelle (Tabelle 5.13) und dort in den Bereich A übertragen. Die Aufwendungen werden in die Spalte 1, die Erträge in die Spalte 2 eingetragen. Dabei ist zu prüfen, ob der Abrechnungszeitraum der Daten in der KLR kürzer ist als das Geschäftsjahr. Ist dies der Fall, so ist in einem späteren Schritt eine Periodenabgrenzung der Werte aus der Finanzbuchhaltung notwendig.

Um die für die KLR nicht relevanten betriebsfremden Aufwendungen und Erträge aus den Daten der Finanzbuchhaltung herausfiltern zu können, benötigt man entsprechende eindeutige Informationen, zum Beispiel in Form von Belegen oder Anmerkungen. Sodann werden die Aufwendungen der Finanzbuchhaltung, die insgesamt oder auch nur zum Teil betriebsfremd sind, in den Bereich B (unternehmensbezogene Abgrenzungsrechnung) und dort in die Spalte 3 eingetragen. Aufwendungen, die nur zum Teil betriebsfremd sind, müssen abgegrenzt werden, das heißt, dass hier nur der betriebsfremde Teil in Spalte 3 eingetragen wird. Die restlichen Aufwendungen werden in die betriebsbezogene Abgrenzung (Bereich C) weitergeleitet. Betriebsfremde Erträge werden wie die betriebsfremden Aufwendungen abgegrenzt und in Spalte 4 eingetragen (Beispiel, Tabellen 5.14 und 5.15).

	Bereich A		Bereich B	
	Werte aus der Finanzbuchhaltung		unternehmensbezogene Abgrenzungsrechnung	
	1.	2.	3.	4.
	Aufwendungen	Erträge	Aufwendungen	Erträge
	Gesamtergebnis		Ergebnis der unternehmensbezogenen Abgrenzungsrechnung	
betriebsfremde Erträge		10.000,00 €	→	10.000,00 €
betriebsfremde Aufwendungen	8.000,00 €	→	8.000,00 €	

Tabelle 5.14: Unternehmensbezogene Abgrenzungsrechnung – I

Die betriebsfremden Erträge belaufen sich in dem Beispiel auf 10.000,00 €, die betriebsfremden Aufwendungen auf 8.000,00 €.

Die gesamte unternehmensbezogene Abgrenzungsrechnung wird nach der sogenannten Durchwälzmethode durchgeführt. Das heißt: Alle Positionen der Finanzbuchhaltung mit betriebsfremden Aufwendungen werden zunächst in die Spalte 3 übertragen, betriebsfremde Erträge entsprechend in die Spalte 4. In die den verrechneten Werten gegenüberliegenden

Seiten werden die Teilwerte eingetragen, die zur Weiterverrechnung in die betriebsbezogene Abgrenzungsrechnung oder direkt als Grundkosten in die Berechnung des Betriebsergebnisses gemäß KLR übernommen werden (Beispiel, Tabelle 5.15).

	Bereich A		Bereich B	
	Werte aus der Finanzbuchhaltung		unternehmensbezogene Abgrenzungsrechnung	
	1.	2.	3.	4.
	Aufwendungen	Erträge	Aufwendungen	Erträge
betriebsfremde Erträge		10.000,00 €	2.500,00 € (Teilertrag)	10.000,00 € ←
betriebsfremde Aufwendungen	8.000,00 €		8.000,00 € →	4.000,00 € (Teilaufwand)
			Ergebnis aus unternehmensbezogener Abgrenzungsrechnung	

Tabelle 5.15: Unternehmensbezogene Abgrenzungsrechnung – II

Im Beispiel umfassen die betriebsfremden Erträge von 10.000,00 € einen Teil von 2.500,00 €, der nicht betriebsfremd ist. Die betriebsfremden Aufwendungen von 8.000,00 € enthalten einen Teil von 4.000,00 €, der nicht betriebsfremd ist. Der Saldo der unternehmensbezogenen Abgrenzungsrechnung beträgt also 3.500,00 €. Nachdem die betriebsfremden Aufwendungen und Erträge herausgefiltert wurden, verbleiben die reinen betriebsbezogenen Aufwendungen und Erträge und so lässt sich ein vorläufiges Betriebsergebnis ermitteln:

	Jahresüberschuss/Gewinn (Saldo Bereich A)
–	Gewinn aus betriebsfremden Erfolgsvorgängen (Saldo Bereich B)
=	vorläufiges Betriebsergebnis

Das endgültige Betriebsergebnis lässt sich aus dem vorläufigen Betriebsergebnis erst dann ableiten, wenn die außerordentlichen betrieblichen Aufwendungen und Erträge und auch die Anders- und die echten Zusatzkosten berücksichtigt wurden.

Betriebsbezogene Abgrenzungsrechnung

Alle Aufwendungen und Erträge, die in der unternehmensbezogenen Abgrenzungsrechnung nicht herausgefiltert wurden, sind betriebsbezogen. In der betriebsbezogenen Abgrenzungsrechnung wird überprüft, ob diese Werte direkt als Kosten und Leistungen verrechnet werden und in den Bereich D übernommen werden können (Tabelle 5.16).

Diejenigen Werte, die nicht direkt in den Bereich D übernommen werden können, werden nochmals in drei Kategorien eingeteilt:

- betriebsbezogene außerordentliche Aufwendungen und Erträge;
- Anderskosten, das heißt Werte, die nicht in gleicher Höhe in die KLR übernommen werden;

	Bereich A		Bereich B		Bereich C						Bereich D	
	Werte aus der Finanzbuchhaltung		unternehmensbezogene Abgrenzungsrechnung		betriebsbezogene Abgrenzungsrechnung						Kosten- und Leistungsarten	
					außerordentliche/betriebsbezogene		Verrechnungskorrekturen		sonstige Abgrenzungen			
	1.	2.	3.	4.	5.	6.	7.	8.	9.	10.	11.	12.
	Aufwendungen	Erträge	Aufwendungen	Erträge	Aufwendungen	Erträge	Aufwendungen	Erträge	Aufwendungen	Erträge	Kosten	Leistung
	Gesamtergebnis		Ergebnis der unternehmensbezogenen Abgrenzungsrechnung		Ergebnis nach kostenrechnerischen Korrekturen						Betriebsergebnis	
betriebliche Erträge												
betriebliche Aufwendungen, die mengen- und wertmäßig zugleich Kosten sind (Zweckaufwand)												
	Gesamtergebnis		Ergebnis der unternehmensbezogenen Abgrenzungsrechnung		Ergebnis nach kostenrechnerischen Korrekturen						Betriebsergebnis	

Tabelle 5.16: Betriebsbezogene Abgrenzungsrechnung – I

- zeitlich abzugrenzende Werte, das heißt Werte, die nicht in voller Höhe auf den Abrechnungszeitraum der KLR entfallen.

Außerdem müssen die aufwandslosen Kosten (Zusatzkosten), das heißt jene Kosten, denen in der Finanzbuchhaltung kein Aufwand gegenübersteht, erfasst werden.

Das Betriebsergebnis wird von den **betriebsbezogenen außerordentlichen Aufwendungen und Erträgen** verfälscht, da es sich dabei um ungeplante und nicht typische Zufallsaufwendungen/-erträge handelt. Handelt es sich bei den Aufwandspositionen um rein betriebliche außerordentliche Aufwendungen, für die kein Ansatz kalkulatorischer Kosten vorgesehen ist, werden diese direkt in der Spalte 5 erfasst. Die betrieblichen außerordentlichen Erträge sind analog in der Spalte 6 zu vermerken (Tabelle 5.17).

Der Teilertrag aus der unternehmensbezogenen Abgrenzungsrechnung (Bereich B) wird nun in die Spalte 6 weitergeleitet. Es kann sich hierbei beispielsweise um einen Veräußerungsgewinn aus dem Verkauf von Gegenständen des Anlagevermögens, also um einen rein betrieblichen außerordentlichen Ertrag handeln. Rein betriebliche außerordentliche Aufwendungen werden in die Spalte 5 eingetragen. Sofern Aufwands- oder Ertragspositionen nur teilweise aus betrieblichen außerordentlichen Aufwendungen oder Erträgen bestehen, müssen sie noch weiter aufgeschlüsselt werden.

Im Beispiel (Tabelle 5.18) umfassen die sonstigen betrieblichen Aufwendungen laut Finanzbuchhaltung 2.000,00 € betriebsfremden Aufwand, dieser ist in der unternehmensbezogenen Abgrenzungsrechnung (Bereich B) enthalten. Von den 8.000,00 € Aufwendungen aus der Spalte 3 werden 4.000,00 € in die Spalte 4 umgesetzt und als Aufwand in den Bereich C (außerordentliche betriebsbezogene Abgrenzungsrechnung), Spalte 5 übertragen. Von dem verbleibenden Aufwand von 4.000,00 € ist eine Gewerbesteuernachzahlung von 2.000,00 € als betrieblicher außerordentlicher Aufwand abzublocken und in Spalte 6 einzutragen.

Betriebliche Aufwendungen, die nicht für die KLR relevant sind, müssen anhand von **Verrechnungskorrekturen** ausgesondert werden. An deren Stelle werden Anderskosten (andersgeartete Aufwendungen) und Zusatzkosten (Kosten zusätzlich zu den aufwandsgleichen Grundkosten) angesetzt. Ferner müssen die Kosten, denen kein Aufwand gegenübersteht (aufwandslose Kosten), in die Kostenerfassung einfließen.

Werden Aufwendungen für Roh-, Hilfs- und Betriebsstoffe statt mit den Anschaffungskosten mit gleichbleibenden **Verrechnungspreisen** in die KLR übernommen, werden in Spalte 7 die Aufwendungen zu Anschaffungskosten – im Beispiel zu 4.000,00 € – und in Spalte 8 die verrechneten Aufwendungen als Kosten zu Verrechnungspreisen – im Beispiel zu 4.500,00 € – eingetragen. Letztere werden anschließend als Kosten in das Betriebsergebnis (Bereich D) übertragen (Tabelle 5.19).

5620376

	Bereich A		Bereich B		Bereich C						Bereich D	
	Werte aus der Finanzbuchhaltung		unternehmensbezogene Abgrenzungsrechnung		betriebsbezogene Abgrenzungsrechnung						Kosten- und Leistungsarten	
					außerordentliche/betriebsbezogene		Verrechnungskorrekturen		sonstige Abgrenzungen			
	1.	2.	3.	4.	5.	6.	7.	8.	9.	10.	11.	12.
	Aufwendungen	Erträge	Aufwendungen	Erträge	Aufwendungen	Erträge	Aufwendungen	Erträge	Aufwendungen	Erträge	Kosten	Leistung
außerordentliche betriebliche Erträge		10.000,00 €	2.500,00 € (Teilertrag)	10.000,00 €		2.500,00 € (Teilertrag)						
außerordentliche betriebliche Aufwendungen	8.000,00 €		8.000,00 €	4.000,00 € (Teilaufwand)	4.000,00 € (Teilaufwand)							

Tabelle 5.17: Betriebsbezogene Abgrenzungsrechnung – II

außerordentliche betriebliche Aufwendungen mit weiteren Abgrenzungen	8.000,00 €		8.000,00 €	4.000,00 € (Teilaufwand)	4.000,00 € (Teilaufwand)	2.000,00 €						

Tabelle 5.18: Betriebsbezogene Abgrenzungsrechnung – III

	4.000,00 €						4.000,00 €	4.500,00 €			4.500,00 €	

Tabelle 5.19: Betriebsbezogene Abgrenzungsrechnung – IV

In Tabelle 5.20 sind mögliche Ansätze im Fall von für Zwecke der Kostenrechnung korrekturbedürftigen betrieblichen Aufwendungen zusammengefasst.

Ansatz	korrekturbedürftige betriebliche Aufwendungen
Verrechnungspreise anstelle von Anschaffungskosten	Aufwendungen für Roh-, Hilfs- und Betriebsstoffe
kalkulatorische Abschreibung	Abschreibungen auf Maschinen oder Betriebs- und Geschäftsausstattung
kalkulatorische Zinsen	Zinsen und ähnliche Aufwendungen für Kredite (ohne Hypothekenzinsen) oder Kreditprovision
kalkulatorische Wagnisse	▶ außerplanmäßige Abschreibungen auf Vorräte wegen Schwund ▶ andere sonstige betriebliche Aufwendungen (z. B. Kassendifferenzen oder Diebstahl) ▶ Abschreibungen auf Forderungen und uneinbringliche Forderungen wegen Konkurs oder Vergleich ▶ Verluste aus Vermögensabgängen (z. B. aus dem Verkauf von Anlagevermögen unter Buchwert)
kalkulatorische Miete	▶ Fremdinstandhaltungen zur Erhaltung der betriebsnotwendigen Gebäude ▶ Abschreibungen auf betrieblich genutzte Gebäude ▶ Versicherungsbeiträge für Gebäudefeuer- oder Sturmversicherung ▶ betriebliche Steuern/Grundsteuer für Gebäude ▶ Zinsen und ähnliche Aufwendungen für Hypothekendarlehen bei betriebsnotwendigen Gebäuden

Tabelle 5.20: Korrekturbedürftige betriebliche Aufwendungen

In der Abgrenzungsrechnung werden die **kalkulatorischen Kosten** verrechnet, indem die Aufwendungen laut Finanzbuchhaltung (Spalte 1) in voller Höhe in die Spalte 7 übertragen werden. Die zu übernehmenden kalkulatorischen Kosten werden in Spalte 11 als Kosten angesetzt und in Spalte 8 als verrechnete Kosten den betrieblichen Aufwendungen der Finanzbuchhaltung gegenübergestellt. In dem Beispiel (Tabelle 5.21) belaufen sich die Abschreibungen laut Finanzbuchhaltung auf 10.000,00 €, die kalkulatorischen Abschreibungen hingegen auf 1.800,00 €.

Viele Ausgaben beziehen sich auf ein Geschäftsjahr und müssen auf kürzere Zeiträume aufgeteilt werden. Nur so kann die KLR für die Unternehmensleitung ein wirksames Instrument sein. Das Betriebsergebnis muss also mithilfe der Periodenabgrenzung auch für kurze Zeiträume (Woche, Monat oder Quartal) ermittelt werden.

	Bereich A		Bereich B		Bereich C						Bereich D	
	Werte aus der Finanzbuchhaltung		unternehmensbezogene Abgrenzungsrechnung		betriebsbezogene Abgrenzungsrechnung						Kosten- und Leistungsarten	
					außerordentliche/ betriebsbezogene		Verrechnungskorrekturen		sonstige Abgrenzungen			
	1.	2.	3.	4.	5.	6.	7.	8.	9.	10.	11.	12.
	Aufwendungen	Erträge	Aufwendungen	Erträge	Aufwendungen	Erträge	Aufwendungen	Erträge	Aufwendungen	Erträge	Kosten	Leistung
	Gesamtergebnis		Ergebnis der unternehmensbezogenen Abgrenzungsrechnung		Ergebnis nach kostenrechnerischen Korrekturen						Betriebsergebnis	
Abschreibungen	10.000,00 € →	→	→	→	→	→	10.000,00 €					
kalkulatorische Abschreibungen								1.800,00 € →	→	→	1.800,00 €	
	Gesamtergebnis		Ergebnis der unternehmensbezogenen Abgrenzungsrechnung		Ergebnis nach kostenrechnerischen Korrekturen						Betriebsergebnis	

Tabelle 5.21: Betriebsbezogene Abgrenzungsrechnung – V

BEISPIELE: Abzugrenzende Aufwandspositionen

Aufwandspositionen, die für längere Zeiträume anfallen und entsprechend aufzuteilen sind, sind

- Steuern,
- Versicherungsbeiträge,
- Instandhaltungsaufwendungen,
- Urlaubsgeld.

Die zeitliche Verteilung dieser Kosten wird tabellarisch festgehalten und muss oft schon vor der Erfassung in der Finanzbuchhaltung vorgenommen werden. In der Abgrenzungsrechnung werden die Kosten des Betriebs den Leistungen einer bestimmten Abrechnungsperiode gegenübergestellt, die Differenz ist das Betriebsergebnis.

Sind die bewerteten Kosten höher als die bewerteten Leistungen, ist das Betriebsergebnis negativ (Verlust). Sind die bewerteten Kosten geringer als die bewerteten Leistungen, ist das Betriebsergebnis positiv (Gewinn).

MERKE

Der **Abgleich der Ergebnisse** der verschiedenen Abgrenzungsrechnungen erfolgt schrittweise. Dabei wird, ausgehend vom Betriebsergebnis und unter Berücksichtigung der Abgrenzungsergebnisse, das Gesamtergebnis (= Unternehmungsergebnis) ermittelt (Tabelle 5.22).

Schritt 1: Vorläufiges Betriebsergebnis

Saldo der außerordentlichen betriebsbezogenen Abgrenzungsrechnung
+/– Saldo der Verrechnungskorrekturen
+/– Saldo sonstige erforderliche Abgrenzungen
= Ergebnis der betriebsbezogenen Abgrenzungsrechnung
+/– Betriebsergebnis laut KLR (Gewinn/Verlust)
= **vorläufiges Betriebsergebnis (Gewinn/Verlust)**

Um das vorläufige Betriebsergebnis aus dem Betriebsergebnis der KLR zu errechnen, ist ein positives Ergebnis (Haben-Saldo) der betriebsbezogenen Abgrenzungsrechnung dem Betriebsergebnis hinzuzurechnen, ein negatives Ergebnis (Soll-Saldo) der betriebsbezogenen Abgrenzungsrechnung vom Betriebsergebnis abzuziehen.

Schritt 2: Gesamtergebnis

Vorläufiges Betriebsergebnis (Gewinn/Verlust)
+/– Ergebnis der unternehmensbezogenen Abgrenzungsrechnung (Saldo aus abgeblockten betriebsfremden Gewinnen und Verlusten)
= **Unternehmensergebnis**

Um aus dem vorläufigen Betriebsergebnis das Gesamtergebnis des Unternehmens zu ermitteln, wird ein positives Ergebnis aus der unternehmensbezogenen Abgrenzungsrechnung (Bereich B) dem vorläufigen Betriebsergebnis hinzugerechnet, ein negatives Ergebnis abgezogen.

	Bereich A		Bereich B		Bereich C						Bereich D	
	Werte aus der Finanzbuchhaltung		unternehmensbezogene Abgrenzungsrechnung		betriebsbezogene Abgrenzungsrechnung						Kosten- und Leistungsarten	
					außerordentliche/ betriebsbezogene		Verrechnungskorrekturen		sonstige Abgrenzungen			
	1.	2.	3.	4.	5.	6.	7.	8.	9.	10.	11.	12.
	Aufwendungen	Erträge	Aufwendungen	Erträge	Aufwendungen	Erträge	Aufwendungen	Erträge	Aufwendungen	Erträge	Kosten	Leistung
	Gesamtergebnis		Ergebnis der unternehmensbezogenen Abgrenzungsrechnung		Ergebnis nach kostenrechnerischen Korrekturen						Betriebsergebnis	
betriebsfremde Erträge												
außerordentliche betriebliche Erträge												
betriebliche Erträge												
betriebsfremde Aufwendungen												
außerordentliche betriebliche Aufwendungen												
betriebliche Aufwendungen, für die kalkulatorische Werte eingesetzt werden												
betriebliche Aufwendungen, für die Verrechnungswerte verrechnet werden												
betriebliche Aufwendungen, bei kurzfristigen Abrechnungen, die periodisiert werden												
betriebliche Aufwendungen, die mengen- und wertmäßig zugleich Kosten sind (Zweckaufwand)												
kalkulatorische Kosten												

Tabelle 5.22: Schema zum Abgleich der Ergebnisse der Abgrenzungsrechnungen

Kostenstellenrechnung

Kostenstellen sind abgegrenzte betriebliche Verantwortungsbereiche, die nach organisatorischen, funktionalen oder räumlichen Gesichtspunkten gebildet werden, zum Beispiel einzelne Arbeitsplätze oder Abteilungen als organisatorische Einheiten.

Unternehmen sind in mehrere organisatorische Bereiche eingeteilt, die zugleich die Kostenstellen bilden können.

BEISPIEL: Organisatorische Einheiten

Im Fall eines Krankenhauses findet man etwa die folgende Einteilung vor:
- ärztlicher Dienst
- Pflegedienst
- Wirtschaftsdienst und Verwaltung

Diese Bereiche bilden die Hauptkostenstellen des Unternehmens. Die Hauptkostenstellen wiederum umfassen untergeordnete Nebenkostenstellen. Kostenstellen, die sich keiner Hauptkostenstelle unterordnen lassen, werden als Hilfskostenstellen bezeichnet.

Haupt- und Nebenkostenstellen

Hauptkostenstellen dienen unmittelbar der Leistungserstellung, das heißt, hier wird unmittelbar an der Erstellung des Produkts gearbeitet. Da sie keine Leistungen an andere Kostenstellen abgeben, werden sie auch Endkostenstellen genannt.

Schaubild 5.17 zeigt die Hauptkostenstellen in einem Krankenhaus und deren Untergliederung.

Hilfskostenstellen

Hilfskostenstellen sind Kostenstellen, die Leistungen an andere Kostenstellen abgeben. Sie sind nur indirekt am Prozess der Leistungserstellung beteiligt und werden daher auch Vorkostenstellen genannt.

BEISPIELE: Hilfskostenstellen

- Empfang
- Sozialräume (Kantine, Küche, WC)
- Gebäudeverwaltung
- Fahrzeugpark

Hilfskostenstellen unterstützen die Leistungsbereitschaft von Hauptkostenstellen, teilweise machen sie die Tätigkeit auf den Hauptkostenstellen überhaupt erst möglich. Die allgemeinen Hilfskostenstellen sind für alle Bereiche innerhalb eines Unternehmens tätig. Bereichshilfskostenstellen arbeiten hingegen nur für einen bestimmten Bereich.

5620382

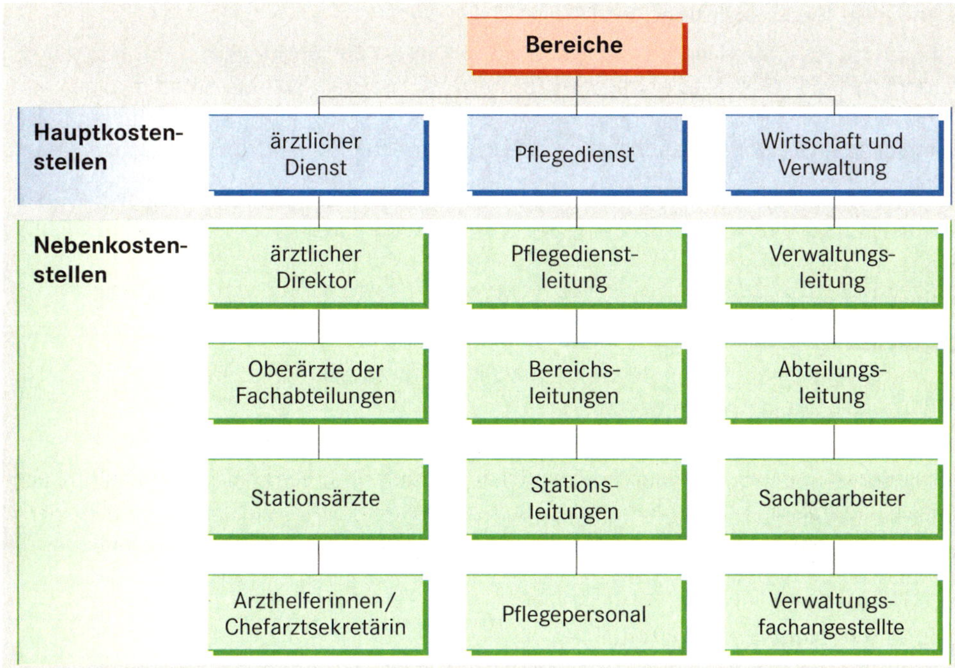

Schaubild 5.17: Hauptkostenstellen und untergeordnete Nebenkostenstellen

BEISPIELE: Allgemeine und bereichsspezifische Hilfskostenstellen

- Die Hilfskostenstelle „Pforte“ ist eine allgemeine Hilfskostenstelle, da sie für alle Bereiche innerhalb des Krankenhauses tätig ist.
- Die Hilfskostenstelle „Sterilisation des Operationsbestecks“ ist eine Bereichshilfskostenstelle, da sie Leistungen nur für die Fachabteilung Chirurgie erbringt.

Die auf den allgemeinen Hilfskostenstellen verursachten Kosten sind Kostenstellengemeinkosten. Sie werden in der Kostenstellenrechnung auf die Hauptkostenstellen verteilt beziehungsweise verrechnet. Die in den Hauptkostenstellen anfallenden Kosten können hingegen direkt den Produkten zugeordnet werden.

BEISPIELE: Umlegung der Kosten von Hilfskostenstellen

- In der Fachabteilung Chirurgie wird ein zusätzlicher Computer für den Aufwachraum benötigt. Die Kosten für den Computer werden direkt der Hauptkostenstelle „Chirurgie“ zugeordnet.
- Das Krankenhaus betreibt eine Kantine. Die Kosten der Kantine als Hilfskostenstelle werden auf die verschiedenen Hauptkostenstellen nach einem festgelegten Schlüssel umgelegt.
- Im Winter fallen Kosten für die Schneeräumung an. Diese Kosten werden mithilfe eines festgelegten Schlüssels auf die einzelnen Hauptkostenstellen verteilt.

Gemeinkostenzurechnung

Mithilfe der Kostenstellenrechnung sollen die Gemeinkosten möglichst verursachungsgerecht auf die jeweiligen Kostenstellen aufgeteilt werden. Daraus entsteht eine Übersicht, die Aufschluss darüber gibt, welche Bereiche des Betriebs welche Anteile an den Gemeinkosten verursacht haben. Die Kostenstellenrechnung wird auch Bereichsrechnung genannt.

Für die Bildung der Kostenstellen spielen vor allem die folgenden Kriterien eine wichtige Rolle:

- Gleichartigkeit der Aufgaben,
- Verantwortungsbereiche und Entscheidungsbefugnisse,
- Wirtschaftlichkeit (Zusammenführung ähnlicher Teilaufgaben),
- räumliche/örtliche Abgrenzung.

BEISPIEL: Bildung von Kostenstellen

Die Well & Fit e. K. hat zur Berechnung der Kosten ihrer Dienstleistungen gegenüber ihren Kunden die folgenden Kostenstellen gebildet:

Ebene	Kostenstellen-Nummer
1 Well & Fit e. K.	10000
2 Dienstleistungen	11000
3 Bereich Wohlfühlen	11100
4 Abteilung Massage	11110
5 Bürstenmassage	11111

Die Kostenstellenrechnung wird in mehreren Schritten durchgeführt:

- Kategorisierung der Gemeinkosten,
- Erstellen eines Betriebsabrechnungsbogens (BAB),
- Verteilung der Gemeinkosten im Betriebsabrechnungsbogen (BAB).

Die Auswertung der Ergebnisse der Kostenstellenrechnung dient der Kostenkontrolle und liefert Grundlagen für die Bezugs- und die Angebotskalkulation.

Die Gemeinkosten werden aus der Kostenartenrechnung übernommen und auf die jeweiligen Kostenstellen verteilt. Zuvor werden sie in zwei Kategorien eingeteilt (Schaubild 5.18).

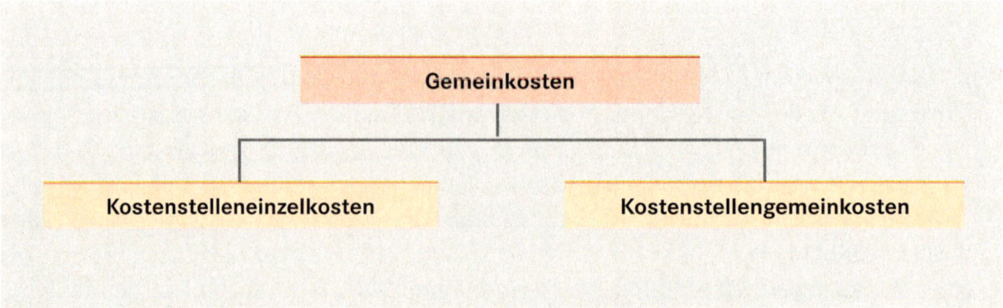

Schaubild 5.18: Unterteilung der Gemeinkosten in der Kostenstellenrechnung

- **Kostenstelleneinzelkosten** sind Gemeinkosten aus der Kostenträgerrechnung, die den Kostenstellen direkt zugerechnet werden können.
- **Kostenstellengemeinkosten** sind Gemeinkosten aus der Kostenträgerrechnung, die den Kostenstellen nur indirekt, das heißt mithilfe eines Verteilerschlüssels zugerechnet werden können.

Einige Gemeinkosten können aufgrund von Vermerken auf den entsprechenden Kostenbelegen direkt den verursachenden Kostenstellen zugerechnet werden. Je größer der Anteil der Gemeinkosten ist, der sich direkt zuordnen lässt, umso genauer werden die Ergebnisse der Kostenstellenrechnung.

BEISPIELE: Zurechenbarkeit von Gemeinkosten

- Der Energieverbrauch (Kostenart Energie) kann aufgrund von Verbrauchszählern in jeder Kostenstelle direkt zugeordnet werden.
- Eine Rechnung über die Reparatur des Kopiergerätes (Kostenart Fremdinstandhaltung) kann derjenigen Kostenstelle zugewiesen werden, in der das Gerät betrieben wird.
- Kostenstellenangaben auf Eingangsrechnungen für Büromaterial oder Materialentnahmescheine erlauben die Buchung der entsprechenden Kosten auf die verursachenden Kostenstellen.

Kostenstellengemeinkosten werden von mehreren oder allen Kostenstellen verursacht und können nicht exakt zugeordnet werden. Deshalb werden Verteilerschlüssel zu Hilfe genommen.

BEISPIELE: Verteilerschlüssel für Kostenstellengemeinkosten

- Die Grundsteuer kann anhand der in m^2 gemessenen Größe der Kostenstellen innerhalb des betrieblich genutzten Gebäudes verteilt werden.
- Mietkosten für das Betriebsgebäude können per m^2 oder per m^3 verteilt werden.
- Die Kfz-Steuer und -Versicherung können anhand der gefahrenen Kilometer auf die Kostenstellen verteilt werden.

Der **Betriebsabrechnungsbogen (BAB)** ist ein Hilfsmittel zur verursachungsgerechten Zuordnung der Gemeinkosten auf die Kostenstellen. Er ist eine nach Kostenstellen und Gemeinkostenarten gegliederte tabellarische Übersicht.

Der BAB wird in der Regel monatlich erstellt. Er kann einstufig oder mehrstufig sein. Im einstufigen BAB werden die Gemeinkosten anhand von Verteilerschlüsseln auf die verursachenden Hauptkostenstellen verteilt. Im mehrstufigen BAB werden zusätzlich die Gemeinkosten einzelner Hilfskostenstellen im sogenannten Treppenverfahren auf die Hauptkostenstellen umgelegt.

Der Aufbau des BAB entspricht dem Teil der Kostenrechnungstabelle, in dem die Kostenstellen aufgeführt sind. Die Zeilen enthalten die Kostenarten, die Spalten die Kostenstellen (Tabelle 5.23).

Die Kostenstellen Material (Beschaffung, Annahme, Prüfung, Lagerung und Ausgabe), Fertigung, Verwaltung (kaufmännische Leitung, Personalwesen, Rechnungswesen/Controlling) und Vertrieb (Verkauf, Marketing, Versand) sind die funktionalen Hauptkostenstellen.

Kostenarten	Kosten (in €)	Stellen			
		Material	Fertigung	Verwaltung	Vertrieb
allgemeine Kostenstellen					
	Gemeinkosten	Material-gemeinkosten	Fertigungs-gemeinkosten	Verwaltungs-gemeinkosten	Vertriebs-gemeinkosten
		MGK	FGK	VwGK	VtGK

Tabelle 5.23: Grundsätzlicher Aufbau eines Betriebsabrechnungsbogens

In manchen Betrieben, zum Beispiel in Krankenhäusern, fällt der Vertriebsbereich aufgrund des speziellen Charakters der Leistungserbringung weg. Die allgemeinen Kostenstellen hingegen dienen dem gesamten Betrieb und werden von allen Bereichen beziehungsweise Abteilungen in Anspruch genommen (Grundstücke und Gebäude, Energieversorgung).

BEISPIEL: Betriebsabrechnungsbogen und Verteilerschlüssel

Tabelle 5.24 zeigt den Aufbau eines BAB sowie die Kostenzurechnung mithilfe von Verteilerschlüsseln.

Kostenarten	Kosten (in €)	Verteilerschlüssel	Stellen Gemeinkostenanteile (in €)			
			Material	Fertigung	Verwaltung	Vertrieb
Energie	22.000,00	3:5:4:6	3.666,67	6.111,11	4.888,89	7.333,33
Gehälter	12.000,00	Gehaltslisten	1.500,00	3.500,00	2.500,00	4.500,00
Löhne	8.000,00	Lohnlisten	800,00	2.200,00	1.300,00	3.700,00
Sozialabgaben	13.000,00	Gehalts- und Lohnlisten	1.600,00	3.800,00	2.800,00	4.800,00
Miete	6.000,00	2:5:3:4	857,14	2.142,86	1.285,71	1.714,29
Versicherungen	3.000,00	2:5:3:6	375,00	937,50	562,50	1.125,00
Fremdinstandhaltung	5.000,00	Eingangsrechnungen	500,00	1.000,00	2.000,00	1.500,00
Reisekosten	800,00	Abrechnungen	0,00	300,00	250,00	250,00
Summe Gemeinkosten	69.800,00		9.298,81	19.991,47	15.587,10	24.922,62

Tabelle 5.24: Gemeinkostenzurechnung mithilfe von Verteilerschlüsseln

Die Energiekosten von 22.000,00 € wurden anhand des Verteilerschlüssels 3:5:4:6 verteilt. Die Summe der Einzelpunkte des Schlüssels beträgt 18. Der Gemeinkostenanteil an der Kostenart Energie für die Kostenstelle Material ergibt sich also aus den gesamten Gemeinkosten, multipliziert mit dem Punkteanteil dieser Kostenstelle an der Gesamtpunktzahl des Schlüssels:

$$\text{Anteil der Kostenstelle Material an den Gemeinkosten Energie} = \frac{22.000{,}00\ €}{18} \cdot 3 = 3.666{,}67\ €$$

Wurden die Gemeinkosten auf die Kostenstellen verteilt, so werden sie zum Zweck der Kostenkontrolle analysiert. Dazu werden die Relationen der Kostenstellengemeinkosten zu den Kostenstelleneinzelkosten, die sogenannten Zuschlagssätze, ermittelt. Tabelle 5.25 zeigt ein Beispiel.

BEISPIEL: Zuschlagssätze zur Verteilung von Gemeinkosten auf Kostenstellen

Kostenstellen	**Fertigung**	**Beschaffung**	**Verwaltung**	**Absatz**
Summe Gemeinkosten (in €)	175.000,00	22.000,00	130.000,00	25.000,00
Fertigungslohn (in €)	220.000,00			
Fertigungsmaterial (in €)		135.000,00		
Herstellkosten (in €)			450.000,00	450.000,00
Ist-Gemeinkostenzuschlagssätze	79,5 %	16,3 %	28,9 %	5,6 %
Normal-Gemeinkostenzuschlagssätze	75 %	18 %	23 %	5 %
Verrechnete Normal-Gemeinkosten (in €)	165.000,00	24.300,00	103.500,00	22.500,00
Gemeinkosten-Überdeckung (in €)		2.300,00		
Gemeinkosten-Unterdeckung (in €)	-10.000,00		-26.500,00	-2.500,00

Tabelle 5.25: Kostenkontrolle mithilfe von Zuschlagssätzen

Der Gang der Rechnung für die Kostenstelle Fertigung sieht folgendermaßen aus: Der Anteil der Gemeinkosten für die Kostenstelle Fertigung beträgt 175.000,00 €, die Fertigungslöhne betragen 220.000,00 €. Der Ist-Gemeinkostenzuschlag beläuft sich folglich auf

$$\frac{175.000,00\text{ €}}{220.000,00\text{ €}} \cdot 100 = 79,5\ \%$$

Der aus Erfahrungswerten gewonnene Normal-Gemeinkostenzuschlagssatz beträgt demgegenüber 75 %. Diesem Satz entsprechen Normal-Gemeinkosten von

$$220.000,00\text{ €} \cdot 0,75 = 165.000,00\text{ €}$$

Die Gemeinkosten-Unterdeckung beläuft sich also auf

$$165.000,00\text{ €} - 175.000,00\text{ €} = -10.000,00\text{ €}$$

Es gilt:

- **Normal-Gemeinkosten > Ist-Gemeinkosten → Überdeckung**
- **Normal-Gemeinkosten < Ist-Gemeinkosten → Unterdeckung**

MERKE

Der **mehrstufige BAB** enthält neben den Haupt- oder Endkostenstellen mehrere Vorkostenstellen. Im Unterschied zum einstufigen BAB werden hier im Anschluss an die Verteilung der direkt zurechenbaren Gemeinkosten auf die einzelnen Endkostenstellen zusätzlich auch die Gemeinkosten der Vorkostenstellen auf die Endkostenstellen umgelegt.

Von den allgemeinen Hilfskostenstellen werden Gemeinkosten auf die Hauptkostenstellen (Material, Fertigung, Verwaltung, Vertrieb) und von den Bereichshilfskostenstellen auf die übergeordneten Hauptkostenstellen umgelegt. Die Gemeinkosten der Vorkostenstellen werden mithilfe von Verteilerschlüsseln aufgeschlüsselt und den jeweiligen Kostenstellen belastet. Ein gegenseitiger Leistungsaustausch von Kostenstellen untereinander wird in diesem einfachen Verfahren nicht berücksichtigt.

BEISPIEL: Treppenverfahren zur Gemeinkostenverteilung

Tabelle 5.26 zeigt das Ergebnis des Treppenverfahrens am Beispiel des BAB eines Krankenhauses.

Kostenstellen	**Summe**	**allgemeine Hilfskostenstellen**		**Hauptkostenstellen**							
Kostenarten (in T€)		Gebäude	Heizung	Chirurgie	Orthopädie	...	Reinigung	Küche	Material	Verwaltung	
1. Hilfslöhne	8.200	350	420	1.850	850		990	750	370	150	
2. Gehälter	7.900	125	300	1.200	1.050		770	425	225	1.800	
3. Sozialkosten	3.200	0	120	430	375		330	175	150	800	
4. Betriebsstoffe	2.300	0	270	80	120		400	270	75	150	
5. Abschreibungen	3.000	325	180	250	225		850	220	280	180	
6. Zinsen	560	25	60	75	45		25	40	30	80	
Summe Gemeinkosten (I)	25.160	**825**	**1.350**	3.885	2.665	6.900	3.365	1.880	1.130	3.160	
7. Umlage Gebäude			**125**	90	60	90	140	90	90	140	**825**
8. Umlage Heizung				280	160	330	225	275	75	130	**1.350 + 125**
Summe Gemeinkosten (II)				4.255	2.885	7.320	3.730	2.245	1.295	3.430	
9. Einzelkosten/Löhne				9.000	8.500	7.800	7.050	7.500			
10. Einzelkosten/Material									6.200		
11. Herstellkosten										8.800	
Zuschlagssätze (in %)				47,28	33,94	93,85	52,91	29,93	20,89	38,98	

Tabelle 5.26: Gemeinkostenzurechnung in einem mehrstufigen BAB

In der Hilfskostenstelle „Gebäude“ sind Kosten von 825.000,00 € angefallen. Von diesem Betrag wurden 125.000,00 € auf die Hilfskostenstelle „Heizung“ umgelegt, die restlichen 700.000,00 € wurden auf die Hauptkostenstellen verteilt.

Die Kostenstellenrechnung ermittelt Informationen zur Entwicklung der Wirtschaftlichkeit einzelner Bereiche im Betrieb durch

- **den Soll-Ist-Vergleich von geplanten Kosten (Normalkosten) und entstandenen Kosten (Ist-Kosten),**
- **den Vergleich der Ist-Kosten im Zeitablauf,**
- **den Vergleich der Ist-Kosten für innerbetriebliche Leistungen mit den Preisen dieser Leistungen am Beschaffungsmarkt.**

MERKE

Kostenträgerrechnung I: Grundlagen

Die Aufgaben der Kostenträgerrechnung bestehen darin,

- zu ermitteln, mit welchen Produkten das Unternehmen Gewinn erwirtschaftet und mit welchen nicht,
- Basisdaten für Wirtschaftlichkeitsanalysen nach Kundengruppen, Absatzwegen oder Absatzregionen zu liefern,
- Hintergrundinformationen für das Controlling (Plan-Ist-Vergleiche, kurzfristige Erfolgsrechnung) zu liefern.

Kostenträger

Kostenträger sind die Leistungseinheiten (Erzeugnisse oder Aufträge) eines Betriebs, denen Kosten zugerechnet werden.

BEISPIELE: Kostenträger

- Leistungen: Bad, Massage (Bereich Wellness); Gruppenkurs „Orthopädische Rückenschule“ (Bereich Gesundheitsförderung)
- Leistungsgruppen: Kurse/Veranstaltungen in den Bereichen Wellness und Gesundheitsförderung
- Auftrag: Veranstaltung eines Kurses „Orthopädische Rückenschule“

Kostenträger können neben Leistungen oder Aufträgen auch Projekte sein, das heißt, im Prinzip können auch andere Objekte als Kostenträger gewählt werden: ein Projekt (Projektkostenrechnung), ein Prozess (Prozesskostenrechnung) oder ein Kunde (Kundenprofitabilitätsrechnung).

Vollkostenrechnung

Die Kostenträgerrechnung ermöglicht als Vorkalkulation eine Kontrolle darüber, ob die kalkulierten Verkaufspreise ausreichen, um alle geplanten Kosten abzudecken, beziehungsweise als Nachkalkulation, ob mit den erzielten Verkaufserlösen alle Kosten abgedeckt wurden. In der Vollkostenrechnung werden sämtliche Kosten ermittelt und zusammengefasst und den Erlösen des Unternehmens gegenübergestellt. Auf diese Weise lässt sich der Gewinn ermitteln.

- **Gewinn** = Erlöse – Kosten
- **Kosten pro Leistungseinheit** = Gesamtkosten : Zahl der Leistungseinheiten
- **Gewinn pro Leistungseinheit** = Erlös pro Leistungseinheit – Kosten pro Leistungseinheit

BEISPIEL: Kostenrechnerischer Gewinn

Die Well & Fit e. K. bietet drei verschiedene Leistungen an. Tabelle 5.27 zeigt die Verkaufserlöse und ihre Zusammensetzung am Ende eines Geschäftsjahres.

Leistung	Beschreibung	Menge	Erlöse
A	Zehnerkarte für Wohlfühlkurse zum Preis von 8,00 € pro Einheit	200 Stück	80,00 € · 200 = 16.000,00 €
B	Jahresabonnement zum Preis von 55,00 € pro Monat	350 Stück	55,00 € · 350 = 19.250,00 €
C	Exklusive Bäder zum Preis von 55,00 € pro Bad	150 Stück	30,00 € · 150 = 4.500,00 €
		Summe	**39.750,00 €**

Tabelle 5.27: Leistungen und Umsatzerlöse der Well & Fit e. K.

Die Verkaufserlöse betragen für alle drei Leistungen insgesamt 39.750,00 €, die Gesamtkosten belaufen sich auf 29.250,00 €. Daraus ergibt sich in der betrachteten Periode ein Gewinn von 10.500,00 €:

Gewinn = Erlöse – Kosten = 39.750,00 € – 29.250,00 € = **10.500,00 €**

Die Kosten beziehungsweise der Gewinn pro Leistungseinheit lassen sich zwar grundsätzlich berechnen, indem man die Gesamtkosten beziehungsweise den Gesamtgewinn durch die Anzahl der Leistungseinheiten dividiert (Divisionskalkulation). Diese Vorgehensweise wäre jedoch nur dann sinnvoll, wenn nur eine einzige Leistung erstellt würde, zum Beispiel der Verkauf von Jahresabonnements. Anderenfalls ist diese Form der Vollkostenrechnung zur Planung und Kontrolle der Leistungserstellung und zur Preisgestaltung wenig geeignet, da aus ihr nicht ersichtlich wird, welche Teile der Kosten auf die verschiedenen vom Unternehmen erbrachten Leistungen entfallen und folglich in welchem Ausmaß die verschiedenen Leistungen jeweils zum Unternehmenserfolg beitragen.

Das Ergebnis (Gewinn oder Verlust) pro Leistungseinheit lässt sich nur sinnvoll ermitteln, wenn die Kosten den verschiedenen Kostenträgern möglichst verursachungsgerecht zugeordnet werden. Dasselbe gilt für die Ermittlung von Preisuntergrenzen in der Angebotskalkulation. Deshalb werden im Rahmen der Kostenträgerrechnung zunächst die den Kostenträgern direkt zurechenbaren Einzelkosten berechnet und anschließend die Gesamtbeträge der Gemeinkosten auf die Kostenträger umgelegt. Das Ergebnis sind die Gesamtkosten jedes Kostenträgers während eines Abrechnungszeitraumes (Kostenträgerzeitrechnung).

Die Kostenstellenrechnung ermittelt, an welchen Stellen und in welcher Höhe Gemeinkosten anfallen. Die Kostenträger beanspruchen die einzelnen Kostenstellen in unterschiedlichem Umfang. Deshalb wird zur sachgerechten Umlage der Gemeinkosten ein Verteilungsschlüssel benötigt. Dieser zeigt an, in welchem Verhältnis die Kostenträger Leistungen der Kostenstellen in Anspruch genommen haben. Bei der Zuschlagskalkulation wird unterstellt, dass sich die Bezugsgröße und die darauf bezogenen Gemeinkosten proportional zueinander verhalten. Als Bezugsgrößen kommen unter anderem die gesamten Einzelkosten oder bestimmte Teile der Einzelkosten der Kostenträger (zum Beispiel Fertigungseinzelkosten) infrage.

BEISPIEL: Berechnung von Zuschlagssätzen

Erhöht sich die Zahl der exklusiven Bäder bei Well & Fit um 15 %, so steigt auch der Verbrauch an Badezusätzen um 15 % (Einzelkosten der Leistung). Der Mehrverbrauch an sonstigem Material (Gemeinkosten) wird hingegen nach einem bestimmten Zuschlagssatz auf die zusätzlichen Bäder umgelegt.

Der Zuschlagssatz für die Energiegemeinkosten berechnet sich folgendermaßen:

$$\text{Materialgemeinkostenzuschlag (EGKZ)} = \frac{\text{Materialgemeinkosten} \cdot 100}{\text{Materialeinzelkosten}}$$

Die Zuschlagssätze für die Verwaltungsgemeinkosten und die Vertriebsgemeinkosten lassen sich wie folgt berechnen:

$$\text{Verwaltungsgemeinkostenzuschlag (VGKZ)} = \frac{\text{Verwaltungsgemeinkosten} \cdot 100}{\text{Herstellkosten Fertigung und Umsatz}}$$

$$\text{Vertriebsgemeinkostenzuschlag (VTGKZ)} = \frac{\text{Vertriebsgemeinkosten} \cdot 100}{\text{Herstellkosten Fertigung und Umsatz}}$$

Durch die Zuschlagskalkulation werden neben den Einzelkosten auch die Gemeinkosten des Gesamtbetriebs auf die Kostenträger verteilt. Auf diese Weise lässt sich der Anteil jeder Leistung an den Gesamtkosten errechnen und es lässt sich ermitteln, ob die Erlöse der Produkte ausreichen, um deren Kosten zu decken.

Der Anteil der verschiedenen Leistungen an den Gesamtkosten und am Umsatzergebnis einer Abrechnungsperiode wird mithilfe des Kostenträgerblattes (BAB II) errechnet. Das Kostenträgerblatt ist wie eine Tabelle der Zuschlagskalkulation aufgebaut.

BEISPIEL: Kostenträgerblatt oder BAB II

Die Well & Fit e. K. hat in ihrem Kostenträgerblatt die Gesamtkosten aufgeschlüsselt. Das Kostenträgerblatt ist in Tabelle 5.28 wiedergegeben. Die Materialgemeinkosten hat sie entsprechend ihrem Anteil an der Summe der Fertigungsmaterialeinzelkosten (16,30 %) aufgeteilt, die Verwaltungsgemeinkosten und die Vertriebsgemeinkosten jeweils entsprechend ihrem Anteil an den Herstellkosten der Fertigung und des Umsatzes.

Kostenträgerblatt (BAB II)					
Kostenträgerzeitrechnung	**insgesamt**		**Anteil A**	**Anteil B**	**Anteil C**
	€	%	€	€	€
1. Fertigungsmaterial	8.598,45		3.439,38	4.643,16	515,91
2. Materialgemeinkosten	1.401,55	16,30	560,62	756,84	84,09
3. Materialkosten (1 + 2)	10.000,00		4.000,00	5.400,00	600,00
4. Fertigungslöhne	6.544,41		2.841,23	3.368,92	334,26
5. Fertigungsgemeinkosten	5.202,81	79,50	2.258,77	2.678,30	265,74
6. Sondereinzelkosten der Fertigung	–	–	–	–	–

Kostenträgerblatt (BAB II)					
Kostenträgerzeitrechnung	**insgesamt**		**Anteil A**	**Anteil B**	**Anteil C**
	€	%	€	€	€
7. Fertigungskosten (4 + 5 + 6)	11.747,22		5.100,00	6.047,22	600,00
8. Herstellkosten der Fertigung und des Umsatzes (3 + 7)	21.747,22		9.100,00	11.447,22	1.200,00
9. Verwaltungsgemeinkosten	6.284,94	28,90	2.629,90	3.308,24	346,80
10. Vertriebsgemeinkosten	1.217,84	5,60	509,60	641,04	67,20
11. Sondereinzelkosten des Vertriebs	–	–	–	–	–
12. Selbstkosten des Umsatzes (8 + 9 + 10 + 11)	29.250,00		12.239,50	15.396,50	1.614,00
13. Umsatzerlöse	39.750,00		16.000,00	19.250,00	4.500,00
14. Betriebsergebnis	**10.500,00**		**3.760,50**	**3.853,50**	**2.886,00**

Tabelle 5.28: Zuschlagskalkulation im Rahmen der Vollkostenrechnung – Beispiel

Das Kostenträgerblatt zeigt, dass alle drei Leistungen im betrachteten Zeitraum einen positiven Beitrag zum Betriebsergebnis geleistet haben.

Kostenträgerrechnung II: Grundzüge der Deckungsbeitragsrechnung

Die Deckungsbeitragsrechnung ist Grundlage für die Planung, die Preisgestaltung und die Kontrolle in einem modernen Unternehmen. Sie ist ein Instrument der Teilkostenrechnung. Bei der Teilkostenrechnung werden die Gesamtkosten in fixe und variable Bestandteile unterteilt. Dies ist notwenig, weil in der Regel die Gemeinkosten – anders als in der Vollkostenrechnung stillschweigend unterstellt – teilweise fixe Kosten sind. Die Kostenträger, das heißt zum Beispiel die Leistungen im Leistungsprogramm des Unternehmens, werden in der Teilkostenrechnung nur mit denjenigen Kosten belastet, die mit dem Umfang der Leistungserstellung variieren.

Deckungsbeitrag

Der **Deckungsbeitrag** ist der Betrag, den ein Produkt oder eine Dienstleistung zur Deckung der fixen Kosten leistet. Er wird aus der Differenz von Erlösen und variablen Kosten ermittelt, die direkt durch das Produkt/die Leistung verursacht werden.

Zieht man vom Deckungsbeitrag die fixen Kosten ab, so erhält man den Gewinn:

  Umsatzerlöse
– variable Kosten
= Deckungsbeitrag
– fixe Kosten
= Gewinn

Die Grundstufe der Deckungsbeitragsrechnung

In der einfachsten Form der Deckungsbeitragsrechnung werden den Verkaufserlösen der Kostenträger ausschließlich die variablen Kosten gegenübergestellt. Übersteigt der resultierende Deckungsbeitrag sämtliche fixen Kosten, so erzielt das Unternehmen einen Gewinn.

BEISPIEL: Einstufige Deckungsbeitragsrechnung

Die Well & Fit e. K. untersucht die Leistungen aus ihrem Programm:

- Leistung A = Zehnerkarte für Wohlfühlkurse zum Preis von 8,00 € pro Einheit
- Leistung B = Jahresabonnement zum Preis von 55,00 € pro Monat
- Leistung C = Exklusive Bäder zum Preis von 30,00 € pro Bad

Die Verkaufserlöse betragen für Leistung A 16.000,00 €, für Leistung B 19.250,00 € und für Leistung C 4.500,00 €. Die variablen Kosten von A belaufen sich auf 7.000,00 €, für B wurden 12.250,00 € errechnet, für C 1.200,00 €.

Die Gegenüberstellung von Erlösen und variablen Kosten ergibt die in Tabelle 5.29 ausgewiesenen Deckungsbeiträge.

Leistung	A		B		C		Summe
Absatz	200		350		150		
Einheit	€	€/ Stück	€	€/ Stück	€	€/ Stück	€
Erlöse	16.000,00	80,00	19.250,00	55,00	4.500,00	30,00	39.750,00
- variable Kosten	7.000,00	35,00	12.250,00	35,00	1.200,00	8,00	20.450,00
= Deckungsbeitrag	9.000,00	45,00	7.000,00	20,00	3.300,00	22,00	19.300,00

Tabelle 5.29: Einstufige Deckungsbeitragsrechnung – Beispiel

Alle drei Leistungen haben einen positiven Deckungsbeitrag, sie erwirtschaften also Erlöse, die größer sind als die jeweiligen variablen Kosten.

Mehrstufige Deckungsbeitragsrechnung

Bei der mehrstufigen Deckungsbeitragsrechnung werden zunächst die Fixkosten in leistungsspezifische Fixkosten, leistungsgruppenspezifische Fixkosten und Geschäftsfixkosten unterteilt. Die anfallenden Fixkosten belasten die jeweiligen Deckungsbeiträge.

- **Leistungsspezifische Fixkosten** sind Fixkosten, die sich den einzelnen Leistungen zurechnen lassen.
- **Leistungsgruppenspezifische Fixkosten** sind Fixkosten, die sich einzelnen Leistungsgruppen zurechnen lassen.
- **Geschäftsfixkosten** sind Fixkosten, die sich weder einzelnen Leistungen noch einzelnen Leistungsgruppen zurechnen lassen.

BEISPIELE: Arten von Fixkosten

Tabelle 5.30 fasst einige Beispiele für die verschiedenen Arten von Fixkosten zusammen.

Fixkostenart	Beispiel
leistungsspezifische Fixkosten	Die Leistungen A, B und C werden mithilfe von unterschiedlichen Anlagen und Geräten erbracht. Für diese Anlagen und Geräte fallen Abschreibungen, Strom- und Wartungskosten an, unabhängig davon, wie stark sie ausgelastet sind.
leistungsgruppenspezifische Fixkosten	Die Leistungen A und B werden in einem Teil des Gebäudes erbracht, die Leistung C in einem anderen Teil. Für den Betrieb dieser Gebäudeteile fallen jeweils diverse Kosten an, wie etwa Abschreibungen, Heizkosten und Stromkosten. Diese sind je nach Gebäude unterschiedlich hoch, aber sämtlich unabhängig von der Menge der erbrachten Leistungen.
Geschäftsfixkosten	Die Materialien werden gemeinsam gelagert. Der Lagerraum ist gemietet und das Lager wird von einem Beschäftigten betrieben. Die Miet- und Personalkosten fallen unabhängig von der erzeugten Leistungsmenge an und lassen sich den verschiedenen Leistungen nicht zurechnen.

Tabelle 5.30: Fixkostenarten in der mehrstufigen Deckungsbeitragsrechnung

Insgesamt bietet sich für das Unternehmen eine dreiteilige Deckungsbeitragsrechnung an:

Stufe 1:

Deckungsbeitrag I (DB I) = Umsatz – variable Kosten (K_V)

DB I pro Leistungseinheit = Preis pro Stück – variable Kosten pro Leistungseinheit (k_V)

Stufe 2:

Deckungsbeitrag II (DB II) = DB I – leistungsspezifische Fixkosten

Stufe 3:

Deckungsbeitrag III (DB III) = DB II – geschäftsfixe Kosten = Gewinn

BEISPIEL: Mehrstufige Deckungsbeitragsrechnung

Die variablen Kosten wurden den Leistungen A, B und C bereits zugeordnet. Die Stromkosten zum Betrieb der Anlagen und Geräte (800,00 €) werden als leistungsspezifische Fixkosten berechnet, Leistung A benötigt 1,00 € pro Einheit, B schlägt mit 1,50 € pro Einheit und C mit 0,50 € zu Buche. Die Miete für das Materiallager (8.000,00 €) zählt zu den Geschäftsfixkosten. Weitere Fixkosten werden der Einfachheit halber nicht berücksichtigt.

Leistung	**A**		**B**		**C**		**Summe**
Absatz	200		350		150		
Einheit	€	€/ Leistungseinheit	€	€/ Leistungseinheit	€	€/ Leistungseinheit	€
Erlöse	16.000,00	80,00	19.250,00	55,00	4.500,00	30,00	39.750,00
– variable Kosten	7.000,00	35,00	12.250,00	35,00	1.200,00	8,00	20.450,00
= DB I	9.000,00	45,00	7.000,00	20,00	3.300,00	22,00	19.300,00

leistungsspezifische Fixkosten: Strom	200,00	1,00	525,00	1,50	75,00	0,50	800,00
= DB II	8.800,00	44,00	6.475,00	18,50	3.225,00	21,50	18.500,00
geschäftsfixe Kosten:						Miete	8.000,00
= DB III							**10.500,00**

Tabelle 5.31: Mehrstufige Deckungsbeitragsrechnung – Beispiel

Wie die in Tabelle 5.31 zusammengefasste Berechnung zeigt, beträgt der Deckungsbeitrag III oder auch Gewinn 10.500,00 € (siehe auch Schaubild 5.19).

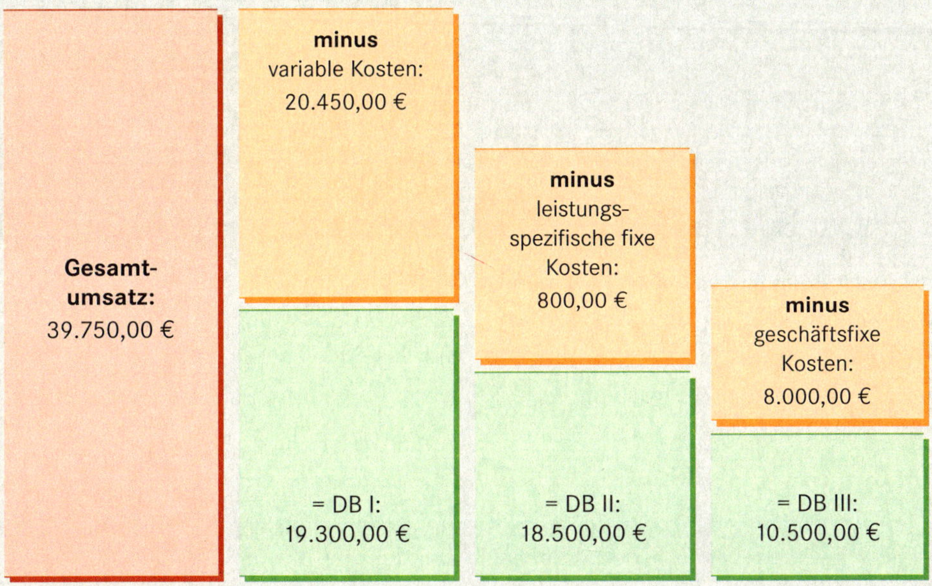

Schaubild 5.19: Mehrstufige Deckungsbeitragsrechnung

Im Rahmen der Deckungsbeitragsrechnung werden die Kosten nach dem Verursachungsprinzip verteilt. Dadurch kann beurteilt werden, wie wirtschaftlich jede Stufe im Unternehmen ist. Den höchsten DB II erwirtschaftet in unserem Beispiel Leistung A mit 8.800,00 €. Die Miete (geschäftsfixe Kosten) beträgt 8.000,00 €. Würde die Well & Fit e. K. die Leistung A nun nicht mehr anbieten und verkaufen, so würde deren Deckungsbeitrag von 8.800,00 € wegfallen. Die Summe der Beiträge zur Deckung der Mietkosten fiele auf 9.700,00 €, der Gewinn auf 1.700,00 €.

Daraus ergibt sich: Solange ein Unternehmen einen positiven Deckungsbeitrag (DB II) erwirtschaftet, sollte es sein Leistungsprogramm fortführen, da es in diesem Fall zumindest einen Teil der geschäftsfixen Kosten decken kann. Reicht der Deckungsbeitrag allerdings nicht aus, um die geschäftsfixen Kosten voll abzudecken, so muss das Management längerfristig nach Möglichkeiten suchen, um das Unternehmen aus der Verlustzone herauszuführen. Die gleiche Überlegung gilt für die einzelnen Leistungen des Leistungsprogramms. Ist der DB II oder sogar schon der DB I einer Leistung negativ, so ist es nicht sinnvoll, diese Leistung weiterhin anzubieten, da sie den Gewinn schmälert.

Die wichtigsten Merkmale der Deckungsbeitragsrechnung sind zusammenfassend:
- **Die Kosten werden streng nach dem Verursacherprinzip verteilt.**
- **Alle entstehenden Kosten werden streng in variable und fixe Kosten aufgeteilt.**
- **Alle Verteilerschlüssel für Geschäftsfixkosten wären willkürlich – deshalb werden die Geschäftsfixkosten nicht verteilt.**
- **Es kann beurteilt werden, wie wirtschaftlich jede Stufe im Unternehmen ist. Dabei werden Kosten ausgeschlossen, die auf anderen Stufen verursacht werden.**

MERKE

5.2.3 Budgetierung auf Vollkostenbasis

- In einem **Budget** (auch Etat oder Haushaltsplan genannt) werden Ausgaben und ihre Finanzierung in Geldwerten ausgedrückt. Diese Geldwerte stellen einen Rahmen dar, der einer Abteilung oder einem Bereich für einen bestimmten Zeitraum zur Erfüllung ihrer Aufgaben zur Verfügung steht.
- **Budgetierung** ist der Planungsprozess mit dem Ziel, ein Budget zu erstellen.

Die Budgetierung wird in drei Zeitabschnitte unterteilt:
- langfristig, das heißt circa fünf bis zehn Jahre → strategische Budgetierung,
- mittelfristig, das heißt circa drei bis fünf Jahre → taktische Budgetierung,
- kurzfristig, das heißt täglich bis circa drei Jahre → operative Budgetierung.

Verfahren der Vollkostenrechnung

In der Vollkostenrechnung werden die Kosten eines Zeitabschnitts vollständig auf die Kostenträger verrechnet. Je nach dem Bezugszeitraum der Kostenrechnung unterscheidet man in
- Istkostenrechnung,
- Normalkostenrechnung,
- Plankostenrechnung.

Die Istkostenrechnung weist die in einem zurückliegenden Zeitraum tatsächlich angefallenen Kosten aus. Bei der Normalkostenrechnung wird mit aus Vergangenheitswerten der Istkostenrechnung abgeleiteten Durchschnittskosten gearbeitet. Die Plankostenrechnung erfolgt anhand von Schätzungen der zukünftigen Preis- und Verbrauchsentwicklung. Die Plankosten ergeben sich aus den geplanten Mengen und den prognostizierten Wertansätzen:

$$\text{Planmenge} \cdot \text{Planpreis} = \text{Plankosten}$$

BEISPIEL: Plankostenrechnung

Die Well & Fit e. K. bietet exklusive Bäder an. In einem durchschnittlichen Monat liegt die Nachfrage ungefähr bei 150 Bädern. Allerdings werden diese Bäder auch sehr gerne mithilfe von Gutscheinen zu Weihnachten oder zum Muttertag verschenkt. So steigt die Menge im Mai ohne weiteres auf 240 Bäder und im Dezember auch auf 320 Bäder.

Außerdem hat man in der Firma festgestellt, dass die Wasserkosten pro Bad im Durchschnitt der letzten Jahre jährlich um 5 % gestiegen sind. Zu Beginn der Planung lagen sie bei 4,00 €. Aus diesen Werten lassen sich die Plankosten des Wasserverbrauchs berechnen:

Monat	Zahl der Bäder	Kosten pro Bad (€)	Plankosten (€)
Januar	150	4,20	630,00
Mai	240	4,20	1.008,00
Dezember	320	4,20	1.344,00

Die Well & Fit e. K. nimmt diese Plankosten in ihre Monatsbudgets auf, die die Monatsausgaben und den entsprechenden Finanzierungsbedarf ausweisen.

Die Planung zu erwartender Kosten ist aufwendig. Ihr Nutzen besteht darin, dass sie einen Soll-Ist-Vergleich und die Untersuchung der Wirtschaftlichkeit der Leistungserstellung erlaubt: Die geplanten Zahlen fließen in das Budget ein und können nach Ablauf des Planzeitraums mit den dann vorliegenden Ist-Werten verglichen werden.

Starre und flexible Plankostenrechnung

Je nachdem, ob Beschäftigungsabweichungen berücksichtigt werden oder nicht, wird in der Plankostenrechnung zwischen starrer und flexibler Planung unterschieden. Bei der starren Plankostenrechnung werden die Kosten für einen bestimmten, gleichbleibenden Beschäftigungsgrad (Planbeschäftigung) ermittelt:

$$\text{Plankostensatz} = \frac{\text{Plankosten}}{\text{Planbeschäftigung}}$$

Die Plankostensätze werden mithilfe von Schätzungen (zum Beispiel aufgrund von Verbrauchsstudien) festgelegt.

BEISPIEL: Ermittlung von Plankosten

Die Well & Fit e. K. weiß aus Erfahrung, dass ihre Bäder pro Jahr rund 1 800-mal in Anspruch genommen werden. Die Plankosten des Wasserverbrauchs für das kommende Jahr belaufen sich also auf

$$12 \cdot 630{,}00\ € = 7.560{,}00\ €$$

Der Plankostensatz errechnet sich zu

$$7.560{,}00\ € : 1\,800\ \text{Bäder} = 4{,}20\ €$$

In der starren Plankostenrechnung werden die Plankosten nicht angepasst, wenn es zu Schwankungen der Beschäftigung kommt. Daher sind die Möglichkeiten der Kostenkontrolle eingeschränkt. Die starre Plankostenrechnung eignet sich also nur für Bereiche oder Abteilungen, in denen die Beschäftigung tatsächlich unabhängig vom Umfang der erbrachten Leistung ist (zum Beispiel für die Verwaltung).

In der flexiblen Plankostenrechnung werden zur Verbesserung der Kostenkontrolle die Kostenvorgaben an die jeweilige Ist-Beschäftigung angepasst. Für diese Angleichung ist es nötig, die geplanten Kosten in beschäftigungsunabhängige (fixe) und beschäftigungsabhängige (variable) Kosten aufzuteilen. So kann ein beschäftigungsabhängiger Soll-Kosten-Verlauf ermittelt werden. Der Kostenverantwortliche kann auf diese Weise erkennen, inwiefern etwaige Abweichungen der Ist-Kosten von den Plankosten auf Beschäftigungsabweichungen oder auf Abweichungen anderer Kosteneinflussgrößen (Verbrauchsabweichungen, Preisabweichungen) zurückgehen.

BEISPIEL: Flexible Plankostenrechnung

Die Well & Fit e. K. beschäftigt eine Angestellte mit der Betreuung der Badegäste. Diese bezieht ein monatliches Gehalt von 2.100,00 €. Die um die Personalkosten erweiterte Plankostenrechnung sieht folgendermaßen aus (weitere Kostenfaktoren werden der Einfachheit halber nicht berücksichtigt):

			Plankosten (€)		
Monat	**Zahl der Bäder**	**Personal**	**Plankostensatz Wasserverbrauch**	**Plankosten Wasserverbrauch**	**Summe Spalten 3 + 5**
Januar	150	2.100,00	4,20	630,00	2.730,00
Mai	240	2.100,00	4,20	1.008,00	3.108,00
Dezember	320	2.100,00	4,20	1.344,00	3.444,00

Daraus ergeben sich die folgenden Plankostensätze auf Vollkostenbasis:

Januar: 18,20 €
Mai: 12,94 €
Dezember: 10,76 €

Im Rahmen der Budgetkontrolle stellt sich bei der Berechnung der Ist-Kosten für den Monat Dezember heraus, dass diese lediglich 3.360,00 € betragen. Das bedeutet aber nicht, dass die Well & Fit e. K. besser gewirtschaftet hat. Die Kontrolle ergibt nämlich, dass sich weder der Wasserverbrauch noch der Wasserbezugspreis noch die Personalkosten geändert haben. Als Ursache für die Abweichung der Ist- von den Plankosten bleibt nur eine geringere als die veranschlagte Zahl der Bäder übrig.

5.2.4 Der Regelkreis des Controllings

Funktionen des Controllings

Der Begriff **Controlling** stammt aus dem Englischen. „To control“ bedeutet „steuern, messen, regeln“. Controlling bedeutet die Führung eines Unternehmens durch zielorientierte Planung, Steuerung und Kontrolle der Unternehmenstätigkeit.

Controlling vollzieht sich in der Zusammenarbeit von Managern und Controllern und ist der allgemeine Prozess der Zielfestlegung und -überprüfung, der Planung und der Steuerung. Der Tätigkeitsbereich umfasst

- das Treffen von Entscheidungen,
- die Definition und Festlegung von Zielen,
- die zielbezogene Steuerung, Regelung und Kontrolle der Tätigkeiten im Unternehmen.

Für eine verantwortliche Unternehmensführung ist Controlling unabdingbar, da die Führungskräfte nur so ihrer Verantwortung für die Umsetzung der festgelegten Ziele gerecht werden können. Controlling

- sorgt für eine bessere Transparenz von Strategien, Ergebnissen, Finanzierungen und Prozessen und trägt somit zu einer höheren Wirtschaftlichkeit bei;
- koordiniert die einzelnen Ziele und Pläne und organisiert das Berichtswesen;
- gestaltet den Prozess der Zielfindung, der Planung und der Steuerung, sodass jeder Entscheidungsträger zielorientiert handeln kann;
- versorgt die Entscheidungsträger im Unternehmen mit betriebswirtschaftlichen Daten und Informationen.

Im Einzelnen hat das Controlling folgende Aufgaben (Rangliste nach Häufigkeit laut einer Untersuchung des Controlling-Experten Péter Horváth):

- Verdichtung der Zahlen des Rechnungswesens,
- Koordination der Planung,
- Durchführung von Wirtschaftlichkeitsberechnungen,
- Überwachung der Berichtsverteilung,
- Untersuchung der Kostenentwicklung der Informationsverarbeitung,
- Durchführung der Zielplanung,
- Erarbeitung von Teilplänen,
- Erstellung des Jahresabschlusses.

Die Tätigkeit des Controllers

Der Controller erbringt interne Dienstleistungen für das Management, die zur Zielfindung benötigt werden. Er stellt das betriebswirtschaftliche Instrumentarium für Planung, Soll-Ist-Vergleich und Erwartungsrechnungen bereit und sorgt für die Überwachung der erarbeiteten Ziele und Pläne.

Die International Group of Controlling (ICG), eine Interessengemeinschaft von Controllern, definiert das Controller-Leitbild folgendermaßen: Controller gestalten und begleiten den Managementprozess der Zielfindung, Planung und Steuerung und tragen auf diese Weise Mitverantwortung für die Zielerreichung.

Der Regelkreis des Controllings

Die Informationsfunktion nimmt im Controlling die zentrale Stellung ein. Die Bereitstellung und Aufbereitung von Daten treibt den Kreislauf des Controllings an, der über die Stationen Analyse, Planung, Steuerung und Kontrolle der Unternehmenstätigkeit führt (Schaubild 5.20).

Informationsfunktion

Damit ein Unternehmen wettbewerbsfähig bleibt, müssen Verbesserungsmöglichkeiten gefunden und realisiert werden. Dafür werden die unternehmensinternen Informationen und die Informationen des Marktes und des Wettbewerbs entsprechend dem jeweiligen

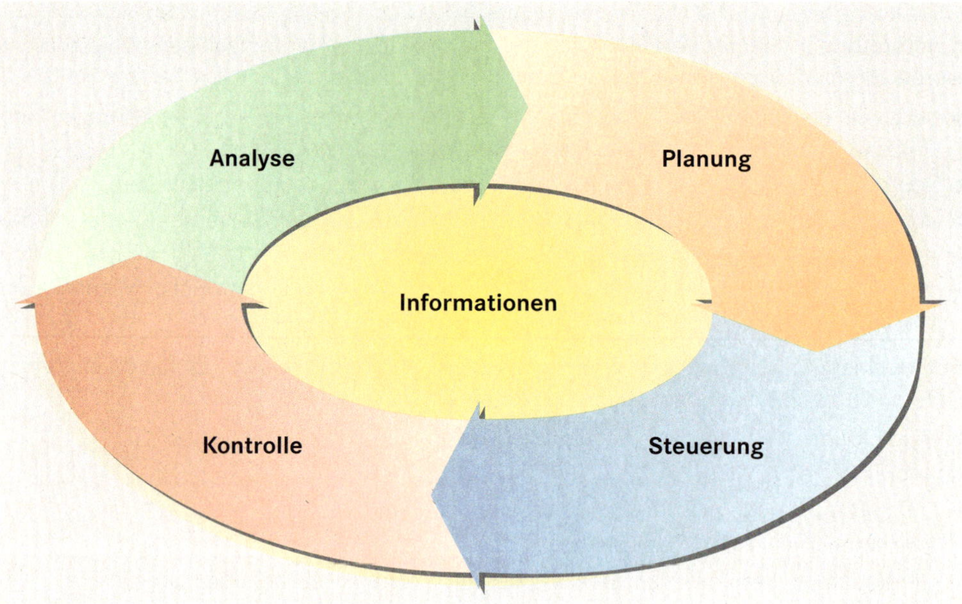

Schaubild 5.20: Der Regelkreis des Controllings

Anliegen aufbereitet. Zum Beispiel kann es sinnvoll sein, zur Analyse der Kosten die kalkulatorischen Kostenarten gesondert auszuweisen.

Analysefunktion

Die Informationen werden in unterschiedlicher Weise aufbereitet und analysiert, da jede Entscheidungsebene mit den nötigen Informationen versorgt werden muss.

BEISPIEL: Informationsfunktion

Die Abteilungsleiter benötigen ausführlichere Informationen über das operative Geschäft als die Geschäftsführerebene, die einen zusammenfassenden Gesamtüberblick vorzieht.

Die Analysefunktion beinhaltet zwei wichtige Stufen,

- die Wachstumsanalyse und
- die Strukturanalyse.

Die Wachstumsanalyse dient der Beurteilung von Geschäftsvolumen, Personal und Erfolg. Die Strukturanalyse bezieht sich dagegen auf eine Periode und wird angestellt, um beispielsweise die Rentabilität des Eigenkapitals einzuschätzen.

Planungsfunktion

Im Zentrum der strategischen Planungsfunktion steht die Prognose der Unternehmensentwicklung auf der Basis der voraussichtlichen Markt- und Wettbewerbsentwicklung und der kalkulierten Kosten. Wenn mögliche negative Entwicklungen frühzeitig erkannt werden, können geeignete Gegenmaßnahmen ergriffen werden. Die Planung kann bis zu fünf Jahre in die Zukunft reichen und berücksichtigt die angestrebte Markt- und Wettbewerbsposition,

5620400

langfristige Maßnahmen zur Organisation der Geschäftstätigkeit, die Kapitalstruktur sowie Investitionen. Die operative Planung wird aus der strategischen Planung abgeleitet und geht von den Zielen und Maßnahmen maximal für das nächste Geschäftsjahr aus.

Das Risiko falscher Prognosen ist hoch, trotzdem sollten sie durchgeführt werden, um Schwerpunkte für die zukünftige Entwicklung des Unternehmens zu setzen. Das Ziel des Controllings ist es, Fehlentwicklungen festzustellen und Gegenmaßnahmen zur Behebung von Fehlerquellen vorzuschlagen. Es ist sinnvoll, die betroffenen Mitarbeiter an dem Planungsprozess zu beteiligen, damit eine realistische Planung zustande kommt und die Mitarbeiter sich mit dem Plan identifizieren können.

Kontrollfunktion

Die Kontrollfunktion umfasst Abweichungsanalysen, anhand derer sich ermitteln lässt, inwieweit die Unternehmensziele erreicht wurden. Die Ziele selbst müssen permanent überprüft werden. Dabei ist immer zu bedenken, ob die Kosten der Kontrolle durch den mit ihr verbundenen Nutzen gerechtfertigt sind.

Steuerungsfunktion

Im Rahmen der Steuerung werden auf der Grundlage der Ergebnisse der Abweichungsanalysen korrigierende Maßnahmen geplant. Die Ressourcen eines Unternehmens sind knapp und teuer, deshalb ist ihr Einsatz bestmöglich zu gestalten. Die vorhandenen Betriebsmittel sind bestmöglich auf die einzelnen Unternehmensfunktionen zu verteilen. Da für jeden Bereich (zum Beispiel Vertrieb, Produktion, Einkauf und Lagerwesen) gesondert Ziele gesetzt werden, sind die einzelnen Ziele miteinander abzustimmen. Das Controlling hat hier auch eine koordinierende Aufgabe.

Planungsmethoden

Bei der Planung der Unternehmenstätigkeit unterscheidet man grundsätzlich zwischen drei Methoden:

- **Top-down-Methode:** Die Planung „von oben nach unten“ kann entweder eine Planung vom Allgemeinen zum Detail oder eine Planung bedeuten, die von der obersten Führungsebene vorgegeben wird und an der sich die unteren Ebenen auszurichten haben. Im Allgemeinen wird die Planung für die einzelnen Bereiche des Unternehmens so lange aufgeschlüsselt, bis der gewünschte Detaillierungsgrad erreicht ist. Bei der Top-down-Planung eines Projektes werden Inhalte, Budgets oder Termine als Rahmen des Projekts festgesetzt, ohne bereits einzelne Details zu kennen. Die eigentliche Projektplanung übersetzt diese groben Vorgaben in Arbeitspakete, Kostenpositionen und detaillierte Terminpläne.
- **Bottom-up-Methode:** Erfolgt eine Planung „von unten nach oben“, dann werden zunächst die Details (Aufgaben, Arbeitspakete) erarbeitet, um anschließend durch Zusammenführung und Koordinierung einen Gesamtplan zu erhalten. Die Bottom-up-Planung ist durch ihre große Genauigkeit sehr vorteilhaft, demgegenüber ist der Planungsaufwand sehr hoch und die Umsetzung unsicher. Prozesse der Organisationsentwicklung, die von den Mitarbeitern „nach oben“ getragen und nicht durch die Führungsebene initiiert werden, werden ebenfalls als „Bottom-up“ bezeichnet.

- **Gegenstrom-Verfahren:** Hierbei werden die Ergebnisse der Bottom-up-Planung mit den Vorgaben der Top-down-Planung verglichen. Das Ziel ist eine Unternehmensplanung, die den Anforderungen der Unternehmensleitung und der operativen Ebene gleichermaßen entspricht.

Strategisches Controlling

Aufgaben

Strategisches Controlling befasst sich mit mittel- und langfristigen, das heißt mit den über einen Zeitraum von mindestens drei Jahren überschaubaren Chancen und Risiken des Unternehmens. Es verwendet entsprechend andere Instrumente, Techniken oder Methoden als das operative, kurzfristig orientierte Controlling. Es umfasst die Tätigkeiten des Entwerfens, Prüfens, Durchsetzens und Überwachens von Strategien. Zielgrößen sind bestehende und zukünftige Erfolgspotenziale, Marktanteile sowie der Gewinn oder der Cashflow. Als Informationsgrundlagen dienen betriebswirtschaftliche Kennzahlen wie Kapitalrentabilität, Umsatzrentabilität oder Return on Investment sowie Plan-Bilanzen, Plan-Gewinn-und-Verlustrechnungen und Finanzpläne, ebenso fließen unternehmensexterne Daten über den Markt und die Branche ein. Das strategische Controlling wird oft mit der Top-down-Methode dargestellt.

Aufgabengebiete des strategischen Controllings sind die strategische Planung und die strategische Kontrolle. Das Ziel der strategischen Planung ist eine wettbewerbsfähige Strategie. Die Verantwortung für die Begleitung des Planungsprozesses trägt das Controlling. Die Aufgaben der strategischen Kontrolle bestehen darin, sicherzustellen, dass die strategischen Ziele umgesetzt werden, und regelmäßig zu überprüfen, inwieweit die Planungsgrundlagen und Prämissen der strategischen Planung noch gelten. Bei Veränderungen müssen die Planung und auch die Ziele überarbeitet werden.

Instrumente

Die wichtigsten Instrumente des strategischen Controllings sind:

- Balanced Scorecard,
- Benchmarking,
- Konkurrenzanalyse,
- Portfolioanalyse,
- Potenzialanalyse,
- Produktlebenszyklusanalyse,
- Target Costing.

Die **Balanced Scorecard** (BSC) verbindet einzelne Kennzahlen zu einem Kennzahlensystem. Dabei wird das Unternehmen aus vier Richtungen kritisch betrachtet und analysiert:

- finanzielle Lage,
- Kunden,
- Prozess,
- Entwicklung.

„Besser werden durch Lernen von anderen“, so lautet die Devise des britischen Public Sector Benchmarking Service. **Benchmarking** ist der Vergleich der eigenen Situation – Kosten, Leistungen, Prozesse und Strategien – mit der Situation in anderen Einheiten – unternehmensintern, andere vergleichbare Unternehmen – anhand von Kennzahlen oder Standards mit dem Ziel, Verbesserungsmöglichkeiten und bestmögliche Vorgehensweisen (sogenannte Best Practice) zu ermitteln.

Im Rahmen der **Konkurrenzanalyse** werden die Produkte der Mitbewerber auf ihre Stärken und Schwächen untersucht. So kann die eigene Marktpositionierung abgeschätzt und eine Wettbewerbsstrategie erarbeitet werden.

Im Rahmen der **Portfolioanalyse** wird das Portfolio der Geschäftsfelder im Hinblick auf die Marktaussichten des Unternehmens untersucht mit dem Ziel, die Ressourcen des Unternehmens schwerpunktmäßig in diejenigen Geschäftsfelder zu lenken, in denen die Marktaussichten günstig erscheinen und Wettbewerbsvorteile genutzt werden können.

Schaubild 5.21 zeigt, wie die einzelnen Geschäftsfelder eingeordnet werden können:

- Die „armen Hunde“ sind die Produkte, mit denen das Unternehmen einen rückläufigen Marktanteil in einem Markt bestreitet, dessen erwartetes Wachstum gering ist. Oft leisten diese Produkte (noch) einen akzeptablen Beitrag zum Umsatz des Unternehmens, langfristig sind sie uninteressant.
- Die „Milchkühe“ sind Produkte, mit denen das Unternehmen einen hohen Marktanteil in einem Markt bestreitet, dessen Wachstumsaussichten mäßig sind. Sie leisten (noch) einen wesentlichen Beitrag zur finanziellen Unterstützung anderer Geschäftsfelder.
- Die „Fragezeichen“ sind Produkte mit einem erheblichen Wachstumspotenzial, deren Marktanteil jedoch eher gering ist. Hohe Kosten sprechen gegen eine Ausweitung des entsprechenden Geschäftsfeldes.
- Die „Sterne“ sind Produkte, mit denen das Unternehmen einen hohen Marktanteil in einem Markt mit günstigen Wachstumsaussichten bestreitet. Sie leisten den größten Beitrag zum Wachstum des Gesamtunternehmens.

Schaubild 5.21: Marktwachstums-Marktanteils-Matrix im Rahmen der Portfolioanalyse

Die **Potenzialanalyse** ist eine kritische Überprüfung der Ressourcen eines Unternehmens auf ihre Verfügbarkeit und Eignung vor dem Hintergrund strategischer Entscheidungen.

Die **Produktlebenszyklusanalyse** dient dazu, den mit einem Produkt erzielbaren Umsatz und Cashflow (Liquiditätsüberschuss) von der Markteinführung bis zum Ausscheiden aus dem Markt zu ermitteln. Schaubild 5.22 zeigt eine typische Produktlebenszykluskurve:

- In der Einführungsphase sind hohe Investitionen notwendig, um das Produkt bekannt zu machen. Der Umsatz ist noch gering, der Deckungsbeitrag gering oder sogar negativ.
- Die Wachstumsphase ist durch überdurchschnittliche Zuwachsraten beim Absatz und beim Umsatz gekennzeichnet, das Produkt erreicht die Gewinnzone. Mitbewerber treten in den Markt ein.
- In der Reifephase wächst der Markt nur noch langsam, die Wachstumsrate des Umsatzes nimmt ab. Der Kampf um Marktanteile wird heftiger.
- In der Sättigungsphase stagniert die Marktentwicklung, der Umsatz stagniert.
- In der Degenerationsphase geht der Umsatz zurück, das Produkt „stirbt aus“.

Beim **Target Costing** (Zielkosten) wird ermittelt, was ein Produkt am Markt kosten darf (Preis abzüglich Gewinnmarge). Aus dem wettbewerbsfähigen Preis werden die Plankosten abgeleitet.

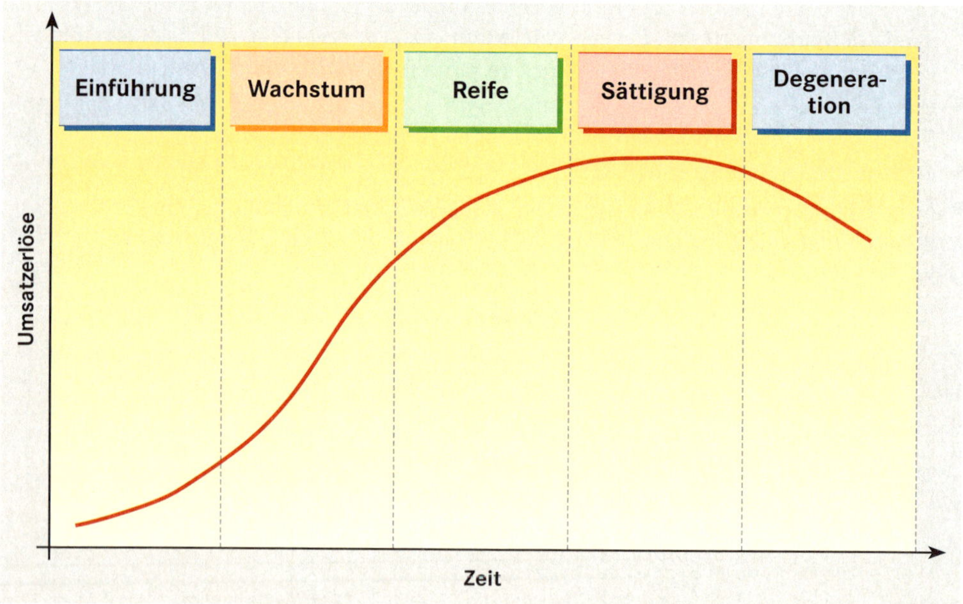

Schaubild 5.22: Produktlebenszyklus

Operatives Controlling

Aufgaben

Die Aufgaben des operativen Controllings bestehen darin, die Zielbildung zu überprüfen und die Planung und Steuerung der Unternehmenstätigkeit über einen Zeitraum von maximal einem Jahr zu begleiten. Die wichtigsten Zielgrößen sind Liquidität, Gewinn und Stabilität. Die Steuerung erfolgt aufgrund der Daten des Rechnungswesens.

Tabelle 5.32 fasst die Unterscheidungsmerkmale des strategischen und des operativen Controllings zusammen.

Ebene	Zeitraum	Bereich	Verantwortung
strategisch	langfristig, d. h. > 3 Jahre	Gesamtunternehmen, Produktbereiche	oberste Leitung, Vorstand
operativ	kurzfristig, d. h. < 1 Jahr	Produkte, einzelne Mitarbeiter	ausführende Ebenen, Basis

Tabelle 5.32: Unterscheidungsmerkmale des strategischen und des operativen Controllings

Instrumente

Die wichtigsten Instrumente des operativen Controllings sind:

- ABC-Analyse,
- Break-even-Analyse,
- Budgetierung,
- Deckungsbeitragsrechnung,
- Kennzahlen,
- ROI-Analyse,
- Soll-Ist-Vergleich,
- XYZ-Analyse.

Die **ABC-Analyse** ist ein Verfahren zur Klassifizierung von Kunden, Lieferanten oder Produkten beziehungsweise Dienstleistungen. Die übliche Einteilung in Klassen sieht die Bildung einer A-, B- und C-Klasse vor, woher das Verfahren seinen Namen hat. Die Einsatzmöglichkeiten der ABC-Analyse sind vielfältig.

BEISPIELE: ABC-Analyse

Klassifizierung von

- **Kunden** nach der Höhe der mit ihnen getätigten Umsätze: Maßnahmen zur Kundenbindung richten sich schwerpunktmäßig auf die A-Kunden.
- **Produkten** nach ihren Verkaufszahlen oder Umsatzanteilen: Es wird geprüft, welche Gewinnbeiträge die A-, die B- und die C-Produkte leisten und ob die jeweiligen Marketingkosten durch die Gewinnbeiträge gerechtfertigt sind.
- **Lieferanten** nach dem Einkaufsvolumen: Zur Rationalisierung der Beschaffung soll die Zahl der Lieferanten gesenkt werden. Die C-Lieferanten werden ausgeschieden.

Mithilfe der **Break-even-Analyse** wird der Punkt ermittelt, an dem exakt die Menge produziert wird, an der Kosten und Erlöse identisch sind (Gewinn = 0).

Im Rahmen der **Budgetierung** werden den verschiedenen geplanten Aktivitäten oder Projekten im Unternehmen Budgets, das heißt jeweils eine bestimmte Summe an verfügbaren Finanzmitteln zugewiesen.

Die **Deckungsbeitragsrechnung** dient der Ermittlung der Beiträge der verschiedenen Produkte/Dienstleistungen zur Deckung der fixen, das heißt von der erzeugten beziehungsweise bereitgestellten Menge unabhängigen Kosten (siehe dazu auch Kapitel 5, Themenbereich „Kostenträgerrechnung").

Kennzahlen sind Zahlen, die die Situation des Unternehmens und ihre Entwicklung über die Zeit verdeutlichen, wie zum Beispiel die Umsatzrendite in den Jahren 2002 bis 2008. Sie dienen dazu, Unternehmensziele als messbare Größen darzustellen. Sie ermöglichen auch Soll-Ist-Vergleiche und das Aufzeigen von Verbesserungsmöglichkeiten.

Die **ROI-Analyse** ist die Analyse des Return on Investment (ROI), das heißt des erwirtschafteten Ertrags des Unternehmens im Verhältnis zum eingesetzten Kapital. Hier steht nicht die Maximierung des Gewinns als solchem, sondern die Ergiebigkeit des Kapitals im Vordergrund. Je größer der ROI, desto schneller fließt das eingesetzte Kapital/die Investition wieder in das Unternehmen zurück.

Beim **Soll-Ist-Vergleich** werden die erzielten Ergebnisse (Ist-Zahlen) analysiert und mit den ursprünglich gewünschten beziehungsweise geplanten Ergebnissen (Soll-Zahlen) verglichen.

Die **XYZ-Analyse** wird in der Materialbedarfsplanung, Lagerplanung und Kalkulation angewendet und dabei oft mit der ABC-Analyse kombiniert. Die XYZ-Analyse klassifiziert Artikel nach der Regelmäßigkeit des Umsatzes. Diejenigen Produkte, die regelmäßig und in relativ konstanten Stückzahlen verkauft werden, werden als X-Artikel bezeichnet. Sie eignen sich beispielsweise zum Einbezug in ein automatisiertes Bestellsystem. Die Z-Klasse hingegen umfasst Artikel, deren Verkauf sehr unregelmäßig verläuft.

www.4managers.de
www.business-wissen.de
www.dpunkt.de
www.fh-kiel.de
www.gruenderleitfaden.de
www.mkonetzny.de
www.toka-beratung.de
www.unister-gmbh.de

WWW

5620406

5.3 Qualitätsmanagement

5.3.1 Qualitätsbegriff

Qualität ist die Beschaffenheit, Güte oder Wertstufe einer Ware oder Dienstleistung im Hinblick auf ihren Einsatzzweck. Die Definition in der ISO-9000-Norm lautet: Qualität ist die Gesamtheit von Merkmalen einer Betrachtungseinheit bezüglich ihrer Eignung, festgelegte und vorausgesetzte Erfordernisse zu erfüllen.

Die Qualität eines Produkts oder einer Dienstleistung lässt sich also durch seine Eigenschaften oder Merkmale, oder kurz: durch seine Beschaffenheit, umschreiben. Die Merkmale, die gegeben sein müssen, damit eine gewünschte Qualität erreicht wird, können individuell (für ein Unternehmen) oder allgemeingültig (für die gesamte Branche) festgelegt werden.

BEISPIEL: Qualitätsstandard

Der Bauer, der seine Eier an den Großhändler verkauft, möchte einen hohen Preis für seine Ware erzielen. Damit er vor dem Verkauf den Preis kalkulieren kann, prüft er, in welche Güteklasse seine Ware passt. Die Merkmale, die ein Ei zur Einordnung in die Güteklasse A benötigt, werden von einer unabhängigen staatlichen Stelle festgelegt. Beispielsweise muss die Schale eines Eies der Güteklasse A sauber und unverletzt sein, das Eiklar muss gallertartig, klar und durchsichtig sein. Weisen die Eier alle Merkmale der Güteklasse A auf, so kann der Bauer einen guten Preis erzielen, und der Verbraucher weiß, dass er gute Ware für sein Geld erhält.

5.3.2 Qualitätsmanagement und Qualitätssicherung

Betrachten wir den Begriff Qualität aus einer weiter gefassten Sicht, so umfasst er nicht nur die Beschaffenheit des Produkts oder der Dienstleistung, die ein Unternehmen anbietet, sondern auch die Beschaffenheit der betrieblichen Organisation. Die Tätigkeiten zur Erfüllung umfassender Qualitätsanforderungen an das Unternehmen vollziehen sich im Rahmen des Total Quality Management (TQM). Hierbei werden nicht nur die Produkte beschrieben und im Hinblick auf ihren wirtschaftlichen Nutzen analysiert, sondern auch die Prozesse (Arbeitsabläufe), die zur Herstellung der Produkte eingesetzt werden. Auf diese Weise können

- die Qualität der Produkte ermittelt und gesteuert werden,
- Faktoren identifiziert werden, die die Prozesse stören,
- Maßnahmen zu Verbesserungen der Prozessqualität ergriffen werden.

Die **Qualitätssicherung** umfasst alle Tätigkeiten und Methoden, die darauf gerichtet sind, bestimmte Anforderungen an ein Produkt oder einen Prozess zu erfüllen. Sie hat die Aufgabe, die gelieferten Produkte beziehungsweise Prozesse bestimmten Anforderungen anzugleichen, die je nach Produkt mit dem Kunden gemeinsam definiert wurden oder gesetzlich vorgegeben sind.

Es gibt viele gute Gründe für Qualitätssicherung. So müssen beispielsweise die Mitarbeiter wissen, welche Spielregeln im Unternehmen gelten, an die sie sich halten müssen. Die Unternehmensleitung muss ihr Handeln darauf ausrichten, die Akzeptanz und das Vertrauen der Mitarbeiter für die geplanten Maßnahmen im Unternehmen zu gewinnen (interne Sicherung). Andererseits müssen Kunden oder Investoren von den Plänen und Maßnahmen überzeugt sein, damit sie dem Produkt oder der Dienstleistung vertrauen können (externe Sicherung) und damit die Kunden auf die vom Unternehmen angepriesene Qualität des Produkts bauen können. Qualitätssicherung dient dazu, Qualitätstransparenz zu schaffen, Qualitätsdefizite aufzudecken sowie die zugrunde liegenden Schwachstellen zu erkennen und auszuräumen.

Zusammenfassend hat das Qualitätsmanagement die folgenden Vorteile:

- Verminderung von Fehlleistungen,
- Vermeidung unnötiger Kosten durch Verschwendung und Fehler,
- bessere Erfassung und Umsetzung der Kundenwünsche,
- Fehlervermeidung als vorbeugende Maßnahme,
- frühe Fehlererkennung und damit die Möglichkeit schneller Gegenmaßnahmen,
- Steigerung der Flexibilität und Rentabilität des Unternehmens,
- Verkürzung der Produktionslaufzeiten.

5.3.3 ISO-Normen und DIN-Normen

Bei der Festlegung der Anforderungen, die die Qualität eines Produkts oder Prozesses bestimmen, müssen die gültigen Normen und Gesetze in Bezug auf das Produkt oder den Prozess eingehalten werden.

Die **International Organization for Standardization (ISO)** ist eine freiwillige (nicht per Staatsvertrag geregelte) Organisation mit Sitz in Genf (Schweiz), welche die Normung international koordiniert. Sie wurde 1946 gegründet. Durch ihre Arbeit soll sie die Normung von Produkten und Prozessen weltweit fördern, um so den wirtschaftlichen Austausch zu vereinfachen.

Auf der Basis der global festgelegten ISO-Normen oder ISO-Standards werden in den Mitgliedsländern der ISO auch länderspezifische Normen festgelegt. So können länderspezifische Anforderungen eingebracht und die ISO-Normen entsprechend modifiziert werden. In der Bundesrepublik Deutschland werden diese Standards als Deutsche-Industrie-Normen (DIN) bezeichnet. Sie werden vom Deutschen Institut für Normung e. V. mit Sitz in Berlin festgelegt.

Das Institut für Normung ist eine Art „runder Tisch", an dem Hersteller, Verbraucher und Wissenschaftler sowie Vertreter aus Handwerk, Handel, Dienstleistungsunternehmen, technischen Überwachungsorganisationen und staatlichen Behörden zusammenkommen, um den Stand der Technik zu ermitteln und in Normen festzuhalten. Die Beteiligten legen Regeln zur Rationalisierung, zur Qualitätssicherung, zur Arbeitssicherheit und zum Umweltschutz fest. Die deutschen Normen finden außerhalb Deutschlands eine hohe Akzeptanz. Das informelle Qualitätssiegel „Made in Germany" hat sich international etabliert.

5620408

BEISPIEL: Produktnorm

Der allgemeine Schriftverkehr in Deutschland auf Papier wird im Blattformat A4 durchgeführt. Die Merkmale und Eigenschaften dieser Blattgröße wurden auf die Maße 29,6 cm (Höhe) und 21,0 cm (Breite) festgelegt. Aufgrund der Festlegung durch das Deutsche Institut für Normung kann der Kunde darauf vertrauen, dass der Briefbogen im A4-Format immer genau diesen Maßen entspricht und in eine bestimmte, ebenfalls genormte Briefumschlagsgröße passt.

Die einzelnen Ziffern hinter einer ISO-Bezeichnung stehen für den jeweiligen Bereich, in dem die ISO-Norm gilt. Die DIN EN ISO 9001 bis 9004 umfassen Standards für die Entwicklung von Qualitätsmanagementsystemen. Hier wird unter anderem bestimmt, dass ein Qualitätsbeauftragter benannt werden muss, wie ein Qualitätsmanagement-Handbuch auszusehen hat und dass die einzelnen Arbeitsprozesse oder Arbeitsabläufe im Unternehmen schriftlich festgehalten werden sollen.

5.3.4 Zertifizierung

Zertifizierung ist die Bestätigung festgelegter Eigenschaften von Produkten oder Abläufen durch eine unabhängige akkreditierte Zertifizierungsgesellschaft. Durch das Zertifikat bestätigt die Organisation die Einhaltung der Merkmalsvorgaben gegenüber den Kunden, der Öffentlichkeit und den Mitarbeitern.

Der Zertifizierungsprozess umfasst die in Schaubild 5.23 wiedergegebenen Stufen.

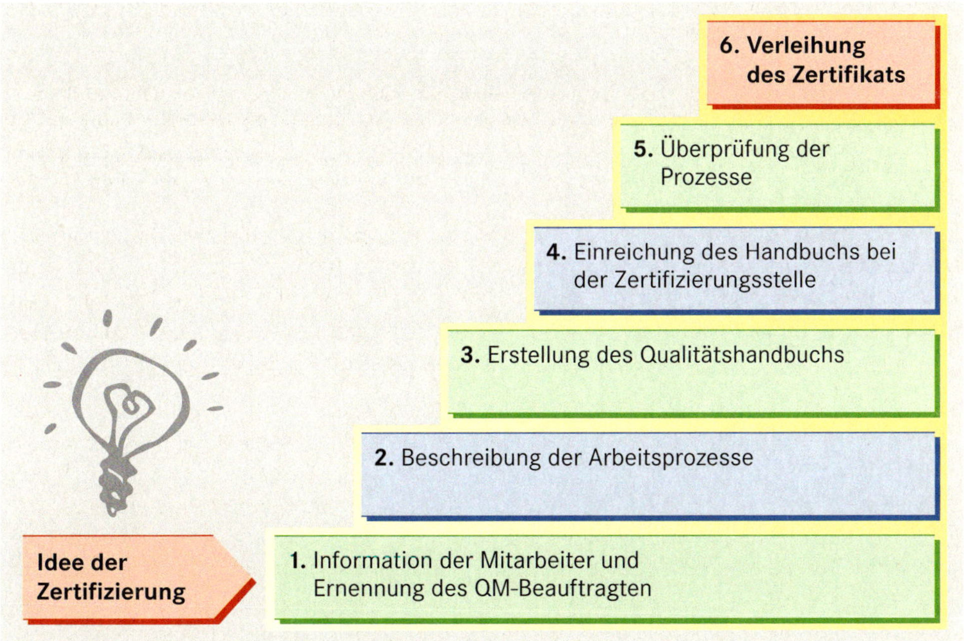

Schaubild 5.23: Die Stufen der Zertifizierung

Die Zertifizierung eines Unternehmens bildet den Abschluss des Aufbaus eines Qualitätsmanagementsystems. Hat ein Unternehmen alle Anforderungen und Merkmale seiner Produkte und Dienstleistungen erfasst und auch die betrieblichen Abläufe in einem Qualitätsmanagement-Handbuch (QM-Manual) festgehalten, kann es sich durch eine unabhängige Zertifizierungsstelle zertifizieren lassen.

Zusammengefasst hat die Zertifizierung die folgenden Vorteile:

- bessere Position bei Auftragsvergabe (vor allem bei öffentlichen Ausschreibungen),
- leichtere Kooperation mit bereits zertifizierten Firmen (gemeinsame Standards),
- Werbewirksamkeit durch besseres Image.

Die Vorlage eines Qualitätszertifikates wird in der internationalen Wirtschaft immer mehr zur Bedingung für ein Kunden-Lieferanten-Verhältnis. Der Lieferant erlangt durch das Zertifikat einen Vertrauensvorschuss des Kunden. Das Zertifikat belegt die Fähigkeit des Lieferanten, Leistungen zu erbringen, die bestimmten Qualitätsanforderungen entsprechen.

BEISPIELE: Zertifizierung nach ISO-Normen

- Die Zertifizierung nach ISO 9001 steht für den Bereich Qualitätsmanagement. Sie betrifft unter anderem die Festlegung von Verantwortlichkeiten und die Organisation des Informationsflusses an internen und externen Schnittstellen. Dem Kunden oder dem Lieferanten werden gleichbleibende Sachbearbeiter zur Seite gestellt. So betreut etwa Herr Müller aus dem Einkauf die Kunden und Lieferanten der Buchstabengruppe A bis F.
- ISO 14001 steht für den Bereich des Umweltmanagements. Dieser enthält unter anderem den Aspekt, dass das Entsorgen und Wiederverwerten von Rohstoffen, Verpackungsmaterial und Altanlagen oder Altgeräten gewährleistet ist.

6 Personalwirtschaft

6.1 Ziele und Aufgaben

6.1.1 Rahmenbedingungen der Personalwirtschaft

In Deutschland haben der Wandel der Bevölkerungsstruktur, die Öffnung der europäischen Grenzen, die Globalisierung und der Wandel von einer industriell geprägten hin zu einer Dienstleistungsgesellschaft die Anforderungsprofile für Unternehmen aller Branchen vor allem seit der Wiedervereinigung im Jahre 1990 massiv verändert. Reichte früher eine überdurchschnittliche Produktqualität aus, um am Markt konkurrenzfähig zu bleiben, so sind Unternehmen heute gefordert, nicht nur in den Bereichen Forschung und Entwicklung sowie Produktion, sondern auch in der Personalwirtschaft neue Wege zu gehen. Die Qualifikation und die Motivation der eigenen Mitarbeiter sind zum Gegenstand fortlaufender Entwicklungsarbeit geworden.

Derzeit ist unsere Gesellschaft unter anderem durch die folgenden Tendenzen gekennzeichnet:

- Durch die veränderte Altersstruktur der Erwerbsbevölkerung (Schaubild 6.1) werden künftig Innovationen immer mehr von älteren Arbeitnehmern ausgehen. Spätestens in der zweiten Dekade des neuen Jahrtausends wird sich der Wettbewerb um qualifizierte Nachwuchskräfte verschärfen.

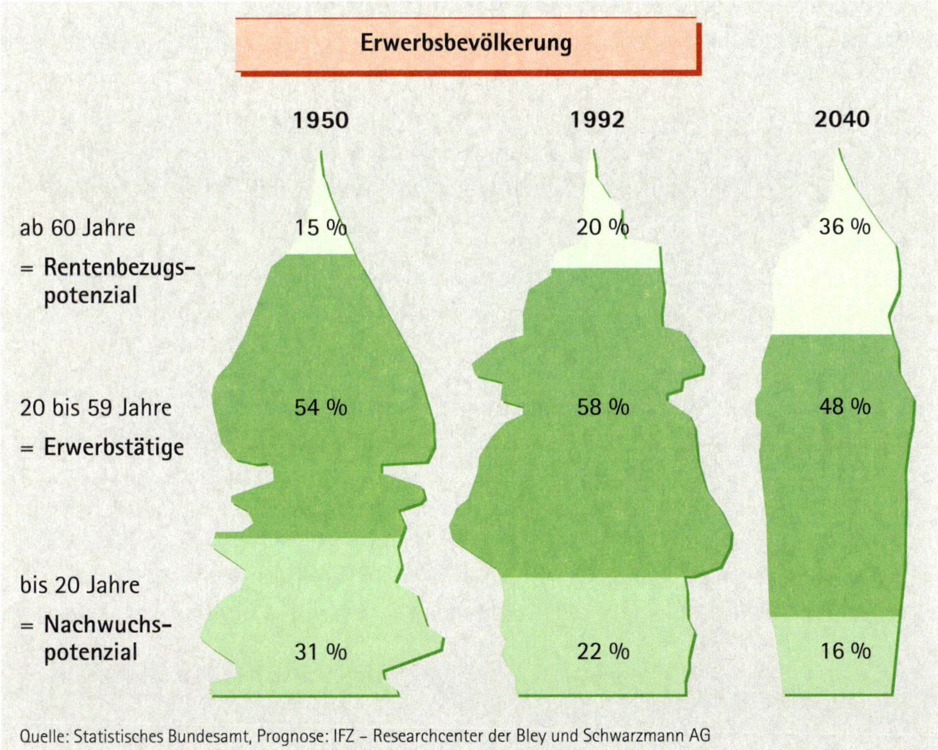

Schaubild 6.1: Veränderung des Lebensbaums in Deutschland

- Die Beschäftigten suchen nach Möglichkeiten, um ihre Bedürfnisse in Beruf und Freizeit zu befriedigen.
- Der Wissensumfang wächst schneller, bereits vorhandenes Wissen veraltet rascher.
- Die Flexibilität der Arbeitnehmer am Arbeitsmarkt steigt.
- Staatliche und auch private Bildungseinrichtungen reagieren auf diese Tatsachen zu schwerfällig und mit zu großen Verspätungen.
- Die Anforderungen der Kunden an Produkte und Dienstleistungen werden immer größer.

Quantitatives Wachstum wird durch qualitatives Wachstum ergänzt. Für die Personalwirtschaft bedeutet dies unter anderem:

- Starre Hierarchien lösen sich zugunsten teamorientierter Organisationsstrukturen auf.
- Mitarbeiter werden immer mehr in Entscheidungsprozesse einbezogen.
- Neue Entwicklungen werden zunehmend im Kreis der Mitarbeiter initiiert.

Die geänderten Rahmenbedingungen stellen an die Beschäftigten in einem Dienstleistungsunternehmen neue Anforderungen. Sie müssen

- aus der Sicht des Kunden denken und handeln,
- Probleme kompetent und flexibel lösen,
- innovativ und kreativ sein,
- aus eigenem Engagement an Fortbildungsmaßnahmen teilnehmen,
- sich laufend an wechselnde Markterfordernisse anpassen,
- Verantwortung übernehmen und sich mit der Unternehmenspolitik ihres Arbeitgebers identifizieren.

In einem modernen Unternehmen der Dienstleistungsbranche herrschen in der Regel keine althergebrachten, hierarchischen Führungsstrukturen. Führungskräfte handeln nicht autoritär, sondern eher wie ein Coach in einer sportlichen Wettkampfsituation.

BEISPIEL: Personalwirtschaft als Entwicklungspartnerschaft

Die Omnisport GmbH ist ein Sportstudiounternehmen mit mehreren Filialen, vornehmlich in mittleren Städten in Deutschland. Das Unternehmen hat im Jahresdurchschnitt 155 Mitarbeiter. Die Personalverantwortung liegt in ihrer Gesamtheit in den Händen der folgenden Personen:

- Die **Mitglieder der Geschäftsführung.** Sie entwickeln in Zusammenarbeit mit den Führungskräften vor Ort und der zentralen Personalabteilung die Unternehmensstrategie und die Führungsgrundsätze.
- Die **Führungskräfte.** Sie unterhalten mit ihren Mitarbeitern eine Entwicklungspartnerschaft (Coaching).
- Die **Mitarbeiter** selbst. Sie tragen ein hohes Maß an Eigenverantwortung.
- Die **Beschäftigten** in der Personalabteilung. Über sie erfolgt die Prozesssteuerung.

6.1.2 Ziele der Personalwirtschaft

Das Hauptziel einer langfristig angelegten Personalwirtschaft ist es, die Grundlage für die Handlungskompetenz der eigenen derzeitigen und künftigen Mitarbeiter zu schaffen. Diese Qualifikation baut auf fachlichem Wissen auf, muss aber ständig durch fachübergreifende Qualifikationen wie persönliche, soziale und methodische Kompetenz ergänzt werden.

- **Fachliche Kompetenz** beinhaltet neben dem theoretischen Wissen insbesondere Fähigkeiten zur praktischen Anwendung des Wissens sowie Verständnis für Zusammenhänge.
- **Soziale Kompetenz** ist im Arbeitsleben die Fähigkeit zur konstruktiven Verständigung mit Kollegen, Mitarbeitern und Vorgesetzten.
- **Methodische Kompetenz** ist die Fähigkeit, Probleme eigenständig unter Verwendung angemessener Mittel und Vorgehensweisen zu lösen.
- **Persönliche Kompetenz** ist neben der Fachkompetenz die persönliche Grundeinstellung zum Lernen und Arbeiten.

BEISPIELE: Arten von Kompetenzen

- In der Ausbildung eignet sich der/die Auszubildende sowohl in der Praxis als auch in der Theorie fachliches Wissen an, das im Regelfall ausreicht, um die Abschlussprüfung zu bestehen und das die Basis für das weitere Berufsleben bildet. Die fachliche Kompetenz bedeutet nichts anderes, als dieses Wissen im Rahmen des beruflichen Anforderungsprofils verständnisvoll anzuwenden.
- **Soziale Kompetenz** wird in der Dienstleistungsbranche gerade im Konflikt- und Beschwerdemanagement erwartet. Theoretische Grundlagen können und müssen in der Ausbildung vermittelt werden, jedoch ist hier zu berücksichtigen, dass Sozialkompetenz auch in realen Situationen geübt werden muss.
- Die **methodische Kompetenz** stellt hohe Anforderungen an jeden Mitarbeiter. Jeder Mitarbeiter sollte in der Lage sein, auch schwierige Situationen nach bestimmten Schemata zu lösen.
- Die **persönliche Kompetenz** ist letztendlich das, was ein/e Dienstleister/-in mitbringt: Fachkompetenz in Verbindung mit der Bereitschaft, sich fachspezifisch fortzubilden (zum Beispiel zusätzliche Trainerscheine im Sport- und Fitnessbereich, Teilnahme an Seminaren über sozialgesetzliche Änderungen für Kaufleute im Gesundheitswesen, Informationsveranstaltungen über neue Techniken im Veranstaltungswesen).

Letztendlich wird in der Zukunft gelten: Jeder Mitarbeiter handelt für seine berufliche Entwicklung eigenverantwortlich. Das Unternehmen kann und sollte angemessene Rahmenbedingungen für die Qualifizierung bereitstellen und diese gegebenenfalls verbessern.

6.1.3 Handlungsfelder des Personalmanagements

Ein modernes Personalmanagement wirkt in den folgenden Bereichen:

- **Beschaffung** – Suche und Auswahl von Nachwuchs- und Fachkräften entsprechend der gewünschten Qualität und Anzahl,

- **Einsatz** – bedarfsgerechte Zuweisung der Mitarbeiter entsprechend ihrer Qualifikation und den Stellenanforderungen,
- **Qualifikation** – Aus- und Weiterbildung der Mitarbeiter und Führungskräfte entsprechend dem Bedarf des Unternehmens,
- **Motivation** – Gestaltung der Arbeitsbedingungen, Prämiensysteme, Betreuung der Mitarbeiter im Sinne der Unternehmensziele,
- **Verwaltung** – Dokumentation und Aufbereitung von Personaldaten.

6.2 Arbeitsrecht

In der Praxis nehmen die meisten Menschen Arbeit gegen die Zahlung eines Lohnes oder Gehalts an. Sie sind Arbeitnehmer, müssen sich in betriebliche Gegebenheiten einordnen und sich nach den Weisungen ihres Arbeitgebers richten, der ihnen als Vorgesetzter im Rahmen ihrer Arbeit Aufgaben zuweist.

Folglich befinden sich Arbeitnehmer in einer abhängigen Stellung:

- Arbeitnehmer sind persönlich abhängig, da sie über Art und Umfang ihrer Tätigkeit nicht eigenständig entscheiden können und stattdessen dienstliche Anweisungen des Arbeitgebers befolgen müssen.
- Arbeitnehmer sind wirtschaftlich abhängig, weil sie durch eine Kündigung den Anspruch auf Bezahlung für ihre Arbeitsleistungen und damit die Grundlage für ihren Lebensunterhalt verlieren können.

BEISPIEL: Arbeitnehmer und Abhängigkeit

Lena Scholze ist Inhaberin des Pflegedienstes Medicare. Die Firma befindet sich in einer Universitätsstadt in Mecklenburg-Vorpommern. Frau Scholze beschäftigt 20 Kranken- und Altenpflegerinnen und -pfleger sowie zwei Kauffrauen im Gesundheitswesen. Sie ist ihren Mitarbeiterinnen und Mitarbeitern gegenüber allein weisungsberechtigt und entscheidet eigenständig über Einstellungen und Entlassungen. Sie ist selbstständig und damit im Rahmen ihrer beruflichen Tätigkeit nicht an Weisungen anderer gebunden. Frau Scholzes Angestellte hingegen sind weisungsgebunden, das heißt, sie müssen Frau Scholzes Anweisungen befolgen. Sie befinden sich als Arbeitnehmer/-innen in einer Stellung persönlicher und wirtschaftlicher Abhängigkeit.

Aufgrund ihrer abhängigen Stellung benötigen Arbeitnehmer Schutz vor willkürlichen Handlungen des Arbeitgebers. Dieser Schutz wird durch das Arbeitsrecht gewährt. Das Arbeitsrecht dient der Wahrung der berechtigten Interessen von Arbeitnehmern.

6.2.1 Wer ist Arbeitnehmer im Sinne des Arbeitsrechts?

Arbeitsrechtliche Normen sind in Deutschland in verschiedenen Gesetzen niedergelegt. In diesen Gesetzen ist der Begriff des Arbeitnehmers nicht eindeutig definiert. Der Gesetzgeber hat die Beantwortung der Frage, auf welche Personen das Arbeitsrecht anzuwenden ist, überwiegend der Auslegung durch die Gerichte überlassen.

5620414

Zur Abgrenzung einer Arbeitnehmertätigkeit von einer selbstständigen Tätigkeit gelten die folgenden Unterscheidungsmerkmale: Ein Arbeitnehmer
- ist weisungsgebunden,
- erhält für seine Arbeitsleistung ein festgelegtes Entgelt,
- ist in die Arbeitsabläufe eines Betriebes eingegliedert,
- ist sozial schutzbedürftig.

Nicht zu den Arbeitnehmern zählen demnach
- Selbstständige und Freiberufler;
- Komplementäre von Kommanditgesellschaften (KG);
- Gesellschafter von offenen Handelsgesellschaften (OHG),
- Geschäftsführer von Gesellschaften mit beschränkter Haftung (GmbH);
- Vorstandsmitglieder von Aktiengesellschaften (AG);
- mithelfende Familienangehörige;
- Personen, deren Beschäftigung nicht in erster Linie ihrem Erwerb dient, sondern durch Beweggründe karitativer oder religiöser Art bestimmt ist;
- Personen, deren Beschäftigung nicht in erster Linie ihrem Erwerb dient und die vorwiegend zu ihrer Heilung, Wiedereingewöhnung, sittlichen Besserung oder Erziehung beschäftigt werden;
- Richter, Beamte, Soldaten und Zivildienstleistende.

Das Arbeitsrecht gilt auch für Auszubildende. Deren Rechte und Pflichten sind in einem besonderen Gesetz, dem Berufsausbildungsgesetz, festgelegt.

Leitende Angestellte sind ebenfalls Arbeitnehmer, für die die arbeitsrechtlichen Vorschriften gelten, allerdings mit einigen Abweichungen: Bei außerordentlichen Kündigungen werden an den Kündigungsgrund geringere Anforderungen gestellt. Des Weiteren sind die Möglichkeiten bei der Überstundenvergütung eingeschränkt. Leitende Angestellte nehmen schließlich auch bei der betrieblichen Mitbestimmung eine Sonderstellung ein, denn sie haben aufgrund ihrer leitenden Position weder ein aktives noch ein passives Wahlrecht, das heißt, sie dürfen bei der Wahl des Betriebsrats nicht kandidieren und auch nicht wählen.

Neben den oben genannten Personengruppen gibt es noch sogenannte arbeitnehmerähnliche Personen. Diese Gruppe umfasst
- Heimarbeiter;
- Handelsvertreter im Sinne des § 84 Absatz 1 Handelsgesetzbuch (HGB), die nur für ein Unternehmen tätig sind (zum Beispiel Vertreter einer Versicherung, einer Bausparkasse);
- freie Mitarbeiter, die nur für einen einzigen Auftraggeber tätig sind (zum Beispiel freiberufliche Trainer, die ausschließlich für ein Sportstudio arbeiten, oder Dozenten, die ausschließlich für einen Bildungsträger arbeiten).

Obwohl dieser Personenkreis rein formal selbstständig ist und auf der Basis von inhaltlich und zeitlich abgegrenzten Aufträgen gegen Honorar arbeitet, ist seine wirtschaftliche Abhängigkeit vom Auftraggeber so groß, dass seine soziale und wirtschaftliche Stellung derjenigen eines Arbeitnehmers gleicht. Deshalb fällt er ebenfalls unter die Schutzbestimmungen des Arbeitsrechts. Im Streitfall sind, wie bei den Arbeitnehmern, die Arbeitsgerichte zuständig.

Für den Bereich der Sozialversicherung gelten seit dem 1. Januar 1999 die in §7 des Vierten Buches des Sozialgesetzbuchs (SGB IV) aufgeführten Kriterien für eine versicherungspflichtige Arbeitnehmertätigkeit. Mit dieser gesetzlichen Regelung soll verhindert werden, dass Arbeitgeber und ihre arbeitnehmerähnlichen Beschäftigten die Sozialversicherungspflicht durch eine lediglich vorgetäuschte Selbstständigkeit (oder sogenannte Scheinselbstständigkeit) umgehen. (Siehe hierzu auch das folgende Kapitel zum Sozialversicherungsrecht.)

6.2.2 Bereiche des Arbeitsrechts

Das Arbeitsrecht lässt sich nach verschiedenen Kriterien gliedern:

- gesetzliche Vorgaben (zum Beispiel Jugendarbeitsschutzgesetz) oder freiwillige Vereinbarungen (zum Beispiel Manteltarifvertrag zwischen der IG Metall und dem Arbeitgeberverband Stahl e. V.)
- Individualarbeitsrecht (zum Beispiel Mutterschutzgesetz, Kündigungsschutzgesetz) oder Kollektivarbeitsrecht (zum Beispiel Betriebsverfassungsgesetz, Tarifvertragsgesetz)

- Das **Individualarbeitsrecht** umfasst alle Normen zur Gestaltung von Arbeitsverträgen. Es betrifft die Begründung und Beendigung von Arbeitsverhältnissen und das Verfahren im Fall von Streitigkeiten zwischen dem einzelnen Arbeitnehmer und dem einzelnen Arbeitgeber.
- Das **Kollektivarbeitsrecht** umfasst alle Normen zur Regelung der Beziehungen zwischen Arbeitgebern und Arbeitnehmern als organisierter Gruppe. Es betrifft die Rechte und Pflichten der Gewerkschaften, der Arbeitgeber und Arbeitgeberverbände sowie der Betriebsräte.

Darüber hinaus ist das Arbeitsrecht, wie jedes andere Rechtsgebiet auch, hierarchisch gegliedert. Nachgeordnete Regelwerke dürfen nicht im Widerspruch zu höherrangigen stehen.

In Deutschland gilt im Hinblick auf das Arbeitsrecht die folgende Rangordnung:

1. Verfassung
2. Gesetz
3. Rechtsverordnung
4. Tarifvertrag
5. Betriebsvereinbarung
6. Arbeitsvertrag
7. Weisungsrecht des Arbeitgebers

Verfassung

Die obersten Rechtsquellen sind das internationale Völkerrecht, die Europäische Verfassung (die zurzeit noch nicht rechtskräftig ist, auf die sich die Gerichte jedoch immer wieder berufen) und das Grundgesetz der Bundesrepublik Deutschland. Die im Grundgesetz verankerten Grundrechte sind unmittelbares Recht und als solches für Gesetzgebung, vollziehende Gewalt und Rechtsprechung (Legislative, Exekutive und Jurisdiktion) zwingend.

5620416

BEISPIEL: Vorrang des Verfassungsrechts

Gäbe es bei der Medicare eine Vereinbarung, wonach Frauen im Pflegedienst in einer vergleichbaren Tätigkeit weniger verdienen als Männer, so wäre diese Vereinbarung unwirksam, da sie gegen den Artikel 3 des Grundgesetzes (Gleichberechtigung von Mann und Frau) verstößt.

Gesetze und Rechtsverordnungen

Auf der nächsten Ebene folgen Gesetze und Rechtsverordnungen. Sowohl der Bund als auch die Länder haben das Recht, arbeits- und sozialrechtliche Gesetze sowie Rechtsverordnungen zu erlassen.

Die wichtigsten Gesetze im Rahmen des Arbeitsrechts sind

- Bürgerliches Gesetzbuch (BGB; hier: Dienstvertrag, §§ 611–630),
- Arbeitsschutzgesetz,
- Jugendarbeitsschutzgesetz,
- Arbeitszeitgesetz,
- Betriebsverfassungsgesetz,
- Gewerbeordnung,
- Handelsgesetzbuch (HGB),
- Kündigungsschutzgesetz,
- Sozialgesetzbuch (SGB, die Bücher I bis XII),
- Tarifvertragsgesetz,
- Arbeitsgerichtsgesetz.

Weiterhin können Bund und Länder Rechtsverordnungen erlassen, die ebenfalls die Regelung der Arbeitsverhältnisse und Arbeitsbedingungen betreffen, zum Beispiel die Wahlordnung als Rechtsverordnung zum Betriebverfassungsgesetz. Rechtsverordnungen sind allgemein verbindliche Regelungen, die ohne Mitwirkung des Bundestags oder des Bundesrats aufgrund einer gesetzlichen Ermächtigung vom Kabinett erlassen werden. Gesetze bedürfen der Zustimmung durch das Parlament und gegebenenfalls des Bundesrats.

Tarifverträge

Um die Einflussnahme des Staates auf das nötige Maß zu beschränken, hat der Gesetzgeber die Möglichkeit für Arbeitgeber und Arbeitnehmer geschaffen, kollektive Vereinbarungen (Gesamtvereinbarungen) zu schließen, die für alle von diesen Vereinbarungen betroffenen Einzelarbeitsverhältnisse gelten. Diese sogenannte Tarifautonomie ist im Grundgesetz (Artikel 9, Absatz 3) verankert.

Tarifverträge können zwischen Gewerkschaften und einzelnen Arbeitgebern oder Arbeitgeberverbänden abgeschlossen werden. In Tarifverträgen werden unter anderem üblicherweise geregelt:

- Löhne und Gehälter;
- Zulagen für Nacht-, Schicht-, Sonn- und Feiertagsarbeit;
- Dauer der Arbeitszeit;

- Länge des Urlaubs;
- Kündigungsfristen.

Einzelne Arbeitnehmer oder auch der Betriebsrat dürfen keine Tarifverträge abschließen. Der Abschluss von Tarifverträgen ist nicht zwingend, das heißt, sie beruhen auf freiwilligen Vereinbarungen zwischen Arbeitgeberverbänden oder einzelnen Arbeitgebern und der Interessenvertretung der Arbeitnehmer. Können sich die beiden Parteien nicht über den Abschluss eines Tarifvertrags einigen, so kommt kein Tarifvertrag zustande. Die Arbeitnehmer können jedoch versuchen, über das Arbeitskampfmittel des Streiks einen Tarifvertrag zu erzwingen.

BEISPIELE: Geltungsbereiche von Tarifverträgen

Tarifverträge können für verschiedene Bereiche abgeschlossen werden. Möglichkeiten sind

- ein Flächentarifvertrag für eine bestimmte Region, zum Beispiel der Gehaltstarifvertrag für alle Pflegedienste des Deutschen Roten Kreuzes in Mecklenburg-Vorpommern;
- ein Haustarifvertrag über Zeitarbeitskonten in der Rehaklinik „Wald und See".

Betriebsvereinbarungen

Betriebsvereinbarungen sind Verträge zwischen einem Arbeitgeber und dem Betriebsrat als gewählter Vertretung der Belegschaft. Wenn es in einem Unternehmen keinen Betriebsrat gibt, können keine Betriebsvereinbarungen abgeschlossen werden.

Auch der Geltungsbereich von Betriebsvereinbarungen kann unterschiedlich weit gefasst sein. Möglichkeiten sind

- das gesamte Unternehmen,
- eine Zweigstelle, Filiale oder Niederlassung eines Unternehmens.

BEISPIEL: Geltungsbereich von Betriebsvereinbarungen

Ein Pflegedienst mit mehreren Niederlassungen in einem Bundesland hat per Betriebsvereinbarung den Beginn und das Ende der täglichen Arbeitszeit betriebsübergreifend, dabei aber für jede einzelne Niederlassung verschieden festgelegt, um so den unterschiedlichen Bedürfnissen der Mitarbeiter und der Kunden bestmöglich gerecht zu werden.

Neben den bisher genannten gesetzlichen Bestimmungen enthält das Arbeitsrecht auch sehr viele nicht gesetzesförmige Regeln, mehr als jedes andere Rechtsgebiet. Man spricht hier vom sogenannten Richterrecht. Viele Konfliktfälle, die im Arbeitsleben auftreten, sind nicht von vornherein durch den Gesetzgeber geregelt. Hier haben die Gerichte insbesondere die Aufgabe, das geltende Arbeitsrecht weiterzuentwickeln.

BEISPIELE: Richterrecht

- Im Fall betriebsbedingter Kündigungen muss der Arbeitgeber die persönliche Situation der potenziell Betroffenen (unter anderem Lebensalter, Dauer der Betriebszugehörigkeit, Familienstand, Unterhaltsverpflichtungen, Gesundheitszustand, eventuell Grad einer Schwerbehinderung) berücksichtigen. Er muss durch die sogenannte Sozialauswahl sicherstellen, dass nur diejenigen Mitarbeiter entlassen werden, die des geringsten Schutzes bedürfen. In Kündigungsschutzverfahren ist es häufig die Aufgabe des Arbeitsrichters, die Angemessenheit der Sozialauswahl zu überprüfen.

- Maßregelungsverbot nach Streik: Zur Durchsetzung berechtigter tariflicher Forderungen entscheidet sich die Belegschaft eines Betriebes zu einem kurzen Warnstreik für die Dauer von maximal zwei Stunden. Der Arbeitgeber ist in diesem Fall nicht berechtigt, Mitarbeiter aufgrund ihrer Teilnahme am Streik zu maßregeln, indem er beispielsweise Entlassungen ausspricht. Da dies dennoch immer wieder geschieht, das Kündigungsschutzgesetz bei Arbeitskämpfen jedoch keine Anwendung findet, haben die Arbeitsgerichte die besondere Aufgabe, solche Maßregelungen zu unterbinden. Ein Mitarbeiter kann vor dem zuständigen Arbeitsgericht klagen, um seine Rechte (zum Beispiel auf Wiedereinstellung) durchzusetzen. Der Richter entscheidet dann für den Einzelfall.

Daneben gibt es als weitere Quelle des kollektiven Arbeitsrechts die sogenannte betriebliche Übung, die durch bewusstes Verhalten von Arbeitnehmern und Arbeitgebern entsteht.

BEISPIEL: Rechtswirkung einer betrieblichen Übung

Frau Scholze von der Medicare zahlt ihren Mitarbeitern zusammen mit dem Novembergehalt eine Weihnachtsgratifikation aus, deren Höhe sich nach dem Betriebsergebnis richtet. Tut sie dies regelmäßig, so entsteht nach drei Jahren auch ohne tarifvertragliche oder arbeitsvertragliche Vereinbarung ein Rechtsanspruch auf Weihnachtsgeld.

Arbeitsvertrag

Der Arbeitsvertrag wird zwischen einem einzelnen Arbeitgeber und einem einzelnen Arbeitnehmer geschlossen. Die rechtlichen Grundlagen sind in § 611 ff. BGB und in § 59 HGB (Handlungsgehilfe) fixiert. Hinzu kommen gegebenenfalls abgeschlossene Tarifverträge und Betriebsvereinbarungen. Alle Bestimmungen in einem Tarifvertrag finden auf das Einzelarbeitsverhältnis Anwendung, das heißt, die Bedingungen im Arbeitsvertrag dürfen für den Arbeitnehmer nicht schlechter sein als die tarifvertraglich festgelegten. Dasselbe gilt für alle Regelungen zwischen Arbeitgeber und Betriebsrat im Rahmen einer Betriebsvereinbarung. Enthält der Einzelarbeitsvertrag Bestimmungen, die für den Arbeitnehmer günstiger sind als die kollektiv vereinbarten, so gilt hier das Günstigkeitsprinzip, das heißt, es gelten die Bedingungen, die für den Arbeitnehmer besser sind.

BEISPIEL: Günstigkeitsprinzip

Frau Scholze hat mit der Gewerkschaft ver.di einen Lohn- und Gehaltstarifvertrag abgeschlossen. Laut diesem ist sie nicht verpflichtet, Sonn- und Feiertagsarbeit extra zu vergüten, denn im Tarifvertrag wurde fixiert, dass Sonn- und Feiertagsarbeit mit dem monatlichen Grundgehalt abgegolten sind. Aufgrund des guten Betriebsklimas und der hohen Leistungsbereitschaft der Mitarbeiter hat Frau Scholze beschlossen, Arbeit an Sonn- und Feiertagen mit einem Zuschlag von 100 % zu vergüten. Dies hält sie in den einzelnen Arbeitsverträgen fest.

Mit dem Abschluss eines Arbeitsvertrags gehen Arbeitgeber und Arbeitnehmer die in Schaubild 6.2 zusammengefassten Pflichten ein (siehe auch Seite 63 f.).

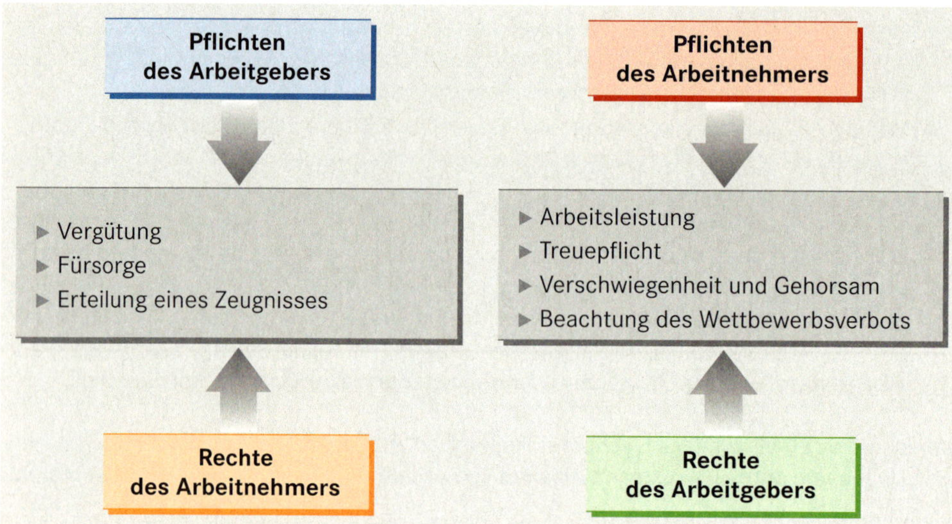

Schaubild 6.2: Arbeitsvertragliche Rechte und Pflichten

Das **Wettbewerbsverbot** (§ 60 ff. HGB) besagt, dass ein Beschäftigter eines Unternehmens weder ein eigenes Gewerbe betreiben noch im Geschäftszweig des Arbeitgebers Geschäfte auf eigene Rechnung betreiben darf, es sei denn, der Arbeitgeber willigt ein.

Ein Arbeitsverhältnis endet, wenn eines der folgenden Ereignisse eintritt:

- ordentliche oder außerordentliche Kündigung,
- Auflösung des Arbeitsvertrags in beiderseitigem Einvernehmen,
- bei befristeten Arbeitsverträgen mit Fristablauf.

Weisungsrecht des Arbeitgebers

Grundsätzlich ist der Arbeitnehmer an die Weisungen seines Arbeitgebers gebunden. Missachtet er sie, so kann der Arbeitgeber eine außerordentliche Kündigung aussprechen.

Die Weisungen des Arbeitgebers dürfen allerdings nicht gegen die arbeitsrechtlichen Normen verstoßen.

BEISPIEL: Rechtmäßigkeit von Arbeitgeberweisungen

- Frau Scholze weist eine bei ihr beschäftigte Schwangere an, bei Umräumarbeiten im Archiv des Pflegedienstes mitzuarbeiten. Mit dieser Weisung verstößt sie gegen das in § 4 des Mutterschutzgesetzes fixierte Beschäftigungsverbot.
- Frau Scholze weist eine Mitarbeiterin an, neues Verbandmaterial zu bestellen. Die Mitarbeiterin meint, als Altenpflegerin sei sie für diese Art Arbeit nicht zuständig, tut dies vor der versammelten Schicht kund und weigert sich auch nach mündlicher Abmahnung, die ihr übertragene Aufgabe zu erledigen. Frau Scholze ist in diesem Fall berechtigt, eine außerordentliche Kündigung auszusprechen.

Weitere wichtige Gründe für eine außerordentliche Kündigung vonseiten des Arbeitgebers sind:

- Vorlage gefälschter Bewerbungsunterlagen/unwahre Aussagen im Einstellungsgespräch

5620420

- Betrug, Unterschlagung, Diebstahl
- grobe Beleidigung oder Tätlichkeit des Arbeitnehmers
- unberechtigte Arbeitsverweigerung.

Der Arbeitnehmer kann aus den folgenden Gründen eine außerordentliche Kündigung aussprechen:

- Der Arbeitgeber ist mit der Zahlung des Arbeitsentgeltes im Verzug.
- Der Arbeitgeber begeht eine grobe Beleidigung oder eine Tätlichkeit.
- Leben oder Gesundheit des Arbeitnehmers werden durch das Arbeitsverhältnis ernsthaft bedroht.

Im Gegensatz zu einer ordentlichen Kündigung muss der Arbeitnehmer bei einer außerordentlichen Kündigung durch den Arbeitgeber mit sehr harten Konsequenzen rechnen, die seine Existenz gefährden können. Er wird von heute auf morgen arbeitslos, da die gesetzliche beziehungsweise die im Arbeitsvertrag festgelegte Kündigungsfrist nicht mehr greift. Bei einem selbst verschuldeten Verlust des Arbeitsplatzes kann die Arbeitsagentur eine langfristige Sperre verhängen, für deren Dauer der Arbeitnehmer jegliche Leistungsansprüche gegen die Arbeitsagentur verliert. Auch die Aufnahme eines neuen Arbeitsverhältnisses bei einem anderen Arbeitgeber wird durch diese Begleitumstände erschwert.

Das Berufsbildungsgesetz (BBiG) enthält besondere Regelungen für Auszubildende. Demnach kann ein Ausbildungsverhältnis während der Probezeit (Dauer mindestens ein Monat, maximal vier Monate) von beiden Seiten ohne Angabe von Gründen fristlos gekündigt werden (§ 22 BBiG). Nach Ablauf der Probezeit kann der Arbeitgeber das Arbeitsverhältnis nur noch schriftlich unter Angabe von wichtigen Gründen durch eine außerordentliche Kündigung beenden.

6.3 Sozialversicherungsrecht

Das Leben eines jeden Menschen, unabhängig von seiner Herkunft, seiner beruflichen Tätigkeit und seinen Lebensbedingungen, birgt mehr oder weniger große Risiken, wie Krankheit, Unfall, Arbeitslosigkeit und Armut. Ließe man dem Marktgeschehen freien Lauf, so wäre es nur den überdurchschnittlich Wohlhabenden möglich, sich gegen diese Risiken abzusichern, indem sie beispielsweise eine Versicherung bei einem privaten Versicherungsunternehmen abschließen, das bei einer Krankheit oder einem Unfall die Kosten (Behandlungskosten, etwaige Einkommensausfälle) ersetzt.

6.3.1 Die Zweige der Sozialversicherung

Die gesetzliche Sozialversicherung beruht auf dem Solidarprinzip. Grundsätzlich gilt nach dem Solidarprinzip:

- Reiche für Arme
- Gesunde für Kranke
- Junge für Alte

Nach dem **Solidarprinzip** werden die Risiken, gegen die eine Versicherung besteht, von der Gemeinschaft der Versicherten solidarisch getragen. Die Beiträge richten sich nicht nach den Leistungen, auf die der einzelne Versicherte aufgrund seiner vertraglichen Beziehung mit dem Versicherungsunternehmen Anspruch hat, sondern nach der Höhe des Einkommens, das heißt nach der Leistungsfähigkeit des Einzelnen.

Die Leistungen der Sozialversicherung sind gesetzlich festgelegt und werden auch nach sozialen Gesichtspunkten gestaffelt.

BEISPIELE: Solidarprinzip in der gesetzlichen Sozialversicherung

- Willy Fritsch ist verheiratet, hat zwei schulpflichtige Kinder und arbeitet als Verwaltungsleiter in einer Rehabilitationsklinik. Er erhält ein monatliches Bruttoentgelt von 4.500,00 € und hat sich entschieden, in der gesetzlichen Krankenversicherung zu bleiben, obwohl sein Jahresverdienst die Jahresarbeitsentgeltgrenze (48.150,00 €) übersteigt. Dies ist der Tatsache geschuldet, dass seine Ehefrau und die beiden Kinder bei ihm in der Familienversicherung kostenlos mitversichert sind. Sein monatlicher Beitrag zur gesetzlichen Krankenversicherung beträgt bei einem monatlichen Beitragssatz von insgesamt 15,5 % (Stand 2009) 268,28 € (Arbeitnehmeranteil 7,3 %, bezogen auf die monatliche Beitragsbemessungsgrenze von 3.675,00 €). Hinzu kommt der allein vom Arbeitnehmer aufzubringende Zusatzbeitrag von 33,08 €.
- Der Krankenpfleger Michael Pries, ebenfalls verheiratet und Vater zweier schulpflichtiger Kinder, erhält ein monatliches Bruttoentgelt von 1.800,00 €. Seine Familie ist ebenfalls kostenlos in der Familienversicherung mitversichert. Hier beträgt der monatliche Beitrag 131,40 € zuzüglich 16,20 €.

Beide Versicherte haben den Anspruch auf die gleiche Leistung der Krankenkasse, obwohl der monatliche Beitrag um 153,76 € differiert.

Die Erfüllung der Aufgaben der Sozialversicherungen hat der Staat an Körperschaften des öffentlichen Rechts delegiert. Diese Versicherungsträger arbeiten nach dem Prinzip der Selbstverwaltung, das heißt, dass sie die ihnen übertragenen Aufgaben in eigener Verantwortung erledigen. Turnusmäßig wird ein Verwaltungsrat gewählt, der wiederum die Geschäftleitung (Vorstand) wählt.

Im Sozialgesetzbuch sind alle Gesetze des Sozialversicherungsrechtes zusammengefasst. Die gesetzliche Sozialversicherung beruht auf den sogenannten fünf Säulen des sozialen Netzes (Tabelle 6.1).

Gesetzliche Sozialversicherung					
Versicherungszweig	**Krankenversicherung (GKV)**	**Pflegeversicherung (PV)**	**Rentenversicherung (GRV)**	**Arbeitslosenversicherung (GAV)***	**Unfallversicherung (GUV)**
Jahr der Entstehung	1883	1994	1889	1927	1884
gesetzliche Grundlage	SGB V	SGB XI	SGB VI	SGB II, SGB III	SGB VII
Leistungen im Jahr 2007 (Quelle: Statistisches Bundesamt)	152,22 Mrd. €	18,26 Mrd. €	241,54 Mrd. €	76,12 Mrd. €	10,94 Mrd. €

Tabelle 6.1: Die fünf Säulen der sozialen Sicherung in Deutschland

* einschließlich Grundsicherung für Arbeitsuchende

6.3.2 Die gesetzliche Krankenversicherung

Leistungen und Finanzierung

Die GKV ist die älteste der Sozialversicherungen. Sie wurde von Reichskanzler Otto von Bismarck eingeführt (Reichsversicherungsordnung von 1883).

Leistungen der GKV sind unter anderem:

- Krankenhilfe (ambulant und stationär), Krankengeld, Heil- und Hilfsmittel,
- Mutterschaftshilfe, Kuren für Mutter und Kind,
- Vorsorgeuntersuchungen und Vorsorgekuren zur Verhinderung oder Früherkennung von Krankheiten.

Träger der GKV sind die

- Allgemeinen Ortskrankenkassen (AOK),
- Innungskrankenkassen (IKK),
- Betriebskrankenkassen,
- Ersatzkrankenkassen (Barmer Ersatzkasse, Deutsche Angestellten-Krankenkasse),
- Bundesknappschaft.

Versicherungspflicht besteht für Arbeiter und Angestellte, deren monatliches regelmäßiges Arbeitseinkommen die Versicherungspflichtgrenze (Jahresarbeitsentgeltgrenze, geteilt durch 12) von 4.050,00 € nicht übersteigt (Stand: 2009). Diese Grenze wird in regelmäßigen Abständen neu festgelegt.

Zum Kreis der Versicherungspflichtigen gehören außerdem

- Studenten,
- Wehr- und Zivildienst Leistende,
- Auszubildende,
- Rentner.

Angestellte, deren Gehalt über der Versicherungspflichtgrenze liegt, Beamte und Selbstständige unterliegen nicht der Versicherungspflicht. Sie können sich privat versichern oder als freiwillig Versicherte einer gesetzlichen Krankenkasse beitreten.

Die Höhe der Beiträge zur GKV wird so festgesetzt, dass die Einnahmen der Kassen ihre Ausgaben decken. Die Beiträge werden vom Bruttoeinkommen erhoben, sind also umso höher, je höher das Einkommen ist. Allerdings gilt eine Beitragsbemessungsgrenze von 3.675,00 € monatlich (Stand: 2009).

Grundsätzlich werden die Beiträge je zur Hälfte vom Arbeitgeber und vom Arbeitnehmer getragen. Allerdings gilt seit dem 1. Juli 2005 neben dem grundsätzlichen prozentualen Beitragssatz ein Zusatzbeitragssatz von 0,9 %. Den danach bemessenen Zusatzbeitrag (für Zahnersatz und Krankengeld) hat der Arbeitnehmer alleine zu tragen.

Mit Wirkung seit dem 1. Januar 2009 wurde die Finanzierung der GKV neu geregelt. Der nunmehr einheitliche Beitragssatz beläuft sich auf 15,5 %. Der Anteil der Arbeitgeber beträgt 7,3 %, jener der Arbeitgeber 7,3 % zuzüglich 0,9 %, das heißt 8,2 %. Die Beiträge fließen in einen zentralen Gesundheitsfonds, der die Mittel verwaltet und den einzelnen Kassen zuteilt. Die Führung des Fonds obliegt dem Bundesversicherungsamt. Am Abrechnungsprozedere der Arbeitgeber ändert sich nichts, das heißt, die Arbeitgeber zahlen die Beiträge weiterhin an die Kassen, die diese anschließend an den Fonds abführen.

BEISPIEL: Beitragsbemessung in der GKV

Ein Angestellter, der im Jahr 2009 bei der AOK für Hamburg versichert ist, verdient monatlich 3.400,00 €. Der Beitragssatz beläuft sich auf 14,6 %. Der Versicherte zahlt also monatlich einen Beitrag von 496,40 € an seine Krankenkasse, wobei die Hälfte dieses Beitrags vom Arbeitgeber übernommen wird, sowie einen Zusatzbeitrag von 30,60 € (0,9 % von 3.400,00 €).

Beliefe sich sein Monatsgehalt auf 4.000,00 €, so fiele der Höchstbeitrag von 536,55 € (= 3.675,00 € · 0,146) zuzüglich 33,08 € an. Der Teil des Einkommens, der die Beitragsbemessungsgrenze übersteigt (325,00 €), bleibt beitragsfrei.

Maßnahmen zur Kostendämpfung

In der Vergangenheit haben der vermehrte Gebrauch von Gesundheitsgütern und -diensten zu einem starken Anstieg der Kosten im Gesundheitswesen geführt. Die Finanzierung weiter wachsender Kosten wäre nur möglich, wenn die Kassen ihre Beitragssätze weiter anheben und/oder ihre Schulden ausweiten würden. Da die Gesundheitspolitik eine solche Entwicklung vermeiden muss, wurden in der Gesundheitsreform 2004 eine Reihe von Leistungen und die Art ihrer Finanzierung neu organisiert.

BEISPIELE: Maßnahmen zur Kostendämpfung in der GKV

- **Verschreibungspflichtige Medikamente:** Es gibt seit der Gesundheitsreform 2004 eine erweiterte Liste nicht verschreibungspflichtiger Medikamente, für die die gesetzlichen Krankenkassen ohne eine ärztliche Indikation keine Kosten mehr übernehmen. Dies betrifft zum Beispiel einen großen Teil der homöopathischen Arzneimittel sowie Blutverdünnungsmittel für allgemeine Personengruppen.
- **Zuzahlung bei Medikamenten:** Je nach Packungsgröße muss der Versicherte einen Eigenanteil von 5,00 € oder 10,00 € tragen. Eine Zuzahlungsbefreiung (§ 62 SGB V) kann auf Antrag erfolgen, wenn die Gesamtzuzahlungen der Familie 2 % des jährlichen Bruttoeinkommens überschreiten. Weiter können schwerwiegend chronisch Kranke von der Zuzahlung befreit werden, wenn 1 % des jährlichen Familienbruttoeinkommens überschritten wird. Zuzahlungen gelten auch im Fall von Krankenhaus- und Rehabilitationsaufenthalten.
- **Erstattung der Fahrtkosten:** Bei stationären Aufenthalten erfolgt eine Erstattung bei einem Eigenanteil von je 5,00 € pro Hin- und Rückfahrt. Bei ambulanten Aufenthalten erfolgt eine Erstattung bei Chemo- oder Strahlentherapie oder bei der Pflegestufe II oder III ebenfalls mit einem Eigenanteil von je 5,00 € pro Hin- und Rückfahrt.
- **Praxisgebühr:** Im Fall von Arzt- oder Zahnarztbesuchen muss der Patient pro Quartal beim ersten Besuch eine Praxisgebühr von 10,00 € zahlen. Eine Ausnahmeregelung wurde im Rahmen des Hausarztmodells der Barmer Ersatzkasse getroffen: In dem Quartal des erstmaligen Hausarztbesuchs wird einmalig eine Praxisgebühr von 10,00 € fällig. Dann übernimmt der Hausarzt, auf den sich der Patient verbindlich festlegen und den er im Krankheitsfall immer zuerst aufsuchen muss, die Organisation und Koordination der Heilbehandlung für den Patienten und die in diesem Rahmen gegebenenfalls notwendigen Überweisungen an Fachärzte. Weitere Praxisgebühren fallen im betreffenden Jahr dann nicht mehr an.

5620424

6.3.3 Die gesetzliche Pflegeversicherung

Die Pflegeversicherung (GPV) wurde 1994 zur Absicherung der Pflegebedürftigkeit eingeführt und in das Sozialgesetzbuch (SGB) eingegliedert. Die Rechtsgrundlagen zur GPV finden wir im Elften Buch (SGB XI).

Die GPV ist eine Pflichtversicherung für jeden Bürger in Deutschland. Es gilt das Prinzip: „Die Pflegeversicherung folgt der Krankenversicherung."

BEISPIELE: Mitgliedschaft in der Pflegeversicherung

- Ein Arbeitnehmer unterliegt der Krankenversicherungspflicht. Daraus folgt die Versicherungspflicht in der sozialen Pflegeversicherung.
- Ein in der gesetzlichen Krankenversicherung freiwillig Versicherter (zum Beispiel ein Selbstständiger) wird auch Mitglied in der Pflegeversicherung.
- Privat Krankenversicherte veranlassen bei ihrem Versicherungsunternehmen auch die soziale Pflegeversicherung.
- Familienangehörige sind in der gesetzlichen Krankenversicherung des Arbeitnehmers kostenlos kranken- und pflegeversichert. Dies gilt für
  - stellenlose Jugendliche bis zum 23. Lebensjahr,
  - Familienversicherte in Ausbildung bis zum 25. Lebensjahr (bei männlichen Familienversicherten zuzüglich der Zeit des Grundwehr- oder Zivildienstes),
  - nicht berufstätige Ehegatten ohne Einkommen.

Die Beiträge zur Pflegeversicherung werden je zur Hälfte vom Arbeitnehmer und vom Arbeitgeber getragen. Der Beitragssatz wird vom Gesetzgeber bestimmt und gliedert sich folgendermaßen (Stand 2009):

- 1,95 % vom beitragspflichtigen Bruttoentgelt,
- für kinderlose Versicherte ab dem 23. Lebensjahr zuzüglich von 0,25 %; den Zuschlag hat der/die Versicherte allein zu tragen.

Die Leistungen der Pflegeversicherung kommen den Pflegebedürftigen zugute.

Pflegebedürftig sind Personen, die wegen einer körperlichen, geistigen oder seelischen Krankheit oder Behinderung für die gewöhnlichen und regelmäßig wiederkehrenden Verrichtungen im Ablauf des täglichen Lebens auf Dauer, voraussichtlich für mindestens sechs Monate, in erheblichem oder höherem Maße der Hilfe bedürfen.

Bei der Bemessung der Leistungen wird zwischen der häuslichen (ambulanten) und der stationären Pflege sowie zwischen drei Stufen der Pflegebedürftigkeit unterschieden (Tabelle 6.2).

Stufe	Merkmale
Pflegestufe I: **erheblich Pflegebedürftige**	Personen, die bei der Körperpflege, der Ernährung oder der Mobilität für wenigstens zwei Verrichtungen aus einem oder mehreren Bereichen mindestens einmal täglich der Hilfe bedürfen und zusätzlich mehrfach in der Woche Hilfe bei der hauswirtschaftlichen Versorgung benötigen

(Fortsetzung s. folgende Seite)

(Fortsetzung)

Stufe	Merkmale
Pflegestufe II: Schwerpflegebedürftige	Personen, die bei der Körperpflege, der Ernährung oder Mobilität mindestens dreimal täglich zu verschiedenen Tageszeiten der Hilfe bedürfen und zusätzlich mehrfach in der Woche Hilfe bei der hauswirtschaftlichen Versorgung benötigen
Pflegestufe III: Schwerstpflegebedürftige	Personen, die bei der Körperpflege, der Ernährung oder der Mobilität täglich rund um die Uhr, auch nachts, der Hilfe bedürfen und zusätzlich mehrfach in der Woche Hilfe bei der hauswirtschaftlichen Verrichtung benötigen

Tabelle 6.2: Stufen der Pflegebedürftigkeit

Für die Gewährung von Leistungen ist die Feststellung hinreichend, dass die Voraussetzungen der Pflegestufe I erfüllt sind.

Häusliche Pflege

Entscheidet sich der Pflegebedürftige zu häuslicher professioneller Pflegehilfe, so hat er einen Anspruch auf Sachleistungen, deren Wert vom Umfang seiner Bedürftigkeit abhängt (Tabelle 6.3).

Pflegestufe	Wert der Sachleistungen		
	seit 1. Juli 2008	**ab 1. Januar 2010**	**ab 1. Januar 2012**
I	420,00 €	440,00 €	450,00 €
II	980,00 €	1.040,00 €	1.100,00 €
III	1.470,00 €	1.510,00 €	1.550,00 €
Härtefälle			

Tabelle 6.3: Monatliche Sachleistungen der GPV bei häuslicher professioneller Pflegehilfe

BEISPIEL: Härtefall

Ein Patient liegt nach einem Schlaganfall im Wachkoma und muss 24 Stunden täglich betreut werden. Der medizinische Dienst der Krankenkassen begutachtet diesen Fall, stuft ihn als Härtefall ein und bewilligt für die Dauer des Wachkomas den entsprechend höheren Pflegesatz von 1.918,00 € monatlich.

Die ambulanten Pflegeeinrichtungen rechnen die Einsätze der professionellen Pflegekräfte bis zu diesen Höchstgrenzen mit den Abrechnungsstellen der Pflegekassen ab. Bei Überschreitung der Höchstbeträge kann es zu Zuzahlungen durch die Pflegebedürftigen kommen, wobei auch hier die vertraglich vereinbarten Preise einzuhalten sind. Der Pflegedienst ist verpflichtet, die versicherte Person darüber im Voraus aufzuklären und sich mit ihr abzustimmen. Es gilt das Prinzip, dass jeder Versicherte den Umfang seines Leistungspaketes selbst bestimmt. Das bedeutet, dass Leistungserbringung und Vergütung im Rahmen der Pflegeversicherung auf Leistungskomplexen mit vereinbarten Preisen basieren.

Zu den Pflichten der Pflegedienste gehören unter anderem:

- 24 Stunden Erreichbarkeit,
- klare Definition der Leistungen,

5620426

- Planung der Pflege und deren Dokumentation,
- Einsatz von qualifiziertem Pflegepersonal,
- gewissenhafter und korrekter Umgang mit Wertsachen und dem Eigentum der zu pflegenden Person,
- Sauberkeit und Hygiene,
- Zusammenarbeit mit den Angehörigen und Ärzten der zu pflegenden Person.

Alternativ zur Pflegesachleistung können sich Versicherte auch für das Pflegegeld entscheiden: Der Versicherte erhält das Pflegegeld je nach seiner Einstufung und lässt sich von einer Person seines Vertrauens pflegen (Tabelle 6.4). Im Regelfall ist dies ein naher Angehöriger.

Pflegestufe	**Pflegegeld**		
	seit 1. Juli 2008	**ab 1. Januar 2010**	**ab 1. Januar 2012**
I	215,00 €	225,00 €	230,00 €
II	420,00 €	430,00 €	440,00 €
III	675,00 €	685,00 €	700,00 €

Tabelle 6.4: Monatliches Pflegegeld der GPV

Wahlweise können auch Pflegesachleistung und Pflegegeld in einem selbst bestimmten Verhältnis als Kombinationsleistung in Anspruch genommen werden. Aus pflegefachlicher Sicht sollten jedoch zusammenhängende Leistungsabläufe nicht vergütungsbedingt auseinandergerissen werden.

BEISPIEL: Kombinationsleistung in der GPV

Ein Pflegebedürftiger der Stufe II hat sich für eine Kombinationsleistung entschieden. Das Verhältnis von Sach- zu Geldleistungen soll 60 : 40 betragen. Er erhält folglich Pflegesachleistungen von 588,00 € (60 % von 980,00 €) und Pflegegeld von 168,00 € (40 % von 420,00 €), das heißt Leistungen im Wert von insgesamt 756,00 €.

Pflegerische Leistungskomplexe beziehen sich auf die Bereiche

- Körperpflege und Ernährung,
- Mobilität,
- hauswirtschaftliche Versorgung.

Es wäre nicht sinnvoll, die Leistungen innerhalb dieser Leistungskomplexe zu trennen.

Die Leistungen der Pflegeversicherung umfassen im Fall der häuslichen Pflege auch

- bei Verhinderung der Pflegeperson pro Kalenderjahr für längstens vier Wochen 1.432,00 € monatlich bei Inanspruchnahme einer erwerbsmäßig pflegenden Person. Entscheidet sich die versicherte Person für die Inanspruchnahme einer nicht erwerbsmäßig pflegenden Person, so ist die Leistung auf den Zahlbetrag des Pflegegeldes der festgestellten Pflegestufe begrenzt. Ein Ausgleich von bis zu 1.432,00 € monatlich für Verdienstausfall, Fahrtkosten und Ähnliches ist möglich.
- Pflegehilfsmittel und technische Hilfen. So sind beispielsweise Pflegebetten kostenlos und leihweise erhältlich.
- Hilfsmittel für den Verbrauch: monatlich bis zu 31,00 €.
- für Personen mit erheblich eingeschränkter Alltagskompetenz (zum Beispiel durch eine beginnende Altersdemenz, im Volksmund „Pflegestufe 0“) zusätzliche Betreuungsleistungen von bis zu 200,00 € monatlich.

- Zuschüsse für Maßnahmen zur Verbesserung des Wohnumfeldes: bis zu 2.557,00 € je Maßnahme, sofern andere Sozialleistungsträger nicht vorrangig sind.
- Kurzzeitpflege: je Kalenderjahr für längstens vier Wochen maximal 1.432,00 €.
- zusätzliche Betreuungsleistungen bei ambulanter Pflege für Personen mit erheblich eingeschränkter Alltagskompetenz von jährlich bis zu 460,00 €.
- kostenlose Pflegekurse und individuelle häusliche Schulungen.

Die Ausstattung der meisten Wohnungen wird den Bedürfnissen der/des Pflegebedürftigen nicht gerecht. Oftmals geben kleine Sicherheitsmängel den Ausschlag für einen Umzug in ein Alten- oder Pflegeheim. Andererseits lassen sich solche Mängel oft schon mit relativ geringem Aufwand beseitigen. Dies ist häufig für beide Vertragspartner von Vorteil: Die pflegebedürftige Person kann im gewohnten Umfeld bleiben und für die Pflegekassen ist eine bauliche Veränderung die günstigere Lösung.

BEISPIELE: Bauliche Veränderungen im Wohnumfeld eines Pflegebedürftigen

Für eine möglichst selbstständige Lebensführung der pflegebedürftigen Person im häuslichen Bereich kommen unter anderem die folgenden Möglichkeiten infrage:

- Installation eines Aufzugs,
- Absenkung des Briefkastens auf Greifhöhe,
- behindertengerechte Umgestaltung der Innentüranlagen,
- behindertengerechte Kücheneinrichtung,
- Installation von vom Bett aus erreichbaren Lichtschaltern und Steckdosen.

Stationäre Pflege

Bei der vollstationären Pflege übernimmt die GPV die pflegebedingten Aufwendungen, die Aufwendungen der sozialen Betreuung sowie die Aufwendungen für Leistungen der medizinischen Behandlungspflege. Auch hier wird, ebenso wie bei der häuslichen Pflege, der Umfang der Leistungen nach der Bedürftigkeit unterschieden (Tabelle 6.5).

Pflegestufe	Wert der Sachleistungen		
	seit 1. Juli 2008	ab 1. Januar 2010	ab 1. Januar 2012
I	1.023,00 €		
II	1.279,00 €		
III	1.470,00 €	1.510,00 €	1.550,00 €
Härtefälle	1.750,00 €	1.825,00 €	1.918,00 €

Tabelle 6.5: Monatliche Sachleistungen der PV bei vollstationärer Pflege

Der von der Pflegekasse zu übernehmende Pauschbetrag darf 75 % des Gesamtbetrags aus Pflegesatz, Entgelt für Unterkunft und Verpflegung und gesondert berechneten Investitionskosten nicht übersteigen.

Im Fall der Pflege in einer vollstationären Einrichtung der Hilfe für behinderte Menschen werden monatlich 10 % des Heimentgeltes, maximal jedoch 256,00 € gezahlt.

6.3.4 Die gesetzliche Rentenversicherung

Die gesetzliche Rentenversicherung (GRV) ist ebenfalls eine Pflichtversicherung. Sie existiert seit 1889 und wurde 1975 in das Sechste Buch des Sozialgesetzbuches (SGB VI) eingegliedert.

Die Leistungen für die Versicherten betreffen die folgenden Bereiche:

- Gesundheitsaufklärung,
- Forschung (zum Beispiel über Berufskrankheiten),
- Bau von Seniorenheimen,
- Maßnahmen der Rehabilitation,
- Zahlung von Erwerbsminderungsrenten,
- Zahlung von Altersrenten,
- Zahlung von Witwen-, Witwer- und Waisenrenten.

Die Höhe der Renten wird nach dem Modell der sogenannten dynamischen Rente der allgemeinen Lohnentwicklung angepasst.

Träger der Rentenversicherung ist seit dem 1. Januar 2005 nach dem Inkrafttreten des Gesetzes zur Organisationsreform in der gesetzlichen Rentenversicherung (RVOrgG) die Deutsche Rentenversicherung (DRV). Die krankenversicherungsrechtliche Unterscheidung zwischen Arbeitern und Angestellten ist durch das RVOrgG aufgehoben worden, das heißt, die bisherige Zuordnung von Angestellten zur Bundesversicherungsanstalt für Angestellte (BfA) und von Arbeitern zu den Landesversicherungsanstalten (LVA) entfällt für Neuversicherte. Die LVA sind Regionalträger der DRV. Sonderträger der DRV sind die Deutsche Rentenversicherung Knappschaft-Bahn-See für die Rentenversicherung der knappschaftlich, bei der Bahn oder auf Seeschiffen Beschäftigten sowie die landwirtschaftlichen Alterskassen für die Alterssicherung der Landwirte.

Der wichtigste Bestandteil der Organisationsreform ist die Einführung eines einheitlichen Versichertenbegriffs, der an die Stelle der Unterscheidung zwischen Arbeitern und Angestellten getreten ist. Somit wurde den veränderten Arbeitnehmerstrukturen in Deutschland Rechnung getragen und die ungleichmäßige Versichertenverteilung zuungunsten der Landesversicherungsanstalten wird allmählich abgebaut.

Versicherungspflicht besteht für alle gegen Entgelt beschäftigten Arbeitnehmer, Auszubildenden sowie Wehr- und Zivildienstleistenden. Selbstständige können sich freiwillig versichern.

Die Beiträge werden, wie grundsätzlich auch in der gesetzlichen Krankenversicherung, vom Arbeitgeber und Arbeitnehmer je zur Hälfte aufgebracht.

Im Jahr 2008 lag der Beitragssatz der gesetzlichen Rentenversicherung bei 19,9 %. Der Beitrag bemisst sich nach dem Bruttoverdienst, steigt allerdings jenseits der Beitragsbemessungsgrenze, die bei monatlich 5.400,00 € (neue Länder: 4.550,00 €, Stand 2009) liegt, nicht weiter an. In der Knappschaftsversicherung liegt die Beitragsbemessungsgrenze höher, und zwar bei 6.650,00 € (neue Länder: 5.600,00 €) monatlich. Auch der Beitragssatz ist mit 26,4 % höher. Hier trägt der Arbeitnehmer 9,95 %, der Arbeitgeber 16,45 %.

Die Leistungen der Rentenversicherung beruhen auf dem sogenannten Generationenvertrag: Diejenigen, die im Arbeitsleben stehen, finanzieren mit ihren Beiträgen den Unterhalt der Menschen im Ruhestand. Diese Umlagefinanzierung in der Rentenversicherung kann jedoch nur funktionieren, solange genügend junge Menschen als Beitragszahler für die Leistungen an die Betroffenen aufkommen.

Aufgrund der Entwicklung der Alterstruktur in der Bevölkerung in Deutschland steht die Sozialpolitik hier vor einem großen Problem: Da die Zahl der Geburten rückläufig ist und gleichzeitig die Lebenserwartung steigt, nimmt die Zahl der Rentner im Verhältnis zur Zahl der Beitragszahler immer weiter zu. Daraus ergibt sich für die Rentenversicherung eine enorme Finanzierungslücke. Die oben erwähnte Organisationsreform soll helfen, dieses Problem zu mildern, da durch Fusionen bei den Rentenversicherungsträgern Personal- und Verwaltungskosten reduziert werden können. Darüber hinaus ist es erforderlich, die gesetzlichen Altersrenten in der Zukunft abzusenken. Die daraus folgende Versorgungslücke im Alter muss über eine zusätzliche private Altersvorsorge, das heißt über die langfristige Bildung von Sparvermögen, kompensiert werden.

6.3.5 Arbeitslosenversicherung und Arbeitsförderung

Die Arbeitslosenversicherung besteht in Deutschland seit 1927. Die Rechtsgrundlagen sind im Zweiten und im Dritten Buch des Sozialgesetzbuches (SGB II, SGB III) zusammengefasst. Alleiniger Träger der Arbeitslosenversicherung ist die Bundesagentur für Arbeit (BA).

Die Aufgaben der BA umfassen die Vermittlung von Arbeit, die Sicherung von Arbeitsplätzen und die Zahlung finanzieller Leistungen an Arbeitslose zur Milderung der wirtschaftlichen Folgen der Arbeitslosigkeit.

Versicherungspflicht besteht für alle

- gegen Entgelt beschäftigten Arbeitnehmer,
- Auszubildenden,
- Wehr- und Zivildienstleistenden.

Die Beiträge zur Arbeitslosenversicherung werden je zur Hälfte vom Arbeitgeber und vom Arbeitnehmer getragen. Sie bemessen sich nach dem Bruttoarbeitsentgelt. Der Betrag des Arbeitsentgelts, der die Beitragsbemessungsgrenze der Rentenversicherung übersteigt, bleibt beitragsfrei. Der Beitragssatz beträgt zurzeit (Stand: 2009) 2,8 %.

In den Bereich der Arbeitsförderung für Arbeitnehmer fallen unter anderem

- die Arbeitsvermittlung durch Berufsberatung,
- die Förderung der Berufsbildung (Berufsausbildung, berufliche Fortbildung, Umschulung),
- die Unterstützung von Maßnahmen für Behinderte (Rechtsgrundlage: SGB III in Verbindung mit SGB IX),
- die Erhaltung von Arbeitsplätzen durch Zahlung von Kurzarbeitergeld, Schlechtwettergeld und Wintergeld.

Die finanziellen Leistungen an Arbeitslose umfassen die Zahlung von

- Arbeitslosengeld I (ALG I),
- Arbeitslosengeld II (ALG II),
- Insolvenzgeld für rückständige Löhne und Sozialversicherungsbeiträge an die Arbeitnehmer.

Einen Anspruch auf **Arbeitslosengeld I** haben Personen, die als Arbeitslose der Arbeitsvermittlung zur Verfügung stehen und die die sogenannte Anwartschaftszeit erfüllt haben, das heißt, in den letzten drei Jahren (seit 1. Februar 2006: in den letzten zwei Jahren) mindestens zwölf Monate lang beitragspflichtig beschäftigt waren. Die Bezugsdauer des ALG I richtet sich nach dem Lebensalter des Arbeitslosen und danach, wie lange er in den letzten sieben Jahren bei der Bundesagentur versicherungspflichtig war. Sie reicht von sechs Monaten bis zu 32 Monaten (seit 1. Februar 2006: bis zu 18 Monaten).

BEISPIELE: Dauer des Anspruchs auf ALG I

- Ein Arbeitsloser, der jünger ist als 45 Jahre und der innerhalb der letzten drei Jahre zwölf Monate lang versicherungspflichtig beschäftigt war, erhält sechs Monate lang ALG I.
- Ein Arbeitsloser, der jünger ist als 45 Jahre und der innerhalb der letzten sieben Jahre 64 Monate lang versicherungspflichtig beschäftigt war, erhält zwölf Monate lang ALG I.
- Ein Arbeitsloser, der 57 Jahre oder älter ist und der innerhalb der letzten drei Jahre zwölf Monate lang versicherungspflichtig beschäftigt war, erhält sechs Monate lang ALG I.
- Ein Arbeitsloser, der 57 Jahre oder älter ist und der innerhalb der letzten sieben Jahre 64 Monate lang versicherungspflichtig beschäftigt war, erhält 32 Monate lang ALG I.

Die Höhe des ALG I hängt von der Höhe des beitragspflichtigen Arbeitsentgelts ab, das der Arbeitslose in den letzten zwölf Monaten im Durchschnitt erzielt hat, darüber hinaus von der Existenz eines Kindes, für das Kindergeld gezahlt wird, sowie von der Lohnsteuerklasse, in die er eingestuft war.

BEISPIEL: BEMESSUNG DES ALG I

Ein arbeitsloser Krankenpfleger hat in seiner letzten Beschäftigung ein jahresdurchschnittliches monatliches Bruttoentgelt von 1.950,00 € bezogen. Er hat ein Kind im Grundschulalter und ist in Lohnsteuerklasse III eingestuft. Sein monatliches ALG I im Jahr 2009 beträgt 67 % seines früheren Nettoentgelts (Bruttoentgelt abzüglich Steuern und Sozialversicherungsbeiträge), das heißt 1.010,70 €.

Das **Arbeitslosengeld II** ist eine Grundsicherung für Arbeitsuchende, die Anfang 2005 an die Stelle der Arbeitslosenhilfe getreten ist. Einen Anspruch auf ALG II haben erwerbsfähige Arbeitslose, die nicht zum Bezug von ALG I berechtigt und die bedürftig sind.

Erwerbsfähige Arbeitsuchende, die angebotene und zumutbare Arbeitsstellen ablehnen, müssen mit Kürzungen des Arbeitslosengeldes rechnen und verlieren unter Umständen ihren Anspruch zur Gänze. Seit dem 1. Januar 2005 gelten verschärfte Kriterien der Zumutbarkeit. Jegliche Arbeit ist zumutbar, es sei denn, die vorgesehene Arbeit verstößt gegen das Gesetz oder gegen die guten Sitten.

BEISPIEL: Zumutbarkeit einer Arbeitsstelle

Ein Arbeitsuchender wird vor die Wahl gestellt, eine Arbeit anzunehmen, die gering entlohnt wird. Die örtliche Arbeitsagentur stellt fest, dass das Lohnangebot um 40 % unter der ortsüblichen Entlohnung vergleichbarer Tätigkeiten liegt. Da dieses Lohnangebot gegen die guten Sitten verstößt, wird das Arbeitslosengeld nicht gekürzt, wenn der Betroffene das Stellenangebot nicht akzeptiert.

6.3.6 Die gesetzliche Unfallversicherung

Die gesetzliche Unfallversicherung (GUV) wurde 1884 eingeführt. Ihre rechtlichen Grundlagen finden sich im Siebten Buch des Sozialgesetzbuchs (SGB VII).

Die Aufgaben der GUV umfassen

- die Verhütung von Unfällen und Gesundheitsgefahren, zum Beispiel durch Förderung der Unfallforschung und Beseitigung von Unfallursachen und die Erstellung von Unfallverhütungsvorschriften,
- nach Eintritt eines Unfalls oder einer Berufserkrankung die Wiederherstellung der Gesundheit und der Leistungsfähigkeit des Versicherten (Rehabilitation).

BEISPIEL: Rehabilitationsmaßnahme im Rahmen der GUV

Franziska Trubel, seit 15 Jahren Krankenschwester in einer Klinik, kann aufgrund eines arbeitsbedingten Rückenleidens ihren Beruf als Krankenschwester nicht mehr ausüben und wird erwerbsunfähig. Zur Wiedereingliederung in das Arbeitsleben erhält Frau Trubel eine Umschulung zur Kauffrau im Gesundheitswesen.

Träger der Unfallversicherung sind die gewerblichen und landwirtschaftlichen Berufsgenossenschaften sowie die Eigenunfallversicherungen von Bund, Ländern und Gemeinden.

Versicherungspflicht besteht für alle in einem Dienst-, Arbeits- oder Ausbildungsverhältnis beschäftigten Personen, das heißt auch für Kinder, Schüler und Studierende.

Die GUV tritt ein, wenn ein Versicherter einen Arbeitsunfall oder einen Unfall auf dem Arbeitsweg erleidet oder wenn er an einer Berufskrankheit leidet. Ihre Leistungen umfassen

- Heilbehandlung und Rehabilitation,
- Verletztengeld für die Dauer der Erwerbsunfähigkeit,
- Verletztenrente bei Arbeitsunfähigkeit,
- Sterbegeld und Hinterbliebenenrenten bei Tod.

Die Beiträge zur gesetzlichen Unfallversicherung werden ausschließlich von den Arbeitgebern aufgebracht. Ihre Höhe richtet sich nach der betrieblichen Gefahrenklasse und nach der Lohnsumme des Unternehmens.

6.4 Personalmanagement

6.4.1 Aufgabenstellung und Organisation

Der Umgang mit Personal in einem Unternehmen vollzieht sich im Rahmen einer Vielzahl von arbeitsrechtlichen Regelungen (siehe dazu Kapitel 1, Abschnitt 1.3.6). Darüber hinaus haben auch die grundsätzlichen Unternehmensziele Einfluss auf die Personalwirtschaft. Wirtschaftliche Ziele wie Produktivität, Wirtschaftlichkeit und Rentabilität beeinflussen Zahl und Qualifikation der Mitarbeiter.

Das **Personalmanagement** oder die Personalwirtschaft ist eine Grundfunktion innerhalb der betriebswirtschaftlichen Organisation eines jeden Unternehmens. Seine grundlegende Aufgabe ist es, sicherzustellen, dass im Unternehmen jederzeit ausreichend und geeignete Mitarbeiter vorhanden sind.

Die Zuordnung der personalwirtschaftlichen Aufgaben richtet sich vor allem nach der Betriebsgröße. In größeren Unternehmen werden sie eigens dafür eingerichteten Personalabteilungen übertragen, in Betrieben mit einer klar überschaubaren Mitarbeiterzahl – wie etwa kleinere Veranstaltungsagenturen, Arztpraxen oder Fitnessstudios – gehört der Aufgabenbereich „Personal" grundsätzlich zum Betätigungsfeld des Geschäftsführers. Routineaufgaben wie zum Beispiel die Anweisung von Gehaltszahlungen oder die Urlaubsplanung werden allerdings häufig innerhalb der Agentur vom Geschäftsführer delegiert.

6.4.2 Personalinformationssysteme

Der erste Schritt zum Aufbau eines professionellen Personalmanagements innerhalb eines bestehenden Unternehmens ist die Personalbestandsanalyse. Sie wird in der Regel angestoßen, wenn das Unternehmen wächst, das heißt wenn neue Aufgaben hinzukommen und vorhandenen oder aber auch neuen Mitarbeitern übertragen werden.

Ein Instrument der Arbeitsorganisation auf der Ebene des einzelnen Mitarbeiters ist die Stellenbeschreibung. Mithilfe von Stellenbeschreibungen werden die Aufgaben innerhalb eines Unternehmens überschneidungsfrei und möglichst lückenlos (soweit wirtschaftlich vertretbar) auf die Mitarbeiter verteilt. Darüber hinaus geht es im Personalmanagement auch darum, weitere Aspekte abzudecken, wie zum Beispiel Laufbahnpläne im Rahmen der Personalentwicklung oder Nachfolgepläne (Ausscheiden von Mitarbeitern).

Ein **Personalinformationssystem** ist ein geeignetes System zur Sammlung und Aufbereitung der im Personalmanagement anfallenden Daten.

In größeren Unternehmen werden zur Verwaltung von personenbezogenen Daten der Beschäftigten Softwaresysteme eingesetzt. In einem einheitlichen Softwaresystem können viele Funktionen, wie zum Beispiel Lohn- und Gehaltsabrechnung, Personalstatistik, Mehrarbeitsstatistiken, zusammengefasst werden.

Ein Personalinformationssystem ist für die Unternehmensleitung beziehungsweise die Personalabteilung eine unerlässliche Informationsquelle. Es hält Informationen vor allem zu den folgenden Aspekten bereit:

- Personalplanung (zum Beispiel Personalbedarfsplanung, Fortbildungsplanung),
- Personalbewegungen (Personalfluktuation),
- Personalabrechnung (Entgeltabrechnung, Berechung der Sozialversicherungsbeiträge, Lohnsteuerabrechnung),
- Stammdatenverwaltung (Arbeitsvertragsdaten, Ausbildungsvertragsdaten, Beurteilungsdaten, Datenveränderungsdienst),
- Arbeitszeiten und Fehlzeiten (zum Beispiel aufgrund von Krankheit).

Gesetzliche Grundlage für den Umgang mit personenbezogenen Daten ist das Bundesdatenschutzgesetz (BDSG; siehe dazu Kapitel 1, Abschnitt 1.3.6). Personenbezogene Daten der Beschäftigten eines Betriebes sind:

- Name und Vorname, Geburtsdatum, Geschlecht;
- Anschrift, Telefonnummer;
- Personalnummer, Beschäftigungsbeginn, Urlaubsdaten;
- Krankheitszeiten, Wehrdienstzeiten, Mutterschutzdaten;
- Anteil der im Betrieb beschäftigten Schwerbehinderten;
- Lohn-/Gehaltsdaten;
- Aufgabenstellung, besondere Kenntnisse, Fähigkeiten, Leistungen, Fortbildungen, Religionszugehörigkeit;
- frühere Beschäftigungen.

Für die Einhaltung der datenschutzrechtlichen Vorschriften ist der Arbeitgeber verantwortlich. Die betrieblichen Datenschutzbeauftragten überwachen die ordnungsgemäße Anwendung der eingesetzten Programme, erhalten Informationen hinsichtlich der Art der gespeicherten Daten und wirken bei der Schulung beziehungsweise Einweisung von Personal mit. Auch die Einhaltung der Pflichten gegenüber den Beschäftigten wird von ihnen überwacht, unter anderem die Einhaltung

- der Benachrichtigungspflicht bei erstmaliger Speicherung der Daten,
- der Berichtigungspflicht im Falle unrichtiger Daten,
- der Löschungspflicht von Daten beispielsweise über nicht bewiesene strafbare Handlungen,
- der Geheimhaltungspflicht.

Gemäß § 80 Abs. 1 BetrVG wacht der Betriebsrat über die Einhaltung des BDSG. Der Einsatz der EDV zur Verwaltung von personenbezogenen Daten ist allerdings ohne Beteiligung des Betriebsrats möglich.

Unternehmensleitung und Betriebsrat können durch eine Betriebsvereinbarung weitergehende individuelle Regelungen für den Umgang mit Daten festlegen.

BEISPIEL: Betriebsvereinbarung zum Datenschutz

Der Betriebsrat kann mit der Unternehmensleitung vereinbaren, dass im Unternehmen keine Daten über den Gesundheitszustand der Beschäftigten gespeichert werden.

6.4.3 Personalplanung und -steuerung

Für die Personalplanung sind die Unternehmensziele von entscheidender Bedeutung. Entscheidet sich die Unternehmensleitung für den Aufbau eines neuen Unternehmensbereiches, so werden in der Regel weitere Mitarbeiter benötigt.

Der Prozess der Personalplanung und -steuerung lässt sich in verschiedene Einzelschritte aufteilen:

- Personalbedarfsplanung,
- Personalbeschaffung,
- Personalabbau,
- Personaleinsatz,
- Personalentwicklungsplanung,
- Personalkostenplanung.

Personalbedarfsplanung

Der Personalbedarf hängt von externen und internen Faktoren ab. Bei der Planung gilt es, den Einfluss dieser Faktoren vorauszuschätzen. Zu den externen Faktoren zählen unter anderem

- die wirtschaftliche Entwicklung (zum Beispiel Nachfragesteigerung während einer Hochkonjunktur),
- rechtliche Vorgaben (zum Beispiel Pflicht zur Bestellung eines Datenschutzbeauftragten).

Zu den internen Faktoren zählen vor allem

- das Produktions- und Absatzprogramm,
- die Personalfluktuation,
- die Organisationsstruktur beziehungsweise die Art der Aufgabenverteilung.

Personalbeschaffung

Ziel der Personalbeschaffung ist es, für die Bewältigung der Aufgaben rechtzeitig die erforderlichen Mitarbeiter in der gewünschten Qualität und Quantität zu beschaffen. Personal kann sowohl intern - zum Beispiel durch die Umwandlung eines Teilzeitarbeitsverhältnisses in ein Vollzeitarbeitsverhältnis - als auch unternehmensextern beschafft werden. Auch durch Personalleasing (auch Leiharbeit oder Arbeitnehmerüberlassung genannt) können personelle Engpässe überwunden werden.

In Tabelle 6.6 sind die wichtigsten Vor- und Nachteile der beiden Beschaffungsmöglichkeiten zusammengefasst.

Die Personalsuche erfolgt über die Ausschreibung der offenen Stellen. Grundlage für Stellenausschreibungen sind in der Regel Stellenbeschreibungen. In diesen werden die wichtigsten Aufgaben des Stelleninhabers und die zur Aufgabenerfüllung erforderliche Qualifikation schriftlich festgehalten.

Innerbetriebliche Personalbeschaffung	Außerbetriebliche Personalbeschaffung
Vorteile	
▶ relativ geringe Beschaffungskosten ▶ Betriebskenntnisse ▶ u. U. schnellere Stellenbesetzung ▶ Erhalt der Gehaltsstruktur im Unternehmen	▶ größere Auswahlmöglichkeiten ▶ Nutzbarkeit von Kenntnissen aus anderen Unternehmen
Nachteile	
▶ Betriebsblindheit ▶ Enttäuschungen bei anderen Kollegen ▶ weniger Auswahlmöglichkeiten ▶ weniger Konkurrenzdruck	▶ höhere Beschaffungskosten ▶ längere Einarbeitungszeiten ▶ geringere Aufstiegschancen für die schon vorhandenen Mitarbeiter

Tabelle 6.6: Alternativen der Personalbeschaffung – Vor- und Nachteile

In der Phase der Personalauswahl und -einstellung geht es darum, aus der Vielzahl der Bewerber einen geeigneten Kandidaten beziehungsweise eine geeignete Kandidatin auszuwählen. Hierzu erfolgt ein Abgleich zwischen den Anforderungen der Stelle und den Eigenschaften des Bewerbers im Hinblick auf dessen Fähigkeiten, Interessen, Bedürfnisse sowie Entwicklungspotenziale.

Bei der Vorauswahl werden verschiedene Unterlagen und Verfahren zu Hilfe genommen:

- Analyse des Bewerbungsschreibens,
- Analyse des Lebenslaufes,
- Analyse der Schulzeugnisse,
- Analyse der Arbeitszeugnisse,
- gegebenenfalls grafologische Gutachten.

Vor der endgültigen Auswahl erfolgen auf einer zweiten Stufe Vorstellungsgespräche und Eignungstests. Kommt es zwischen dem bevorzugten Bewerber und dem Unternehmen zu einer Einigung, so kann ein neues Beschäftigungsverhältnis (Arbeitsvertrag) begründet werden.

Personaleinsatz

Beim Personaleinsatz geht es darum, die zur Verfügung stehenden Arbeitnehmer entsprechend ihrer Qualifikation so einzusetzen, dass die Unternehmensziele möglichst gut erreicht werden. Neben den qualitativen Anforderungen geht es auch darum, ausreichend Arbeitnehmer einzusetzen. Aus der Sicht des Arbeitgebers stellt sich dabei stets von Neuem die Frage, ob eigenes oder externes Personal eingesetzt werden soll. Aus rein betriebswirtschaftlicher Sicht wählen Arbeitgeber stets die wirtschaftlichste Alternative. Neben den entstehenden Kosten geht es an dieser Stelle auch darum, ob die Person mit der Unternehmensphilosophie vertraut oder aber auch jederzeit verfügbar ist.

Bei der Aufstellung eines Personaleinsatzplans müssen neben den arbeitsrechtlichen Rahmenbedingungen verschiedene Parameter berücksichtigt werden, die die betrieblichen Belange einerseits und die Verfügbarkeit der Mitarbeiter andererseits widerspiegeln.

BEISPIELE: Parameter des Personaleinsatzes

Betriebliche Belange	Verfügbarkeit der Mitarbeiter
▶ Auftragslage ▶ saisonale Spitzen ▶ besondere Ereignisse	▶ reguläre Arbeitszeit ▶ Urlaubsplan ▶ geschätzte Krankheitstage ▶ Fortbildungen

6.4.4 Personalführung

In den meisten Unternehmen in Deutschland gilt größtenteils ein klares hierarchisches Entscheidungssystem. Unabhängig von der Unternehmensgröße behalten sich die Leitungsebenen in ihren jeweiligen Ressorts in allen Fragen die letzte Entscheidung vor. Dass dies nicht immer gut für die Unternehmenspolitik und für die gesamte Volkswirtschaft ist, haben zahlreiche Konkurse von Unternehmen in den letzten Jahren gezeigt. Aufgrund falscher strategischer, finanzieller oder absatzpolitischer Entscheidungen sind in der Vergangenheit viele Unternehmen, wie zum Beispiel der Baukonzern Philipp Holzmann AG oder die Adam Opel AG, in finanzielle Engpässe geraten, die entweder in den Konkurs oder zu drastischen personellen Einsparungen geführt haben.

Es gibt jedoch auch Unternehmen wie etwa den japanischen Autobauer Toyota, die trotz schlechter konjunktureller Rahmenbedingungen eine andere Führungspolitik betreiben. Auch Mitarbeiter ohne formale Führungsposition werden hier mit in Unternehmensentscheidungen eingebunden. Jedem einzelnen Mitarbeiter wird deutlich gemacht, dass er an seinem Arbeitsplatz unabhängig von seiner Tätigkeit ein hohes Maß an Verantwortung für das Unternehmen mitträgt. Um dorthin zu gelangen, bedarf es in vielen Unternehmen eines Wandels der Unternehmenskultur.

Führungsprinzipien

Spricht man über Führungsprinzipien eines Unternehmens, sollte man sich zuerst die Unternehmenskultur genau ansehen. Diese wird entscheidend durch die oberen Führungskräfte geprägt. In kleineren Unternehmen wird sie in erster Linie durch den Unternehmer vorgelebt, der zugleich Eigentümer ist.

Die **Unternehmenskultur** ist das Ergebnis des in einem Unternehmen herrschenden Zusammenspiels von Normen, Einstellungen und Verhaltensweisen der Führungskräfte und Mitarbeiter. Sie prägt die Zusammenarbeit im Unternehmen, das Auftreten des Unternehmens nach außen und sein Erscheinungsbild.

Von Führungskräften wird eine Vielzahl von Kompetenzen erwartet:

- Fachwissen,
- Kommunikationsfähigkeit,
- Durchsetzungskraft,
- Fairness,
- Motivationsfähigkeit,

- Entscheidungsfähigkeit,
- Verantwortungsbewusstsein,
- Organisationsgeschick.

Führungskräfte haben – unabhängig davon, in welchem Maß sie diese Kompetenzen mitbringen – eine Vorbildfunktion und nehmen mit ihren Verhaltensweisen in entscheidendem Maß Einfluss auf die Denk- und Handlungsweisen der Mitarbeiter.

BEISPIEL: Führungskräfte als Vorbild

In einer Rehabilitationsklinik liegt auf der Treppe ein Bonbonpapier. Die Treppe ist laut Plan gereinigt worden und offensichtlich hat jemand dieses Papier achtlos weggeworfen. Der Klinikdirektor und mehrere Ärzte haben dieses Papier im Vorbeigehen gesehen, ohne es aufzuheben. Die Auszubildende Katja Schmidt hat dieses Verhalten beobachtet. Voraussichtlich wird sie, wenn sie die Treppe hinaufgeht, sich genauso verhalten und das Bonbonpapier liegen lassen. Hätten sich die Führungskräfte anders verhalten, wäre es für Katja Schmidt selbstverständlich, das Papier sofort aufzuheben.

Das einfache Beispiel aus dem Alltag zeigt, wie das Vorbild der Führungskräfte die Unternehmenskultur zum Positiven oder Negativen beeinflussen kann. Der Frage, wie die Beschäftigten auf den Leitungsebenen ihre Entscheidungen treffen, kommt also eine große Bedeutung zu, da sich deren Werte und Verhaltensweisen im Verhalten der Mitarbeiter widerspiegeln werden.

Entscheidungen im Unternehmen können entweder nach dem Direktorialprinzip oder nach dem Kollegialprinzip getroffen werden.

Beim **Direktorialprinzip** trifft eine Führungskraft die grundlegenden Entscheidungen in ihrem Verantwortungsbereich alleine. Den Mitarbeitern werden keine Mitwirkungsmöglichkeiten eingeräumt.

Der Vorteil des Direktorialprinzips besteht darin, dass Entscheidungen sehr schnell getroffen werden können und dass die Führungsebene sehr schnell auf Veränderungen reagieren kann.

Das **Kollegialprinzip** besagt, dass grundlegende Entscheidungen durch ein Führungsteam gefällt werden.

Bei größeren Unternehmen ist das Kollegialprinzip auf der obersten Leitungsebene der Regelfall. Bei Aktiengesellschaften oder Gesellschaften mit beschränkter Haftung besteht der Vorstand, der das Unternehmen in eigener Verantwortung leitet, in der Regel aus mehreren Personen.

Entscheidungen, die nach dem Kollegialprinzip getroffen werden, werden zuvor auf der Grundlage verschiedener Sichtweisen und Erfahrungen abgewogen. Der Nachteil liegt in der Dauer der Entscheidungsfindung. Hier geht häufig durch mehr oder weniger aufwändige Abstimmungsprozesse wertvolle Zeit zum Handeln verloren.

Im Rahmen des Kollegialprinzips unterscheidet man vier Ausprägungen:

- **Primatkollegialität.** Beschlüsse werden grundsätzlich von mehreren gleichberechtigten Mitgliedern gefasst. Bei einem Patt entscheidet die Stimme eines Mitglieds des Führungsteams, zum Beispiel diejenige des Vorstandsvorsitzenden.

- **Abstimmungskollegialität.** Hier werden Entscheidungen mit der Mehrheit der Stimmen des Führungsteams getroffen. Diese Form der Entscheidungsfindung wird in den meisten Vereinen in Deutschland praktiziert.
- **Ressortkollegialität.** Jedes Mitglied eines Führungsgremiums entscheidet in seinem Verantwortungsbereich (Ressort) alleine.
- **Kassationskollegialität.** Es gibt nur einstimmige Entscheidungen, da jedes Mitglied im Führungsgremium ein Widerspruchsrecht hat. Dieses Prinzip wird überwiegend im Vorstand großer Banken praktiziert.

Führungsstile

In der betrieblichen Praxis gibt es eine Vielzahl von Führungsstilen, die sich anhand der folgenden Merkmale unterscheiden lassen:

- Beteiligung der Mitarbeiter an Entscheidungsprozessen,
- Art und Umfang der Weisungen,
- Umfang der Kontrolle der Mitarbeiter,
- Einhaltung des Instanzenweges.

Die drei bekanntesten Führungsstile sind der autoritäre Führungsstil, der kooperative Führungsstil und der bürokratische Führungsstil.

Für den **autoritären Führungsstil** ist es typisch, dass der Vorgesetzte sämtliche Entscheidungen alleine trifft. Die Mitarbeiter haben den Weisungen des Vorgesetzten Folge zu leisten und sind lediglich an der Umsetzung der Entscheidungen beteiligt.

Die Vorteile des autoritären Führungsstils sind:

- Die Entscheidungsbefugnisse sind klar und eindeutig.
- Entscheidungen können schnell getroffen werden.
- Routineaufgaben werden schnell erledigt, da sie langfristig organisiert werden können.

Nachteile sind:

- Da die Mitarbeiter nicht an den Entscheidungsprozessen beteiligt sind, ist die Wahrscheinlichkeit von Fehlentscheidungen größer.
- Da die Mitarbeiter praktisch keinen Spielraum für eigenverantwortliches Handeln haben, ist ihre Motivation unter Umständen sehr gering.
- Um die Durchsetzung der Entscheidungen sicherzustellen, ist ein hohes Maß an Überwachung notwendig.
- Die Unzufriedenheit der Mitarbeiter führt zu schlechtem Arbeitsklima und internen Konkurrenzkämpfen mit der Folge, dass die Zusammensetzung der Belegschaft häufiger wechselt.

In einem Unternehmen mit **kooperativem Führungsstil** werden Mitarbeiter weitgehend an Entscheidungen beteiligt. Gemäß den ihnen übertragenen Aufgaben werden ihnen bestimmte Handlungs- und Entscheidungsbefugnisse übertragen. Vonseiten der Leitung wird lediglich ein Entscheidungsrahmen abgesteckt. Die Führungskräfte verstehen sich mehr als Berater ihrer Mitarbeiter denn als Weisungsgeber und ihre Aufgabe besteht weitgehend darin, Standpunkte und Meinungen zu koordinieren. Bei der Kontrolle beschränken sie sich auf die Überwachung der Arbeitsergebnisse.

In der Managementlehre bezeichnet man diese Art der Führung auch - je nachdem, worauf der Akzent liegt - als Management by Objectives oder Management by Delegation oder Management by Exception. Vorgesetzte und Mitarbeiter definieren gemeinsam realistische Ziele, mit denen sich beide Seiten identifizieren. Die Führungskraft muss darauf achten, dass es bei der Festlegung der Ziele nicht zu Abweichungen von den Unternehmenszielen oder gar zu Widersprüchen kommt. Die Ziele müssen also sorgfältig definiert werden und den Unternehmenszielen harmonisch untergeordnet sein. Im Rahmen des Management by Exception werden dem Mitarbeiter für die Aufgabenerfüllung Zielwerte vorgegeben, das heißt Werte, die er mindestens erreichen soll. Zudem werden Grenzwerte für etwaige negative Abweichungen festgelegt. Die Führungskraft greift nur ein, wenn diese Werte unterschritten werden.

Vorteile des kooperativen Führungsstils sind:

- Die Entscheidungen sind besser ausgewogen.
- Da die Mitarbeiter am Entscheidungsprozess beteiligt sind, ist ihre Leistungsmotivation höher.
- Da die Mitarbeiter ein höheres Maß an Verantwortung für ihre Handlungen tragen und größere Handlungsspielräume haben, wird ihre Kreativität gefördert.
- Der Anreiz, gute Arbeit zu leisten, und die Arbeitszufriedenheit sind höher, das Arbeitsklima ist besser.
- Aufgaben, bei denen Kreativität gefordert ist, zum Beispiel im Forschungs-, Entwicklungs und Planungsbereich, können besser gelöst werden.

Nachteile sind:

- Entscheidungsprozesse nehmen mehr Zeit in Anspruch.
- Kooperative Führung erfordert eine höhere Qualifikation der Mitarbeiter.
- Mitarbeiter sind unter Umständen nicht bereit, die Verantwortung für ihre Entscheidungen zu tragen.

Ein **bürokratischer Führungsstil** wird überwiegend in der Verwaltung, in Körperschaften des öffentlichen Rechts und in großen Unternehmen praktiziert. Bei kleinen und mittleren Betrieben ist diese Form der Mitarbeiterführung eher die Ausnahme. Kennzeichnend für diesen Stil sind die klare und eindeutige Zuweisung von Verantwortungsbereichen und ausführliche Verhaltens- und Handlungsrichtlinien. Entstehen bei der Bearbeitung einer Aufgabe Unklarheiten, so können die mit der Aufgabe betrauten Mitarbeiter jederzeit in einem Handbuch nachlesen, was bei welcher Situation zu tun ist. Aufgrund der klar vorgegebenen Hierarchie ähnelt dieser Führungsstil eher dem autoritären Führungsstil.

Vorteile sind:

- Entscheidungsinstanzen und Kommunikationswege sind eindeutig geregelt.
- Die Kompetenzen sind klar abgegrenzt.
- Weisungen werden auf der Grundlage schriftlich fixierter und damit eindeutig nachvollziehbarer Vorschriften getroffen.

Nachteile sind:

- Durch das starre Einhalten der Kommunikations- und Instanzenwege entsteht ein schwerfälliges und unflexibles Führungs- und Entscheidungssystem.
- Der bürokratische Führungsstil eignet sich kaum für ein modernes Dienstleistungsunternehmen.

Mitarbeitermotivation

Grundlegend für die Fähigkeit einer Führungskraft zur Motivation ihrer Mitarbeiter ist die Kenntnis der inneren Triebkräfte menschlichen Handelns. Ein Mensch wird zum Handeln motiviert, wenn er erwartet, dass sein Handeln die Erfüllung seiner Bedürfnisse fördert. Der Psychologe Abraham Maslow hat die menschlichen Bedürfnisse nach ihrer hierarchischen Stellung untereinander kategorisiert (Schaubild 6.3).

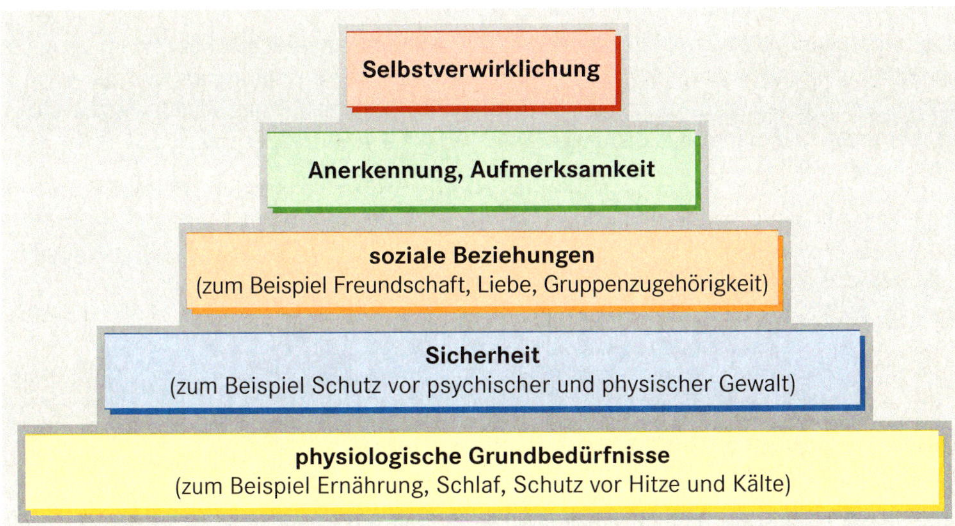

Schaubild 6.3: Bedürfnishierarchie nach Maslow

Grundsätzlich gilt, dass die weiter oben in der Pyramide angesiedelten Bedürfnisse an Gewicht gewinnen, wenn die Bedürfnisse der niedrigeren Kategorien erfüllt sind.

BEISPIELE: Bedürfnisse im Arbeitsleben

Im Arbeitsleben gibt es die folgenden Möglichkeiten zur Befriedigung der Bedürfnisse:

- Selbstverwirklichung → Mitgestaltungsmöglichkeiten
- Anerkennung → Gewährung von Aufstiegschancen
- soziale Beziehungen → Schaffung eines guten Betriebklimas
- Sicherheit → Einhaltung der arbeitsrechtlichen Vorschriften
- physiologische Grundbedürfnisse → finanzielle Vergütung für geleistete Arbeit

Der Arbeitnehmer bezieht aufgrund des bestehenden Beschäftigungsverhältnisses sein Gehalt, das er zur Finanzierung seines Lebensunterhalts verwendet. Wenn die Vorkehrungen des Arbeitsschutzes in seinem Betrieb unzureichend sind, wird es für ihn wichtiger sein, darauf hinzuwirken, dass sie verbessert werden. Ist dies gewährleistet, so rücken die Qualität der sozialen Beziehungen im Betrieb, seine individuellen Aufstiegschancen und sein Bedürfnis schöpferischer Gestaltung in den Vordergrund seiner Bestrebungen.

Mitarbeitergespräche

Führungskräfte sollten mit jedem Mitarbeiter regelmäßig Gespräche führen. Durch diese Gespräche erhalten sie einen guten Überblick über den Mitarbeiter. Sie bieten einen feststehenden Rahmen für den Austausch von Standpunkten, für die Beratung, Förderung und Motivation des Mitarbeiters, für die Vereinbarung individueller Arbeitsziele und für die Überprüfung der Arbeitsergebnisse. Zugleich lassen sich durch regelmäßige Mitarbeitergespräche bereits frühzeitig etwaige Fehlentwicklungen erkennen und gegebenenfalls Gegenmaßnahmen einleiten.

Jeder Mitarbeiter und Auszubildende hat im Übrigen einen Anspruch auf ein Arbeitszeugnis. Ein einfaches Zeugnis enthält Angaben über die Dauer der Beschäftigung und die Art der ausgeübten Tätigkeit. Auf Wunsch des Arbeitnehmers kann das Zeugnis auch Angaben über das Verhalten und die Arbeitsleistungen enthalten (qualifiziertes Zeugnis, § 630 BGB).

6.4.5 Personalentwicklung

Personalentwicklung umfasst alle Maßnahmen im Unternehmen zur Erhaltung und Steigerung der Qualifikation der Mitarbeiter.

Die Maßnahmen im Rahmen der Personalentwicklung werden aus der betrieblichen Personaleinsatz- und -beschaffungsplanung abgeleitet. Ist ausreichend Personal vorhanden, so kann der innerbetrieblichen Personalentwicklung der Vorrang gegeben werden.

Es gibt eine Reihe von Gründen, die für eine interne Personalbeschaffung und -entwicklung sprechen:

- Die Motivation der Mitarbeiter wird durch interne Aufstiegsmöglichkeiten gestärkt.
- Das Personalauswahlrisiko ist besser kalkulierbar, da die eigenen Mitarbeiter bekannt sind.
- Die interne Beschaffung ist im Regelfall kostengünstiger als die Rekrutierung von außen.
- Die Qualifikation und die Entwicklungspotenziale des eigenen Personals können optimal ausgenutzt werden.
- Die Einarbeitungszeit auf einer neuen Stelle ist minimal, da dem Mitarbeiter der Betrieb bekannt ist.

Der Kern moderner Personalentwicklung liegt in der Aus- und Fortbildung sowie gegebenenfalls der Umschulung. Im Grunde entspricht eine gute Personalentwicklung immer auch einer Förderung des eigenen Personals, das heißt, Personalförderung ist immer auch Personalentwicklung im weiteren Sinne.

Instrumente

Zur Personalförderung gehören neben dem Personalentwicklungsgespräch im Wesentlichen:

- **Job-Enlargement.** Das Tätigkeitsfeld des Mitarbeiters wird erweitert, damit erlangt er ein höheres Maß an Eigenverantwortlichkeit, seine Arbeit wird abwechslungsreicher, Motivation und Arbeitszufriedenheit steigen.
- **Job-Enrichment.** Der Aufgabenbereich wird bereichert, das heißt, der Mitarbeiter erledigt zusammenhängende Arbeitsprozesse eigenverantwortlich. Dies erfordert ein hohes Maß an Selbstkontrolle.
- **Job-Rotation.** Die Aufgaben der Mitarbeiter wechseln. Mitarbeiter werden planmäßig mit wechselnden Aufgaben betraut und wechseln gegebenenfalls auch den Arbeitsplatz, um der Monotonie vorzubeugen.
- **Laufbahnförderung.** Dem Mitarbeiter werden Sonderaufgaben übertragen, um festzustellen, inwieweit er neuen und ungewohnten Aufgaben, die für ihn außerhalb der Routine liegen, gerecht werden kann.
- **Coaching.** Der Mitarbeiter erhält Hilfestellungen zur Erarbeitung seiner persönlichen Entwicklungsziele und zur Weiterentwicklung seiner Fähigkeiten. Coaching (to coach = trainieren) ist eine „Hilfe zur Selbsthilfe“, ein systematisches Konzept zur Förderung von Mitarbeitern und Führungskräften durch interne oder externe Berater.
- **Mentoring.** Hier wird der neue Mitarbeiter angeleitet und beraten und bei der Erledigung seiner Aufgaben gezielt unterstützt, ohne jedoch seine Eigenständigkeit anzutasten. Der Mentor ist in der Regel ein Kollege, ein Vorgesetzter oder ein Mitarbeiter der Personalabteilung, der in regelmäßigen Gesprächen die Rolle des Ratgebers, Ausbilders oder Freundes übernimmt, um dem neuen Mitarbeiter die Einarbeitung in die betrieblichen Abläufe zu erleichtern.

Ziele und Struktur

Das Hauptziel der Aus- und Fortbildung sowie der Umschulung besteht darin, die Handlungskompetenzen der Mitarbeiter zu erweitern. Hierbei steht der Unternehmenserfolg im Vordergrund, das heißt, die soziale, fachliche und methodische Kompetenz der einzelnen Mitarbeiter muss so eingesetzt werden, dass das betriebliche Ziel erreicht wird.

Bevor ein Unternehmen eine systematische Personalentwicklung durchführen kann, ist es notwendig, alle Maßnahmen, die zur Personalentwicklung gehören, sorgfältig zu planen. Hierbei wird zwischen Förderplanung und Bildungsplanung unterschieden (Schaubild 6.4).

- Die **Bildungsplanung** umfasst alle Maßnahmen, die im Rahmen der Aus- und Fortbildung sowie der Umschulung getroffen werden. Sie sind normalerweise kollektiver Art und berücksichtigen weniger die individuelle Entwicklung des einzelnen Mitarbeiters, sondern orientieren sich vielmehr an den betrieblichen Anforderungen.
- Die **Förderplanung** basiert auf der Bildungsplanung – speziell der Fortbildungsplanung –, bezieht sich jedoch gezielt auf den zu fördernden Mitarbeiter, dessen Kenntnisse und Fertigkeiten im Sinne der Unternehmensziele weiterentwickelt werden sollen.

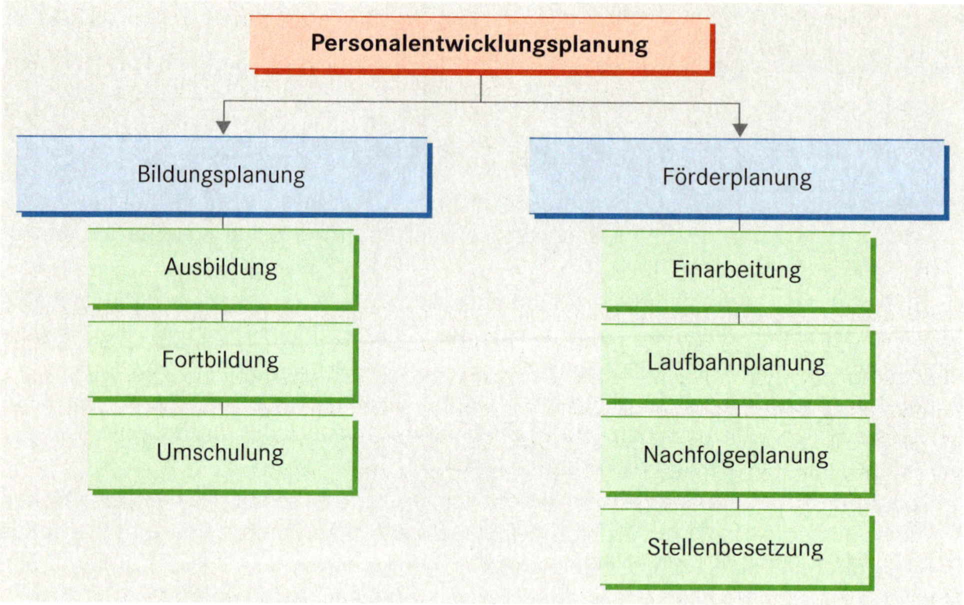

Schaubild 6.4: Die Bestandteile der Personalentwicklungsplanung

Betriebliche Ausbildung

Zunächst muss im Unternehmen festgelegt werden, ob und wie viele Auszubildende ausgebildet werden sollen. Für die Begründung eines Ausbildungsverhältnisses gelten die folgenden rechtlichen Voraussetzungen:

- Auszubildende dürfen nur eingestellt werden, wenn der Betrieb für die Berufsausbildung geeignet ist.
- Die Ausbilder müssen persönlich und fachlich geeignet sein. Sie müssen also selbst in einem gleichen oder artverwandten Beruf ausgebildet worden sein oder alternativ dazu ein Fach- oder Hochschulstudium absolviert haben. Darüber hinaus müssen sie mindestens 24 Jahre alt sein und berufs- oder arbeitspädagogische Kenntnisse gemäß der Ausbilderverordnung nachweisen.
- Der Auszubildende muss körperlich und geistig für die Ausbildung geeignet sein.
- Bei Minderjährigen ist zusätzlich das Jugendarbeitsschutzgesetz zu beachten.

Im Regelfall steht der ausbildungswillige Betrieb vor der Frage, ob er entsprechend dem betrieblichen Bedarf oder über den Bedarf hinaus ausbilden soll. Natürlich ist eine Ausbildung zuerst einmal kosten- und zeitintensiv. Jedoch sprechen viele Argumente für die Entscheidung, über den Bedarf hinaus auszubilden:

- Nicht jeder Auszubildende muss nach drei Jahren übernommen werden. Nur die besten haben eine realistische Chance auf eine Übernahme. Dadurch entsteht unter den Auszubildenden ein Konkurrenzverhältnis, das auch ein gesundes Maß an Motivation mit sich bringt.
- Bereits ab dem zweiten Lehrjahr benötigen Auszubildende weniger Betreuungszeit und können als Urlaubs- und Krankheitsvertreter eingesetzt werden.

5620444

- Ausbildung dient der Imagepflege. Heutzutage gelten Unternehmen, die ausbilden, als modern und innovativ.
- Schließlich ist die volkswirtschaftliche Komponente zu berücksichtigen: In Betrieb und Berufsschule ausgebildete Arbeitskräfte haben einen Wettbewerbsvorteil gegenüber solchen mit einer Vollzeitausbildung in den Berufsschulen, der sich auch in einer höheren Wertschöpfung niederschlägt.

Betriebliche und außerbetriebliche Fortbildung

Viele Unternehmen bieten ihren Mitarbeitern Fortbildungsprogramme an, aus denen diese die ihren Bedürfnissen entsprechenden Veranstaltungen auswählen können. Diese Veranstaltungen sind zum Teil kostenlos oder sehr günstig. Sie haben oft zusätzlich oder auch hauptsächlich einen Personalbetreuungseffekt, da sie in der Regel mit Freizeitaktivitäten verknüpft sind: Das Unternehmen verfolgt mit dem Angebot das Ziel, das Betriebsklima zu verbessern und dadurch die Mitarbeiter stärker an sich zu binden.

Förderplanung und Laufbahnplanung

Die Förderplanung orientiert sich in erster Linie am Stellenplan und an den Stellenbeschreibungen. Jede im Unternehmen vorhandene Stelle sollte durch eine Stellenbeschreibung dokumentiert werden, die für das Unternehmen ebenso wie für den Mitarbeiter sehr nützlich ist. Mitarbeiter, die ihre Stellenbeschreibungen unterschreiben, werden sich ihrer Aufgabe und der Verantwortung bewusst, die sie mit ihrer Tätigkeit übernommen haben. Gleichzeitig wird allen Beteiligten deutlich, welche betrieblichen Ziele mit der Stelle verbunden sind.

Für die Personalentwicklung ist auch die Laufbahnplanung von Bedeutung. Aus ihr wird ersichtlich, welche Position ein Mitarbeiter erreichen kann und welche Qualifikationen er erwerben muss, um in der Laufbahnhierarchie weiter vorwärtszukommen.

Die wesentlichen Voraussetzungen für das Erreichen einer übergeordneten Position sind in der Regel

- eine den Anforderungen der Position entsprechende berufliche Ausbildung,
- hinreichende Berufserfahrung auf der aktuellen Position,
- der Erwerb zusätzlich notwendiger Kenntnisse und Fähigkeiten,
- eine positive innerbetriebliche Beurteilung oder Einschätzung vonseiten des übergeordneten Stelleninhabers.

Neben der Übertragung von Sonderaufgaben ist Projektarbeit ein geeignetes Mittel, um die Eignung eines Mitarbeiters zu testen.

Projektarbeit ist die eigenverantwortlich geplante und organisierte Arbeit in einem Team zur Lösung einer Aufgabe. Das Team besteht in der Regel aus Personen mit unterschiedlichen fachlichen Qualifikationen und Zuständigkeiten.

Hat ein Mitarbeiter in mehreren Projekten gearbeitet oder auch Projekte eigenständig geleitet und sich dabei bewährt, so ist auch ohne den klassischen Weg auf der Karriereleiter ein Aufstieg im Unternehmen möglich.

BEISPIEL: Laufbahnplanung

Tabelle 6.7 veranschaulicht die Stufen der Laufbahnplanung für einen Mitarbeiter in einem Tennis- und Fitnesszentrum.

Laufbahnplanung Tennis- und Fitnesszentrum			
Oberste Ebene			Geschäftsführer für alle Bereiche
Vierte Ebene			Abteilungsleiter Sport Abteilungsleiter Betriebswirtschaft
Dritte Ebene			Einkäufer und Trainer Fitness Marketingleiter und Trainer Fitness
Zweite Ebene		Tresendienstleitung/ Lagerhaltung Kursleiter sonstige Kurse	
Erste Ebene	Tresendienst Trainer Auszubildende Praktikanten		

Tabelle 6.7: Beispiel einer Laufbahnplanung

Nachfolgeplanung

Die Nachfolgeplanung wird in zwei Schritten durchgeführt:

1. **Veränderungsmitteilung.** Hier werden alle personellen Veränderungen wie Austritte, Versetzungen, Beförderungen aufgezeigt.
2. **Personalauswahl.** Hier wird geprüft, welche Person innerhalb des Unternehmens geeignet ist, die Nachfolge auf der frei gewordenen Stelle anzutreten. Dies richtet sich wiederum nach der Persönlichkeit, der Ausbildung, der Berufserfahrung und nach den vorliegenden Beurteilungen.

Sachwortverzeichnis

A
Abbuchungsauftrag 279
ABC-Analyse 405
Abfragen 173
Ablauforganisation 10, 19
Ablaufplanung 23
Abmahnung 81
Absatzwerbung 234
Abschlussbericht 193
Abschreibung 290 f., 365 f.
- kalkulatorische 366, 370 f.
Absoluter Bezug 137 f.
Abteilungsbildung 17
Abwesenheits-Assistent 154
Access 161 ff., 166
Access-Befehle 168
AIDA-Formel 235
Akkordarbeit 62
Aktie 48
Aktiengesellschaft 36, 48
Aktionsabfrage 176
Aktiva 344
Aktivkonten 346
Aktivtausch 345
Akzeptkredit 311
Akzessorische Sicherheit 319
Allgemeine Geschäftsbedingungen 272, 318
Allgemeine Handlungsvollmacht 267
Allgemeine Vollmacht 267
ALU siehe Arithemtical Logical Unit
Ambush-Marketing 296
Amortisation, statische 329
Analysefunktion 400
Anbieter-Kunden-Beziehung 243
Anderskosten 365
Änderungskündigung 83
Anfechtbarkeit von Rechtsgeschäften 270
Anfechtung von Rechtsgeschäften 271
Anforderungen an ein Lager 284
Anfrage 263 f.
Angebot 264 f.
Angebotsbewertung 257
Angebotskalkulation 253
Angebotskurve 204 f.
Angebotsorientierte Wirtschaftspolitik 227
Angebotsvergleich 257 f., 265
Anlagevermögen 339, 341
Anleihe 313 f.
Annahmeverzug 275
Annuitätendarlehen 312 f.
Anstalten 30
Appellaspekt 179
Application Sharing 159
Arbeitnehmer 414
Arbeitnehmerähnliche Person 415
Arbeitnehmertätigkeit 415
Arbeitsablaufplan 23
Arbeitsförderung 430
Arbeitsgerichtsbarkeit 85 f.
Arbeitsgerichtsverfahren 85
Arbeitslosengeld I 431
Arbeitslosengeld II 431
Arbeitslosenquote 221
Arbeitslosenversicherung 430
Arbeitslosigkeit 222, 226
- demografische 222
- friktionelle 222
- konjunkturelle 222
- saisonale 222
Arbeitsmittel 19
Arbeitspaket 191
Arbeitsplatzgestaltung 73
Arbeitsraumgestaltung 73
Arbeitsrecht 414 ff.
- kollektives 419
Arbeitsschutzrecht 64
Arbeitsspeicher 96 f.
Arbeitsteilung 222 f.
Arbeitsvermittlung 430
Arbeitsvertrag 62 f., 273, 416, 419
Arbeitszeit 60, 69
Arbeitszeitgesetz (ArbZG) 64, 69
Arbeitszeitrechtsgesetz (ArbZRG) 64
ArbStättV siehe Verordnung über Arbeitsstätten
ArbZG siehe Arbeitszeitgesetz
ArbZRG siehe Arbeitszeitrechtsgesetz
Arithmetical Logical Unit (ALU) 96
Arten von Märkten 203
Artikeldatei 251
Artvollmacht 267
Ärztliche Untersuchungen 62
Arztvertrag 273
Aufbauorganisation 10, 15
Aufgabengliederung 15
Aufgabensynthese 16
Aufhebungsvertrag 78
Aufwand 349 ff., 371
Aufwand/Ertrag 336
Aufwendungen 376
Ausbildender 56
Ausbilder 56 f., 444
Ausbilder-Eignungsverordnung 56
Ausbildungsordnung (AusbO) 56 f.
Ausbildungsverhältnis 58
Ausbildungsvertrag 56 ff.
AusbO siehe Ausbildungsordnung
Ausfallrisiko 298 f.
Ausführende Stellen 16
Ausgabegeräte 98 f.
Ausgleichsfunktion 210
Außenbeitrag 200
Außendienst-Promotion 237
Außenfinanzierung 290, 292
Außenwirtschaftliches Gleichgewicht 222
Außerordentliche Kündigung 81, 415, 420 f.
Aus- und Fortbildung 442 f.
Auszubildender 56, 444
Autoausfüllen 136
Autofilter 140
Autokorrektur 118 f.
Avalkredit 311 f.

B
BA siehe Bundesagentur für Arbeit
Balanced Scorecard 402
Balkendiagramm 192
Bankgarantie 321
Bankgeschäfte 305
Bargeldlose Zahlung 276, 278
Barscheck 278
Barwert 309, 330 f.
BBiG siehe Berufsbildungsgesetz
BDSG siehe Bundesdatenschutzgesetz
Bedarfsanalyse 248
Bedarfsplanung 248
Bedarfsprognose 248
Bedürfnishierarchie 441
Beendigung einer Kreditbeziehung 317
Befragung 20, 22
Beitragsbemessungsgrenze 423, 429 f.
Benchmarking 402 f.
Benutzeroberfläche 130
Beobachtung 20, 22
Berufsausbildung 56
Berufsbildungsgesetz (BBiG) 56, 59, 62, 79, 421
Berufsgenossenschaften 34, 432
Berufskrankheit 432
Berufsschule 56, 60
Berufsschulpflicht 56
Berufsunfähigkeit 78
BErzGG siehe Gesetz über die Gewährung von Erziehungsgeld und Erziehungsurlaub
Beschaffung 247
- auftragsbezogene 251 f.
Beschaffungsplan 247 f.
Beschaffungsprozess 259
Beschäftigungsverbot 69
Beschwerdekartei 245
Beschwerdemanagement 243, 245
Besondere Schutzvorschriften 65
Bestandskonten 346
Bestandsveränderungen 344 f.
Bestellung 265

Bestimmungsfaktoren der Organisation 13
Bestimmungslandprinzip 357
Beteiligungsfinanzierung 292
Betriebliche Mitbestimmung 93, 415
Betriebliches Rechnungswesen 335 f.
Betriebliche Übung 419
Betriebsabrechnungsbogen (BAB) 253, 384 ff.
Betriebsbezogene Abgrenzungsrechnung 374, 377, 379
Betriebsergebnis 380
Betriebsrat 83, 86, 87 ff., 434
Betriebssystem 106 f.
Betriebsvereinbarung 63, 66, 416, 418, 434
Betriebsverfassungsgesetz (BetrVG) 87, 91 f.
Betriebsversammlung 89
BetrVG siehe Betriebsverfassungsgesetz
Bewertungspflicht 359
Bewertungsstetigkeit 361
Beziehungsaspekt 179
Bezugskalkulation 254
Bezugskosten 257
Bezugsquelle 251
BfA siehe Bundesversicherungsanstalt für Angestellte
BGB siehe Bürgerliches Gesetzbuch
Bilanz 343 ff.
Bilanzidentität 360
Bilanzverlängerung/-verkürzung 345
Bildschirmarbeitsplatzverordnung 73
Bildungsplanung 443
Binärsystem 95
Bit 95
Blankokredit 318
Bonität 298
Bottom-up-Methode 401
BPersVG siehe Bundespersonalvertretungsgesetz
Branchensoftware 105 f.
Break-even-Analyse 405
Bruttoeinkaufspreis 253
Bruttoinlandsprodukt 224
Bruttoverkaufspreis 253
Buchgeld 278
Buchinventur 337
Buchungssatz 347 f.
Budgetierung 396, 405 f.
Bundesagentur für Arbeit (BA) 430
Bundesdatenschutzgesetz (BDSG) 76, 434
Bundespersonalvertretungsgesetz (BPersVG) 91
Bundesurlaubsgesetz (BUrlG) 66
Bundesversicherungsanstalt für Angestellte (BfA) 429
BUrlG siehe Bundesurlaubsgesetz
Bürgerlicher Kauf 272
Bürgerliches Gesetzbuch (BGB) 79
Bürgschaft 270, 318 ff.
Byte 96 f.

C

Cashflow 290 f.
Chat 160
Central Processing Unit (CPU) 96, 99
Coaching 412, 443
Controller 399
Controlling 361, 398 ff.
- Funktionen 398
- operatives 405 f.
- Regelkreis des 399 f.
- strategisches 402 ff.
Control Unit 96
Corporate Behaviour 5
Corporate Design 5
Corporate Identity 5
CPU siehe Central Processing Unit
Cross-Selling 283
CU siehe Control Unit

D

Darlehen 312
Datenaufbereitung 173
Datenbank 161
- relationale 163
Datenbankfunktionen 167
Datenbanksystem 162
Datenbanktabelle 163
Dateneingabeformat 171
Datenfernübertragung (DFÜ) 280
Datenquelle 126 ff.
Datenschutz 76
Datenschutzbeauftragter 77, 434 f.
Datensicherheit 76
Datenträger 97, 99, 104
Datenträgeraustausch (DTA) 280
Datenträgerbereinigung 110
Dauerauftrag 279
Dauersponsoring 295
Debitoren 298
Debitorenmanagement 299
Deckungsbeitrag 392
Deckungsbeitragsrechnung 392 ff., 405 f.
Defragmentierung 110
Deklaratorische Eintragung 40
Deliktsfähigkeit 31 f.
Desktop 107
Deutsche Rentenversicherung (DRV) 429
Deutscher Gewerkschaftsbund 86
Deutsches Institut für Normung e. V. 408
DGB siehe Deutscher Gewerkschaftsbund
Diagramme erstellen 141
Dienstleistungskosten 364
Dienstleistungspflicht 63
Dienstvertrag 62, 269, 273
DIN-Normen 408
Direktorialprinzip 438
Disposition 11
Distribution 242
Distributionspolitik 240
Dividende 48
Doppelte Buchführung 346 f.
Dritte Instanz 86
Drittes Buch des Sozialgesetzbuchs (SGB III) 84, 430
Drucker 111
DRV siehe Deutsche Rentenversicherung
Druckermanager 11
Duales Ausbildungssystem 55
Durchschnittliche Lagerdauer 286, 288
Durchschnittlicher Lagerbestand 286 ff.
Dynamische Investitionsrechnung 329 ff.

E

E-Commerce 160
EDV siehe Elektronische Datenverarbeitung
E-Mail-Kommunikation 150, 156
Eigenfinanzierung 290, 292
Eigenkapital 292, 301, 342 f., 350, 366
Eigenlager 283
Einführungswerbung 234
Eingabegeräte 98 f.
Eingangslager 282
Eingetragener Verein (e. V.) 30, 51
Einkommensteuergesetz (EStG) 359
Einkommens- und Vermögensverteilung 225
Einlinienorganisation 18
Einnahmen/Ausgaben 336
Einstufige Deckungsbeitragsrechnung 393
Einzahlungen/Auszahlungen 336
Einzelbeschaffung, fallweise 251 f.
Einzelbewertung 360
Einzelkosten 254, 368
Einzelprokura 268

Einzelüberweisung 278
Einzelunternehmen 41
Einzelvollmacht 267
Einzelwerbung 235
Einzugsermächtigung 279
Eiserner Bestand 286
Electronic Banking 280
Electronic-Banking-Service 279
Electronic Cash 281
Elektronische Datenverarbeitung (EDV) 95
Elektronische Netzwerke 159
Elterngeld 71 f.
Elternzeit 71 f.
Endwert 331
Entgeltzahlung 64
Ereignissponsoring 295
Erfolg 343
Erfolgskonten 348, 350 f.
Erfolgsziele 8
Erfüllungsgeschäft 271
Erfüllungsort 85, 272
Erhaltungswerbung 234
Erhard, Ludwig 210
Ernährungspyramide 76
Eröffnungsbilanz 347
Ersatzinvestition 326 f.
Erste Instanz 86
Ertrag 349 ff., 371, 376
Erweiterungsinvestition 326
EstG siehe Einkommensteuergesetz
ESZB siehe Europäisches System der Zentralbanken
Europäische Aktiengesellschaft 52
Europäisches System der Zentralbanken (ESZB) 228
Europäische wirtschaftliche Interessenvereinigung (EWIV) 43
Europäische Zentralbank (EZB) 211, 228, 230
EVA-Prinzip 98
EWIV siehe Europäische wirtschaftliche Interessenvereinigung
Excel 129 ff.
Expansionswerbung 234
EZB siehe Europäische Zentralbank

F

Face-to-Face 21
Fachliche Kompetenz 413
Factoring 297 ff.
Faktoreinkommen 198
Fälligkeitsfactoring 299
Feiertagsruhe 61
Felddatentyp 169
Fertigungssynchrone Beschaffung (Just-in-time-Beschaffung) 251 f.
Fertigwarenlager 283
Fifo-Verfahren 361
Filialprokura 268
Finanzbuchführung 336
Finanzbuchhaltung 361, 371, 380
Finanzielle Ziele 8
Finanzierungsformen 289 f.
Finanzierungsleasing 302 f.
Finanzierungssurrogate 297
Finanzinvestitionen 326
Finanzmärkte 335
Finanzmittel 289
Finanzplan 334
Finanzplanung 289, 325, 333 f.
Finanzquellen 289
Finanzziele 8
Firma 37
Firmengrundsätze 38
Fixe Kosten 368 f., 393 f.
Förderplanung 443, 445
Forfaitierung 297
Formelsyntax 136
Formfreiheit 270
Formkaufmann 36
Fortbildung 445
Franchising 297
Freiberufler 36
Freie Güter 201
Fremdfinanzierung 290, 292 f.
Fremdkapital 292, 366
Fremdlager 283
Fremdschlüssel 165
Führungskräfte 412, 437 f.
Führungsprinzipien 437
Führungsstil 439
- autoritärer 439
- bürokratischer 440
- kooperativer 439 f.
Full-Service-Factor 298
Full-Service-Verfahren 299
Fungibilität 300
Funktionsassistent 135
Funktionsbereiche 14
Fürsorgepflicht 64
Fusionen 208

G

GAN siehe Global Area Network
Gantt-Diagramm 24
Garantie 318, 320
GbR siehe Gesellschaft des bürgerlichen Rechts
Gebotszeichen 73
Gefährliche Arbeiten 62
Gegenstrom-Verfahren 402
Geheimhaltungspflicht 434
Geldmenge 230
Geldpolitik 228
Gemeinkosten 254, 368, 384 f., 390
Gemeinkostenzurechnung 384, 386, 388
Gemeinnützige Gesellschaft mit beschränkter Haftung (gGmbH) 50
Gemeinschaftswerbung 235
Generalvollmacht 267
Generationenvertrag 430
Genossenschaft 30, 36
Genossenschaftsregister 40
Gerichtsstand 272
Gesamtprokura 268
Gesamtvollmacht 267
Gesamtwirtschaftliches Gleichgewicht 213
Geschäftsbrief 260
Geschäftsfähigkeit 32
- beschränkte 32
- volle 32
Geschäftsprozesse erfassen 335
Geschäftsunfähigkeit 32
Geschriebenes Recht 28
Gesellschaft des bürgerlichen Rechts (GbR) 31, 42
Gesellschaft mit beschränkter Haftung (GmbH) 36, 44
Gesetz gegen den unlauteren Wettbewerb (UWG) 239
Gesetz gegen Wettbewerbsbeschränkungen (GWB) 207
Gesetzliche Krankenversicherung (GKV) 423
Gesetzliche Pflegeversicherung (GPV) 425
Gesetzliche Rentenversicherung (GRV) 429
Gesetzliche Unfallversicherung (GUV) 429
Gesetzliche Vertretung 267
Gesetz über die Gewährung von Erziehungsgeld und Erziehungsurlaub (BErzGG) 64
Gesundheitsschutz 72
Gewerbe 33
- stehendes 33
Gewerbeaufsicht 34
Gewerbefreiheit 33
Gewerbeordnung 33
Gewerberecht 33
Gewerkschaft 86 f.
Gewinn 390, 392
Gewinn und Verlust (GuV) 352
Gewinnmaximierung 202
Gewinn-und-Verlust-Konto (GuV-Konto) 351
Gewinnvergleichsrechnung 328
Gewohnheitsrecht 28
GGmbH siehe gemeinnützige Gesellschaft mit beschränkter Haftung
Giralgeld 278
GKV siehe Gesetzliche Krankenversicherung
Gläubigerschutz 361

Gleichgewichtspreis 205
Global Area Network (GAN) 159
Globalzession 325
GmbH & Co. KG 43
GoB siehe Grundsätze ordnungsmäßiger Buchführung
Going-Concern-Prinzip 360
GPV siehe Gesetzliche Pflegeversicherung
GRV siehe Gesetzliche Rentenversicherung
Grenzen der Werbung 238
Grenzüberschreitende Transaktionen 200
Größenvorteile 223
Großraumbüro 74
Grundbuch 347
Grundpfandrecht 318
Grundsatz der zeitlichen Abgrenzung 361
Grundsätze ordnungsmäßiger Buchführung (GoB) 350
Grundschuld 318, 322
Gründungsinvestition 326
GRV siehe Gesetzliche Rentenversicherung
Günstigkeitsprinzip 66, 419
Güteverhandlung 85
GuV siehe Gewinn und Verlust
GuV-Konto siehe Gewinn-und-Verlust-Konto
GUV siehe Gesetzliche Unfallversicherung
GWB siehe Gesetz gegen Wettbewerbsbeschränkungen

H

Haftung 51
Halbbare Zahlung 276 ff.
Handelsgesetzbuch (HGB) 268, 337
Handelsgewerbe 36
Handelskauf 272
Handelsrechtliche Bewertungsgrundsätze 360
Handelsrechtliche Bewertungsvorschriften 359 f.
Handelsregister 38 f.
Handelsregistereintragung 270
Handelsspanne 254
Handelsverbot 63
Händler-Promotion 238
Handlungsfähigkeit 30 f.
Hardware 96
Hauptbuch 347
Hauptkostenstellen 382 f.
Häusliche Pflege 426 f.
HGB siehe Handelsgesetzbuch
Hilfskostenstellen 382 f.
Höchstbestand 286 f.
Höchstwertprinzip 361
Horváth, Péter 399
Humanprinzip 202
Hyperlink 169
Hypothek 318, 322

I

Immaterielle Investitionen 326
Imparitätsprinzip 361
Improvisation 11
Index 166
Indifferente Ziele 9
Individualarbeitsrecht 416
Individualsoftware 105 f.
Individualsponsoring 295
Individuelle Mitbestimmung 91
Industrie- und Handelskammer 56
Inflationsrate 217 f.
Informationstechnologie 95
Informationswerbung 235
Inhouse-Verfahren 299
Innenfinanzierung 290
Input 349
Instrumente der Geldpolitik 228
Interessenvertretung der Arbeitnehmer 86
International Organization for Standardization (ISO) 408
Interner Zinsfuß 331 f.
Internetgrundlagen 158
Internet Service Provider 157
Intranet 159 f.
Inventar 337 f., 341 ff.
Inventur 337 f., 341
- körperliche 337
- permanente 338
Investitionen 289, 325
Investitionsgut 325
Investitionsobjekt 326
Investitionsplan 333
Investitionsplanung 333
Investitionsrechnung 325, 327
- dynamische 329 ff.
- statische 328 f.
ISO siehe International Organization for Standardization
ISO-Normen 408 f.
ISO 9001 410
ISO 14001 410
Ist-Aufnahme 20, 22 f.
Istkaufmann 36
Istkostenrechnung 396

J

Jahresabschluss 359 f.
JArbSchUV siehe Jugendarbeitsschutzuntersuchungsverordnung
JAV siehe Jugend- und Auszubildendenvertretung
Job-Enlargement 443
Job-Enrichment 443
Job-Rotation 443
Jugendarbeitsschutzgesetz (JArbSchG) 56, 60, 64, 444
Jugendarbeitsschutzuntersuchungsverordnung (JArbSchUV) 62
Jugendschutzgesetz 90
Jugend- und Auszubildendenvertretung (JAV) 86, 90
JuSchG siehe Jugendschutzgesetz
Juristische Personen 30

K

Kalkulation 253 f.
Kalkulationsfaktor 254
Kalkulationsmethode 253
Kalkulatorische Kosten 253, 365, 370, 378
Kalkulatorischer Unternehmerlohn 367, 371
Kalkulatorische Wagnisse 367 f., 378
Kalkulatorische Zinsen 365 ff., 371
Kannkaufmann 36
Kapital 289, 337
Kapitalbewegung 289
Kapitalbindungsplan 334
Kapitalgesellschaft 30, 44
Kapitalkosten 366
Kapitalwert 330, 332
Kapitalwertmethode 330
Kartell 207 f.
Kartellverbot 208
Kataloganfrage 263
Käufermarkt 205
Kaufkraft 219
Kaufmann 36 f.
Kaufmannseigenschaft 36
Kaufvertrag 269, 271 f.
Kennzahlen 405 f.
KG siehe Kommanditgesellschaft
KGaA siehe Kommanditgesellschaft auf Aktien
Kleingewerbe 36
Kleinraumbüro 74
Kleinunternehmer 355
Knappheit 201
Köderprinzip 183
Kollegialprinzip 438
Kollektivarbeitsrecht 416
Kollektivismus 209
Kommanditgesellschaft (KG) 36, 43
Kommanditgesellschaft auf Aktien (KGaA) 50
Kommunen 211
Kommunikation 149, 178
Kommunikationsformen 178, 233
Kommunikationsmittel 178, 233
Kommunikationspolitik 233, 240
Komplementäre Ziele 9
Konfliktmanagement 243

Konkurrenzanalyse 402 f.
Konkurrenzklausel 63
Konkurrierende Ziele 9
Konsortium 207
Konstitutive Eintragung 40
Konstitutive Handelsregistereintragung 40
Kontextmenü 110, 118
Kontokorrentkredit 307 f., 315
Konzentration 206, 208
Konzern 208
Kooperation 206 f.
- diagonale 207
- horizontale 207
- vertikale 207
Koordination 12
Körperschaften 30
Kosten
- fixe 368 f., 393 f.
- variable 368 f., 398
Kostenanalyse 369
Kostenartenrechnung 253, 362 f., 369, 371
Kostendämpfung in der GKV 424
Kosten/Leistung 337
Kostenrechnung 253, 361
Kostenstellen 382, 384
Kostenstelleneinzelkosten 385 f.
Kostenstellengemeinkosten 385 f.
Kostenstellenrechnung 362 f., 382, 384, 389 f.
Kostenträger 389
Kostenträgerrechnung 362 f., 389, 392
Kostenträgerzeitrechnung 390 f.
Kosten- und Leistungsrechnung (KLR) 336, 361 f.
Kostenvergleichsrechnung 328
Krankenhausvertrag 273
Krankenversicherung, gesetzliche 423
Krankenversicherungspflicht 425
Kredit 303 f.
Kreditarten 306
Kreditfinanzierung 292
Kreditgeber 305 f.
Kreditinstitut 305 f.
Kreditkarte 281 f.
Kreditsicherung 318 f.
Kreditvertrag 303
Kreditwürdigkeit 306, 318
Kreditzinsen 304
Kreisdiagramm 143
Kreislauf der Organisationsentwicklung 21
Kreislaufmodell 197
Kulanz 257
Kundenanzahlung 316
Kundenerwartungen 244
Kundenprofil 231
Kundenprofitabilitätsrechnung 389
Kündigung 78
- betriebsbedingte 83
- ordentliche 81, 84, 420 f.
Kündigungsfrist 82
Kündigungsgründe 81
- personenbedingte 82
- verhaltensbedingte 82
Kündigungsschutz 78 ff., 90
Kündigungsschutzgesetz 64, 79, 81
Kurzarbeit 68

L

Lager 282
Lagerbestand
- durchschnittlicher 286 ff.
- optimaler 285
Lagerbestandskontrolle 285
Lagerführung 285
Lagergröße 284
Lagerhaltung 253, 282
- Aufgaben 283
Lagerkennziffern 286
Lagerkonstruktion 284
Lagerordnung 284
Lagerzinssatz 286, 288 f.
LAN siehe Local Area Network
Landwirtschaftliche Alterskassen 429
Lastschrift 277
Lastschriftverfahren 279
Laufbahnförderung 443
Laufbahnplanung 445
Leasing 297, 299 ff.
- direktes 302
- indirektes 302
- operatives 302
Leasingquote 301
Leasingrate 300 f.
Leasingvertrag 300
Leistungskurve 75
Leistungsziele 8
Leitungsspanne 19
Leitungstiefe 19
Leitzinssätze 229
Lernort 57
Lesegeräte 104
Lieferantendatei 251
Lieferantenkredit 315 f.
Lieferverzug 275
Lifo-Verfahren 361
Limited Company 45
Liniendiagramm 143
Linienstellen 16
Liquidität 289, 297 ff.
Liquiditätsplan 334
Local Area Network 159
Lohn-Preis-Spirale 220
Lombardkredit 310 f.
LVA 429

M

Magisches Vieleck 214, 216
Magisches Viereck 214 f.
Mahnung 266
MAN siehe Metropolitan Area Network
Mangelhafte Lieferung 274
Mängelrüge 266
Mantelzession 325
Marketing 197
Marketinginstrumente 240
Marketingmix 240 ff.
Märkte 202
- vollkommene 204
Marktformen 202, 206
Marktfunktionen 203
Marktmacht 206, 208
Marktsegmentanalyse 231
Marktsegmentierung 233
Marktwachstums-Marktanteils-Matrix 403
Marktwirtschaft 197
- freie 209 f.
- soziale 210
Maßregelungsverbot 419
Master-Funktion 148
Materialkosten 364
Matrixorganisation 18
Maus 108
Maximale Bestellmenge 286
Maximalprinzip 201 f.
Mehrlinienorganisation 18
Mehrstufige Deckungsbeitragsrechnung 393 f.
Mehrstufiger BAB 387
Mehrwert 356
Mehrwertsteuer 353 f.
Meilenstein 191 f.
Meilenstein-Trend-Analyse 192
Meldebestand 286 f.
Mengenrabatte 284
Menschentypen 194
Mentoring 443
Merkmale von Rechtsgeschäften 269
Methodenkompetenz 196
Methodische Kompetenz 413
Metropolitan Area Network 159
Microsoft Word 112 ff.
Mindestbestand 286
Mindestkapital 51
Mindestreservepolitik 230
Mindestreservesätze 229 f.
Minimalprinzip 201 f.
Ministererlaubnis 208
Mischkalkulation 253
Mischkosten 368 f.
Mitarbeiter 19
Mitarbeitergespräche 442
Mitarbeitermotivation 441
Mitbestimmungsgesetz 92

Mitbestimmungsrechte des Betriebsrats 94
Mittelbare Zahlung 276
Mittelwertberechnung 136
Mitwirkungsrecht 94
Mitwirkungsrechte des Betriebsrats 94
Modem 161
Monopol 206
Monopson 206
Montan-Mitbestimmung 92
Montan-Mitbestimmungsgesetz 92
Motivation 414, 442
Müller-Armack, Alfred 210
Multifunktionsleiste 113
Mundpropaganda 251
MuSchG siehe Mutterschutzgesetz
Musterbrief 259 f.
Mutterschaftsgeld 71
Mutterschutz 70
Mutterschutzgesetz (MuSchG) 64, 70, 79

N

Nachfolgeplanung 446
Nachfragekurve 204 f.
Nachkalkulation 257
Nachtarbeit 70
Nachtruhe 61
Natürliche Personen 30
Nebenkostenstellen 382 f.
Nettoeinkaufspreis 253
Netzplan 25, 27, 192
Netzplanung 26
Neuorganisation 20
Neuntes Buch des Sozialgesetzbuchs (SGB IX) 68
Nichtigkeit 270
Nichtigkeit von Rechtsgeschäften 271
Nichtkaufmann 37
Niederstwertprinzip 361
Nominallohnentwicklung 219
Normal-Gemeinkosten 387
Normalkostenrechnung 396

O

Oberziele 7
Obligationen 313
Offene Handelsgesellschaft (OHG) 31, 36, 42
Offenes Verfahren 299
Offene Zession 325
Offenmarktpolitik 229 f.
Öffentliche Dienststellen 91
Öffentliches Recht 29, 64
Öffentlichkeitsarbeit 238
OHG siehe offene Handelsgesellschaft
Ökologische Ziele 8 f.
Ökonomisches Prinzip 201
OLE-Objekte 169
Oligopol 206
Oligopson 206
Onlinebanking 160
Operatives Controlling 405 f.
Operative Ziele 7
Optimaler Lagerbestand 285
Ordnungsfunktion 210
Ordnungspolitik 212
Organisation 10
- lernende 20
- Veränderungen der 14
Organisationsentwicklung 20
Organisationsgrundsätze 11
Organisationsplanung 11
Organisationsziele 12
Outlook 149 ff.
Output 349

P

PAN siehe Personal Area Network
Passiva 344
Passivkonten 346
Passivtausch 345
Patronatserklärung 318, 321
PDA siehe Personal Digital Assistant
Periodenabgrenzung 378
Permanente Inventur 338
Personalakte 77
Personal Area Network 159
Personalauswahl 436, 446
Personalauswahlrisiko 442
Personalbedarfsplanung 435
Personalbeschaffung 435 f.
Personalbestandsanalyse 433
Personal Digital Assistant (PDA) 150
Personaleinsatz 435 f.
Personaleinsatzplan 436
Personalentwicklung 433, 442 f., 445
Personalentwicklungsplanung 444
Personalfluktuation 435
Personalführung 437
Personalinformationssysteme 433 f.
Personalmanagement 413, 433
Personalplanung 435
Personalrat 86
Personalsteuerung 435
Personalvertretung 91
Personalverwaltung 77
Personalwirtschaft 411, 413, 433
Personengesellschaft 42
Persönliche Kompetenz 413
Pfandrecht an beweglichen Sachen 318, 321
Pflegebedürftige 425
Pflegegeld 427
Pflegestufe 425 f., 428
Pflegeversicherung, gesetzliche 425
Plankostenrechnung 396 f.
- flexible 397 f.
- starre 397
Planung 11
- raumorientierte 23
- zeitorientierte 24
Planungsrechnung 336
Point of Sale 237
Polypol 206
Portfolioanalyse 402 f.
Postnachnahme 277
Potenzialanalyse 402, 404
PowerPoint 144 ff.
Präsentation 144 f., 181
- Fehler bei 187
- Planung einer 182
Präsentationsmedien 184
Präsentationsumfeld 182
Praxisgebühr 424
Preisbildung 202, 204
Preisniveaustabilität 214 ff., 228
Preispolitik 240
Primärkosten 363 f.
Primärschlüssel 164 ff., 173
Privatrecht 29, 64
Produktionsfaktoren 247
Produktionsplanung 247, 250
Produktlebenszyklusanalyse 402, 404
Produktnorm 409
Produktpolitik 241
Projekte 188
- externe 190
- interne 190
Projektablauf 189
Projektabnahme 193
Projektarbeit 445
Projektdurchführung 192
Projekt-Kick-off-Meeting 194
Projektkostenrechnung 389
Projektmanagement 188 f.
Projektplanung 191
Projektrisiken 188
Projektsteuerung 192
Projektstrukturplan 192
Prokura 268
Prozesse 19
Prozesskostenrechnung 389
Prozessor 96
Prozesspolitik 212
Prozessqualität 407
Public Relations 238
Punktdiagramm 143

Q

Qualität 407
Qualitatives Wachstum 225, 412
Qualitätsmanagement 407 f., 410

5620452

Qualitätsmanagement-Handbuch 410
Qualitätsmanagementsysteme 15, 410
Qualitätssicherung 407 f.
Qualitätsstandard 407
Qualitätszertifikat 410
Quantitatives Wachstum 224, 412

R
Rahmenlehrplan 57
Random Access Memory (RAM) 96
Rationalisierungsinvestition 326 f.
Raum-in-Raum-System 74
Realisationsprinzip 361
Reallohnentwicklung 219
Rechenoperation 99, 121
Rechenwerk 99
Rechnung 266
Rechtschreibprüfung 118
Rechtsfähigkeit 30 f.
Rechtsordnung 28
Rechtssubjekte 30 f.
Rechtsverordnung 28, 416 f.
Reduktionswerbung 234
Referenzielle Integrität 165
Regelkreis der Organisation 13
Regelkreis des Controllings 399 f.
Rehabilitation 432
Rehabilitation und Teilhabe behinderter Menschen 64
Reichsversicherungsordnung 423
Reinvermögen 338
Reisegewerbe 33
Reklamation 266
Relativer Bezug 137
Rentabilitätsrechnung 329
Rentenversicherung, gesetzliche 429
Rentenversicherung Knappschaft-Bahn-See 429
Reorganisation 19 f.
Reservelager 283
Rettungszeichen 73
Ricardo, David 222
Richterrecht 28 f., 418
Risiko 332
ROI-Analyse 405 f.
ROM-Speicher 97
Rückstellungen 291
Rückwärtskalkulation 250, 254 f.
Ruhepausen 61, 70

S
Sachgüter 349
Sachinvestitionen 326
Sale-and-lease-back-Verfahren 302
Salespromotion 237
Sammelüberweisung 278 f.
Sammelwerbung 235
Samstagsruhe 61
Satzungen 28
Scan Disk 110
Scheck 279
Schlussbilanz 347
Schreibgeräte 104
Schriftverkehr 259
Schuldbeitritt 318, 321
Schuldrecht 269
Schuldscheindarlehen 314 f.
Schwellenwert 79
Schwerbehindertenrecht 68
SE siehe Societas Europaea
Sechs „Ws" der Beschaffung, die 249
Segmentierungskriterien 232
Sekundärkosten 368
Selbstaufschreibung 20, 23
Selbstfinanzierung 290 f.
Selbstkompetenz 196
Selbstkostenkalkulation 254
Selbstoffenbarungsaspekt 179
Sensitivitätsanalyse 333
Serienbriefe 112, 124
Serientermineintrag 154
Servicedenken 244
SGB II siehe Zweites Buch des Sozialgesetzbuchs
SGB III siehe Drittes Buch des Sozialgesetzbuchs
SGB IV siehe Viertes Buch des Sozialgesetzbuchs
SGB VII siehe Siebtes Buch des Sozialgesetzbuchs
SGB IX siehe Neuntes Buch des Sozialgesetzbuchs
Sicherheit 318
- fiduziarische 319
- sachliche 318
Sicherungsabtretung 324
Sicherungsübereignung 318, 323
Sicherungszession (Abtretung) 318
Siebtes Buch des Sozialgesetzbuchs (SGB VII) 432
Signatur 152
Skonto 308, 315
Skontoausnutzung 315
Smith, Adam 223
Societas Europaea (SE) 52
Software 96
Solidarprinzip 421 f.
Soll-Ist-Vergleich 405 f.
Sondereinzelkosten 368
Sonderveranstaltungen 240
Sonntagsruhe 61
Sortieren 39
Soziale Kompetenz 196, 413
Soziale Ziele 8 f.
Sozialgesetzbuch 422
Sozialismus 209
Sozialversicherungsrecht 421
Sozialversicherungsträger 341
Spam-Mails 157 f.
Speichergeräte 99
Speichermedien 97
Sponsoring 293 ff.
Sportsponsoring 294 f.
Stabilitäts- und Wachstumsgesetz 224
Stab-Linien-Organisation 18
Stabsstellen 16
Standardsoftware 105
Stationäre Pflege 428
Statische Amortisation 329
Statische Investitionsrechnung 328 f.
Statistik 336
Statusleiste 113
Stellenausschreibung 17, 435
Stellenbeschreibung 16, 433, 435, 445
Stellenbesetzung 17
Stellenbildung 16
Stellenplan 445
Stellvertretung 266, 268
Steuerrechtliche Bewertungsvorschriften 359 f.
Steuerungsfunktion 210
Steuerwerk 99
Stichprobeninventur 338
Stichtagsinventur 337
Stiftungen 30, 52
Stille Gesellschaft 43
Stilles Verfahren 299
Stille Zession 325
Strategisches Controlling 402 ff.
Strategische Ziele 7
Streugebiet 236
Strukturpolitik 212
Stückaktie 48
Stückliste 252
Subsidiaritätsprinzip 210
Subventionen 199
Suchmaschine 161
Suggestivwerbung 235
Summenfunktion 134 f.
Symbolleiste 113
Syndikat 207
Systemprogramme 110

T
Tabellenblatt 131 ff.
Tabellengestaltung 140
Tabellenkalkulation 129 f.
Tabulatoren 119
Target Costing 402, 404
Tarifparteien 211
Tarifverträge 66, 90, 416 ff.
Team 193
Teamarbeit 193
- Phasen der 193

Teambildung 193
Teamplayer 195
Teamrolle 196
Technischer Arbeitsschutz 64 f.
Teilkostenrechnung 253
Telebanking 279
Terminplanung 149 f.
Terminverwaltung 152 f.
Textprogramme 110
Textverarbeitung 112 ff.
Tilgungsdarlehen 312 f.
Top-down-Methode 401
Total Quality Management (TQM) 407
Transferzahlungen 198 f.
Treuepflicht 63
True sale 298
Trust 208

U

Umgang mit Beschwerden 243
Umlaufvermögen 339, 341
Umsatzsteuer 352 ff., 358 f.
Umsatzsteuergesetz (UStG) 353 f.
Umsatzsteuervoranmeldung 357 f.
Umschlagsgeschwindigkeit 250
Umschlagshäufigkeit 286, 288
Umschulung 442
Umwandlungen 50
Umweltmanagement 410
Umweltprinzip 202
Unfallverhütungsvorschriften 432
Unfallversicherung, gesetzliche 432
Unlautere Wettbewerbshandlung 239
Unmittelbare Bargeldzahlung 276
Unternehmensbezogene Abgrenzungsrechnung 373
Unternehmensform 40
Unternehmensidentität 5
Unternehmenskultur 5, 437 f.
Unternehmensleitbild 5 f.
Unternehmensorganisation 10
Unternehmensphilosophie 5 f.
Unternehmensverband 207
Unternehmensziel 5
Unternehmerische Mitbestimmung 91
Unterschwellige Werbung 235
Unterziele 7
Urheberrecht 161
Urlaub 62, 66
Urlaubsanspruch 67
Urlaubsentgelt 68
Urlaubsgeld 67 f.
UStG siehe Umsatzsteuergesetz
UWG siehe Gesetz gegen den unlauteren Wettbewerb

V

Variable Kosten 368 f., 398
Verbandssponsoring 295
Verbindlichkeiten, gestundete 316 f.
Verbotszeichen 73
Verbraucherpreisindex 217 ff.
Verbraucher-Promotion 238
Vereine 51, 211
Vereinsregister 40
Vereinssponsoring 295
Verfassung 28, 416
Verkauf 197
Verkäufermarkt 205
Verkaufskalkulation 254
Verkaufslager 283
Verknüpfung von Daten 172
Vermögen 337
Vermögensgegenstände 359
Vermögensinventar 339
Vermögensumschichtung 290
Verordnung über Arbeitsstätten (ArbStättV) 73
Verpflichtungsgeschäft 271
Verrechnungskorrekturen 376
Verrechnungspreise 376
Versicherungspflichtgrenze 423
Vertrag 269
Vertragsabschluss 270
Vertragsarten 274
Vertragsfreiheit 32, 317
Vertragsstörungen 274
Verursachungsprinzip 395
Vierphasenmodell des Projektablaufs 189
Viertes Buch des Sozialgesetzbuchs
(SGB IV) 416
Visitenkarte 152
Vollbeschäftigung 220
Vollkostenrechnung 253, 389 f., 396
Vollmacht 262, 268
Vorkalkulation 254
Vorratsinvestition 326
Vorsteuer 353, 358
Vorsteuerabzug 356
Vorsteuerüberhang 358
Vorwärtskalkulation 254 f.

W

WAN siehe Wide Area Network
Warenkorb 217
Warnzeichen 73
Webbrowser 159
Wechseldiskontkredit 308 f.
Weisungsrecht des Arbeitgebers 416, 420
Werbebotschaft 236
Werbeetat 236
Werbemittel 234, 236
Werbeplanung 236
Werbeträger 234, 236
Werbezeit 236
Werkvertrag 269, 273
Wertaufhellungsprinzip 361
Wertschöpfung 355
Wettbewerbsverbot 63, 420
Wide Area Network (WAN) 159
Willenserklärung 266, 269
Windows Explorer 108
Wirtschaftliche Güter 201
Wirtschaftskreislauf 197
- einfacher 197
- erweiterter 198
- stationärer 198
- vollständiger 199 f.
Wirtschaftsordnung 209, 214
Wirtschaftspolitik 197, 211
- angebotsorientierte 227
- Bereiche 212
- Träger 211
- nachfrageorientierte 227
Wirtschaftsverfassung 211
Wirtschaftswachstum 224
Word 112 ff.
WYSIWYG-Verfahren 164

X

XYZ-Analyse 405 f.

Z

Zahlungsanweisung 278
Zahlungsverkehr 276
- elektronischer 276, 281 f.
Zahlungsverzug 276
Zellbezüge 133, 138
Zentralbankgeld 229
Zentraleinheit 96
Zentralverwaltungswirtschaft 209
Zertifizierung 409 f.
Zertifizierungsprozess 409
Zielbeziehungen 9
Ziele
- operative 7
- komplementäre 9
- konkurrierende 9
- soziale 8 f.
Zielsystem 6
Zusatzkosten 367
Zuschlagskalkulation 390 f.
Zustimmungsverweigerungsrecht 94
Zwangsinvestition 326 f.
Zweckmäßigkeit 12
Zweite Instanz 86
Zweites Buch des Sozialgesetzbuchs (SGB II) 430
Zwischenlager 283

5620454